陆游与南宋社会

——纪念陆游诞辰890周年国际学术研讨会论文集

中国陆游研究会　绍兴市陆游研究会◎主编

中国社会科学出版社

图书在版编目（CIP）数据

陆游与南宋社会：纪念陆游诞辰 890 周年国际学术研讨会论文集/中国陆游研究会，绍兴市陆游研究会主编. —北京：中国社会科学出版社，2017.8

ISBN 978 - 7 - 5161 - 9628 - 1

Ⅰ.①陆… Ⅱ.①中… ②绍… Ⅲ.①陆游(1125 - 1210)—人物研究—国际学术会议—文集②陆游(1125 - 1210)—文学研究—国际学术会议—文集

Ⅳ.①K825.6 - 53 ②I206.2 - 53

中国版本图书馆 CIP 数据核字(2017)第 005167 号

出 版 人	赵剑英
责任编辑	郭晓鸿
特约编辑	席建海
责任校对	石春梅
责任印制	戴 宽

出 版	中国社会科学出版社
社 址	北京鼓楼西大街甲 158 号
邮 编	100720
网 址	http://www.csspw.cn
发 行 部	010 - 84083685
门 市 部	010 - 84029450
经 销	新华书店及其他书店

印刷装订	北京君升印刷有限公司
版 次	2017 年 8 月第 1 版
印 次	2017 年 8 月第 1 次印刷

开 本	880×1230 1/32
印 张	28.75
插 页	2
字 数	595 千字
定 价	158.00 元

目　　录

论陆游对儒家诗学精神的实践

南京大学　莫砺锋

一

南宋的文人大多涉及理学，陆游也不例外。与杨万里一样，陆游也被清人黄宗羲列入《宋元学案》，分别隶属于"武夷学案""赵张诸儒学案"和"荆公新学案"①。但事实上陆游与这些"学案"的关系相当松懈，比如最后一例，仅因其祖父陆佃乃王安石门人，遂将其父陆宰列为王氏一脉的"陆氏家学"，又从而将陆游列入"元钧家学"（陆宰字元钧）。其实无论在政治上还是学术上，陆游都不大认同王安石，将他列入"荆公新学案"甚为牵强。更重要的是，杨万里的思维模式与治学路数都与南宋理学家如出一辙，比如其《庸言》和《诚斋易传》，皆与其他理学家的著作相类似。陆游则不同，陆游对理学家空谈

---

① 《宋元学案》卷三四（第1198页）、卷四四（第1433页）及卷九八（第3270页），中华书局1986年版。

性理的学风是深为不满的，他有一段名言：“唐及国初，学者不敢议孔安国、郑康成，况圣人乎！自庆历后，诸儒发明经旨，非前人所及。然排《系辞》，毁《周礼》，疑《孟子》，讥《书》之《胤征》《顾命》，黜《诗》之序，不难于议经，况传注乎！”[①]表面上这是对宋代儒学的客观论述，字里行间却深有不满。陆游对当时的学风屡有讥评，“儒术今方裂”[②]（《示儿》），“千年道术裂”（《书意》），“道丧异端方肆行”（《书感》）之类的话，在陆诗中屡见不鲜。那么，什么是陆游心目中的“异端”呢？他说：“唐虞虽远愈巍巍，孔氏如天孰得违？大道岂容私学裂，专门常怪世儒非。少林尚忌随人转，老氏亦尊知我稀。能尽此心方有得，勿持糟粕议精微。”（《唐虞》）锋芒所向，显然正是那些偏离儒学传统并自诩独得千年不传之秘的理学家。陆游还指出产生异端的原因是疏离了传统的儒家经学，他说：“俗学方哗世，遗经寖已微。斯文未云丧，吾道岂其非？”（《书感》）这对以“六经注我”自诩的二陆等人，不啻是当头棒喝。即使是与二陆势若水火且与陆游私交甚笃的朱熹，其实也与陆游的思想貌同实异。简而言之，朱熹最看重的是性理之学，他说：“道之在天下，其实原于天命之性。”[③]朱熹虽然熟读儒家经典，但对之并不尽信，甚至说：“《书》中可疑诸篇，若一齐不信，恐

---

① 王应麟：《困学纪闻》卷八《经说》，上海古籍出版社 2008 年版，第1095 页。

② 本文中凡引陆游诗作，皆据钱仲联《剑南诗稿校注》（上海古籍出版社1985 年版），下文不再出注，以免繁冗。

③ 《徽州婺源县藏书阁记》，《朱文公文集》卷七八，商务印书馆 1919 年版《四部丛刊》本，第 8 页。

倒了六经。"① 陆游则不然，陆游极为尊崇六经，在诗中反复道之："六经万世眼，守此可以老。"（《冬夜读书》）"六经圣所传，百代尊元龟。"（《六经》）"六经如日月，万世固长悬。"（《六经示儿子》）"六艺江河万古流，吾徒钻仰死方休。"（《六艺示子聿》）陆游终生读经，至老不倦，其诗中自称："正襟坐堂上，有几不敢凭。陈前圣人书，凛如蹈渊冰。"（《晨兴》）"半升粟饭养残躯，晨起衣冠读典谟。莫谓此生无用处，一身自是一唐虞。"（《读经》）在疑古疑经风气甚嚣尘上的宋代，陆游的这种态度堪称特立独行。

陆游重视六经，是为了通过经书与古代的圣贤直接相对："残编幸有圣贤对。"（《独立》）"窗间一编书，终日圣贤对。"（《北窗》）这样，他就可以从经典中获知从周公、孔子以来的圣贤之道："唐虞邈难继，周孔不复生。承学百世下，我辈责岂轻！"（《书感》）"唐虞未远如亲见，周孔犹存岂我欺？"（《后书感》）陆游心目中的圣贤之道，其首要内涵当然是儒家的仁政爱民之说，邱鸣皋先生的《陆游评传》中专设一章《以"美政"为核心的政治思想》②，论之已详，本文不再重复。笔者想要论述的是，在陆游崇经重道的思想中，儒家诗教说也是重要的组成部分。举其荦荦大者，有以下几个方面：其一，孔子说："小子何莫学夫诗？诗，可以兴，可以观，可以群，可以怨。迩之

---

① 《朱子语类》卷七九，中华书局1994年版，第2052页。

② 《陆游评传》，南京大学出版社2002年版，第282—328页。

事父，远之事君。多识于鸟兽草木之名。"① 陆游对此语服膺备至，视为诗学的金科玉律，他说："古声不作久矣，所谓诗者，遂成小技。诗者果可谓之小技乎？学不通天人，行不能无愧于俯仰，果可以言诗乎？"②（《答陆政伯上舍书》）他又说："诗岂易言哉！一书之不见，一物之不识，一理之不穷，皆有憾焉。"（《何君墓表》）这些话或论诗之重要意义，或论诗须以博物为基础，都是对孔子诗论的引申发挥。其二，汉儒的《诗大序》虽然来历不明，但向被视为儒家诗教说的纲领，《诗大序》云："诗者，志之所之也。在心为志，发言为诗。情动于中而形于言。言之不足，故嗟叹之；嗟叹之不足，故永歌之；永歌之不足，不知手之舞之，足之蹈之也。"又云："治世之音安以乐，其政和；乱世之音怨以怒，其政乖；亡国之音哀以思，其民困。故正得失，动天地，感鬼神，莫近于诗。先王以是经夫妇，成孝敬，厚人伦，美教化，移风俗。"③ 陆游对此心领神会，他说："盖人之情，悲愤积于中而无言，始发为诗。不知，无诗矣。苏武、李陵、陶潜、谢灵运、杜甫、李白，激于不能自已，故其诗为百代法。国朝林逋、魏野以布衣死；梅尧臣、石延年弃不用；苏舜钦、黄庭坚以废绌死。近时江西名家者，例以党籍禁锢，乃有才名。盖诗之兴本如是。"（《澹斋居士诗序》）他又

---

① 《论语·阳货》，《论语注疏》卷一七，北京大学出版社 1999 年版，第237 页。

② 本文所引陆游之文，皆据钱仲联、马亚中《渭南文集校注》，浙江教育出版社 2011 年版《陆游全集校注》，下文不再出注，以免繁冗。

③ 《毛诗正义》卷一，北京大学出版社 1999 年版，第6—10 页。

说:"古之说诗曰言志。夫得志而形于言,如皋陶、周公、召公、吉甫,固所谓志也。若遭变遇谗,流离困悴,自道其不得志,是亦志也。然感激悲伤,忧时闵己,托物寓情,使人读之至于太息流涕,固难矣。至于安时处顺,超然物外,不矜不挫,不诬不怼,发为文辞,冲澹简远,读之者遗声利,冥得丧,如见东郭顺子,悠然意消,岂不又难哉?"(《曾裘父诗集序》)他还说:"《花间集》皆唐末、五代时人作。方是时,天下岌岌,生民救死不暇,士大夫乃流宕如此,可叹也哉!"(《跋花间集》之一)这些话或论诗之缘起,或述诗所言之志有不同内涵,或论诗风与时代之关系,都与《诗大序》一脉相承。我们或许可以说陆游的诗论沿袭儒家诗论甚多,故而不像其他宋代诗论家那样自成一家,但将其置于宋代诗论在总体上偏离传统诗学精神的背景下,也不妨说陆游重新肯定了儒家的诗教说,在复古的外表下蕴藏着鲜明的革新精神。

二

陆游的主要文学活动是诗歌创作而不是理论阐述,要想全面考察陆游与儒家诗论的关系,必须将注意力转移到其创作实践上来。

陆游作诗,多及山水风月,且为时人所习知,他六十岁出任严州知州前赴朝面辞皇帝,宋孝宗竟当面对他说:"严陵山水胜处,职事之暇,可以赋咏自适。"[①]他六十六岁罢归山阴后,

---

① 《宋史》卷三九五《陆游传》,中华书局 1985 年版,第 12058 页。

即以"风月"命名小轩，且作诗抒慨，题作"予十年间两坐斥，罪虽擢发难数，而诗为首，谓之'嘲咏风月'。既还山，遂以'风月'名小轩，且作绝句"，其一曰："扁舟又向镜中行，小草清诗取次成。放逐尚非余子比，清风明月入台评！"从表面上看，"嘲咏风月"确是陆诗的一大主题，其实不然。陆游在走上文学创作道路时，即自觉地遵循儒家文学思想的指导。他三十七岁时上书宰相陈康伯，自称："某小人，生无他长，不幸束发有文字之愚。自上世遗文，先秦古书，昼读夜思，开山破荒，以求圣贤致意处。虽才识浅暗，不能如古人迎见逆决，然譬于农夫之辨粟麦，盖亦专且久矣。原委如是，派别如是，机杼如是。自《六经》《左氏》《离骚》以来，历历分明，皆可指数。不附不绝，不诬不紊。正有出于奇，旧或以为新，横鹜别驱，层出间见，每考观文词之变，见其雅正，则缨冠肃衽，如对王公大人。"（《上执政书》）这绝不是因上书朝中大臣，故言有夸饰，因为陆游始终如此持论，至老未变。例如，他七十五岁时寄书给仕途屯蹇的友人陆焕之说："古声不作久矣！所谓诗者，遂成小技。诗者果可谓之小技乎？学不通天人，行不能无愧于俯仰，果可以言诗乎？"①（《答陆伯政上舍书》）可见对于陆游而言，写诗绝不是吟风弄月、舞文弄墨的小技，而是意义重大的严肃事业。"六十年间万首诗"（《小饮梅花下作》）的写作生涯，是陆游在儒家诗学观念指导下度过的庄严人生。

---

① 于北山：《陆游年谱》，上海古籍出版社 2006 年版，第 444 页。

　　儒家极其重视诗歌的社会功能，这种功能最重要的内涵是什么呢？孔子说是"迩之事父，远之事君"。由于这两句话是与"诗可以兴，可以观，可以群，可以怨"相连的，后代学者往往把它们放在一起进行阐释，比如清人刘宝楠说："学诗可以事父事君者，荀子言'诗故不切'，其依违讽谏，不指切事情，故言者无罪，闻者足戒。"也就是将诗的讽谏美刺功用视为"事父事君"的途径，意即运用诗歌来对君父进行委婉曲折的讽谏规劝。但是讽谏规劝只是"事父事君"的一个方面，如果将诗之用局限于讽谏规劝，就会降低其意义，所以学者又寻求更深刻的阐释，刘宝楠在上引那段话后又说："《诗序》言'正得失，动天地，感鬼神，莫近于诗。先王以是经夫妇，成孝敬，厚人伦，美教化，移风俗'。明诗教有益，故学之可事父事君也。"① 这样，不但使孔子原话的意蕴更加丰富，也更符合儒家诗学思想的完整体系。其实早在宋代，朱熹对"迩之事父，远之事君"二句就有非常清晰的解析："人伦之道，诗无不备，二者举重而言。"② 从陆游的创作实践来看，他对"迩之事父，远之事君"的诗学思想也是如此理解的。我们先分析"远之事君"这一方面。

　　陆游说："吾友吴梦予，囊其歌诗数百篇于天下名卿贤大夫之主斯文盟者，翕然叹誉之。末以示余。余愀然曰：'子之文，其工可悲，其不幸可吊。年益老，身益穷，后世将曰：是穷人

---

　　① 《论语正义》卷十七，上海书店 1986 年版《诸子集成》本，第 374 页。
　　② 《论语集注》卷九，《四书章句集注》，中华书局 1983 年版，第 178 页。

之工于歌诗者。计吾吴君之情，亦岂乐受此名哉？余请广其志曰：穷当益坚，老当益壮，丈夫盖棺事始定。君子之学，尧舜其君民，余之所望于朋友也。娱悲舒忧，为风为骚而已，岂余之所望于朋友哉！'"（《跋吴梦予诗编》）此语虽为安慰怀才不遇的诗友而发，但也是陆游自己的心声。唐人杜甫终生情系君主，自述其志云："致君尧舜上，再使风俗淳。"清人仇兆鳌注引应璩《与弟书》"伊尹辍耕，邴彗牧羊，思致君于唐虞，济斯民于涂炭"以及《孟子》"伊尹使是君为尧舜之君"①，甚确。儒家诗论中所谓"事君"，即为此义。陆游对杜甫十分崇敬，对杜甫的忠君爱国之心感同身受，曾说："少陵，天下士也。……不胜爱君忧国之心，思少出所学佐天子，兴正观、开元之治。"（《东屯高斋记》）又作诗称扬杜甫说："看渠胸次隘宇宙，惜哉千万不一施。空回英概入笔墨，生民清庙非唐诗。向令天开太宗业，马周遇合非公谁？后世但作诗人看，使我抚几空嗟咨！"（《读杜诗》）从孔子所云"远之事君"，到杜诗所云"致君尧舜上"，再到陆游所云"尧舜其君民"，是古典诗学中一脉相承的重要观念。

　　在陆游所处的那个时代，所谓"尧舜其君民"，具有特别的意义。靖康之变以来，大宋王朝丢失了半壁江山，连祖宗陵寝都沦陷于敌国，这是整个国家、民族的奇耻大辱。要说"远之事君"，抵御外侮，收复失土，即恢复宋王朝的国家主权和原有

---

　　① 《杜诗详注》卷一《奉赠韦左丞丈二十二韵》，中华书局 1979 年版，第 75 页。

疆域，就是对大宋王朝的最大忠诚。所以陆游诗中关于抗金复国主题的大声疾呼，就是南宋诗坛上"远之事君"的典型表现。请看其《金错刀行》与《寒夜歌》："黄金错刀白玉装，夜穿窗扉出光芒。丈夫五十功未立，提刀独立顾八荒。京华结交尽奇士，意气相期共生死。千年史策耻无名，一片丹心报天子。尔来从军天汉滨，南山晓雪玉嶙峋。呜呼！楚虽三户能亡秦，岂有堂堂中国空无人！""陆子七十犹穷人，空山度此冰雪晨。既不能挺长剑以抉九天之云，又不能持斗魁以回万物之春。食不足以活妻子，化不足以行乡邻。忍饥读书忽白首，行歌拾穗将终身。论事愤叱目若炬，望古踊跃心生尘。三万里之黄河入东海，五千仞之太华磨苍旻。坐令此地没胡虏，两京宫阙悲荆榛。谁施赤手驱蛇龙？谁恢天网致凤麟？君看煌煌艺祖业，志士岂得空酸辛！"虽说抗金复国的爱国主题是南宋诗坛上的主流倾向，但主题如此鲜明、语言如此激烈、风格如此雄壮的作品并不多见，而这样的诗在陆游笔下却是屡见不鲜。这种主题甚至从陆诗旁溢到陆词中去，例如《诉衷情》："当年万里觅封侯，匹马戍梁州。关河梦断何处？尘暗旧貂裘。胡未灭，鬓先秋，泪空流。此生谁料，心在天山，身老沧洲！"全词皆咏报国灭胡之志，与其诗几无二致。陆游作词不多，却被后人归入辛派词人之列，即因此故。

需要指出的是，陆游诗中的抗金主题，并非如后世学人所说是"好谈匡救之略"的"官腔"①，而是具有深刻严密的具

---

① 钱锺书：《谈艺录》三七，中华书局1984年版，第132页。

体内涵的爱国呼声。陆游生逢国难，自幼受到父辈忧国精神的熏陶，对南宋的偏安局面忧心忡忡。他曾对好友周必大说："窃以时玩久安，名节弗励。仁圣焦劳于上，而士夫无宿道向方之实；法度修明于内，而郡县无赴功趋事之风。边防寝弛于通和，民力坐穷于列成。每静观于大势，惧难待于非常。至若靖康丧乱，而遗平城之忧；绍兴权宜，而蒙渭桥之耻。高庙有盗环之遘寇，乾陵有斧柏之逆侪。江淮一隅，夫岂仗卫久留之地；梁益万里，未闻腹心不贰之臣。文恬武嬉，戈朽钺钝。"（《贺周丞相启》）虽有四六文体的限制，话仍说得恺切周详，其对时局的深刻洞察，昭昭在目。可贵的是，陆游诗中的爱国主题有极为丰富的具体内容，全面覆盖了南宋爱国诗歌的题材范围。对于南宋小朝廷的苟安国策，陆游深表痛心："和戎诏下十五年，将军不战空临边。朱门沉沉按歌舞，厩马肥死弓断弦！"（《关山月》）对于主和派把持朝政的政局，陆游痛斥："公卿有党排宗泽，帷幄无人用岳飞。"（《夜读范至能揽辔录言中原父老见使者多挥涕感其事作绝句》）对于朝中不顾国事只谋私利的大臣，陆游直言讥刺："诸公可叹善谋身，误国当时岂一秦？不望夷吾出江左，新亭对泣亦无人！"（《追感往事》）对于朝野士气不振的现实，陆游忧心忡忡："中原乱后儒风替，党禁兴来士气屏。"（《送芮国器司业》）对于南宋选都不当之事，陆游诗中再三叹息："鸡犬相闻三万里，迁都岂不有关中？广陵南幸雄图尽，泪眼山河夕照红。"（《感事》）"孤臣老抱忧时意，欲请迁都涕已流。"（《登赏心亭》）忧国伤时之念如此深沉恺切，尚谓之"官腔"，可乎？

　　还有一点需要补充，就是陆游的忧国总是与忧民紧密相连。陆游长期生活在农村，亦曾亲事农耕，他对农民生活之艰辛有近距离的观察乃至切身体会，这在陆诗中有生动的描写："鱼陂车水人竭作，麦垅翻泥牛尽力。碓舂玉粒恰输租，篮挈黄鸡还作贷。归来糠粃常不餍，终岁辛勤亦何得！"（《记老农语》）"贫民妻子半菽食，一饥转作沟中瘠！"（《僧庐》）必须指出，外族的侵略是对宋朝人民和平生活的致命破坏，不但中原沦陷区的人民亲受铁蹄的蹂躏，南宋的农民也因兵役和岁币的沉重负担而处于雪上加霜的窘境，农民对此是心知肚明的。南宋农民自觉的爱国情怀，在陆游诗中留下了可贵的实录："几年羸疾卧家山，牧竖樵夫日往还。至论本求编简上，忠言乃在里闾间。私忧骄虏心常折，念报明时涕每潸。寸禄不沾能及此，细听只益厚吾颜！"（《识愧》）五六句之后有陆游的自注："二句实书其语。"所以说，陆游诗中的忧国与忧民这两个主题紧密相连，从文学的发生背景而言，这是南宋的社会现实造成的结果。陆游继承了杜甫忠君意识的积极意义，他与杜甫一样，忠君即为爱国，忠君也即爱民。如果说"远之事君"这句话自身也许会使人误解为片面提倡忠于一家一姓的"愚忠"，那么经过陆游诗歌的形象化阐释，它的意义就有所升华，更臻高境。所以说，陆游的诗歌创作对儒家诗论中"远之事君"的内涵不但有所补充、有所扩展，而且有所提高，这是陆游对儒家诗论的重大贡献。

三

　　那么，"迩之事父"的精神在陆游诗中又是如何体现的呢？

　　与"事君"相似，"事父"的内涵并不止于侍奉父亲。孔子倡导孝道，其实就是倡导以"孝悌"为核心内容的伦理道德，所以他说："弟子入则孝，出则悌，谨而信，泛爱众，而亲仁。"① 到了孟子，遂进一步将孝道从家族扩展至整个社会，提出了"老吾老以及人之老，幼吾幼以及人之幼"② 的著名命题。无论后世的反儒之徒如何歪曲孝道的内涵，都无法驳倒孔、孟提倡孝道进而建设以和睦亲善的人际关系为基础的安定社会的伦理学主张，因为那本是善良人民的共同愿望。历代以抒写孝道为核心的作品极为感人，如《诗·小雅·蓼莪》抒写"民劳苦，孝子不得终养"③ 的悲痛心情，朱熹云："晋王裒以父死非罪，每读《诗》至'哀哀父母，生我劬劳'，未尝不三复流涕。受业者为废此篇。《诗》之感人如此！"④ 这是"迩之事父"的最佳例证。唐人杜甫推己及人从而关爱天下苍生的感人诗篇，其实也是诗歌"迩之事父"功能的扩展和提升。陆游对此心领神会。

---

　　① 《论语·学而》，《论语注疏》卷一，北京大学出版社 1999 年版，第 7 页。
　　② 《孟子·梁惠王上》，《孟子注疏》卷一，北京大学出版社 1999 年版，第 21 页。
　　③ 《毛诗正义》卷十三，北京大学出版社 1999 年版，第 776 页。
　　④ 《诗集传》卷一二，中华书局 1962 年版，第 147 页。

　　陆游二十四岁丧父，丧母当在他二十六岁之前①，所以他四十岁时回忆说："某不天，少罹闵凶，今且老矣，而益贫困。每游四方，见人之有亲而得致养者，与不幸丧亲而葬祭之具可以无憾者，辄悲痛流涕，怆然不知生之为乐也！"（《青州罗汉堂记》）正因如此，陆游也曾在诗中表露与晋人王衷相似的感情。陆游四十七岁时在夔州看到乡人扫墓，思念双亲："松阴系马启朱扉，粗粝青红正此时。守墓万家犹有日，及亲三釜永无期。诗成谩写天涯感，泪尽何由地下知。富贵贱贫俱有恨，此生长废《蓼莪》诗！"（《乡中每以寒食立夏之间省坟客夔适逢此时凄然感怀》）他五十岁时在蜀州通判任上，看见考生在登科录的"具庆"栏下填写"孤生"二字（意即父母双亡），悲慨不已："人生富贵不逮亲，万钟五鼎空酸辛。"（《五月五日蜀州放解榜第一人杨鉴具庆下孤生怆然有感》）同年陆游投宿通津驿，夜闻大风吹木，遂想起"树欲静而风不止，子欲养而亲不待"的古语："木欲静风不止，子欲养亲不留，夜诵此语涕莫收。吾亲之没今几秋，尚疑舍我而远游。心冀乘云反故丘，再拜奉觞陈膳羞。……哀乐此志终莫酬，有言不闻九泉幽。北风岁晚号松楸，哀哉万里为食谋！"（《宿彭山县通津驿大风邻园多乔木终夜有声》）"吾亲之没"，感人至深。孟子云："大孝终身

----

　　①　陆游母亲卒于何年，史无明文。考陆游五十岁所作之《五月五日蜀州放解榜第一人杨鉴具庆下孤生怆然有感》诗云："嗟我不孝负鬼神，俯仰二纪悲如新。"则其母当卒于陆游二十六岁之前。

慕父母，五十而慕者，予于大舜见之矣。"① 陆游之诗是对孟子所倡孝道的生动阐释，也是对"迩之事父"诗学观念的生动展现。

此外，"迩之事父"的诗学精神在陆诗中还有其他体现。首先，陆游诗中经常写到他的家人，尤其是其儿孙。今人钱锺书批评陆游"好誉儿"②，其实陆诗中写及儿辈的诗很少夸耀他们，要有也只是说他们与父亲一样喜爱读书而已，比如"到家夜已半，伫立叩蓬户。稚子犹读书，一笑慰迟暮"（《夜出偏门还三山》）。陆游经常指导儿辈读书："六经如日月，万世固长悬。……我老空追悔，儿无弃壮年。"（《六经示儿子》）陆诗中父子同灯夜读的景象反复出现："自怜未废诗书业，父子蓬窗共一灯。"（《白发》）"父子更兼师友分，夜深常共短灯檠。"（《示子聿》）贫家爱惜膏油，故父子同灯共读，其情可悯可感。陆游年登耄耋之后，还由教子转为教孙："诸孙入家塾，亲为授三苍。"（《小雨》）除了读书之外，陆游也希望儿孙勤于稼穑："仍须教童稚，世世力耕桑。"（《村舍》）甚至希望业已出仕的儿子早退归农："更祝吾儿思早退，雨蓑烟笠事春耕。"（《读书》）陆诗中有不少对儿辈的训诫之诗，感人最深的是《送子龙赴吉州掾》。这是诗人七十七岁时为送别其次子陆子龙而作，诗中先说明家境贫寒是父子分离的原因："我老汝远行，知汝非得

---

① 《孟子·万章上》，《孟子注疏》卷九，北京大学出版社 1999 年版，第 244 页。
② 钱锺书：《谈艺录》三七《放翁二痴事二官腔》，中华书局 1984 年版，第 132 页。

已。……人谁乐离别，坐贫至于此。"然后惦念着儿子途中的艰难："汝行犯胥涛，次第过彭蠡。波横吞舟鱼，林啸独脚鬼。野饭何店炊，孤棹何岸舣？"诗的主要篇幅用来训导儿子到任后应该忠于职守、廉洁正直。最后嘱咐子龙勤写家书："汝去三年归，我傥未即死。江中有鲤鱼，频寄书一纸！"读了此诗，恍如亲闻一位慈祥的老父亲对儿子的临别赠言，那些话说得絮絮叨叨，周详恺切，至情流露，感人至深。陆游安贫乐道，儿孙满堂是其晚年生活中最大的乐趣："病卧湖边五亩园，雪风一夜坼芦蓉。燎炉薪炭衣篝暖，围坐儿孙笑语温。菜乞邻家作菹美，酒赊近市带醅浑。平居自是无来客，明日冲泥谁叩门？"风雪之夜，合家围坐在火炉边说说笑笑，世间乐事，孰能愈此！有了天伦之乐，即使是贫寒的生活也会增添几分暖意："夜深青灯耿窗扉，老翁稚子穷相依。齑盐不给脱粟饭，布褐仅有悬鹑衣。偶然得肉思共饱，吾儿苦让不忍违。"（《书叹》）父子情深，一至于此！

其次，陆游与前妻唐氏的爱情悲剧凄婉动人，他的一曲《钗头凤》不知惹出了后代读者多少泪水。在他被迫与唐氏离婚以后的四十多年里，他始终难忘他们之间的真挚爱情，即使是唐氏留下的某些普通物品也会触动他的愁肠，例如唐氏亲手缝制的菊枕："采得黄花作枕囊，曲屏深幌闭幽香。唤回四十三年梦，灯暗无人说断肠。"（《余年二十时，尝作菊枕诗，颇传于人。今秋偶复采菊缝枕囊，凄然有作》）当然，感人最深的则是陆游重游沈园时的感怀之作，因为沈园正是当年他重逢唐氏后题写《钗头凤》的地方。陆游七十五岁时所作的《沈园》二首："城上斜阳画角哀，沈园非复旧池台。伤心桥下春波绿，曾是惊鸿照影来。""梦断香消四十年，沈园柳老不吹绵。此身行作稽山土，犹吊遗踪一泫然。"近人陈衍评曰："无此绝等伤心之事，亦无此绝等伤心之诗。就百年论，谁愿有此事？就千秋论，不可无此诗！"① 的确，在宋诗乃至古典诗歌中，爱情主题都是发展得不够充分的。这两首"绝等伤心之诗"是宋诗中不可多得的瑰宝，永远受到后人的珍视。七十五岁的老人笔下尚且如此深情缱绻，可见陆游对爱情是何等忠贞。

　　除了描写家人之间的天伦之情以外，陆游诗中还有两个内容值得关注。其一是对友情的歌颂。陆游性喜交游，多有挚友，他与范成大、杨万里、辛弃疾、朱熹、韩元吉等人物交往甚密，时时见于吟咏。不但如此，他还与许多名不见经传的普通人结下了生死不渝的友谊，留下了许多歌颂友谊的佳作。陆游在蜀地盘桓八年，与蜀中的贤士、奇人结交甚笃，东归后仍时时思念。例如《感旧》诗中，他接连回忆两位蜀中贤士李石与师伯浑："君不见资中名士有李石，八月秋涛供笔力。""君不见蜀师浑甫字伯浑，半生高卧蟆颐村。才不得施道则尊，死已骨朽名犹存。"最感人的是诗人与独孤策的友情。独孤策其人除了陆诗以外不见于任何典籍，但他是陆游心目中可共大事的一位奇士。独孤的生平略见于陆游的一首诗题："独孤生策，字景略，河中人。工文善射，喜击剑，一世奇士

----

① 《宋诗精华录》卷三，《陈衍诗论合集》，福建人民出版社1999年版，第838页。

也。有自峡中来者，言其死于忠涪间。感涕赋诗。"诗中推崇独孤："气钟太华中条秀，文在先秦两汉间。"陆游有多首诗写到独孤策，从那些诗可以看出独孤是与陆游一样怀有报国壮志和雄才大略的志士，而沉沦下僚、报国无路也是两人共同的遭遇，无怪他们会倾盖如故，成为披肝沥胆的生死之交。可惜的是，独孤策终于老于草莱，赍志以没，这怎么不让陆游为之悲愤！这种悲愤交加的情思一再在陆游诗中出现，写得最好的是《夜归偶怀故人独孤景略》："买醉村场半夜归，西山落月照柴扉。刘琨死后无奇士，独听荒鸡泪满衣。"诗人在夜半孤寂之时忽然想到故友，不禁回忆起当年两人邂逅相逢、意气相投的经历。此诗意境沉郁，读后一位笃于友情的诗人如在目前。

其二是对村居睦邻关系的描绘。陆游曾在山阴农村生活了二十年，他与附近的农夫结下了深厚的情谊，他由衷喜爱山阴农村淳朴纯良的风土人情，他笔下的绩女、牧童是多么可亲："放翁病起出门行，绩女窥篱牧竖迎。酒似粥醲知社到，饼如盘大喜秋成。归来早觉人情好，对此弥将世事轻。红树青山只如昨，长安拜免几公卿！"（《秋晚闲步邻曲以予近尝卧病皆欣然迎劳》）陆诗中常写到邻居对他的关爱："东邻膰肉至，一笑举新醅。"（《舍北摇落景物殊佳偶作》）"野人知我出门稀，男辍锄耰女下机。掘得此菇炊正熟，一杯苦劝护寒归。"（《东村》）诗人也诚心诚意地投桃报李："东邻稻上场，劳之以一壶。西邻女受聘，贺之以一襦。"（《晚秋农家》）陆游还常至邻村施药，与村民们亲切来往："驴肩每带药囊行，村巷欢欣夹道迎。共说向来曾活我，生儿多以陆为名。""耕佣蚕妇共欣然，得见先生定有年。扫洒门庭拂床几，瓦盆盛酒荐豚肩。"（《山行经行曾施药》）陆游还对村民们淳朴敦厚的家庭关系极表赞赏，陆诗中曾描写一对努力赡养老亲的夫妇："蚕如黑蚁稻青针，夫妇耕桑各苦心。但得老亲供养足，不羞布袄与蒿簪。"（《农桑》）陆诗还记录了一位农夫主动请求学习《孝经》的经过："行行适东村，父老可共语。披衣出迎客，芋栗旋烹煮。自言家近郊，生不识官府。甚爱问孝书，请学公勿拒。我亦为欣然，开卷发端绪。讲说虽浅近，于子或有补。耕荒两黄犊，庇身一茅宇。勉读《庶人》章，淳风可还古。"（《记东村父老言》）《孝经》的《庶人》章云："用天之道，分地之利，谨身节用，以养父母，此庶人之孝也。"① 这正是陆游愿意为农民讲解的内容，以百姓日用人伦为主要思考对象的儒学本是与百姓息息相关的，此诗真是"迩之事父"诗学观念的生动事例！陆诗反映民间疾苦时也涉及农民的纯朴品质，例如《农家叹》："有山皆种麦，有水皆种秔。牛领疮见骨，叱叱犹夜耕。竭力事本业，所愿乐太平。门前谁剥啄，县吏催租声。一身入县庭，日夜穷笞榜。人孰不惮死，自计无由生。还家欲具说，恐伤父母情。老人傥得食，妻子鸿毛轻！"这位农民被官府催租走投无路，依然一心挂念着父母。又如《喜雨歌》："不雨珠，不雨玉，六月得雨真雨粟。十年水旱食半菽，民伐桑柘卖黄犊。去年小稔已食足，今年当得厌酒肉。斯民醉饱定复哭，几人不见今年熟！"在屡遭饥荒后终逢丰

---

① 《孝经注疏》卷三，北京大学出版社 1999 年版，第 16 页。

年，死去的亲人却已不及得见，这是怎样的哀伤遗恨！这首诗
堪称民间版的《蓼莪》诗，也是"迩之事父"诗学观念的灵活
表现。

总而言之，陆游的诗歌深情地歌颂了家人之间、朋友之间
以及邻里之间等各种类别的敦厚感情。唐人杜甫因感情深厚而
被后人誉为"情圣"①，陆游也当得起这个称号。一个理想的社
会，必然是以和睦亲善的人际关系为基石的。而要想实现整个
社会的和睦亲善，以家庭内部的亲密关系为始点然后由亲及疏、
由近及远地进行扩展，则是最符合人类本性也最具可行性的切
实途径。儒家重视诗歌"迩之事父"的功能，其终极目的和深
层意义即在于此。陆游用其创作实绩对儒家诗学观念进行了生
动、全面的阐释，陆诗具有感动人心的力量，其根本原因就在
于此。

四

为了论述的方便，上文从"远之事君"与"迩之事父"两
个角度对陆游诗歌进行了分析。其实，陆游写诗当然是遇事即
书，有感即发，他对儒家诗学观念的把握和运用都是从整体着
眼的，不可能分门别类地区别对待。如果从创作主体的视角来
看，对陆游创作影响最大的儒家诗学观念即是"兴、观、群、
怨"之说。

---

① 梁启超：《情圣杜甫》，《杜甫研究论文集》第一辑，中华书局1962年
版，第1—13页。

　　陆游论诗歌创作，最重二端：一是诗人的主观情志，二是诗人的人生阅历，先看前者。在陆游的诗论中，"养气"是一个重要的范畴，以至于邱鸣皋先生在其《陆游评传》中专设一章题作《以"气"为灵魂的文学思想》①。陆游认为："诗岂易言哉！才得之天，而气者我之所自养。有才矣，气不足以御之，淫于富贵，移于贫贱，得不偿失，荣不盖愧，诗由此出，而欲追古人之逸驾，讵可得哉?"（《方德亨诗集序》）既然"气"比"才"更为重要，所以"气"就是诗歌创作的首要条件："谁能养气塞天地，吐出自足成虹蜺。"（《次韵和杨伯子主簿见赠》）陆游所说的"养气"，与理学家所倡的反省内敛的修身功夫有很大的区别。在陆游看来，"养气"就是培养一种至大至刚的精神力量，也即培养高尚的人格和高洁的情操。陆游心目中的"养气"还具有鲜明的时代特征，他评价傅崧卿的文章说："某闻文以气为主，出处无愧，气乃不挠。韩柳之不敌，世所知也。公自政和迄绍兴，阅世变多矣。白首一节，不少屈于权贵，不附时论以苟登用。每言房、言畔臣，必愤然扼腕裂眦，有不与俱生之意。士大夫稍有退缩者，辄正色责之若仇。一时士气。为之振起。"（《傅给事外制集序》）反过来，陆游也认为南宋士气不振的局面对文学创作极为不利："尔来士气日靡靡，文章光焰伏不起。"（《谢张时可通判赠诗编》）陆游晚年回顾南宋诗坛风气日下的过程说："我宋更靖康祸变之后，高皇帝受命中兴，虽艰难颠沛，文章独不少衰。得志者司诏令，垂金石。流落不偶

---

　　① 《陆游评传》，南京大学出版社 2002 年版，第 355—382 页。

者，娱忧纾愤，发为诗骚，视中原盛时，皆略无可愧，可谓盛矣。久而寝微，或以纤巧摘裂为文，或以卑陋俚俗为诗，后生或为之变而不自知。"（《陈长翁文集序》）陆游心中的"养气"，不但不求内敛，而且认为应喷薄而出，他说："夜梦有客短褐袍，示我文章杂诗骚。措辞磊落格力高，浩如秋风驾秋涛。起伏奔蹴何其豪，势尽东注浮千艘。李白杜甫生不遭，英气死岂埋蓬蒿！"（《记梦》）显然，陆游的"养气"，是与南宋爱国军民抗金复国的正义呼声桴鼓相应的，具有植根于时代潮流的独特精神内涵。

再看后者，陆游所说的"养气"，绝不是闭门慎独式的修身养性能奏效的，而是必须以丰富的人生阅历、深沉的人生感慨为基础，他认为好诗都是产生在道路行役、跋山涉水的过程中："挥毫当得江山助，不到潇湘岂有诗？"（《予使江西时以诗投政府丐湖湘一麾会召还不果偶读旧稿有感》）"君诗妙处吾能识，正在山程水驿中。"（《题庐陵萧彦毓秀才诗卷后》）当然，更重要的则是包括羁旅行役在内的人生经历，尤其是充满愁苦悲辛的人生遭际，陆游说："清愁自是诗中料，向使无愁可得诗？不属僧窗孤宿夜，即还山驿旅游时。""天恐文人未尽才，常教零落在蒿莱。不为千载离骚计，屈子何由泽畔来？"（《读唐人愁诗戏作》）他甚至说："文章无所秘，赋予均功名。吾尝考在昔，颇见造物情。离堆太史公，青莲老先生。悲鸣伏枥骥，蹭蹬失水鳞。饱以五车读，劳以万里行。险艰外备尝，愤郁中不平。山川与风俗，杂错而交并。邦家志忠孝，人鬼参幽明。感慨发奇节，涵养出正声。故其所述作，浩浩河流倾。"（《感兴》）若是落实到南宋的时代背景中，陆游认为亲身经历铁马冰河的战斗生涯，乃至壮志不酬、悲愤填胸的人生感慨，更是磨炼意志、增益诗才的利器，他说："书生本欲辈莘渭，蹭蹬乃去为诗人!"（《初冬杂咏》）"此身合是诗人未？细雨骑驴入剑门。"（《剑门道中遇微雨》）

陆游终生保持着旺盛的创作热情，他的诗歌始终豪情激荡，正是对上述诗学观念的实践，也是对儒家"兴、观、群、怨"的诗学观念的印证。如上所述，陆游的诗学观念有着鲜明的时代特征。同样，他的诗歌创作也始终紧扣时代的脉搏。陆游自幼受到曾几等前辈爱国诗人的深刻影响，抗金复国的思想就是使他诗思如潮的主要因素。朱熹释孔子"诗可以兴"曰"感发志意"①，使陆游"感发志意"的正是火热的抗金斗争以及报国无路的悲怆情怀。请看其《书悲》："今日我复悲，坚卧脚踏壁。古来共一死，何至尔寂寂。秋风两京道，上有胡马迹。和戎壮士废，忧国清泪滴。关河入指顾，忠义勇推激。常恐埋山丘，不得委锋镝。立功老无期，建议贱非职。赖有墨成池，淋漓豁胸臆。"故土沦陷，恢复无望，壮志未酬，年华空老，陆游因而感慨万千，只能在诗歌中倾吐胸怀。尤其值得注意的是，陆游写诗不是被动地等待灵感的到来，而是积极主动地寻求"感发志意"的良机。陆游长达六十年的诗歌创作历程，就是一个不断追求在波澜壮阔的社会生活中获取更高境界的诗兴的过程，诚如他晚年对儿子传授学诗经验所云："我初学诗日，但欲工藻绘。中年始

---

① 《论语集注》卷九，《四书章句集注》，中华书局1983年版，第178页。

少悟，渐若窥宏大。怪奇亦间出，如石漱湍濑。数仞李杜墙，常恨欠领会。元白才倚门，温李真自郐。正令笔扛鼎，亦未造三昧。诗为六艺一，岂用资狡狯。汝果欲学诗，工夫在诗外。"（《示子遹》）陆游一生中最重要的"感发志意"的机会就是他四十八岁从军南郑的那段经历，他对之念念不忘，在诗中反复追忆，其中以六十八岁时所作的《九月一日夜读诗稿有感走笔作歌》最为著名："我昔学诗未有得，残余未免从人乞。力屠气馁心自知，妄取虚名有惭色。四十从戎驻南郑，酣宴军中夜连日。打球筑场一千步，阅马列厩三万匹。华灯纵博声满楼，宝钗艳舞光照席。琵琶弦急冰雹乱，羯鼓手匀风雨疾。诗家三昧忽见前，屈贾在眼元历历。天机云锦用在我，剪裁妙处非刀尺。世间才杰固不乏，秋毫未合天地隔。放翁老死何足论，广陵散绝还堪惜！"论者都认为这首诗是陆游在自述其创作道路上的关键节点，但对其具体内涵则言人人殊。笔者认为，陆游从军南郑，亲临抗金战场的最前线，实现了他梦寐以求的愿望，而军中的豪壮生活则使他精神激昂，意气风发，他终于在顿挫的舞姿和急节繁音的乐曲的启迪下悟得了雄浑奔放才是最适合自己的诗歌风格。[①] 在从军南郑以后的数年间，陆游写出了一生中最重要的代表作：《金错刀行》《胡无人》《长歌行》（人生不作安期生）、《谒诸葛丞相庙》《楼上醉歌》《中夜闻大雷雨》《夜读东京记》《关山月》《出塞曲》（佩刀一刺山为开）、《战城南》

---

① 　参见拙文《陆游"诗家三昧"辨》，《唐宋诗歌论集》，凤凰出版社2007年版，第450—470页。

《秋兴》（成都城中秋夜长）、《醉中下瞿塘峡中流观石壁飞泉》
《五月十一日夜且半，梦从大驾亲征，尽复汉唐故地，见城邑人
物繁丽，云西凉府也。喜甚马上作长句，未终篇而觉，乃足成
之》……正是这些雄浑奔放的七言歌行奠定了陆游诗风的基石。
陆游的此类作品，热情奔放，喷薄而出，是"诗可以兴"的诗
学原理在南宋诗坛上的最佳表现。

　　从客观效果来看，陆游的诗歌也是南宋诗坛上最充分发挥
"兴、观、群、怨"各种功能的作品。在此我们借用朱熹对
"兴、观、群、怨"的简明释义来对陆诗进行功能分析。朱熹释
"兴"为"感发志意"，如从作者着眼，上文已经论及，如从读
者着眼，则陆诗不但为南宋的爱国军民鼓舞士气，而且对后世
的读者仍有激励作用，诚如近代梁启超所言："诗界千年靡靡
风，兵魂销尽国魂空。集中十九从军乐，亘古男儿一放翁！"①
朱熹释"观"为"考见得失"，陆诗题材广阔，时代性强，堪称
南宋社会百科全书式的风俗图卷。陆诗对南宋和议之后时局的
反映，如朝廷之苟安而无远虑，大臣之自私而不图进取，将士
长期不战而斗志渐消等情形，都有真切的描写。又如陆诗对北
方沦陷区人民心怀故国的描写也相当真切，有些细节完全可以
补充史书之不足，例如《追忆征西幕中旧事》："关辅遗民意可
伤，蜡封三寸绢书黄。亦知虏法如秦酷，列圣恩深不忍忘。"诗
后自注云："关中将校密报事宜，皆以蜡书至宣司。"即使是那

---

　　① 《读陆放翁集》，《饮冰室文集》卷四五下，《饮冰室合集》（第4册），中华书局1936年版，第4页。

些次要的内容，比如对各地节俗的描写，对镜湖水利的记录，
也提供了宝贵的历史资料。若要论"考见得失"的价值，则陆
诗在南宋诗坛上首屈一指。朱熹释"群"为"和而不流"，释
"怨"为"怨而不怒"，下面合而论之。"和而不流"就是增进
人际关系的和善敦睦，"怨而不怒"就是适度地抒泄愁怨情绪，
都与诗歌在感情上对读者的感染、疏导有关。必须指出，陆诗
在这方面的功能是南宋诗坛上无与伦比的。试举一例，描摹农
村生活以及农民疾苦，是南宋诗歌重要的主题倾向。比如范成
大的《四时田园杂兴》，就是这方面的名篇，宋人吴沆甚至说：
"且如农桑樵牧之诗，当以《毛诗·豳风》及石湖《田园杂兴》
比熟看。"① 然而范诗虽然生动地描写了农事生产，也涉及农家
疾苦，但诗人基本上是一个冷静的旁观者。陆游则不同，陆游
长期村居，常以老农自居。"夜半起饭牛，北斗垂大荒"（《晚
秋农家》）这样的诗句，非亲事农耕者岂能道出！陆游与邻舍的
田夫织女亲如家人，忧乐与同。农民的淳朴善良，使陆游衷心
赞叹。农民的悲惨生活，使陆游忧心如焚。上文中论及陆游描
写农民的天伦之乐及善良本性的作品，真的可起到"和而不流"
的效应。陆诗中也有许多描写农家疾苦的作品，如其《太息》
三首："太息贫家似破船，不容一夕得安眠。春忧水潦秋防旱，
左右枝梧且过年。""祷庙祈神望岁穰，今年中熟更堪伤。百钱
斗米无人要，贯朽何时发积藏？""北陌东阡有故墟，辛勤见汝

昔营居。豪吞暗蚀皆逃去，窥户无人草满庐。”词意哀怨，恻然动人，但并无剑拔弩张之态，可称“怨而不怒”的典范。陆游论《诗》，最重《豳风·七月》之篇，他曾不胜仰慕地说：“我读豳风七月篇，圣贤事业在陈编。岂惟王业方兴日，要是淳风未散前。”（《读豳诗》）他又说：“西成东作常无事，妇馌夫耕万里同。但愿清平好官府，眼中历历见《豳风》。”（《村居即事》）《豳风·七月》生动地描写了一年四季的农事以及农民的辛勤劳苦，《诗序》则释曰：“周公遭变故，陈后稷先公风化之所由，致王业之艰难也。”① 从总体上看，陆游描写农村生活的诗写作动机也是如此，陆诗与《豳风·七月》有着一脉相承的关系。

　　综上所述，笔者认为在整个宋代诗坛上，陆游堪称最自觉地遵循儒家诗学精神的诗人，他的诗歌是儒家诗学的积极影响的典型例证。

---

① 《毛诗正义》卷八，北京大学出版社1999年版，第489页。

陆游晚节评议

复旦大学　蒋　凡

一　历史上有关陆游晚节问题的论争

在中国文学史上，陆游地位崇高，是南宋著名爱国诗人。但历史上却也曾有人往伟大诗人头上泼污水，让他戴上一顶晚节不保而致讥"清议"的帽子。佛头着粪，虽不足损害菩萨的内在光辉，但刮垢磨光，则非朝夕之功了。如《宋史·陆游传》[①]曰："游才气超逸，尤长于诗。晚年再出，为韩侂胄撰《南园》《阅古泉记》，见讥清议。朱熹尝言：'其能太高，迹太近，恐为有力者所牵挽，不得全其晚节。'盖有先见之明焉。"传末更有史论曰："陆游学广而望隆，晚为韩侂胄著堂记，君子惜之，抑《春秋》责贤者备也。"《宋史》游传所论，师出有因，稍加稽考，知出游友朱熹、杨万里言。朱熹《答巩仲至》曰："放翁诗录寄，幸甚！

---

①　（元）脱脱：《宋史》卷三九五《陆游传》，中华书局1977年点校本。以下只标卷数。

此亦甚近书，笔力愈精健。顷尝忧其迹太近、能太高，或为有力者所牵挽，不得全此晚节，计今决可免矣。此亦非细事也。"（《朱子大全集》卷六四，万历刊本）而杨万里有《寄陆务观》诗曰："君居东浙我江西，镜里新添几缕丝。花落六回疏信息，月明千里两相思。不应李杜翻鲸海，更羡夔龙集凤池。道是樊川轻薄杀，犹将万户比千诗。"（《诚斋集》卷三六，四部丛刊本）南宋陈振孙《直斋书录解题》曰："及韩氏用事，游挂冠久矣，有幼子泽不逮，为侂胄作《南园记》，起为大蓬。以次对再致仕。"（卷一八，光绪刊本）叶绍翁《四朝闻见录》曰："韩侂胄固欲其出，公勉为之出。韩喜陆附己，至出所爱四夫人擘阮琴起舞，索公为词，有'飞上锦茵红绉'之语。又命公勺青衣泉，旁有唐开成道士题名。韩求陆记，记极精古，且以坐客皆不能尽一瓢，惟游尽勺，且谓挂冠复出，不惟有愧于斯泉，且有愧于开成道士云。先是，慈福赐韩以南园，韩求记于公。公记云（略）。"（上海古籍出版社四库笔记丛书本，乙集卷二）同一事，叶陈二氏所载，比朱熹有所增饰，如小说家言。到了元儒手里，又踵事增华，如刘埙《隐居通议·陆放翁诸作》，称游"晚年高卧笠泽，学士大夫争慕之。会韩侂胄颛政，方修南园，欲得务观为之记，峻擢史职，趣召赴阙。务观耻于附韩，初不欲出。一日，有姜抱其子来前曰：'独不为此小官人地耶？'务观为之动，竟为侂胄作记。由是失节，清议非之"（上海古籍出版社四库笔记丛书本，乙集卷二一）。此番描述细节生动，绘声绘影。"姜抱其子"而陆游心动一段，人物心理刻画惟妙惟肖，其想象力之强，犹如亲历，令人叹为写作高手。发展到明清时代，诸多文人学者仍然沿袭这一思

路加以抹黑。如明唐锦《龙江梦余录》曰："放翁晚年为韩侂胄
所起，大节已不足称。及为韩作《南园记》，自谓无谀词，无侈
言，而记中乃云：'勤劳王家，勋在社稷，复如忠献之盛，而又谦
恭抑畏，拳拳志忠献之志不忘。'是果非谀词、侈语耶？"①其言
坐实诗人之罪，无法饶恕。明末清初朱鹤龄《书渭南集后》曰：
"陆务观诗才丽逸，在杨廷秀之上，立朝建论，亦谠亮有声，
史称其晚年为韩侂胄撰《南园》《阅古录记》，时议或不平
之。……史又载侂胄欲记南园，以属杨廷秀，以披垣许之。廷
秀曰：'官可弃，记不可作。'侂胄恚，改命他人，殆即务观也。
然记成而不闻有披垣之擢，何欤？务观为人，非苟媚权贵者，
特笔墨失于矜慎，遂致牵搅之疑。信乎文士当知自守，而清议
之不可以不畏也。"（《愚庵小集》卷一三，上海古籍出版社
1978 年影康熙本）此明清鼎革之际朱氏有感而发，但具体落在
陆游头上，并非公正之言，朱虽言辞委婉，但以杨万里做形象
对比，以反衬陆游失节致讥之误。后来王昶因此作诗冷嘲热讽，
如其《舟中无事偶作论诗绝句》四十六首，其中二首曰："跃马
弯弓志渐衰，归朝且喜近三台。已成太傅生辰颂，更擅南园作
记才。""不痛宗臣陨路歧（自注：赵汝愚），不悲伪学苦编鞯
（自注：朱子）。秦关蜀栈淋漓作，恰值平原北伐时（自注：放
翁与徽国文公友善，而祭徽国文止二十四字，于庆元党禁，略
无一语及之，可见其志节矣。徽国公者，指朱熹）。"可谓全面
指责陆游，不仅是为侂胄作记，而且煽动北伐，悼朱子文止二

---

① （明）唐锦：《龙江梦余录·陆游卷》，中华书局 1962 年版，第 126 页。

十四字而不及庆元党禁，桩桩件件，罪在不赦，一副道学家口
吻。这就让爱国诗人沾上千古骂名而蒙冤难诉了。晚节问题，
并非细事，而是触及诗人道德良心底线和国家民族命运的大事。
很难想象，一个晚节不保的邪恶宵小，却能够终生作伪，写出
了千万首激动人心的爱国诗篇而成为时代号角，影响了世世代
代。这不就颠覆了古人所称"文如其人""诗如其人"的经典
理论了吗？可说绝无此理。那这矛盾又将做何解释呢？诗人在
北伐失败后的嘉定元年作《山林独酌》诗曰："毁誉要须千载
定，功名已向隔生求。"① 看来陆游对于自己晚节蒙冤早有预料。
那些热衷朋党斗争生活的俗儒，不顾大局，必然会对力主抗战之
士发动攻击，叶适、辛弃疾与开禧北伐直接有关，受到攻击，就
是远离京都政治中心的垂志陆游，一样也不能免此灾祸。

　　不过，历史上也有许多有识之士，他们依事侃言，据理下
断，一直在努力澄清是非，为爱国诗人平反千古冤案。如南宋
郑师尹《剑南诗稿序》曰："若夫发乎情性，充乎天地，见乎事
业，忠愤感激，忧思深远，一念不忘君，先生之志。"（钱仲联
《剑南诗稿校注》卷首附）刘克庄《端嘉杂诗》曰："不及生前
见虏亡，放翁易箦愤堂堂。遥知小陆羞时荐，定告王师入洛
阳。"（《后村先生大全集》卷一一，四部丛刊本）《题放翁诗》
曰："《三百篇》寂寂久，九千首句句新。譬宗门中初祖，自过
江后一人。"（《后村先生大全集》卷三六）他们充分肯定了诗

① 钱仲联：《剑南诗稿校注》卷七八，上海古籍出版社 2005 年版，下引不
另注明，只注卷数。

人的品德和文章。当时直接为陆游辩白平冤者不乏其人。如罗大经认为，杨万里"鲸海""凤池"之句，"盖切磋之也"，是朋友间的善意劝告，而非言其有失晚节。他又说："然《南园记》唯勉以忠献之事业，无谀辞。晚年诗和平粹美，有中原承平时气象，朱文公喜称之。"① 其读后感想，比较客观公正。而元人戴表元《题陆渭南遗文抄后》曰："余早闻好事者说，谓放翁晚岁食贫，牵于幼子之累，赖以文字取妍韩氏，遂得近臣恩数，遍官数子。此说既行，而凡异时不乐于放翁之进与忌其文辞者，同为一舌以排之。至于死且百年，同时争名逐角之人，亦已俱尽，宜有定论，而犹未止，盖其事可伤悲焉。渡江已来，如放翁，可谓问学行义人矣。谂其放厄而不伤，困窭而能肆，不可谓无君子之守，就令但如常人之见，欲为身谋，为子孙谋，当盛年时知己如麻，何待七八十岁之后，始媚一戚里权幸而为之邪？"他们反驳俗儒的诋毁，而充分肯定其荦荦大节。又《琵琶记》作者高明在《题晨起诗卷》中曰："其生平所志，非徒屑屑于事事功者。或者乃以韩平原《南园记》为放翁病，岂知《南园记》唯勉以忠献事业，初无谀词，庸何伤！夫放翁病不以世俗哀，而直欲挽回唐虞气象于三千载之上，又安肯自附权臣以求进邪？"（《吴越所见书画录》卷一，中华书局 1962 年汇编《陆游卷》称引）此言不仅道出了陆游的一腔悲愤之情，同时也借以抒发自己的胸襟怀抱和对小人的鄙视。明张元忭《书陆游传后》曰："按《渭南集》有《示儿》诗，其恢复之志，垂老

---

① 《鹤林玉露》卷一四，上海古籍出版社 1993 年四库笔记小说丛书本。

不忘如此，亦可悲矣。《宋史》谓其晚年为韩侂胄作《南园记》，见讽清议；余独谓不然。夫泉石品题，非有大关系也。以时宰求为一记，而必峻拒之，不已甚乎？顾其记所云何如耳。余于《西湖志》见此记而详味之，其以忠献有后为言，盖歆之以法祖也；又以许闲、归耕为公之志，盖讽之以知止也。游自以为无谀辞，无侈言，殆信然矣。是又何足为病哉？甚矣议者之固也！"（王复礼《放翁诗选》卷首附，康熙刊本）作者从园记文体特点出发，认为品题泉石之记，非关国家重大题材，关系不大，"顾其记所云何如耳"，必须看所写的内容。其所言，颇具激情而又有精彩之笔。

与前朝相较，清人论议后出转精，持之有故而言之成理，愈具服人力量，可谓陆游知音。其中，尤以袁枚、赵翼二家，言论尤为精彩，更见大家本色。不过，袁、赵二人，多少受到朱霈《牖窥杂记》的启发，朱曰："史言陆放翁为侂胄作《南园记》，士论非之。杨龟山受蔡京荐，胡安国受秦桧荐，而士不非也。岂蔡京、秦桧之奸，减于侂胄耶？所以然者，侂胄得罪朱子故也。林粟议论侃侃，谢深甫一时佳士，王淮颇著贤声，俱因与朱子不合，史臣遂与胡纮、郑丙同传。赵雄亦贤者，以抑张栻，而与程松同传。皆非公论。盖元人作史时，正道学之风初炽也。史弥远所以不入奸臣传者，以其能驰伪学之禁，故并其废济王事而讳之，不载本传中。"这是站在史家客观、公正的立场来讨论问题，评价历史人物的功过是非，不可具主观随意性，他指出诋毁陆游晚节的《宋史》游传，出于"道学之风初炽"时，后世俗儒的双重标准，正见其宗派观念的偏狭之见。

这一原因的揭示，直接启发了袁、赵二氏。

袁枚《随园诗话》曰："宋人訾陆放翁为韩侂胄作记，以为奸党……皆属吹毛之论。孔子'与上大夫言，訚訚如也'。所谓'上大夫'者，独非季桓子、叔孙武叔一辈人乎？"（卷八，人民文学出版社 1962 年点校本）其《遣怀杂诗》又慨叹曰："士论群吠声，放翁名节丧。……一切苛刻论，都从宋儒始。"（《小仓山房诗集》卷三一，文明书局本）而在《出陆游传后》中，更有精彩评论曰："《宋史》称陆游为侂胄记南园，见讥清议，余尝冤之。夫侂胄、魏公（指韩琦）孙，智小而谋大，不过《易》所称折足之鼎耳，非宦寺流也。南园成，延游为记，出所宠四夫人侑酒，游感其意，为文加规，劝其褪躬治民，毋忘先人之德。在侂胄，亲仁，在游，劝善。俱无所非。宋儒以恶侂胄故，波及于游。然则据宋儒之意，必使侂胄划除善念，不许亲近一正人；而为正人者，又必视若洪水猛兽，望望然去之。呜呼！宋以后清流之祸，所以延至明季而愈烈也。""侂胄有好名慕善之心，游因而导之以正，宜也。""使游果有附权贵希翼幸进之心，则当曾觌、龙大渊栖国时，略与沾接，早已致身通显矣。而乃大与之忤，逐归不悔，岂有垂暮之年，反表其守之理？卒之侂胄自咎前史，大驰伪学之禁，又安知非游与往来，阴为疏解乎？彼矜矜然自夸清议者，或阴享其福而不知。盖《宋史》成于道学之风甚炽之时，故杨时受蔡京之荐，史无讥词；胡安国受秦桧之荐，史无讥词。京与桧之奸，十倍于侂胄。游之过小于杨胡，而反诋之不休，何也？游不讲学故也。张浚伐金之谋，与侂胄同；符离之败，与侂胄同。然张浚不诛，士林不议者，何也？则一与朱子交，一与朱子忤故也。善乎宁宗之言曰：'恢复岂非美事，惜不量力耳！'金人葬侂胄者，谥曰'忠谬'，言其忠于为国，谬于为己故也。夫侂胄之罪，尚且一敌国一君父为之末减，而游作一记之过，乃著于本传中，不亦苛乎？"（《小仓山房文集》卷三〇）以此，袁氏有"知人论世难矣哉"之叹。在这里，袁枚为陆游平冤辩护的词很有说服力，有事实根据，有逻辑推理，令人无可反驳。他抓住了宋儒清议因其主观随意性而定的双重标准，以是否合于朱子为标准来评价历史人物，不仅是不客观、不公正，而且也不合乎朱子之本意。因此，陆游蒙冤，俗儒负有不可推卸的责任，其恶劣影响，甚至祸延至明季。袁枚评议，高屋建瓴，早已远远超越为个人平冤，而是借古鉴今，以启迪后人。

而作为史学家、考据学问家兼诗人的赵翼，同样议论精神而洞见本质。详读赵翼《瓯北诗话》，他在肯定陆游志在恢复之忠的同时，也批评了诗人偏听"传闻之不审"，曰："放翁之不忘恢复，未免不量时势，然亦多误于传闻之不审。在蜀时，金之边将，时有蜡书来报宣威幕府，具言其国虚实。见南郑诗内自注。彼以蜡书来利赏赐，自必诡言祸败，以中吾所喜，肯以实告耶？"（卷六，人民文学出版社1963年霍松林等点校本）但更重要的是，赵氏肯定了陆游晚节及其事业进退，曰："朱子尝言：'放翁能太高，迹太近，恐为有力者所牵挽。'《宋史》本传因之，辄谓其不能全晚节。此论未免过刻。今按：嘉泰二年，放翁起修孝宗、光宗两朝实录，其时韩侂胄当国，自系其力。然放翁自严州任满东归后，里居十二三年，已七十七八，祠禄秩满，亦不敢复请，是其绝意于进取可知；侂胄特以其名高而起用之，职在文字，不及他务，且藉以报孝宗恩遇，原不必以不就职为高。甫及一年，史事告成，即力辞还山，不稍留恋，则其进退绰绰，本无可议。即其为侂胄作《南园记》《阅古泉记》，一则勉以先忠献之遗烈，一则讽其早退，此亦有何希荣附势、依傍门户之意？而论者辄藉为口实以皆议之，真所谓小人好议论，不乐成人之美者也（自注：今二记不载文集，仅于逸稿中见之，盖子遹刻放翁文集时，侂胄被诛未久，为世诟厉，故有所忌讳，不敢刻入，未必放翁在时，手自削去也。诗集中仍有《韩太傅生日诗》，并未删除，则知二记本在文集中，盖因其乞文而应酬之，原不必讳耳）。"（同上）所论条分缕析，罗罗清疏，见其内在逻辑力量，令人信服。应酬文字，何代、何人没有？原不必太较真，而且陆记一者劝韩一心向善，一者望其早日致仕交权而不要留恋，又何罪之有？赵翼之言，确是的论。后来，娄谦《北野闻钞》就此评曰："赵瓯北于数百年之后，为作年谱，可见公道愈久愈彰，虽史传亦不得而主，况悠悠之志乘出于一二无识之手，何足贵乎？"（卷四，道光刊本）他充分肯定了赵翼是放翁的真正知音。

总之，有关陆游晚节的问题，史上众说纷纭，正、反两派壁垒分明，孰是孰非，事实俱在，稍做比较分析，读者自然明白。

二　陆游与朱熹友谊终生不渝

宋后俗儒对陆游晚节的苛评，据说直接来自朱熹，而朱熹在宋后的封建科举时代，被誉为陪享孔庙的圣贤，圣贤的话还会有错吗？这是俗儒的逻辑。因此，本案牵涉最大的两个证人，一是韩侂胄，二是朱熹。韩后再议，先读朱子。

自韩侂胄解除党禁之际，特别是后来史弥远诛韩独相之后，朱子儒学在思想界的地位迅速上升，被称为宗师圣贤，真理所在。至明清时代，以朱著《四书集注》科考士人，朱子理学自然成为统治思想的标本。因此，是否合乎朱子理学，成为人们判断是非的重要标准。朱熹被韩罢官而郁愤至死，而陆游却为韩写园记，这不是对君子的背叛吗？当然罪不可绾而有失晚节了。其实，俗儒对于朱熹的话，不明讲话环境，加以曲解以合于自己的主观判断。《宋史》游传所录朱子《答巩仲至书》，只称引"不得全其晚节"以上一段，而后面"计今决可免矣"，因不利自己的主观苛评，故加删削。实际上，朱熹此信并非针对陆游为韩作《南园记》而发。朱卒于庆元六年三月，而陆《南园记》之作，应在同年朱卒前后，朱病卒于福建武夷山地区，从古代交通信息不便的情况来看，他能否读到陆游写于山阴乡下的《南园记》，本身就有问题。就算朱子读到《南园记》，但该信明言"计今决可免矣，此亦非细事也"，这不是明显否定了自己的怀疑吗？由此可见，朱熹并未直接责备陆游有失晚节，而只是担心韩侂胄这"有力者"不会放过他，这是对朋友的关心和提醒，正说明二人之间的友谊。但后来的俗儒，则化担心勖勉为诋毁斥责，这是性质不同的历史审判，因此不得不辩。其实，即使在《答巩仲至书》后，朱、陆也从未因此反目绝交。朱卒之时，庆元"伪学"党禁尚未解禁，门生故旧少送葬者。而陆游与其好友辛弃疾全然不顾株连危险，公然写祭文为老友最后送行，卒曰："所不朽者，垂万世名，孰谓公死，凛凛犹生。"（《宋史》卷四○一《辛弃疾传》）当时陆游已七十六岁，年老体衰，无法登山涉水远赴武夷为友送行，但他与辛一样，挥起如椽巨笔，作《祭朱元晦侍讲文》哭吊，曰："某有捐百身起九原之心，有倾长河注东海之泪，路修齿耄，神往形留。公殁不亡，尚其来享。"辛、陆二人与韩侂胄虽有工作关系，但与朱子却一以贯之，其真挚情谊，至死不渝，永远同朱子站在一起。朱与辛、陆三人，是南宋思想界、文学界的巨人，如今朱被党禁折磨，至死仍是戴罪之身，犹如我们"文革"时期的"现行反革命"，谁最接近，谁就有罪，以此门生故旧不敢为之哭行。但辛、陆不愧为大丈夫，他们毅然冲破黑暗，作祭文以吊，一个说不惜以百身赎其死，一个颂其千古流芳而垂不朽，他们在党禁方严之时，仍与朱子站在同一立场，其胆量与气魄何如哉！这岂是一个为追名逐利而失其晚节者所愿为所敢为！辛、陆的道义坚持，堪为千古士人表率！客观历史事实说明，朱熹《答巩仲至书》对陆游的担心，是朋友间一种特殊的善意关心，在政治黑暗笼罩下，朱熹希望为挚友拨开乌云以见光明。当然，朱熹是理学大师，陆游是想象丰富的诗人，面对政治斗争，二人的对应和做法可能不尽一致，但论其终极目标与理想，却并无不同。显然，《宋史》游传作者，虽是道学信徒，但却曲解祖师朱子原意，大肆往爱国诗人脸上抹黑，应予坚决纠正。

　　作为朋友，陆游对朱熹同样是有批评有肯定，并非尽说好话。如其《寄朱元晦提举》诗曰："市聚萧条极，村墟冻馁稠。

劝分无积粟，告籴未通流。民望甚饥渴，公行胡滞留？征科得宽否？尚及麦禾秋。"（钱仲联《剑南诗稿校注》卷一四）此诗作于淳熙八年十一月，时浙东大饥，而是年朱熹任浙东常平茶盐公事，主管浙东经济。据王懋竑《朱子年谱》载，朱于该年八月受命，但迟至十二月六日，始赴任视事。当时浙东灾重，饥民众多。故陆游寄诗给他，责以大义，有"民望甚饥渴，公行胡滞留"等句。这一批评，朱熹接受，立即赴任赈灾，活民无数。朱并未因受陆责怨而生气，更无二人断交之说。淳熙十年，陆又作《寄题朱元晦武夷精舍》七绝五首（钱仲联《剑南诗稿校注》卷一五），语气诙谐风趣，亲切有味，二人友谊可见一斑。如"天下苍生未苏息，忧公遂与世相忘""圣主忧勤常旰食，烦公一一报曾孙"，对友人充满期望，寄以忧国救民之责。"有方为子换凡骨，来读晦庵新著书"，则表现了诗人对于朱子思想著作的推崇礼敬。庆元三年，作《次朱元晦韵题严居厚溪庄园》诗（同上，卷三六）和应朱熹《题严居厚溪庄园》。庆元三年，"伪学"党禁方严，风声鹤唳，形势紧张，但陆、朱二人，酬唱不断，其友谊不为严重的政治斗争所影响。是年冬，朱熹罢居建宁，赠陆纸被，陆即答以《谢朱元晦寄纸被》二首，曰："木枕藜床席见经，卧看飘雪入窗棂。布衾纸被元相似，只久高人为作铭。""纸被围身度雪天，白于狐腋软于绵。放翁用处君知否？绝胜蒲团夜坐禅。"（同上，卷三六）他衷心感谢老友的关怀，并望朱子题铭以荣。庆元三年，距朱之卒只有三年，于此可见二人晚年的道义之交，并未被党禁冲断。故朱卒后，诗人有《祭朱元晦侍讲文》，真诚悲恸，感动天地。如果陆游果真投入韩侂胄怀抱，献媚争宠，晚节不保，能有此表现吗？其实，陆游虽然不是理学家，但真正的儒家道义，却是他终生的追求。如嘉泰元年，作《平昔》诗曰："平昔飘然林下僧，更堪衰与病相乘。残年已任身生死，一念犹关道废兴。皎皎初心质天地，兢兢晚节蹈渊冰。子孙勿厌藜羹薄，此是吾家无尽灯。"（同上，卷四五）嘉泰四年，又作《示儿》诗，有"闻义贵能徙，见贤思与齐"（同上，卷五七）句，以坚持圣贤道义来教育子孙。其维护儒道以保晚节的自警自得，老而不懈。

综上所述，朱、陆二人交谊，在某些具体事上，可能有不同认识和见解，甚至互有微词，但在坚持道德良心底线的大节问题上，二人目标并无二致，他们共同坚守儒家的道义之交，终生不渝。由此可见，借朱之言为口食，诋毁陆之晚节不保，其论不攻自破。

三　与韩侂胄关系辨析

有关陆游与韩侂胄的关系，也是陆被俗儒指斥的重要口实。朱熹和韩的关系很僵，至死也不原谅迫害自己的政敌，这一立场，理所当然。倒是侂胄，在朱去世后不久，解除党禁为朱恢复官职和名誉，实际上是"平反"冤案。究其原因：一来作为对立派领袖的赵（赵汝愚）、朱（朱熹）已死，对其统治的最大威胁业已消失；二来是韩氏集团企图借北伐恢复中原，建立功业以固其权位，一旦发动北伐，就必须先强调全国团结，共御外侮。在这一新形势的驱动下，侂胄对自己严施庆元党禁事，也渐生悔意，生怕冤冤相报，无复了时。于是在嘉泰二年上奏宁宗，下诏"驰伪学党禁"，党人徐谊、陈傅良等先后复职，不久追复赵汝愚、朱熹、周必大等官职。这实际上是韩氏集团对"党人"的一种和解姿态，属亡羊补牢之举。但是，深受道学影响的儒者，却一味强调君子小人的正邪之辨，坚决斗争而毫不妥协，因而他们很少看到北伐前新形势下国家的利益和需要，这一"理想化"的做法，又显然与陆游的务实想法有区别。为恢复中原而战，是诗人的理想，是战士的愿望，因此为国家与民族大计，牺牲一些个人的想法，即使有委屈和妥协，也在所不顾。这一务实的做法却激起了俗儒的反感与批判。但陆游依然前行，无怨无悔地公开关心和支持北伐事业，体现了真正战士的英雄本色。

在庆元党禁之时，未曾波及陆游，并不是韩侂胄与他有什么特殊关系而手软。政治家的斗争，只讲利益所在，而从不留情面。诗人幸免于难，一来他因年老体衰致仕回乡而远离京师政治旋涡中心；二来又未曾四处讲学授徒，目标并不明显。但在所禁的五十九人名单中，有他的许多朋友，如周必大、朱熹、叶适等，可以这样说，陆游处于党禁边缘，而非核心，边缘一时未被扫到，是暂时的，一旦斗争恶化，名单稍加扩大，则诗人必然在劫难逃。但陆游担心的不是自己是否被波及，而是怕党禁损害国家实力而无法实现恢复故国的理想。在党禁紧张的气氛中，诗人虽僻居山阴乡下，但照样关心国事。庆元四年有咏《太息》四首，其中有"白头不试平戎策，虚向江湖过此生""砥柱河流仙掌日，死前恨不见中原"的慨叹（卷三七），顽强坚守自己的伟大理想而不加后退。在党禁中，他虽同情

"党人"一方，但并不特意站出来挑战当权奸佞邪小，貌似"中立"，实是策略不同，他是我行我素，按自己的理解和方式坚守自己的道义气节而不息。故其《杂题》诗曰："少读王霸谋身拙，晚好诗骚学道疏。赖有一筹差自慰，闭门不作子公书。"（卷三六）此诗庆元三年作，正在党禁严施之时。子公，西汉陈汤字，据《汉书》卷七〇本传，他年轻时"家贫丐贷无节"，"父死不奔丧"，因其无行，"不为州里所称"。后立功边庭封侯，但史称，"其性素贪，所虏获财物入塞多不法"，为人贪贿擅权而少有士人气节，故致陆诗之讥。在党禁时，"闭门不作子公书"者，正表明反对追名逐利，而以士人气节为尚的高风亮节。

但是发展到庆元五年，形势略有转机，"伪学"解禁之声渐起。是年初，侂胄令大理捕鞠彭龟年、增三聘等，准备兴大狱以镇压党人，被劝阻。当时中书舍人范仲艺谓韩曰："章惇、蔡确之权不为不盛，然至今得罪于清议者，以同文狱故耳。相公胡为蹈之！"侂胄曰："某初无此心，以诸公见迫，不容已，但莫问其人。……侂胄取录黄藏之，事遂格。"（《宋史纪事本末》卷八二《韩侂胄专政》）侂胄所称"其人"，实指京镗等人。严冰解冻，非一日之功，乃气候渐至也，这才有了嘉泰二年的公开弛禁诏书。

侂胄之于陆游，为何放其一马而令其安然渡过劫难呢？这并非出于心慈手软，而是另有原因。一来陆游年老致仕，蛰居山阴乡下，远离权力斗争中心，而且并非所谓"伪学"核心人物，对其统治并无直接威胁。二来陆游是当时公认的文坛领袖，诗文名动皇帝，是南宋一代最著名的爱国诗人，如今韩已置道学领袖于死地，震撼了全国，如果再把诗人推入地狱，全国人民会有何想法，历史会有何评判呢？这也令韩有所顾忌。三来韩、陆二家，多少有点"通家之谊"。如高利华先生所说："陆游祖父陆佃与韩侂胄从祖韩宗彦在徽宗朝同为执政大臣，当时同入元佑党籍。韩侂胄的从兄韩肖胄（字似夫）建炎初为工部侍郎，金兵入侵后，主张抗金。他认为议和只是权宜之计，等国家安强、军事大振之时，誓当雪此仇耻。绍兴十年五月，韩肖胄以资政殿学士知绍兴府，与其弟韩膺胄与陆宰一家均有往来，给年幼陆游留下了深刻的印象。后来，韩肖胄之孙韩晞道也和陆游保持了友谊。庆元六年，陆游寄诗给韩晞道，希望韩晞道继承韩琦的功业，支持推动韩侂胄北伐。"① 韩侂胄并非是一个丧尽天良的政治家，他也要考虑种种关系的制衡，考虑韩、陆二家的"通家之谊"，他当然不想放出胜负手的重拳来予以猛击。四来陆游离蜀返京履新之时，几次遭朝中物议弹劾罢官，据《宋史》本传及赵翼《陆游年谱》明确记载，他在提举江西时，因水灾开仓赈灾，"召还，给事中赵汝愚驳之，遂与祠"。赵汝愚号称正人君子，但却几次弹劾陆游，当时吕祖谦就很不满，作《与周必大书》曰："子直（赵汝愚字）庶几善道，而于事物似未尽谙悉。如陆务观疏放，封驳岂为过当？方人才难得之时，其词翰俊发，多识典故，又趣向实不害正，推弃瑕使过之义，阔略亦何妨？公与子直厚如此，胡不素语之乎？"（《东

---

① 《亘古男儿——陆游传》，浙江人民出版社2007年版，第237页。

莱吕太史别集》卷九，续金华丛书本）赵汝愚之迂阔昧于大体，可见一斑。但后来赵汝愚受侂胄迫害落难之时，陆游并未因此而落井下石加以攻击。但对侂胄而言，赵与朱熹，皆是党人领袖，是其心腹大患。陆曾遭赵攻击，那么敌人的敌人，就有可能是朋友，这是侂胄的主观臆想。五来陆游虽老，但其名声才华足资利用，这才是主要原因。陆游不仅是诗人，而且是学问家、史学家，曾几度入局编史，个人又著《南唐书》，好评如潮。编史之事，无论何朝何代，都有需要。当时正编撰《孝宗实录》及《英宗实录》，正缺主笔政者，陆游正是最适当的不二人选。史官有文字之职，但并不参与直接的政治斗争，因此对陆对韩而言，都可接受。就韩而言，当时已有北伐立功固位之思，陆游是个坚定的抗战派，正好作为团结对象以资号召，因此才会有后来起用陆游重入史局之事，同时也勾起了请陆写《南园记》《阅古泉记》的念头。而对陆游言，重新出山任史职，是因嘉泰二年二月党禁已弛，正筹备北伐，这与其北伐中原、共御外侮的平生夙愿相一致。同时，也借以表达对于孝宗知遇提拔之恩，如赐陆游进士出身，称其为"小李白"，孝宗内禅前最后一道诏书就是任命陆为吏部郎中。以此，为报孝宗之恩，是年五月，接宁宗诏即起，入京修国史。在职期间仅一年，努力工作，终于完成了《孝宗实录》五百卷、《光宗实录》一百卷。事毕，立即上疏致仕还乡而毫无留恋之态。吾师朱东润先生指出："在史材方面，陆游的特点比较显著，他的《南唐书》，言简意赅，确实是一部有名的著作，因此起用陆游担任修史的工作，实际上是用其所长，在陆游固然没有奔走权门的嫌疑，在韩侂胄也没有予以特别的照顾。党禁解除以后，和韩侂胄的合作，在陆游思想上，没有不可克服的障碍。因为他认为在国家大事上，可以开诚共事；而在私人关系上，更用不到因为政见的不同而发生无原则的纠纷。他认为'熙宁、元祐所任大臣，盖有孟、韩之学，稷、契之忠，而朋党反因之而起，至不可复解，一家之祸福曲直，不足言也'。"① 所论甚是，在开禧北伐前后，韩氏集团主动弛开党禁，但在"党人"方面，却不予原谅，斗争绝不妥协，甚至连北伐大计也在反对之中。如史弥远、钱象祖辈皆然。这与陆游的一贯主张和理想相忤。嘉泰三年，游作《跋蔡怀远将归赋》，反对党争，而强调团结，也就是说，有关国家大事，内部不能只讲斗争而不知妥协，即使是君子之所为，也容易造成朋党之祸，后果严重。北宋的亡国之祸，就是惨痛教训，希望后人不要重蹈覆辙。话虽委婉，但语重心长。但遗憾的是，俗儒不悟，反而斥陆游致清议而有失晚节。所谓"清议"，正来自俗儒不识大体的偏见与认识。元人编写《宋史》时，正是理学方炽之时，其所"清议"，与陆游那超越朋党之争的高瞻远瞩的精光卓识，形成了鲜明的对比，孰高孰低，不难明辨，是非自有公论。元刘壎《隐居通议》谓韩"方修南园，欲得务观为之记，峻擢史职"，其言经不起推敲。实际上，陆游作《南园记》在庆元六年前后的山阴乡下，并未入京任事，何来"峻擢史职"呢？游入京编史是在嘉泰二年五月之后，可见时、地皆误。刘氏又谓务观耻于附韩而不欲作，

---

① 《陆游传》，上海古籍出版社1979年版，第238页。

"有妾抱其子来前曰:'独不为此小官人地耶?'务观为之动,竟为侂胄作记。由是失节,清议非之"。按:陆游幼子名子遹,又作子聿。游于嘉泰二年五月入都编史,因年近八十,故带幼子随侍照顾起居。能照顾老人生活的年轻人,是其妾可怀抱的婴儿吗?岂非咄咄怪事。据《山阴陆氏族谱》,游幼子遹"淳熙戊戌(按:孝宗淳熙五年)生,淳祐庚戌(按:理宗淳祐十年)卒,年七十三"。据此推算,游作《南园记》的庆元六年,幼子已二十三岁,是个英俊青年,岂是其妾怀抱的婴儿?胡编乱造不通之至,根本经不起事实检验。对于幼子,陆游作为严父,一贯严格要求,如晚年做《示子遹》诗若干首,其一曰:"家贫不学俭,物理固有然。要是善用短,足以终其年。我家稽山下,禀赋良奇偏。敢言中人产,日或无炊烟,有儿更耐穷,伴翁理遗编。短檠幸能继,竟夜可忘眠。"(卷八一)诗作于嘉定二年,距诗人逝世不足一年。这是老父对儿孙的亲切教导,要求他耐贫勤学,何曾鼓动幼子去攀权走后门?而作于开禧元年另一首《示子遹》曰:"敢恨吾生后圣贤,六经虽缺尚成编。本来尧舜身亲见,孰谓丘轲道不传?妙理岂求逢掖外,淳风宁在结绳前。此身未死还堪勉,更伴吾儿学数年。"(卷六一)诗人以身作则,活到老学到老,告诫其子努力学习儒经,以传仁义之道,其热忱又何减于理学家。由此可见,史上陆游因其幼子而攀附权贵等不实之词,不攻自破。

有关《南园记》写作时间,因记称侂胄为"少师",而韩在庆元五年九月封少师,至明年十月升太傅,故吾师东润先生据此推断"这篇作品不可能早于庆元五年九月,也不可能迟至六年十月以后"① 考虑到当时的具体情况，韩曾先请杨万里作记，遭拒，杨居江西吉安，信息往返耗费时日，于是转求陆游作记，陆居山阴乡下，京都消息传至山阴乡下，以及韩氏书信请托往返，陆游答应作记后，又因年老未历京都南园，韩多方收集有关资料供其写作参考，不然，作记怎能知其亭台池塘之东南西北？如此来回往返，加上新年将降，必然多费时日，以此细推，大致写于庆元六年初至十月前是可信的。是年，韩氏集团的重要谋主京镗免相，卒。史称："一时善类悉罹党祸，虽本侂胄意，而谋实始京镗。逮镗死，侂胄亦稍厌前事，张孝伯以为不弛党禁，后恐不免报复之祸。侂胄以为然。"（《宋史》卷四七四《奸臣·韩侂胄传》）据此，则党祸正式解禁虽在两年之后的嘉泰二年，但时雨之降，积阴积云之所致，故庆元末年，则适值其机候之渐萌也。在党禁将弛未解之时，诗人已敏锐地嗅到形势将要变化的气味，随着党禁之弛的到来，韩侂胄筹备北伐之议也同时悄悄萌生。在恢复故国这一点上，诗人与侂胄有暗合之处，这有利于扫除横亘在二人之间的障碍。当然，相较而言，韩、陆对北伐的目标与方法，有所不同，陆出于公忠体国之心，而韩则夹带有立功以固宠位的私货，不过侂胄没有明示，诗人一时也无从稽考，而只能相信了。这样，在共同抗战北伐的大前提下，诗人对于韩氏的态度，由不满而逐渐向支持与合作的方向转化，此《南园记》之所为作也。有人认为陆游之记，完全屈服于韩氏压力，因畏惧而作。这恐怕不尽然。

---

① 朱东润：《陆游传》，人民文学出版社 2007 年版，第 221 页。

诗人号放翁，个性倔强，而气节皎然，即使是几度言官弹劾罢官，也不低下那高傲的头颅，况在垂暮晚年，岂能为区区蝇头小利而动心？可谓绝无此理。园记之作，虽被动应侂胄之求，但也并非纯然勉强之词，而是顺水推舟，借园记以鼓动韩氏，继承先祖韩琦事业遗烈，为国尽忠，抵御外侮，力图恢复。与党争之事相比，恢复故国河山以报仇雪耻，才是最重要的国家头等大事，其他都应暂时放下。于此可见，陆游为韩作记，虽出于被动，但其中也有某些自愿的成分。后来，他入都任史官，如钱仲联先生《剑南诗稿校注》所分析，言私利陆、韩原有通家之谊，"言公则旨在破除成见，调停党争，共图恢复大计"（卷五二，第 3075 页）。如此合作，全无攀附之迹，陆游何怍之有？陆游重任史职前，曾有诗明其心迹，如《雪后龟堂独坐》曰："丈夫自重如拱璧。安用人看一钱直。箪食豆羹不虚受，富贵那可从人得。"（卷五〇）《老学庵自规》曰："尧德被四表，其本在身修。……斯须失兢畏，恶名溢九州。始乎为善士，终可蹈轲丘。……圣狂在一念，祸福皆自求。易箦汝所知，垂死勿惰偷。"（同上）这两首诗嘉泰二年春作于山阴，岂有五月一入都门，礼记改弦易辙而投怀送抱，自堕气节以获恶谥之理。又如同年春作《送子龙赴吉州椽》曰："汝为吉州吏，但饮吉州水；一钱亦分明，谁能肆谗毁？……益公名位重，凛若乔岳峙；汝以通家故，或许望燕几，得见已足荣，切勿有所启。又若杨诚斋，清介世莫比，一闻俗人言，三日归洗耳；汝但问起居，余事勿挂齿……相从勉讲学，事业在积累。仁义本何常，蹈之则君子。"（卷五〇）益公者，前丞相周必大，庆元党禁之首。

杨诚斋，即杨万里，虽不在党禁五十九人名单中，但对韩侂胄的批判与反抗尤烈，甚至以死明志表示对韩发动北伐的抗议。二人皆是陆游知朋净友。如前所述，杨曾有诗劝陆勿集"凤池"接近"有力者"。对于杨的批判与误会，陆游并不因此反目成仇，而仍然是彼此知心，告诫儿子以之作为学习的榜样，对周必大亦然。从陆游晚年之诗，可细味山阴陆氏家族的优良传统与门风，也可见诗人晚年凛然之气节，这不仅是告诫儿孙，更是在警醒自己，"仁义本何常，蹈之则君子"，不仅强调学习，同时强调实践躬行，自尊自爱。

不过，具体到韩侂胄开禧北伐的问题上，杨、陆二人则态度不同。杨万里认为韩氏误国殃民，绝粒自尽以示抗议；陆游则因夙愿理想之所在，表示关心与支持。论其主观用意，一样出自忧国忧民的一片忠心，各自保其晚节。在这方面，周必大对陆游更多地表示了理解之同情，他作《跋陆务观送其子子龙赴吉州司理》曰："吾友陆务观，得李杜文章……诗能穷人之谤，一洗万古而空之。"（周必大《平园续稿》卷一一）自题"嘉泰癸亥九月四日"，即嘉泰三年陆游辞史职山阴乡居之时。对于当时俗儒非陆"清议"，周氏很清楚，并认为这属毁谤，是蚍蜉撼大树，可笑不自量。诗人终其一生，我行我素，自尊自爱，气概凛然，俗儒之谤，又何足道哉！此周必大之所谓"一洗万古而空之也"。周必大执政多年，对陆游的坎坷仕途，太过熟悉，故有此知心之言。周、杨与陆彼此呼应，相互关心，正见其真挚友谊，并未因党禁而受到太大的冲击与影响。

现在再回头读《南园记》本身的内容，我们曾有品评曰：

"韩侂胄掌国期间，贬赵汝愚和朱熹等，兴'党禁'，是人生败笔。他力排众议，主张恢复失地，兴兵抗金，却是值得肯定的壮举。但因所用非人，北伐失败，他也成了千古罪人，受到后世道学家的唾骂，不但丢了性命，首级被送往金国，而且元人修《宋史》时，把他和秦桧、贾似道一起列入《奸臣传》，成为冤案。韩侂胄提出北伐，陆游从民族大义出发，以名宿耆老的身份站出来，接受其委托，写了这篇《南园记》，是有一定现实意义的。"① 记文分三段：开篇至"曰多稼"为第一段，渲染南园湖光山色之美；"自绍兴以来"至"尚何加哉"为第二段，写侂胄曾祖韩琦功业为子孙继承发扬，"勤劳王家，勋在社稷，复如忠献之盛"，而致其谦抑之忠；余者为第三段，述侂胄之志，劝其功成身退，躬耕南园，并不忘交代自己作记的因由衷曲。北宋时韩琦曾力抗西夏北狄，抵御外侮。陆游鼓励侂胄发扬家风，坚持抗战以恢复中原。论文章宗旨，堂堂正正，有何理由致讥"清议"而晚节失守呢？真如赵翼所云：小人何不成人之美哉！

韩侂胄开禧北伐失败，出师未捷，本人也成了南宋主和投降派向金屈膝媾和的牺牲品，首级悬挂示众于敌国高杆。当时投降派史弥远执政，但陆游不顾，他为国家和民族悲悼，其《文稿后》诗曰："上蔡牵黄犬，丹徒作布衣。苦言谁解听，临祸始知非。"（卷七四）诗写于开禧三年冬，时史弥远等阴谋杀害侂胄，以其首级奉敌国，可谓丧尽国体，无耻之尤。在对韩

---

① 蒋凡、白振奎：《陆游集》，凤凰出版社 2006 年版，第 205 页。

的一片骂声浪潮中，唯有陆游力反潮流，他不以成败论英雄，而是从国家利益出发，作诗悲悼纪念。诗中所谓"苦言"，指《南园记》鼓励侂胄继承先祖遗志以事恢复的功业，此岂有一丝一毫的媚行佞言乎？但俗儒却不予原谅，此诗所谓"临祸始知非"也。忠言逆耳，群犬吠日，也只能付之于无可奈何的一哂了。

　　对于开禧北伐，倒是宋宁宗说了句公道话："恢复岂非美事，但不量力尔！"（《宋史》卷四七四《奸臣·韩侂胄传》）皇帝并未因失败而指斥侂胄为奸臣。北伐"美事"，恢复故国的大方向没错，错在时机尚未成熟，力量准备不足之际，匆促发动，结果大败，输掉了战争。在此，作为战事的发动者和总指挥，韩侂胄难辞其咎。有关开禧北伐的战事发展和是非得失，学界已多讨论，此不赘言。韩侂胄开禧北伐，具有鼓舞士气民心的积极一面，不宜因其一时成败而全面否定。北伐时，陆游已是八十几岁的老翁，蛰居乡下，只能写点诗文鼓励支持，而从未实际参与朝政。但忌谗者借机诋毁，讥其有失晚节而负其罪责。实际上，诗人爱国，又何罪之有？北伐失败，主客观原因很多，主其事的韩侂胄难辞其咎，陆游无权无势，岂可相提并论？相比而言，在北伐战争对峙僵持的关键时刻，投降派史弥远集团阴谋杀害韩侂胄，函其首以奉敌求和，从而给抗战以致命一击，这就直接或间接地帮助了敌人，完成了金国大军想要完成而一时又完成不了的战略目标，祸害了国家与民族，从而成为卖国的民族罪人，其祸害又远过于韩侂胄集团。但在《宋史》作者眼中，因其所受宋理学家的影响，痛恨韩氏发动庆元党禁，故把侂胄列入《奸臣传》中。而对史弥远这样的民族罪人，因其继韩后，为庆元党人复出铺路，则放其一马，未入《奸臣传》，连他废立自专的不忠不孝、不仁不义的弥天大罪，在本传中也巧加遗忘。如此随主观好恶来写历史，离太史公"实录"精神太远。俗儒之可恶，导致了历史的混乱，让陆游千古蒙冤，现予批评纠错，正其时也。

抗日战争时期陆游爱国诗词的影响与接受略论

中国社会科学院　郑永晓

陆游诗词在近现代以来的传播、影响与接受研究，近年来持续受到关注。如先师刘扬忠先生《陆游及其诗词八百年来的影响和被接受简史——以清末至当代一百年为中心》（《绍兴文理学院学报》2011 年第 31 卷第 1 期）、李建英《陆游诗研究综述》（《新疆师范大学学报》2009 年 9 月第 30 卷第 3 期）、张毅《回归历史情境来观察——从陆游接受史的角度理解钱锺书〈谈艺录〉的陆游批评成就》（《前沿》2010 年第 4 期）、焦宝《陆游词论与词的传播研究初探》（《绍兴文理学院学报》2011 年第 1 期）、邱美琼和胡海金《20 世纪以来日本学者的陆游诗歌研究》（《南昌大学学报》2013 年第 4 期）等论文均颇具启发意义，尤以张毅《陆游诗传播、阅读专题研究》（复旦大学 2008 年博士学位论文）所论最为翔实。然而，像陆游这样一位具有深广影响力的伟大作家，其作品的传播、被接受涉及很多方面，在不同的时代、不同的学术背景下有可能显示出不同的特点。

笔者以为，民国时期由于白话文的兴盛和新文学的繁荣，古代作家如陆游等并非处于可以发挥最大影响力的时代，但是由于日本军国主义的入侵，中华大地为救亡图存，掀起了持续十余年的抗日热潮。而陆游作为一名南宋时期著名的倡导北伐、抵御外侮的爱国作家，其爱国事迹和相关作品在抗日烽火中广为传播，具有一定的必然性。适逢抗战胜利七十周年，总结陆游的爱国作品在那个特定时代对民心的鼓舞激发作用仍具有一定的意义，故笔者不揣谫陋，对于这个时期报刊所载有关陆游的作品稍作梳理，以就正于方家。鉴于1931年"九一八"事变后，中国的局部抗日已经开始，报刊上张扬陆游爱国精神的文章亦逐渐增加。故拙文所论，时间范围限定于1931年"九一八"事变至1945年8月抗战胜利期间。

一 报刊文章中有关陆游爱国诗词的评论

"九一八"事变后，东北全境迅速沦陷为日本军国主义占领区。东北军的不抵抗和殖民统治的现实激起广大民众的强烈反抗。抵御外侮，救亡图存成为所有爱国民众的共同选择。以抗日为主要内容的各类报刊纷纷问世，老牌的报刊更及时调整版面，大量刊登以抗日为主题的作品，文学在这个特定的时期被赋予一种保持民族血脉的历史使命。除了以新文学形式鼓吹抗日的旋律以外，历史上的爱国作家当然也受到了前所未有的重视。陆游就是其中最受瞩目的爱国作家之一。

万启煜《爱国诗人陆放翁》是"九一八"事变后较早发表的以弘扬陆游的爱国精神为主旨的文章。该文分析了陆游所处的社会环境、交游、家庭、性格等因素对陆游成为一名卓越的爱国诗人所产生的影响。对陆游诗风的渊源也有较为详细的分析，以为"放翁为诗，虽步趋江西派。而高瞻远瞩，取法乎上，于杜子美备极崇仰"。关于陆游的爱国作品，作者以为"放翁痛金人之蹂躏中原，慷慨激昂心血喷薄之文字，尤使读者于心灵深处，得一深刻印象。千载而下，生机盎然"。[①] 其鼓舞民众学习陆游，奋起抗日的意图不言自明。上海《星期评论》在1932年第1卷第四、第五、第六期中连载署名愚川的长文《亘古男儿一放翁》。文章对南宋偏安朝廷苟且度日的社会环境和陆游忧心如捣、义愤填膺的心境作了详细阐述。颇为值得注意的是，此文配发的图片居然是题为"抗日大刀队"的照片，笔者相信这并非误置，而是有意为之。文章结尾说："放翁是一个侠骨义肠的爱国男儿，是一个精诚贯斗牛的大丈夫。"而"在这个年头的中国，帝国主义的铁蹄，无时无刻不向我们踏下来。最近更有日本强占东三省的奇耻大辱。然而国内的军阀却依旧在钩心斗角，争权夺利，官僚却依旧是因循坐误，不思振作。""在这个时代，陆放翁便是我们的好模型。……他大胆地暴露了当时一班武人政客和布尔乔亚的丑态，他成为了一个革命的爱国的诗人。"[②] 虽然使用"布尔乔亚""革命的爱国的诗人"这样的词汇是否合适还可商榷，但是文章作者的那种希望借陆游以批判现实、鼓舞民众的热切情怀还是值得赞叹的。与此文类

---

① 万启煜：《爱国诗人陆放翁》，《津逮》1932年第2期，第157—178页。
② 愚川：《亘古男儿一放翁》，《星期评论》（上海）1932年第1卷第4、5、6期。

似，金易《介绍另一个爱国诗人——陆放翁》对当时文坛上充斥着靡靡之音的现象深感忧虑，"在只有一线希望的青年身上，犹不竭施行颓废思想的注射，结果只是日促其亡。"而"陆游虽然只是一个文人，但他年年不忘国难"，"他对于往事如两主蒙尘偏安江左，时露嗟叹之感。"此文的特点主要不在于对陆游的赞颂，而是以陆游的作为反衬在民族危亡时刻仍然沉浸于吟风弄月者，认为陆游的"安能空山里，冻研哦清诗"真骂尽了几许诗人词人！①

振甫《爱国诗人陆放翁》也是一方面批评政府的软弱无能，另一方面借陆游的爱国诗篇鼓舞民众尤其是青年人的士气。《引言》中开篇即言"外族的铁蹄向我们中华民族作极度的蹂躏，在历史上已是指不胜屈了。每逢懦弱无能的政府，往往用和亲割地等等来求苟且的偷安，在中华民族的历史上留着极大的污点"，而"现在外族的铁蹄又在向我们作竭力的蹂躏了，我们民族已到了生死的关头"。文章对当时文坛上流行的所谓为艺术而艺术的风气极为不满，纪念陆游就是要"反对一班躲在象牙之塔里，唤出为艺术而艺术的懦弱者"，"反对空谈"、鼓励青年们像陆游那样去参军，以实际行动拯救民族的危亡。② 陈丹崖《民族诗人陆放翁》认为在南宋士大夫啸傲湖山、玩愒岁月的悠悠环境中，仍有一位"富于民族意识、怀抱满腔爱国热诚的诗翁陆放翁氏"。其流风余韵"遂产生出宋末文天祥、谢翱、许月

---

① 金易：《介绍另一个爱国诗人——陆放翁》，《十日》1932 年第 3 卷第 46 期。
② 振甫：《爱国诗人陆放翁》，《读书中学》1933 年第 1 卷第 3 期，第 29—33 页。

卿、谢枋得、郑所南、汪元量一班爱国诗人。……故放翁虽未达其北伐中原之目的，然民族精神方面，确受着他的感化力不小"。文章最后指出："自唐以来，诗人善写征人之苦、战事之惨，如杜工部一派所作的《石壕吏》《新丰折臂翁》等是。这一派诗风虽也出于民胞物与、忧民至仁的诚衷，然较之放翁的悲民族的沦亡，其高下固自有别。此又为放翁的伟大处。"① 从思想视角来看，陆游与杜甫相较是否有高下之分，未必如作者所论。但是如果说陆游悲慨民族沦亡，疾呼抵御异族侵略的思想境界与老杜民胞物与的思想同样伟大，则应大体不误。文章述及陆游对南宋末年爱国志士的深刻影响也颇有见地。

这些文章在分析陆游的爱国诗篇时，非常注重强调时代的影响，以为陆游与时代的脉搏息息相通。同时也会强调风雨飘摇的南宋与抗战时期遭受外侮的中国多有类似之处，并号召处于民族危亡的广大民众应以陆游的诗篇为号角，发起反对侵略的冲锋。如蛰复《爱国诗人陆放翁》在引言中指出："伟大的文学作品，往往可以成为一个时代的思想史；同时，从伟大的文学作品里，也有发现那作者的时代和生活的背景之可能。""而在南宋时代，才能产生陆放翁沉雄悲壮的诗。"他在对陆游的各类爱国诗词予以梳理后认为："他的生命代表的伟大文学作品，直到现在，或许永久不死啊！"② 孙仰周《爱国诗人陆放翁》开

---

① 陈丹崖：《民族诗人陆放翁》，《中央时事周报》1934 年第 3 卷第 23 期，第 12 页。

② 蛰复：《爱国诗人陆放翁》，《行健月刊》1935 年第 6 卷第 6 期，第 119—127 页。

篇即指出"陆放翁和我们一样地生活在一个'国破山河在'的时代"。而"诗人是时代的歌者,他与时代的动脉息息相通,所以他是时代的反映镜"。而这样一位爱国诗人的光芒是永不褪色的,因此"他爱国的热诚变成历史的辉煌,他的躯体已结成民族的金光。他的诗歌是我们新时代的战鼓,是我们复兴民族的急先锋,是我们民族生命的火光。"① 韩敏《读陆游〈书愤〉书后》指出:"现在东北四省版图异色,华北亦岌岌不保。关塞长城之险,敌我共之,与北宋相较,正复相似。今读其诗,安能已于感慨乎!"② 均属以陆游的爱国诗词作为激发民族抗争之心的精神食粮,倡导广大民众积极投身于抗日救亡的行动中。

在这一时期介绍陆游的文章中,以"爱国诗人"冠诸标题者即有十余篇之多。这些文章通过陆游的爱国情怀试图激起民众奋起反抗之心的意图也十分鲜明。如陈松英《爱国诗人陆放翁》开篇即云:"今日正国势飘摇之际,民流板荡之时,士气消沉,无蓬勃之象,国家多故,多亡灭之征。"以为诗人睹景物伤情发为吟咏,或沉痛悲郁,或雄壮激励,而能使人生爱国之情。而"放翁诗佳处,全在国家思想浓厚。其爱国诗乃放翁第一等好诗"。文章结合当时的形势分析说:"吾国处今日之厄,岂可自颓其志,甘自暴弃?况人心尚未全死,正当提倡多读爱国诗文,以激发民气,鼓励民心。""爱国诗放翁诗集甚多,此吾人

---

① 孙仰周:《爱国诗人陆放翁》,《青年文化》(济南)1935 年第 2 卷第 3 期,第 168—173 页。

② 韩敏:《读陆游〈书愤〉书后》,《慕贞校刊》1937 年第 3 期,第 1—2 页。

不可忽略者也。"① 叔东《从陆放翁的诗中说到他的爱国思想》在分析了陆游多篇爱国诗作后指出："我们现在的中国较放翁时的南宋，更要危于累卵，日本压迫我们，较之金人更胜千万百倍。""自九·一八到现在，中国又不知发生好多的风波，国人个个都像'噤若寒蝉'，不问不闻，再也没有放翁第二提起他的破嘶的嗓子狂呼大叫！给一般醉生梦死的一服兴奋剂！"② 作者期待着在关乎民族生死存亡的危急时刻，能够出现陆游那样的爱国诗人，大声疾呼，唤醒民众麻痹的意识，投入保家卫国的行动中去。孙明梅《爱国诗人陆放翁》对陆游作了极高的评价，以为"陆游不但是南宋唯一的伟大诗人，即以全宋来论，也没有像他写作的清丽可喜，激烈雄壮。这完全由于他天才的具备，境遇的背景吧!? 真所谓千古诗人一放翁。"认为"他那日夜不忘中原，饮食不忘奇耻的意旨以及自己坎坷的流离，只有寄于诗词间。"读陆游诗，"更使我们知道遗民盼望年复一年的悲凉了。东北在关内的同胞们，还能想起你们的家属亲邻？关内的人士，还能想象到我们亡省的同胞近日的苦难，悲哀，可怜！"③ 文章实际上是以陆游的诗歌作为启迪民众投身抗战、恢复东北的号角，因此虽然对陆游地位的评价不免稍欠妥当，也是可以理解的。另有王荣棠的同名文章从"放翁遭逢的时代"

---

① 陈松英：《爱国诗人陆放翁》，《学术世界》1936 年第 1 卷第 10 期，第106—108 页。

② 叔东：《从陆放翁的诗中说到他的爱国思想》，《安乡旅省同学会会刊》1936 年创刊号，第 30—33 页。

③ 孙明梅：《爱国诗人陆放翁》，《现代青年》（北平）1937 年第 7 卷第 3期，第 31—32 页。

"学诗经验谈""爱国诗""学养生""放翁与韩侂胄之关系"五个方面对陆游作了比较全面的阐述。认为陆游"那忠义豪迈的气概,烈火般的爱国热情,发为灏漫热烈的呼声,已非仅仅描写田园景色所得限住。'爱国诗人'这个称号对于他,是很恰当的"。"放翁对于驱逐胡虏,不仅是徒怀有热烈的爱国心,而实抱有灭胡必成功的信念。"① 又如徐北辰《民族诗人陆放翁》一文在结语中明确指出:"南宋时代外寇的深入,和我们目前的局面正复大同小异,陆放翁的悲愤也便是我们今日的悲愤,陆放翁的呼喊也便是我们今日的呼喊!我们应该读陆放翁的诗而鼓舞,而振奋,而努力!"② 再如陈福熙《忧国诗人陆放翁》在对陆游诗的渊源、诗歌风格、词作、婚姻等都作了比较详细阐述的基础上,又于文章末尾将陆游所处的南宋和当日抗战的局势作了类比,指出:"环顾国内,正是烽火连天,贼寇暴行,所谓昔日的中原,到今日又是谁家之天下?倭寇驰骋,满目疮痍。想今日国事之危,更有甚于南宋者。""如果我们今天来读放翁的诗,灭倭寇的热诚便油然而生,他那激昂的词句,使我们勇敢起来,坚强了我们抗战的心理。"③ 这是把陆游的爱国精神向中学生传布。陈氏还撰有《南宋爱国诗人——陆放翁评传》载《民族正气》1944 年第 2 卷第 1 期,可见他在宣传陆游的爱国气节方面不遗余力。

---

① 王荣棠:《爱国诗人陆放翁》,《经世战时特刊》1938 年第 29 期,第 6—11 页。

② 徐北辰:《民族诗人陆放翁》,《逸经》1937 年第 31 期,第 4—7 页。

③ 陈福熙:《忧国诗人陆放翁》,《战时中学生》1939 年第 1 卷第 4 期。

　　胡怀琛所著《陆放翁生活》1930 年由上海世界书局出版，1933 年再版。《正师月刊》1936 年第 2 卷第 8 期载有署名田钰写的一篇介绍。此文开始即向读者发问："在现在危机四伏飘摇不定的局面内，生活着痛苦吗？""在这种危机四伏的局面中：怎样支配你们的生活？感到没有准则的痛苦吧？"而此书"所记载的是与现在混乱局面相同的南宋末年的一个英雄诗人，爱国诗人陆放翁生活"。因此可以给予今日之读者以启迪。我们且不论胡氏此著的具体内容和倾向如何，但从这篇类似广告的短文即可看出，短文作者实际上主要是引导当日的青年学子学习陆游在国家危难之际要像陆游那样去生活，而其核心内容自然是爱国。陈大法《陆放翁的民族思想》所表达之意旨与此大致相同。此文对陆游诗歌的渊源和嬗变进行了细致的梳理，认为其含有民族精神的诗篇大都作于中年以后。"在当时的时代环境之下，能充分地把民族反抗的精神于诗中表现出来，使当时的士气不致完全消沉下去，这是非常值得我们崇拜的。"其诗"或大声疾呼，或长言永叹，其力量很足以鼓起消沉的士气"。其"所有由血泪化成的诗，也自有其永久的价值"。文章最后呼吁："生在这时代的诗人，应该要具有和陆放翁一样的精神，来鼓励我们消沉的民气。"① 可见，作者分析陆游的民族思想，落脚点还是在呼吁当时的作家振奋民族士气，鼓舞民族精神等方面。

---

　　① 陈大法：《陆放翁的民族思想》，《越风》1937 年第 2 卷第 3 期，第 1—3 页。

值得注意的是，由于当时的特定环境，多数介绍陆游的文章存在简单、粗疏、欠缺学术性等弊端。但是并非所有文章都如此，相当数量的文章还是认真撰写且具有一定学术水准的。例如府丙麟《陆放翁诗之研究》即是一篇较有学术水准的论文。在引言中首先阐述了唐宋诗之嬗变，以为明七子诗必盛唐之说不符合诗歌发展规律，"盖诗至唐而极盛，极盛则不能不变。……南渡而后，放翁卓然大家。其诗清新刻露，出以圆润，弃宋诗生涩之途，自辟一宗；而其感激豪宕，忧时爱国之见，充溢篇章。其汗漫热烈之情绪，郁塞磊落之风概，可以激我民气，振斯叔季，又岂得仅以诗人目之哉！"可谓言简意赅，在唐宋诗之争的背景下，拈出陆游之诗的独特个性及价值。正文则分"放翁之时代及事迹""放翁之诗"两部分详加阐述。论其渊源，则以为"放翁之诗，虽宗工部，而旁采杂收，其源渊博"。论其诗风递嬗，则以为"放翁诗凡三变"，"其前期诗，颇能自出机杼，尽其才而后止。虽模仿前人，而不落窠臼。"及"入南郑军中，而境界遂变。盖遭时势之逼迫，兼以意气豪迈，志存戎轩。……是以多感激豪宕之作"。"及乎晚年，致仕里居，啸咏河山，流连景物，……浸馈陶诗，故诗境又变。看似平淡，而意境深湛"。论陆游诗长处，则从"慷慨沉郁""清真温润""浑成典雅""作诗繁富"等四个方面分而论之。皆能熔铸群言、委曲详尽。文章反复强调不能仅以诗人对待陆游。最后感叹："吾人目睹今日之中国，山河破碎，外辱纷至。一展剑南诗稿，读此沉痛文字，有心人岂止纵声一哭已耶！"① 显示作者既从学术上深入研讨陆游的时代与作品，又能归结到抗日背景下，陆游的爱国诗篇对人的感发激励作用。所言深切入理，非泛泛之论可比，诚为可贵。与此文相类似者为汪统《陆放翁诗之研究》，作者对陆游评价极高，以为自唐李杜之后，后世学者不出乎此二宗。"或得李形，或得杜貌。而欲求其兼得者，鲜矣！而欲求其兼得其全者，益鲜矣。无已，其放翁乎！"论文分"放翁之身世""放翁诗之渊源""放翁诗之三变""放翁诗品"四部分论之。于渊源，以为"放翁学于曾几，曾几学于山谷。山谷学杜，几亦学杜，放翁亦学杜。……独放翁得杜之正气而发之于诗"。此外，李白、陶潜、岑参等亦曾影响于陆游。而陆"虽受各家影响，而绝不拘泥因袭"。于诗风变化，以为"初喜藻绘，中务宏肆，晚归恬澹"。于陆游诗品，则从格调、用意、遣词、数量四个方面论之。于遣词，则拈出平易、悲壮、俊逸三个特点。此文对陆游爱国精神所述不多，而于闲适诗分析较为细密。②

　　施仲言《南宋民族诗人陆放翁辛幼安之诗歌分析》是一篇颇具特色的长篇论文。作者对南宋两位著名爱国作家陆游与辛弃疾进行了细致的比较，分析其诗词中所代表的民族意识及其人生和艺术境界的异同。以为陆游"以国家之生命为生命，生充满恢复之热忱，而不为时代所知。晚年为爱国热情所驱，出佐平原。而为当时道学中人，目之为堕节。至死时犹以不见九

---

① 府丙麟：《陆放翁诗之研究》，《约翰声》1936 年第 47 卷，第 1—8 页。
② 汪统：《陆放翁诗之研究》，《约翰声》1937 年第 48 卷，第 9—19 页。

州同为恨以示子孙。由此可见其爱国热情，实为古今罕见之唯
一之民族诗人"。文章对陆游与韩侂胄的关系有详细的考辨，认
为陆游出佐韩侂胄，实冀以"成恢复之大业。此乃为国家而出，
非为利禄所摇，威武所屈，更非平原之党徒也"。①所论深透明
白，有理有据，兼具淹博与精审之优点。戚二《陆放翁诗的
分析》也是一篇从学术上分析陆游诗歌的论文。作者分析陆
游作品不易学的原因时认为："他的诗词是对着世纪末叶的恶
景象发出的强烈的悲壮感慨的浩歌；它不是白兔的哀吟，或羔
羊的低泣，他是天马被世俗人羁绊着时的壮烈的长啸。这不是
普通人所容易描摹到的性情，这是他不易学不可学的地方。"
另一方面，因为时局没什么希望，他"不得不压抑着激昂的
情绪，转成了恬淡的人"。"无论一草一木，或山或水"，"记
忆不干己事的野老、山僧、渔夫、樵子都一一收入了他的诗囊
词箧"。"虽然所言各殊，但总有一种语真情挚、描写入微、
闲适飘逸的境界蕴蓄着。读之如嚼冰梨，入口毫无渣滓，但有
余芳"。"这也是常人不能故意描摹得到的境界"。而这些特质
不关乎遣词古拙，穷年雕琢。作者以为，"放翁虽源溯江西，
但遣词浑成，毫无许丁卯气息"。②文章对陆游诗的渊源及两
种类型的分析均深切独到，简洁精审。此文作者自十七八岁时
即醉心于放翁之诗，故所论出自个人深切体验，且具有一定的

————————

①　施仲言：《南宋民族诗人陆放翁辛幼安之诗歌分析》，《文艺月刊》1937
年第11卷第1期。
②　戚二：《陆放翁诗的分析》，《春秋》（上海），1944年第1卷第8期，第
16—19页。

学术水准。

当然，也并非所有学者都对陆游有如此高的评价，唐宋诗之争延续了近千年，历代不喜宋诗者颇不乏人。但尽管如此，陆游的成就还是难以贬抑的。著名学者李长之《"陆放翁之思想及其艺术"序》是为郭银田《陆放翁之思想及其艺术》所作的序言。李氏本人对宋诗评价不高，但认为"陆游总算是豪杰之士。以人论，他时刻有一种家国之感，而且是出于至诚"，"以诗论，我的感觉是勤快和亲切。""读到他的诗，就让我们宛然过一种淳朴、平静，却又偶尔激起壮志凌云的梦的老儒似的生活。"① 这个评价多少有一些矛盾，既然陆游"时刻有一种家国之感，而且是出于至诚"，又怎会只是"偶尔"才激起读者的壮志凌云之感呢！

以赞美陆游爱国精神、民族气节为主要内容的文章，笔者所见尚有胡才父《民族诗人陆放翁》（《浙江青年》（杭州），1936 年第 2 卷第 12 期）、陈为纲《民族诗人陆放翁述评》（《协大艺文》，1937 第 6 期）、叶郁鋆《爱国诗人陆游》（《丽泽》，1937 年第 6 期）、邹珍璞《陆放翁诗中所表现的民族思想：民族诗人研究之一》（《新认识》，1943 年第 7 卷第 1 期）、蝶兮《爱国诗人：陆放翁》（《胜利》，1945 年第 5 期，第 26—27 页）等，篇幅所限，只得从略。

---

① 李长之：《"陆放翁之思想及其艺术"序》，《东方杂志》1943 年第 39 卷第 1 期，第 114—115 页。

二 旧体诗词中陆游爱国诗词的接受与评价

近代以来，新文学借由白话文的兴起而蓬勃发展，成就巨大，逐步占领了文坛主流地位。然另一方面，以传统诗词为代表的旧体文学也并没有退出历史舞台，仍有数量不菲的作家喜好这种传统文学体式，创作了大量旧体诗词作品。近年来，学界逐步注意到这种旧体文学的价值并予以研究。具体到陆游在这一时期的影响与接受而言，不仅如前述有很多文章方面的阐述，旧体诗词创作中表现出的对陆游的热情也不遑多让，值得予以关注。

该时期旧体诗词中有关陆游的作品数量极多，大致可分为读后感、依韵、用韵、次韵、拟作等几大类。

以陆游事迹为题材，或者读陆游诗词后有所感慨且以诗词形式表达出来的例子最为多见。如豁然《闻子明诵放翁诗》云："书生亦有英雄气，浩浩黄河万斛愁。北望中原今跃马，一声边雁一声秋。"[1] 不仅视陆游为英雄，又以黄河之水形容他的愁，则其力图恢复中原而实际上无可奈何的忧愁与怨恨可谓大矣。邝和欢《读剑南诗》："我读剑南集，如病霍然起。放翁非诗人，乾坤怀爕理。壮志寄游览，慷慨词托旨。故曰窥宏大，学诗诗外始。呜呼时贤语，雕虫犹不似。"[2] 大意谓作者读陆游《剑南诗稿》，如大病中霍然惊起。因为他感觉到陆游不仅仅是一名诗

---

[1] 豁然：《闻子明诵放翁诗》，《枕戈》1932年第1卷第2期，第13页。
[2] 邝和欢：《读剑南诗》，《文史汇刊》1935年第1卷第1期，第329页。

人，而是怀抱治理国家壮志的贤才。他所言"汝果欲学诗，工夫在诗外"才是学诗的真正法门。对陆游的诗学思想和凌云壮志都表示出由衷的钦佩。骏丞《读放翁诗感赋四绝》其第四首云："南渡君臣春梦婆，休言铁马横金戈。凭谁细说沧桑恨，留待衰翁一钓舸。"① 对南渡君臣偏安一隅，苟且偷生给予抨击；对陆游壮志难酬、空留遗恨深表同情。佚名《读放翁集》："平生未遂澄清志，痛写商声寄叹吁。万里秋风天地肃，一声鹤泪海云孤。老希李广心逾壮，冢傍要离死有徒。最是沈园花落后，春波倩影两模糊。"② 以要离、李广等历史上有血性的人物为衬托，突出陆游一生壮志未遂，赍志以没的悲凉。佚名《读陆剑南诗集》："步骚梦雅补何曾，老泪犹闻哭杜陵。自古诗人非始愿，可怜南渡望中兴。"③ 同样寄寓着作者对陆游未能看到河山恢复的悲哀之同情。

在喜爱陆游、以陆游的爱国诗词激发民众抵御外侮的诗词作者群体中，也不乏诗词名家或学界名流。如陈家庆《碧湘阁词稿：读放翁剑门诗》云："细雨骑驴客，秋风入剑门。百年伤远役，万里滞□魂。短鬓余霜影，征衫半酒痕。词源三峡水，佳咏满乾坤。"④ 陈家庆（1903—1970），女，字秀元，号碧湘，湖南宁乡人，诗词兼善，著有《碧湘阁集》。此诗虽未

---

① 骏丞：《读放翁诗感赋四绝》，《民生》1936 年第 37 期，第 20 页。
② 佚名：《读放翁集》，《红氍》1938 年第 1 卷第 1 期，第 20 页。
③ 佚名：《读陆剑南诗集》，《南社湘集》1936 年第 6 期，第 415 页。
④ 陈家庆：《碧湘阁词稿：读放翁剑门诗》，《国闻周报》1936 年第 13 卷第 48 期，第 1 页。

对陆游爱国壮志有突出的描写，但全诗迭用陆游在剑南的诗句为典故，仍会令人联想到陆游为抵御外敌，远赴四川，从军南郑等事迹。张昭麟《题渊明太白少陵昌黎东坡放翁诸家诗后二十二首》中有三首为陆游而作，其中前二首诗云："少日从军向剑南，中原未复客情酣。读书岂是先生志，无奈晚归老学庵。""六十年中万首诗，诗中每恨出师迟。分明此事死无望，犹望他年家祭时。"① 张昭麟，字圣之，白族，云南剑川人，近代著名教育家、诗人。此三首诗以陆游从军南郑、一生万首诗、晚年读书老学庵中等情事为题材，对陆游一生忠心报国却又一次次失望，直至临终犹嘱托其子孙家祭时告诉他恢复中原的消息等深表赞叹与哀伤。朱右白《读放翁集》有"少年常具伊吕志，艰难不见胡运终""只手未能扶日月，坐惜陆沉伤鼎欹"等句②，对陆游空有凌云壮志，未能看到净扫胡尘的悲哀寄寓着深深的同情和哀叹。此篇虽未直接表达陆游抗金与当时抗日的关联，但陆游的情怀和遭遇仍会令人联想到当日国家的危难和救亡的紧迫。另，朱右白有《中国诗的新途径》等著述。

　　诗词创作中有所谓依韵（又称原韵、同韵）、用韵、次韵等。所谓依韵是指和诗与原诗同属一韵，但不必用其原字；用韵是指和诗时必须使用原作的韵字，但不必遵循原作的次序；而次韵，亦称步韵，则必须使用原作的所有韵字并依照其排列

---

　　① 张昭麟：《题渊明太白少陵昌黎东坡放翁诸家诗后二十二首》，《民族诗坛》1939 年第 2 卷第 3 期，第 30—34 页。

　　② 朱右白：《读放翁集》，《说文月刊》1940 年第 1 卷，第 342 页。

次序作诗。依照陆游的诗而依韵、用韵、次韵者颇不鲜见，同样反映了全民抗日背景下，广大民众以各自的武器积极参与救亡图存的情况。

如《光华大学半月刊》1933年第2卷第2期刊载署名朱时隽的七绝六首，其中四首"次剑南韵"，分别为《悲秋》《倚阑》《读书》《海棠》。《悲秋》云："梧桐落叶已知秋，海上孤羁类楚囚。国破山河谁爱惜，最难驱遣病中愁。"（末注："九·一八二周纪念卧病沪同仁医院。"）作为一名卧病在床而相当无助的病人，时当日军侵入东北两周年之际，发出"国破山河谁爱惜，最难驱遣病中愁"之慨叹。其他三首的关注点则在陆游诗的写景或陆游喜读书等方面，刻画景物优美，风格缠绵婉媚、韵味十足，如《海棠》云："一枝红艳称南国，近日还应怜旧荫。金屋有人能贮汝，无香谁会此幽深。"芳馨悱恻，婉约娴雅，显示出作者在学习陆游时并不拘于一格。励平《海上义战行·因南宋爱国诗人陆游楼上醉书及长歌行原韵各一首》以陆游诗的韵脚写当日抗战之情事，兹抄录其第一首："丈夫不虚生世间，决意讨倭收江山。坦克达姆尔何物，铜筋铁骨壮士颜。坚甲利兵亦何有，万夫莫当此雄关。三军将士共生死，赤心报国血和潜。杀贼何须更渡海，倭奴头颅倾国买。铁脚夜眼神仙肚，捷书飞来齐喝彩。十九路军民族光，挞汝倭国军阀狂。国仇重重何日忘，炎黄英灵在我旁。"[1] 热情歌颂了十九路军赤心

---

① 励平：《海上义战行·因南宋爱国诗人陆游楼上醉书及长歌行原韵各一首》，《励志》1936年第4卷第30期，第7页。

报国、英勇杀敌的事迹。此诗所刊发的栏目名称为《国难文学》，则栏目倾向及其中作品的宗旨不难想见。

每逢陆游生日时雅集赋诗，在民国时期的报刊上也屡见不鲜。如《铁路协会月刊》1933年第5卷第12期中即载有张仁父《陆放翁诞日青溪诗社雅集以放翁生日诗分韵代拈得浪字》、莳怡《放翁生日燕集分韵得时字集剑南诗句成七律一首》、刘筠友《陆放翁生日分韵得犹字》、惕三《癸酉夏历十月十七日为放翁生辰青溪同仁称觞致祝用放翁生日诗分韵拈得事字》、莳怡《寿楼春·放翁生日燕集分韵得时字》、忏盦《声声慢·放翁生日颍人召集青溪社分韵赋诗未赴鹤亭为拈得帅字因成此词》等。[①] 其中张仁父作品有"太息问何年，道与天宝况。国耻追靖康，辽东不可望"之语。惕三之作则首先感慨陆游爱国之志："放翁素具忠爱志，彩旗纵横见文字。""胡骑踏遍河南北，国势日蹙江山异。公以歌咏鸣不平，秋风团扇感身世。"继云："我生公后八百载，遭际尤甚宋时势。廿年纷争不曾休，内争且召外寇至。""吾侪空有爱国心，亦欲效公托讽刺。"学习陆游以文学为武器，劝谏统治者，抵御外侮的旨趣十分鲜明。颍人《十月十七日青溪诗社同人为陆放翁先生作生日分韵得入字》是一篇古体长诗，详细描述了陆游自出生至终老80余年的生活历程，其中有"童时我爱放翁诗，手自精抄珍什袭"，"翁生宣和太平时，九庙有知神已泣。积薪厝火曾几年，橐驼满都豺在邑"，"坐看

---

① 《青溪诗社诗钞》第一辑，关赓麟辑，民国二十五年（1936）中国仿古印书局铅印《秭园丛刊》本，藏南京图书馆。

中原落人手，我似霁山同感悒"，"与翁旧有香火缘，式瞻遗像
高风挹"等句①。足见作者自幼喜读陆游作品，对陆游"坐看
中原落人手"的悲伤感同身受。

拟作则是一种代言体，即诗人假装他人的身份而写作。此
处具体说来即现代诗人把自己作为陆游的替身而作诗。如三好
《拟放翁体》："揽镜颓然一老翁，自疑难见九州同；苦心画策浑
无当，舒意为诗岂便工？从骑当年惊射虎，儒牛终竟落雕虫！
生平不屑新亭哭，南渡衣冠晚并空。"② 以简约的语句回忆陆游
一生苦心孤诣谋划恢复中原之策、南郑射虎等事迹，以及老来
衰颓不堪、难见收复中原、必将赍志以没等种种情事。全诗既
含有对陆游一生壮志难酬的同情、哀叹，又因为是以陆游的身
份拟作，故语调反讽，含有替陆游自嘲的意味。愈发显出陆游
的无奈、哀伤。

集句虽然难以称得上是一种文学创作，不过凡集句者都必
须对前人的作品极为熟悉，故于研究前人作品的传播及接受仍
具有一定的参考价值。抗日战争时期，集陆游诗句以表达爱国
情怀的作品颇多，例繁不备举，仅录黎晋伟《悼张自忠将军：
集陆放翁句》作为示例：

（一）

山郡新添画角雄，酒酣看剑凛生风。天地何由容丑虏？
死去犹能作鬼雄。

---

① 颖人：《十月十七日青溪诗社同人为陆放翁先生作生日分韵得入字》，
《国闻周报》1934 年第 11 卷第 7 期，第 1 页。

② 三好：《拟放翁体》，《海王》1935 年第 7 卷第 20 期，第 379 页。

（二）

可怜万里平戎策，要挽天河洗洛嵩。战场横尸胜床第，但悲不见九州同！①

集句系辑录陆游《八月二十二日嘉州大阅》《病起书怀》《九月二十八日五鼓起坐抽架上书得九域志泣然》《书愤五首·其二》《夏日杂题》《前有樽酒行》《示儿》等七首作品的诗句而成。虽非自我创作，但以陆游的诗句悼念为国捐躯的张自忠将军，无论对陆游或对张将军来说，不也是很贴切的吗？

陆游在抗战时期的热度是特殊时期陆游影响力的一次集中爆发，上述有关抗战时期涉及陆游的论文、评介、传记、读后感、唱和诗词等还有很多，本文所述及者不足三分之一。但仅就这不足三分之一的内容来看，我们仍可强烈感受到陆游在那个时代传播之广泛、影响之巨大，是那个特定时代传播优秀文化、弘扬民族正气、解救民族危难的一股重要文化力量。陆游的爱国作品和他矢志不渝、为抵抗异族侵略而不懈奋斗的事迹，显然激励着难以计数的中华儿女为抵抗侵略者的入侵而冲锋陷阵。笔者在阅读这些文章和诗词时，再一次深切感受到陆游作品的伟大，也为这些喜爱、阐释、传播陆游作品而不遗余力的作者们在那个特殊时期为抵御外敌入侵所抱持的情怀所感动。

经典是一个民族和国家的文学传统与文化传统的核心。陆游在抗战时期的广泛传播和巨大影响再一次证明文学经典在延

---

① 黎晋伟：《悼张自忠将军：集陆放翁句》，《明灯》（上海）1940 年第 1 卷第 11 期，第 17 页。

续民族历史方面的重要价值。对于这种民族生死存亡时期广大学者和普通民众对陆游的认同及相关言论，似不宜完全按照学术水准的高低去衡量。这些文章并非全部出自学者之手，其中有很多普通民众，其撰写的目的也并非探讨学术。但不论其学术价值高低如何，其在普及陆游及其作品的相关知识、激发民众的抗战热情、批判苟且偷安的社会风气等方面显然是颇有贡献的。时值中国人民取得抗日战争胜利七十周年，总结像陆游这样优秀作家的伟大贡献，积极传播优秀历史文化，在任何时候都具有重要意义！

论陆游成都时期爱国诗作的特色

（中国台湾）台湾大学 黄奕珍

前 言

陆游的诗歌题材以爱国诗最受瞩目，研究成果也最为丰硕。以往的探讨有从整体来谈的，如张忠智、庄桂英的《人在山阴、心系边塞——谈陆游的边塞诗》[①] 从内容、风格与写法上指出其特色：此类诗歌是诗人爱国情怀的自然流露，充满恢复中原的豪情壮志和报国无门的怨愤；风格雄浑磅礴、气势飞动，有盛唐边塞诗的遗响，而且意象丰富，多用七律。

另外，渐渐也出现以分期论之的学术著作。将陆游诗作分为三期，始自赵翼，而中期是"自从戎巴蜀"[②] 算起，莫砺锋认为，自乾道六年陆游46岁入蜀至淳熙十六年陆游65岁被劾罢

---

① 张忠智、庄桂英：《人在山阴·心系边塞——谈陆游的边塞诗》，《中国韵文学刊》2004 年第 1 期。

② （清）赵翼：《瓯北诗话》："放翁诗凡三变：宗派本出于杜，中年以后，则益自出机杼，尽其才而后止。……是放翁诗之宏肆，自从戎巴蜀，而境界又一变。及乎晚年，则又造平淡，并从前求工见好之意，亦尽消除……此又诗之一变也。"《清诗话续编》（二），艺文印书馆 1985 年版，第 1220—1121 页。

官，这二十年是陆诗臻于成熟的关键时期①。若再细究，此时期又可分为二期，即在巴蜀时与出峡后，"巴蜀"时期还可细分为夔州、南郑、成都三时期。学界对于陆游蜀中诗也相当关注，并取得了相当不错的研究成果，但大多未以爱国诗作为焦点做全面的爬梳。事实上，"陆游中期诗歌的转变并未发生于自己看重的南郑时期，而是在南郑以后的数年内开始并且很快完成的"②，也就是说，成都时期应为转化的关键。早在宋朝，叶绍翁即已指出："游宦剑南，作为歌诗，皆寄意恢复。"③ 可惜学者未注意到此时期爱国诗作的特殊发展与实际内容，因此本文愿就此提出个人粗浅的观察所得。

这些观察主要来自比较南郑与成都时期之爱国诗作，从中提拈出后者的特色，并以诗篇诠释其具体实践与蕴含的意义。最后，也尝试厘定此期此类诗作在陆游整体爱国诗作中的位置，以增进对其演进与变化的阶段性理解。

一　与游仙主题结合

陆游成都时期爱国诗作的一项明显倾向，即广泛与其他主题作深密的结合。其中，饮酒主题是最受重视的，如倪海权就

---

① 莫砺锋根据《唐宋诗醇》"少历兵间，晚栖农亩，中间浮沈中外"之说进一步标定其中期之具体年限，《陆游"诗家三昧"辨》，《唐宋诗论稿》，辽海出版社 2001 年版，第 471 页。

② 此为徐丹丽分析此期诗体的变化后所得出的结论，《论陆游中期诗歌的转变——从爱国诗和创作阶段细分剖析》，《陆游与汉中》，上海古籍出版社 2013 年版，第 198 页。

③ 叶绍翁：《四朝闻见录》卷乙，艺文印书馆 1966 年版，第 21 页。

曾指出："在此期间，陆游写了很多醉酒的诗。""在陆游的醉歌中，塑造最多也最成功的是失意斗士的形象。"① 高利华也说："陆游积极进取逞强好勇的性格在醉歌与梦诗中得以淋漓发挥。这两种诗在陆游古体诗的创作中是最具神采的，气象直逼盛唐。"②

而除了饮酒诗外，与游仙主题的结合也值得探究。陆游的道家思想相当浓厚，对求仙访道亦颇热衷。在成都时期的爱国诗作中，可以看到以下几种思路。

首先是把学道与从戎并举，将其视为人生路途的两个选项。例如，《岁暮感怀》云：

征尘十载暗戎衣，虚负名山采药期。少日覆毡曾草檄，即今横槊尚能诗。

昏昏杀气秋登陇，飒飒飞霜夜出师。会有英豪能共此，镜中未用叹吾衰。③

诗中隐隐透露了对选择从戎因而错失采药名山的机会的懊恼与悔恨。《对酒叹》则罗列了更多的选项：

我欲北临黄河观禹功，犬羊腥膻尘漠漠；又欲南适苍梧吊虞舜，九疑难寻眇联络。惟有一片心，可受生死托，千金轻掷重意气，百舍孤征赴然诺。或携短剑隐红尘，亦

① 倪海权：《陆游蜀中时期心态发覆》，《牡丹江大学学报》2012 年第 12 期。
② 高利华：《放歌尚武　情结川陕——陆游蜀中诗谈》，《文学史话》，第 79 页。
③ 陆游著，钱仲联校注：《剑南诗稿校注》，上海古籍出版社 1985 年版，第 621 页。

入名山烧大药……①

这两首诗皆可看出在与爱国主题结合后，求仙已然失去主导的地位，其功能在于映衬诗人灭胡心愿之受挫。

而《梦游山水奇丽处有古宫观云云台观也》最足以显示他对于华山的向往：

　　神游忽到云台宫，太华彩翠明秋空。曲廊下阚白莲沼，小阁正对青萝峰。

　　林间突兀见古碣，云外缥缈闻疏钟。褐衣纱帽瘦如削，遗像恐是希夷翁。

　　穷搜未遍忽惊觉，半窗朝日初曈昽。却思巉然五千仞，可使常堕胡尘中？

　　小臣昧死露肝鬲，愿扈銮驾临崤潼。何当真过此山下，百尺袅袅龙旗风。②

此诗前八句写梦中情景，把华山及其著名的云台观描述得瑰奇美丽，并特别以普受宋人尊崇的陈抟来点出此地的神异。之后交代梦醒时的景况，并慨然祈愿能够扈从君王驾临关中，以便路过华山。其中的"却思巉然五千仞，可使常堕胡尘中"正是为道教圣地竟为女真统辖而感到愤怒，而思以匡正。这首诗虽然寄寓了对华山的衷心向慕，然而其主旨仍在于表达未能恢复故土的惆怅，和一般的游仙诗仍有差异。事实上，这样的想法在之前已经出现过，只是陈述相当简略："何时关辅胡尘

---

　　①　陆游著，钱仲联校注：《剑南诗稿校注》，上海古籍出版社1985年版，第415页。

　　②　同上书，第595—596页。

静？大华山头更卜期。"① 诗人借着与朋友之约来表达他对游览华山的向往，也蕴含着对南宋失去中原的悲愤。

然而，陆游最令人惊叹的还是借用游仙题材特有的优势写成的、充满魔幻色彩的诗篇。《融州寄松纹剑》即为佳例：

　　　　十年学剑勇成癖，腾身一上三千尺；术成欲试酒半酣，直蹑丹梯削青壁。

　　　　青壁一削平无踪，浩歌却过莲花峰；世人仰视那得测，但怪雪刃飞秋空。

　　　　老胡畏诛奉约束，假息渔阳连上谷。愿闻下诏遣材官，耻作腐儒常碌碌。②

作者以融州寄来的松纹剑为由搬演了一段奇异的故事。主人翁剑术高超，可以削平青壁、飞跨高峰，使得平地上的一般民众目瞪口呆。诗人巧妙使用"丹梯"、华山名峰莲花峰来指涉其修仙的道行。而后四句笔锋一转，竟写到盘踞在中国北方的女真，不仅认为他们内心怯懦，而且断言其政权亦不能长久，进而提出希望朝廷征召勇士北伐灭胡之意见。诗中的主人翁显然与末二句所言有关，这个勇武绝伦的男子空有一身本领，却屈居无用的儒者，与他心中的理想落差不啻千里之遥。这个主角当然带有陆游的影子，不过借游仙求道的思路，他却得以用超现实的想象、夸张的笔法，生动地描摹出他心目中那位超迈

---

① 陆游著，钱仲联校注：《剑南诗稿校注》，《次韵周辅雾中作》，上海古籍出版社1985年版，第459页。
② 陆游著，钱仲联校注：《剑南诗稿校注》，上海古籍出版社1985年版，第616页。

的英雄。

　　陆游另有两首诗皆与靖康之难时参与战事而后远引的将帅有关。其一是姚平仲，诗人在诗题中简述了他的生平：《姚将军靖康初以战败亡命建炎中下诏求之不可得后五十年乃从吕洞宾刘高尚往来名山有见之者予感其事作诗寄题青城山上清宫壁间将军傥见之乎》①。这是一位离开战场后寻仙得道的奇士，陆游曾这样描述他："乾道淳熙之间始出，至丈人观道院，自言如此。时年八十余，紫髯郁然，长数尺，面奕奕有光，行不择崖堑荆棘，其速若奔马，亦时为人作草书，颇奇伟。然秘不言得道之由云。"② 这首诗的前 12 句写的是姚将军的生平③，后 10 句则明言陆游意欲追随他服食灵芝、历览名山而终于得道的心愿：

　　　　我亦志方外，白头未逢师。年来幸废放，傥遂与世辞，

　　从公游五岳，稽首餐灵芝，金骨换绿髓，欻然松杪飞。

　　另外一位是赵宗印，陆游在《赵将军》一诗的序中如同前首之诗题一般，亦为其作了小传："靖康建炎间，关中奇士赵宗印者，提义兵击虏，有众数千，所向辄下，虏不敢当。会王师败于富平，宗印知事不济，大恸于王景略庙，尽以金帛散其下，被发入华山，不知所终。予感其事，为作此诗。"因为此事乃

<hr/>

　　① 陆游著，钱仲联校注：《剑南诗稿校注》，上海古籍出版社 1985 年版，第585—586 页。
　　② 《渭南文集》卷二三《姚平仲小传》。
　　③ "造物困豪杰，意将使有为，功名未足言，或作出世资。姚公勇冠军，百战起西陲。天方覆中原，殆非一木支。脱身五十年，世人识公谁？但惊山泽间，有此熊豹姿。"

"客为予言"，赵宗印又远遁华山，与前述活动往来于南宋领地之姚平仲并不相同。因此，这首诗起首即将场景设定于梦中的关中，并且以奇诡的想象描述此地的雄伟与之后陷贼的悲慨。最后遥想赵将军游仙于华岳三峰的景象。

> 我梦游太华，云开千仞青，擘山泻黄河，万古仰巨灵。往者祸乱初，氛祲干太宁。岂无卧云龙，一起奔风霆。时事方错谬，三秦尽膻腥。山河销王气，原野失大刑。将军散发去，短剑劚茯苓。定知三峰上，烂醉今未醒。①

和之前的诗歌相比，这两首诗明确指出了诗人所欲追随或所向慕的得道者的身份，他们和传说中的王乔、赤松子等不同，也与前朝的陈抟有别。这二位既与陆游同时代，而其学仙之前的事迹皆为抗敌有功，这样的经历打动了诗人，是以二首诗皆云："予感其事。"他为何如此的原因也许有两个：一是姚、赵二人具体实践了他的人生规划，他原来既想学道，又想上战场杀敌；二是他们二人在这两件事上都得到了一定的成功，与陆游此时的困顿低落恰成对比。

在将爱国与游仙的主题结合后，我们看到陆游成功替换了求仙的对象，原本对仙界或仙人的企慕一变而为陪衬志士爱国情操的工具，而且还巧妙地应用游仙主题的虚构特质，营造爱国情怀的奇宕起伏，可说是将二者做了彻底的融合。

---

① 陆游著，钱仲联校注：《剑南诗稿校注》，上海古籍出版社1985年版，第705页。

二 以阅、听方式起兴

成都时期陆游爱国诗的另一特色是往往以读书、看图或闻声起兴,不仅展现了丰富的内涵,技巧也相当成熟。

《观大散关图有感》是其中最受瞩目的一篇,原因是它充分体现了诗人沉郁跌宕的典型风格:

> 上马击狂胡,下马草军书,二十抱此志,五十犹癯儒。大散陈仓间,山川郁盘纡,劲气钟义士,可与共壮图。坡陁咸阳城,秦汉之故都,王气浮夕霭,宫室生春芜。安得从王师,汛扫迎皇舆?黄河与函谷,四海通舟车。
>
> 士马发燕赵,布帛来青徐。先当营七庙,次第画九衢。偏师缚可汗,倾都观受俘。上寿大安宫,复如正观初。丈夫毕此愿,死与蝼蚁殊。志大浩无期,醉胆空满躯。①

全诗章法谨严、跌宕生姿:开头与结尾的四句写自己的志向与此愿终究落空的惆怅,第5—8句写此地区的人杰地灵,第9—12句将视线东移至咸阳而以幽微的笔法写其陷贼的不幸,而第13—24句则陡然振作,用极具气势的诗句痛快淋漓地完成了复国的大业,最后则抒发壮志难酬的慨叹。而在写失去故土的悲痛时,"王气浮夕霭,宫室生春芜"的细腻与悠长的余韵和"安得从王师,汛扫迎皇舆……上寿大安宫,复如正观初"的气魄也正可互相比对,而显示出陆游

---

① 陆游著,钱仲联校注:《剑南诗稿校注》,上海古籍出版社1985年版,第357—358页。

对表现此一题材的娴熟程度。还有，《大散关图》和现实的大散关是有距离的，诗人完全不理会他正在阅览的地图，反而将重心放在他对此地的认识与其在复国一事的作用上，而且很快地离开大散关往东推进至西安、函谷关、山东、河北，由此既能见出他对大散关的钟爱，也可以知道他对挥戈北伐的热衷。

同样是观图兴感，此诗与《观长安城图》①便大为不同。后者虽一样不就地图做文章，可是却以低沉的语调娓娓述说自己曾如此靠近长安却未能收复故土的悲伤以及遗民的惆怅。其实陆游爱国诗作中这类的写法并不少见，只是较不受关注而已。二者比较，便可见出他并不囿于一般认知的那种风格。

至于《夜读东京记》则为另一种形态：

海东小胡辈覆冒，敢据神州窃名号。幅员万里宋乾坤，五十一年雠未报。

煌煌艺祖中天业，东都实宅神明隩。即今犬豕穴宫殿，安得旄头下除扫。

宝玉大弓久不获，臣子义敢忘巨盗？景灵太庙威神在，北乡恸哭犹可告。

壮士方当弃躯命，书生讵忍开和好。孤臣白首困西南，

---

① 此诗全文为："许国虽坚鬓已斑，山南经岁望南山。横戈上马嗟心在，穿堑环城笑虏孱。日暮风烟传陇上，秋高刁斗落云间。三秦父老应惆怅，不见王师出散关。"

有志不伸空自悼。①

全诗在东京沦陷与国仇未报间来回拉锯，大体前半篇二句一换、后半篇一句一换，此一节奏呈现二段式的变换，至第二段时速度加倍。而且，此诗也缺乏《观大散关图》的高昂慷慨，整体氛围比《观长安城图》更为阴郁悲惨。虽为读《东京记》一书，内容却少见相关的陈述。

由以上二诗可见陆游往往以现实世界的样貌为主体，而忽略、轻省以之起兴的阅读对象。《夜读唐诸人诗多赋烽火者因记在山南时登城观塞上传烽追赋一首》亦复如此：

> 我昔游梁州，军中方罢战。登城看烽火，川迥风裂面。
>
> 青荧并骆谷，隐翳连鄠县。月黑望愈明，雨急灭复见。
>
> 初疑云罅星，又似山际电。岂无酒满尊，对此不能咽。
>
> 低头愧虎帐，零落白羽箭。何时复关中？却照甘泉殿。②

诗人虽云是因读唐人赋烽火诗而起兴，但却追忆南郑从军时所见的烽火景况，而后才回到自己壮志未酬与欲复故土的心愿。而重新回到唐代都城所在的关中，才是与唐人有关之处。《龙眠画马》亦是如此，只是比前三首多了一些描写所观览之马画的部分。

> 国家一从失西陲，年年买马西南夷。瘴乡所产非权奇，边头岁入几番皮。

---

① 陆游著，钱仲联校注：《剑南诗稿校注》，上海古籍出版社 1985 年版，第591—592 页。

② 同上书，第 627 页。

　　崔嵬瘦骨带火印，离立欲不禁风吹。圉人太仆空列位，龙媒汗血来何时？

　　李公太平官京师，立仗惯见渥洼姿。断缣岁久墨色暗，逸气尚若不可羁。

　　赏奇好古自一癖，感事忧国空余悲。呜呼，安得毛骨若此三千匹，衔枚夜度桑干碛！①

　　此诗前八句写的是南宋畜养战马成效不彰的实情，而后才带到李公麟所画的骏马以做对照。之后再写自己的忧愤，尾段奋然振起，欲以画中之良马直捣贼穴。在现况与理想中来回摆荡的模式也昭然可见。

　　综观此类诗作，可以看到诗人描写的重点不在阅览的图书，而在于由此引起的联想与感慨，图书描绘与书写的关塞与图像，指向一个失落于过往的世界，对此他心向往之。举凡"大散关图""长安城图""东京记"，不是在边境就是在敌境，而李公麟所画的骏马或是唐人诗中赋写的烽火皆在图写逝去的荣光。至于诗篇的风格也由慷慨激昂到悲抑低吟而多有变化。

　　陆游另有一类诗是以听闻声音起兴的。写于 50 岁时的《秋声》在开头就替"悲秋"传统翻了案：

　　人言悲秋难为情，我喜枕上闻秋声，快鹰下鞲爪觜健，壮士抚剑精神生。

---

　　① 陆游著，钱仲联校注：《剑南诗稿校注》，上海古籍出版社 1985 年版，第451 页。

我亦奋迅起衰病，唾手便有擒胡兴，弦开雁落诗亦成，笔力未饶弓力劲。

五原草枯苜蓿空，青海萧萧风卷蓬，草罢捷书重上马，却从銮驾下辽东。

而后，他接着说明原因，因为秋天是放鹰打猎的季节，于是写鹰，再由鹰之健猛写壮士，最后焦点集中在他自己身上。而他受到二者的激发，遂生起了"擒胡兴"。在此事业之中，他的任务是起草檄书、参与作战，堪称文武双全。此诗的联想节奏极为快速，又把壮士、诗人本人、猎鹰的行动与特质糅合在一起，使得三者得以彼此指涉并加强其迅捷勇猛之特质。还有，他在诗篇将结束时，才以"五原草枯苜蓿空，青海萧萧风卷蓬"扣紧诗题，再次凸显了由壮士与他共同完成的北伐声势是何等的浩大、速度又是何等飘疾。

至于《夜闻浣花江声甚壮》则花费较多笔墨于"江声"：

浣江之东当笮桥，奔流啮桥桥为摇。分洪初疑两蛟舞，触石散作千珠跳。

壮声每挟雷雨横，巨势潜借鼋鼍骄。梦回闻之坐太息，铁衣何日东征辽？

衔枚度碛沙飒飒，盘槊断陇风萧萧。不然投檄径归去，短篷卧听钱塘潮。[1]

然而，刻画完江水之奔流与水声之浩壮后，陆游笔锋一转，

---

① 陆游著，钱仲联校注：《剑南诗稿校注》，上海古籍出版社 1985 年版，第 515 页。

把江声与征辽部队的行军声响联系起来，而发出何日夙愿得偿的慨叹。这首诗也把联想所及的声音置于倒数第3、4句，只是《秋声》以高昂的胜利场景作结，此处则为辞归回乡，借以表达壮志难酬的想法。而且，这两首诗写声音的两句"五原草枯苜蓿空，青海萧萧风卷蓬""衔枚度碛沙飒飒，盘槊断陇风萧萧"也都将想象的场景一跃至西北边塞。

写于52岁时的《中夜闻大雷雨》亦为名篇：

> 雷车驾雨龙尽起，电行半空如狂矢。中原腥膻五十年，上帝震怒初一洗。黄头女真褫魂魄，面缚军门争请死。已闻三箭定天山，何啻积甲齐熊耳。捷书驰骑奏行宫，近臣上寿天颜喜。合门明日催贺班，云集千官摩剑履。长安父老请移跸，愿见六龙临渭水。从今身是太平人，敢惮安西九千里！①

这首诗仅有首二句与所闻之雷雨直接相关，不过却以带有神话意味的方式加以绘写。之后，他认为这场雷雨是要清洗中原陷入女真手中所沾染的腥膻气味，而旨令是由震怒的上帝所下达的，这就延续了原先神异化的路线。接下来，他略过征战的过程，直接写贼虏投降的画面与北伐的势如破竹，又将镜头移到似是御驾亲征的行宫中诸臣祝贺的场景，再特意强调长安父老恭请迁都之事。最有意思的是，结末两句，陆游的想象已到成功恢复故土的将来，所以这个不知名的人物在彼时彼地不仅衷心庆幸自己已然生活在太平盛世，并且还愿为守护这个不

---

① 陆游著，钱仲联校注：《剑南诗稿校注》，上海古籍出版社1985年版，第552页。

易得来的疆域与国势远赴安西。我们当然可以把这个主人翁想成陆游本人，可是在诗篇里并未设有如此的限制，这与前述的《秋声》与《夜闻浣花江声甚壮》之诗人现身说法并不相同。而且，总体说来，本诗对情节的虚构程度与远离现实的夸张水平都是令人相当惊叹的。

由声音起兴的三首诗，都出现了现实所闻与想象场面，只是由前者过渡到后者的速度有快有慢、后者的虚幻成分有深有浅，而且后者皆与边塞景况密切相关。陆游面对南宋已然缩限的疆界与对汉唐广袤领土的向往，促使他使用这样的手法来加以表现，事实上，这也改写了边塞诗的传统与内涵。而且，这种起兴的方式和他备受重视的"梦诗"一般，皆是用以展开各具特色的空间的媒介，并以之赋予"北伐复国"多彩的面貌。

三　歌咏异人奇士

陆游此一时期特别欣赏"奇伟超凡、特立不群的英雄形象"①，这已为学者所注意，然而还有许多值得进一步探讨的地方。如果由叙事的角度来观察，大约可分为两类：叙事者身份不明与身份相对明确者。

第一类包含叙写对象为个人与非个人者，前者分别描绘"丈夫"与"壮士"的行径。知名的《金错刀行》先以精美的

---

① 高利华：《放歌尚武·情结川陕——陆游蜀中诗谈》，《古典文学知识》1998 年第 2 期。

佩刀开场，并以之喻寄主人的英武不凡：

> 黄金错刀白玉装，夜穿窗扉出光芒。丈夫五十功未立，提刀独立顾八荒。
>
> 京华结交尽奇士，意气相期共生死。千年史策耻无名，一片丹心报天子。
>
> 尔来从军天汉滨，南山晓雪玉嶙峋。呜呼！楚虽三户能亡秦，岂有堂堂中国空无人！①

而后主人翁以气宇轩昂的姿态出场，接着深入说明他的作为、个性、志向，最终则以错落的诗句凸显他复国的雄心。这位主人翁年约"五十"、从军于"汉中"地区，又能望见终南山，与陆游此时的年纪（49 岁）、曾有的经历可说是若合符节，可以说这是以他自己为蓝本塑造出的英雄人物。而另一篇写"丈夫"的为《胡无人》②，是与《金错刀行》同时创作的：

> 须如猬毛磔，面如紫石棱。丈夫出门无万里，风云之会立可乘。
>
> 追奔露宿青海月，夺城夜蹋黄河冰。铁衣度碛雨飒飒，战鼓上陇雷凭凭。
>
> 三更穷虏送降款，天明积甲如丘陵。中华初识汗血马，东夷再贡霜毛鹰。
>
> 群阴伏，太阳升，胡无人，宋中兴。丈夫报主有如此，笑人白首蓬窗灯。

---

① 陆游著，钱仲联校注：《剑南诗稿校注》，上海古籍出版社 1985 年版，第 361 页。

② 同上书，第 367 页。

此诗先聚焦于主人翁的面容，把他想象成曾三次北伐的东晋名将桓温①，之后再言其马上立功的信心，第5—8句写他追击敌人的急捷，第9—12句写战功彪炳、已然获胜，之后连用四次三字句写胜利的欢快并点出此一战争即南宋之中兴，最后则与独守篷窗、落拓江湖的白头人做对比。

这里描绘的是受到重用并建立奇功的"丈夫"，与《金错刀行》渴望得到明主赏识恰恰相反，而这里作为对比的那位失意者，反而比较像是陆游本人。如果把这两首诗比并来观察，不难看出《金错刀行》深入刻画了诗人当时深埋的理想，而《胡无人》则摆脱了受限的状态而尽情想象得志功成的景象，并以此嘲弄现实生活中诗人的潦倒。

而同样写于53岁的两首诗则集中描绘了"壮士"。《出塞曲》的壮士似为杰出的将领，他气概万千，既能领军打仗，又是射猎高手，在广阔的北方边塞东西驰逐：

> 佩刀一刺山为开，壮士大呼城为摧，三军甲马不知数，但见动地银山来。

> 长戈逐虎祁连北，马前曳来血丹臆；却回射雁鸭绿江，箭飞雁起连云黑。

> 清泉茂草下程时，野帐牛酒争淋漓；不学京都贵公子，唾壶麈尾事儿嬉。②

---

① 《晋书·桓温传》卷9："少与沛国刘惔善，惔尝称之曰：'温眼如紫石棱，须作猬毛磔。'"

② 陆游著，钱仲联校注：《剑南诗稿校注》，上海古籍出版社1985年版，第624页。

　　而《大雪歌》中的壮士则尚未受帝王倚重，所以陆游以其率性豪迈的举止、射猎猛虎的武艺表现他的奇伟特出：

　　　　长安城中三日雪，潼关道上行人绝。黄河铁牛僵不动，承露金盘冻将折。

　　　　虬须豪客狐白裘，夜来醉眠宝钗楼。五更未醒已上马，冲雪却作南山游。

　　　　千年老虎猎不得，一箭横穿雪皆赤。挐空争死作雷吼，震动山林裂崖石。

　　　　曳归拥路千人观，髑髅作枕皮蒙鞍。人间壮士有如此，胡不来归汉天子！①

　　与绘写"丈夫"的两首诗歌一样，这两首诗也分别描写了"壮士"获用与不用的两种状况，而且不管是哪一种状况，壮士的行为皆以极度夸张的手法加以描写。另外，《出塞曲》和《胡无人》的结尾也都以叙述者所不屑的人物来与主人翁对照，以见出高下。前者是诗人不喜欢的自己，后者则是他鄙视的那些无法承担大任的纨绔子弟。

　　不论是写"丈夫"还是"壮士"，陆游似乎借着获用/不用的情况，全面地表达了他对自己的看法，即现实与理想的巨大差距，而他正徘徊于二者之间。

　　陆游的另一类诗歌以描绘战争过程为主，而未如前述一般凸显某位英雄人物，例如《九月十六日夜梦驻军河外遣使招降

---

　　①　陆游著，钱仲联校注：《剑南诗稿校注》，上海古籍出版社1985年版，第710页。

诸城觉而有作》：

> 杀气昏昏横塞上，东并黄河开玉帐。昼飞羽檄下列城，夜脱貂裘抚降将。
>
> 将军枥上汗血马，猛士腰间虎文帐。阶前白刃明如霜，门外长戟森相向。
>
> 朔风卷地吹急雪，转盼玉花深一丈。谁言铁衣冷彻骨，感义怀恩如挟纩。
>
> 腥臊窟穴一洗空，太行北岳元无恙。更呼斗酒作长歌，要遣天山健儿唱。[1]

诗题交代了背景与写诗的缘由，描写者似是梦中的陆游，但却完全未做任何界定。首先写故事发生的场所与主人翁的一日行事，位于河东塞外的军士忙碌非常，装备精良的他们也取得了傲人的功绩，同时也以严寒的气候衬出上下一心的事实。而"元无恙"写出了叙事者原先心中的挂虑，即此二地也许会一直被腥臊如动物的金人所占据。最后，则以"天山健儿"高唱凯歌作为结束。为何要指名是天山健儿呢？应该是要强调从此统一固有之疆土，因此得以广纳来自不同区域的新成员。

全诗以高扬的情感、快速的节奏、高华的画面写北伐、复国的顺利成功，并以全体参与此一战争的人员作为歌颂的对象，是比较少见的写法。

---

[1] 陆游著，钱仲联校注：《剑南诗稿校注》，上海古籍出版社1985年版，第344页。

《战城南》也是如此，但重点有所不同：

> 王师出城南，尘头暗城北。五军战马如错绣，出入变化不可测。
>
> 逆胡欺天负中国，虎狼虽猛那胜德。马前喎咿争乞降，满地纵横掷剑戟。
>
> 将军驻坡拥黄旗，遣骑传令勿自疑。诏书许汝以不死，股栗何为汗如洗？①

开头四句各以五、七字的错落句式强调"王师"战备的精良、战术的灵活，而后则专力描写赢得胜利后胡人弃械投降的场面，并以王师主帅宽宏大量的处置态度作结。后面三分之二的诗句虽未如前一首诗般直接描述战争的过程，然而却也保证了前四句所言的可信度。将军即使帅气出场，不过整首诗的歌咏对象仍为受天子号令的勇锐军队。

至于叙事者身份较为明确的诗歌则以二首《剑客行》② 为代表。这两首诗写作时间相当接近③，事件有类似处，但由叙事者与主人翁的关系却可窥见其中的差异。首先，二诗皆先对剑客的兵器与武艺做了近于神化的描写，"我友剑侠非常人，袖中青蛇生细鳞。腾空顷刻已千里，手决风云惊鬼神""世无知剑人，太阿混凡铁。至宝弃泥沙，光景终不灭。一朝斩长鲸，海

---

① 陆游著，钱仲联校注：《剑南诗稿校注》，上海古籍出版社 1985 年版，第 625 页。

② 同上书，第 601、727 页。

③ 分别为淳熙三年（1176）五月及淳熙四年（1177）十一月，且皆写于成都。

水赤三月。隐见天地间，变化岂易测"。这有助于读者理解之后他们所做奇事的能耐。其次，则是二者皆为刺客，任务为刺杀敌国君主，"荆轲专诸何足数，正昼入燕诛逆虏""酒酣脱匕首，白刃明霜雪。夜半报雠归，斑斑腥带血"。

然而，第一首《剑客行》中的剑侠是独力完成任务，诗人说他是"一身独报万国雠"，而于成功之后"归告昌陵泪如雨"，这里的主人翁对于整个任务的意义有着深刻而完整的理解，他之所以哭告宋太祖之陵寝正是因为唯有如此才能对失去半壁江山一事向宋朝的开国君主有所交代。可是第二首《剑客行》中的剑客却类似于张良所招募来击杀秦始皇的大力士，真正知晓全盘计划与其深意者，则是招募他的人。这个人自称"臣子"，他因"国家未灭胡，臣子同此责。浪迹潜山海，岁晚得剑客"，而在剑客得手后，他这样说道："细雠何足问，大耻同愤切。臣位虽卑贱，臣身可屠裂。誓当函胡首，再拜奏北阙。"可见，叙事的当下，是刺杀成功而尚未将金主头颅献给宋帝之时，这位叙事者并声言事成之后要"逃去变姓名，山中餐玉屑"。换句话说，前首的剑客包办了后首剑客与臣子的双重任务，而叙事者只单纯作其"友人"，对他的行径做了翔实的描绘，而后首的叙事者身为臣子，以招募剑客执行刺杀来表现他报国尽忠的赤诚，这首诗表面上在写剑客，实际上是以剖露此一叙事者的心迹为主，他才是真正的主人翁。

如果再加上上述所论《融州寄松纹剑》中的剑客与姚平仲、赵宗印二将军，那么他所绘写的奇士阵容就更为浩大了。豪侠、剑客、将军或北伐将士，基本上都是能投身战场或执行刺杀任务的干才，他们也是陆游心目中足以担负恢复大任的英雄，借着生动、华丽的描绘，诗人以文字展演了具体的复国图卷。

而叙事者身份是否明确也对诗篇的阅读效果造成不同的影响。叙事声音不明者让读者的目光几乎都集中在主人翁身上；而叙事声音明确者，则能写出其与主人翁间更为复杂的关系，让读者能以更为多重的角度来审度情势。

四　结语

陆游成都时期爱国诗作的几个特点在离蜀之后仍旧有着持续的发展与变化。与求仙主题的结合，之后还有《碧海行》《月下野步》《有道流过门留与之语颇异口占赠之》《闻虏乱代华山隐者作》等作品，至于饮酒诗亦多有杰作如《长歌行》《醉歌》《草书歌》《三江舟中大醉作》《醉中戏作》《雪中独酌》《醉中作行草数纸》《醉歌》《醉书秦望山石壁》《醉题》《酒熟醉中作短歌》。而且，这个倾向在之后还增加了与写作草书主题的结合。陆游的这种方式，使其爱国主题能够渗入更多的诗歌主题之中，或如求仙一般代换了原先描写对象的优先级，或如饮酒一般重新赋予"借酒浇愁"不同以往的内容，这些都形塑了各种题材的新颖面貌。

而以读书、看图等因某事之触发而起兴的诗歌在离蜀之后亦屡有佳作，如《夜观秦蜀地图》《夜闻大风感怀赋吴体》《雪中忽起从戎之兴戏作》《闻鼓角感怀》《夜读兵书》《十一月四日风雨大作》《题阳关图》《读唐书忠义传》《闻西师复华州》二首《观运粮图》《观画山水》。这样的作诗方法可能是后世称许放翁时刻牵记、系念国家的原因，他借由多种切入角度重复申诉自己对北方与复兴的关切，而且大多忽视此一媒介，而将焦点集中于遥远的故土。或许这也是他被视为学杜诗人的理由之一。

离蜀之后主要以乐府歌行歌咏奇人异事的创作依然持续，而且变化更多、精彩纷呈，如《出塞曲》《前有樽酒行》《大将出师歌》《军中杂歌》《秋风曲》《出塞曲》《塞上》《题海首座侠客像》《焉耆行》《老将效唐人体》《塞上曲》《塞上曲》四首《老将》《将军行》《小出塞曲》《凉州行》《秋月曲》《陇头水》《长歌行》《出塞四首借用秦少游韵》四首。其中不乏传写将军、壮士的事迹者，但多了之前少见的老将，而《婕好怨》《明河篇》改用女性的口吻，叙事视角愈显繁富。此外，组诗的数量增多，诗篇意义容量更加扩大。

从以上三项观之，可以说成都时期的此类诗作奠定了陆游之后爱国诗的基本格局。不过，我们仍不能忽视出蜀之后，《书愤》《书感》《书叹》或《忆昔》《怀昔》《感旧》诗题增多的情况以及其所代表的意涵。

晚年陆游的乡居与自我意识

——兼及南宋"退居型士大夫"的提出

华中师范大学 林岩

钱锺书曾将陆游的诗歌归纳为两个方面:"一方面是悲愤激昂,要为国家报仇雪耻,恢复丧失的疆土,解放沦陷的人民;一方面是闲适细腻,咀嚼出日常生活的深永的滋味,熨帖出当前景物的曲折的情状。"① 同时他也指出,陆游的闲适诗在清末之前的很长时间里一直受到文人学士的青睐。然而,随着清末以降国势的艰难,陆游作为一个"爱国诗人"的形象日益凸显出来,反之,他的那些闲适诗倒被有意无意地冷落了。

然而,纵观陆游诗歌的创作历程,我们就会惊讶地发现,陆游诗歌的绝大部分写于他晚年回到山阴家乡之后。在其现存的9000 余首诗歌中,他最后二十年作于山阴的诗歌居然有6250

---

① 钱锺书:《宋诗选注》,人民文学出版社1994 年版,第170 页。

首之多，也就是说占其全部诗作的三分之二以上。① 在其晚年的诗歌中，固然不乏恢复失地的渴望与英雄迟暮的慨叹，却主要是记述自己的日常生活，涉及起居饮食、读书吟诗、出游交往，以及家庭生活的一些情形，同时更用大量笔墨描绘了乡村生活的方方面面。这些凡俗、琐细事物的入诗，使其诗歌以一种从未有过的生活化的气息出现在南宋诗坛，对后来的诗人产生莫大的影响。但怎样去理解和把握这些诗歌，却是一个迄今仍未得到很好解决的问题。

近年来，学界逐渐将目光转向了陆游的晚年诗歌，但在研究角度上，往往偏重于某一类型的诗歌题材，却很少从整体上去把握陆游晚年诗歌写作的心态与立场。换言之，我们几乎没有站在陆游的立场来思考其晚年的诗歌写作。基于此种考虑，本文以晚年陆游的身份问题为切入点，根据其诗歌中的自我叙述，试图寻绎家居时期陆游的自我意识及其居乡身份的自我认知。同时，结合对陆游晚年在朝野间影响的具体考察，尝试提出一个南宋"退居型士大夫"的概念，并试图勾勒其基本特征。希望通过这样一个角度，能为陆游晚年诗歌的把握提供一个基本立场。

---

① 在现存 85 卷的《剑南诗稿》中，自卷 21 的《醉中作行草数纸》之后，直至卷 85 的绝笔诗《示儿》，都是其晚年作品。据朱东润先生的统计，总数为 6470 首左右（参见朱东润《陆游作品的分期》，《陆游研究》，中华书局 1962 年版，第 121 页）。因此，若除去在临安一年所作的 216 首诗，则晚年在山阴所作，计有 6250 首左右。

一 官场与故乡之间：作为"退士"的陆游

淳熙十六年十一月二十八日，朝廷下诏免除了陆游的官职，六十五岁的陆游由此离开官场，回到了自己的家乡山阴。此后，直至嘉定二年十二月二十九日，陆游以八十五岁高龄在家中去世①，他余下的生命时光几乎都是在山阴度过。其间，仅有嘉泰二年六月十四日至嘉泰三年五月十四日，他因为参修国史、实录的缘故，在临安待了整整一年。② 也就是说，陆游几乎在家乡山阴度过了自己人生的最后二十年。那么，在这段漫长的最后时光中，陆游又是如何界定自己的身份的呢？对于重视出处的官僚士大夫来说，这是一个不容回避的问题。

作为一个居乡的免职官员，陆游在诗歌中提及自己的此种身份时，似乎倾向于使用"退士"一词。淳熙八年三月，陆游曾遭臣僚弹劾，罢职回乡，前后家居五年左右的时间。在此期的诗歌中，他第一次使用了"退士"一词。其《幽居》诗云：

松陵甫里旧家风，晚节何妨号放翁。衰极睡魔殊有力，愁多酒圣欲无功。

---

① 陆游卒年，有嘉定二年、嘉定三年两种异说，今从于北山考证。于北山：《陆游年谱》，上海古籍出版社1985年版，第558—559页。
② 《剑南诗稿校注》卷53有诗题云《予以壬戌六月十四日入都门，癸亥五月十四日去国，而中有闰月，盖相距正一年矣，慨然有赋》。据此，陆游于嘉泰二年（1202）六月十四日抵达临安，嘉泰三年（1203）五月十四日离开，中间适有闰月，所以前后在临安正好一年时间。钱仲联：《剑南诗稿校注》，上海古籍出版社2005年版，第3189页。本文此后所引陆诗，如无特别说明，皆出此书，只标示页码。

一编蠹简晴窗下，数卷疏篱落木中。退士所图惟一饱，诸公好为致年丰。

——卷13《幽居》，第1064页

在这首诗里，罢职的"退士"与在朝的诸公，形成一个出处的对比，而且以"幽居"一词作为诗题，也正好表明了自己远离官场的姿态。这些内涵，在他晚年的诗歌中几乎都原封不动地保存了下来。

当淳熙十六年陆游再次罢职之后，在十余年的家居生活中，他开始多次使用"退士"一词。回乡两年之后，绍熙二年夏，他在诗中有云：

白布裙襦退士装，短篱幽径独相羊。

——卷22《晚兴》，第1679页

又，绍熙四年秋，他有诗云：

民无余力年多恶，退士私忧实万端。

——卷27《癸丑七夕》，第1900页

又，庆元二年夏，他亦作诗道：

退士一生藜藿食，散人万里江湖天。

——卷34《赠童道人盖与予同甲子》，第2259页

在这些诗中所使用的"退士"一词，无疑都是在表述自己远离官场的身份，而且隐约具有与在朝官员相对比的意味在内。而在嘉泰元年秋的一首诗中，更明显地表露了这种在野的意识。

自问湖边舍，衰残俯仰中。谋身悲日拙，造物假年丰。税足催科静，禾登债负空。社醅邀里巷，腊肉饫儿童。衣及霜晨赎，炉先雪夜红。陂塘趋版筑，垣屋讫宫功。盗息

时雍象，人淳太古风。退夫无一事，鼓缶伴邻翁。

——卷48《居三山时，方四十余，今三十六年，久已谢事，而连岁小稔，喜甚有作》，第2908页

此时陆游已经77岁，居乡已有十二年，在诗中他感叹了自己的衰老，也记述了乡村的一派丰收景象。然而在诗的末尾，却以"退夫"一词来指称自己，无疑是为了凸显自己身在乡野的身份。显然，"退夫"不过是"退士"的另一种表达。

嘉泰三年夏，陆游离开临安之后，就再也没有回到朝廷，同时他的身体也日渐衰老。在其生命最后几年，他较之此前，似乎更喜欢在诗歌中使用"退士"一词。如开禧元年（1205）秋，他有诗云：

衣冠尚作闲身祟，梁肉终非退士宜。惟有褐裘并豆饭，尚能相伴到期颐。

——卷64《自遣》，第3641页

而在嘉定元年（1208）夏、秋之间，他则连续在三首诗里使用了"退士"一词：

退士愤骄虏，闲人忧旱年。耄期身未病，贫困乞犹全。

——卷76《自贻》，第4183页

退士鬓毛纷似雪，老臣心事炳如丹。

——卷78《秋夜》，第4226页

浊醪易负寻常债，退士难叨本分官。谢尽浮名更无事，灯前儿女话团圞。

——卷78《秋雨》，第4241页

而在其去世的嘉定二年（1209），这一年夏天，他在两首诗中也使用了"退士"一词：

> 退士自应客少，幽居不厌椽低。
>
> ——卷83《夏日六言》，第4446页
>
> 退士惟身虑，铭膺岂敢无！
>
> ——卷83《书意》，第4451页

从诗中的这些例证来看，在陆游家居山阴的二十年光阴里，他几乎都用"退士"一词来指称自己离开官场而身处乡野的身份。也就是说，无论是淳熙八年（1181）、淳熙十六年（1189）的免职居乡，还是庆元五年（1199）、嘉泰四年（1204）的两次致仕之后，当他家居山阴之时，他都是用"退士"一词来界定自己脱离官场的身份。

与陆游自称"退士"相呼应的，则是他用"退归""休退""退休""退处"这些语词来描述自己离开官场的行为。如以下诸例所示：

> 我诗慕渊明，恨不造其微。退归亦已晚，饮酒或庶几。
>
> ——卷27《读陶诗》，第1903页
>
> 退归久散前三众，迈往欣逢第一流。
>
> ——卷50《送施武子通判》，第2990页
>
> 我是仙蓬旧主人，一生常得自由身。退归自合称山长，变化犹应侍帝晨。
>
> ——卷75《遣兴》，第4105页
>
> 休退真吾分，无心学息机。
>
> ——卷45《老民》，第2798页

我今虽退休，尝缀廷议末。明恩殊未报，敢自同衣褐？

——卷 68《书叹》，第 3806 页

宦途昔似伏辕驹，退处今如纵壑鱼。

——卷 76《自笑》，第 4159 页

有时他也会单用一个"退"字来描述这种脱离了官场的状态，如以下诸例所示：

游宦三十年，所向无一谐，偶然有天幸，自退非人排。

——卷 42《初春书喜》，第 2643 页

三拜散人号，退志获早遂。

——卷 47《近村民舍小饮》，第 2858 页

力行虽自许，早退岂人谋？（自注：予年六十余，即退闲故山。）

——卷 60《远游》，第 3445 页

身退已收清禁梦，里居终出上恩宽。

——卷 79《初寒》，第 4275 页

从以上诗歌的这些语词用例来看，无论陆游是被弹劾罢职，还是自请致仕，他都将这种离开官场的行为、回乡家居的状态称为"退"。"退"字，因此具有了与官场疏离的意味。当这种离开官场的行为与家居生活的状态相结合的时候，陆游往往会使用"退居"一词来包蕴这双重的意味：

故帽提携二十霜，别裁要作退居装。

——卷 39《新裁道帽示帽工》

赐帛更蒙优老诏，此生何以报君恩。

——卷 41《退居》，第 2610 页

老愧人扶拜，贫无食足谋。退居消日月，大半付庄周。

——卷 45《书室独夜》，第 2778 页

绝口不谈浮世事，洗心聊策退居勋。

——卷 46《龟堂晨起》，第 2841 页

宠辱元知不足惊，退居兀兀饯余生。

——卷 60《书喜》，第 3454 页

虽然在陆游晚年的诗歌中，也常见到他使用"幽居""村居""山居""家居"等字眼来描述自己的归乡家居生活，但这些语词往往都偏向于强调自身在偏僻乡野居住的这一方面，而涉及从官场退却、回到乡间居住这一层意蕴时，他却倾向于使用"退居"一词。

古人有云："言，心声也。"（扬雄《法言》卷五《问神》）倘若这一观点可信，那么我们不妨依照陆游诗中这些语词的运用，来推测一下其意识里的自我身份认定。也许在陆游看来，他离开官场，无论是主动还是被动，都是一种"退"的行为。因此，他愿意将自己的身份界定为"退士"。而从离开官场、回乡家居这一角度而言，他的僻处乡里就应视为"退居"。

值得注意的是，在陆游的诗中，同时也存在另一种表述方式来指涉自己离开官场的行为，他称为"归休"。但在使用这一语词时，它更多是表示一种主动脱离官场的意味。如绍熙二年（1191）秋，他的诗中有这样的表达：

荷戈常记壮游时，齿豁头童不自知。已分功名非力致，更悲文字与年衰。

端居渐觉从人懒，熟睡偏于听雨宜。自断归休君勿怪，

一杯虀糁敌琼糜。

——卷23《寓叹》，第1711页

从诗中可见，他将淳熙十六年（1189）自己的罢职，视为一种主动脱离官场的行为。可以说，在使用"归休"一词时，他都多多少少隐含了此种意味在内，如以下诸例所示：

往者收朝迹，亟欲求归休。厚恩许奉祠，得禄岁愈忧。

——卷31《岁暮感怀以余年谅无几休日怆已迫为韵》，

第2111页

莫笑山翁雪鬓繁，归休幸出上恩宽。

——卷43《近村暮归》，第2705页

胸中万卷书，一字用不著。归休始太息，竟是为农乐。

——卷47《秋兴》

出仕每辞荣，归休但力耕。俭勤贫亦足，戒惧祸终轻。

——卷63《自儆》，第3581页

归休固已师沮溺，承学犹能陋汉唐。

——卷68《夜意》，第3832页

君恩许归休，幸与世俗绝。

——卷69《冬夜》，第3875页

我幸归休在闾巷，灯前感慨不须深。

——卷76《杂题》，第4147页

莫道归休便无事，时时被襆伴园丁。

——卷83《即事》，第4442页

在这些诗句中，"归休"一词不仅意味着陆游自己主动离开官场，有时还意味着回到乡里，将自己的身份转换成为农者、力耕者，而这反映了家居时期陆游自我意识的另一个层面（将在后文予以详述）。

与"归休"一词相近似的表达方式，则是"归老"。但陆游在使用这个语词时，着重于表达自己回到故乡的意味，几乎毫无例外。如以下诗句所示：

衰鬓萧然满镜霜，一庵归老镜湖旁。

——卷 29《饥坐戏咏》，第 2001 页

久矣微官绊此身，柴车归老亦逢辰。

——卷 40《遣兴》，第 3540 页

误长仙蓬不满年，恩容归老白云边。

——卷 57《舟中作》，第 3309 页

两脚走万里，归老樵风溪。

——卷 59《归老》，第 3404 页

江云漠漠雨昏昏，归老山阴学灌园。

——卷 61《自开岁阴雨连日不止》，第 3483 页

归老何须乞镜湖，秋来日日饱莼鲈。

——卷 70《烟波即事》，第 3906 页

归老家山一幅巾，俗间那可与知闻。

——卷 80《隐趣》，第 4313 页

在这些诗中，出现了山阴、镜湖、樵风溪等地名，而它们是陆游故乡的象征。所以，"归老"一词，不仅意味着从官场退出，同时更着重于自己返回了故乡。

这样，陆游在诗中表述自己从官场离开、回到故乡家居这一事实时，似乎使用了两种语词模式，一种是以"退"字为核

心的语词，一种是以"归"字为核心的语词。那么，在这种看似细枝末节的语词差异背后，有着怎样的微妙区别呢？就我的感觉而言，陆游在使用"退"字语词模式时，他似乎侧重于表达自己从官场的离开，即以官场为对象；而在使用"归"字语词模式时，他就偏向于表达回归故乡的情感，即以故乡为对象。换言之，"退"与"归"这两种语词模式，代表的是陆游在官场与故乡之间的去与来，脱离与回归。

如果进一步深究，我觉得陆游在使用这两种语词模式背后，也无意识地透露了南宋官僚士大夫的出处方式。宋代的士人，一般通过科举或荫补的方式，离开家乡出来做官，这在北宋与南宋并无多大差异。但是北宋的官员，在外游宦时，往往会选择在自己任职的地方买地置产，就此定居下来，成为寄居士大夫，而不一定要回到故乡。如欧阳修、王安石虽说是江西人，但从小随父游宦他乡，与家乡的联系并不密切，当他们退休之后，也是分别定居颍州和江宁。苏轼兄弟，从蜀中出来做官之后，就很少回到家乡，最终也都把子女安置在不同地方，而没有返回故乡。但是，南宋的官僚士大夫，无论在外做官多久，一般在离职之后，都会选择回到故乡，如周必大、杨万里、范成大都是如此。因此，南宋的官僚与北宋的官僚，在离职后是否回到故乡这一点上，显然有着较大的差异。如果注意到这方面的情形，那么陆游诗中两种语词模式的使用，恰好体现的是南宋官僚士大夫在官场与故乡之间的出处方式。或者说，两者之间具有高度的一致性。

陆游在诗歌中很少使用"隐"这一类的字眼来叙述自己离

开官场、回乡家居的状态。通过电子检索，我总共在《剑南诗稿》中找到两百余条有关"隐"字的条目，通过逐条检核之后，发现真正用于描述陆游家居生活的"隐"字，大概仅有以下数则诗例：

> 平生玉局经行地，拟乞冰衔隐剡溪。
>
> ——卷 11《双清堂醉卧》，第 898 页

> 隐居正欲求吾志，大患元因有此身。
>
> ——卷 16《闲居书事》，第 1275 页

> 扰扰平生成底事，镜湖归隐老黄冠。
>
> ——卷 30《题斋壁》，第 2047 页

> 镜湖归隐老黄冠，布褐萧然一室宽。
>
> ——卷 33《雨夜》，第 2212 页

> 老抱遗书隐故山，镜中衰鬓似霜菅。
>
> ——卷 36《感怀》，第 2335 页

> 风月宽间地，溪山隐遁身。云边安井臼，竹里过比邻。
>
> ——卷 45《山家》，第 2756 页

> 故山谁伴隐茅茨，幸有吾家大耳儿。
>
> ——卷 51《示子聿》，第 3062 页

> 小儿愿与翁偕隐，正恐声名未易逃。
>
> ——卷 53《书志示子聿》，第 3152 页

显然，较之上述引证的"退"与"归"两种语词模式，"隐"这一语词的使用相对较少。但更关键的是，在嘉定二年秋，即陆游去世前不久，他曾写下了如下的诗句：

> 小隐终非隐，休官尚是官。早知农圃乐，不见道途难。

故国鸡豚社，贫家菽水欢。至今清夜梦，犹觉畏涛澜。

——卷84《寓叹》，第4489页

当他回顾自己的家居生活时，他终于意识到他并非一个隐士，过的也不是隐居生活。因为他虽然离开了官场，但仍享有官员的一些待遇。可稍做补述的是，陆游自淳熙十六年罢职回乡，自绍熙二年开始，四领祠禄，直至庆元四年。庆元五年，自请致仕，仍领半俸。嘉泰二年，落致仕重新起用，至嘉泰四年再乞致仕，又领半俸至嘉定元年二月。① 也就是说，在陆游家居山阴的二十年光阴里，他仍是一个官员，一个离职官员。也许正因为意识到这一点，所以他才在诗中很少使用"隐"字吧。相对于中古文学中"隐逸"主题的流行，我感到这种"隐逸"意识在南宋文学中出现了很大程度的消退，陆游晚年的诗歌中缺少隐逸之气，即是一例。

综合上述考察，我们或许可以得出如下认识：家居时期的陆游，当他回顾自己离开官场这一事实时，他认为自己是从官场退却，所以这是"退归""退休""退处""退闲"，回到故乡家居，则是"退居"。而当他久居乡村时，他认为自己这种回归故乡的行为是"归休""归老"。虽然离开官场，但是他又享有官员的一些优待，所以他认为这也算不上是"隐"。当他觉得有必要给自己家居的身份予以明确界定时，他选择了"退士"一词。而且，无论是罢职，还是致仕，他都倾向于使用"退士"

---

① 陆游晚年奉祠家居、致仕的情况，在其诗中都有较为详细的记述，一一可按。具体考察，可参看于北山《陆游年谱》相关年份的记载。

一词来指称自己的家居身份。基于陆游的这种自我意识，兼顾
其离开官场、回乡定居这两个方面，如果试图给陆游的晚年身
份做一个学术化的界定，那么，我觉得称他为南宋"退居型士
大夫"也许较为适宜。

二　晚年陆游的声望与出处

晚年的陆游虽然身处山阴县一个略显偏僻的村落，但是作
为诗坛耆宿，他早已名满天下。他在诗歌方面的成就，不仅受
到同辈人的推崇，更是受到后生晚辈的崇敬。所以，即使僻处
乡野，也不乏登门求教者。与此同时，在陆游家居山阴的岁月
里，适逢外戚韩侂胄在朝中独掌大权，他为了压制昔日政敌赵
汝愚的支持者，对以朱熹为首的一大批士大夫进行了打击，而
陆游的不少朋友恰好属于这个阵营。因此，陆游在晚年的出处
动向，也颇受这些同辈士大夫的瞩目，而他与韩侂胄的接近更
是饱受争议。这些情形说明，即使作为一个退处乡里的士大夫，
陆游仍然有着不可忽视的全国性声望。

（一）陆游的晚年声望

在很早的时候，陆游的诗歌才华似乎就已得到认可。据一
则宋人笔记说，孝宗皇帝曾向周必大询问："今世诗人亦有如李
太白者乎？"而周必大就推荐了陆游，陆游由此得到孝宗赏识。①

---

① 参见罗大经《鹤林玉露·甲编》卷 4 "陆放翁"条，中华书局 1997 年
版，第 71 页。

此后，淳熙十三年，当陆游重新被起用任知严州时，孝宗曾面谕说：“严陵山水胜处，职事之暇，可以赋咏自适。”① 而当他自严州召回朝廷时，孝宗又在召对时说：“卿笔力回斡甚善，非他人可及。”② 由此可见，孝宗皇帝对于陆游的文学才华一直欣赏有加，这无疑有助于陆游声名的确立。

在同辈的士大夫交游圈子里，陆游作为一个才力超群的诗人，也得到了极大的认可。他在入仕之初，就与周必大结识，两人曾比邻而居，朝夕过从，相知甚深。③ 隆兴元年（1163），当陆游赴任镇江通判时，周必大在送行诗中就说他：“议论今谁及，词章更可宗。”④ 而与他在诗坛上几乎比肩而立的杨万里，也对其诗歌成就极表佩服。淳熙十三年（1186），他曾为陆游的诗稿题跋云：

> 剑外归乘使者车，浙东新得左鱼符。可怜霜鬓何人问，焉用诗名绝世无！⑤

而淳熙十六年（1189），他在一首与陆游的唱和诗中，更是做出了高度的评价：

---

① 《宋史》卷395《陆游传》，中华书局1990年版，第12058页。其《严州到任谢表》云：“勉以属文，时临遣守臣之未有。”可资印证。《渭南文集》卷1《严州到任谢表》，中华书局1976年版，第1977页。
② 《宋史》卷395《陆游传》，中华书局1990年版，第12058页。
③ 参见陆游《祭周益公》，《渭南文集》卷41，中华书局1976年版，第2395—2396页。
④ 周必大：《次韵陆务观送行二首》，《文忠集》卷3，影印文渊阁四库全书（第1147册），第47页。
⑤ 杨万里：《跋陆务观剑南诗稿二首》，《杨万里集笺校》卷20，中华书局2007年版，第1021页。

君诗如精金，入手知价重，铸作鼎及鬲，所向一一中。

我如驽并骥，夷途不应共。难追紫蛇电，徒挚青丝鞚。①

在诗中，杨万里以一种谦逊的姿态，表达了自己对陆游的敬重。而对陆游诗歌最为推崇的则是当时的道学领袖朱熹。据说，朱熹认为"于当世之文，独取周必大；于当世之诗，独取陆放翁"②。这在他本人与别人的议论之中也可以得到印证，如他给徐赓（载叔）的书信中说："放翁之诗，读之爽然。近代唯见此人为有诗人风致。"③ 又在给巩丰（仲至）的书信中说："放翁老笔尤健，在今当推为第一流。"④ 皆可见其叹服之意。此外，甚至连光宗宠臣兼诗人的姜特立也感叹说："当今大笔如君少，未用收藏叹陆沉。"⑤ 这些皆可说明，陆游的诗歌在当时士大夫阶层中享有极高的声誉。

由此我们不难想见，陆游在当时也成为后进诗人尊崇的对象。如与他晚年诗歌往还较多的赵蕃曾有诗云：

一代诗盟孰主张，试探源委见深长。家声甫里归严濑，句法茶山出豫章。

千里寸心长炯炯，十年两鬓漫苍苍。扁舟纵欲乘风去，

① 杨万里：《和陆务观见贺归馆之韵》，《杨万里集笺校》卷 27，中华书局 2007 年版，第 1375 页。

② 罗大经：《鹤林玉露·丙编》卷 5 "周文陆诗"条，第 319 页。

③ 朱熹：《答徐载叔》，《晦庵先生朱文公文集》卷 56，《朱子全书》，上海古籍出版社、安徽教育出版社 2010 年版，第 2649 页。

④ 朱熹：《答巩仲至》，《晦庵先生朱文公文集》卷 64，上海古籍出版社、安徽教育出版社 2010 年版，第 3108 页。

⑤ 姜特立：《次韵陆郎中》，《梅山续稿》卷 4，影印文渊阁四库全书（第 1170 册），第 39 页。

可不一登君子堂。①

无疑，赵蕃是把陆游当成了当时的诗坛主盟人物。而在浙东地区，与陆游有过从且曾受教于他的年轻后辈，对于陆游的文学成就更是推崇备至。如山阴的苏泂曾亲炙于陆游，在其诗集中，对于陆游多有赞颂之语，或言"先生天下名，有耳谁不知"②，或言"岂有文章高海内，独将身世老山中"③，或言"声名固自盖天下，耆老所当留日边"④，皆是不吝誉词。婺州兰溪的杜旃也曾有诗赞叹说："四海文章陆放翁，百年渔钓两龟蒙。"⑤ 而与陆游同为乡里的杜思恭不仅说："放翁先生，文章翰墨，凌跨前辈，为一世标准。"而且自己于广西做官时，于庆元三年将陆游的作品刻于崖石。⑥ 这些皆是陆游还健在时，年轻后辈所表达出来的敬意。

其实，当陆游晚年家居的时候，他对自己在文坛的声名也相当自信。如他在晚年的诗中曾说："平生诗句传天下，白首还

---

① 赵蕃：《呈陆严州》，《淳熙稿》卷12，影印文渊阁四库全书（第1155册），第197页。

② 苏泂：《送陆放翁赴落致仕修史之命》，《泠然斋集》卷1，影印文渊阁四库全书（第1179册），第75页。

③ 苏泂：《寿陆放翁三首》，《泠然斋集》卷5，影印文渊阁四库全书，第112页。

④ 苏泂：《三山放翁先生朝以筇拄杖为寿一首》，《泠然斋集》卷5，影印文渊阁四库全书，第112页。

⑤ 杜旃：《陆务观赴召》，《江湖小集》卷19，影印文渊阁四库全书（第1357册），第153页。

⑥ 参见齐治平《陆游资料汇编》引《广西通志》。

家自灌园。"① 又在 80 岁时，为自己的画像作赞说：

> 名动高皇，语触秦桧。身老空山，文传海外。五十年
> 间，死尽流辈。老子无才，山僧不会。②

虽然晚年的陆游时常感叹功业未遂，但对自己在诗歌上的成就却不乏自信。

正是因为陆游在诗坛已然享有很高的声誉，遂使其即便退居乡里，也仍然不乏年轻后进追随左右。这其中登门拜访求教的，既有相邻的浙东地区的士人，也有远自江西的士人，同时也有些士人通过寄赠诗卷来请益。山阴的苏氏兄弟，因为与陆游有乡土之谊，所以交往颇为密切。在苏氏兄弟五人（瀛、沕、泂、滨、潞）中，陆游的晚年诗歌中提及了三人。他在赠给苏潞（赵叟）的诗中说：

> 君家真德门，才杰森衮衮。托契则甚深，所恨相识晚。
> 携文数过我，每读必三反；譬如天厩驹，真是渥洼产。闭
> 门万卷读，更要极源本。才难圣所叹，期子敢不远。③

后来当苏潞参加省试时，他也有诗相送。④ 而与他过从最密也最受青眼的则是苏泂（召叟），他在一首赠诗中曾说：

> 苏子出侪辈，翩如天际鸿。才华刮眼膜，文字愈头风。

---

① 陆游：《秋思绝句》，《剑南诗稿校注》卷 63，上海古籍出版社 2005 年版，第 3588 页。

② 陆游：《放翁自赞》，《渭南文集》卷 22，中华书局 1976 年版，第 2187 页。

③ 陆游：《赠苏赵叟兄弟》，《剑南诗稿校注》卷 27，上海古籍出版社 2005 年版，第 1899 页。钱仲联在题解中，介绍了苏氏五兄弟的名号、排行。

④ 参见陆游《送苏赵叟赴省试》，《剑南诗稿校注》卷 74，上海古籍出版社 2005 年版，第 4088 页。

岂止千人见，真当四海空。老夫虽耄矣，此论不妨公。①

后来苏泂入蜀，他也有诗相送，在读了苏泂的诗卷后也是赞赏有加。② 而在现存的苏泂《泠然斋集》中，也有多首诗歌是写给陆游的。此外，他也有诗题赠给苏泗（虞叟）。③

同属浙东地区的婺州与绍兴府紧邻，那里兰溪县的杜氏兄弟也与陆游过从甚密。当杜氏兄弟的父亲去世，陆游在一首哀悼的诗歌中记述了他与杜氏兄弟的交往：

> 叔高初过我，风度何玉立，超然众客中，可慕不待揖。入都多宾友，伯高数来集，质如琮璧润，气等芝兰袭。晚乃过仲高，午日晒行笈，匆匆遽别去，怅望空快怏。有如此三高，青紫何足拾，岂无知之者，相视莫维絷。穷鱼虽相悯，可愧吐微湿，亦知尊公贤，何止盖乡邑。向风每拳拳，识面真汲汲，秋风忽闻讣，执书叹以泣，造门不自决，追悔今何及。又闻著书富，手泽溢巾笈，哀毁要无益，遗稿勤缀缉。④

杜氏兄弟也是五人（伯高、仲高、叔高、季高、幼高），但陆游在诗中只提及了伯高、仲高和叔高，说明与这三兄弟交往

---

① 陆游：《赠苏召叟》，《剑南诗稿校注》卷57，上海古籍出版社 2005 年版，第 3305 页。

② 参见陆游《送苏召叟秀才入蜀效宛陵先生体》，《剑南诗稿校注》卷 31，上海古籍出版社 2005 年版，第 2087 页；陆游《简苏邵叟》，《剑南诗稿校注》卷 65，上海古籍出版社 2005 年版，第 3687 页。

③ 参见陆游《题苏虞叟岩壑隐居》，《剑南诗稿校注》卷 76，上海古籍出版社 2005 年版，第 4161 页。

④ 陆游：《哭杜府君》，《剑南诗稿校注》卷 34，上海古籍出版社 2005 年版，第 2265 页。钱仲联在题解中，介绍了杜氏五兄弟的姓字。

颇多。嘉泰二年春，杜叔高（杜斿）曾于雨雪天气中拜访陆游，并在陆游家中留宿一夜，这在陆游的诗中也有记述：

> 久客方知行路难，关山无际水漫漫。风吹欲倒孤城远，雪落如筵野寺寒。
>
> 暮挈衣囊投土室，晨沽村酒挂驴鞍。文章一字无人识，胸次徒劳万卷蟠。①

显然，诗中对于杜斿的怀才不遇表示了同情。此外，嘉泰二年冬，陆游在临安时，曾作诗怀念杜伯高（杜旟）。②

除登门求教外，也有一些诗人将自己的诗卷寄给陆游，请其品题。如溧阳丞周文璞曾寄来诗卷，陆游有诗云：

> 满握珠玑何自来，晴窗初喜折书开。信哉天下有奇作，久矣名家多异才。
>
> 隔阔经年如许进，超腾它日若为陪。山阴道上霜天好，安得相从赋早梅。③

从诗中的语气来看，陆游与周文璞早就相识，所以表达出对其诗艺大进的欣喜之情。另外，他也曾为江西庐陵的萧彦毓的诗卷写了题诗，并发表了自己的诗歌见解。④

除此之外，晚年家居的陆游，还与当时一些已经成名的后

---

① 陆游：《杜叔高秀才雨雪中相过留一宿而别口诵此诗送之》，《剑南诗稿校注》卷50，上海古籍出版社2005年版，第2993页。

② 参见陆游《独坐有怀杜伯高》，《剑南诗稿校注》卷52，上海古籍出版社2005年版，第3079页。

③ 陆游：《寄溧阳周丞文璞，周寄诗卷甚可喜》，《剑南诗稿校注》卷41，上海古籍出版社2005年版，第2582页。

④ 参见陆游《题庐陵萧彦毓秀才诗卷后》，《剑南诗稿校注》卷50，上海古籍出版社2005年版，第3020页。

进诗人有着密切的联系，如与远在江西的赵蕃（昌父）、徐文卿（斯远）都有诗歌往还，尤其是写了多首诗歌寄赠赵蕃，表达对这位后进诗人的殷殷期待。① 著名的江湖诗人刘过，在陆游家居的时候也曾拜会过他。② 这些情形，学界多已熟知，不拟详说。

通过这些考察，我们不难发现，晚年的陆游即使家居乡野，但作为一个享有崇高声望的诗人，仍然在当时诗坛有着巨大的影响力。

（二）陆游的晚年出处

晚年的陆游，不仅作为一名诗坛耆宿而存在，作为一个喜言恢复的昔日主战派官僚，他在晚年的政治动向，同样引起士大夫阶层的关注。在陆游晚年家居的岁月里，朝堂政治正发生着变化。绍熙五年七月，赵汝愚和韩侂胄联手，迫使光宗退位，拥立宁宗，朝廷局势为之一变。但一年半之后，韩侂胄就将赵汝愚贬逐，自己独揽大权。随后，他为了打击政敌赵汝愚的支

---

① 陆游晚年家居，寄给徐文卿的诗歌，参见《剑南诗稿校注》卷30《寄徐秀才斯远并呈庄贤良器之》，上海古籍出版社2005年版，第2057页；卷45《寄赵昌甫并简徐斯远》，第2762页。此外，专门与赵蕃往还的诗歌有：卷55《故人赵昌甫久不相闻，寄三诗皆杰作页，辄以长句奉酬》，第3250页；卷62《读赵昌甫诗卷》，第3550页；卷69《得赵昌甫寄予及子通诗》，第3854页；卷80《寄赵昌甫》，第4328页。

② 绍熙四年（1193）春，陆游有诗赠刘过。《剑南诗稿校注》卷27《赠刘改之秀才》，上海古籍出版社2005年版，第1878页。刘过也有诗述及与陆游的会面，《龙洲集》卷5《放翁坐上》，上海古籍出版社1978年版，第36页；卷11《水龙吟·寄陆放翁》，第100页。

持者，将朱熹为首的一大批士大夫列入"伪学党籍"，予以禁锢。① 他的这一极端做法，在朝野间激起了巨大的反对声浪。在这样一个政治局面下，陆游晚年的短暂出仕，尤其是他与韩侂胄的接近，就受到同辈士大夫的瞩目。

陆游在朝为官时，与当时一批名流士大夫保持着相当不错的私人关系，如周必大、范成大、杨万里、辛弃疾和朱熹等，他们大体持有相同的政治立场，属于同一阵营的人物。即使当他们各自退归乡里之后，也仍然声气相通，音信不断。因之，在此政局翻覆之间，个人如何出处，彼此之间也发生着微妙的影响。

陆游离开朝廷之后，在绍熙三年秋，他曾写有一首诗曰《秋夜读书有感》，诗中云：

> 鬓毛焦秃齿牙疏，老病灯前未废书。卷里光阴能属我，人间声利久忘渠。穷山藏拙犹嫌浅，粝饭支羸不愿余。雨露安能泽枯朽，故人枉是费吹嘘。②（自注：时所闻如此。）

据诗中所述，说明在陆游归乡之后，朝廷里仍然有人试图让他重新出来做官，但后来并无什么动静。而在绍熙五年的春、夏之交，杨万里则写了一首诗寄赠给他，诗中说：

> 君居东浙我江西，镜里新添几缕丝。花落六回疏消息，月明千里两相思。

---

① 关于"庆元党禁"与政治、道学关系的相关研究，参看谢康伦《论伪学之禁》，《宋史论文选集》，何冠环译，国立编译馆 1995 年版。

② 陆游：《秋夜读书有感》，《剑南诗稿校注》卷 25，上海古籍出版社 2005 年版，第 1798 页。

不应李杜翻鲸海，更羡夔龙集凤池。道是樊川轻薄杀，犹将万户比千诗。①

当时杨万里已经辞官居乡有两年之久，从诗中的意思来看，似乎在规讽对方既然已经享有诗坛盛名，也就不必以出仕为念，劝勉的意味相当明显。而就在此诗写后不久，朝廷中就发生拥立宁宗继位的事件，为韩侂胄跻身权位提供了契机。

韩侂胄在独掌大权之后，先于庆元二年实施"伪学之禁"，接着又于庆元三年开列"伪学党籍"②，一大批士大夫受到打击，而朱熹作为赵汝愚的主要支持者，则首当其冲。③ 但在这段艰难岁月里，陆游却与朱熹保持了密切的联系，时常有书信往来和诗文应酬。庆元三年，朱熹的朋友严居厚前往浙东做官，他为其题诗云：

平日生涯一短篷，只今回首画图中。平章个里无穷事，要见三山老放翁。④（自注：谓陆务观。时严居厚之官刾中）

后来严居厚到了浙东，果然拜访了陆游，而陆游就根据朱

---

① 杨万里：《寄陆务观》，《杨万里集笺校》卷36，中华书局2007年版，第1868页。宋人罗大经所撰《鹤林玉露》中载有此诗，解释为杨万里因陆游为韩侂胄撰写《南园记》而作此诗规谏。但经现代学者考证，此说有违事实，不可为据。于北山的考证，《杨万里年谱》，上海古籍出版社2006年版，第479页；辛更儒的考证，《杨万里集笺校》，中华书局2007年版，第1867页。

② 刘时举：《续宋中兴编年资治通鉴》，中华书局点校本2014年版，第269—275页。

③ 关于庆元年间朱熹遭受政治禁锢的情形，参见韦政通《"庆元学禁"中的朱熹》，钟彩钧主编《国际朱子学会议论文集》（上册），中央研究院中国文哲研究所筹备处1993年版，第123—149页。

④ 朱熹：《题严居厚溪庄图》，《晦庵先生朱文公文集》卷9，《朱子全书》，第528页。

熹这首诗写了一首次韵之作。① 在这一年的年末，朱熹还给陆游寄了特殊的礼物（纸被），陆游则在答谢的诗中，拜托朱熹为自己的书斋老学庵作铭。其诗云：

> 木枕蒨床席见经，卧看飘雪入窗棂。布衾纸被元相似，只欠高人为作铭。②

但随着"伪学党籍"③的公布，朱熹却犹豫着不敢下笔。后来在庆元五年（1199），朱熹又多次致书陆游，拜托他为自己学生方士繇的父亲方丰之的诗集作序。④ 而陆游也遵照要求，写了集序。⑤

或许正因为有这样的交情，朱熹对于陆游晚年的官场动向表示了极大的关切。这主要见于他给巩丰（仲至）的多封书信中，如他在现存给巩丰的第四封书信中说：

> 放翁诗书录寄，幸甚。此亦得其近书，笔力愈精健。项尝忧其迹太近、能太高，或为有力者所牵挽，不得全此晚节，计今决可免矣。此亦非细事也。⑥

据考证，此信写于庆元五年四月⑦，而前一年冬，陆游奉祠

---

① 参见陆游《次朱元晦韵题严居厚溪庄图》，《剑南诗稿校注》卷 36，上海古籍出版社 2005 年版，第 2334 页。

② 陆游：《谢朱元晦寄纸被》，《剑南诗稿校注》卷 36，上海古籍出版社 2005 年版，第 2350 页。

③ 朱熹：《答巩仲至》书四，《晦庵先生朱文公文集》卷 63，第 3094 页。

④ 参见束景南《朱熹年谱长编》，华东师范大学出版社 2001 年版，第 1387 页。

⑤ 参见陆游《方德亨诗集序》，《渭南文集》卷 14，中华书局 1976 年版，第 2105 页。

⑥ 朱熹：《答巩仲至》之四，《晦庵先生朱文公文集》卷 64，第 3094 页。

⑦ 参见束景南《朱熹年谱长编》，第 1367 页。

已满，不再请领。① 从信中来看，朱熹原本颇担心陆游会被朝中的权臣牵挽出仕，但估计得知陆游拒绝再领祠禄后，认为陆游已不再有出仕之念。当听闻陆游致仕的消息后，他在给巩丰的书信中说：

> 放翁近报亦已挂冠，盖自不得不尔。近有人自日边来，云今春议者欲起洪景卢与此老付以史笔，置局湖山，以就闲旷。已而当路有忌之者，其事遂寝。今日此等好事亦做不得。然在此翁，却且免得一番拖出来，亦非细事。②

据考证，此信写于庆元五年五月③，而陆游恰在本月致仕。④ 也就是说，陆游致仕不久，朱熹很快就知道了这个消息。此外，朱熹还听闻当时朝廷中有请陆游出来修史的打算，而他却觉得不合适。庆元六年闰二月，已经致仕的陆游得以进职华文阁待制。朱熹在随后不久给巩丰的信中提及此事说："放翁且喜结局，不是小事，尚未得以书贺之。"⑤ 表现出对老友晚年能获此荣衔的欣喜之情，而"结局"二字则显得意味深长。巩丰出身浙东地区，与陆游有着很深的交往。朱熹以这种方式来发表自己的意见，或许也是间接地希望陆游能知道吧。

一个月之后，朱熹去世，陆游为他写下了沉痛的悼词，表

---

① 参见于北山《陆游年谱》，上海古籍出版社 1985 年版，第 431 页。

② 朱熹：《答巩仲至》之五，《晦庵先生朱文公文集》，第 3098 页。

③ 参见束景南《朱熹年谱长编》，第 1367 页。

④ 参见陆游《五月七日拜致仕敕口号》，《剑南诗稿校注》卷 39，上海古籍出版社 2005 年版，第 2489 页。

⑤ 朱熹：《答巩仲至》之二十，《晦庵先生朱文公文集》卷 64，第 3113 页。据束景南考证，此信作于庆元六年二月，《朱熹年谱长编》，第 1387 页。

示出深切的惋惜之情。① 在当时的党禁氛围下，这是足以表明自己政治立场的举动。然而，也就是在这一年，陆游为韩侂胄撰写了《南园记》。② 虽然这篇文字并无谀辞，甚至暗含讽喻之意③，但是在当时和后世却被认为是向韩侂胄靠拢的标志，引起较大争议。④ 接着，在嘉泰二年，陆游又被朝廷起用，参与编修孝宗、光宗两朝实录以及三朝国史。⑤ 但晚年陆游的这次重新出仕，却与当时的政治气候转变有着直接的关系。因为就在此年，韩侂胄取消了"伪学之禁"，并先后追复了赵汝愚和朱熹的官职⑥，采取了一种与先前的反对派合作的姿态。职是之故，不仅一批先前受到政治打击的"伪学"党人被陆续起用，那些一度罢职居乡的官员也得以重新入仕。⑦ 如曾经罢职家居的辛弃疾就在嘉泰三年重新出来做官。正是在这种政局一新的情形下，陆游才会被征召入朝。在陆游入朝的一年时间里，他曾为韩侂胄

---

① 参见陆游《祭朱元晦侍讲文》，《渭南文集》卷41，中华书局1976年版，第2394页。

② 参见陆游《南园记》，《放翁逸稿》卷上，《渭南文集》，中华书局1976年版，第2499页。据考证，《南园记》的写作时间，当在庆元六年（1200）春至十月之间。参见邱鸣皋《陆游评传》，南京大学出版社2007年版，第204页。

③ 如罗大经说："《南园记》唯勉以忠献之事业，无谀辞。"叶绍翁认为："盖寓微词也。"（《四朝闻见录·乙集》，中华书局点校本1997年版，第65页）

④ 现代学者关于此一问题的探究，可参见《于北山年谱》，第456—462页；朱东润《陆游和韩侂胄》，《陆游研究》，中华书局1962年版，第43—45页；朱东润《陆游传》，上海古籍出版社1979年版，第221—223页；邱鸣皋《陆游年谱》，第204—210页。

⑤ 参见于北山《陆游年谱》，上海古籍出版社1985年版，第470页。

⑥ 参见刘时举《续宋中兴编年资治通鉴》，第291—1293页。

⑦ 具体研究，参见朱东润《陆游和韩侂胄》，《陆游研究》，中华书局1962年版。

写了一首祝寿诗①，并撰写了《阅古泉记》②。这两篇文字也在陆游身后引起较大争议。③

关于陆游的晚节问题，后世既多争议，现代学者也多有辩白，可谓聚讼纷纭，非本文所能给出定论。但就陆游晚年的这段出处来看，他无疑也是当时权臣韩侂胄试图笼络的一个对象，也正因为他与韩侂胄的接近，从而引起了部分在野士大夫的非议。也就是说，当时朝野双方都相当看重陆游。

开禧二年北伐失败之后，次年韩侂胄即遭到诛杀，史弥远上台，政治局面又为之一变。因为陆游与韩侂胄有过文字上的交往，在新的当权者看来，这明显是政治上的一个污点，从而遭到了"落职"的处分，事在嘉定元年之春。④ 据周密关于此事的记述说：

> 韩平原南园既成，遂以记属之陆务观，务观辞不获，遂以其归耕、退休二亭名，以警其满溢勇退之意甚婉。韩不能用其语，遂致于败。务观亦以此得罪，遂落次对，以太中大夫致仕。外祖章文庄兼外制，行词云："山林之兴方适，已遂挂冠；子孙之累未忘，胡为改节。虽文人不顾于细行，而贤者责备于《春秋》。某官早著英猷，浸跻膴仕。功名已老，萧然鉴曲之酒船；文采不衰，贵甚长安之纸价。

---

① 参见陆游《韩太傅生日》，《剑南诗稿校注》卷52，上海古籍出版社2005年版，第3074页。
② 参见陆游《阅古泉记》，《放翁逸稿》卷上，《渭南文集》，中华书局1976年版，第2498页。
③ 具体论述，参见邱鸣皋《陆游评传》，第232—238页。
④ 关于陆游落职时间的考订，参见邱鸣皋《陆游评传》，第251—253页。

岂谓宜休之晚节，蔽于不义之浮云。深刻大书，固可追于前辈；高风劲节，得无愧于古人。时以是而深讥，朕亦为之慨叹。二疏既远，汝其深知足之思；大老来归，朕岂忘善养之道。勉图终去，服我宽恩。"①

从朝廷颁降的这份诏命来看，不仅陆游晚年的重新出仕被视为改节，他为韩侂胄撰写的《南园记》等文字也是一个主要的罪状。陆游的晚节问题，大概也因为这个"官方意见"而被"定性"了吧。

根据上述考察，我们不难看出：作为一名退居士大夫，陆游即使僻处乡里，也会因其在诗坛享有的声望，而受到后进诗人的崇敬。他不仅能够吸引浙东地区的士人追随左右，甚至连远在江西的诗人也会登门求教或寄赠诗卷。而从他与当时诗坛新秀的密切交往，更可以看出他在诗坛仍然发挥着相当的影响力。与此同时，作为一名有声望的昔日官僚，他的晚年政治动向也颇受瞩目。他不仅是当权者试图笼络的对象，也是在野士大夫视为对抗当权者的一个标志性人物。正因为如此，他与韩侂胄的文字应酬，他的晚年出仕，才会被视为一个政治污点。这些皆足以说明，陆游即使退居乡里，他也不是一个明清史意义上的"乡绅"或"地方精英"，而是具有全国性声望和影响的南宋"退居型士大夫"。

---

① 周密：《浩然斋雅谈》，中华书局点校本 2010 年版，第5—6页。

三 晚年陆游的乡居意识

南宋官员退出官场之后，很多人会选择回乡定居，这几乎是南宋士大夫出处的一个普遍模式。但是这模式也存在一些差异，有人会定居在城市，如周必大、范成大；有人定居在乡村，如陆游、杨万里和辛弃疾，后者似乎要多一些。这种居住地的不同，多少会影响他们的晚年生活方式，从而直接或间接地也会影响他们的文学写作。陆游晚年的诗歌中充溢着乡村气息，无疑就与其长久身居乡村有着密切的关系。那么，陆游自己的乡居意识又是怎样的呢？

在讨论陆游的晚年身份时，我们发现，陆游将自己离开官场这一行为称为"退归""退处""退闲"，而将回到故乡定居称为"归休""归老"。这主要是就其与官场、故乡的关系而言。但是，如果从乡居生活这一面来看，我们又会发现，陆游将自己与乡村的关系定义为"归耕""退耕"或"躬耕"，尤其是庆元五年致仕之后，这种"归耕"意识越发强烈。

在最初退居乡间的十年间，陆游偶尔会在诗歌中将自己的乡间生活称为"归耕"或"退耕"。如他在绍熙五年冬所写的《三峡歌序》中说："乾道庚寅，予始入蜀，上下三峡屡矣。后二十五年，归耕山阴。"① 又在庆元二年的《春思》诗中说：

---

① 陆游：《三峡歌》，《剑南诗稿校注》卷30，上海古籍出版社2005年版，第2068页。

"七十老翁身退耕，可怜未减旧风情。"① 可以说，在最初十年的乡居生活中，陆游并没有很强的"归耕"意识。

但是庆元五年致仕之后，陆游却开始频繁地在诗中使用"归耕"一词，来指称自己的居乡生活。这在他致仕那年所写的诗歌中立刻表现了出来，如他在该年夏天接到致仕敕文之后所写的诗中就说：

> 归耕所愿杂民编，乍脱朝衫喜欲颠。但得吾儿能力稼，不请半俸更超然。②

同年秋天，他又有诗云：

> 衣食无多悉自营，今年真个是归耕。③

从这两首诗来看，致仕对于陆游来说，意味着官员身份的真正失去。尤其是官俸收入的减少，也使自己更依赖于家庭自身的经济收入来源。换言之，他觉得自己更接近于乡野里耕作的平民百姓了。这种意识此后频频流露，见于以下诗例之中：

> 湖上归耕一病翁，此心非复少年同。

　　　　　　　　——卷 42《老病》，第 2640 页

> 妄出真成错，归耕惜已迟。

　　　　　　　　——卷 49《自勉》，第 2951 页

> 我今余年忽八十，归耕幸得安山林。

---

① 陆游：《春思》，《剑南诗稿校注》卷34，上海古籍出版社 2005 年版，第 2231 页。

② 陆游：《致仕后即事》，《剑南诗稿校注》卷39，上海古籍出版社 2005 年版，第 2493 页。

③ 陆游：《晨起颇寒，饮少酒，作草数幅》，《剑南诗稿校注》卷40，上海古籍出版社 2005 年版，第 2566 页。

——卷55《杂言示子聿》，第 3254 页

胎发茸茸绿映巾，归耕犹是太平民。

——卷65《自贺》，第 3675 页

退耕镜湖上，风雨有茅屋。

——卷74《寄子虡》，第 4073 页

壮志悲垂老，归耕愿太平。

——卷78《夜雨》，第 4254 页

从这些诗句中"归耕"一词的使用来看，这明显是用于指称自己的乡居生活。但是考虑到陆游的实际身份和年龄、身体状况，我们其实很难相信陆游会真正参与农事劳作。我想这更多的是一种姿态，表示自己失去了官员身份，在乡间居住，与老百姓没什么差别。

与上述诗句的"归耕"意识相呼应的，则是从退居山阴开始，陆游喜欢在诗中以"老农"一词来自称。这种情形，在致仕以前的十年间只是偶尔出现，计有以下数例：

若耶老农识几字，也与二事日相关。

——卷21《饮酒望西山戏咏》，第 1623 页

莫笑蓬门雀可罗，老农正要养天和。

——卷27《蓬门》，第 1880 页

白首老农愁破处，梦回高枕听潺潺。

——卷29《喜雨》，第 2015 页

坐令事业见真儒，老农不恨老耕锄。

——卷35《读书》，第 2309 页

但是在陆游致仕之后，尤其是嘉泰三年再次致仕之后，越

是接近自己生命的最后时光，陆游在诗中越是频繁使用"老农"一词。如嘉泰四年，他有诗云：

　　老农手自辟幽圃，土膏如肪水如乳。

——卷59《菜羹》，第3437页

而在开禧年间（1205—1207），他在诗中以"老农"自称：

　　老农虽瘠喜牛肥，回首红尘万事非。

——卷65《谢君寄一犁春雨图求诗，为作绝句》，第3699页

　　谢事还家一老农，悠然高卧听晨春。

——卷70《枕上作》，第3894页

　　龚子吴中第一流，老农何幸接英游。

——卷70《寄龚立道》，第3901页

　　老农自得当年乐，痴子方争后世名。

——卷72《晓思》，第3992页

嘉定元年（1208）、嘉定二年（1209），是陆游生命的最后两年，此时他在诗中使用"老农"一词最多：

　　明诏裕民闻屡下，老农何以报君恩？

——卷75《肩舆至湖桑埭》，第4134页

　　稻饭似珠菰似玉，老农此味有谁知？

——卷78《邻人送菰菜》，第4250页

　　老农饭粟出躬耕，扣腹何殊享大烹。

——卷82《种菜》，第4423页

　　老农自喜知时节，夜半呼儿起饭牛。

——卷83《喜雨》，第4461页

从这些诗句来看，随着陆游乡居时间越长、年岁越大，他

越来越觉得自己就是一介百姓。虽然他实际上不参与耕作，但从心理上却把自己看成了一个老农。较之于他中年时期炽热的功名之念，晚年的陆游必定悲哀地意识到建功立业已经不再可能，所以他才会将自己视为平凡的"老农"。

但是，陆游的这种"归耕"意识，这种自比"老农"的心态，倒也未必全是故作姿态，而是有其现实基础。因为陆游已经意识到，出仕与农耕之间并没有那么明显的界限。如他曾在诗中说道："士生本耕稼，时来偶卿相。"① 又曾在诗中言及："谋生在衣食，不仕当作农。"② 也就是说，在陆游看来，士大夫本是出身于农耕阶层，因为偶然的机遇才得以入仕为官，并非天生注定。所以当其离开官场，就应回到田野从事农耕，以此作为经济收入的来源。他的这种意识，反映出自唐代贵族社会衰替之后，新兴的宋代官僚自农耕阶层通过科举跻身官僚阶层的一个真实面貌。应当说，正是在经历了唐宋之间的这种社会转型之后，宋代的官僚才对于仕宦的不确定有了深刻的认识。

从另一个方面来说，陆游家族自身的兴衰，也给了他对于仕与农之间关系的一个直接启示。他在一篇文章中曾说：

> 予尝悲士之仕者，苟名位而已，则为负国；必无负焉，则危身害家，忧其父母，有所不免，耕稼之业，一舍而去，复其故甚难。予先世本鲁墟农家，自祥符间去而仕，今且

---

① 陆游：《夜过鲁墟》，《剑南诗稿校注》卷22，上海古籍出版社2005年版，第1652页。

② 陆游：《杂兴》，《剑南诗稿校注》卷66，上海古籍出版社2005年版，第3717。

二百年，穷通显晦所不论，竟无一人得归故业者。室庐、桑麻、果树、沟地之属，悉已芜没。族党散徙四方，盖有不知所之者。过鲁墟，未尝不太息兴怀，至于流涕也。①

又在开禧元年的另一篇文章中说：

吴越在五代及宋兴，最为安乐少事，然废立诛杀犹如此。方斯时，吾家先世守农桑之业于鲁墟、梅市之间，无一人仕于其国者，真保家之法也。②

从陆游晚年的这两篇文字中可以看出，陆游的家族在五代时期一直是以农耕为业，直到他的高祖陆轸，才在真宗祥符年间以进士起家③，至陆游之晚年，已有两百年之久。然而随着家族成员的仕宦流徙，原来的家族聚集地鲁墟反而被荒废了。由此陆游认识到，如果因为出仕而丢弃了耕稼之业，一旦要想恢复就很困难。陆游的这种意识，也流露在他的《示子孙》诗中：

为贫出仕退为农，二百年来世世同。富贵苟求终近祸，汝曹切勿坠家风。

吾家世守农桑业，一挂朝衣即力耕。汝但从师勤学问，不须念我叱牛声。④

显然，陆游在这首诗中，将世守农桑当成了自己的家风。

或许正是基于这样的认识，陆游才屡屡在诗中表达出世代

① 陆游：《陈氏老传》，《渭南文集》卷23，中华书局1976年版，第2191页。
② 陆游：《跋吴越备史》，《渭南文集》卷30，中华书局1976年版，第2276页。
③ 陆游自述："宋祥符中，赠太傅讳轸以进士起家，仕至吏部郎中，直昭文馆。"《渭南文集》卷35《奉直大夫陆公墓志铭》，中华书局1976年版，第2329页。
④ 陆游：《示子孙》，《剑南诗稿校注》卷49，上海古籍出版社2005年版，第2943页。

为农的愿望。其中较为明显者有：

> 为农世世乐有余，寄语儿曹勿轻舍。
>
> ——卷 22《江村初夏》，页 1666

> 衣食粗足官赋足，何妨世世作耕农。
>
> ——卷 37《龟堂杂题》，页 2406

> 身誓生生辞禄食，家当世世守农耕。
>
> ——卷 64《视东皋归小酌》，页 3632

> 一生衣食财取足，百世何妨常作农。
>
> ——卷 81《春日杂兴》，页 4358

在他写给儿孙的一些诗中，也直接表达了希望儿孙辈能够以农耕为业的想法。如他庆元六年有诗云：

> 倚墙有鉏耰，当户有杼轴。虽云生产薄，桑麻亦满目。
> 况承先人教，藏书令汝读。求仁固不远，所要念念熟。嗒
> 然语儿子，勿愧藜苋腹，亦勿慕虚名，守此不啻足。①

这是希望自己的儿子能够以耕读传家。他又在开禧三年作《示儿孙辈》诗云：

> 昔忝诸生后，初非一世豪。但希乡有秩，敢望郡功曹。
> 敛版宁为辱？扶犁亦足高。儿孙勿妄想，底处不徒劳。②

这是告诫子孙对于仕宦不要抱有太大奢望，农耕也无不可。他另在嘉定元年（1208）作《短歌示诸稚》诗云：

---

① 陆游：《读何斯举黄州秋居杂咏次其韵》，《剑南诗稿校注》卷 44，上海古籍出版社 2005 年版，第 2711 页。
② 陆游：《示儿孙辈》，《剑南诗稿校注》卷 73，上海古籍出版社 2005 年版，第 4029 页。

向来名宦事，回首如弃唾。义理开诸孙，闵闵待其大。贤愚未易知，尚冀得一个。如其尽为农，亦未可吊贺。归耕岂不佳，努力求寡过。①

当时陆游身边的孙子辈逐渐长大，他固然希望其中能有读书成才者，但是如果这些孙子能以农耕为业，他也觉得可以接受。

当然，我们会怀疑陆游的这些说法，是否只是一种诗人式的矫饰，故作违心之论。但是如果我们结合现存的《放翁家训》来看，发现问题就不那么简单了。在现存的《放翁家训》中有这样两条记载：

吾家本农也，复能为农，策之上也。杜门穷经，不应举，不求仕，策之中也。安于小官，不慕荣达，策之下也。舍此三者，则无策矣。

子孙才分有限，无如之何。然不可不使读书，贫则教训童稚以给衣食，但书种不绝足矣。若能布衣草履从事农圃，足迹不至城市，弥是佳事。……仕宦不可常，不仕则农，无可憾也。但切不可迫于衣食，为市井小人事耳。②

从现存的《放翁家训》来看，大体带有一种遗嘱的性质，所以其中故作违心之论的可能性很小。根据家训中对于子孙的告诫来看，陆游无疑主张子孙应当读书受教育，令"书种不

---

① 陆游：《短歌示诸稚》，《剑南诗稿校注》卷75，上海古籍出版社2005年版，第4101页。

② 叶盛：《水东日记》卷15"放翁家训"条，中华书局校点本2007年版，第153、157页。

绝"。但是由于宋代社会高度的科举竞争，"仕宦不可常"已经成为一个社会法则，在无法做官的情形下，以农耕为业也可接受，但切不可为市井小人之事。而他提出的农耕为业、杜门穷经、安于小官的三策，也应当是基于这种"仕宦不可常"的前提而做出的一种安排吧。

　　根据上述分析，我们可以看出，陆游晚年诗中的"归耕"意识、自比"老农"的表述，并不全是一种故作姿态，而是唐宋社会转型后，宋代科举士大夫所必然面临的一种现实选择。陆游家族自身的兴衰，也给了他一定启示，觉得应当以世守农桑作为家风，代代传承。所以，陆游希望子孙能以农耕为业，并非完全是矫情。从现存的《放翁家训》中，我们可以发现，陆游的这种意识，其实正是以宋代社会"仕宦不可常"的这一严峻现实为前提的，它的背后则是宋代社会的高度竞争与流动性。

四　结语：南宋"退居型士大夫"的提出

　　陆游自六十五岁离开官场之后，在家居山阴的近二十年（1189—1209）光阴里，写下了六千多首诗歌，而且越到晚年密度越高，可以说陆游几乎是以写日记的方式在写诗。① 这样，陆游就将自己的晚年生活，不避琐细地都写入了诗中，展现了自

---

　　①　对于这一点的认识，我本以为是自己的独得之秘，但后来发现日本学者吉川幸次郎早已指出这点。［日］吉川幸次郎：《宋元明诗概说》，李庆等译，中州古籍出版社1999年版，第118页。

己生活的方方面面。而且,其内容之生动、细节之丰富,不仅为考察其晚年日常生活提供了便利,而且也使得我们可以从中寻绎其思想意识的脉络。这样一部近似于日记体式的《剑南诗稿》,几乎可以精确到每首诗写于哪个月份,无疑也为研究南宋众多长期家居的士大夫提供了一份绝佳的样本。正是通过对陆游晚年诗歌的仔细梳理,在考察其晚年声望、出处与自我意识的基础上,本文尝试提出一个南宋"退居型士大夫"的概念。

这个概念的提出,首先是基于陆游晚年的自我意识。通过对其诗歌中语词使用的分析,我们发现:当陆游在表述自己脱离官场这一行为时,他喜欢使用"退归""退处""退闲"等以"退"字为核心的语词,表现出与官场的距离感;而当涉及回归故乡家居这一事实时,他则倾向于使用"归休""归老"等以"归"字为核心的语词,表现出对故乡的亲近感。也就是说,陆游在诗歌中使用了两套语词模式来描述自己脱离官场、定居家乡的状态。但是,当陆游提及自己晚年的身份时,他则比较明确地将自身定义为"退士";当同时涉及脱离官场、回乡定居这两方面情形时,他则喜用"退居"一词。因此,如果依照陆游的自我意识,运用现代学术语言来做界定,陆游应当被称为"南宋退居型士大夫"。

我们进而发现,在陆游所使用的"退"与"归"这两套语词模式背后,反映的正是南宋官僚士大夫的出处模式,即在官场与故乡之间的去与来、脱离与回归。北宋士大夫在游宦生涯中,往往会选择在任职所在地置产定居,不一定回到故乡;而南宋士大夫在退出官场之后,通常是返回故乡定居。这种两宋之际士大夫出处模式的转换，体现在了陆游的诗歌之中。与此同时，陆游诗歌中却很少使用"隐"字的语词来描述自己的家居生活，这或许表明那些退出官场后仍然享受祠禄、半俸等待遇的退居士大夫，在意识里已不再把自己的归乡定居视作隐居。由此导致的结果是，中古诗歌里弥漫的山林隐逸气息在南宋出现了某种程度的消退，而村居的田园风味却多了起来。

其次，本文考察了陆游的晚年声望和出处，意在说明即使是作为脱离官场的退居士大夫，他们仍然可以享有全国性的声望，甚至在政坛上发挥了一定的影响力。我们发现，作为享有盛誉的诗坛耆宿，陆游即使僻处乡野，也仍然吸引了众多的后进诗人追随左右，不仅浙东地区的士人与之过从甚密，甚至有江西地区的诗人远道而来登门拜访。同时他也与当时的诗坛新秀保持密切的交往。另一方面，在"庆元党禁"的政治氛围下，他既是当权者韩侂胄试图笼络的对象，也是对韩侂胄不满的在野士大夫观瞻、劝阻的对象，朱熹对其晚年出处的关切即说明了这一点。当党禁解除，韩侂胄采取与昔日政敌合作的姿态时，陆游再次出仕，且与韩侂胄有文字交往，他的这一举动引起了相当一部分士大夫的非议。结果，在史弥远上台执政之后，他因此遭到了"落职"的处分。通过对诗坛和政坛这两方面情形的考察，我们当可意识到，陆游作为退居士大夫仍然有着全国性的声望和不可忽视的影响力。因此，陆游这样的南宋"退居型士大夫"，不应等同于明清史意义上的"乡绅"或"地方精英"。

最后，作为长期定居乡间的退居士大夫，陆游的乡居意识如何，也是本文关切的一个要点。通过对其诗中语词使用的考察，我们发现，在陆游初次致仕之后，他的诗中即表现出了一种"归耕"意识，而且此后一直喜用"老农"一词来自称。在我看来，这其中固然有失去官员身份之后的解嘲意味，但也并非全是故作姿态。因为陆游已经意识到"士生本耕稼，时来偶卿相""谋生在衣食，不仕当作农"。宋代士大夫本是出自于农耕阶层，当其离开官场之后，也应继续以农耕为业，仕与农之间并没有什么天然的界限。这种意识的出现，应是唐宋社会转型之后的一个产物。当然，陆游家族自身的兴衰也给了他一个启示，要以世守农桑作为家风世代传承，这体现在他一系列写给儿孙要世代为农的诗作之中。这些虽然看起来似乎有些不可信，但是结合现存的陆游家训来看，却反映了在宋代科举竞争的社会中，"仕宦不可常"作为一个社会法则已经深深影响了士大夫官员对于子孙的期待，因此，作为一个现实的选择，农耕为业并非不可接受。

简言之，本文认为，陆游是南宋"退居型士大夫"的一个代表。这些南宋"退居型士大夫"的基本特征是：他们曾经长期在朝为官，脱离官场后，基本返回故乡定居；他们虽身处乡野，但仍然具有巨大的文化声望和政治影响力，甚至有可能东山再起；他们可能已经意识到了"仕宦不可常"的社会法则，能够接受子孙以农耕为业。我认为，陆游细节丰富的《剑南诗稿》充分揭示了这些特质，倘若能从这样一个角度来重新审视陆游的晚年诗歌，我们或许又会进入一片新天地。

陆游与唐诗史"盛唐"观念之建构

中国社会科学院　吴光兴

说到唐诗史，人们耳熟能详的无过于将三百年唐诗史分为初唐、盛唐、中唐、晚唐四阶段的"四唐说"了。本来，分段落叙述历史演变，以"前、后""前、中、后"或"初、中、晚"为次序分期，符合人类认识的常规，若非"盛唐"横亘在其中，"四唐说"也就没有多少特别的意义了。因此，"盛唐"观念之建构，实为"四唐说"之关键。在中国文学史研究领域，"盛唐"观念还产生了一定的模式、标准作用，"盛宋""盛明"甚至"盛汉"之类的概念都屡见不鲜。一个"盛"字，神奇地建构了一种强盛时代、高尚人格、伟大文学之间的特殊关联，也创造出一种文学史认知、叙述模式。其意义不可谓不大。

"诗必盛唐"的口号是明代人喊出来的[①]，但是，明确的"盛唐"概念可以溯源至宋末，以严羽《沧浪诗话》尤其著名。

---

① 《明史》卷286《文苑·李梦阳传》："梦阳才思雄鸷，卓然以复古自命……倡言'文必秦汉，诗必盛唐'，非是者弗道。"

若论"盛唐"观念之建构，则更可以自严羽的时代向前追溯，本文将重点关注南宋中兴诗人陆游在唐诗史"盛唐"观念建构历程中的角色、作用等问题。

一 "前陆游"时代的唐诗史叙述

讨论陆游之前的唐诗史叙述的问题，首先要辨析"唐诗"的王朝史、文学史界限之分别，也可以称为狭义、广义"唐诗史"之区别。古代帝制时代，"唐诗"即唐朝之诗，起武德元年、迄天祐四年是严格、标准的说法。但是，如果以文学发展为本位，又可见唐朝初年的文学与南北朝大体一脉相承，而唐朝诗风的流衍更至北宋中叶才被完全遏止，"泛唐诗"或"大唐诗"的概念就要复杂一些。这些必须心中有数。

"前陆游"时代的唐诗史，唐人的自我认识足资参考。对于唐诗史的演变，一方面，唐人的叙述多举年号论时期，如龙朔、景龙、开元、天宝、大历、贞元、元和、长庆、大中、咸通云云。另一方面，众说纷纭也是一种正常现象。尽管如此，究其实质，对于唐诗史演变的共识，在唐人之中也是客观存在、可以稽考的。大体而言，"律诗建制""元和诗变"可以视为唐诗史内部两座最大的"路标"。后人有将唐诗概称为"唐律"的，唐中宗景龙年间告竣的"律诗之建制"，对六朝文学成功总结，又创造了文学新体制，唐人普遍视为唐代文学的门户。而"诗到元和体变新"[1]，作为唐诗史内部最大的革新"元和诗变"同

---

[1] 白居易：《余思未尽加为六韵重寄微之》，《全唐诗》卷446。

样具有划时代地位,"白居易的时代"不仅笼罩晚唐百年,而且延续至五代、宋初,北宋中期才真正被终结。总之,唐人视野中的唐诗史分为前、中、后三期,沿用比较流行的称呼,景龙之前的前期可曰"初唐",元和之后的后期可曰"晚唐",唯景龙之后、贞元之前的中间百年一段,因"四唐说"流行之后"盛唐""中唐"概念的干扰,称为"唐中期"稍为稳妥一些①。唐人对开元、天宝时期文学成就有多种认识与论述,但是,作为一个文学时代、文学典范的"盛唐"观念或概念并无建构的迹象。

唐诗史叙述的新阶段的来临,在于唐诗"盖棺论定""大唐诗"时代被终结的时期。经过几代"韩愈知音者"群体的连续努力,"古文"终于获得了文体的正宗地位。北宋中叶庆历、嘉祐、元祐年间,以欧阳修、梅尧臣、王安石、苏轼、黄庭坚等为代表,不仅创造了更具活力的宋代"古文",而且堪与"唐诗"分庭抗礼的"宋诗"也走出了一条新道路。北宋诗文革新的一个特征是继承韩愈的事业,在韩愈经典化、普及化的历史条件之下,相关的历史认识受到韩愈话语的极大影响。落实在唐诗史叙述方面,一者,作为唐天宝至贞元时期复古思潮的集大成者,韩愈文学趋向复古,与唐诗"清丽居宗"的基本价值异辙②,因此,宋人论唐诗,在"古—今"这一维度上,右古左

---

① 拙著《八世纪诗风——探索唐诗史上"沈宋的世纪(705—805)"》,社会科学文献出版社 2013 年版,主要表现出的就是唐人相关历史认识的问题。

② 宋人尊为典范的韩愈的话语,在唐诗的言论世界属于"非主流"。

今为基本立场。二者，韩愈并尊李杜，这一点对宋人影响也大①。当然，在诗歌世界，宋代"杜甫典范化"超过韩愈，然而，杜甫文学古今兼综、门庭广大，且杜甫活跃在唐中叶，时代偏前，唐诗史叙述方面，能够奉为信条的不刊之论反而不特别多。简而言之，宋人的唐诗史叙述"与韩愈合辙"的"近古"特征，值得重视。这也是陆游认识、叙述唐诗史的一个前提。

至于贯穿全部宋诗史的"晚唐"话题。如上所述，从文学本位的"大唐诗"角度观察，北宋前期流行"白体""晚唐体""西昆体"，其状态与唐诗史上流派纷呈的"晚唐"时期一脉相承；以此为例，可以说北宋诗文革新正是因反抗"晚唐"而起来的。代表宋诗高峰成就的江西诗派将"晚唐"悬为厉禁②。从宋诗的立场来看，作为"晚唐"的"天敌"，它对"晚唐"多是一副不屑一顾的架势。然而，当江西诗派的作风普遍蔓延之后，批评者竟也操起"晚唐"作为利器。文学史上的陆游，恰好置身在"晚唐"起而与江西诗风较量的潮流之中。总之，宋诗史上、宋人口中的"晚唐"首先应该当作一个活的概念来看待，其次才与"唐诗史"相关。从时序、逻辑上看，"晚唐"似乎也先于系统、完整的唐诗史观而存在。

---

① 例如，梅尧臣《读邵不疑学士诗卷杜挺之来因出示之且伏高》曰："既观坐长叹，复想李杜韩。愿执戈与戟，生死事将坛。"《宛陵集》卷46。

② 黄庭坚《与赵伯充书》曰："学老杜诗，所谓刻鹄不成尚类鹜也。学晚唐诸人诗，所谓作法于凉，其弊犹贪；作法于贪，弊将若何？"（《诗人玉屑》卷五《向背》引）

陆游之前的唐诗史叙述，除了唐人的认识已为陈迹，宋人之中也已大致达成偏尚"复古"的基本倾向，而"晚唐"更在其中扮演了一个重要角色。

二　陆游对唐诗史的认识

观察陆游对唐诗史的认识，还要顾及更大的环境因素，如古文复兴、理学流行、士大夫主人翁意识高昂、宋诗初具与唐诗分庭抗礼之势。新社会、新文化、新文学构建出宋人评论唐诗的总体氛围、言论平台。

陆游对唐诗史的认识，以他本人的写作生涯为参照，分别以乾道六年入蜀、淳熙十六年罢官归隐为标志，分为早、中、晚三期。其中，陆游的早期生涯，又可以他十八九岁拜师江西诗派著名诗人曾几①为标志，分作两个小阶段。

陆游出身于士大夫官宦世家，自高祖陆轸始，数代人通过进士、门荫途径而出仕。家世文学、藏书也有几代积累。祖父陆佃为王安石门生，官至尚书左丞。有小学著作《埤雅》、别集《陶山集》等。陆佃长于七言近体，《四库提要》评论陆游文学成就与家学有关②。陆游少年时代在乡校的老师之一、族父陆

---

① 于北山《陆游年谱》（上海古籍出版社 2006 年版）系陆游始师曾几于绍兴十二年；孔凡礼《陆游交游考》系绍兴十三年（《孔凡礼文存》，中华书局 2009 年版，第 156 页）。两存俟考。

② 《四库全书总目》卷 154《陶山集》："（陆佃）以七言近体见长，……厥后，佃之孙游以诗鸣于南宋，与尤袤、杨万里、范成大并称。虽得法于茶山曾几，然亦喜作近体。家学渊源，殆亦有所自来矣。"

彦远更是王安石学术的坚守者①。可知，少年陆游的文学启蒙，受王安石趣味的影响必不小。北宋文学诸大家之中，在宋诗与唐诗立异、努力走出自己道路的历程之中，王安石为文工丽，对唐诗的同情、继承比较多，编有《唐百家诗选》②。因此，接近唐诗规范的美文、抒情方面，陆游"文学少年"时代应受到过一定训练。十八九岁、从师曾几之前的陆游，对包括"晚唐"在内的唐诗史具备基本的认识，也是合乎情理的。

师从曾几，是陆游文学生涯中的大事件，《剑南诗稿》以《别曾学士》为压卷第一篇，寓有深厚敬意。江西诗派发展至两宋之交，吕本中、曾几成为极具影响力的领袖。吕本中去世稍早，青年陆游很荣幸亲身接奉文坛前辈曾几。曾几除了给予陆游以指导，还夸奖陆游诗的风格源自吕本中③，"忆在茶山听说诗，亲从夜半得玄机。"④ 成为诗坛正统的衣钵传人，对陆游的揄扬之深、激励之大可想而知。因此，江西诗派的基本规范、吕本中的"活法"理论、曾几"轻快""活泼"⑤ 的文风，自然影响到陆游早期的创作、思想。

总结早期陆游的文学思想与观念，可得如下要点：一者，作诗主工丽。《示子遹》自述："我初学诗日，但欲工藻绘。"

---

① 《剑南诗稿》卷43《斋中杂兴十首》其一："成童入乡校，诸老席函丈。……从父有彦远，早以直自养。始终临川学，力守非有党。"
② 《苕溪渔隐丛话》前集卷42《东坡五》引《后山诗话》曰："诗欲其好则不能好矣。王介甫以工，苏子瞻以新，黄鲁直以奇。"
③ 陆游：《吕居仁集序》，《渭南文集》卷14，中国书店1986年影印世界书局版。
④ 陆游：《追怀曾文清公呈赵教授》，《剑南诗稿》卷2。
⑤ 钱锺书：《宋诗选注》，人民文学出版社1982年版，第141页。

（《剑南诗稿》卷七八）作诗求工，为王安石、江西诗派所同趋。陆游诗对偶工切的特色，应与入门之初习得的写作方法有关。二者，思想重渊源、求脉络。陆游自述："某小人，生无他长，不幸束发有文字之愚。……然譬于农夫之辨粟麦，盖亦专且久矣。原委如是、派别如是、机杼如是、边幅如是，自《六经》《左氏》《离骚》以来，历历分明，皆可指数。"① 这似乎又与陆游儿时耳濡目染与父辈往还的南渡故老的余论有点关系。《书叹》诗曰："大驾初渡江，中原皆荒芜。吾犹及故老，清夜陪坐隅。论文有脉络，千古著不诬。"（《剑南诗稿》卷七）三者，对于唐诗（含"晚唐"）持开放态度。一方面，王安石、吕本中论文于此有一定契合②；另一方面，也有时代因素方面的关系③。

落实到唐诗史认识方面，前期陆游的唐诗史观，大体融会了王安石"荆公新学"、更新的（非"原教旨"）江西诗派（吕本中、曾几）诸方面因素而成。以陆游对王维的态度作为一个例证，能够看得稍清楚。《跋王右丞集》曰："余年十七八时，读摩诘诗最熟。后遂置之者几六十年。"（《渭南文集》卷29）作为唐诗史上的"开元文宗"，王维是唐诗最具有典范资格的诗人之一。十七八岁，正当陆游成为江西传人前一二年，读王维

---

① 陆游：《上执政书》，《渭南文集》卷13，中国书店1986年影印世界书局版。

② 作为江西诗派领袖，吕本中倡"活法"与"悟入"理论，引谢朓名言"好诗流转圆美如弹丸"为证，又主张学习李白、苏轼，其中包含取法唐人的倾向。

③ 陆游的上一代、南渡之初诗人群体较多表现对唐诗的向往。参见［日］吉川幸次郎《宋诗概说》，郑清茂译，台湾联经出版公司1983年版，第196—198页。

诗最熟；接着，就搁置近60年。证明陆游早期的前半段比较热衷唐诗。他之爱读岑参①、欣赏许浑②，大约属于类似语境。在此条件之下，建构"盛唐"观念的迹象不明显。

陆游文学生涯的"中年"，是他自述中一再提出的概念。前揭《示子遹》曰："我初学诗日，但欲工藻绘。中年始少悟，渐若窥广大。"（《剑南诗稿》卷78）《九月一日夜读诗稿有感走笔作歌》曰："我昔学诗未有得，……四十从戎驻南郑，……诗家三昧忽见前"（《剑南诗稿》卷25）陆游将"中年"与"从戎南郑"联系起来，指斥的是乾道八年，48岁的他从事于汉中宋金前线四川宣抚使王炎幕府事，本年冬，王炎召回，幕府解散。陆游从戎，前后总共不足一年。

近人朱东润论"陆游诗的转变"，指出应该结合《东楼集序》的自述，将陆游诗风转变的标志定在乾道六年十月到达夔州的时候。"这一年是陆游的早年时期和中年时期的分水岭。后此在淳熙十六年陆游65岁被劾罢官，退居山阴，这一年他的晚年时期开始了。晚年是中年的延长，因为生活不同了，在作品中也起了一定的变化。"③

展读《东楼集序》，乾道九年、陆游入蜀第四年在蜀中自述他本人"巴蜀之缘"的缔结：

> 余少读地志，至蜀汉巴僰，辄怅然有游历山川、揽观

---

① 《渭南文集》卷26《跋岑嘉州诗集》："予自少时，绝好岑嘉州诗。"

② 《剑南诗稿》卷82《读许浑诗》："若论风月江山主，丁卯桥应胜午桥（按：指裴度）。"

③ 朱东润：《朱东润文存》，上海古籍出版社2014年版，第308页。

风俗之志。私窃自怪，以为异时或至其地，以偿素心，未可知也。岁庚寅，始沂峡，至巴中，闻《竹枝》之歌。后再岁，北游山南，凭高望鄠、万年诸山，思一醉曲江、渼陂之间，其势无由。往往悲歌流涕。又一岁，客成都、唐安，又东至于汉、嘉。然后知昔者之感，盖非适然也。到汉、嘉四十日，以檄还成都。因索在笥，得古律三十首。欲出则不敢，欲弃则不忍，乃叙藏之。乾道九年六月二十一日山阴陆某务观序。(《渭南文集》卷14)

可见以庚寅岁（乾道六年，1170）始"入蜀"之年为陆游文学生涯新阶段的开端，诚为不诬。下迄淳熙五年（1178）"出蜀"，首尾九年的"巴蜀之旅"客观上构成陆游诗风升华的关键因素。陆游诗曰"西州落魄九年余"（《遣兴》，《剑南诗稿》卷11），又曰"千篇诗费十年功"（《舟过小孤有感》，《剑南诗稿》卷10），诗人自我认识中，也将巴蜀生涯独立看待。出蜀东归之后，迄止淳熙十六年（1189）罢官乡居之前，诗风仍然大体相承。以故，乾道六年至淳熙十六年（1170—1189）这前后20年构成陆游文学生涯的"中期"。

对于陆游"中期"诗风之嬗变，历来的解释重视自然、社会环境因素的作用（近人则多曰"现实主义"）。以江山之助论文章，也是中国传统文论的基本认知习惯之一。陆游本人也有这方面观点的例证，如《题庐陵萧彦毓秀才诗卷后》曰："君诗妙处吾能识，正在山程水驿中。"（《剑南诗稿》卷50）指山水游历能够激发出文章之妙。

笔者在此冒昧补充一个浅见：巴蜀风情、梁州戎阵固然似

乎催生了陆游新诗风，然而，按之古人读万卷书、行万里路以
求学进益的定律，对于文学阅读方面的因素也应给予重视。陆
游高才积学，46岁入蜀之前，按理，文学名家必然早已广泛涉
猎。然而，按之书籍常读常新的机制，再取陆游本人60年不读
王维的例证，可知某个时期、以什么方式阅读哪些作家作品，
同样具有重要意义。以此作为观察点，陆游入蜀途中、在蜀期
间对于李白、杜甫、岑参的"体验式阅读""凭吊式理解"，对
于陆游中期新诗风建立的意义，就不容人不认真思考、玩味了。

　　钱锺书先生《谈艺录》指出，一般宋人对李白尊而不亲，
学李白学得成功的例子不太多，陆游是其中学得最像的。曰：

　　　　放翁颇欲以"学力"为太白飞仙语，每对酒当歌，豪
　　放飘逸，若《池上醉歌》《对酒叹》《饮酒》《日出入行》
　　等篇，虽微失之易尽，……而有宋一代中，要为学太白最
　　似者①。

　　钱先生列举的四首七古作品，其中三首均为蜀中之作（《剑
南诗稿》卷4《池上醉歌》，卷5《对酒歌》《饮酒》），《日出入
行》（卷13）为东归后不久的作品。似乎可见陆游在蜀受李白
影响之一斑。受钱先生观点的启发，笔者注意到《入蜀记》中
引述李白诗句数量之众，以及一路上陆游边泛舟、边凭吊的独
特阅读方式。据不完全统计，《入蜀记》自乾道六年六月十六日
至十月十一日，近四个月的日记中，引述李白诗句、事迹等共
计32处，这委实是个突出现象。李白是蜀人，终于江东；而陆

────────────

　　①　钱锺书：《谈艺录》（补订本），中华书局1986年版，第125页。

游的行程却是自江东出发，前往巴蜀；一路上阅读李白诗句、凭吊李白遗迹，看起来多么像"李白诗风溯源之旅"。这一种阅读方式所得的体会与理解，必然与众不同。入蜀之后，陆游先后在夔州、成都、东川等地任职，游历杜甫故地，又可以用同样方式阅读杜诗；他至南郑从军、至嘉州任职，又可以同样阅读岑参诗。总之，陆游首尾历时九年的"巴蜀之旅"，是一个"与李白、杜甫、岑参结伴而行"的特殊人生、文学旅程。以现场体验式阅读的新读法为线索，诗人边读边走、边走边读、边读边写。陆游"中期"诗风之转变，看起来具有这样一种特殊语境。

在经历过"韩愈普及化"的宋代言论环境之中，"李杜文章在，光焰万丈长。"（《调张籍》，卷340）"李杜"已成文学"神主"，置论空间一般有限。下面重点讨论陆游在蜀对岑参的评论与尊崇。乾道九年（1173）夏，陆游摄知嘉州事，岑参曾任嘉州刺史并卒于蜀。为了纪念这位前任先贤，陆游于郡斋壁上绘岑参像，又刻其遗诗《岑嘉州诗集》。《跋岑嘉州诗集》曰：

> 予自少时，绝好岑嘉州诗。往在山中，每醉，归倚胡床睡，辄令儿曹诵之；至酒醒，或睡熟，乃已。尝以为太白、子美之后一人而已。今年自唐安别驾来摄犍为，既画公像斋壁，又杂取世所传公遗诗八十余篇，刻之以传知诗律者。不独备此邦故事，亦平生素意也。乾道癸巳八月三日山阴陆某务观题（《渭南文集》卷26）

陆游又有《夜读岑嘉州诗集》曰：

> 汉嘉山水邦，岑公昔所寓。公诗信豪伟，笔力追李杜。

常想从军时，气无玉关路。至今蠹简传，多昔横槊赋。

零落财百篇，崔嵬多杰句。工夫刮造化，音节配韶濩。

我后四百年，清梦奉巾屦。晚途有奇事，随牒得补处。

群敌自鱼肉，明主方北顾。诵公天山篇，流涕思一遇。

（《剑南诗稿》卷4）

一则曰"太白、子美之后一人而已"，再则曰"笔力追李杜"，在陆游心目中，"李白、杜甫、岑参"已经结合为一个"笔力"雄壮、风格"豪伟"的文学典范共同体。陆游读诗的识力令人佩服，唐代中期的文学史上，"天宝左翼思潮"之中确实活跃着一个偏嗜复古、擅长七古歌行、当时属于"后起之秀"的诗人群体。笔者曾经指出："高适、岑参、杜甫、李白等人，在'飞动'等题目之下，其实是未尝不可以视为一个文体、诗风的共同体的，某种意义上这是一种追求壮丽、壮美风格的时代风尚，与后人概括的'盛唐气象'尤有契合之处。"① 陆游学岑参的作品，亦颇有其例②。

总之，与中年"宏肆"③豪迈诗风一致，陆游"中期"的文学思想、唐诗历史认识，亦进入新境界。新地域、新生活、新气概、新想象、新诗风、新文论。陆游以"李白杜甫岑参"为典范而建构的与唐诗"选择性契合"，符合唐宋以降复古思潮

---

① 拙著《八世纪诗风——探索唐诗史上"沈宋的世纪"（705—805）》，第174页。

② 参见胡明《陆游的诗与诗评》，《社会科学辑刊》1988年第4期，第125页。

③ （清）赵翼《瓯北诗话》评陆游诗风"三变"："少工藻缋，中务宏肆，晚造平淡。"（卷6）亦参见齐治平《陆游传论》，上海古典文学出版社1958年版，第91—97页。

的大趋向，堪称唐诗学术史的一个创新，也是"盛唐"观念建构的重要基础。

与高举"李杜岑"比较，陆游猛批"晚唐"的动作在文学史上更为旗帜鲜明、令人瞩目。口诛笔伐"晚唐"的同时，陆游从"晚唐"的获益又似乎并不少于其他诗人，这一矛盾现象也成为评论家感兴趣的话题。下面试综合唐诗接受、宋诗建构的视角提出几点解释。

一者，略如本文第一节叙述所及，从宏观历史因革的角度来看，"晚唐"本是宋诗矢志超越的对象，"挑战—应战"的关系架构之中，宋人对"晚唐"持批评态度是比较自然的。大家都记得钱锺书先生《宋诗选注·序》中有关古希腊亚历山大大帝在东宫生怕听到父亲打胜仗的消息的绝妙比方。"晚唐"、宋诗，正类似皇帝、太子间天然矛盾的关系。而陆游笔下的"晚唐"概念的动态范围亦值得注意，他尽管常常指"大中以后"为"晚唐"，但是，有时也将"元白"（元稹、白居易）以及贾岛姚合的诗风算作"晚唐"①。这个"动态游移"的"晚唐"之存在，其根源亦在于所谓"晚唐"是从宋代往前逆推的，以宋人熟悉的韩愈话语设定的"李杜"为"极限"。宋人曰"晚唐"，指与宋代接界的唐诗史的"末一段"而已，多数时候并没有一个明确的唐诗史分期的观念在胸中。

二者，以《剑南诗稿》首冠《别曾学士》为例，陆游对曾几、江西诗派的感情明白无误。宋代文化讲道统、文统、正统，

---

① 参见莫砺锋《论陆游对晚唐诗的态度》，《文学遗产》1991 年第 4 期。

宋人重视派性，陆游之斥晚唐，应有继承诗派传统这方面的原因①。发声批评"晚唐"，实际上并不表示与晚唐"隔绝"，所以，陆游批晚唐、与学晚唐，也不构成不可调和的矛盾。为陆游所继承的吕本中、曾几以下的江西革新派诗人，其寻求革新的有些思路，正取法于晚唐诗、唐诗。

三者，在南宋前期诗坛，江西、晚唐两派诗风激烈竞争已趋白热化之际，陆游没有像杨万里那样正面肯定晚唐诗的价值，这一现象倒是启发了我们的思路。证明即使面对江西末流弊端显现，陆游也无法服膺晚唐诗的典范。观念典范的碰撞，正好激发了诗人思想观念的创新，豪迈闳肆的"李杜岑"模式，以及"诗家三昧""诗外功夫"等观念才应运而生。

四者，陆游所论晚唐，如果与他论王维、《中兴间气集》等联系起来分析，尤可以见出与"唐律"语境逐渐剥离、隔绝的宋人新唐诗史观的建构轨迹。以宋人当中流行的贾岛、姚合"晚唐"诗风为例，姚合编《极玄集》在唐宋两代都很有影响，入选诗人被姚合赞许为"诗家射雕手"，其中位居开山第一位的是"开元文宗"王维。《极玄集》其他20位入选诗人，除祖咏外，皆为大历诗人；19人当中，有钱起、郎士元、韩翃、皇甫曾、李嘉祐、皇甫冉、刘长卿、灵一、戴叔伦9人曾经入选大历末年的《中兴间气集》；《极玄集》中的剩余诗人多数是大历后进，《中兴间气集》编选时，尚没有机会入选。王维、《中兴间气集》、"晚唐"三者之间，在唐诗本身的语境之中存在一脉

---

① 参见齐治平《陆游传论》，上海古典文学出版社1958年版，第88页。

相承的关系，唐诗、宋人也常称"唐律"，是以律诗为主流、典范的。而陆游的诗论，对三者抱有程度不同的排拒心理。嘉泰元年（1201），陆游《跋王右丞集》曰：

> 余年十七八时，读摩诘诗最熟。后遂置之者几六十年。今年七十七，永昼无事，再取读之。如见旧师友，恨间阔之久也。（《渭南文集》卷29）

陆游十七八岁之后几乎60年不读唐诗典范王维的诗。而60岁时（淳熙十一年，1184）《跋〈中兴间气集〉》对该集的恶评，也可以反映部分心态：

> 评品多妄，盖浅丈夫耳。其书乃传至今。天下事出于幸不幸固多如此。可以一叹。……议论凡鄙……唐人深于诗者多，而此等议论乃传至今，事固有幸不幸也。然所载多佳句，亦不可以所托非其人而废之。（《渭南文集》卷27）

稍微认可了所载"佳句"，然而"评品多妄""议论凡鄙"的结论稍显严厉[①]。再结合陆游对"晚唐"的一贯贬斥，足以证明陆游胸有定见，对唐代律诗主导的文学价值不能够充分赞同。

五者，宋人有关唐诗的论述受唐殷璠、司空图影响，论者多有留意。比较而言，首要的仍是"韩愈化"言语环境的基础作用。韩愈代表的复古思潮在唐代文学史上处于边缘、非主流的地位；同时，也是勇敢发言、积极挑战、志在颠覆的革新力

---

　① 传世的唐元和间诗选《御览诗》经陆游手跋，该集主要选录大历、贞元诗人，陆游《跋》仅作了文献史料的揭示，未评论诗歌价值方面。

量。经由这一套话语的教育、熏陶，宋人心目中的唐代文学史逐步呈现为具有一定颠覆性的状态，以复古为基调①的"新版唐诗史"逐渐建构，陆游在这一历史潮流之中是个"弄潮儿"。

陆游人生与文学生涯的"晚期"，自淳熙十六年罢官至嘉定三年去世（1189—1210），20 年的光阴主要在家乡山阴度过的。陆游晚年诗风由绚烂至极归于"平淡"；但是，思想观念方面与中期大体一贯，变化不大。他的论诗名篇许多出自晚年定论。

综本节上述，陆游对唐诗史的新认识，突出体现在他"巴蜀之旅"时期对"李白杜甫岑参"典范的塑造，这也为他猛烈批评"晚唐"诗的做法建立了一个理论支点。这样一种具有一定创新意义的历史认识，对于宋末"盛唐"观念的建构起到了奠基作用。

三 陆游文学思想中的"盛唐"元素

宋末严羽（1192—卒年不详）是文学史上"盛唐"名称的制造者、"盛唐"理论的最早宣布者。但是，理论家的理论，与历史上的传统观念之间的关系，要有所辨别。理论以文本为据，而观念更多属于深藏在历史表象、理论文本之下的"散乱"资源。以"盛唐"的理论文本来说，严羽至明代复古群体"独领风骚"；然而，追踪"盛唐"概念所标示的文学典范之流行，其建构、传播、阐释的过程要复杂得多。本文从文学观念史研究

---

① 陆游有个"近古"的观念，参见《渭南文集》《入蜀记》第四，中国书店 1986 年版，第 287 页。

角度进入,探讨陆游思想中的"盛唐"元素,因此,以"盛唐"观念为主题,并不完全按照相关元素在《沧浪诗话》中的轻重位置来安排。

陆游思想观念之中的"盛唐"元素,参考他处身其中的文学环境及其创作,若非为"江西诗风"补偏,即是救"晚唐诗风"之弊。细绎之,约有如下数端。

第一,"士气""养气"与"盛唐气象"。

这方面的核心概念为"气"。《孟子》曰"我善养吾浩然之气",韩愈曰"气盛言宜"。《孟子》、韩愈的"复兴"与经典化,一定程度上是点燃宋人"气"的观念的火种。"气"的观念,代表新型士人——社会士大夫的主人翁意识,弥漫、流行在宋代文人胸怀言语之间,几乎成为一种信仰的符号。宋人语境的"气",连缀成词如"正气""气节",超越了传统一般的"气质",由士大夫的主体性上升至兼容个人、士类、国家、天地等为一体的一种至大、至刚的超越的精神、意志。这一切都是前所未有的新现象。

陆游曰:"周流惟一气,天地与人同。"① "气"本是贯天、地、人的。与国家治乱也有关系,"文章有废兴,盖与治乱符。庆历嘉祐间,和气扇大炉。"② 陆游的眼光更多地落在人"气"方面(即"士气"),又常与"文章"专业联系在一起。如"文章最忌百家衣,火龙黼黻世不知。谁能养气塞天地,吐出自足

---

① 《宴坐二首》其二,《剑南诗稿》卷84。
② 《书叹》,《剑南诗稿》卷7。

成虹霓。"① 又如:"尔来士气日靡靡,文章光焰伏不起。"② 前揭"谁能养气塞天地"句中的"养气"二字整合《孟子》成词,是陆游自吕本中、曾几继承下来的重要主题③,"某闻文以气为主,出处无愧,气乃不挠。"(《傅给事外制集序》,《渭南文集》卷15)"(曾裘父诗)所养愈深,而诗亦加工。"(《曾裘父诗集序》,《渭南文集》卷15)由此,立身行事,以培养士气,树立人格,文学才能达到崇高境界。陆游《上殿劄子》对苏轼的评论将"文气"说的意蕴发挥得淋漓尽致:

> 臣伏读御制《苏轼赞》,有曰:"手抉云汉,斡造化机。气高天下,乃克为之。"呜呼,陛下之言,典谟也。轼死且九十年,学士大夫徒知尊诵其文,而未有知其文之妙在于"气高天下"者,今陛下独表而出之。岂惟轼死且不朽,所以遗学者顾不厚哉!然臣窃谓天下万事,皆当以气为主,轼特用之于文尔。……盖气胜事则事举,气胜敌则敌服;勇者之斗,富者之博,非有他也,直以气胜之耳。(《渭南文集》卷4)

苏轼取得的文学最高成就,奥秘在哪里?照陆游的理解,如宋孝宗《苏轼赞》所言,苏轼"气高天下"而已。

严羽《诗辨》曰:"诗之法有五:曰体制,曰格律,曰气象,曰兴趣,曰音节。"将"气象"列为诗法之一。移"气象"以论诗,注重诗歌意象与诗人精神面貌之间的联系。鉴于陆游

---

① 《次韵和杨伯子主簿见赠》,《剑南诗稿》卷21。
② 《谢张时可通判赠诗编》,《剑南诗稿》卷13。
③ 参见于北山《陆游诗渊源于吕本中说探微》,《陆游年谱》附录三。

在南宋后期诗坛的巨大影响力，由他推广其波澜的新时代的"文以气为主"之说的流行，可以视为"盛唐气象"品题出世的观念意识方面的基础之一。

第二，"雄浑悲壮"索源。

严羽论盛唐诗有"雄浑悲壮"之目，又曰："盛唐诸公之诗，如颜鲁公书，既笔力雄壮，又气象浑厚，其不同如此。"（《答吴景仙书》，《沧浪诗话》附）"浑厚""雄壮"二目，亦可合并为一"雄浑"，于陆游极有渊源。

陆游《周益公文集序》原原本本将"文人之才"分为两类：一是为国家作册命公文的御用文人，二是著文论、吟诗赋的"自由文人"。而"自由文人"的"雄浑"之才竟然可以溯源于形而上的天，曰：

> 天之降才固已不同，而文人之才尤异。将使之发册作命，陈谟奉议……若夫将使之阐道德之原，发天地之秘，放而及于鸟兽虫鱼草木之情，则畁之才亦必雄浑卓荦，穷幽极微。又畁以远游穷处，排摈斥疏，使之磨礲龃龉，濒于寒饿，以大发其藏。故其所赋之才与所居之地，亦若造物有意于其间者，虽不用于时而自足以传后世。此二者造物岂真有意哉，亦理之自然，古今一揆也。（《渭南文集》卷15）

如此，"雄浑"乃天赋文人的素质，"理之自然，古今一揆"。无怪乎陆游论诗，以"雄浑"为崇高品目矣。《白鹤馆夜坐》曰："袖手哦新诗，清寒愧雄浑。屈宋死千载，谁能起九原。中间李与杜，独招湘水魂。自此竞摹写，几人望其藩。兰苕看翡翠，烟雨啼青猿。岂知云海中，九万击鹏鹍。"（《剑南诗稿》卷 8）屈原、宋玉、李白、杜甫等"雄浑"风格的古代典范，呈现的是"九万击鹏鹍"的气势。陆游推崇宋代诗人梅尧臣，"欧尹追还六籍醇，先生诗律擅雄浑。"（《读宛陵先生诗》，《剑南诗稿》卷 18）诗人感叹自期，则曰"诗慕雄浑苦未成"（《江村》，《剑南诗稿》卷 63）。

以"雄浑"为风格极致，其他如"宏大"（《示子遹》，《剑南诗稿》卷 68）、"豪伟"（《夜读岑嘉州诗集》，《剑南诗稿》卷 4）、"磊落高格"（《记梦》，《剑南诗稿》卷 15）等，皆派生而出的特征。熟悉了陆游"雄浑"品目的系列论述，回顾《沧浪诗话》有关"盛唐""雄浑"的论断，似乎只是从陆游相关思想原则敷衍、推广开来的。当然，陆游思想也有前辈渊源、当代语境方面的关系。

第三，以"李杜"为"晚唐"药石，自"元和"拾阶而上。

陆游的唐诗史叙述，上文专节论述重点关注到"李白杜甫岑参"典范与"晚唐"问题。

推崇"李杜"原本是宋人当中流行的常言，唐诗人物"座次"方面，陆游的创新点在于"巴蜀之旅"时期将岑参排进李杜的阵容。由"李杜"而"李杜诸公"而"盛唐诸公"（《沧浪诗话》），逻辑上看，形成一个序列；由"李杜"而"盛唐"，由两位齐名的典范诗人进而展开为文学史的一个时段，更堪称历史认识的飞跃。

陆游的推崇李杜与批评晚唐常常联系在一起。如《记梦》曰："李白杜甫生不遭，英气死岂埋蓬蒿。晚唐诸人战虽鏖，眼暗头白真徒劳。"(《剑南诗稿》卷 15）而抨击晚唐诗，进而对元和诗不满意，似乎也顺理成章。历史上的晚唐诗风，诚然就是由"元和诗变"引导而出的。《偶观旧诗书叹》曰："可怜憨书生，尚学居易积。我昔亦未免，吟哦琢肝肾。……幸能悟差早，念念常自悯。"(《剑南诗稿》卷 71）陆游庆幸自己迷途知返，不再学元稹、白居易了。《宋都曹屡寄诗且督和答作此示之》则以"元白"与"晚唐"为等而下之："陵迟至元白，固已可愤疾。及观晚唐作，令人欲焚笔。"(《剑南诗稿》卷 79）《示子遹》晚年定论，"元白""温李"（温庭筠、李商隐）都不在话下："数仞李杜墙，常恨欠领会。元白才倚门，温李真自郐。"(《剑南诗稿》卷 78）这些都是以陆游心目中"李杜"典范为标准作出的历史评价。

批评江西诗风，又不满意晚唐诗风者，理论上可以通过阐发"李杜"典范来找出路。这或许就是陆游诗论对"盛唐"观念建构的启示。

上承江西诗派衣钵、下开江湖诗派风气，作为南宋文学史上屈指可数的"枢纽"人物，陆游创作生涯的"中年之变"，是他自己及历代后来人都认可的重要契机，不仅助力他的写作生涯翻开新的一页，而且，文学思想观念也几乎壁垒一新，激发出包括"诗家三昧""诗外功夫"等光芒四射的重要论题。他对唐诗史的相关论述，他传承并进一步丰富的宋人传统的"文气"说、"雄浑"品目等，他对晚唐诗的批评，则为宋末唐诗史"盛唐"观念的建构，积累了极其厚实的基础。

陆游研究三十年

绍兴文理学院　　高利华

　　随着数字化、大数据、云技术的应用，在古代文学研究领域里检索资料、分析文本，资料汇编、模块制作都已经成为习以为常的方法。一项国家课题的表格填写、一份博士论文的选题报告，都需要不同类型的数据和材料作为支撑，我们可以凭互联网技术轻而易举地得到各种研究数据和研究信息。作为三十年陆游研究进程的同路人之一，我想说的是，这些信息和数据背后，还有许多温馨的东西值得我们回望、梳理、体会。

一

　　1985 年 11 月，我国改革开放后不久的金秋时节，在宋代著名诗人陆游的故乡绍兴，召开了第一次全国性的"纪念陆游诞辰 860 周年学术研讨会"，到会的专家既有功底深厚、治学严谨的老一辈陆游研究专家如于北山先生，也有成绩斐然、如日中天的研究专家如吴熊和、蔡义江、喻朝刚、陈祖美、肖瑞峰、邹志方等，更有一批二十出头、刚刚跨出高校大门的陆游爱好者。老、中、青三代欢聚一堂，各抒己见，论题广泛，表现出"文革"结束之后重获学术研究话语权的兴奋，尽管当时的研究视野一时还摆脱不了恢复时期思维的惯性。递交大会的 28 篇论文中，以"爱国"立论的论文有 7 篇，在延续传统话题的同时，对陆游爱国诗歌进行了系统梳理和再认识。有同类诗歌题材不同时代的参照比较，也有同时代主战主和势力的考察，还涉及陆游在开禧北伐时的政治态度，以及和韩侂胄的关系等敏感问题。思想开始解放，研究似无禁区。论者有对陆游生平事迹的考证，诗歌艺术源流的追溯，作品中乡土元素的发掘。总体上是以诗为轴心，旁及词和文。

引起与会者普遍关注的话题有两个。一是新发现的陆游四子陆子坦夫妇的圹记和《世德堂陆氏宗谱》，为研究陆氏家族提供了新的资料；二是关于陆游《钗头凤》词本事的争议，引起了与会者广泛的关注与热议。记得吴熊和先生递交会议的论文《陆游〈钗头凤〉本事质疑》提出了"蜀中游冶"新说，与蔡义江先生《山盟虽在，锦书难托》一文所持的陆唐"沈园题壁"说各持一端，形成交锋和分歧。吴先生对《钗头凤》词本事的质疑，引发了人们对该词的新思考。会后，这两篇文章同时收录在会议论文集《陆游论集》（绍兴市文联编，吉林文史出版社 1987 年版）中，传统的《钗头凤》词的主题诠释遭到了冲击，引发了新的一轮质疑和争议。针对这一热点话题，在梳理南宋以来文献材料的基础上，笔者发表了会议争论触发的综述文章《陆游〈钗头凤〉本事研究综述》（《文学遗产》1989 年第 2 期）。在之后相当长时期内，《钗头凤》词一直颇受关注。据中国知网初步统计，仅以陆游《钗头凤》本事为主题的考证论文多达 29 篇，围绕《钗头凤》研究的论文包括解读、欣赏、翻译、名物考证等竟达数百篇之多，几乎占据了陆游词研究的半壁江山。

首次陆游学术研讨会，规模不大，却是解禁后学术争鸣的先声，开启了陆游研究的良好开端。三十年过去了，于北山、喻朝刚、吴熊和先生先后驾鹤西去，老一辈学者给我们留下的印象是深刻的。他们博学谦和，于北山先生出席绍兴陆游会议时已名闻天下，一人完成了陆游、范成大、杨万里三人年谱的编纂①，《陆游年谱》出版多年，深受欢迎，增订再版在即②，还谦逊地说自己是陆游研究的一个"新兵"。他们坚守学术阵地，会上各执己见，甚至针锋相对，坦陈观点。会后则握手言欢，不存芥蒂，坦诚相见。学术上不设门户，好提携后进，奖掖后学。会上，吴熊和、蔡义江先生关于《钗头凤》本事的争论只是一个小小的案例，却阐释了学术争鸣应有的人格风范。这和刚刚结束的打着文学批评的名义行攻讦之实的"文革"遗风形成强烈的对比。陆游研究之所以以 1985 年首次会议为期，是对首赞学术活动、首倡学术争鸣的老一辈陆游研究专家深深的缅怀。

---

① 参见《于北山先生年谱著作三种》(《陆游年谱》《范成大年谱》《杨万里年谱》)，上海古籍出版社 2006 年版。

② 参见于北山《陆游年谱》(增订本)，上海古籍出版社 1985 年版。

二

从 1985 年首次全国性的"纪念陆游诞辰 860 周年学术研讨会"到 2015 年 11 月召开的"纪念陆游诞辰 890 周年国际学术研讨会"恰好三十年。三十年的陆游研究，大致可以分为前十五年（1985—2000）和后十五年（2001—2015）两个时期。前十五年重在调整与蓄势，成果数量上不少，在此不做历时性的介绍和总结，因为这方面已经有不少资料性的研究综述可供参照。① 对于前十五年，将侧重从陆游研究的整体走势和宋代文学研究的整体格局审视这一时段陆游研究所处的位置与意义，主要分三方面进行阐述。

前十五年的陆游研究是在较好的文献和研究基础上起步的。陆游研究的文脉，自南宋以来的八百多年几乎没有中断，这为前十五年陆游研究的开局繁荣储存了实力，奠定了基础。

回顾新中国成立以来陆游研究所依托的宋代文学研究，学界普遍认为，与其他时段的文学研究相比，宋代文学遭受的境遇挫折似乎更复杂一些。因为意识形态主流话语的导向，宋诗、宋词研究颇为压抑和憔悴。陆游是幸运的，即便在以政治标准取代学术批评的时代，陆游作为宋代诗坛上著名的爱国主义诗

---

① 参见叶帮义《20 世纪对陆游和杨万里诗歌研究综述》，《南京师范大学文学院学报》2004 年第 3 期；傅明善《近百年来陆游研究综述》，《中国韵文学刊》2001 年第 1 期。

人，和词坛的辛弃疾一样，成为"这一时期宋代文学研究中两个少有的亮点"①。一些学者出版了不尚空谈且具有较高学术价值的著作，维系了学术的发展和承传。陆游作为具有强烈爱国主义思想的作家，因为政治标准的准入，相关的研究成果可获准出版，反而成为宋代文学研究的一块高地。

陆游研究文献基础好，陆游的诗文集在陆游晚年已开始着手编辑，并由其长子子虡、幼子子遹相继刊刻传播。陆游的主要作品是《剑南诗稿》和《渭南文集》。《剑南诗稿》是编年的，《渭南文集》收录的文章信息量大，文本为我们提供了关于陆游创作进程的基本材料。研究者不难利用作品提供的信息，勾勒陆游生平的基本轮廓。因此，之前国内外就不乏反映陆游生平创作的传记作品和选注本。

随着文学研究逐渐走向深入，研究者首先注意到陆游作为爱国诗人外万首诗中的其他诗歌，如山水诗、乡土诗、记梦诗、爱情诗、农村诗等，对陆游诗题材有进一步探析，并着眼于某个特定时空的创作入手研究陆游诗歌②，对陆游作品通行的权威注本的文本解读注释及解说提出商榷③，对陆诗艺术的探讨并从

---

① 张毅：《二十世纪宋代文学研究观念和方法之变迁》，《文学遗产》2001年第4期。
② 参见章尚正《从文化心理观照陆游山水诗》，《安徽大学学报》1992年第1期；高利华《义山无题诗和放翁沈园诗绎说》，《文学遗产》2002年第3期；胡传志《论陆游笔下的北方及相关问题》，《中国韵文学刊》2004年第2期；傅璇琮、孔凡礼《陆游与王炎的汉中交游》，《杭州师范学院学报》1995年第5期。
③ 参见钟振振《陆游诗注辨正》，《浙江大学学报》2004年第5期。

诗歌创作的源流上进行考察①，都涉及陆游诗歌的文本和影响的探讨，是对陆游诗歌创作分析的一种拓展。相对而言，词和文的研究成果不多，与诗歌研究的深入相比进展不明显。

前十五年陆游研究是在开放平稳的学术环境中开展的，随着经济文化的复苏，学术规范逐步建立，学者开始了正常的学术活动。特别是改革开放以后，海内外学术信息的交流互通，学术交流日趋频繁，大大开阔了研究者的学术视野，拓展了研究领域、思维空间，研究者开始寻求研究方法的多元和研究范式的转型。

在陆游研究领域，不仅关注国内的研究动态，也开始关注域外的陆游研究成果。如《20 世纪以来日本学者的陆游诗歌研究》重点介绍了日本陆游研究在诗歌材料的整理与选译、生平与思想研究、诗歌内容与艺术特征多角度探析和诗论研究等四方面的成果。日本学者精于细密考证分析的治学风格，韩国的陆游研究成果②，也给国内学者留下了深刻的印象。

陆游研究领域出现了一些新气象。论者尝试用非常古典的

① 参见邱鸣皋《陆游师从曾几新论》，《文学遗产》2002 年第 2 期；张展《突破"江西"，追踪李杜——谈陆游的一些论诗诗》，《河北师范学院学报》1980 年第 4 期；莫砺锋《论陆游对晚唐诗的态度》，《文学遗产》1991 年第 4 期；张继定《戴复古师承陆游考》，《浙江师范大学学报》1999 年第 2 期；姚大勇《陆游"诗家三昧"新探》，《学术月刊》1999 年第 1 期。

② 参见 [韩] 李致洙《陆游诗研究》，文史哲出版社 1991 年版；[日] 佐藤仁《朱熹和陆游》，冉毅译，《中国文学研究》1999 年第 2 期；[日] 三野丰浩《略论〈瀛奎律髓〉所收的陆游作品》，《宋代文化研究》第十六辑。

文学批评"形""气""象"等术语翻出新意①，从文学本体研究探求诗人的创作手法、思维特色和气质风格。在作品研究过程中开始关注陆游的人文情结与文化特质。②

前十五年陆游研究的发展是不平衡的。早在 20 世纪 80 年代中叶，钱仲联的《剑南诗稿校注》（全八册）、于北山的《陆游年谱》（增订本）分别在 1985 年由上海古籍出版社出版，陆游的《入蜀记》《南唐书》分别在 1985 年由中华书局出版。1986 年中国书店据世界书局 1936 年版的《陆放翁全集》（全三册）推出影印版，和之前中华书局 1976 年版《陆游集》（全五册）、1962 年版《古典文学研究资料汇编·陆游卷》、1979 年版《老学庵笔记》，朱东润系列研究成果 1960 年版《陆游传》、1961 年版《陆游研究》、1962 年版《陆游选集》，上海古籍出版社 1981 年版《放翁词编年笺注》等，构成了陆游基本文献阵容，为陆游研究奠定了较好的文献和研究基础。

前期的陆游研究在开局之时一度达到了较高的水平，于北山的《陆游年谱》（增订本）是继 1961 年初版以来积二十年之力旁搜远绍的集大成之作，堪称清代钱大昕《陆放翁先生年谱》、赵翼《陆放翁年谱》以来最精湛详备的陆游年谱，为陆游的生平勾勒、创作背景描述提供了许多珍贵资料。钱仲联的

---

① 参见肖瑞峰《论陆游诗的意象》，《文学遗产》1988 年第 1 期；沈家庄《论放翁气象》，《文学遗产》1999 年第 2 期；张乘健《论陆游的道学观旁及其他》，《文学遗产》1997 年第 4 期。

② 参见王立群《〈入蜀记〉：向文化认同意识的倾斜》，《河南大学学报》1987 年第 5 期。

《剑南诗稿校注》是一项无所旁依的创始工程，作者除校注全部诗稿外，对毛晋所辑、毛扆续添的《逸稿》和校注过程中作者所增辑的《逸稿补遗》，均予以注释。同时吸收了《古典文学研究资料汇编·陆游卷》中的内容，并尽量采用未提及的新发现的资料，在追求精益求精、尽善尽美的同时，也留下了不少"不详"或"方志失载"的空间。这两部作品都是作者积几十年的功力铸就的，整体上比较完善。即便陆续有一些拾遗辑佚的发现和探讨，一般都是枝节零星的拾遗补阙①，不妨大的作品格局。

如果说在 20 世纪 50—80 年代，陆游因其爱国主义思想在宋代诗坛上一枝独秀，并由此赢得了很好的外部机遇，使基础研究得到稳步推进的话，那么这个时期奠定的文献基础，为 80 年代后期的新观念、新方法提供了文本基础。那个时期还没有引入统计学定量数据分析，无法判定宋代作家受关注度排名情况。思想解放以后，苏轼、李清照马上引起学界的广泛关注和研究兴趣。陆游作品体量大，品类丰富，研究领域广，在百家争艳的宋代文学研究界要保持一定的关注度也非易事。进入 21 世纪以来，据大数据统计，陆游研究成果的排行再也没有进入前三甲，研究却呈多样化的发展趋势。陆游研究自 80 年代中期最初的短期辉煌后，在相当长一段时间内，盛席难继，整体上徘徊于既有的格局，有"点"的突破，缺乏整体性的推进。因此，

---

① 唐鸿儒 1990 年年初先后在《晋阳学刊》发表《为〈剑南诗稿校注〉勘误补正》《续篇》《〈剑南诗稿校注〉商榷》三篇文章，《晋阳学刊》分 1990 年第 9 期、1991 年第 3 期、1994 年第 5 期刊出。

在因"文革"思想禁锢没有得到充分重视的宋代文学大家研究纷纷取得突破性进展的同时，陆游研究历时与共时两方面都陷入了尴尬的境地。陆游研究表明，在千帆竞发的宋代文学研究领域有很多机遇，也面临着各种挑战。

三

经过前十五年的积聚、徘徊和蓄势，近十五年（2001—2015）的陆游研究呈现出文献整理考据与文本阐释并重，作品研究、学术史研究与文化研究齐头并进，体验式的文本细读、多维透视点击与局部精细化研读互渗的研究趋势。选题重复的现象大为减少，研究领域得到大大开拓，类型研究更为丰富细腻、新颖深化，表现出新锐的思维、独特的视角和美感体验。学科规范已经确立，新一代陆游研究的力量已经崛起，从选题到研究，给人以耳目一新的感觉。近十五年的陆游研究有四个方面的进展。

（一）文献整理考据取得了较大的进展，点面结合均有突破

以前的陆游全集有两个版本，一是中华书局 1976 年版《陆游集》（全五册），系《剑南诗稿》和《渭南文集》合编而成①；二是 1986 年中国书店据世界书局 1936 年版的《陆放翁全集》

---

① 《剑南诗稿》是以明末常熟毛晋汲古阁八十五卷刻本为底本，并参照北京图书馆收藏的宋版残本《新刻剑南诗稿》、宋版《放翁先生剑南诗稿》残本。《渭南文集》是以北京图书馆藏宋嘉定十三年（1220）溧阳刻本作底本，用明活字本和汲古阁本做了校补。

（全三册）刊出影印本。韩立平留意到南宋张镃《南湖集》卷四有一首诗《觅放翁剑南诗集》，有"见说诗并赋，严陵已尽刊"之说，认为《剑南诗稿》严州二十卷宋刻本系"诗赋并刊"，严州郡斋刻本并非皆是诗歌，至少有一卷当为赋。①

由于署名陆游的《家世旧闻》《放翁家训》《斋居纪事》《老学庵续笔记》和《避暑漫抄》均未收入通行的《陆游集》中，因此关于这些作品的版本源流、作品辑佚、真伪考辨也纳入了研究者的视野。凡见于其他丛书丛刊的署名为陆游的作品，几乎都有被责疑的可能。

关于《放翁家训》的真伪，于北山、欧小牧认为是伪书。②杨光皎《放翁家训祛疑》对此有辩证，认为家训时间之矛盾是中年、晚年不同时间的痕迹。③ 马泓波则认为《放翁家训》不仅不是伪作，也非中年、晚年两个时段所作，实系晚年之作，成书于嘉泰四年（1204）陆游80岁时，故所言皆是嘱咐其子身后之事。据明人叶盛《水东日记》卷十五全文收录《放翁家训》序结尾处注："兹录《放翁家训》于此，元题曰《太史公绪训》。"《绪训》《太史公绪训》《放翁家训》应该是同书异名。《绪训》只是《放翁家训》中的一部分。④

---

① 参见韩立平《诗赋并刊与〈剑南诗稿〉版本问题》，《古典文献研究》2004 年第 12 辑。
② 参见于北山《陆游年谱》，中华书局 1961 年版，第 105 页；欧小牧《陆游年谱》，成都天地出版社 1998 年版，第 186 页。
③ 参见杨光皎《放翁家训祛疑》，《古典文献研究》2005 年第 12 期。
④ 参见马泓波《〈放翁家训〉成书时间、真伪、校勘价值考辨》，《史学月刊》2011 年第 11 期。

关于《家世旧闻》版本问题的研究也有新的进展。20 世纪孔凡礼点校《家世旧闻》（中华书局 1993 年版）并发表了一系列关于版本源流及价值的文章①，其贡献在于把《家世旧闻》国家图书馆的明穴砚斋本与北京大学图书馆藏景钞穴砚斋本相互校核，推出了单行点校本，惠泽学界。孔校本出版后，王水照先生随即发表《读中华版〈家世旧闻〉》（《书品》1995 年第 1 期），为大陆学界介绍了台湾地区"中央图书馆"所藏保存完好、具有很高的校勘价值的二卷足本，即张珩藏本。张剑在《国学学刊》2015 年第 2 期发表《〈家世旧闻〉版本补议——兼议陆游家世诗数量稀少的原因》一文，将穴砚斋本、孔校本、张珩藏本重新对勘，列举了穴本不误而孔校本未妥处 66 条，穴本与张本文字不同处 152 条，考证"端楷缮写，精妙严整"的穴砚斋本为明万历年间无锡秦柱（1536—1585）钞本，与台湾地区张珩藏本行款版式有较大不同。穴本与张本互有短长，由于穴砚斋本虫蛀字残处较多，不如张珩藏本清晰可辨。因此，较为理想的《家世旧闻》整理本，应综合穴砚斋本与张珩藏本之长。《全宋笔记》第五编收入的《家世旧闻》（大象出版社 2012 年版）、《陆游全集校注》（浙江教育出版社 2011 年版）限于见闻均未能全面利用张珩藏本。学术研究总是薪火相传，后出转精，我们期待着更完备的《家世旧闻》足本出版。

至于署名陆游的《避暑漫抄》的真伪问题，李成晴发表

---

① 参见孔凡礼《一部久秘不宣的陆游著作》，《文学遗产》1993 年第 1 期；《〈家世旧闻〉是宋代史料笔记珍品》，《古籍整理出版情况简报》1994 年第 8 期。

《陆游〈避暑漫抄〉系伪书考》一文，指出《避暑漫抄》始见于明陆楫所编《古今说海》，历代学人皆以为陆游的著作而加以引证研究，《全宋笔记》《陆游全集校注》予以收录。作者从《避暑漫抄》引录叶绍翁《四朝闻见录》卷二乙集"宣政宫烛"一条材料发现疑点，进而对《避暑漫抄》全书的文献来源进行了调查，发现《避暑漫抄》殊多谬误，作伪者以陆楫的可能性为最大。①

近十年来，除了一些单篇论文外②，陆游研究文献整理最大的工程当推《陆游全集》的校注、《渭南文集》的立项整理和《陆游书法全集》的编辑出版。

20世纪80年代苏州大学钱仲联先生独立完成了《剑南诗稿校注》八十五卷，《渭南文集》五十卷则一直没有完整的注本。《渭南文集》的文本构成颇为复杂，前四十一卷为文，分为表、笺、札子、奏状、启、书、序、碑、记、铭、赞、青词、疏、祝文、劝农文、杂书、跋、墓志铭、祭文、哀辞、致语等约二十一类，共计759篇。后一卷为《天彭牡丹谱》，六卷为《入蜀记》，二卷为陆游词，计五十卷。如果加上集外的《老学庵笔记》十卷，《南唐书》十八卷，《放翁逸稿》《家世旧闻》《放翁家训》《避暑漫抄》等杂著，陆游的文，粗粗算来总量不在千篇之下。

《渭南文集》传世虽久，但一直没有完整的注本，一是因为

---

① 参见李成晴《陆游〈避暑漫抄〉系伪书考》，《浙江学刊》2015年第2期。
② 参见蒋方《〈渭南文集〉的编纂与流传》，《江汉大学学报》2004年第2期；王永波《〈渭南文集〉版本考述》，《中华文化论坛》2012年第6期。

陆游存世作品体量偏大、涵盖的文体极其驳杂，是为全集整理校注的一块难啃的硬骨头工程；二是因为陆游学识渊博，诗文出入儒、释、道，三教九流，信息广博，注释难度极大。以苏州大学马亚中教授为核心的学术团队，克服巨大困难，从事基础性研究工作历时十余年，于 2011 年完成了《陆游全集校注》（浙江教育出版社 2011 年版）的浩大工程，嘉惠学林。新版《陆游全集校注》除收录钱仲联《剑南诗稿校注》外，在《渭南文集校注》的编辑上别出心裁，与原版文集有所不同，为了文体的纯粹性，把《天彭牡丹谱》一卷辑出，与《家世旧闻》等合并，列为杂著；《入蜀记》六卷、词二卷也析出单列，把《放翁逸稿》卷上的七篇"赋"和若干"记"纳入其中，成为陆游单篇文章之结集。另外，单列《老学庵笔记》十卷，《南唐书》十八卷。《家世旧闻》《斋居纪事》《放翁家训》《避暑漫抄》《感知录》《高宗圣政草》等归入杂著类，构成了最新一版《陆游全集》。作者近年来在吸纳综合的基础上又推出《渭南文集校注》修订本（浙江古籍出版社 2015 年版）。

与此同时，由朱迎平教授主持的 2012 年国家社科基金项目《渭南文集笺校》，也取得了可喜的进展，递交 2015 年"纪念陆游诞辰 890 周年国际研讨会"的有最新研究成果《〈渭南文集〉部分篇目系年札记》《读〈渭南文集〉启文札记》《读〈渭南文集〉表笺文札记》《〈渭南文集〉宋明诸本源流考辨》等①，重

---

① 参见朱迎平《〈渭南文集〉宋明诸本源流考辨》，《中华文史论丛》2014 年第 4 期。

在梳理《渭南文集》的版本源流和明辨版本优劣。朱迎平把明本与嘉定本进行了全本通校，录得异文共计 1000 余条，发现明代流传的弘治本、正德本、万历本和汲古阁本的源头，均出于嘉定本。弘治本、正德本对文集的传承贡献颇大，汲古阁本则取长补短，基本还原了嘉定本原貌，并使之更臻完善，成为《渭南文集》传承的最大功臣。① 综上，在文献整理考据方面创获颇大。

陆游不以书法名世，却是南宋书法四家之一，他的书法作品流传至今已不可多得。2013 年故宫博物院、浙江省绍兴市人民政府合力编辑出版首部《陆游书法全集》（经折装四卷本）②，收集了故宫博物院、国家图书馆、台北故宫博物院、辽宁省博物馆以及美国波士顿艺术博物馆等海内外收藏单位馆藏陆游传世墨迹碑帖，内容包括诗卷、尺牍、碑文、题名和历代名家题跋，成为陆游书法整理的集大成之作。

（二）作品研究、学术史研究与文化研究齐头并进

在文献整理取得进展的同时，作品研究文学阐释也更加多元化、人性化。钱锺书先生所言使"一方面是闲适细腻，咀嚼出日常生活的深永的滋味，熨帖出当前景物的曲折的情状"的诗歌，得到了进一步关注。陆游诗歌研究一直是陆游研究的重

---

① 参见朱迎平《〈渭南文集〉宋明诸本源流考辨》，《中华文史论丛》2014年第 4 期。

② 参见故宫博物院、浙江省绍兴市人民政府《陆游书法全集》（经折装四卷本），故宫出版社 2013 年版。

头戏。陆游诗体量大、题材丰富，可开掘的空间大，几乎覆盖中国古代诗歌的所有主题，在题材类型的研究领域中，最为瞩目。从爱国忧民、咏史怀古、宦游求仕、乡土田园、山水边塞、隐逸游仙、咏物闲适、爱情友情、别离酬唱、节候时序等①，到纪梦、悼亡、涉商、示儿、无题、读书、养生、咏花、咏雨等都洋洋可观，相应的题材研究也不胜枚举。②

陆游诗歌体式丰富全面，与杜甫一样，各类诗体均有佳章，最擅七古乐府、七言律绝，六言也有佳章。20世纪朱东润《陆游研究》中的《陆游的古体诗》《陆游律句的特色》《陆游的绝诗》等文，专门论述过陆游的古体诗、近体诗的创作特色与成就，之后相当长的时间里，和诗歌题材频频受关注不同，陆游诗歌体裁方面的专题研究显得特别寂寞，这不能不说是一种失衡。令人欣喜的是，近十五年来，这种现象得到改善，除单篇论文外，我们看到若干专著问世③，诗歌题材和诗歌体裁的研究都取得了可喜的进展。

在学术史研究中，陆游作为宋代大家，也纳入了整体关注之中。一批高水平的论著选题独到、视角新颖，在细微中蕴含

---

① 参见宋邦珍《陆游诗歌研究》，花木兰文化出版社2012年版；李建英《陆游闲适诗研究》，首都师范大学出版社2012年版；王政、王娟、王维娜《欧阳修陆游诗歌中的民俗祭典研究》，线装书局2009年版；王政、王娟、王维娜《欧阳修陆游诗歌民俗祭典述论》，中国书籍出版社2013年版。

② 参见诸葛忆兵《论陆游的"无题诗"》，《文史哲》2006年第5期；[日]神部明果著，张海鸥指导《试论陆游对苏轼的受容：以"红尘""扫地焚香"为例》，硕士学位论文，中山大学，2010年。

③ 参见张健《陆游绝句研究》，花木兰文化出版社2014年版；吕辉著，马歌东指导《陆游七言律诗研究》，博士学位论文，陕西师范大学，2008年。

新的突破。陆游成名很早，他的才学、爱国之忱、诗歌艺术在他生活的当世得到广泛认可，当世接受群体的广泛性体现出陆游的普世性特征。陆游的当世接受，确立了其典范地位，开创了自宋以降数百年的陆游接受史，具有深远的影响和意义。① 如对 20 世纪陆游研究成果的反观与研究，钱锺书《谈艺录》《宋诗选注》《钱锺书手稿集》《管锥编》等著作对陆游的精彩论述，受到学界广泛关注，近十五年来发表的一系列论文，有不同的声音，认为钱锺书从《谈艺录》（1939—1942）到《宋诗选注》（1957），对陆游的评价随着时代变化而有自相矛盾的地方，但对钱锺书先生在陆游研究方面的开拓，都有非常精当的评述。②

比较和接受研究专题研究，近年来颇受关注，诗和词的接受研究都有专著问世。③ 陆游曾盛赞"唐韩氏、柳氏，吾宋欧氏、王氏、苏氏，以文章擅天下"④，论者以为陆游对欧阳修的

---

① 参见曾维刚《典范确立：论陆游的当世接受》，《江海学刊》2014 年第 3 期；刘扬忠《陆游及其诗词八百年来的影响和被接受简史——以清末至当代一百年为中心》，《绍兴文理学院学报》2011 年第 1 期。

② 参见王水照、熊海英《陆游诗歌取径探源——钱锺书论陆游之一》，中国陆游研究会编《陆游与越中山水》，人民出版社 2006 年版；王水照、熊海英《陆游的诗歌观——钱锺书论陆游之二》，《中国韵文学刊》2007 年第 3 期；吕肖奂《钱锺书的陆游诗歌研究述略——文学本位研究的范例与启示》，《四川大学学报》2006 年第 6 期；郑永晓《〈管锥编〉论陆游举隅》，《南都学坛》2011 年第 3 期。

③ 参见简彦姈《陆游散文新论》（上、下），致知学术出版社 2014 年版；张毅《陆游诗歌传播、阅读研究》，复旦大学出版社 2014 年版；欧阳明亮《清代陆游词的批评历程》，《中国韵文学刊》2011 年第 3 期；陈宥伶《陆游词接受史》（上、下），花木兰文化出版社 2015 版。

④ 陆游：《陆游集》，中华书局 1976 年版，第 2088 页。

承传深得"六一风神",题跋文继承发展了欧跋的学术考辨精神与语短情深的文体特征。游记体散文,拓展完善了日记体游记兼涉文史的体式。① 陆游接受梅尧臣之"雄浑"问题,包含了复兴诗道、取材阔大深广和诗歌艺术的手法多样等深刻含义。② 把陆游与元好问这两位大诗人,在题材、形式上进行比较,正是宋金时期南北诗坛各有千秋、遥相呼应的两座高峰。③

结合新起的文学地理学地域视野,新推出的一批论著,着眼于地域背景,把陆游在不同时期不同地域创作的作品进行了系统考察梳理。④ 进入 21 世纪以来,关于陆游《老学庵笔记》《入蜀记》《南唐书》的文化历史风俗方面的研究整体上呈逐渐纵深拓展的趋势,当然值得进一步研究的视角和内容依然很多。

关于陆游作品的文本研究、传播接受和文化研究,近年来呈良好的发展势头,重要的标志是,一批国内有影响力的高校博士论文的选题也集中在陆游诗、词、散文、传播阅读研究领域。如徐丹丽著、莫砺锋指导《陆游诗歌研究》(博士学位论

---

① 参见李由《"尚有北宋典型":陆游对欧阳修散文的继承与发展——以游记和题跋为中心》,《江西师范大学学报》2014 年第 3 期。

② 参见杨理论、骆晓倩《"先生诗律擅雄浑"——陆游接受梅尧臣的一个独特视角》,《社会科学战线》2008 年第 10 期。

③ 参见胡传志《天放奇葩角两雄——陆游与元好问诗歌比较论》,《北京大学学报》2010 年第 4 期。

④ 参见王定璋《入蜀诗人撷英:四杰、杜甫、陆游及其他》,巴蜀书社 2009 年版;王晓雯《陆游蜀中诗歌研究》,花木兰文化出版社 2008 年版;朱睦卿笺注《陆游严州诗文笺注》,浙江大学出版社 2013 年版;谢开云、唐承芹《陆游陕南诗踪散论》,西北大学出版社 2012 年版;孙启祥选注《陆游汉中诗词选》(修订本),陕西人民出版社 2005 年版;吴其付著,张邦炜指导《陆游宦游生涯的景观变迁》,硕士学位论文,四川师范大学,2005 年。

文，南京大学，2005 年），许芳红著、莫砺锋指导《南宋前期
诗词互渗研究：以陆游、辛弃疾、姜夔为中心》（博士学位论
文，南京大学，2008 年），赵汇万著、赵仁珪指导《陆游政治
生涯考论》（博士学位论文，北京师范大学，2005 年），杨理论
著、祝尚书指导《中兴四大家诗学研究》（博士学位论文，四川
大学，2006 年），倪海权著、邹进先指导《陆游文研究》（博士
学位论文，哈尔滨师范大学，2012 年），赵永平著、王德明指导
《陆游散文研究》（博士学位论文，广西师范大学，2011 年），
张毅著、王水照指导《陆游诗传播、阅读专题研究》（博士学位
论文，复旦大学，2008 年）等。高校科研机构培养了一大批致
力于陆游研究的青年才俊，大大增强了研究的后劲与实力。

（三）体验式的文本细读、多维透视点击与局部精细化互 渗的研究趋势

　　体验式的文本细读是在面的拓展基础上点的深入。前面提
到吴熊和先生对《钗头凤》词本事的质疑，其实也是源于体验
式文本细读的结果。对《钗头凤》词本事的分歧主要来自对文
本阅读接受的差异。不同的着眼点，支持"沈园题壁"说的主
要综合了《钗头凤》词以及晚年的沈园诗，并辅之以南宋三家
笔记关于词本事的材料；提出"蜀中游冶"说的则是对词文本
意象所营造的场景氛围和词为艳科所渲染的情感基调的排斥。
从根源上说是阅读接受的经验和心理的差异。认为应该这样或
者不应该这样的阅读体验，这种差异对于作品接受而言，并非
坏事，说明作品本身提供了十分丰富的阅读空间，斡旋余地。

对于不同阅读习惯和心理的读者来说，只要作品提供足够的信息，读者见仁见智，今后阅读接受的差异仍将继续下去，这不能不说是作品本身提供了这种魅力。说不清，道不明，却魅力永驻，发人深思。

在文学研究中，文本阅读是根本，只有对文本深入阅读把握，才能领悟作品的真谛，做合乎情理的评价。而多维透视、远近高低是方法角度的问题，局部精细化是深入显微的过程。近年来在这些方面都不乏出彩之作，粲然可读。如吕肖奂对陆游入蜀诗文的对比解读，发现陆游诗、文书写不同的文体观念和诗文创作形态与观念的复杂性；① 莫砺锋对陆游入蜀时同时所作诗文之关系进行比较分析，从而评价其文学价值，体会其富有诗意的片断和浓厚的身世之感。② 另外，对陆游自注诗的价值、写景诗的人文色彩是对古典诗史的一大贡献的评价，多有心得新见，都是建立在文本细读基础上的典范之作。③

文本细读、多维透视作品，使以往一个平面的爱国的陆游，逐步过渡到多维多棱的陆游。在以往熟悉的爱国诗人、国士形象之外，兼具仕宦、学者、诗人、酒徒、情人、隐士、侠客、慈父多重身份，多重风格。诗文中日常生活滋味的描述，还原了宋代士大夫文人的生活原型。

---

① 参见吕肖奂《陆游双面形象及其诗文形态观念之复杂性——陆游入蜀诗与〈入蜀记〉对比解读》，《绍兴文理学院学报》2011 年第 1 期。
② 参见莫砺锋《读陆游〈入蜀记〉札记》，《文学遗产》2005 年第 3 期。
③ 参见莫砺锋《论陆游写景诗的人文色彩》，《社会科学战线》2011 年第 9 期。

文本细读，也可以以小见大，读出惊人的气场来，杨义关于陆游山水诗魂的论述让人耳目一新，他着眼于陆游的山水诗，体会陆游是以博大的以天下为己任的胸襟重新审视山水之根，从而赋予山水以高远的审美感受和深邃的哲学体验，推进了山水田园诗的民俗化进程。① 这与莫砺锋关于陆游对儒家诗论实践创作贡献的阐发有异曲同工之妙，陆游是南宋诗坛上最自觉地遵循儒家诗学精神的诗人，他的诗歌是儒家诗学的积极影响的典型例证。② 另外，胡传志关于陆游日课一诗的探讨，黄奕珍论陆游南郑诗作中的空间书写研究，许芳红以陆游等中兴大家为例论唐宋词对南宋诗的渗透，陈祖美论《放翁词》的"创调"和"压调"之作，胡元翎谈陆游词之缺失及原因等③，都是视角独到，能于细微处推陈出新的成功范例。

（四）学术话题的不断延伸，使文化陆游与当代价值观无缝对接

陆游的爱国主义思想是陆游立足文坛的一面旗帜，每个时期都有自己的解读与阐发。20 世纪三四十年代，朱自清、钱锺

---

① 参见杨义《陆游：诗魂与越中山水魂》，《文学遗产》2006 年第 3 期。

② 参见莫砺锋《论陆游对儒家诗学精神的实践》，《学术月刊》2015 年第 8 期。

③ 参见胡传志《日课一诗论》，《文学遗产》2015 年第 1 期；黄奕珍《论陆游南郑诗作中的空间书写》，《文学遗产》2014 年第 2 期；许芳红《论唐宋词对南宋诗的渗透——以范成大、陆游、姜夔为中心的初步探讨》，《文学遗产》2008 年第 6 期；陈祖美《论〈放翁词〉的"创调"和"压调"之作》，《文学遗产》2008 年第 5 期；胡元翎《陆游词之缺失及原因探析》，《北京大学学报》2006 年第 2 期。

书对陆游爱国诗的理解较为深刻。朱自清在《爱国诗》（1943年）一文中指出陆诗的爱国思想是以社稷和民族为重，"过去的诗人里，也许只有他才配称为爱国诗人"。钱锺书在《宋诗选注》中也赞美了陆游"悲愤激昂，要为国家报仇雪耻，恢复丧失的疆土，解放沦陷的人民"的诗。对陆游及其作品的接受也是从思想性起步的，但并不限于思想性的廓限，已经呈现出十分活跃的思想，不同的声音。

陆游影响学术史研究是一个不断延伸的课题，陆游以才学、人品和诗歌成就，在他生活的南宋时期得到广泛认可接受，呈现出诗坛、朝堂、民间等多层次接受格局，体现了陆游对当世各阶层普遍而深刻的影响。① 八百多年来，陆游作品中蕴含的那种对国家民族执着关注的志士情结，对故土乡邦眷眷的赤子情怀，对生活遭际境遇的从容豁达，以阅读创作为生活乐趣的高雅情操，以及那种对弱势群体的尊重和深切怜悯，已经跨越了文化、民族与代际，成为人类终极的追求与崇尚。因此才会被不同时代、不同种族的人所敬仰喜爱。2010 年 6 月俄罗斯圣彼得堡大学举行纪念陆游逝世 800 周年活动，日本有热爱陆游作品的民间文学组织"读游会"，庶几可证。

陆游作为文学大家在诸多领域都有建树，其成就溢出了文学的领域，旁及历史学、社会学、心理学、医学、教育、经济、出版业、藏书业、传播学、农业、园林、饮食美学、碑帖书法艺术等。对陆游的研究也如百棱镜，折射出多维的方法模式，三十年

---

① 参见曾维刚《典范确立：论陆游的当世接受》，《江海学刊》2014 年第 3 期。

的陆游研究同时见证了改革开放以来中国文学转型的历程。

　　陆游作为中国知识分子的典型代表，身上有诸多宋型文化的元素，阅读其作品可以体会宋代文学的精深细腻的特质。诸如社会生态、生存空间、个性才情、文人意趣、情感世界、日常生活之滋味、文学世界的诗情画意等。

　　陆游作为大诗人，主体创作"纸上得来终觉浅，绝知此事要躬行"颇具典范意义；作为爱国爱民的地方官，"位卑未敢忘忧国""身为野老已无责，路有流民终动心"，士大夫责任感和悲悯之心令人动容；作为乡土诗人接地气；作为高寿诗人懂养生。他热爱生活、充满情趣，一生爱读书，在黄卷青灯的书卷生活中获得了无穷的乐趣。陆游爱家乡、爱祖国、爱生活，重视生命的质量，更注重生命的价值，主张以生前的建树来获取人生的最大意义。他坚韧不拔、始终如一的人生信念和淑世精神令后人敬仰。文化陆游的人文情怀包括丰富的情感世界、坚定的人生信仰、达观旷放的性格和丰富的人生情趣，八百多年来，历久弥新，与社会发展紧密相连，可以融入当代文化建设中来，为当代国民大众传播正能量，提升精气神。许多方面雅俗共赏，古今贯通，简直可以无缝对接。

　　陆游研究著作分学术研究类和文化普及类读物，正因为如此，陆游研究中这两类著作都很丰富。学术研究类学术含量高，论述考证反映了学术的进步；① 文化普及类著作起到文化的引领

---

　　① 参见邹志方《陆游研究》，人民出版社 2008 年版；欧明俊《陆游研究》，上海三联书店 2007 年版；夏承焘、吴熊和笺注，陶然订补《放翁词编年笺注》，上海古籍出版社 2012 年版。

作用，各种诗文选本很受欢迎，有的一版再版①，从传播与推广的角度来看，反映了市场的广泛需求与普通读者对陆游的真诚喜爱。

四

在陆游研究三十年的进程中，学术组织的作用不可不提。陆游研究全国性组织——中国陆游研究会成立于 2005 年，和成立于 20 世纪八九十年代的中国苏轼研究学会、全国秦少游研究会、中国李清照辛弃疾学会等宋代文学大家的诸多学会相比，还算是比较年轻的一族。② 但年轻并不是没有根基，在这之前，全国性的陆游研究活动其实已经有充分的铺垫，浙江绍兴、四川崇州、陕西汉中的地方政府联手高校和研究机构已举办过多次纪念陆游诞辰的研讨活动（绍兴 3 次，四川崇州 2 次、陕西汉中 1 次），每次学术研讨会的举行，都带动新一波新一轮的研究。中国陆游研究会成立可谓是瓜熟蒂落、水到渠成的事。

我们发现，以文学大家命名的研究会，在组织学术活动、凝聚研究力量、建设研究梯队、保证学术研究薪火相传等方面，确实有十分显著的作用。以刘扬忠、王兆鹏等主编的《宋代文学研究年鉴》（武汉出版社两年一版），"宋代文学个体作家研

---

① 参见蒋凡、白振奎编选《陆游集》，凤凰出版社 2014 年版；黄逸之选注，王新才校订《陆游诗》，崇文书局 2014 年版；刘扬忠注评《陆游诗词选评》，三秦出版社 2008 年版；夏承焘导读《陆游词集》，上海古籍出版社 2011 年版；高利华《但悲不见九州同·陆游卷》，河南文艺出版社 2015 年版。

② 中国苏轼研究学会成立于 1980 年，全国秦少游研究学会成立于 1984 年，中国李清照辛弃疾学会成立于 1992 年。

究成果排行表"2002—2003 年、2012—2013 年为例，内地宋代文学个体作家研究频次表，前十位依次是苏轼、李清照、辛弃疾、柳永、黄庭坚、陆游、欧阳修、朱熹、王安石、严羽。① 苏轼、李清照、欧阳修、辛弃疾、陆游、柳永、黄庭坚、朱熹、王安石②，我们注意到，进入前几名的宋代文学大家几乎都有相应的学会、研究会作为背景。苏轼研究关注度、热度一直是独占鳌头，李清照、辛弃疾紧随其后，中国欧阳修研究会成立于 2007 年，欧阳修研究近年来上升势头很好，陆游近十年来稳居五名前后。

正如 21 世纪宋代文学研究崛起、繁荣和兴旺，与中国宋代文学学会的成立、两年一届国际学术研讨会的积极组织推动分不开一样，陆游研究要可持续发展，也需要一个全国性的学术研究载体。陆游学术组织是在中国宋代文学学会的关心指导下建立起来的，其学术风格传承了以名誉会长王水照先生为核心的宋代文学研究的优良传统。在中国陆游研究会的筹建、创办以及后来的日常工作中，都得到宋代文学学会的具体指导。学会成立以来，在莫砺锋会长的带动下，以陆游故乡绍兴为根据地，与陆游宦游之地相呼应，积极有序地推进陆游研究活动。迄今为止已举办了 5 次国际学术研讨活动，编辑出版了 5 本会

---

① 参见刘学《2002—2003 年内地宋代文学研究论著的定量分析》，《宋代文学研究年鉴 2002—2003》，武汉出版社 2005 年版。陆游位列第六，成果 45 项，成果类别中，论文 39，书 6 种。文体分布，诗 25，词 3，文 1，总论 15，其他 1。

② 参见刘学、瞿梦琴《2012—2013 宋代文学研究论著的统计分析》，《宋代文学研究年鉴 2012—2013》，武汉出版社 2015 年版。陆游位列第五，成果 75 项，其中论文 65，书 10 种。诗 27，词 11，文 7，总论 30。

议论文集。① 通过有组织的研讨活动，促进研究成果的发表交流，加强对学术新领域的开拓。通过学术点评、学术总结，在回眸的基础上，发现新境界、新课题。

以研究会、研讨会的形式，也能建设相对稳定的研究队伍，不断吸纳壮大研究力量，推动学术研究的进步。正如莫砺锋会长在 2015 年杭州"中国宋代文学学会第九届年会暨宋代文学国际学术讨论会"上所指出的：学会应该是在学术界发挥重大作用的学术组织，学会的功效，除了团结同道，给同仁们提供一个以文会友、交流观点的平台以外，它实际上还起着组织、引领的作用。学会最大的意义就是培养后进力量。有国内外知名专家学者的热情支持，导夫先路，有爱好宋代文学的中青年研究人员的积极参与，深入推进，特别是青年博士、硕士等生力军的不断充实，才会形成合理学术梯队，保证学术研究的可持续发展。研究会的模式、不定期的学术活动，在一定程度上能吸引海内外的学术研究力量。坚持国际学术研讨视野，可以凝聚一支高水平和有潜力的研究队伍。通过研讨，信息互通，相互促进，尽量避免研究的低水平重复。

毋庸讳言，三十年的陆游研究，与陆游晚年的作品一样，也不可避免地存在着低层次重复，学术原创动力不足。有时翻检资料，需要花费大量时间精力，披沙拣金，在大量貌似研究成果的文海中寻寻觅觅，辨别确认真正有价值的学术成果。当

---

① 参见《陆游与越中山水》，人民出版社 2006 年版；《放翁新论（陆游研究文集）》，海峡文艺出版社 2009 年版；《陆游与鉴湖》，人民出版社 2011 年版；《陆游与汉中》，上海古籍出版社 2013 年版；《陆游与宋代文学研究》，即将付梓。

然，在中国当下的学术环境中，这绝非陆游研究的个案。学术研究需要从业者怀抱一种学术自觉精神，才能从根本上杜绝此类问题的产生。

学术组织的大力推动，与学术研究的潮起潮落还是有一定关联的。中国文士阶层有"以文会友"的优秀传统，诸如兰亭雅集、西园雅集、玉山雅集等。古代兰亭集会，才会有兰亭诗，才会有王羲之兴感而发的传世作品《兰亭集序》。洛阳文人集会切磋交流、唱和、品鉴批评，繁荣了北宋文坛。作为学人，平时独处做学问是一种境界，为学术而相聚开启心扉研讨交流，第一时间分享研究成果，获得评点和帮助，更是一种鞭策和促进。我们期待着学术盛会涌现出更多的研究成果，产生更多的传世精品。以文会友，如切如磋，如琢如磨，才能更好地打造学术的利器，促进学术的繁荣和发展。

关于苏雪林的《陆放翁评传》

上海博物馆　陶喻之

苏雪林先生的《陆放翁评传》，是她1919年3月23岁时改定成稿的作品。按照她《三十年写作生活的回忆》自述："民国八年秋，升学北京高等女子师范……"则这部评传的写作时间，应该是她在安庆省立女子师范后期完成的。但是《陆放翁评传》正式面向读者，却是延至十年后的1929年10月10日的事；它是由撰写著名"晚清四大谴责小说"之一《孽海花》的常熟旅沪小说家曾朴，1923年（一说1927年）开设于上海的真善美书店印行的"金帆丛书"出版的。当时包括《陆放翁评传》在内共七篇文章组成的这部苏雪林个人散文、评论集题名为《蠹鱼生活》，封面装帧因而顾名思义并望文生义地故意以黑白两色、雌雄两种蠹鱼作装饰以求图文并茂。

似乎是这册实价仅七角钱，印数才1500册的薄薄小书影响有限的缘故；加之由于众所周知的历史原因，台海两岸学术界阻隔了半个多世纪；兼以苏雪林在台湾一贯坚持反对鲁迅的立场，这些都使得她的著作在大陆极少面世，哪怕是她早期成名前的这一册薄薄的小册子。因此，现在很少有人知道苏雪林早年在大陆安徽还曾经写过这样一部古代诗人的评传；甚至涉及苏雪林本人的传记或者文学评论，也几乎没有关于她这部《陆放翁评传》的点评介绍文字；而且更耐人寻味的是，纵然苏雪林本人的追忆文章，也没发现有谈到这部作品的写作背景与写作经历的文字。是她自己对这部出道之前的学术成果不满意？还是另有其他隐情？现在看来关于她自己何以就这部评传也不著一字，只能说依然是一个或许永远将是一个谜了。

抑或正是由于上述种种原因，以致内地如安徽文艺出版社1996年4月出版的全4卷《苏雪林文集》，1998年2月北京燕山出版社出版的《苏雪林文集》全2册，仿佛都不曾收录她的这部《陆放翁评传》。然而《陆放翁评传》却又是一部相当值得推介，或者说很有作者本人鲜明个性的评传；相比较古往今来很多部有关陆游的传记或者评述文章而言，苏雪林的《陆放翁评传》也是不可多得，甚至可以说是非常特别的一部评传。

这里仅就本人披览《陆放翁评传》，简单谈一点粗浅的读后感，并就相关问题结合苏雪林业已公开的著述回忆作一些分析解读，权且作为希望重版她这部传记以弥补其全集不足，并以利于拓宽陆游研究者视野的一点呼吁吧。

"中国第一尚武爱国诗人"，是苏雪林对她《陆放翁评传》所评论的传主开宗明义的开场白与主题词；也是她发自肺腑钦佩、点赞陆游身上具有古代文人少有的男子汉气概的感叹号。而且苏雪林自觉从小就"不爱红妆爱武装"。她后来在《童年琐忆》回忆道：

　　我自幼富于男性，欢喜混在男孩子一起。当我六七岁时，家中几位叔父和我同胞的两位哥哥，并在一塾读书。我们女孩子那时并无读书的权利，但同玩的权利是有的。孩子们都是天然战士，又是天然艺术家，东涂西抹，和抢刀弄棒，有同等浓烈的兴趣。

　　就这样，到她进入"女师"后，由于日积月累抄录了不少包括陆游诗歌在内的历代诗家诗作（《三十年写作生活的回忆》《我与旧诗》），很显然经过比较而对跟自我禀赋和个人经历最为接近的南宋爱国诗人陆游及其充满传奇色彩的打虎本事等发生了浓厚的探索兴致；兼以苏雪林勤于写作，"虽不敢再以作家自命，三十年来这支笔却也从未放下。"所以，《陆放翁评传》就这么一发而不可收，洋洋洒洒地写开了，以至于甫一开卷，她就结合陆游诸多回忆自己川陕军中雪夜打虎的诗篇，以白描手法向读者描绘了一幕陆游雪中刺虎的壮美场景，而这恰恰是许多其他陆游传记作品语焉不详或者忽略不计，乃至不敢展开深究的。

　　后来苏雪林在《我的教书生活》中提到，她曾经把自己的习作寄给曾孟朴先生：

　　　　他原已在他的真善美书店替我出版了一本《蠹鱼生活》，内有我《九歌中人神恋爱问题》及一些小考据。我的《李义山恋爱事迹考证》，他也曾读过。至此，竟誉我为学术界的福尔摩斯，说我天生一双炯眼，惯于索隐钩深，解决他人所不能解决的疑案。

　　在《苏州教书及返沪》中，她又不无自豪地提到：

民国十七年的上半年，徐志摩应他亲戚陈淑夫妇的邀请，到苏州女子中学演讲，还买了一本《蠹鱼生活》插在他大衣口袋里，讲时提到这本书，说现代女子也可研究学术，此书可证。我听了颇为兴奋。我的天性本近于学术研究，从此更有志为学了。

从苏雪林上述回忆，可见她是很在乎包括收录《陆放翁评传》在内的她的头一部学术文集《蠹鱼生活》的，尽管她没有把诸如陆游打虎这样的学术考辨视为较之《李义山恋爱事迹考证》更早的学术探讨命题；但事实上，苏雪林的学术研究能力，的确早在《李义山恋爱事迹考证》之前的《陆放翁评传》中业已显现端倪了。

而说到陆游雪夜刺虎，很自然令我感及美国克利富兰博物馆藏，传为陆游蜀中友人邓椿写的北南宋之交画史资料《画继》记录在案的、南宋沔州籍（今汉中略阳）山水画家高焘描绘雪景飞禽归宿的《寒林聚禽图轴》来。因为该图反映的实际上也是作为宋金交战地岩穴之士、隐逸画家高焘同仇敌忾，其画底"归鸟""聚禽"寓意，就似乎有民族认同归属感存焉。所以，美国学者高居翰认为高焘可能为金元画家的观点明显有误。因述陆游打虎，感及高焘雪景图背底主旨，率述于此。

同样，钱锺书先生1957年6月著《宋诗选注》，也是已知唯一对于陆游打虎提出质疑的学者，但其实苏雪林早在钱先生针对陆游《醉歌》诗涉及打虎议题发表怀疑意见前约38年，就已经就相关的疑问予以解惑释疑了。她指出：

这首《大雪歌》，据涧谷精选陆放翁诗集（四部丛刊，商务本）有两句批评道："一种梦语，无不可赋"。我看了真不禁有些动气，放翁刺虎的事千真万确，没有一点捏造。这首长歌里的虬髯豪客，虽然是一位想象的英雄，但说放翁借此自传，亦无不可。至于《十月二十六日夜梦行南郑道中既觉恍然揽笔作》和《大雪歌》皆作老虎，《忆昔》又作乳虎，刺虎的兵器或作戈，或作剑，或作箭，大约是无意的错误，或为迁就诗中音节的关系不得不如此。我们不能因此疑放翁刺虎的一重公案出于伪造，而想将它推翻。总之中国从前俗儒太多，以为所谓文人也者，只宜佩玉鸣裾，雍容于庙堂之上，或者浅斟低唱，吟咏于月下花前，若是驰马试剑，便像卤莽武夫的行为，失了文人的体统；因此替放翁做传记的人，竟将这件诗人平生最荣耀的壮举，几千年中国文苑罕有的奇迹，遗漏不载；便是我们的诗人自己忍不住在诗里夸说几句，他们也要奉送他"梦话"两字的批评，这无怪中国文学界里没有一位刚强的男性，没有一位虎虎有生气的少年，只出了一批一批衰老的，恹恹欲绝的，弱不禁风的痨病鬼！

《陆放翁评传》引言的最后部分，苏雪林就上述她对陆游其人的定位做了回顾，点题道："说了这一段话，诗人陆放翁究竟是怎样一位人物，读者大约有些知道了，现在我再来详详细细地介绍诗人的平生。"

应该说苏雪林不愧是一位作家和小说高手，从她介绍陆游生平事迹的生动传神，已足可见她文学创作本领的不凡功力。譬如她写陆游家族的爱国情怀，由题跋而引申开去，竟然产生了小说中才有的场景感或者说现场感的艺术效果，她说道：

> 我们读了那些跋，可以想象几个穿着便装的大人先生，聚集在一间房子里，掀髯抵掌，纵论天下事。谈到内忧外患，国势阽危，人人眉峰紧锁，唉声叹气，谈到汴都沦陷，二帝蒙尘，又人人怒发上指，目眦欲裂，激昂慷慨之余，继之以痛哭流涕。摆了酒饭出来，他们相对不能下咽。人人心里塞满了无边的悲愤，燃烧着神圣的愤慨。……他们喊着，拳头拍在几子上，把茶杯震翻，茶流了一地。一间小房的空气，紧张到离分！

总之，类似刻画传主或者相关人物心理活动、表情、动作的语言文字栩栩如生，绝非一般传记文本的资料堆砌，她是以烂熟于心的传主史料，用自己的理解将观点娓娓道来，一一表述出来的，这就让普通读者读来感觉文字如行云流水，轻松自如，有一口气读完的念头。

说到作陆游的传记，有关他的感情生活是怎么也回避不了，几乎贯穿他生命始终的热门话题和古今皆然的学术命题，以致至今关于他的《钗头凤》本事依然为学人们热议纠缠而莫衷一是，好在苏雪林笔下的观点也是比较传统的。所以，她把着墨重点放在同情陆游原配唐氏身上。

众所周知，苏雪林本身正是生活在晚清民初皖南的一户封建大家庭中，礼教和祖母"女子无才便是德"的世俗偏见，几乎令她丧失求学机会，后又连续遭到长辈以婚嫁逼迫就范而辍学。因此，苏雪林尽管生为新时代的新女性，却在婚姻问题上也受到传统观念束缚而欲罢不能；迫于父母之命，身不由己，三从四德。更为重要的是，她在写这部《陆放翁评传》时，正值自己在安庆省立初级女子师范毕业准备继续深造，却为封建家庭阻扰而以病抗婚，最终离开安徽考入北京女子高等师范学校国文系的前夕。时值"五四运动"风起云涌，新文化运动如火如荼，在追求女性解放的师友的影响下，她的思想深受震荡，诚如1969年4月15日为纪念"五四运动"五十周年，她在《国语日报》上发表回忆文章——《己酉自述：从儿时到现在》指出的："我便全盘接受了这个新文化，而变成一个新人了。"而《升学北京高等女子师范》说得更为具体：

> 我诞生于一个极端保守的家庭，虽幼年饱受旧礼教之害，但幼年耳濡目染的力量太强，思想究竟保守的。入了安庆一女师肄业数年，……为什么一到北京不久我即以"五四人"自命呢？原来我的改变也非来到北京才开始的，在五四运动尚未爆发的前一年，我尚在母校附小当教员时，……恰有一同学家里有《新青年》《新潮》《星期周刊》，虽零落不全，阅读后也知其大概。新青年反对孔子，我那时尚未敢以为然，但所举旧礼教之害，则颇惬我心。想起我母亲一生所受婆婆无理压制之苦及我自己那不愉快的童年，还不由于此吗？所以我未到北京前思想已起了变化了。

另外，《我的学生时代》又自陈道：

> 我到北京的那一年，正值五四运动发生未久，我们在讲堂上所接受的虽还是说文的研究，唐诗的格律，而我们心灵已整个地卷入那奔腾澎湃的新文化怒潮，……我在本省时已倾心于新文化运动，到北京当然很快地与运动沆瀣

一气。我们抛弃了之乎者也，学做白话文。

由于对写作兴趣盎然，并早已开始用白话文写作，发表对各种社会问题看法和学术观点的论争，《陆放翁评传》应该说正是这样的时代背景之下诞生的苏雪林第一部带有自我感情色彩的学术论著，甚至比之后1927年完成探索唐代诗人李商隐爱情活动的著名论著——《李义山恋爱事迹考》都来得有纪念意义。因而情窦初开的她在有关陆游跟唐氏婚姻悲剧方面的表述很有针对性，并且感同身受的情绪未免自然流露出来：

> 对于中国万恶的旧家庭制度，尤其是姑媳同居的制度，更引起无穷的愤恨。……几千年来中国无理的伦理教育，和畸形道德观念，牺牲了恒河沙数的青年有为的男女：不幸的诗人和他的爱妻唐氏便是这种悲惨运命下的牺牲之一了。……但他原是读书人，知晓纲常的重要，他那敢对他母亲抱怨。别的痛苦还可以明言，这却不可以明言，别的悲伤可以借文字发泄，这不能借文字发泄，有眼泪只好向心里倒流，无形的利刃攒刺他的肺肝，也只好咬紧牙关忍受。光阴如逝波，如掣电，一年一年过去了，美人早成了黄土了，他的头发也白了，……忽然想到少年时代这一段伤心史。他那哀怨万端，低徊欲绝的情况，我不能形容，请读者自己去想象吧。

这与其说是苏雪林在替陆游、唐氏惋惜，不如说是她在为自己今后的婚姻和将来担心。不幸的是，她的这种替古人遗憾和担心的陆游、唐氏般人生悲剧，后来真的不幸被预言言中，再一次在她自己身上重演——她也没有能够逃脱屈从父母之命，

过着不和谐、不幸福婚姻的宿命。虽然她还是一位留洋女学者，
虽然经历人生坎坷的她可谓久经磨难而自有后福，寿及人瑞。
但早年的痛苦是相当煎熬甚至不惜以身相殉，以死抗争的。这
也就不难理解情感丰富的苏雪林对陆游老境抒发感情的怀旧诗
《菊枕》同样凄然有感了：

> 这当然不止是流光易逝的感慨，其中还和着别的情绪
> 和别的原因，只想当时替他缝枕者为何人，共枕者为何人，
> 我们便可知那"断肠"等字眼，不是过分的了。

因此，关于陆游爱情、婚姻方面的阐述，可以说是苏雪林
在借论陆游评传的酒杯，浇灌自我胸中的块垒啊！直至后来她
创作自传体小说《棘心》，其主题思想还是情感与理性的争斗，
而女主人翁正是作者自己——她为了恪尽孝道而顺从了由父母
之命所支配的婚姻，而她也为这一段封建式的婚姻，付出了毕
生幸福的代价。为此，苏雪林在《返国》一篇中痛苦回忆道：

> 我在里昂最后一年与未婚夫通信时，便从信中看出，
> 他是一个冷酷无情的人，本想与之解除婚约，无奈此事为
> 旧家庭所不许。其事具见《棘心》一书，不必再述。……

> 他的与我结婚，也是迫于亲命，无可奈何。……我出
> 身于一个旧时代亲权过重的家庭，使我黄金色的童年变成
> 白铁一块，现在又投入一个亲权过重的家庭，使我的婚姻，
> 成为一场不愉快的梦境，真是命也！命也！尚有何话可说。

> 我母亲虽因亲眼见我成婚，心情略为舒畅，究因病入
> 膏肓，无药可治，我婚后三月余，还是撒手人寰，永别我
> 而去。她的一生，只有受苦，受苦，一直苦到暮年，还遭

受这种重大忧患。她的一颗心肝诚如她所说被无形利刃脔割而死的，真是悲惨！我深深为她的命运不平，终天之憾至老不能消失，就由于这个原因。

也因此，谈论苏雪林的《陆放翁评传》，必须将她自己批判性地揭露自己封建家庭的罪恶申诉结合起来进行。又譬如她在《我幼小的宗教环境》和《我的学生时代》分别谈到她的家庭和所受的教育道："我既诞生于中国一个旧式家庭，出世时代不幸又早了一点，我所处的环境是极其闭塞固陋的，听呼吸的空气也是一种发了霉的空气。""像我这样一个出生于由农民变为官吏，保守习惯十分坚强的家庭的女孩，先就谈不上教育权利，……但彼时中国正在咸与维新的时代，家长们折中于'女子无才便是德'和女子也不妨略为识字的两个观念间。"正因为如此，苏雪林是非常痛恨和仇视中国长期以来的封建礼教制度的，她对陆游的第一段失败婚姻寄予了深切的同情，对造成陆游婚姻悲剧，拆散陆游美好姻缘始作俑者的唐氏婆母表达了强烈的谴责，这既见于评传文字，更抒发于其他场合。譬如《童年琐忆》最后道：

> 旧时代亲权太重。恶姑虐媳至死，并无刑责，妇女缺乏谋生技能，即有，而以没有社会地位故，也不能离开家庭独立生活。加以缠脚的陋习，把一个人生生阮（同"坑"——编注）成了残废。……像孔雀东南飞里的刘兰芝，陆放翁妻唐氏的遭遇，却是常见的。

至于我自己幼年时对旧时代的黑暗与罪恶，所见所闻，确乎比现代那些盲目复古者为多，是以反抗的种子很早便已潜伏脑海，新文化运动一起来，其很快便接受了，至今尚以"五四人"自命，也是颇为自然的事。

不仅如此，苏雪林几乎在作《陆放翁评传》同时，还步唐代"诗圣"杜甫经典之作"三吏""三别"，结合皖南本乡投靠太平军者家破人亡事例，作《慈乌行》五古一首440余言，其中童养媳阿珍为恶姑虐待致死系发生在苏雪林皖南故乡当地真实故事，她为此另写过一篇300字的《恶姑行》，不久又以文言体裁撰写小说一篇，民国八年升学北平女子高等师范，曾发表于该校季刊。

如果说苏雪林对青年陆游的爱情生活充满了惺惺相惜、同病相怜的感伤的话；那么，对入蜀尤其投笔从戎的壮年陆游意气风发的军旅生涯则充满了向往和赞赏。所以，她的《陆放翁评传》至此着墨也最为欢快，较之铺叙陆游沉重感情生活要轻松许多。譬如她认为陆游的个性不适宜华南或热带地带宦游：

> 大约我们的诗人天生是一个北方健儿，……只有那长林丰草泉甘土厚的西北境与他适宜，一谈到废苑呼鹰，荒郊射虎的生活，他立刻精神勃勃，恨不得跳上马驰骋一回。

入蜀"是何等的有趣，何等的诗化"。从《剑门道中遇微雨》诗，令"我们可以想见他当时洒然自得的风致"。

苏雪林笔下的陆游入蜀参军，其实主要是指位于今陕南汉中的四川宣抚司所在地，陆游设身处地，"好像给了他一个新的生命"，"置身于一个新天地"，浑身上下焕发出"不但老人难比，青年也有所不及"的精神状态，"他这时候的欣喜，是发现了'自我'的欣喜"。苏雪林注意到后来陆游追忆这时期生活的诗歌将自己比喻为"少年"，甚至说"诗家三昧"的灵光一现也来自于"四十从戎驻南郑"，她为此总结陆游人生高潮时期的体验"是我们诗人诗风的'蜕化'，也可以说是他生命的'复活'"。

陆游自号"放翁"得名于蜀中大都会成都，也诚如苏雪林读诗解析的，这自然反映陆游在成都过得相当愉快而忘乎所以。因此，她援引了今藏诸北京故宫博物院的陆游成都诗卷，所谓："放翁五十犹豪纵，锦城一觉繁华梦。……一梢红破海棠回，数蕊香新早梅动。……"和《偶过浣花感旧游戏作》的"玉人携手上江楼，一笑钩帘赏微雪"，以及吟咏海棠花的"市人唤作海棠痴！为爱名花抵死狂，只愁风日损红芳……乞借春荫护海棠……"苏雪林认为："替古人写传记，或做批评，抄录那古人的许多作品，原是一种填充篇幅的无聊"偷懒办法；但她"以为放翁这些诗都是他生活的写实，……现在爽性再抄他几首"。很显然，正如她自己说的，像《花时遍游诸家园》十首，"是放翁在成都赏海棠做的，我极欢喜读它"。但问题是，这次擅长考证的苏雪林似乎没有看透陆游诗底的感情波澜，只是觉得：

> 这些诗和前面那两首歌行所表现的人格，风流跌宕，放荡豪迈，像火，像春，像飞云，像弄姿的流水，像出匣的宝刀，像脱鞍的骏马，像芳醇的酒，像十七八岁小女郎执红牙拍唱杨柳岸晓风残月，读之教我们为之色舞，为之眉飞，为之兴高采烈，说是五十岁老翁的诗，我想谁都要表示疑惑。幸亏我早在前面说过，我们的诗人，那时并没有老，不但没有老，而且比任何青年还要年青，他的幻梦，

他的狂欢，他的热情，他强烈的冲动，他刹那的灵感，都像火焰似的从字里行间迸射出来！青春，美丽的青春，宝贵的青春，永久的青春，你充满于诗人的生命里，洋溢于他的文字里，是怎样的教人可美！

可殊不知，事实上这首热情似火的海棠诗，是陆游在成都感情擦出奇异火花，跟继配王氏之外而盛产海棠的华阳杨氏倾诉衷肠的爱恋诗。苏雪林很明显没有在意陆游也会发生婚外情，她或许压根儿也没有往这方面考虑猜疑，因而只感觉本诗写得如浓情烈焰，却不明就里，不晓得诗的指向何去何从，还以为陆游在自说自话，因此才显得浪漫风流呢。哪知道陆游正因为到成都后流连酒肆，举止放浪，才博得了世人以为颓放而自号放翁的雅号。但不知苏雪林先生如若了解到陆游的这段畸情后会作何感想？而她的这部《陆放翁评传》就此是否又可能会有哪几种写法呢？这实在是另一个值得玩味的未解之谜。

但是，不管怎么说，苏雪林都是极其崇拜陆游的；因此，每每她称呼陆游都是尊称为"我们的诗人"。她的《陆放翁评传》第三部分重点正是阐述褒扬陆游的爱国精神，这几乎是古今达成的一致共识，但是苏雪林更注重提倡发扬陆游的尚武精神，这一意见仿佛遥接梁启超《读陆放翁集》的观点："诗界千年靡靡风，兵魂销尽国魂空；集中什九从军乐，亘古男儿一放翁。"大抵也是当年积贫积弱的我中华民族不愿做奴隶的人们的共同心声。所以，苏雪林指出：

中华民族是全世界第一等懦弱的民族，同异族相争，没有一次不失败，历史早就告诉我们了。……在这种柔脆无骨，颓惫无气，刀刺不伤，火蓺不痛的民族里，在这种犯而不校，逆来顺受的儒教系统里，居然跳出一个慷慨激昂的热血男儿如陆放翁其人者，他崇拜心，崇拜力，崇拜血，讴歌骏马宝刀，梦想故国的光荣与伟大，我们当然更觉得他可贵。"亘古男儿一放翁"这话的确不错。

为倡导陆游的尚武精神，苏雪林还对陆游的万首诗篇做了总结性归纳，从三方面加以阐述。

第一是从军乐。她认为："诗人从军唐代原很多，吟咏边塞风景的也不少。……但这些作品，描写从军苦的多于从军乐的。……我们的诗人陆放翁就不然，他的诗只一味歌颂从军的快乐。……虽因军中生活豪壮痛快，与他个性相投，其实却是为了爱国。"

第二是喜骑射。"重文轻武本是中国从古以来的恶习。天然具有尚武精神的陆放翁，……不但喜读兵书，而且还喜欢骑射，平生是慕李广之为人。"

第三是打猎。打猎也是诗人特殊嗜好之一。

"嗜好运动的人，身体一定壮健；放翁虽然出身于南方民族，而体格之坚固胜过朔方健儿。"苏雪林感慨道："中国的学者文人，大都未到四十，就'而发苍苍，而视茫茫，而齿动摇'。比之放翁，哪能同日而语？"随后她话锋一转来了个首尾呼应道：

> 我在第一段里叙述诗人的刺虎，……放翁刺虎北山，赌性命于一掷是为此，志切从戎，捐躯报国也是为此。……中国受欧日帝国主义者的压迫，非常厉害，对于爱国

的热忱，似有鼓吹之必要。中国素来没有纯粹的爱国诗人，纯粹的爱国诗人只有陆放翁，爱国青年很可以拿他为模范，所以我愿介绍他与青年相见。……执干戈以卫社会死于疆场叫作国殇，终身不忘死国虽死于床第，也可以叫作国殇了。我们的诗人便是这样一个精神的国殇！

苏雪林最终是以三句口号结束其《陆放翁评传》的："崇拜国殇！赞美国殇！希望中国将来有无量数为祖国死的国殇！"由此不难发现青年苏雪林当初是抱着何等饱满的爱国热情和报国情怀完成这部学术处女作的。

南宋人的正闰观念及陆游对
曹操的态度

汉中市档案局　孙启祥

　　南宋偏安于秦岭、长江之南，其地理位置及军事形势相当于三国时的蜀汉和东吴，而北方的女真金国大有当年曹魏之势。于是，史学界有一种通行的说法，南宋士大夫以刘蜀为续汉正统，以曹魏为闰位篡逆，因而痛恨曹操；曹操的奸臣形象，是南宋形成的；陆游有诗"邦命中兴汉，天心大讨曹"，是陆游讨厌曹操的证据。其实，这些观点都不严密，甚至错误。本文试析之。

一　南宋士大夫的正闰观及其成因

　　南宋士大夫确实是以刘蜀为正统而以曹魏为闰位的，史著、史论、诗词歌咏莫不如此。陆游挚友、官至礼部尚书的韩元吉在《三国志论》中，著名文学家、官至左丞相的周必大在《续后汉书序》中，著名理学家、宋亡后不仕的黄震在《黄氏日钞》中，都对陈寿《三国志》"纪"魏而"传"蜀、吴提出批评。

更多的人则开宗明义以蜀汉为正统，以曹魏为篡逆。朱熹撰《通鉴纲目》，径改《资治通鉴》以魏黄初承汉建安的纪年关系而以刘备章武承之，萧常因父亲不满《三国志》以魏为正统，乃以蜀汉为正统撰《续后汉书》，是史家以刘蜀为正统；张栻《经世纪年》论曰，"曹丕虽称帝，而昭烈以正义立于蜀，诸葛亮相之，而汉统乌得为绝"①，陈亮《三国纪年》首列"汉昭烈皇帝"，谓"魏终不足以正天下"②，是学者以刘蜀为正统；王十朋云，"曹公奸黠世无双"，③ 故"我虽有酒，不祀曹魏"④，陆游《谒诸葛丞相庙》诗云"遗民亦知王室在，闰位那干天统正"⑤，是诗人以刘蜀为正统。那么，这种观念完全缘于南宋与蜀汉一样偏安一隅、"同病相怜"吗？非也。中国古代的"正闰观"有其深厚的文化意蕴，含有民族、宗族、阴阳五行、文化背景、功业、名分和道德等多种因素，而"尊华夏攘夷狄"是基本内容。对南宋人来说，女真人尽管占据中原，但其为夷狄，当然非正统；而"以曹魏为伪，亦即斥占据中原之女真⑥"，他们当然不认可曹魏有正统地位。

曹魏皇室为华夏后裔，其民族属性不存在问题，但武力禅

① 张栻：《南轩集》卷14《经世纪年·自序》。
② （宋）陈亮：《陈亮集》卷12，中华书局1974年版，第137页。
③ （宋）王十朋：《蜀先主》，《全宋诗》卷2024，北京大学出版社1998年版，第22682页。
④ （宋）王十朋：《谒昭烈庙》，《全宋文》卷4641，第209册，上海辞书出版社、安徽教育出版社2006年版，第225页。
⑤ 陆游：《剑南诗稿》卷6，《陆放翁全集》，中国书店1986年影印本，第102页。
⑥ 钱仲联：《剑南诗稿校注》，上海古籍出版社1985年版，第2624页。

汉，名分、道德因素为其所短。在古人眼里，刘姓之汉统一中国已四百多年，"偏居西南蜀地的刘备以'汉室之后'可以自居正统，而据有北方的曹操只能算'逆臣贼子'，可以'挟天子以令诸侯'，而不该另筑庙堂。"① 对此，曹魏也有自知之明，故"曹氏在假'禅让'之式移运汉鼎之后，仍然不遗余力地对曹魏王朝进行合法化、正统化运作"②，但后世却不轻易放过他们。东晋习凿齿撰《汉晋春秋》，"帝蜀"而"寇曹"，将曹魏斥为篡位，不单认为"于三国之时，蜀以宗室为正，魏武虽受汉禅晋，尚为篡逆"，而且还说"皇晋宜越魏继汉"。初唐刘知几《史通·探赜》认可习凿齿的论述，也不承认魏为正统："习凿齿之撰《汉晋春秋》，以魏为伪国者，此盖定邪正之途，明顺逆之理耳。"③ 北宋司马光撰《资治通鉴》，在形式上以曹魏继汉统，"但这绝不说明司马光承认曹氏的正统的地位"④，司马光在书中多记刘备的善言善行，而对曹操嗜杀、诡诈、奸伪之行多有援引谴责，只是"具其功业之实而言之"，不得不以魏继汉以纪事，"非尊此而卑彼，有正闰之辨也"⑤。在曹操"若天命在吾，吾为周文王矣"语后，司马光论曰："以魏武之暴戾强

---

① 周庆智：《论中国历史上"正闰观"的文化意蕴》，《社会科学战线》1994 年第 6 期。

② 朱子彦、王光乾：《曹魏代汉后的正统化运作》，《中国史研究》2011 年第 1 期，第 117 页。

③ （唐）刘知几撰，（清）浦起龙通释，王煦华整理：《史通》，上海古籍出版社 2009 年版，第 197 页。

④ 张作耀：《曹操传》，人民出版社 2000 年版，第 449 页。

⑤ （宋）司马光撰，（元）胡三省音注：《资治通鉴》卷 78，中华书局 1956 年点校本，第 2466 页。

忱，加有大功于天下，其蓄无君之心久矣。"① "无君之心"就是奸臣篡逆的同义词。苏洵《史论》批评陈寿"犹以帝当魏而以臣视吴、蜀，吴、蜀于魏何有而然哉"，② 也不承认以魏为正统。苏轼《诸葛亮论》曰"曹操因衰乘危，得逞其奸"，"夫天下廉隅节概、慷慨死义之士，故非心服曹氏也，特以威劫而强臣之"③，不光认为曹魏取得政权的方式不合法，且认为士大夫对曹魏只是慑服而非信服。而唐庚《三国杂事原序》则认为《三国志》不予正统于刘蜀、将刘备之国称为蜀系"无义例，直循好恶"。

"帝蜀寇魏"在北宋亦非舆论一律、众口一词。欧阳修为"明正统"而作《魏论》，认为魏之合法性没有问题："故魏之取汉，无异汉之取秦而秦之取周也。……得魏者，晋也。晋尝统天下矣，推其本末而言之，则魏进而正之，不疑。"④ 故近人梁启超论曰："自古正统之争，莫多于蜀魏问题。主都邑者以魏为真人，主血胤者以蜀为宗子。"⑤ 显然，蜀汉、曹魏的正闰，从来就是一个有争议的问题。因曹魏政权的合法性有缺陷，故以曹魏为闰位古已有之，南宋人只是在山河破碎的特定环境下，

　① （宋）司马光撰，（元）胡三省音注：《资治通鉴》卷78，中华书局1956年点校本，卷68，第2174页。

　② 曾枣庄、金成礼：《嘉祐集笺注》，上海古籍出版社1993年版，第239页。

　③ （宋）苏轼：《诸葛亮论》，《苏轼文集》卷4，中华书局1986年版，第112页。

　④ （宋）欧阳修：《正统论·魏论》，《居士外集》卷9，《欧阳修全集》，中国书店1986年版，第417页。

　⑤ 梁启超：《论正统》，《饮冰室合集》之九《新史学》，中华书局1989年版，第23页。

将前代与己相同的观点做了固化，并非感情用事、首开先河。

二 南宋士人对曹操的态度

如果说南宋人在曹魏闰位这个问题上观点一致的话，对曹魏篡逆的始作俑者曹操的看法则有褒有贬。从政治角度，既然视曹魏为篡逆，就必须反对曹操这个"符号"；但作为一个具体的人，对曹操的能力、建树，南宋人又不得不认可。

著名文学家洪迈撰《容斋随笔》，多处论及曹操，对其用人、赏功均有肯定，曰"知人善任使，实后世之所难及"，但总体予以否定，特别对其品质尤为反感，认为"曹操为汉鬼蜮，君子所不道""操无敌于建安之时，非幸也"。① 理学家朱熹对曹操尤为反感，他在《通鉴纲目》专著中称曹操为"篡盗"，在另一篇文章中谴责曹操说："他也是个做得个贼起，不惟窃国之柄，和圣人之法也窃了。"② 理学家黄震也以"曹氏为贼"③。洪迈、朱熹、黄震的观点，是学者鄙视曹操人品的反映。

陆游、辛弃疾、陈亮等投身抗金战场的诗人词家，对曹操评价就复杂一些。他们一方面不认可曹操的政治地位，另一方面羡慕曹操的英雄气概。辛弃疾在阐述抗金主张的《美芹十论》和《九议》等文章中，涉及三国历史和曹操事迹，据实而论，

---

① （宋）洪迈：《容斋随笔》卷 12，吉林文史出版社 1994 年版，第 121—122 页。

② 《朱子语类》卷 140《论文下》。

③ （宋）黄震：《读史三·三国志》，《黄氏日钞》卷 48。

未有褒贬。在《卜算子》词中，"叹息曹瞒老骥诗，伏枥如公者"①，赞赏曹操的壮心不已；在《满江红》（过眼溪山）、《南乡子》（何处望神州）等词中，称曹操、刘备和自己称颂的孙权一样，都是英雄："天下英雄谁敌手？曹刘。生子当如孙仲谋。"② 陈亮不承认魏之正统，但他却在论《先主》《曹公》《孙权》中对曹操多有佳评，对其未能"尽知天下之大计"③（实指未能统一天下）表示遗憾；且在三文中对曹操称以"曹公"，对其他二人径称刘备、孙权。从这些评述中，不难看出士大夫对曹操鄙其为人、羡其功业的成分。

三　曹操奸臣形象的形成

有人认为，"曹操受了很大的歪曲，实在是自宋代以来"④，"到了宋以后，中国社会内部封建主义更向高级发展……正统思想深入每一个'士子'的心里，而曹操正是弑后盗国、要想夺位做皇帝的野心家，正统思想的攻击自然集中于曹操等人物的身上。……尤其到了南宋以后，民族矛盾上升到主要地位"⑤，讨曹之声更加强烈。这种将曹操视为奸臣的原因完全归咎于统治阶级正统思想的影响，且明确划出时段的观点是片面的。曹操的奸臣形象，首先是由他生前的行为决定的；其次，他在世

---

① 《辛弃疾诗文选注》，上海人民出版社 1977 年版，第 81 页。
② （宋）辛弃疾：《南乡子·登京口北固亭有怀》，《辛弃疾诗文选注》，第 108 页。
③ 陈亮：《酌古论一·曹公》，《陈亮集》，中华书局 1974 年版，第 56 页。
④ 郭沫若：《替曹操翻案》，三联书店编辑部编《曹操论集》，第 59 页.
⑤ 王仲荦：《说曹操》，中华书局 2009 年版，第 224 页。

时，敌国的君臣都有骂他为奸臣者的，两晋南北朝以至北宋，奸臣之论从未间断，南宋人对曹操的评价并不比前代更差。张作耀论曰："曹操的形象，从晋开始，就不那么高大了，而不是人们常说的是在宋代以后。"① 这个结论是准确的。

忠奸概念决定于对待皇帝的态度。史载，在建安初奉迎汉献帝都许之初，曹操即"自为司空，行车骑将军事，百官总己以听"②，"自帝都许，守位而已，宿卫兵侍，莫非曹氏党旧姻戚"③。稍后，曹操即开始戕害大臣和皇室成员，而皇帝却无力劝阻。议郎赵彦因忠谏直言，曹操即擅自"恶而杀之"④；"车骑将军董承、偏将军王服、越骑校尉种辑受密诏诛曹操，事泄……曹操杀董承等，夷三族"⑤，"董承女为贵人，操诛承而求贵人杀之。帝以贵人有妊，累为请，不能得"⑥，到了"曹操杀皇后伏氏，灭其族及二皇子"⑦ 时，与弑君只剩下一步之遥。这时，皇帝已"不任其惧"⑧，自感"我亦不自知命在何时也"⑨。这样的人物，历史当然归之于奸臣。此外，曹操"所爱光五宗，

---

① 张作耀：《曹操传》，第 440 页。
② （南朝宋）范晔：《后汉书·孝献帝纪》，中华书局 1965 年点校本，第 380 页。
③ 《后汉书·皇后纪下》，第 453 页。
④ （晋）陈寿：《三国志·魏书·袁绍传》，裴松之注引《魏氏春秋》，中华书局 1982 年点校本，第 198 页。
⑤ 《后汉书·孝灵帝纪》，第 381 页。
⑥ 《后汉书·皇后纪下》，第 453 页。
⑦ 《后汉书·孝灵帝纪》，第 388 页。
⑧ （宋）司马光撰，（元）胡三省音注：《资治通鉴》卷 67，中华书局 1956 年点校本，第 2133 页。
⑨ 《三国志·魏书·武帝纪》，裴松之注引《曹瞒传》，第 44 页。

所恶灭三族"①，动辄屠城、大规模坑降、稍不如意即灭族，甚至盗掘皇室坟墓等行为，都为忠臣所不为。所以，蜀汉先主刘备以曹操"有无君之心"②，"侵擅国权，恣心极乱"③，后主刘禅以曹操"窃执天衡，残剥海内，怀无君之心"④，"无君之心"就是奸臣篡贼的同义词。东吴孙权骂曹操"老贼欲废汉自立久矣"⑤，其部属周瑜、甘宁等以曹操"虽托名汉相，其实汉贼也"⑥"终为篡盗"⑦。对手的攻击语，不完全系激愤之词，应是有感而发。

晋代尽管禅魏而立，以曹魏为正统，但西晋就开始出现对曹操的负面评价。陆机在《辨亡论》中即曰："曹氏虽功济诸华，虐亦深矣，其民怨矣。"⑧东晋习凿齿《汉晋春秋》曰"魏武虽受汉禅晋，尚为篡逆"，既有当时晋室偏安一隅的时代因素，也是人们判断是非的普遍认识。北朝著名教育家颜之推将曹操归入"皆负世议，非懿德之君也"⑨，说明曹操因品质问题受到普遍责难。

唐、北宋对曹操都有众多的奸臣评价。初唐刘知几《史通

---

① 《三国志·魏书·袁绍传》，裴松之注引《魏氏春秋》，第198页。
② 《三国志·蜀书·先主传》，裴松之注引《献帝春秋》，第880页。
③ 同上书，第886页。
④ 《三国志·蜀书·后主传》，裴松之注引《后主诏书》，第895页。
⑤ 《三国志·吴书·周瑜传》，第1262页。
⑥ 同上书，第1261页。
⑦ 《三国志·吴书·甘宁传》，第1292页。
⑧ （梁）萧统编，（唐）李善注：《文选》卷53，上海古籍出版社1986年版，第2321页。
⑨ （北齐）颜之推：《文章》，《颜氏家训》卷4，王利器《颜氏家训集解》，上海古籍出版社1980年版，第222页。

·探赜》遣责曹操的奸佞行为"曹公之创王业也，贼杀母后，幽逼主上，罪百田常，祸千王莽"①，认为其比春秋时杀死齐简公的田恒（汉代因避讳而更其名为"常"）和西汉末篡夺刘氏江山的王莽罪孽深重。盛唐李邕《铜雀妓》诗云"君举良未易，永为后代嗤"②，中唐元稹《董逃行》诗云"刘虞不敢做天子，曹瞒篡乱从此始"③，都讥讽、谴责曹操。评价最系统、谴责最严重的当属唐太宗。在《祭魏太祖文》中，李世民对曹操所处的时代、应该肩负的责任，与商相伊尹、汉大司马霍光做了对比，认为他"以雄武之姿，当艰难之运"，应"栋梁之任同乎曩时，匡正之功异乎往代"，但却"观沉溺而不拯，视颠覆而不持，乖徇国之情，有无君之迹"④，最终成就了自己曹氏天下。⑤李世民可能是三国以后第一个将曹操定为奸臣的皇帝（"无君之迹"即奸臣）。北宋司马光《资治通鉴》就曹操"若天命在吾，吾为周文王矣"之语论曰："以魏武之暴戾强伉，加有大功于天下，其蓄无君之心久矣。"⑥苏轼、洪迈都在诗文中谴责曹操奸佞。《东坡志林》记载的街头"至说三国事，闻刘玄德败，频蹙

---

① （唐）刘知几撰，（清）浦起龙通释，王煦华整理：《史通通释》，上海古籍出版社 2009 年版，第 197 页。

② 《全唐诗》卷 155，上海古籍出版社 1990 年版。

③ 《全唐诗》卷 408，上海古籍出版社 1990 年版。

④ 《全唐文》卷 10，上海古籍出版社 1990 年版，第 51 页。

⑤ 诸家以《祭魏太祖文》前面大半部分是对曹操的高度赞扬，并以此作为唐太宗甚至唐朝正面评价曹操的证据，系对文中形势分析、责任和功业期许都看作是对曹操的结论，对全文做了前后矛盾的错误理解。

⑥ （宋）司马光撰，（元）胡三省音注：《资治通鉴》卷 68，中华书局 1956 年点校本，第 2174 页。

眉，有出涕者；闻曹操败，即喜唱快"① 之现象，说明当时社会普遍认为曹操是奸臣，否则不会出现。这种将士大夫的普遍评价、平民百姓的普遍认识都视为统治阶级及其正统思想的影响，是缺乏依据的。一则对曹操谴责的同时也不乏肯定者；二则古代对言论的控制并不比近现代更严，今天统治阶级做不到的事，很难设想古代就能做到。

四　陆游对曹操的认识

作为南宋时的士大夫和极力主张恢复中原的诗人，陆游确实以刘蜀为正统而否认曹魏。他在蜀汉故地汉中巴蜀生活过 8 年，撰有多首颂扬诸葛亮和惋叹刘备的诗词，如《先主庙次唐贞元中张俨诗韵》《谒诸葛丞相庙》《谒汉昭烈惠陵及诸葛公祠宇》《游诸葛武侯书台》《书愤》（早岁那知世事艰）、《水调歌头·多景楼》。那么，陆游是不是"极度仇视曹操""视曹操若寇仇"② 呢？并不其然。

张作耀《曹操传》第 22 章、宋战利《曹操历史形象的演进》论文等，都以陆游"邦命中兴汉，天心大讨曹"诗句作为其不以曹魏为正统、以曹操为奸臣的依据，其实，这首题为《得建业倅郑觉民书言虏乱自淮以北民苦征调皆望王师之至》的五言律诗，是一首期盼宋室收复失地的寄情诗，并未涉及三国史事和对曹操的评价，更无骂曹操专权，呼吁讨伐之意。诗中

---

① （宋）苏轼：《东坡志林》卷 1，中华书局 1981 年版，第 7 页。
② 张作耀：《曹操传》，第 453—454 页。

"汉""曹"只是当时"宋""金"的指代而已，如唐朝诗人常称当朝和当时皇帝为"汉""汉皇"一样，是一种委婉表述和诗词手法，并非实指。诗之颔联"风云助开泰，河渭荡腥臊"①已经将"曹"所指交代清楚，这就是"腥臊"的女真。而陆游确有指斥曹魏之诗，除前文所引"闰位那干天统正"外，在《谒诸葛丞相庙》诗中还有"汉中四百天所命，老贼方持太阿柄"②句，这里的"老贼"字面上也是骂曹操。但"闰位"也好，"老贼"也好，都是以谴责曹魏来宣泄对金人的愤慨，并非出于对曹操的仇恨。

陆游站在国家民族的立场上，对象征金人的曹魏是排斥的，但对曹操其人，特别是曹操的文治武功却认可甚至赞赏。庆元五年（1199），陆游《曹公》诗云"二袁刘表笑谈无，眼底英雄不足图。赤壁归来应叹息，人间更有一周瑜"③，在颂扬周瑜的同时也不否定曹操的英雄行为。乾道八年（1172）《再用前韵不依次》诗中"忆昔从戎丞相府，元瑜书檄仲宣诗"句，以自己与参知政事王炎的关系比之于阮瑀、王粲随军曹操。在乾道九年（1173）《铜雀妓》、嘉定二年（1209）《读华佗传》这两首事设曹操的诗中，对曹操亦无贬斥，《铜雀妓》诗还对曹操隐含惋惜。对曹操的诗句和有关曹操的典故，陆游在诗文中更是多次引用。

---

① （宋）陆游：《剑南诗稿》卷42，《陆放翁全集》，中国书店1986年影印本，第630页。

② 同上书，卷6，第102页。

③ 同上书，卷6，第604页。

　　曹操《步出夏门行》中"老骥伏枥，志在千里；烈士暮年，壮心不已"诗意，反复出现在陆游诗文中。在《与何蜀州启》文中，用"老骥伏枥，虽未歇于壮心；逆风撑船，终不离于旧处"①表达心情；在诗中，更是反复借用、化用"老骥伏枥"诗句。如《遣兴》"老骥嘶鸣长伏枥，寒龟藏缩正支床"，《赴成都》"心如老骥长伏枥，身似春蚕已再眠"，《闻虏乱有感》"羞为老骥伏枥悲，宁作枯鱼过河泣"，《世上》"伏枥自应如老骥，还乡元欲借明驼"，《古意》"老骥岂不安，伏枥终悲鸣"，《感兴》"悲鸣伏枥骥，蹭蹬失水鲸"，达到了朱彝尊所谓"句法稠叠……令人生憎"②的程度，但也说明了陆游对曹诗的喜欢程度。在《老学庵笔记》卷1中，陆游记载了同知枢密院事张焘谢表中"用'飞龙在天'对'老骥伏枥'"③而引起的一段议论，颇为有趣。

　　《三国志》裴松之注引鱼豢《魏书》，记载了曹操与马超、韩遂战于关中时的一段趣事。当时，关中将士争相观睹曹操仪容，曹操笑对曰："汝欲观曹公邪？亦犹人也，非有四目两耳，但多智耳！"④陆游《长歌行》诗曰"我无四目与两口，但在人间更事久"⑤，借用这个典故表达对时政的观察。

　　① （宋）陆游：《渭南文集》卷8，《陆放翁全集》，中国书店1986年影印本，第44页。

　　② 朱彝尊：《书剑南集后》，转引自《陆游资料汇编》，中华书局1962年版，第155页。

　　③ （宋）陆游：《老学庵笔记》卷1，中华书局1979年版，第10页。

　　④ 《三国志·魏书·武帝纪》，裴松之注引，第36页。

　　⑤ （宋）陆游：《剑南诗稿》卷39，《陆放翁全集》，中国书店1986年影印本，第603页。

　　唐元稹《唐故工部员外郎杜君墓系铭并序》中，有"建安之后，天下文士遭罹兵战，曹氏父子鞍马间为文，往往横槊赋诗，故其抑扬怨哀悲离之作，犹极于古"① 之论，浓缩曹操父子英雄行为而成的典故"横槊赋诗""横戈"也反复出现在陆游诗中。如《秋晚登城北门》"横槊赋诗非复昔，梦魂犹绕古梁州"，《忆山南》"貂裘宝马梁州日，盘槊横戈一世雄"，《感事》"渭上昼昏吹战尘，横戈慷慨欲忘身"，《十二月二十七日祭风师归道中作》"束带敢言趋玉陛，横戈犹忆戍天山"等，以曹操的功业，反衬自己报国无门。

　　一个人口中笔下不可能常欣赏自己反感甚至仇视的人的言行。对曹操剪灭群雄的认可，对曹操诗歌、故事的引用，体现了陆游不反感曹操，甚至欣赏曹操。这种心理与以曹魏为闰位是矛盾的，但也是客观的。

---

① 《全唐文》卷648。

陆游的政治理想与其祭社诗

枣庄学院　李成文　李思华

　　陆游创作了一些祭社诗，以此表达他回归唐虞盛世、治天下太平的政治理想。祭祀诗有两方面的内涵：一是狭义的祭祀诗，专指那些在祭祀典礼上为祭祀祖先和各种神祇而创作的配雅乐而用的庙堂之歌，内容多为"美盛德之形容，以其成功告于神明者也"（《毛诗序》）的颂盛美德诗，如《诗经》中的"三颂"、《楚辞》中的《九歌》，以及历代王朝举行祭祀大典时所创作的诗歌。陆游的祭祀诗在内容上比较集中，大都是关于祭祀土地神的。陆游正面描写祭祀仪式和祭祀活动的诗有两首《赛神》、一首《赛神曲》和两首《春社》、一首《秋社》，数量虽然不多，但是艺术水平却很高。二是广义的祭祀诗，主要指那些虽然并不是专为祭祀活动本身而作，却与祭祀礼仪和祭祀精义有关的作品，陆游诗歌中的祈晴、祈雨、社日、祭蚕、祭灶神、社日饮酒等诗就属于广义的祭社诗，也是本文着力考察的对象。

一　陆游政治实践的终极指向是回归唐虞

陆游十分推崇唐虞盛世，把致唐虞之治视为自己一生的追求，"人生各有业，唐虞本吾事"①，渴望至极，以至于常常在梦中回到周孔的礼仪之邦，心中想象着唐虞盛世的风姿，"梦里明明周孔，胸中历历唐虞。欲尽致君事业，先求养气工夫"②。在他看来，"致君事业"的最终目的就是恢复周公、孔子等古圣先王的礼乐之制，回归太古三世的淳朴民风。

太古三世的基本特点是百姓和乐、逍遥自在。其《太古》诗云："太古安知處与尧，茹毛饮血自消摇。不须追咎为书契，初结绳时俗已浇。"③ 陆游认为，在上古时期，人们巢屋而居，茹毛饮血，尽管如此，他们非常快乐，逍遥自适。在这种社会里，普通百姓不知道自己与處、尧的差距，这意味着上古三世没有阶级对立，没有阶级压迫，人人都是平等的，也就根本不存在利益的争夺以及由此引起的政治斗争和互相残杀。

太古三世的另外一个特点是讲求礼法、尊卑有序。其《荡荡》诗云："荡荡唐虞去日遒，孔林千载亦荒丘。六经残缺幸可考，百氏纵横谁复忧。释书恐非易论语，工迹其在诗春秋！君

---

① 陆游：《秋夜读书示儿子》，《剑南诗稿》卷36（第五册），上海古籍出版社2005年版，第2337页。

② 陆游：《六言杂兴》，《剑南诗稿》卷46（第六册），上海古籍出版社2005年版，第3295页。

③ 陆游：《太古》，《剑南诗稿》卷34（第五册），上海古籍出版社2005年版，第2226页。

臣父子未尝泯，吾道尚传君但求。"① 就是说，唐虞之世虽然远去，但那个时代所留下的风俗遗习和典章制度还保存在儒家典籍中。尤其是《诗经》《春秋》《周礼》等典籍中反映了古圣先王创业的艰难经历和治国的方略。在远古时期，人们严格奉行君臣父子之道，恪守忠信和孝悌的价值观念。

为了确保社会秩序，维护人与人之间关系的稳定是十分重要的。在一个家庭中，父子、夫妻、长幼等人伦关系必须明确，子从父、妻从夫、幼从长，只有这样，家庭内部才能稳定和谐。把这种家庭关系推及社会中，一个个家庭的长者臣服于俊，整个社会也就会稳定和谐。在这个宗法制社会中，人们还必须做到职责分明，根据自己的能力做好自己的事情，有条不紊。《杂兴六首》其二云："义和分职授人时，断自唐虞意可知。兽舞凤来余事耳，西成东作要熙熙。"② 社会安定了，人人才能各尽其责，各尽所能，上下同心，尊卑有序，百姓的生活才能安乐、祥和。其《祭灶与邻曲散福》就描绘了这一理想的社会生活图景："已幸悬车示子孙，正须祭灶请比邻。时风俗相传久，宾主欢娱一笑新。雪鬓坐深知敬老，瓦盆酌满不羞贫。问君此夕茅檐底，何似原头乐社神?"③ 在年终祭灶神的时候，诗人邀请乡邻相聚一堂，宾主欢笑，敬老爱幼，怡然自乐。

---

① 陆游：《荡荡》，《剑南诗稿》卷 59（第五册），上海古籍出版社 2005 年版，第 3440 页。
② 陆游：《剑南诗稿》卷 50（第六册），上海古籍出版社 2005 年版，第 3013 页。
③ 陆游：《剑南诗稿》卷 41（第五册），上海古籍出版社 2005 年版，第 2606 页。

　　实际上，回归太古盛世的理想早在北宋仁宗朝就已经形成，石介、尹洙、范仲淹、欧阳修、李觏等人都不约而同地提出了这一问题。欧阳修尝言："夫礼以治民而乐以和之，德义仁恩长养涵泽，此三代之所以深于民者也。政以一民，刑以防之，此其浅者尔。今自宰相至于州县，有司莫不行文书、治吏事。其急在督赋敛、断讼狱而已，此其特浅尔。"① 欧阳修所说的三代之圣君以礼治民、以德治天下，反对扰民、害民的思想成为陆游思想的先驱。

　　任何一次思想运动的背后必然酝酿着政治运动。仁宗朝兴起的回归唐虞盛世的思想运动直接催生了范仲淹的庆历革新和王安石的熙宁变法运动，旨在革除弊政，缓和国内的阶级矛盾，促进社会的进一步发展。陆游重提这个话题，当然也与他试图革新政治、改变土地兼并的现实、缓和国内日益尖锐激烈的阶级矛盾不无关系。陆游曾向最高统治者提出过"行至公至平"的建议："郡县之政治大姓宜祥，治小民宜略；赋敛之事，宜先富室；征税之事，宜核大商。是之谓至平，是之谓至公。行之一邑则一邑治，行之一郡则一郡治，行之天下而治不逮于古者，万无是理也。"② 南宋时期，土地兼并异常激烈，达官显贵的土地往往绵延数百里，而广大的下层人民土地越来越少，有的失去土地，沦为佃农，有的无法忍受残酷的剥削和掠夺，揭竿而

---

　　① 欧阳修：《问进士策三首》其三，《欧阳修全集》卷48，中华书局2001年版，第675页。

　　② 陆游：《渭南文集》卷4，《陆游集》（第五册），中华书局1976年版，第2001页。

起。这严重地动摇了南宋朝廷的统治基础，正是在这种背景下，陆游提出了恢复唐虞盛世的至公至平的社会理想。至公至平的核心是抑制大地主阶级的土地兼并和大商巨贾的偷税漏税，保障下层人民的正常生活。只有如此，才能实现天下太平。其《赛神》诗云："落日林间萧鼓声，村村倒社祝西成。扶翁儿大两髦髻，溉水渠成千耦耕。家受一廛修本业，乡推三老主齐盟。日闻淮颍归王化，要使新民识太平。"① 在祭社的活动中，诗人祈求神灵，赐给百姓生活所需的土地，使他们能够安于本业，不至于流离失所，让他们过上熙乐安详的太平生活。

这是问题的一方面。如果我们联系这首诗的创作背景，就不难发现其中更深层的含义。这首诗作于开禧二年（1206）夏天，陆游当时八十二岁。这一年五月，南宋朝廷下诏讨伐金，宋军先后占领颍上，兵围寿州，陆诗中所言"日闻淮颍归王化"即指此。陆游常以《春秋》学尊王攘夷的思想为精神动力，支持着他从事抗金复国的伟大事业。他希望恢复唐虞盛世时少数民族宾服华夏、天下一家的盛况。其《书感》诗所说"夷风方变夏，孰能作长城"② 就已经透露了其中的信息。在唐虞之时，华夏民族是正统，周围少数民族虽然和华夏民族共同生活在一起，但他们都宾服唐虞，天下一统，四海和乐。如今金人占领了广大华夏民族居住的地区，这是陆游难以容忍的。其《禹祠》

① 陆游：《赛神》，《剑南诗稿》卷67（第七册），上海古籍出版社2005年版，第3774页。
② 陆游：《书感》，《剑南诗稿》卷50（第六册），上海古籍出版社2005年版，第3001页。

诗云："念昔平水土，棋布画九区，岂知千岁后，戎羯居中都。老虏失大刑，今复传其雏。直令挽天河，未濯腥膻污。夷鬼细事耳，披攘直须臾。天下仇不复，大耻何时祛？蚩蚩谓固然，此责在吾徒。"① 陆游坚决反对金侵占华夏土地，僭越称王，他的历史使命就是抗金复国，华夏一统。不难看出，陆游重提回归唐虞，与收复失地完成国家统一的理想密切相连。

二　回归唐虞盛世的途径

那么如何才能回归唐虞盛世呢？

陆游认为，回归唐虞盛世的一个途径就是通过祭祀净化人心，摒除人心中的各种贪念，这样远古的淳朴民风就可以得到弘扬。陆游清醒地认识到，这种理想的社会不可能长久存在下去。当原始人学会结绳记事的时候，他们就从蒙昧无知的混沌状态中分离出来，进化程度就提高了，初步认识到了自己和其他人的不同，观察到了周围的其他事物与自己的密切关系。那些部落酋长依靠自己的地位可以占有比一般人多的财富，于是就出现了利益分配的不均衡。利益的纷争必然带来价值观念的变化。对此，陆游有清醒的认识，其《感寓》诗云："人生堂堂七尺身，本与圣哲均称人。唐虞乃可让天下，光被万世常如新。哀哉末俗去古远，斫丧太朴浇全淳。豆羹箪食辄动色，攘窃乃至忘君亲。锱铢必先计利害，讵肯冒死求成仁？不欺当从一念

---

① 陆游：《禹祠》，《剑南诗稿》卷 22（第四册），上海古籍出版社 2005 年版，第 1647 页。

始，自古孝子为忠臣。"① 一方面，陆游哀叹盛世不再，淳朴的民风不复存在，世风日益浇薄，其中的主要原因就是，人们开始斤斤计较利益得失。为了追逐利益，他们置君臣之道、父子之情于不顾，更不可能为了所谓的仁而牺牲自己的生命和既得利益。人在道义和利益之间的选择开始向利益方面倾斜。另一方面，陆游还高度赞扬唐虞禅让天下的高尚行为，将其视为道德精神的万世楷模。其实，陆游并没有认识到，在唐虞所处的原始公社时期，社会根本不存在利益分配不公的问题。由于生产力水平还十分低下，人们所获得的生活资料十分贫乏，只能勉强维持原始部落内部人们的生存所需，没有财物剩余，人与人之间所获得的财产是等量的，部落首领只起到组织人们从事生产劳动和管理内部事务的作用，没有任何特权。在这种情况下，禅让制当然可以顺利进行。这是陆游历史局限性的体现。

这样，陆游赋予祭祀之礼以道德教化的功能。西周时期，周公制礼作乐的目的就是定名位、明等级、行教化。《仪礼》所收的《郊特性》《祭义》《祭法》《祭统》就是从祭祀的对象、方法、意义等不同方面来阐释祭祀之礼的，其宗旨就是治理国家，"郊社之礼，所以事上帝也；宗庙之礼，所以祀乎其先也；明乎郊社之礼，禘尝之义，治国其如示诸掌乎"②？郊社之礼是天子祭祀上帝和神祇的礼仪，宗庙之礼是祭祀祖先之礼。周天

---

① 陆游：《感寓》，《剑南诗稿》卷19（第三册），上海古籍出版社2005年版，第1512页。

② 朱熹：《中庸章句》第十九章，《四书五经》，上海古籍出版社1996年版，第8页。

子将祭祀上帝、神祇和祭祀祖先结合起来说明他们的政权是上天赐予的，有无可辩驳的合法性，这对凝聚人心起到相当巨大的作用。只有天子才能行郊社之礼，宗庙之礼各诸侯国和周天子要共同祭祀他们的祖先，这又起到定名分和团结周室贵族的作用。在祭祀活动中，人们常常对祖先、上帝、神祇充满敬畏之心，这起到教化人心的作用。这无不与治国平天下有密切的关系。陆游当然也充分认识到这一点，不过，他的侧重点已经转为祭祀之礼的道德教化方面。在《会稽县重建社坛记》中，他说："'幽显之际远矣，惟以其类可感，故名之祭者，必思其嗜好。'夫神之所以为神惟正真，所好亦惟正直。君倘无愧于此，则采涧之毛，挹行潦之水，足以格神。不然，丰豆硕俎，是谄以求福也，得无神之意异耶？"① 在陆游看来，只有正直的人才能成为神，神也最喜欢正直的人，在道德精神方面人和神是合一的。既然神是正直的人死后转化的，那么，人也就有可能在来世成为神，但有一个基本的前提，那就是现实生活中的人必须是正直无私的，必须诚心诚意地为别人谋利益。

只要人们一心向善，其无法实现的现实愿望就有可能在宗教中得以实现。在《镇江府城隍忠祐庙记》中，他认为，纪信在楚汉相争中奋勇当先，为汉朝的建立立下了不朽的功业，虽然牺牲了自己的生命，但却万古流芳，在宋金对峙中，人们祭祀他，希望像他这样的忠烈勇猛之士能捍卫前线的要塞。他之

① 陆游：《渭南文集》卷17，《陆游集》（第五册），中华书局1976年版，第2129页。

所以能享用后世的血食，就在于他为国立过功。陆游希望广大士人能一心向善："士惟力于为善而已，岂有其善而不享有其报者乎？吏之仕乎是邦者，必将有事于庙，有事于庙者，必将有考于碑。"① 在他看来，只要人积德行善，必能有所报答，就可为神，在历史的长河中绝不会被淹没。

祭祀仪式可以培养人们心诚不欺的道德品质，这是形成淳朴民风的基础。祭祀者只有以诚敬神，才能无愧于天。在祭祀活动中，不在于祭祀所用的器具如何贵重、祭品如何丰盛，不在于场面如何庄严肃穆，也不在于人们是否按照一定的礼仪规范来操作，而在于祭祀者是否有诚心。只要心诚，就是"采涧之毛，挹行潦之水"，也能感动神灵，与神交通。如果人人都心诚，都能像唐虞一样谦让真诚，那么每个人都会成为唐虞，"一身自是一唐虞"②。每个人都像稷那样勤勤恳恳地教百姓播种百谷，发展农业生产，使国家富强，百姓富足，社会也就不会产生纷争，人们就都能和睦相处。其诗《岁暮感怀以余年谅无几休日怆已迫为韵》其四云："士生始志学，固为圣人徒，人人可稷契，世世皆唐虞。"③ 就是说，人人要是都能像契那样贤能，辅佐君主，建立一个没有压迫、没有剥削、人人自由的大同社会，唐虞盛世自然就会到来。

---

① 陆游：《渭南文集》卷 17，《陆游集》（第五册），中华书局 1976 年版，第 2132 页。

② 陆游：《读经》，《剑南诗稿》卷 49（第六册），上海古籍出版社 2005 年版，第 2940 页。

③ 陆游：《剑南诗稿》卷 31（第四册），上海古籍出版社 2005 年版，第 2110 页。

陆游祭祀之礼的又一转向是由祈愿上帝保佑统治者的统治长盛不衰转向祈祷上帝保佑百姓生活安乐祥和。与周公祭祀之礼重在宣扬君主的权威、巩固统治阶级的统治秩序不同，陆游更加重视祭祀之礼在牧养百姓中的重要作用。其《赛神曲》诗云：

> 击鼓坎坎，吹笙呜呜。
>
> 绿袍槐简立老巫，红衫绣裙舞小姑。乌白烛明蜡不如，鲤鱼糁美出神厨。老巫前致词，小姑抱酒壶：愿神来享常欢娱，使我嘉谷收连车；牛羊暮归塞门闾，鸡鹜一母生百雏，岁岁赐粟，年年蠲租；蒲鞭不施，圉土空虚；束草作官但形模，刻木为吏无文书；淳风复还羲皇初，绳亦不结况其余！神归人散醉相扶，夜深歌舞官道隅。①

老巫致辞的内容不是为了祈祷神灵降福给那些统治者，使他们祖孙万代繁衍不息，江山永固，而是为百姓祈福，祈祷神灵赐福百姓，五谷丰登，六畜兴旺，减免赋税，少受官府小吏的侵扰。陆游把自己的政治理想透过祭祀的形式表现出来，虽然不乏迷信的色彩，但也显示了祭祀的宗旨由祈福国家社稷的长治久安向祈祷上天保佑天下苍生的转变，具有鲜明的世俗化特点。这一思想在《会稽县重建社坛记》中也有体现，他说：

> 古者侯国地之别三，爵之等五，皆有宗庙社稷。秦黜封建，置郡守县令，于是，古之命祀，惟社稷尚存。陵夷

---

① 陆游：《赛神曲》，《剑南诗稿》卷16（第三册），上海古籍出版社2005年版，第1283页。

千余载，士不知学古，吏不知习礼，其祀社稷，徒以法令从事，畿封坛壝，服器牲币，一切苟且取便于事，无所考法。宋兴，文物寝盛，自朝廷达于下州蕞邑，社稷之祀，略皆复古。不幸中更犬戎之祸，兵氛南被吴楚，中兴七十年，郡县之吏往往以饷军弭盗、簿书讼狱为急。及吏以期告，漫应曰如令。至期，又或移疾弗至。虽朝廷所班令式，或未尝一视，况三代之旧典礼乎？……献有次，祝有位，斋有禁，省馔、食爵、奠币、饮福、望燎望瘗有仪，祝事各有其日。会稽岁比不登，及是雨旸时若，岁以大丰。民歌于途，农抃于野，皆曰："吾令致力于神，神实响答，吾其可忘！"①

陆游认为，地方长官应将恢复古礼、行祭祀之典置于首要地位，那些简牍簿册、讼狱公文之类的日常政务应放在次要地位，因为祭祀礼仪直接涉及百姓的利益。以往的会稽县令不注重祭祀典礼，常常五谷不登，百姓饱受饥寒之苦。新任县令王某抛开俗事杂物于不顾，修葺废旧的社坛，备齐祭祀所需的器物，保证祭祀的牺牲供应充足，他又考订祭祀的礼仪，与从事一起按期祭祀，以使风调雨顺，百姓和乐。不难看出，这个姓王的县令虔心祭祀并不是为了保佑自己官运亨通、事事顺心，也不是为了显示自己的权威，而是为百姓祈福，希望苍天怜悯百姓，让百姓过上安乐祥和的生活。

---

① 陆游：《渭南文集》卷19，《陆游集》（第五册），中华书局1976年版，第2153—2154页。

正是从祭祀之礼必须为保佑百姓平安和乐这一基本宗旨出发，陆游提出了祭祀多神的主张。在陆游看来，世界上的任何神祇，无论是山川海岳之神，还是城隍之类的地祇，只要能保障百姓的生活，为百姓谋利益，人们就应该祭祀他。如果人们忘记他们的功德，那就是忘恩负义，就会心不安。在《宁德县重修城隍庙记》中，他说：

> 礼不必皆出于古，求之义而称，揆之心而安者，皆可举也。斯人之生，食稻而祭先啬，衣帛而祭先蚕，饮而祭先酒，畜而祭先牧，犹以为未则。凡日用起居所赖者皆祭，祭门、祭灶、祭中溜之类是也。城者，以保民禁奸，通节内外，其有功于人最大，顾以非古黜其祭，岂人心所安哉？故自唐以来，郡县皆祭城隍，至今世犹谨。守令谒见，其仪在他神祠上。社稷虽尊，特以令式从事，至祈禳报赛，独城隍而已，则其礼顾不重欤？①

就祭祀的对象而言，陆游扩大了祭祀对象的范围。他认为，那些为了社稷安危而奋力拼杀、献出生命的人，人们必须祭祀他们。那些与人们生活密切相关的神祇，"凡日用起居所赖者皆祭"，诸如门神、灶神等，皆在祭祀之列。城隍肩负着"保民禁奸，通节内外"的重要使命，如果弃而不祭，人心就会难以安宁。

对于广大的士人来说，为政是为善的延续，它们都是实现

---

① 陆游：《渭南文集》卷17，《陆游集》（第五册），中华书局1976年版，第2129页。

儒士价值的具体体现。为善属于道德修养方面，士人还应该躬行，把善念转化为具体的功业。只要他们兼济天下，多做实事，多谋善政，有所作为，他们同样可以受到人们的敬仰。王炎曾为夔州士子建造一座贡院，士子们十分感动，为王炎建造生祠，岁岁祭祀，并决心努力读书，有更多的人在科举中中魁，以此报答王炎。陆游却有不同的看法，他说："进士，将相储也。自是而起于朝，其任政事，毋伏嘉言，毋丑众正；其任言责，毋比大吏，毋置宵人；其任百执事，守节秉谊，宿道乡方，毋怀谖，毋服谗。使天下称之，史臣书之，曰：'是夔州所贡士也。'士以是报公，公以是报天子，乃可无愧。"① 陆游认为，报答王炎的最好方法是为政要中正公平，做言官要刚正有方、不偏不倚，处理具体政务要独立自主，不受他人诱惑。一句话，士人要兼济天下，立朝有则，无愧于心。

简而言之，陆游把宗教祭祀活动与儒家的道德价值观念联系起来，做到求善、为政与宗教的统一，实现了由宗教向道德教化和政治实践的转变，不能不说，这是对陆佃礼学思想的一大突破，也是对儒家内圣外王之学的有益补充。

三　放翁祭社诗的艺术风格

在陆游的祭社诗中，正面描写祭祀礼仪和祭祀活动、表现人们诚敬之心的祭社诗，自觉地以《诗经》的大雅和三颂为创

---

① 陆游：《王侍御生祠记》，《渭南文集》卷17，《陆游集》（第五册），中华书局1976年版，第2134页。

作规范，追求庄严雅正的风格。

金兵攻陷汴京后，大肆掳掠，把北宋的文物典章、礼乐器物都运到金的首都，宋的礼仪典制遭到严重破坏。陆游多次表达了恢复有宋一朝礼乐制度的强烈愿望："祥符西祀曾迎驾，惆怅无人说太平。"① 他回忆北宋祥符四年真宗皇帝祭祀西岳华山和后土地祇的盛况，希望南宋统治者重振摇摇欲坠的北宋祭祀礼制。祭祀礼仪的恢复离不开祭祀诗歌的创作，"圣主乘乾临斧扆，小臣承诏上丹墀。宁知齿豁头童后，更遇天崩地陷时！泣至眼枯无血续，梦随魂断独心知。白头才尽空濡笔，宁继生民生武诗"②。遥望宋孝宗陵，陆游不禁发出要踵武先贤的遗烈，决心以《诗经》雅颂为典范，创作出反映南宋一代中兴盛世的新雅颂诗。以此为出发点，他对杜甫的评价也与前人不同，"千载诗亡不复删，少陵谈笑即追还。常憎晚辈言诗史，清庙生民伯仲间"③。陆游坚决反对人们把杜诗视为诗史，认为杜诗上承《诗经》的雅颂传统，与《清庙》《生民》不相上下，描写了唐朝统治者励精图治、剪除叛逆、维护国家统一的艰难过程。从这个角度说，杜诗不能被视为诗史，应该属于史诗。陆游对杜诗的重新评价与其重振儒家的礼学传统、为南宋中兴谱写史诗的历史使命密切相关。

---

① 陆游：《梦中作》，《剑南诗稿》卷 64（第七册），上海古籍出版社 2005年版，第 3633 页。

② 陆游：《望永阜陵》，《剑南诗稿》卷 35（第五册），上海古籍出版社 2005 年版，第 2295 页。

③ 陆游：《读杜诗》，《剑南诗稿》卷 34（第五册），上海古籍出版社 2005年版，第 2240 页。

我们知道,《诗经》的颂诗和大雅中的《生民》《公刘》《绵》《皇矣》《大明》等诗都是周民族兴起和发展的史诗,也是他们祖先神的祭歌,《周颂》中的《清庙》是《周颂》的第一篇,主要歌颂文王之道,几乎成了西周王朝举行盛大祭祀活动通用的祭祀乐歌。这些诗作大多庄重典雅。陆游的祭社诗也有这样的特点,他也坚持崇雅放郑的审美追求,"吾徒宗六经,崇雅必放郑。人众何足云,少忍待天定"①,推崇典雅有则的正声,反对邪僻放荡、移人心性的俗乐。其《赛神曲》就体现了他的崇雅倾向,诗云:

> 丛祠千岁临江渚,拜贶今年那可数,
>
> 须晴得晴雨得雨,人意所向神辄许。
>
> 嘉禾九穗持上府,庙前女巫递歌舞,
>
> 呜呜歌讴坎坎鼓,香烟成云神降语。
>
> 大饼如盘牲腊肥,再拜献神神不违。
>
> 晚来人醉相扶归,蝉声满庙锁斜晖。②

这是一首表现秋社祭祀的乐歌。开头四句写赛神祠历千年之久而享祭不断,以及祭祀者恭敬、诚恳的态度和他们的祈福愿望。中间六句写丰收后把收获的粮食作为祭品敬献在神坛上,祭品丰盛,女巫和着音乐节奏,边歌边舞,气氛既肃穆又庄重。全诗以赛神祠庄严肃穆的气氛为背景,集中笔墨描写了祭者与

---

① 陆游:《冬日读白集爱其贫坚志士节病长高人情之句作》,《剑南诗稿》卷41(第五册),上海古籍出版社2005年版,第2602页。

② 陆游:《赛神曲》,《剑南诗稿》卷16(第三册),上海古籍出版社2005年版,第1272页。

祭者态度的肃雍而又虔诚。结尾两句描写了开怀畅饮、大醉而归的情景，表现丰收后人们的喜悦心情，使整首诗凝重庄严的气氛得以调节。

为了适应追求太平盛世的社会理想，他的一些祭社诗还表现出平淡美的倾向。宋人普遍追求平淡的诗风，将其视为老境美的体现，欧阳修、梅尧臣等人都是这种诗风的典型代表。陆游的祭社诗也追求平淡的诗风，不过，陆游的平淡缺乏老健的成熟美，而有清新、恬淡的倾向。如《春社》绝句四首，诗云：

其一

桑眼初开麦正青，勃姑声里雨冥冥。

今朝有喜君知否，到处人家醉不醒。

其二

社肉如林社酒浓，乡邻罗拜祝年丰。

太平气象吾能说，尽在冬冬社鼓中。

其三

柴门西畔枕陂塘，社雨新添一尺强。

台省诸公方衮衮，故应分喜到耕桑。

其四

太平处处是优场，社日儿童喜欲狂。

且看参军唤苍鹘，京都新禁舞斋郎。①

---

① 陆游：《春社》，《剑南诗稿》卷 27（第四册），上海古籍出版社 2005 年版，第 1883—1884 页。

这四首祭社诗分别从不同侧面展现了太平盛世的欢乐景象：其一，桑树吐绿，麦苗青青，人们沉醉在太平之世，其乐融融；其二，社肉、社酒飘香，社鼓声声，热闹的社祭场面传达出无限的欢乐之情；其三，社雨也应时而来，达官显贵们也为即将到来的丰收之年而兴奋；其四，在社日里，社戏的表演也充满诙谐、快乐的感情色彩。这几首诗的语言都十分平易，但又韵味无穷。如"到处人家醉不醒"既写出了沉浸在欢乐中的百姓人数之众多，是一种普遍现象；又写出了人们享受太平盛世的欢乐程度之深，寥寥几笔，顿显人物的情态、精神。

这种清新平淡的诗风深受梅尧臣诗风的影响。梅诗向以平淡著称于宋代诗坛。梅尧臣的平淡诗风是有变化的，在他诗歌创作的前期，其平淡中不乏陶渊明、韦应物的闲雅淡远的平淡风格，但其晚年却掺入了深沉的人生感慨，以及枯涩劲峭和老健的风格因素。① 梅尧臣的诗歌具有"状难写之景如在目前"（欧阳修《六一诗话》引梅尧臣语）的特点，善于描写难于表现的情景，生动具体。陆游的晚年闲适诗（当然也包含祭祀题材的社日、祈雨等内容的诗）学习了梅尧臣早期清新淡雅的平淡诗风。他模仿梅尧臣的风格写出了《春社日》的组诗：《社雨》《社鼓》《社肉》《社酒》。现在，我们将陆游和梅尧臣的祭春社诗对读，不难发现其中的因袭与发展之处。

---

① 参见莫砺锋《论梅尧臣诗的平淡风格》，《唐宋诗论稿》，辽海出版社2000年版，第255页。

春社日效宛陵先生体·社雨

陆　游

开岁才几时，春社忽已及。

茫茫草色深，萧萧雨声急。①

扶犁行白水，不惜芒屦湿。

村童更可怜，赤脚牛背立。

次韵和长文社日祺祀出城

梅尧臣

晓出春风已摆条，应逢社伯马蹄骄。

坛边宿雨微沾麦，水上残冰雍过桥。②

燕子飞来依约近，雁行归去试教调。

北扉西掖多才思，相与飘飘在沵寥。

　　陆游的春社诗主要描写在春社之日，人们冒着春雨进行春耕的繁忙景象以及村童雨中嬉戏的娇憨调皮情态，栩栩如生，如在眼前，营造了欢快、清新的诗歌意境，语言浅显、平易。而梅诗重在表现春社之日出城所见所感，诗中所表现的春风摆柳、骏马矫健、雨后的麦苗、河水中的残冰、天空飞舞的燕子和归雁等意象不乏清新之美，但诗的结尾两句又有深沉的人生感慨，平淡中又有苍凉劲健的审美因素，这是陆诗所没有的。

---

　　① 陆游：《春社日效宛陵先生体·社雨》，《剑南诗稿》卷53（第六册），上海古籍出版社2005年版，第3135页。

　　② 梅尧臣：《次韵和长文社日祺祀出城》，孔凡礼《全宋诗》卷258，北京大学出版社1991年版，第3249页。

梅尧臣和陆游都是饱经忧患之苦的诗人，都有关注民生疾苦的情怀，他们春社诗所表现的内容和情感的不同表明，陆游在忧患中充满高远的政治理想，决心致力于唐虞盛世的社会实践，所以他的诗平淡中有欢愉之情，而梅尧臣则缺乏这种理想。

简而言之，陆游回归唐虞盛世的政治理想具有鲜明的时代特点，他所追求的没有阶级压迫、百姓安居乐业的理想恰恰是现实生活中百姓流离失所的痛苦生活的曲折反映；他所渴望的华夏一家、尊华攘夷的天下一统的盛况又恰恰是南宋小朝廷偏安一隅的曲折反映；他所倡导的净化人心又恰恰是针对南宋土地兼并、私欲横流的现实而发。就此而言，陆游的政治理想又与朱熹等理学家所构建的道德价值体系和社会理想是一致的，它们共同体现了南宋的时代精神和文化诉求。陆游的祭社诗是其构建政治理想的产物，欢快的情调、平淡的风格是其政治理想的诗化表现，而实现政治理想所需的诚又决定了他祭社诗庄严典雅之风。

"骑驴"与"骑马":陆游的诗意画像与旅泊人生

山东师范大学　陈元锋

一　释题

本文题目缘自陆游的两首著名诗作:

> 衣上征尘杂酒痕,远游无处不消魂。此身合是诗人未?细雨骑驴入剑门。

——《剑门道中遇微雨》[1]

> 世味年来薄似纱,谁令骑马客京华?小楼一夜听春雨,深巷明朝卖杏花。矮纸斜行闲作草,晴窗细乳戏分茶。素衣莫起风尘叹,犹及清明可到家。

——《临安春雨初霁》

两首诗宛如两幅画像:一幅是间关契阔于关塞险隘的骑驴

---

① 本文所引陆游诗歌,均据钱仲联《剑南诗稿校注》,上海古籍出版社2005年版。(以下仅随文括注篇名)

图，一幅是京城软红中的骑马图。其实陆游自有其"写真"与"传神"的人物肖像，如陆游于五十六岁、八十岁、八十三岁时曾作《放翁自赞》四首，自注称曾有画工为其写真且求赞，赞语中有"剑外江南，飘然幅巾""名动高星，语触秦桧。身老空山，文传海外""皮葛其衣，巢穴其居，烹不糁之藜羹，驾秃尾之蹇驴"① 等描写。另有数首《题传神》《自题传神》诗，如："雪鬓萧然两颊红，人间随处见神通。半醒半醉常终日，非士非农一老翁。"（《题传神》）"识字深村叟，加巾下版僧。檐挑双草屦，壁倚一乌藤。"（《自题传神》）多偏于静态的"钓翁""村叟"之类，都不及上述两诗的描写更能为诗人"传神写照"。事实上，陆游当年骑驴入蜀的情景就曾被友人绘成图画：

策蹇渡桥春雨余，乱山缺处草亭孤。不知何许丹青手，画我当年入蜀图？

——《詹仲信以山水二轴为寿固辞不可乃各作一绝句谢之》

诗人骑驴是一个饶有兴味的话题。张伯伟曾著两文，以大量生动的实例，考察中、韩、日古代诗人坐骑的差别②，以比较东亚文化圈内文人观念之异同，结论是中国诗人多骑驴，韩国诗人多骑牛，日本诗人则喜模仿中国诗人而骑驴。骑驴、骑牛与骑马相对，显示朝野、仕隐的对立关系，但日本诗人则消释

---

① 曾枣庄、刘琳主：《全宋文》（第2223册），上海辞书出版社、安徽教育出版社2006年版，第167页。

② 参见《骑驴与骑牛——中韩诗人比较一例》，《韩国研究》第七辑；《再论骑驴与骑牛——汉文化圈中文人观念比较一例》，《清华大学学报》2007年第1期。

了驴和马的紧张对立关系。其研究视角给人诸多启发。

骑驴与骑马，在中国古代诗歌的描写中，确有其对立的意味，往往有失意与得意、高贵与卑贱之差异。杜甫困守长安时的生活境况是："骑驴三十载，旅食京华春。朝扣富儿门，暮随肥马尘。残杯与冷炙，到处潜悲辛。"（《奉赠韦左丞丈二十二韵》）"平明骑驴出，未知适谁门。权门多噂沓，且复寻诸孙。"（《示从孙济》）孟郊初入京城时是"骑驴到京国"（韩愈《孟生诗》），及第后竟至"春风得意马蹄疾"（《登科后》），是这位善于写穷的诗人仅有的快意诗句。当贾岛在长安街上骑驴"推敲"诗句时，冲撞的正是乘坐马车的大尹韩愈。日常骑蹇驴携锦囊外出觅诗的李贺，在家中迎接慕名来访的则是"马蹄隐耳声隆隆，入门下马气如虹"（李贺《高轩过》）的"东京才子，文章巨公"韩愈和皇甫湜。

在大部分时间里，驴子都是诗人们可靠的伙伴和坐骑。驴子，可以说是古代诗人的坐骑，或者说是诗人的"标配"。王维所画孟浩然骑驴图在宋代也广为流传，最有诗意的典故是唐代诗人郑綮所谓"诗在灞桥风雪中驴子上"（孙光宪《北梦琐言》卷七）。诗圣杜甫留给后人的画像就有一幅破帽蹇驴吟诗图，在宋代甚至还有一段关于杜甫骑驴图与题诗的公案：

> 苕溪渔隐曰："世有碑本子美画像，上有诗云：迎旦东风骑蹇驴，旋呵冻手暖髯须。洛阳无限丹青手，还有工夫画我无？子美决不肯自作，兼集中亦无之，必好事者为之也。"
>
> ——《苕溪渔隐丛话》后集卷八

　　宋人喜以"气象"论诗，从"气象"看，此诗确实显得寒酸，因此严羽判断其"决非盛唐人气象，只似白乐天言语"（《沧浪诗话·考证》）。因为诗人所骑通常是"瘦驴""蹇驴""寒驴"，大概最能与苦吟、憔悴的诗人相配，故陆游诗云："吟肩雅与寒驴称。"（《秋兴》卷五）宋代诗人骑驴者亦比比皆是，如《蒙斋笔谈》："朴性癖，尝骑驴往来郑圃，每欲作诗，即伏草间冥搜，得句则跃而出，遇之者皆惊。"（又见叶梦得《岩下放言》）王禹偁《谪居感事》："仆瘦途中病，驴寒雪里骑。"苏轼《和子由渑池怀旧》："往日崎岖还记否？路长人困蹇驴嘶。"王安石《自白门归望定林有寄》："蹇驴愁石路，余亦倦跻攀。"李壁注："公在闲，只骑驴往来北山。"（《笺注》第 533 页）如此之类，不胜枚举。

　　本文拟以陆游为个案，分析其诗歌中数量丰富而诗意盎然的"骑驴诗"与"骑马诗"，从一个侧面勾勒其精神面貌，探析其内心世界。

　　陆游年寿高，创作热情终生不衰，一生作诗 60 年，诗作近万首。他是一个永不停歇的行吟诗人，行迹遍及十余州县都邑，计有临安、宁德、福州、镇江、隆兴、夔州、南郑、阆中、成都、嘉州、荣州、建安、抚州、严州等地，其行经之地则更多，最后的归宿则是家乡山阴。一生羁旅游宦，迁移流转，山程水驿，野桥孤店，自称："南穷闽粤西蜀汉，马蹄几历天下半。"（《饭三折铺铺在乱山中》）"残年作客遍天涯，下马长亭便似家。"（《阆中作》）"屈指计岁年，强半堕羁旅。"（《秋怀》）即使在家中、病中、梦中，他也时时准备着再次踏上旅程："家为逆旅相逢处，身在严装欲发中。"（《病中作》）"可怜老境萧萧梦，常在荒山破驿中。"（《贫甚戏作绝句》之六）伴随诗人漫长的旅泊人生的，除了寻常的藜杖、钓舟、篮舆等休闲之具外，最常见的便是马与驴。"骑驴"与"骑马"的多样姿态，构成了陆游不同的诗意"写真"和"剪影"。

首先，本文所考察的是实际的"骑行"行为，而非泛泛咏马写驴的意象、语辞或典故。其次，本文未详细统计陆游诗歌中"骑驴"与"骑马"的数据，并非技术上的原因，而是因为陆游诗歌的雷同重复现象比较突出，包括其大量的回忆与梦境诗篇，但通览《剑南诗稿》，仍可清晰地看出"骑马"与"骑驴"在陆游生活的不同时期所发生的变化。

二　"骑马图"的豪放与倦怠

马上赋诗，是陆游青壮年时期的常态。"清尊与闷都倾尽，倦马和诗总勒回。"（《十二月十九日晚巫山送客归回望西寺小阁缥缈可爱遂与赵郭二教授同游抵夜乃还楚乡偶得长句呈二君》）"断筏飘飘挂渡头，临江立马唤渔舟。……诗材满路无人取，准拟归骖到处留。"（《自江源过双流不宿径行之成都》）"纵辔迎凉看马影，袖鞭寻句听蝉声。"（《夏日过摩诃池》）最使陆游感到自豪的，则莫过于当年在南郑及成都的幕府从戎经历，这也成为他中年以后梦境与回忆中反复出现的壮阔场景："横槊赋诗非复昔，梦魂犹绕古梁州。"（《秋晚登城北门》）"夜阑卧听风吹雨，铁马冰河入梦来。"（《十一月四日风雨大作》之二）"匹马曾为塞上游。"（《书感》）乾道八年，四十八岁的陆游入四川宣抚使王炎幕府任职，屡屡往返于抗金前线，当骑马行走于金牛之地时，他感叹道："谁知此日金牛道，非复当时铁马声。"自注云："绍兴初，房大入，至金牛而遁。"(《金牛道中遇寒食》)"上马横戈"一直是他最强烈的心愿："平生铁石心，忘家思报国。……切勿轻书生，上马能击贼。"(《太息》之一，题注：宿青山铺作)"上马击狂胡，下马草军书。二十抱此志，五十犹癯儒。"(《观大散关图有感》)"平生功名心，上马无燕赵。"(《游大智寺》)"草罢捷书重上马，却从銮驾下辽东。"(《秋声》)这并非"书生"的大言，他确实曾有机会参与战斗："涨水雨余晨放闸，骑兵战罢夜还营。"(《秋声》)"貂裘宝马梁州日，盘槊横戈一世雄。……老去据鞍犹矍铄，君王何日伐辽东？"(《忆山南》)"昔者戍梁益，寝饭鞍马间。一日岁欲暮，扬鞭临散关。"(《怀昔》)他曾出席成都与严州两次阅兵，淳熙二年在范成大幕府："令传雪岭蓬婆外，声震秦川渭水滨。旗脚倚风时弄影，马蹄经雨不沾尘。"(《成都大阅》)淳熙十三年至十五年，陆游任严州知州，虽已到花甲之年，但仍然精神矍铄："铁骑森森帕首红，角声旗影夕阳中。……凭鞍撩动功名意，未恨猿惊蕙帐空。"(《严州大阅》)但世事多艰，报国无路，一事无成，"跨马难酬四方志"(《病卧》)，马上杀敌的豪气与英雄无路的悲愤今昔对照，激荡顿挫："我昔从戎清渭侧，散关嵯峨下临贼，铁衣上马蹴坚冰，有时三日不火食。……我岂农家志饱暖，闭户惟思事耕织。征辽诏下倘可期，盾鼻犹堪试残墨。"(《江北庄取米到作饭香甚有感》)"楼船夜雪瓜洲渡，铁马秋风大散关。塞上长城空自许，镜中衰鬓已先斑。"(《书愤》)"闲试名弓来射圃，醉盘骄马出毬场。长城万里知谁许，看镜空悲两鬓霜。"（《休日留园中至暮乃归》）即使屡遭讥谤挫败，但横戈铁马、驰骋沙场的雄心未曾衰减："安得毛骨若此三千匹，衔枚夜度桑乾碛！"（《龙眠画马》）"安得骅骝三万匹，月中鼓吹渡桑乾。"（《湖村月夕》之三）"何时拥马横戈去，聊为君王护北平。"（《秋怀》）"安得""何时"的疾呼何其慷慨激烈！

出现在这些画面里的是剽悍的铁骑、战马和勇猛的将士，是身着戎衣"横槊赋诗"的战士诗人陆游，诗歌里寄托了他最饱满的热情与理想。

淳熙二年至四年，陆游入职四川制置使范成大幕府，被劾以"燕饮颓放"的罪名，免官奉祠。在成都，他度过了一段裘马轻狂的城市"俊游"生活。走马观花，传呼醉酒："醉到花残呼马去，聊将侠气压春风。"（《留樊亭三日王觉民检详日携酒来饮海棠下紫去花亦衰矣》之二）"宝马俊游春浩荡，江楼豪饮夜淋漓。"（《暮归马上作》）"貂裘狐帽醉走马，陌上应有行人惊。"（《眉州郡燕大醉中间道驰出城宿石佛院》）"宝帘风定灯相射，绮陌尘香马不嘶。"（《天中节前三日大圣慈寺华严阁烯灯甚盛游人过于元夕》）"少时狂走西复东，银鞍骏马驰如风。"（《春感》）"少时裘马竞豪奢，岂料今为老圃家。"（《小圃独酌》）这些诗句渲染出了繁华都市的世俗生活气氛。偶尔会流露出不甘平庸的少年侠气："冬夜走马城东回，追风逐电何雄哉！……书生所怀未易料，会与君王扫燕赵。"（《城东醉归深夜复呼酒作此诗》）独孤策是陆游在蜀中结识的一位奇士，工文善射，喜击剑，两人意气相投，"一樽共讲平戎策"（《猎罢夜饮示独孤生》之二），"白袍如雪宝刀横，醉上银鞍身更轻"（《猎罢夜饮示独孤生》之三）。

骑行在街市软红中的是宝马、骏马，成都三年的纵游是陆游除了汉中从军之外最深刻的"青春记忆"，但在纵放无羁、驰侠使酒的外表下，掩盖着内心的失意寥落和以"放翁"自号的愤郁不平。

青年时期的陆游，既多奢华放荡的漫游，复有寻幽览胜的闲游。"细雨佩壶寻废寺，夕阳下马吊荒陵。"（《病中简仲弥简唐克明苏训直》）"过江走马十五里，小寺残僧真蕞尔。"（《游卧龙寺》）"偶呼快马迎新月，却上轻舆御晚风。"（《醉中到白崖而归》）"杜陵雁下岁将残，匹马西游雪拥关。"（《雪晴行益昌道中颇有春意》）"西郊梅花矜绝艳，走马独来看不厌。"（《西郊寻梅》）"半掩店门灯煜煜，横穿村市马萧萧。"（《过绿杨桥》，卷五）"偷闲访野寺，系马追一笑。"（《游大智寺》）"牛饮桥头小市东，店门系马一尊同。"（《牛饮市中小饮呈坐客》）"走马""系马"于野寺村店，骑马的诗人与山野景色融为一体。

随着辗转州郡，四方游宦，吏事繁杂而困顿，马上的诗人渐生久游羁旅的况味。《入临川境马上作》："投老縻身簿领间，却因马上得偷闲。"其初入剑阁时，亦曾骑马："马行剑阁从今始，门泊吴船亦已谋。"（《予行蜀汉间道出潭毒关下每憩罗汉院山光轩今复过之怅然有感》）"梦泛扁舟镜湖月，身骑瘦马剑关云。"（《次韵师浑伯见寄》）已动归乡之念，入蜀之后，于蜀州、嘉州、新都、汉州、叙州、成都等地，常常不遑启处，"弊

袍羸马遍天涯,恰似伶优著处家"。(《秋夜独醉戏题》)"自笑
远游谙马上,忆营小筑老云根。"(《离嘉州宿平羌》)"明当还
成都,尘土埋马迹。"(《南津胜因院亭子》)"十年辞京国,匹
马厌道路。"(《九月十日如汉州小猎于新都弥牟之间投宿民
家》)"方轮落落难推毂,倦马骎骎怕著鞭。"(《得都下八月书
眉报蒙恩牧叙州》)"骑马出门无所诣,端居正尔客愁侵。"
(《客愁》)淳熙五年由山阴赴提举福建常平茶事之任时,不觉
怅吟道:"官柳弄黄梅放白,不堪倦马又天涯。"(《适闽》)"暂
职朝鸡双阙下,又骑羸马万山中……切勿重寻散关梦,朱颜改
尽壮图空。"(《宿仙霞岭下》)"蜀栈冷云侵瘦马,楚江笼月系
孤舟。"(《闲中颇有四方之志偶得长句》)昔日蜀道,今夜楚
水,清冷如一,使诗人倍感"未酬马上功名愿,已是人间老大
身。"(《倚楼》)

　　当其倦游时,迟缓安稳的"款段马"成为适合忙中"偷闲"
的坐骑:"经年簿书无小暇,款段今朝欣一跨。……羁穷自笑岂人
谋,闲放每欲从天借。"(《瑞草桥道中作》)闲居山阴后,"霜路预
愁骑款段,雪舟每忆钓孤蒲"(《初寒对酒》)。暂赴临安时,仍旧
"归去还骑款段马,醉颠重岸按䍦巾"(《受外祠敕》)。甚至觉得
"更求款段真多事,堪笑当年马少游"(《徒行短歌次前辈韵》)。
"款段马"反映的是陆游潇洒淡泊的生活情态。

　　陆游的仕宦生涯多半在地方度过,他在青年、中年、老年
时因应举、待官、修史而数度入朝,但时间都比较短暂,因此
临安远不及汉中、成都在其心目中的地位,几乎没有多少自豪、
快意等值得回味的经历。绍兴三十二年陆游三十八岁,与范成

大、周必大同在京城任枢密院编修官，同年赐进士出身，其时
所作游西湖诗："西湖二月游人稠，鲜车快马巷无留。……尚惭
一官自拘囚，未免匹马从两驺。"（《闰二月二十日游西湖》）其
中，欢快与失落交织。在临安，也偶有"忆昔入京都，宝马摇
香鬃"的（《寒夜遣怀》）的热闹，"少年骑马入咸阳，鹘似身
轻蝶似狂"（《晚春感事》之四，钱注：咸阳，借指临安）的
"轻狂"，但最常见的意象却是"京尘倦马"。淳熙十三年，六
十二岁的陆游被除知严州，赴临安陛辞，写下了"世来年味薄
似纱，谁令骑马客京华"（《临安春雨初霁》）的著名诗句。淳
熙十五年七月自严州罢职回山阴，冬天再赴临安，发出"六十
之年又四年，也骑瘦马趁朝天"（《初到行在》），"破衫羸马老
黄尘"（《春夕睡觉》），"翩翩羸马犯黄埃"（《入省》）的慨叹。
嘉泰三年七十九岁时赴临安授史职，除秘书监，却难有"清要"
之感，而是不断感叹："几年憔悴去清班，敢辱君恩误赐环。但
厌软尘随倦马，不愁弱水隔神山。"（《题馆中直舍壁》）"旅食
京华诗思减，羡公落笔思如泉。"（《次林伯玉侍郎韵西湖春
游》）"倚天青嶂迎船出，扑马红尘转眼空。"（《上章纳禄恩畀
外祠遂以五月初东归》之四）在软红香尘的临安街头出现的竟
是疲惫的倦马、瘦马、羸马，承载着游子羁旅漂泊和诗人壮年
失意的感怀。

三　"骑驴图"的适意与闲放

陆游最著名的骑驴诗即本文开头所引《剑门道中遇微雨》，
是乾道八年十一月自南郑赴成都经剑门关时所作，生动刻画了

"细雨骑驴入剑门"的"诗人"形象，这幅图景在诗人的记忆
里如此清晰销魂，所以屡屡现于笔端。如一年以后即乾道九年
在嘉州时便回忆道："射虎临秦塞，骑驴入蜀关。"（《久客书
怀》）"去年寒雨中，骑驴度剑阁。今年当此时，卧听边城柝。"
（《雨中登楼望大像》）"那知一旦事大缪，骑驴剑阁霜毛新。却
将覆毡草檄手，小诗点缀西州春。"（《夏夜大醉醒后有感》）
"忆昨骑驴入蜀关，旗亭邂逅一开颜。"（《独孤生策字景略河中
人工文善射喜击剑一世奇士也有自峡中来者言其死于忠涪间感
涕赋诗》）诗人的追忆说明骑驴入剑门确为写实之笔，也有助于
理解当年"细雨骑驴"的"诗人""不甘于仅为诗人"①的心态
与面貌。由于陆游诗歌的传神描写，遂使"剑门微雨"与"灞
桥风雪"成为最经典的诗人骑驴诗意图：后者是古代诗人的一
种"集体记忆"，前者却是专属陆游的诗人"本色"。

陆游前期为官，以骑马为主，但不论在临安，还是在南郑
与成都，也都有过骑驴的经历，不仅仅"骑驴入剑门"一次而
已。比如，他梦见当年赴临安应试时："硾教纸熟修温卷，僦得
驴骑候热官。"（《记梦》）其他如："醉后塞驴归薄暮，闲来支
枕睡高春。"（《书寓舍壁》之二）"兴亡俱昨梦，惆怅跨驴归。"
（《谒石犀庙》）"长记残春入蜀时，嘉陵江上雨霏微。垂头驴瘦
悲铃驮，截道狐奔脱猎围。"（《张季长学士自兴元遣人来因询梁
益间事怅然有感》）　"烧兔驿亭微雪夜，骑驴栈路早梅时。"

---

①　陆游《汉宫春·初自南郑来成都作》："人误许、诗情将略，一时才气超
然。"也可为陆游"此身合是诗人未"之问做一注脚。夏承焘、吴熊和：《放翁词
编年笺注》上卷，上海古籍出版社 1981 年版，第 36 页。

（《偶怀小益南郑之间怅然有感》）"骑驴白帝城边雨，挂席黄陵庙外秋。"（《观画山水》）"梦里骑驴佛山去，破云巉绝数峰青。"（《自咏》）"骑驴夜到苍溪驿，正是猿啼月落时。"（《自春来数梦至阆中苍溪驿五月十四日又梦作两绝句记之》）"常思南郑日，县驿跨骡归。"（《秋冬之交杂赋》之六）所谓骡，亦驴之属。但大量的骑驴诗，则始于其乡居山阴时。偶或骑牛出行："先生醉后骑黄犊，北陌东阡看戏场。"（《初夏》之二）"村市夜骑黄犊还，却登小阁倚阑干。"（《醉中夜自村市归》）但数量极少，盖因牛在水乡是主要劳动力，"春芜二顷叱黄犊，老学为农元不错"（《日晚散步湖上遇小雨》），骑牛闲游既是资源浪费，也不实用。

淳熙七年，陆游六十五岁时被赵汝愚所劾，罢归山阴，淳熙十三年复出知严州，淳熙十五年至临安任职，淳熙十六年再罢，此后除了嘉泰二年至三年短暂复出，赴临安任史职及秘书监外，长期闲居山阴近二十年。期间他四度奉祠，分别领提举成都玉局观、武夷山冲佑观，享受祠禄，且得以"任便居住"，为其乡居生活提供了基本的物质基础，足以保证衣食无忧，悠游逍遥，安享晚年，他也颇为知足："玉局祠官殊不恶，衔如冰清俸如鹤。"（《玉局歌》）"壮游车辙遍天涯，晚得祠官不去家。"（《食新有感贫居久蔬食至时方稍得肉》）自感"祠庭八载窃荣名"（《祠禄满不敢复请作口号》之二），"误辱优贤养老恩"（同上之三）。庆元五年、嘉泰四年两度致仕，仍享半俸，陆游在嘉泰四年《乞致仕札子》中表达了他的愿望："杜曲桑麻，傥遂扶犁之初愿；灞桥风雪，更寻策蹇之旧游。誓教训于子孙，用报酬于君父。"(《渭南文集》)致仕后作诗云："剡曲东归日醉眠，冰衔屡忝武夷仙。恩如长假容居里，官似分司不限年。……坐縻半俸犹多愧，月费公朝二万钱。"(《五月七日拜致仕敕口号》)但实际上朝廷的待遇也不易兑现，《春来食不足戏作》云："分司禄在终难取，束帛恩深独不沾。"自注："卿监致仕，当得分司禄，须自请乃给，遂置之。""顷有赦令，赐致仕者粟帛羊酒，郡独格不行。"一缘自己不愿屡屡自请，一缘恩赐被郡衙扣留，因此他常常面临生活拮据甚至酒食纸墨不继，不得不赊酒举债、典衣借驴的窘境，《晚晴》："如山酒券不相贷，隔巷衣砧如许悲！"《题驿壁》载："轮困古柳驿门前，籴米归迟突未烟。随计入都今四纪，驴寒仆瘦只依然。"甚至婢仆也因主人家贫而不计工钱，为主人分忧："奴闵囊空辞雇直，婢愁爨冷拾炊薪。"(《秋来苦贫戏作》)

晚年乡居的陆游，即使生活清贫，也依然保持乐观旷达的本性，他很难安于隐士般的幽居闲静的生活，最喜随意出游，而且身体也颇为康健，自称："八十可怜心尚孩，看山看水不知回。"(《初归杂咏》之三)即使在生命的暮年，他也仍以身体"老健""强健""顽健"自诩，在83岁时还说："暮年强健胜壮年。"(《冬晴行园中》)甚至与曾孙辈竹马嬉戏，童心未泯，并始终保持着旺盛的创作热情。在山阴的乡村生活环境里，陆游出游更多以驴为坐骑。"平生风雪惯骑驴。"(《归老》)"处处浮家成野宿，时时策蹇作山行。"(《书怀》)但祠禄官的微俸常使他生活拮据，有时难免有无驴之叹："贫甚尚能耕有犊，步轻那叹出无驴。"(《南堂杂兴》之四)"门异回轩巷，乘无秃尾驴。"（《寓叹》之二）其所骑之驴多半是向邻家所借："无钱溪女亦留鱼，有雨东家每借驴。"（《庵中独居感怀》之三）"市垆分熟通赊酒，邻舍情深许借驴。"（《新晴》）"市垆酒易赊，邻厩驴可借。"（《书意》）有时"闲游不借驴"（《省事》），如逢身体不适，天气不佳，也无须借驴，"老人闭户动经月，懒就东家借蹇驴"（《闭户》），"东家驴病街泥深"（《首春连阴》），"亦欲借驴出，泥淖沾衣襟"（《雨闷示儿子》），"路滑罢借东家驴"（《雪后龟堂独坐》之四）。诗人八十岁高龄时，其子为其做了一个小轿子，于是以为不必再向东家借驴了，《雪霁》："东家小蹇那须借，早晚吾儿送鹿车。"自注："子坦欲作一小轿子来。"但实际上也并未从此与驴绝缘："筑居正可茨生草，出市何妨借蹇驴。"（《秋获后即事》）

　　诗人所骑之驴通常为"蹇驴"，于是也可称为"蹇""小蹇"，颇显亲切意味。诸如："长吟策小蹇，又度一年秋。"（《物外杂题》）"东阡南陌适逢晴，小蹇轻装短作程。"（《出游》之五）"城南春事动，小蹇又翩翩。"（《八十四吟》之二）"暮投野店孤烟起，晓涉清溪小蹇愁。"（《云门道中》）"渔村酒市本无期，小蹇扁舟信所之。"（《出游》）"泛舟经姥庙，策蹇上伦塘。"（《闲中戏赋村落景物》）"山阴道上柳如丝，策蹇悠悠信所之。"（《春晚自近村归》）驴的外形特征通常是小、瘦、病："骑驴两脚欲到地，爱酒一樽常在傍。"（《自嘲》）"驴弱我亦饥，解鞍雨萧萧。"（《入秋游山赋诗略无阙日戏作五字七首识之以野》之四）"驴病比已损，秋风轻四蹄。"（同上之七）"屋穿每茨草，驴瘦可数骨。"（《读王摩诘诗爱其散发晚未簪道书行

尚把之句因》之二）即使是"秃尾驴"，也无伤大雅："秃尾驴
游云外寺，长须奴引竹间泉。"（《题庵壁》之一）"出仕常骑秃
尾驴，归休自驾折辕车。"（《春日杂兴》之四）"秃尾驴嘶小市
门，侧蓬帆过古城村。"（《即事》）陆游诗中还常出现"羸骖"
一语，其实亦指驴，而非指骖驾之马，与宋祁诗《有怀谢炳宗
先辈》"柴车路迥骖驴蹇，栗坞人稀溜鹊寒"① 之"骖驴"意
同。如《归兴》之一："白苹满渚闲挥榜，绿树连村独跨驴。"
之二："古道迢迢人迹稀，羸骖欹帽远村归。"亦可证"驴"
"骖"为一物。

　　诗人出游时，驴背、驴鞍上悬挂着常备的诗囊、酒壶、药
笈。"乌帽"则是诗人骑驴的另一件必备物品："一段新愁带宿
酲，半欹乌帽策驴行。"（《晚出偏门》）骑驴觅诗自是诗人雅
事："诗思长桥蹇驴上，棋声流水古松间。"（《冬晴日得闲游偶
作》）"蹇驴渺渺涉烟津，十里山村发兴新。"（《冬初出游》之
二）"短篷载月娥江夜，小蹇寻诗禹寺秋。"（《纵游归泊湖桥有
作》）"江头霜叶满，诗兴属骑驴。"（《戏作野兴》之六）"秣蹇
投山驿，寻诗倚寺楼。"（《闲游》）"古锦添诗句，羸骖入画
图。"（《出城》）"市门乞食僧持钵，关路哦诗客跨驴。"（《城南
道中有感》）陆游喜饮酒，随处可饮，饮辄常醉："驴鞍悬酒榼，
僮背负衣囊。"（《逆旅书壁》之一）"东村寂寞风烟晚，酒挂驴
肩又一奇。"（《东村晚归》）"暮挈衣囊投土室，晨沽村酒挂驴

---

　　① 北京大学古文献研究所编：《全宋诗》（第4册），北京大学出版社1992
年版，第2499页。

鞍。"(《杜叔高秀才雨雪中相过留一宿而别口诵此诗送之》）
"逆旅门前拨不开，先生醉策蹇驴来。"(《自咏绝句》之四）
"灞桥策驴愁露手，新丰买酒聊软脚。"(《雪意复作》）一次岁
暮风雪中至邻村借粮，仍不忘"旋沽村酒挂驴鞍"，深夜归家后
则"解囊吹火取诗看"(《雪中至近村》）。陆游习医书，常骑驴
入山采药，或义务为村民施药种药："诗囊负童背，药笈挂驴
鞍。"(《杂兴》之二）"名册采药恐未免，策蹇孰能从我游?"
(《秋思》之九）"酒挂驴鞍侧，诗投药笈中。"(《吾年过八
十》）陆游习医书，"驴肩每带药囊行，村巷欢欣夹道迎。共说
向来曾活我，生儿多以陆为名"(《山村经行因施药》之四）。
"逆旅人家近野桥，偶因秣蹇暂消摇。村翁不解读《本草》，争
就先生办药苗。"(同上之五）觅诗，饮酒，采药，饮茶，登览，
这种惬意清赏的骑驴闲游经历，与京城的喧嚣浮华形成鲜明对
照："策蹇清吟涉若耶，灞桥犹恨近京华。"(《冲雪至余庆觉林
雪连日不止》）"怕见公卿懒入城，野桥孤店跨驴行。"(《春日》
之六）"前岁峨冠领石渠，即今山市醉骑驴。"(《遣兴》）"小市
雨余寻酒去，野桥日落策驴归。不辞十里行空翠，终胜京尘化
客衣。"(《村市醉归》）嘉泰二年秋在临安时，诗人不禁怀想：
"何时剡中路，秣蹇憩山邮?"(《暮秋》）只有山阴路上的景色
方可消解久宦羁旅的征尘俗氛。

　　骑驴的诗人并不寂寞。有时恍然产生错觉，或如杜甫父子：
"夜中醉归骑草驴，岿昂不须宗武扶。"(《夜从父老饮酒村店
作》）或自拟孟浩然："此头那可著貂蝉，瘦似骑驴孟浩然。"
(《览镜》）"我似骑驴孟浩然，帽边随意领山川。"(《夜门雨

声》）或置酒等候李白："莫辞剩买旗亭酒，恐有骑驴李白来。"（《题道傍壁》）也有诗友相访："跨驴过我时共语，晁董千年元不死。"（《酬庄器之贤良见赠》）"骑驴上灞桥，买酒醉新丰。知子定有人，讵必老钝翁。"（《谢王子林判院惠诗编》，题注：王从杨廷秀甚久）因为陆氏为会稽名族，诗人在乡里颇负声望，年岁又高，因此陆游骑驴也成为独特的景致："荒圃风烟人荷锄，孤村巷陌看骑驴。"（《自诒》）"蹇驴破帽人人看，南陌东阡处处来。"（《早春出游》）诗人倒也乐于自己骑驴的情景被画工传写："乱篸桐帽花如雪，斜挂驴鞍酒满壶。安得丹青如顾陆，凭渠画我夜归图？"（《梅花绝句》之五）"小市跨驴寒日里，任教人作画图传。"（《自咏绝句》之三）"小蹇鞍鞯黑，羸童骨相酸。丹青能写此，千载尚传观。"（《读穷居五字慨然有感复作一首自解》）

　　多数情况下，诗人骑驴出行时，总有苍头小童相随："赤脚婢沽村酿去，平头奴驭草驴归。"（《致仕后即事》之五）"闷呼赤脚行沽酒，出遣苍头旋就驴。"（《野兴》）"尘甑炊畲粟，羸僮策蹇驴。"（《书叹》）"骑驴向何许，擂棰有蛮童。"（《初秋》之四）"霜晴忽念到江干，小蹇羸童路已干。"（《江干》）"驴瘦童僵小作程，村翁也复解逢迎。"（《宿村舍》）"山市儿童随小蹇，江村烟雨宿孤篷。"（《志喜》）僮仆瘦弱，偶有偷懒，诗人也未忍斥责："偷闲打睡汝何尤，骂詈榜笞我所羞。但擂一鞭随小蹇，不妨村路共闲游。"（《示小厮》）小厮与主人也无隔阂："人间解事谁如我？小蹇山童自谓宜。"（《即事》之六）"自笑一生为客惯，捉驴小竖诉朝饥。"（《闲游》之二）这样的画面充满温情。有时流连忘返，则于民家暂息喂驴："归迟不是寻诗料，秣蹇民家偶小留。"（《秋阴出游》）或就农家煎茶："裹茶来就店家煎，手解驴鞍古柳边。"（《书村店壁》）山阴是"山重水复"的美丽水乡，有时舍舟登岸，即换驴而行："最好长桥明月夜，寄船策蹇上兰亭。"（《夏秋之交小舟早夜往来湖中绝句》之六）或累日不归，"时跨一驴山县去，园丁野老尽相亲"（《甲子秋八月偶思出游往往累日不能归或远至傍》之四），显示了淳朴简古的民风。

骑驴所呈现出的典型状态是"闲"："闲游野寺骑驴去，倦拥残书听雨眠。"（《排闷》）"蹇驴系著门前柳，闲觅题名拂败墙。"（《秋兴》之十二）"骑驴"觅诗给陆游的诗歌增添了村野意趣和闲适意味。他自称："吾诗戏用寒山例，小市人家到处题。"（《醉中题民家壁》）"诗在林逋魏野间。"（《书喜》）寒山、林逋、魏野是远离城市、不入州府的诗僧和隐士，与他们不同的是，陆游经过了数度进退浮沉的反复后才回到最自然的生活状态，践行了他在《示子孙》诗中所说的"为贫出仕退为农，二百年来世世同""吾家世守农桑业，一挂朝衣即力耕"的"家风"。同时，陆游后期诗歌中，山阴乡居生活中徘徊于山桥野寺的蹇驴瘦影，与夜梦中驰骋于关山沙场的战马铁骑，经常呈现出时空转换、交相叠映的场景，反映出诗人豪放与闲放交织的情感状态，这种深沉的家国情怀又是林逋、魏野等山林隐逸诗人所缺少的。在陆游的残年岁月里，由于年事已高，动辄卧病，屡兴"老境"之叹，其诗中也已渐少骑驴或骑马的诗句。嘉定二年，陆游85岁，无限悲凉地感叹道："蹇驴闲后诗情减，

阵马抛来髀肉生。"（《春晚》）这似乎为其一生在"骑马"与
"骑驴"中度过的旅泊人生做了总结。

陆游一生以恢复为理想，以诗歌抒写岁月，他游走于城市
与乡村之间，大半时间是在奔波行吟中度过的。在某种意义上
可以说，诗人陆游的旅程始于马上，终于驴背。马鞍上的陆游，
是奋勇的战士，飘零的游子；驴背上的陆游，是致仕的官员，
萧散的村翁。将其大量诗篇连缀成一幅幅动态的"骑马图"与
"骑驴图"，鲜活地呈现了"放翁"一生豪放、纵放、疏放、闲
放的精神气质，在中国古代诗人的画廊里别开生面。

"不得体"的陆游：交往困难症患者的人际关系诗歌

四川大学　吕肖奂

从社会学角度来看，广义的唱和诗歌实质上就是人际关系诗歌。每个诗人都是一个社会人，每个社会人都有处理人际关系的方式，但只有诗人能够用诗歌来处理人际关系并能够用诗歌来表达个人对人际关系的看法。而考察一个诗人的人际关系诗歌，比考察他的其他诗歌更能了解诗人的交游观、价值观、世界观以及其他个人精神领域。

从出身和所受家庭教育来看，陆游应该是一个善于处理人际关系也善于用诗歌表达人际关系的诗人，但实际上却并非如此。

一　蔑视礼法的官场社交唱和

诗人一般具有浓厚的自我意识，热衷于追求自我价值，向往身心自由，往往是个性化极强的个体。而官方管理机构则有严格的社会规范体系，管理机构需要个人牺牲个体以服从社会要求，要求官员理性面对人类社会问题，需要社会化程度很高的人。因而如何解决个性化与社会化的冲突，是每个官员诗人都面临的问题。

宋代官员诗人大量增加，有些诗人个性谨慎，如陈与义"清慎靖一，与人语，唯恐伤之；遇有可否，必微示端倪，终不正言极议"①，这种个性应该算是官场上需要的标准个性。而多数诗人的个性并不符合这个标准，这就需要他们一生在实践中理性探讨和解决这一冲突。为了更好地生存发展，多数诗人都牺牲个性而适应官场，而陆游却是个例外。

陆游在《初春书喜》一诗中云："游宦三十年，所向无一谐。"② 人们或者认为这是诗人夸大其词的牢骚不满，或者认为是陆游政治理想爱国情怀没法实现而造成的政治失落感，或者认为是仕途不顺造成的负面感受等。很少有人注意到一个更重要的因素，就是陆游很早就患上官场社交困难症，这使得他非常不适应官场社交，以至于回首游宦生涯，竟感到无一事一人顺心合意值得称道。

陆游在官场社交上存在的问题，在他入仕不久就被官方发现了。陆游绍兴二十八年入仕途，一任地方官（宁德令）后，便到京师中枢机构任职（枢密院编修官兼编类圣政所检讨官），

---

① 张嵲：《陈公资政墓志铭》，《紫微集》《丛书集成续编》（第127册），新文丰出版公司1988年版。

② 据《陆游年谱》：陆游34岁为官之前主要家居，为官期间有两次共八年的失官归乡，66岁致仕到85岁去世期间只有短暂出仕，一生大体乡居60余年，为官约25年。

仕途算是比较顺利，这无疑让陆游对前途充满信心和期待。但不久的隆兴元年，陆游却被外任为镇江府通判，接着乾道元年陆游被任命到更偏远的隆兴做通判，陆游才意识到一点得罪权贵的严重后果。直到乾道二年二月，陆游因"交结台谏，鼓唱是非，力说张浚用兵"① 罪名而落职归乡，他才感受到了真正的打击。

这三句罪名中，人们大多关注的是最后一句，即陆游支持张浚的"用兵"主张，而忽略了前两句，也就是陆游的官场交往与言论方式存在问题。陆游至此才入仕途八年，而他此前的交往对象却是"台谏"，与官员们交谈的方式则是"鼓唱"，内容是"是非"。由此可以想见，陆游完全是以一个年轻气盛、不顾后果、没有任何政治经验的诗人形象而进入官场的。

陆游晚年所写的《感旧》云"当年书剑揖三公，谈舌如云气吐虹"，《病中绝句》云"少时谈舌挟风雷"，可以证实他年轻时的确是个极具口才与辩才的演说家，仗剑远游，有着类似游侠少年的张扬个性，积极主动干谒三公平交王侯，向高层官员鼓吹过他的见解观点，很像后来的游士，可谓游士的先驱。以这种游士形象进入官场，自然无论如何也不像个稳重干练的官员。

官场交往不当、言论方式不当，对于一个官员的仕途前程而言，比他的政治主张不当更为致命。落职四年乡居，陆游自然会一再反省，但他坚信自己的政治军事主张十分正确，只是

---

① 《宋史·陆游传》。

因为结交鼓唱的对象失势而受到牵连打击，并非结交鼓唱这种
方式本身有什么问题，他不过是为了正义而得罪小人而已，所
以即便受打击也理直气壮、九死未悔。这种威武不能屈的正义
感，阻碍了陆游对官场社交方式方法问题的思考，反而激发出
陆游对官场规范的抗拒乃至反叛意识。

　　乾道六年陆游再以通判之职进入更加偏远的西部夔州，他
写《比得朋旧书，多索近诗，戏作长句》云："寒龟但欲事缩
藏，病骥敢望重腾骧？"这句表面忧惧自嘲的诗句，其实带着更
多的不满牢骚与傲慢。陆游在梁益八九年都是以这样的心态在
官场交往与生活。范成大入蜀刺激了陆游。范成大小陆游一岁，
出身也没有陆游高贵，仕宦初期还曾与陆游同官，陆游因得罪
权贵出判镇江时范成大赠诗壮行，当时两人还是平等的同僚关
系，但到了淳熙年间，范成大因使金有功而升任四川制置使，
而陆游却只是他幕府中的普通参议官，几年间两人官位差距之
大，无疑刺激了陆游最为敏感的神经。① 已经深受仕途打击的陆
游，索性就任性而为，玩世不恭、狂放不羁，他使酒任气，像
竹林七贤那样佯狂放诞，以表明对官位、官场礼仪的无视、不
满乃至蔑视。当他的行为被视为"不拘礼法，恃酒颓放"之后，
已过知命之年的陆游更是自号"放翁"以故意标榜、有意叛逆。
他索性毫无顾忌，完全以更加"诗人"或者说更加"游士"的
作风面对官场。

---

　　① 据陆游《忆昔》："忆昔绍兴中，束带陪众彦。沐浴雨露私，草木尽葱
蒨。一朝穷达异，相遇忘庆唁。远官楚蜀间，寂寞返乡县。于时同舍郎，贵者至
鼎铉。数奇益自屏，短褐失贫贱。""贵者"显然有所指。

陆游在梁益八年的社交表明，他的确无法以普通官员应有的言行进行官场交往，他似乎患上了社交狂躁症。此后，不断有人指出陆游在个性与为人处世上的问题，如淳熙八年，赵汝愚弹劾陆游"不自检饬，所为多越于规矩，屡遭物议"①，陆游因此再次被罢职还乡四年。许多人认为这是赵汝愚对陆游的恶意中伤，但实际上，陆游的师友吕祖谦写信给周必大，为陆游辩解说情时，也承认其有"疏放""阔略"之瑕疵，只是希望朝廷用人能够"弃瑕使过"②，这也正说明陆游在官场时的个人行为确实比较任性放纵，不合官场"规矩"。

淳熙八年到十三年罢职乡居期间，陆游在《次韵范成大书怀十首》中不断重复自己对"谗谤"的无奈与畏惧，如"养气颓然似木鸡，谤谗宁复问端倪""百年过隙古所叹，众口铄金胡不归。已是平生行逆境，更堪末路践危机。夜香一炷无他祝，稽首虚空忏昨非""平生爱睡如甘酒，晚岁忧谗剧履冰"。陆游并没有意识到这些"谗谤"的内容其实是有事实依据的，他的社交狂躁症已经明显转为社交恐惧症了。

社交恐惧症激化了陆游的狂放个性，使得陆游在人际交往以及酬唱诗歌中个性十足，而与大多数官场应酬诗歌的温文尔雅不同。陆游毫不掩饰他自己在交往唱和中的个性与情绪，任性得像个完全没有社会化、不懂一点人情世故的情绪主义者。即便是官场中的客套应酬，他也极为"动情"，常常"表情"

---

① 《宋会要辑稿》，《宋史·陆游传》。
② 吕祖谦《东莱别集》卷四《尺牍》。

过分，缺少分寸感。

官场社交是为了促进群体协作关系而进行的社会活动，展示的是一种彬彬有礼、融洽和谐的气氛，而陆游却从这种表面和谐中感受到了虚伪。在一次欢送陆游"东征"的宴会之后，陆游写了《次韵杨嘉父先辈赠行》："贞元旧朝士，太学老诸生。半世不偶谐，残年正飘零。危坐但愁悲，一笑黄河清。佳客如晨星，俗子如春萍。奇哉今日事，诸贤送东征。吸酒杯当空，缀诗笔勿停。明发复百忧，君听马蹄声。"饯行宴会要展现的是送者对行者的挽留惜别，在宋代官场十分常见，但陆游用"奇哉"这个语汇描述，以表明他对举办这场宴会的不满与不屑。他觉得他的"东征"是一场与世不谐的"飘零"，并非什么可喜可贺之事，"诸贤"何必大张旗鼓欢送？何况"诸贤"之中，"俗子"多于"佳客"，更让他无法忍受。陆游大概对送行的"诸贤"积怨已深，觉得他们平时不友善，此次送行适见其虚伪。官场社交中的陆游真是太有个性了，他简直不能容忍人际关系中的一点点虚与委蛇，竟敢如此直截了当地在诗歌中这样表达。

官场送往迎来最为频繁，而作为官员，陆游最不喜"领客"，其《晡后领客仅见烛而罢，戏作短歌》云："忍睡出坐衙，扶病起觞客。本来世味薄，况复酒户迮。谵谆时强语，嵬昂已颓帻。烧烛不盈寸，归卧弄书册。"牺牲个人休息养病时间去奉陪不熟悉的客人，喝酒还要没话找话，简直是无聊透顶，不如自己在家看书。陆游的价值观很诗人化，其《不如茅屋底》："列鼎宾筵盛，笼坊从骑都。不如茅屋底，醉倒唤儿扶。"其完全不像个官员。官场的送往迎来都需要冠带整齐以示礼貌，陆游坦言"造请非所长，一带每懒束；揖客虽小殊，亦未胜仆仆"（《读何斯举黄州秋居杂咏次其韵》其一）。造访或接待他人虽不全然相同，但繁文缛节对陆游豪放不羁的个性来说简直是痛苦的折磨，所以他不乐意去做。

官场的社交礼仪最注重上下尊卑有序，而陆游却有意不按官场的礼仪法度行事，而"不拘礼法"的后果是陆游在仕途上无法顺利升迁，不能升迁又使得敏感自尊的陆游凝结出浓厚的自卑情结。这个情结导致陆游与官位较高的官员交往时，常常自觉不自觉地在诗歌中语气显得傲慢无礼，如《次韵王给事见寄》云："大手方司一世文，臞儒何敢望余尘。谁知天上黄扉贵，肯记江边白发新？"本来是要感谢王给事主动寄诗问候，却话中有话，掺杂了身份地位差距带来的似乎自卑自贬却更傲视贬低他人的复杂情绪，让主动寄赠的王给事感到尴尬难堪。

关键是陆游不止对王给事一人如此。陆游在交往唱和中特别在意乃至执着于双方身份差距，这种执着让他有意无意地居卑傲上。这自然会影响到交往唱和是否具有可持续性。

陆游与范成大的唱和诗歌最能表现出陆游的复杂心态。范成大越是对陆游宽厚或垂怜，陆游越是在他面前任性失序。在蜀期间，陆游《和范待制月夜有感》云"榆枋正复异鹏飞，等是垂头受辔靮。坐客笑谈嘲远志，故人书札寄当归。醉思蓴菜黏篙滑，馋忆鲈鱼坠钓肥，谁遣贵人同此感，夜来风月梦苔矶"，不仅认为二人像燕雀、鲲鹏无法相提并论，还奇怪范成

大这位"贵人"，竟能与他这样卑贱的人有同样的乡愁，这种
生分与距离感表达得明白无误。《和范舍人永康青城道中作》
云"风驱雨压无浮埃，骖驔千骑东方来。胜游公自辈王谢，
净社我亦追宗雷"，也有意将"公"与"我"拉开距离，颇有
自卑而自傲的意味。《和范舍人病后二诗末章兼呈张正字》云
"香云不动熏笼暖，蜡泪成堆斗帐明。关陇宿兵胡未灭，祝公
垂意在尊生"，对范养尊处优、富贵安逸的艳羡不满代替了对
其养病的同情，在祝福中还不无挖苦地提醒范关注前线战士。
范成大似乎不以为忤，他宽宏大量，常常主动与陆游联系，将
诗歌寄给陆游，陆游六十余岁所写的《次韵范成大书怀十
首》，更是牢骚抱怨，自负自傲。范成大不久去世，陆游《范
参政挽词》云"屡出专戎阃，遄归上政途。勋劳光竹帛，风
采震羌胡。签帙新藏富，园林胜事殊。知公仙去日，遗恨一毫
无"，对其一生富贵圆满的艳羡胜过哀悼之情。当然，在下一
首挽词中，陆游还是表达出对这个能够包容他的高官去世的痛
惜："孤拙知心少，平生仅数公。凋零遂无几，迟暮与谁同！"
同样是官员诗人，范成大理解陆游的任性，欣赏陆游的才华，
所以才能包容陆游。但并非所有官员都能容忍这种任性，陆游
自然就"孤拙知心少"了。

　　直到晚年陆游才逐渐平静下来，他偶然思量往日的言行，
有些悔悟，如《怀昔》云："偶住人间日月长，细思方觉少年
狂。众中论事归多悔，醉后题诗醒已忘。"可以想见，昔日那个
狂放不羁的少年，完全不懂"人间"的社交礼仪，常在稠人广
众中放言醉题，而在退场清醒之后追悔莫及。

　　有人说"陆游在宦赣诗作中充斥着政治失落的'病态意识'"①，实际上除了初仕两任激情高昂外，陆游在此后多年的各地仕宦期间，诗歌基本上都有一种充满各种负面情绪的"病态意识"。即便罢职失官以及主动退居乡下时，提到官场生活，他的"病态意识"依旧会出现。

　　陆游个性外露，具有典型的诗人特质，尤其是早年，他的诗人气质中甚至带着很多"游士"成分，这种个性与官场规范严重冲突。而个性化的陆游，并没有像其他官员诗人那样理性克制，甚至到了中晚年，他的诗人个性还得到了更为夸大的张扬。当这种冲突没有得到很好的解决，受到了官方机构制裁打击后，陆游显得忧惧过激而张惶失措，不像其他官员诗人那样理性克制，他因此更不懂得如何得当地处理人际关系，从而产生了进退失据的官场社交恐惧症。越是恐惧，越无法控制他自己在社交场合的言行，无法做到人际关系中的应对得体，这种不能自控的恐惧感、无力感，直接导致陆游在官场上越来越放诞无礼的行为，直到成为官场社交困难患者，最后退出官场隐居乡间，最终成为几乎拒绝任何社交的孤独患者。

二　与"奇士才杰"过度亢奋的江湖义气式交游

　　陆游一直秉持着以真诚直谅为基础的传统儒家交友观，如其《读吕舍人诗追次其韵》所云："有过当相规，有善当相告。岂惟定新交，亦以笃旧好。势利古所羞，置之勿复道。霜霰万

① 陈小芒、李建明：《陆游宦赣诗文论略》，《南昌大学学报》2004 年第 6 期。

木凋，孰秉岁寒操？"这种交友观自然纯正无瑕，但这只是个人交友观，而非官场社交观。

官场社交与个人交友不同，官场社交要求的是各种人际关系的协调，即便是个性有天渊之别也需要求同存异，即便是有天大的私人恩怨也需要为公事合作而泯灭，儒家的仁学礼学所要求的宽恕之道主要是针对官场社交而设。而陆游却不了解二者的区别，常常以个人交友观而衡量官场社交，对交往对象的要求十分严苛，缺少宽恕之道，以至于他经常感到没有合乎自己要求的交往对象，如《被命再领冲佑有感》云"眼中人尽非，欲话谁与共"，就认定眼前没有一个可以交流对话的知音；《得故人书偶题》云"故人谁非白头新，况复眼中无故人"，更是对"故人"这个定义都要重新界定，因为在他看来白头如新的"故人"只能算作熟人，而称不上"故人"。

官员特别是高层官员不可能成为"故人"，属于陆游一生特别憎恶的"俗子""凡子"。陆游《别后寄季长》云"俗子俗到骨，一揖已溷人，不知此曹面，何处得许尘"，《别杨秀才》云"俗人愦愦宁知子，心事悠悠欲语谁"。陆游还在《表侄江埙种竹名筼坡来求诗》一诗中叮嘱："一事却须常自勉，勿容凡子得同游。"与"俗子""凡子"相对的，陆游称为"奇士""豪杰"或"才杰"。

陆游只喜欢与他眼中的奇士才杰交往。才杰譬如《怀绍兴间往还诸公》所云"早岁从诸杰，森然尽国华。辞工出月胁，笔健拔鲸牙"，《出游归卧得杂诗》所云"晚交数子多才杰"，这些才杰至少具备辞工笔健的创作才华。"奇士"则如《独孤生策字景略，河中人，工文善射，喜击剑，一世奇士也。有自峡中来者，言其死于忠涪间，感涕赋诗》所云的独孤策，是一个文武双全而一生无用武之地者。

像独孤策这样的"一世奇士"，陆游在梁益所遇最多。陆游离开梁益之后，最常追忆的一群朋友即《出蜀十九年故交零落》所云的"西游邂逅得诸君，落笔千言酒百分"。这些"故交"是《北窗》"当年交友倾一时，谁料蓬门今寂寂！陈山李石千载士，早死当为天下惜"，《感旧》"君不见资中名士有李石，八月秋涛供笔力……君不见蜀师浑甫字伯浑，半生高卧蟆颐村"等诗歌所怀念的李石、师浑甫等人。还有《湖上遇道翁，乃峡中旧所识也》所云的"大骂长歌尽放颠，时时一语却超然。扫空百局无棋敌，倒尽千钟是酒仙"这种"放颠"的棋敌酒仙。这些人个个纵酒狂放、才华横溢、士气昂扬，而最终都是怀才不遇、壮志难酬。

陆游到老都认为"鲲鹏自有天池著，谁谓太狂须束缚"（《次韵和杨伯子主簿见赠》），"狂"自有狂的用处，所以绝对不需要削足适履为适应社会要求而束缚"狂"的个性。而他所说的奇士才杰都具有"太狂"的气质。陆游《寄别李德远》云："中原乱后儒风替，党禁兴来士气屡。复古主盟须老手，勉追庆历数公间。"特别崇尚庆历时期具有政治社会责任感的"士气"，而在陆游的时代，只有个别奇士才杰才具有这种昂扬的"士气"，而这些奇士才杰却不为官方重视和重用。

陆游在这些狂放不羁而怀才不遇的奇士才杰身上，找到了自己的影像，或者说是陆游将他的自我形象投射到了这些奇士身上。陆游《野外剧饮示坐中》云"悲歌流涕遣谁听？酒隐人间已半生"，"酒隐人间"的陆游在奇士才杰身上找到了同类，找到了认同感、归属感，他的醉酒般的天才癫狂才有了安顿处。因此在与这些"奇士"交往时，陆游像是找到了自我，感受到了平等自由，精神上得到了释放。

陆游与这样的奇士才杰个人交往，可以一见倾心即推心置腹，然后同卧并游、谈话联诗，如《行路难》云"平生结交无十人，与君契合怀抱真。春游有时马忘秣，夜话不觉鸡报晨"，《重九怀独孤景略》云"昔逢重九日，初识独孤君。并辔洮河马，联诗剑阁云"。甚至可以亲密无间到这种程度："对床得晤语，倾倒夜达晨。亟起忘缚裤，小醉或堕巾。"（《别后寄张季长》）亲密度超过一般亲人。这种交往像游侠一样，而与士大夫以及一般文士的交往方式不同。

奇士才杰们的群体聚会，就是陆游《对酒怀丹阳》所云："放翁少日无凡客，飞觞纵乐皆豪杰；清歌一曲梁尘起，腰鼓百面春雷发。"陆游详细描述奇士才杰们聚会的情景，如《初冬夜宴》云"丝管纷纷烛满堂，枭卢掷罢夜飞觞。帷犀风定歌云暖，香兽烟浓漏箭长"，《合江夜宴归马上作》云"零露中宵湿绿苔，江郊纵饮亦荒哉！引杯快似黄河泻，落笔声如白雨来。纤指醉听筝柱促，长檠时看烛花摧"。陆游最欣赏这种歌舞喧哗、畅饮豪赌、痛快淋漓的游士式唐人式的聚会，在这种宴会中他才会神采飞扬。陆游《怀南郑旧游》云："南山南畔昔从戎，宾主相期意气中。"南郑戎马生涯中的"意气"之交最值得怀念，而《次韵杨嘉父先辈赠行》所说的官场送别宴会则让陆游深恶痛绝。

昂扬而狂放的奇士才杰在当时是非主流、弱势群体，数量不多而且分散，西部梁益以外很少有这样的人物。那些位高权重却没有"士气"也不"太狂"的官员，在陆游看来都是"俗子"。

梁益奇士才杰们的豪情万丈的聚会，在东部地区也很少出现。陆游家乡及京师，盛行的是北宋以来日渐兴盛的山水悠游、书画品赏、品茶题诗的文人雅集。① 陆游虽然也喜欢琴、棋、书、画等文人雅事，但他认为这些雅事需要独处时平心静气去做，没有必要群聚竞作。群聚最好是梁益那种热闹喧哗的。因而陆游对宋型文人雅集也没有特别浓厚的兴趣。

张镃在宽广雅致的园林中邀请当时名流优雅赋诗，陆游虽然也受邀参加②，但陆游很少在诗歌里称颂这种雅集，《和张功父见寄》只一句"回思旧社惊年往"，可以想见，这个"旧社"的活动绝不会像梁益宴会那样放纵狂欢。张镃虽然也因仕途不够理想而选择退居，但他与梁益奇士才杰不同。在由武将门第转型成士人时，张镃像其他张氏家族成员一样刻意高雅以便被士人社会接受，他刻意遵从礼法，而且极力效法宫廷以及上层士大夫才有的繁文缛节，他的桂隐园中上演的是更为严格的上下尊卑礼仪，这自然让陆游一再出现官场社交中的自卑焦虑而不适应。陆游不像张镃以及大多数宋代士大夫文人那样热衷诗文雅集。

---

① 参见衣若芬《一桩历史的公案——"西园雅集"》，《赤壁漫游与西园雅集》，线装书局 2001 年版，第 49—95 页。

② 参见戴表元《牡丹宴席诗序》，《剡原戴先生文集》卷 10，《四部丛刊初编》本，第 92 页。

作为京畿近郊居民，陆游却对为官京城兴味索然，他在京城也与人交往，却没诗兴没有唱和的情绪，如《次林伯玉侍郎韵赋西湖春游》云："旅食京华诗思尽，羡公落笔思如泉。"因而陆游在京城的交游，直到晚年也感觉白头如新、难成故交，如《次韵郑盱眙见寄并简其甥刘君》云："衣上空嗟京洛尘，故交半作白头新。"对陆游而言，京城比其他任何地方都等级森严，尊卑差距分明，更容易强化陆游的自卑感，所以陆游对京城的交游没有好印象，也没有更深的感情。他对张镃等人尽量显示出足够的礼貌客气，但实际上他感觉不到与奇士才杰们交往产生的快感。

陆游原本就是个情绪主义者，他在诗歌中表情达意的基本方式是直抒胸臆，不太善于在诗歌中管理节制自己的情绪，他的诗歌情绪常常是一览无余的。这种表情方式适合独吟而不太适合人际关系诗歌。人际关系诗歌，需要诗人在社会关系中特别是在社交场合中控制管理个人情绪，掌握言说策略，节制或有效表达个人的情感观点，要将人际关系诗歌写得符合社交礼仪意义上的"得体"标准。

梁益奇士才杰们的武人狂聚让陆游精神处于亢奋失控状态，而官场那种冠盖云集的官员应酬社交以及张镃园林中的士大夫式文人雅集，则会让陆游感到自卑局促、进退无据乃至手足无措，三种情境都让陆游丧失自我，逐渐产生了社交困难症。这种困难症让陆游在社会交往特别是在公众场合失去判断力、思考力，不能保持清醒的自我本心，不能淡然处理人际关系，不善于理性克制，不够从容，缺少理性，不能处于良好的创作状态，无法很好掌握应有的心态与言说策略，在社交场合以及人际交往诗歌中往往过度用情而显得非卑即亢，无法得体。

三　"村翁"式乡邻交往的失落孤独

非卑即亢的人际关系诗歌，表明陆游已经无法适应官场以及士人圈的社会交往。陆游也有自知之明，《卜居》云："自信前缘与人薄，每求宽地寄吾狂。"既然与人无缘，那么就退出官场乃至所有士人的社交，到陆游想象中的能够包容狂放的奇士才杰的宽广乡下生活，那里可以远离上下尊卑有别的官场与人间是非，那里只有根本谈不上社会地位的朴实淳厚的村民。

陆游很乐意做一个乡居的祠禄官，《拜敕口号》云"人生奉祠贵，喜色动山林"，《白首》云"白首称祠吏，清时作幸民"。他十分受用这种有官无职、有薪无责的身份，在乡下的普通百姓中，这种身份最为尊贵，他的自尊不再受到官场身份地位不平等的冲击，他的自卑情结得到缓解，感受到了官场上缺少的那份安全与放松，官场自卑感也转变成乡居优越感。

尽管所居三山离绍兴城不远，但陆游不再入城，《不入城半年矣作短歌遣兴》云："我居城西南，渺渺水云乡。舟车皆十里，来住道岂长。"当京城官场的熟人询问陆游为何失去联络时，陆游依旧自卑而傲然地回答："惯向江湖铩羽翰，云霄那敢接鹓鸾。"（《得京书，或怪久不通问》）他还自豪地向乡邻宣称"七年收朝迹，名不到权门"（《村饮示邻曲》），表示坚决隐居"江湖"，与官场彻底断交。

不仅如此，陆游甚至"扫除狂习气，谢绝醉朋俦"（《感旧》)，决心改邪归正，连一起纵酒放诞的同类朋侪都要一概谢绝，似乎告别了昔日的一切人士往来。

离开梁益之后，陆游也会怀念昔日的奇士才杰，但即便与最好的朋友，陆游都不主动唱赠而总是被动酬答："平时懒书疏，有答未始倡。"(《登山西望有怀季长》)像张季长、谭德称那样的梁益旧友，之所以能够与陆游有较长时间的交往酬唱关系，是因为他们常常主动唱赠问询："开书字字论畴昔，遣使年年有故常。"(《次季长韵回寄》)"知心赖有谭夫子，时遣书来问放翁。"(《官居书事》)而陆游在人际交往中，一直都是等待他人主动联络的被动者。这样一个被动交往者，并不是没有交往需求和感情，而是没有主动联络的意识和勇气。患有交往困难症的人在交往中总是被动胆怯的。

这些梁益旧友在陆游晚年相继离世后，陆游在乡村也寻找这样的奇士才杰，最后似乎终于找到一位，即《城南上原陈翁以卖花为业，得钱悉供酒资，又不能独饮，逢人辄强与共醉。辛亥九月十二日，偶过其门，访之，败屋一间，妻子饥寒，而此翁已大醉矣，殆隐者也，为赋一诗》所云的卖花翁，可知这类"酒隐"在乡间也不多见，且无法交流，陆游很难找到当年意气相投的同侪。

陆游主动断绝士人圈的往来，诗人寄诗求证或求教者，陆游有时会寄诗酬答，却不愿意直接会面。如《故人赵昌甫久不相闻，寄三诗皆杰作也，辄以长句奉酬》云："海内文章有阿昌，数能著句寄龟堂。就令觌面成三倒，未若冥心付两忘。道义极知当负荷，风波那得易禁当。相思命驾应无日，且约陶然寓醉乡。"更是明确说见面不如思念。对其他"才杰",他也持有相同的态度,如《出游归卧得杂诗》:"晚交数子多才杰,谁肯频来寂寞乡?但寄好诗三四幅,绝胜共笑亿千场。"遥寄诗歌,绝胜群居笑谈喧哗。有人登门拜访请益,陆游则云"客来但与饮,谈天有何好?亦莫雕肺肝,吟哦学郊岛"(《晨起》),表示只愿意与客人饮酒,连"谈天"都显见无聊,更不愿讨论作诗的问题。诗人陆游到晚年不再见诗人也不再愿意与人谈诗。

向陆游求诗者不少,但陆游一般只满足僧道乡邻的愿望,如《法云孚上座求诗》:"老人痴钝避嫌猜,终日柴门闭不开。堪笑山僧能好事,乞碑才去觅诗来。"陆游晚年也被诗坛视作盟主,但陆游并不像杨万里那样有盟主意识,他在酬答杨万里之子杨长孺的诗《次韵和杨伯子主簿见赠》中云:"君复作意寻齐盟,岂知衰懦畏后生。大篇一读我起立,喜君得法从家庭。"不愿与后辈诗人会面论诗的陆游,拒绝与士人圈往来的陆游,的确不适合做需要热心社交活动的诗坛盟主。无意做诗坛盟主的陆游,晚年并无太多门生,"晚交"的"数子"与他极少酬答。

与官场、士人圈相比,乡土社区是一个相对封闭、内部互相熟悉,有着透明、清晰、恒定的人际互动空间。① 陆游感觉他自己更熟悉乡村的生活与交往法则,更享受"乡土社区"没有太复杂的人际交往的安静闲散生活。仕宦生涯让陆游变得"反智"②,他怀疑士大夫而更相信没有太多文化知识的乡民,认为

---

① 参见李恭忠《"江湖"——中国文化的另一个视窗》,《学术月刊》2011年第 11 期。

② 余英时:《反智论与中国政治传统》,《余英时文集》第二卷。

乡民更加善良淳朴。陆游晚年主动往来的是家乡的野老僧道，从《泛舟过金家埂赠卖薪王翁》《泛舟至近村茅徐两舍劳以尊酒》《饭罢忽邻父来过戏作》《饭罢戏示邻曲》《访村老》《访山家》《访野老》《访野人》《访医》《访隐者》《访昭觉老》《访僧支提寺》《春晚至山中因访陈道人》《感旧赠超师》等大量这类诗题里，可以看出陆游与他们过往频繁。

陆游在与乡邻的往来中享受乡村人际关系的质朴淳厚，如《北窗》云"东皋客输米，粢粢珠出碓；南山僧饷茶，细细雪落铛"，又如《病起山居日有幽事戏作》所云"客出异苗咨药品，僧携奇篆乞书评"，与这些无名客人、僧人平等交往，陆游感到舒心。陆游在乡下不再狂放不羁，而变得平易近人，所到之处颇受欢迎，如《出游所至，皆欣然相迎，口占示之》所云："寓馆兼山泽，行装半雨晴。随宜分药物，投老惜人情。邂逅成新识，殷勤讲旧盟。农家尤可念，迎劳辍春耕。"又如《陈让堰市中遇吴氏老，自言七十六岁，与语久之，及归，送予过市，犹恋恋不忍去》："就店煮茶古堰边，偶逢父老便忘年。"作为乡村名人，陆游《出游暮归戏作》："逢山自有闲游侣，入寺宁无淡话僧？"《出游至僧舍，及逆旅，戏赠绝句》："山僧邂逅即情亲，野叟留连语更真。淡淡论交端有味，一弹指顷百年身。"陆游享受这种被尊重而受欢迎的乡村交往。

陆游与村民相约只谈论乡村事务，如《出门与邻人笑谈久之，戏作四首》所云"且令闲说乡村事，莫问渠言是与非"，"屋角时闻黄犊鸣，相逢但可说春耕。一言误及城中事，议罚应须便酌觥"，刻意远离令人烦恼的城市消息。

　　陆游经常与乡邻聚饮，有《村老留饮》《村邻会饮》等诗为证，刚回乡村不久，陆游在村饮中还像一个地方精英那样鼓动乡邻，如《村饮示邻曲》云："七年收朝迹，名不到权门。耿耿一寸心，思与穷友论。忆昔西戍日，屠房气可吞。偶失万户侯，遂老三家村。朱颜舍我去，白发日夜繁。夕阳坐溪边，看儿牧鸡豚。雕胡幸可炊，亦有社酒浑。耳热我欲歌，四座且勿喧。即今黄河上，事殊曹与袁。扶义孰可遣？一战洗乾坤。西醊吴玠墓，南招宗泽魂。焚庭涉其血，岂独清中原！吾侪虽益老，忠义传子孙，征辽诏傥下，从我属橐鞬。"诗人陆游耐心向"三家村"的"穷友"宣讲他的军事收复中原的理念。而八十岁以后，陆游《岁暮与邻曲饮酒，用前辈独酌韵》云："出会稽南门，九里有聚落，虽非衣冠区，农圃可共酌。……穷达则不同，亦践真率约。予年过八十，故物但城郭。作诗记清欢，未愧华表鹤。"不再像与奇士豪杰那样豪赌纵饮，也不再向乡民宣讲，只与乡邻在"真率约"中感受一点"清欢"。

　　远离城市、官场以及士人的陆游，像一个"村翁"一样只与村民密切往来，这样的生活真的让陆游感到满足吗？陆游独处时常常自我反思，试图辨认自己的身份："自闭庵门不点灯，惰耕村叟罢参僧。"（《庵中独居感怀》）他觉得自己越来越像村叟和僧人了，这样的身份岂是陆游一生所求？从"竟为农父死，白首负功名"（《初冬感怀》），"放翁真个是村翁"（《村翁》）这些诗句中，可以感受到陆游对完全变成或等同于"农父""村翁"的不甘。

　　陆游《次韵和杨伯子主簿见赠》云："不愿峨冠赤墀下，且可短剑红尘中。终年无人问良苦，眼望青天惟自许。""无人问良苦"的陆游，深切体会到远离官场那个"人间"后依然驱之不去的乡土"人间"的另一种孤独。即便到了八十三岁，陆游宣称"自爱安闲忘寂寞"时，还不免反问"枯桐已爨宁求识"（《八十三吟》），让人感受到他在知音难觅后的孤独，并没有像他所说的那样完全摆脱了"寂寞"。《庵中杂书》云："茅茨一室有余乐，辙环四海谁知心？"这才是他看似自足快乐而实在寂寞孤独的精神生活的真实写照。

即便远离城市士人圈而只与乡邻往来也无法驱除孤独寂寞的陆游，开始不断质疑自己的选择是否正确，他经常终日闭户思考，思考选择离群索居的意义。总是感到官场失败但又不甘心失败的陆游，内心充满着人生挫败感，《庵中独居感怀》云"一生已是胶黏日，投老安能夏造冰"，选择乡间独居似乎是承认失败或屈服命运，这种认命让陆游更加自卑不安。他试图从与众不同的自我中找到一点优越感，《庵中杂书》云"万物并作吾观复，众人皆醉我独醒。走遍世间无著处，闭门锄菜伴园丁"，而优越感是为了增强自我选择孤独封闭生活方式的自信。他有多首以《闭户》为题的诗，既从历史事实中证实"人间"的"忧怖"，如"秦王开图见匕首，汉相徇市载厨车。人间忧怖古如此，莫怪荒畦常荷锄"，又从功名利禄角度阐述，如"声利能令智者愚，放翁闭户养迂疏"，为他的闭门谢客以及孤独隐居找到更多的理论精神依据。

从《久无客至戏作》《亲旧或见嘲终岁杜门，戏作解嘲》这些诗题里，从《闲居无客，所与度日，笔砚纸墨而已，戏作长句》"水复山重客到稀，文房四士独相依"这些诗句里，展示的是陆游乡居孤独的常态。"老境真无事，深居每畏人"（《晨起》），"老人摧颓绝造请，门设常关草生径"（《病起游近村》），"老人痴钝避嫌猜，终日柴门闭不开"（《法云孚上座求诗》），"老人闭户动经月"（《闭户》），这类诗句让人感觉到陆游已经由社交困难症变成了老年自闭症，成了一个自我封闭、与世隔绝的孤独患者。《出门与邻人笑谈久之，戏作四首》云："少时已叹少欢娱，衰病经旬一笑无。今日出门逢父老，欣然随众强卢胡。"一个"强"字，表明一切欢喜都出于勉强。那些与乡邻来往的美好感觉，可能多数是陆游一厢情愿式的心理幻象。

陆游在离群索居的环境中，写了大量以自怜、自伤、自叹、自嘲、自责、自励、自警、自遣、自适、自规、自述、自讼、自喜、自笑、自贻、自诒、自咏、自箴为题的诗歌，这些独语式的自我思考、自我对话，呈现的是陆游外向个性下孤独的灵魂，以及外向的孤独患者陆游的自我意识与自我中心。陆游在八十四岁作《读唐人愁诗戏作》云："忘尽世间愁故在，和身忘却始应休。"这个"愁"，囊括了孤独及其产生的所有人生负面情绪。对一个社会性较弱的人而言，这种孤独感尤其强烈。

无论是在城市还是在乡下，无论是在官场还是在农场，孤独是永恒的存在，是人的本质。对于敏感感性、外向张扬的诗人而言，孤独尤其是挥之不去的噩梦。社会交往固然是驱除孤独的一种重要方式，但对于社交困难症患者而言，社交带来的是更大的伤害与孤独感。官场社交因为尊卑差距而感到伤害，乡居交往则因为思想思维差距而无法真正交流。孤独如影随形，这使得陆游的乡居诗歌并不只是平淡闲雅，而是充满了无边的孤独带来的恐惧忧伤、焦虑无奈。

仁学即中国古代的人际关系学，仁是处理人际关系的根本原则或总纲，礼为规定人际关系的具体条例或细则。① 人际关系教育是古代家庭特别是官宦世家教育的重要内容。陆游《书戒》云："我幼事父师，熟闻忠厚言，治身接物间，要使如春温。……出仕推此心，所乐在平反。"应该说陆游出仕以前在家庭就受到言行举止、待人接物相关礼仪的训练，有足够的能力应付各种社交场面。但是从陆游的人际交往诗歌表现来看，却完全出乎人们意料，他在人际关系上几乎完全不符合儒家的礼仪标准，而像一个出身底层的"游士"或者"村翁"一样进退失据。这说明仁学礼仪教育并不能完全塑造或掌控一个人的性情、个性。

陆游个人性极强而社会性较弱。陆游在优裕的环境中长大，受到了良好的个人教育，在家庭中很早就完成了"个人性"才能教育，但在个人的社会化进程中受到了一系列挫折。进入仕途之前，陆游已经遭受到屡次科考失利、个人婚姻失败，这使他尚未完全走向社会之时就产生了很多挫败感。当已过而立之年的陆游终于历尽艰辛走上仕途时，他豪情万丈，想干一番大事业以证实自己的能力并重拾自信，但很快又被证明无法适应

_____

① 参见罗志烈《仁学是人际关系学》，《四川大学学报》1990 年第 3 期。

官场的规范生活。从小敏感而又才华横溢、胸怀大志的陆游，在社会化进程中屡遭打击，倔强自尊的个性在这些打击下变得自卑失序，没有被仁学教化提升，反而被彻底激化。他像游士一样结交奇士才杰，像村翁一样结交乡邻，但始终都不能像一个儒士一样融入士人圈的社会交往系统。他最终没有完成个人的社会化，始终是一个被当时社会孤立的、保持了个人中心主义以及个人化生活方式的诗人。

陆游和范成大的交流

日本读游会　佐藤菜穗子

绪　论

南宋时期诗人陆游（字务观），被人们称为伟大的爱国诗人。他遗留下来的《剑南诗稿》共85卷①，收集了近一万首诗。在这些诗中，即使是大概翻阅一下也会发现这里收集了大量的爱国诗篇。但是在陆游的一生中，真正在国境最前线南郑生活过的时间仅仅只有半年。他在这期间所创作的诗篇流传下来的也只有12首②。正因为如此，陆游的爱国诗篇并不是描写战争前线的紧张气氛的，而大多是追忆当年往事的诗。当然诗歌并不是光叙述事实，在诗中也有夸张和美化的写法。比如说，

① 钱仲联：《剑南诗稿校注》，上海古籍出版社。诗题下面的卷数、时间和地点都是从《剑南诗稿校注》题解里引用过来的。

② 参见《陆游与汉中》收录的论文《陆游在南郑的活动和诗》。

2012 年 4 月在南郑召开的纪念陆游从戎南郑 840 周年暨唐宋诗人与汉中国际学术研讨会上，龙建国的《论陆游追怀南郑诗歌的表达方式》和蒋凡的《打虎脍鲸说浪漫，忠心报国现实魂》等关于陆游在南郑有名的打虎情节，是否真实的论争（《陆游与汉中》，上海古籍出版社 2013 年版），笔者认为并不一定是真实的。

陆游是一位深深担忧国家北方领土被金国侵占的诗人。他在他漫长的 85 年生涯中一直都是一名主战派，和当时在朝廷上占主导地位的讲和派抗争，换回来的是四次被罢免，最后丢乌纱帽而死。在逆风中，陆游想作为一名主战派取得功名，实现自己的理想。但结局是屡屡受挫，只能在诗中尽情地表达自己的理想，甚至有时会表现得过于激烈。而作为同时代的范成大，既是南宋名臣又是文学家和诗人，且陆范二人颇为相熟，在文学上也颇多交流。因此，本文想围绕陆游和范成大的交往，从年轻时的相识到后来互相被分配任务，在成都重逢，最后陆游被评价是燕饮颓放之人，从这一系列的事件中来探讨一下的关系。

一　入蜀前相识

陆游和范成大都是绍兴二十四年参加了科举考试，当时中举的范成大应该已经知道，因秦桧的营私舞弊而没有考中的陆游了。但从于北山《陆游年谱》的资料上看，两个人真正相见应是在绍兴三十二年十一月。

壬子，旬假，雨中访务观，务观约韶美、少稷、至能共饭。

——周必大《龙飞录》①

根据《宋会要辑稿》81 册《职官》卷 41 上的记载，这年九月十一日陆游任枢密院编修官兼编类圣政所检讨官。第二年隆兴元年四月，和范成大一样被任命为编类圣政所检讨官。但是在这一个月之前，因陆游私议受孝宗宠爱的曾觌，引怒了皇上，被贬为左通直郎通判镇江府，所以陆游和范成大在一起工作的时间应该并不太长。因受处分暂时离开京都返乡时，范成大写了送别诗给陆游。

其 一

宝马天街道，烟蓬海浦心。非关爱京口，自是忆山阴。
高兴馀飞动，孤忠有照临。浮云付舒卷，知子道根深。

其 二

见说云门好，全家住翠微。京尘成岁晚，江雨送人归。
边锁风雷动，军书日夜飞。巧名袖中手，世事巧相违。

——《送陆务观编修监镇江郡归会稽待阙》二首②

这时赠送给陆游送别诗的除了范成大，还有周必大和韩元吉，但他们的诗没有收进《剑南诗稿》的应和诗中。在这首诗中，范成大安慰和鼓励陆游说你对国家的满腔热情和忠心，皇帝是知道的。但是现在朝廷中还是讲和派专权。如果等时机到

---

① 《四库全书》1148 册中《文忠集》卷 164《龙飞录》中有"壬子旬假雨中访陆务观务观绰约美少至则与共饭"的记载，和于北山引用的文字不同。

② 《范石湖集》，《中国古典文学丛书·范石湖集》，上海古籍出版社。

了，功名什么的都唾手可得。这深切的同情对当时的陆游来说是莫大的安慰吧。诗中的"世事巧相违"句，被十年后陆游所作诗中原封不动的地引用了，那是乾道九年，陆游在失意中离开南郑去往成都，后又去嘉州做知事代理。

> 卷画池边小钓矶，垂竿几度到斜晖。
>
> 青苹叶动知鱼过，朱阁帘开看燕归。
>
> 岁晚官身空自闵，途穷世事巧相违。
>
> 边州客少巴歌陋，谁与愁城略解围。
>
> ——《秋日怀东湖》二首之二

世间的潮流为什么和自己的理想相反呢？但南郑幕府的解散是不可改变的。受到重大挫折来到嘉州的陆游想起当年范成大送的"世事巧相违"的诗句，该是怎样沉痛的心情啊！①

隆兴二年，在符离和金会战中，因张浚大败朝廷又倾向了讲和派。《宋会要辑稿》第 101 册"职官"71 里有"（乾道二年三月四日诏）范成大放罢……以言者论其巧宦幸进物论不平故也"这样的记载。范成大因有人造谣他是运用非常手段取得现有地位的而被罢免。还有《宋史》卷 395《陆游传》里有"（乾道二年）言者论游交结台谏，鼓唱是非，力说张浚用兵，免归"

----

① 这句诗和后来的诗句有些文字上的变化，在《剑南诗稿》中出现过几次。《病卧》（卷 25）"病卧东斋怕揽衣，年来真与世相违"；《村居》（二首之二）（卷 28）"粗能心自信，不恨世相违"；《掩扉》（卷 41）"久卧空山独掩扉，迂疏不恨世相违"；《新裁短褐接客以代私服或以为慢戏作》（卷 42）"世事巧相违残年幸许归"；《题史院壁》（四首之四）（卷 52）"非无茅一把，世事苦相违"；《农舍》（四首之四）（卷 59）"杜门虽与世相违，未许人嘲作计非"。

的记载。说陆游因和检察机关的官僚们勾结劝说张浚出兵而被罢免。《剑南诗稿》卷1《上巳临川道中》是陆游在任中所作，而《初夏道中》则是随后不久即被罢官之后所作。这样，陆游和范成大都是在三月相继被罢免的。

但是范成大在第二年就再被起用了，之后仕途也非常顺利。而陆游再被任命为官员的通知是三年后即乾道五年年末，主战派再次取得优势的时候，他被任命为左奉议郎差通判夔州军州。在《入蜀记》中有"乾道五年十二月六日，得报差通判夔州。方久病，未堪远役，谋以夏初离乡里"的记载。陆游在接到这个通知的时候，以患病为由把赴任日期推迟到第二年夏天。对一直都想有展示自己才能的空间，进而取得功名的陆游来说，接受这次任职是不得已的。这可以从欧小牧于乾道五年所作的《通判夔州谢政府启》、陆游第二年从故乡出发前所作的《将赴官夔州府书怀》和进入都城临安时所写的《投梁参政》里看出来。

> 贫不自支，食粥已逾于数月。幸非望及弹冠忽佐于名州。孰知罪戾之余，犹在悯怜之数，衔恩蒐报。抚己知惭…唯是鱼复之故城，虽号乌蛮之绝塞，乃如别驾，实类闲官…今将穷江湖万里之险，历吴楚旧都之雄。山巅水涯，极诡异之观；废宫故墟，吊兴废之迹。动心忍性，庶几或进于毫分；娱忧纾悲，亦当勉见于言语。
>
> ——《通判夔州谢政府启》①

---

① 《渭南文集》据于《陆游集》（中华书局）。

　　这篇启的前半部分主要表达自己被免之身又被任命为官的感谢之情，后半部分则说任官的地方是偏僻之地，官职也是一个闲职。在结尾陆游说，想在夔州发挥自己作为一名诗人的作用，以报朝廷的知遇之恩。这之后陆游从南郑出发去成都的途中，在剑门写了《剑门道中遇微雨》（《剑南诗稿》卷3，乾道八年十一月）"此身合是诗人未，细雨骑驴入剑门"的诗句。陆游感叹自己：像这样作为一名诗人，每天诗不离口的生活就满足了吗？但作为陆游本身来说，对憧憬成为一名的诗人并没有抱太大的期望，他更迫切地希望自己能成为一名勇士。因此去夔州为官，对诗人来说是多么地沮丧啊！

　　　　病夫喜山泽，抗志自年少。有时缘龟饥，妄出丐鹤料。
　　亦尝厕朝绅，退懦每自笑。

　　　　正如怯酒人，虽爱不敢釂。一从南昌免，五岁嗟不调。
　　朝廷每哀矜，幕府误辟召。

　　　　终然敛孤迹，万里游绝徼。民风杂徭役，封域近无诏。
　　凄凉黄魔宫，峭绝白帝庙。

　　　　又尝闻此邦，野陋可嘲诮。通街舞竹枝，谯门对山烧。
　　浮生一梦耳，何者可庆吊。

　　　　（自注：夔民多，无者十才一二耳）去句号，财改才

　　　　　　　　　　　　　　　　　　　　——《将赴官夔府书怀》

　　还有这首诗的前半部分也是先对任命为官表示感谢，后半部分想象了还没有看到的偏僻的夔州风景和野蛮的风俗习惯。人生如梦，有喜有忧。但令诗人最担心的是患上那里的地方病——甲状腺肿大。

浮生无根株，志士惜浪死。……残年走巴峡，辛苦为
斗米。……袖诗叩东府，再拜求望履……但忧死无闻，功
不挂青史。颇闻匈奴乱，天意殛蛇豕，何时嫖姚师，大刷
渭桥耻？士各奋所长，儒生未宜鄙，覆毡草军书，不畏寒
堕指。

——《投梁参政》

根据《入蜀记》的记载，陆游一行人从故乡出发，于五月
二十日到达都城临安，在那里待了 10 天左右。这首诗记叙在都
城短暂逗留的情况。开头描述了人生如梦，作为有志之士就这
样碌碌无为地死去实在是不甘心，自己想取得功名永留史册。
但现实是，即使到了晚年还不得不为了一点点的俸禄到偏远的
夔州为官，这是非常痛苦的。接着记叙了如果现在天子派兵去
讨伐金国，诗人还是想能到建功立业的前线去。虽然学的是儒
学，但为了写有关军事的文件，即使冻掉了手指也不会放弃，
会继续写下去的，来为自己呼吁。诗题的"投"字，没有确凿
的证据证实梁克家看过此诗。那就是说陆游在出发之前想向当
时任参知政事要职的梁克家表明自己的志向吧。

在六月一日，陆游和家人一起离开京都，动身向夔州出发。
两周之后的十五日，曾经在一起工作过的同事范成大因担任出
使金国使臣的重任，也离开京城起身向金国出发了。二人在途
中的镇江金山相会，当时相会的情景在《揽辔录》中没有记载，
只是在《入蜀记》中简单的记载了他们聚会的情景，并没有留
下来应和的诗篇。

二十八日……奉使金国起居郎范至能至山，遣人相招

食于玉鉴堂。至能名成大，圣政所同官，相别八年，今借资政殿大学士提举万寿观、侍读，为金国祈请使云。

——《入蜀记》卷1

二　淳熙二年　成都再会

陆游在夔州任期满了之后，终于在乾道八年春天，如愿以偿地被在南郑边境最前线的王炎幕府所邀请，度过了他一生情绪最高涨的时期。但是半年后，朝廷的态度再次倾向了讲和派。王炎被召还，南郑幕府也崩溃了。陆游被任命为成都府路安抚司参议官。他在失意中穿过剑门关进入了成都。在这之后陆游曾任蜀州权通判，摄知嘉州事，摄知荣州事等，也担任过代理通判、知事之职。

范成大从金国回来后被任命为中书舍人，第二年即乾道七年被任命为集英殿修撰知静江府广南西路经略安抚使，因此离开了京城，到静江府桂林赴任。在这之后淳熙元年十二月，被任命为知成都府兼四川制置使。当时作为摄知荣州事的陆游，被任命为成都府路安抚司参议官兼四川制置使司参议官，成了一名幕僚。淳熙二年正月十日，陆游在去荣州之前在成都等范成大。范成大的就任情景，在岳珂撰写的《宝真斋法书赞》中有"成大自正月起离广西，六月七日方入成都府"的记载，这是自金山相会以来五年多的再会。当时的情景可以从第二年的淳熙三年上巳节时，作为《西征小集》的序文、由陆游写的《范待制诗集序》中可见一斑。

成都地大人众，事已十倍他镇，而四道大抵皆带蛮夷，且北控秦陇，所以临制捍防，一失其宜，皆足致变故于呼吸顾盼之间，以是幕府率穷日夜力理文书，应期会，而故时巨公大人亦或不得少休。及公之至也，定规模，信命令，耻利惠农，选将治兵。未数月，声震四境，岁复大登。

——《范待制诗集序》

这篇序文，描述了成都开战前的紧张形势。范成大以极大的热情投入到没日没夜的幕府工作中去，很快他忘我工作的热情被时人所熟知。关于在幕府时，范成大还有陆游他们是如何为公务繁忙的，在以下诗中可以想象出来。

一笑憧憧雁鹜行，簿书堆里赋秋阳。

心如坠絮沾泥懒，身似飞泉激石忙。

——《秋雨快晴·静胜堂席上》

万里驰驱坐一饥，自怜无计脱尘羁。

身留幕府还家少，眼乱文书把酒稀。

——《书怀》

在再会的这一年，陆游和范成大并没有太多的交流。在《范石湖集》中只收集了范成大到任后的九首诗，其中一首为《九月十九日衙散回，留大将及幕属，饮清心堂观晚菊分韵得噪暮字》（《范石湖集》卷17）。从诗题上来看，此时陆游同席的可能性很大。另外，这一年陆游作的诗只有34首，为乾道六年以后最少，其中只有《游大智寺》可能和范成大有关系。

脱发纷满梳，衰颜不堪照。百年忽已半，去日如过烧。

平生功名心，上马无燕赵。尔来阅世故，万事惊错料。

岂无旧朋侪，联翩半廊庙。谁能伴此老，沂峡听猿叫。

锦城得数公，意气如再少。偷闲访野寺，系马追一
笑……佳游不可忘，落笔君勿诮。

——《游大智寺》

这首诗是陆游于淳熙二年秋天到冬天期间在成都所作，应
该是和范成大的《九月十九日衙散回，留大将及幕属，饮清
心堂》诗创作时间相同吧。诗的前半部分和以往一样表达了
自己想建立功名的理想。可是时间飞逝，现在自己和世间正与
"万事惊错料"一样完全不同。昔日的朋友虽然有一半还在朝
廷做官，但谁也不能伸手照顾到远在夔州的自己。后半部分像
诗句"锦城得数公，意气如再少"所描述的那样，从南郑到
成都短短两年的时间匆匆忙忙地被调动，任州长官代理。但终
于体会到了旧友的关照，又像从前一样情绪高涨，希望以后旧
友也能多多关照。诗中虽然没有提及范成大的名字，只是从诗
句"锦城得数公"中非常模糊的简写，也能感觉出陆游对位
居敷文阁待制四川制置使知成都府高位的旧友产生了一些距离
和顾虑吧。

三　淳熙三年

（一）失去了幕僚的地位

淳熙三年，陆游于被罢免幕客之职前作《锦亭》。《锦亭》
（《剑南诗稿》卷7，淳熙三年二月作于成都）

天公为我齿频计，遣饫黄甘与丹荔；

又怜狂眼老更狂，令看广陵芍药蜀海棠。

周行万里逐所乐，天公於我元不薄。

贵人不出长安城，宝带华缨真汝缚。

乐哉今从石湖公，大度不计聋丞聋。

夜宴新亭海棠底，红云倒吸玻璃锺。

琵琶弦繁腰鼓急，盘凤舞衫香雾湿。

春醪凸盏烛光摇，素月中天花影立。

游人如云环玉帐，诗未落纸先传唱。

此邦句律方一新，凤阁舍人今有样。

在这首诗中，陆游第一次写出了范成大的名字（石湖公），"大度不计聋丞聋"，表达了诗人的感谢之情。还有"游人如云环玉帐，诗未落纸先传唱。此邦句律方一新，凤阁舍人今有样"的诗句，称赞了作为诗人的范成大的广大胸襟。和这首诗一样写了相似内容的是《范待制诗集序》里的"公时从其属及四方之宾客，饮酒赋诗。公素以诗名一代，故落纸墨未及燥，士女万人已更传诵，被之乐府弦歌，或题写素屏团扇，更相赠遗，盖自蜀置帅守以来未有也"的记载。

《锦亭》和《范待制诗集序》都是陆游写的，也只是描述了关于范成大的诗。至于当时成都是怎样迎接两位大诗人的盛况，宋黄昇《中兴以来绝妙词选》卷2《陆游》有"刘漫塘云：'范至能、陆务观以东南文墨之彦，至能为蜀帅，务观在幕府，主宾唱酬，短章大篇，人争传诵之。'"的记载，同卷2《范至能》有"尝为蜀帅，每有篇章，即日传布人以先睹为快"的记载。但是陆游和范成大的"主宾唱酬"实际上现在并没有留下太多的记载。

《宋史·陆游传》里有"以文字交，不拘礼法"的记载，陆游对于范成大来说，作为文学上的朋友，并不拘束于礼节。在另一方面关于《范成大传》（《宋史》卷386）有"凡人才可用者，悉致幕下。用所长，不拘小节"的描述。范成大正如《锦亭》中"大度不计聱丞聱"所描述的那样，只要是对幕府来说是有用的人才都招纳进来，只要有优点在细小的礼节上并不拘泥。这样看来二人之间不会产生什么矛盾，但不知为何，距二人再会不到一年的时间陆游就辞掉了幕僚。这个时期大概是三月三日以后到三月末之间。因为淳熙三年上巳节陆游写了《范待制诗集序》的系衔《朝奉郎成都府路安抚司参议官兼四川制置使司参议官》，同样在三月所作的《饭保福》（《剑南诗稿》卷7）中写到"饱饭即知吾事了，免官初觉此身轻"。但根据三野丰浩的论文《关于淳熙三年陆游经历的小考——为什么钱大昕认为陆游六月受领祠禄》（《爱知大学文学论丛》第141辑），记叙在淳熙三年上巳日陆游还没有失去作为范成大幕僚的地位，但是不久由于什么事情的原因被罢官，那之后大约半年的时间完全处于赋闲的状态。

下面所引用的《春感》诗其创作时期和《锦亭》大致相同，但诗的内容完全和《锦亭》不同。同样内容的诗，是范成大在前一年里六月到任后写的《楼上醉歌》。

> 剑关南山才几日，壮气摧缩成衰翁。
>
> 雪霜萧飒已满鬓，蛟龙郁屈空蟠胸。
>
> ——《春感》

> 我游四方不得意，阳狂施药成都市。

......

丈夫有志苦难成，修名未立华发生。

——《楼上醉歌》

当时，陆游作为诗人已经被周围的人所认可，范成大在成都唱和了陆游在嘉州所作的《玻璃江》和《春愁曲》，所以笔者觉得范成大不会不知道陆游在成都所写的诗。见到旧友这样的诗篇，范成大不能不感觉出来陆游为了建功立业，需要更高的地位的要求。

笔者认为，对二人来说，同在编类圣政所为官时，虽然在对金国政策的态度上会有所差别，但在讲和还是主战上，二人都是倾向于主战的。所以当朝廷倾向于讲和的时候二人同时被罢免了。但是范成大马上就又被起用了，并担负着国家的使命出使金国。这和陆游相比，范成大的政治经验和对当时情况掌握的来源是完全不同的。像陆游那样对敌国不屈不挠的斗争意识，秉持正义的口号对政治立场始终如一的，可能谁也做不到吧。或许陆游感觉到二人对金国政策的看法有着根本的区别，这个鸿沟怎么也不能逾越，于是就抽身而退了吧。根据他20多年以后于庆元四年所作的《感旧》自注可知，范成大是不能一个人决定幕僚的任用的。

君不见蜀师浑甫字伯浑，半生高卧蟆颐村，

才不得施道则尊，死已骨朽名犹存。

文章落笔数千言，上友离骚下招魂。

望之眉宇何轩轩，高谈浩若洪河翻。

范尹敬如绮与园，方饰羔雁登衡门；

小人谤伤实不根，妄指拱璧求瑕痕。

穷通在公岂足论，浮云终散朝阳暾。

安得此老起九原，入赞国论苏黎元？

（自注：范至能帅成都，欲以遗逸起之幕客有沮之者，遂不果）

——《感旧》二首之二

这首《感旧》诗记叙了蜀地出身的师浑甫。除了在《剑南诗稿》中多次出现他的名字外，在《渭南文集》里也有下面的序。

乾道癸巳，予自成都适犍为，识隐士师伯浑于眉山。一见，知其天下伟人……后四年，伯浑得疾不起……方宣抚使临边，图复中原，制置使并护梁益兵民，皆巨公大人，闻伯浑名，将闻于朝，而卒为忌者所沮。

——《师伯浑文集序》

从这篇序中可以知道，陆游和师浑甫相识于乾道九年，陆游作为知事代理去嘉州赴任的时候。师浑甫作为隐士名声很大，范成大把他视为"商山四皓"那样来崇敬他，想向朝廷请求让他出来做幕客。可因那些无聊的人们找些无根无据的事情来非议师浑甫，这个打算最终没有成功。陆游在《感旧》诗里写到，不管怎样，像这样有德望的人即使是掘墓也要叫醒他，让他入朝指导国策，苏生人民。陆游和师浑甫作为主战派的一员，应该有相同的意见。另外想让师浑甫入幕府的范成大也应该有和两个人相通的想法吧。但是师浑甫因其他幕客的反对没能入幕府，陆游也辞了参议官的官职。假如范成大没有那个想法，也不能不顾及幕客的意见吧。

（二）燕饮颓放

淳熙三年八月，范成大修建了筹边楼。九月，陆游写了《筹边楼记》（《渭南文集》卷18）。这篇记的结尾没有系衔，只有"九月一日记"。可以看出从三月开始陆游完全一直处于赋闲状态。这期间发生的事情，在《宋会要辑稿》卷3891《职官七十二·黜降官九》中有记载："九月，新知楚州胡与可、新知嘉州陆游，并罢新命……游摄嘉州，燕饮颓放故也。"虽然陆游被任命为比参议官的地位高得多的嘉州知事，但由于三年前作嘉州代理知事的时候燕饮颓放的原因，新的任命被取消了。

实际上陆游任嘉州代理知事的时候受到了非常高的评价。《乐山县志》卷8《官师》有"陆游，字务观……乾道中尝监郡嘉州，流风善政，至今颂之"的记载。从以下的诗中就可以看出来，陆游为政期间兴修土木工程，为百姓做了不少好事。

> 西山下竹十万个，江面便可驰车辕。
> ……
> 走沙人语若潮卷，争桥炬火如星繁。
> ——《十月一日浮桥成以故事宴客凌云》
> 今年乐哉适岁丰，吏不相倚勇赴功。
> 西山大竹织万笼，船舸载石来亡穷。
> ——《十二月十一日视筑堤》

《宋史·陆游传》有"人讥其颓放，因自号放翁"的记载。如果说是贪污受贿的原因，那需要证据，但像"燕饮""颓放"这种对人格进行非议是具有主观性的，怎么说都可以。另外"燕饮"并不是只是针对陆游特别使用的词语，在《宋会要辑稿》《黜降官》里除了陆游以外，有时候对其他人也使用这一词语。其实应该是先把"罢免"的结论拿出来，然后为了让"罢免"正当化才强加上"燕饮颓放"的理由吧。至于对于这样的处分陆游自身是怎样想的，从下面的材料里可以看出来。

> 晚参戎府之游，始被边州之寄，知者希则我贵矣，何嫌流俗之见排；加之罪其无词乎？至以虚名而被劾。
>
> ——《福建谢史丞相启》

> 殆从幕府之游，始被边州之寄。方漂流于万里，望饱暖于一麾。岂图下石之交，更起铄金之谤。素无实用，以为颓放则不敢辞。横得虚名，虽曰侥幸而非其罪。甫周岁律，复畀守符，曾未绾于印章，已遽膺于号召。
>
> ——《上赵参政启》

这两篇启都是陆游从成都被召回京城时，因新任命为提举福建路常平茶事，于是给丞相史浩和参知政事赵雄二人写的感谢信。内容都是记叙了去蜀赴任后在成都受到弹劾的事，重复的描述很多。

上面提到的史丞相就是史浩，因受到孝宗的信任，在绍兴三十二年孝宗刚即位时就被任用为丞相，陆游就是史浩推荐为进士的。还有根据《渭南文集》卷13《代二府与夏国主书》的自注"二府请至都堂撰"的描述，史浩也是委托陆游起草重要外交文件的一个人。陆游在这个启里引用了《老子》的"知我者希则我者贵"和在《春秋左氏传·僖公十年》里里克对晋侯夷吾说的"欲加之罪其无辞乎"这两个典故。确实对陆游来说，即使能理解自己的人很少，但因为并没有做错什么，所以对周围人的非议并不害怕。不过是想把新任命的决定取消，因此就随便找个理由——因莫须有的评价而被弹劾的事，向史浩作辩解。

此外，陆游向淳熙五年六月被任命为参知政事的赵雄主要讲述了自己不远万里，只为寻求能有生活保障的官职，可在那里却遇到了背后落井下石、众口铄金的无情友人的事。陆游认为，原本自己就没有在幕府胜任的能力，关于被人们指责自由散漫、颓放，这些都是不能否认的，但那些无根无据的评价真的不是自己的错。从这两篇启可以看出，陆游对当时的处分是非常不满的，也正因为如此，他才给自己起了"放翁"的别号吧。

为什么陆游会因为三年前做代理知事时"燕饮颓放"的评价而导致新的任命被取消了呢？

来看下乾道九年六月二十一日他在成都写的《东楼集序》（《渭南文集》卷14）。这年夏天，陆游在做了嘉州代理知事40天左右的时间里写了30首诗。有"欲出则不敢，欲弃则不忍，悉叙藏之"的描述。想把它们公布于世吧又不敢，扔了吧又不忍心，最后就像序文中所描述的那样，收藏起来谁也不给看。《剑南诗稿》里乾道九年夏天所作的诗，有十五个诗题十七首诗。所以《东楼集》30首在严州刊行《剑南诗稿》时被省略了。在成都写了《东楼集序》之后，陆游又被任命为代理知事去了嘉州，八月三日写了《跋岑嘉州诗集》（《渭南文集》卷26），出版了在曾嘉州任过知事的唐代诗人岑参的诗集。《夜读岑嘉州诗集》（《剑南诗稿》卷4）有"常想从军时，气无玉关路"的诗句，当时陆游是作为主战者的心情写的这首诗。

在国境最前线南郑的陆游，在王炎幕府匆忙解散之后，自己对金主战的主张并没有改变。最开始的乾道二年的罢免，有在讲和派势力抬头之时，和检察机关的官僚联手劝说张浚出兵的事情的原因。这次又是因朝廷倾向于讲和派。被罢免的原因也是因为陆游大肆主张主战论的原因吧。

把陆游召到成都幕府的范成大，对这些连续发生的事件是如何反应的呢？失去了幕僚一职的陆游被重新任命为嘉州知事。其在《蒙恩奉祠桐柏》（《剑南诗稿》卷7，淳熙三年九月作于成都）里有"罪大初闻收郡印，恩宽俄许领家山"的诗句记录此事。从这些可以知道陆游九月的任命被取消后，马上又被任命为主管台州桐柏山道观的祠禄，得到了生活上的关照。

第二年即淳熙四年范成大被召还。陆游在四月己卯（十日）写的《铜壶阁记》（《渭南文集》卷18）里，系衔"朝奉郎主管台州崇道观"。五月丁未（八日）写的《彭州贡院记》（《渭南文集》卷18）里，系衔"朝散郎主管台州崇道观"。这期间陆游作为隐居的身份，从正七品的朝奉郎晋升为朝散郎。这些至少都需要作为幕府的最高长官范成大的关照。还有在分别之际，范成大赠陆游《余与陆务观自圣政所分袂，每别辄五年，离合又常以六月，似有数者，中岩送别，至挥泪失声，留此为赠》（《范石湖集》卷18）一诗，最后一句是"除书闻已趣刀头"，向陆游传达了被召还的任官辞令已出来的信息。后来到了十月，陆游收到了从都城到成都花了两个月时间的信件，通知陆游一年后被任命为叙州长官。

> 凤城书到锦江边，故里归期愈渺然。（自注）戌期尚在明年冬。

——《得都下八月书报蒙恩牧叙州》

笔者认为，范成大对陆游做到了自己能力范围内的帮助。但是这能不能说是特别地、亲密地待遇呢？虽然陆游在诗文方面有出类拔萃的才能，但是为范成大在成都建的建筑物写"记"的，除了陆游以外还有杨甲、范暮。《剑南诗稿》里从《蒙恩奉祠桐柏》以后，范成大在成都所作的诗，多是陆游单方面的次韵诗，一共有六首。这六首诗的内容差不多都包括拜托范成大给自己找新的官职。范成大再和的诗没有流传下来。最初范成大应和陆游的诗是陆游做嘉州代理知事的时候写的《春愁曲》，范成大作了《陆务观作春愁曲悲甚作诗反之》，在诗中嘲笑陆游在这么美好的春天里为什么还惆怅呢？

> 东风本是繁华主，天地元无著愁处。
>
> 诗人多事惹闲情，闲门自造愁如许。
>
> 病翁老矣痴复颠，风前一笑春无边。
>
> 槽床夜鸣如落泉，一杯正与人相关。

——《陆务观作春愁曲悲甚作诗反之》

虑义至今三十余万岁，春愁岁岁常相似。外大瀛海环
九州，无有一州无此愁。

我愿无愁但欢乐，朱颜绿鬓常如昨。金丹九转徒可闻，
玉兔千年空捣药。

蜀姬双鬟娅姹娇，醉看恐是海棠妖。世间无处无愁到，
底事难过万里桥。

——《春愁曲》①（题下自注：客话成都，戏作）

还有就是在送别的途中，范成大根据《玻璃江》应和了
《玻璃江一首戏效陆务观作》的诗，同为诗人像是在一比高低。
范成大承认陆游才能的同时，也感觉到了不相容的地方。只是
不知对于陆游来说，范成大是怎样的存在。

玻璃江头春绿深，别时沄沄流到今。只言日远易排遣，
不道相思翻苦心。

乌头可白我可去，菖花易青君易寻。人生若未免离别，
不如碌碌无知音。

——《玻璃江一首戏效陆务观作》

玻璃江水千尺深，不如江上离人心。君行未过青衣县，
妾心先到峨眉阴。

金樽共醑不知晓，月落烟渚天横参。车轮无角那得住，
马蹄不方何处寻。

空凭尺素寄幽恨，纵有绿绮谁知音。愁来只欲掩屏睡，
无奈梦断闻疏碪。

---

① 参见《范石湖集》卷17。

（诗末自注）古乐府"安得双车，一夜生四角"。唐人诗云："长安尘土中，马蹄圆重重。郎马蹄不方，何处认郎。"

——《玻璃江》（题下自注）眉州共饮亭，盖取东坡"共饮玻璃江"之句。追怀旧游，戏作一补西州乐府。

小　结

从成都被召还回来的范成大，从淳熙八年到十年，都在建康府做金陵知事。去那里拜访的南宋中期著名诗人赵蕃得到了范成大关于诗的指点。淳熙十三年冬天，赵蕃去拜访了做严州知事的陆游，并把从范成大那里听到的转告了陆游。关于范成大对陆诗所做的评价，赵蕃写入了下面的诗。

往游金陵都，始攀石湖仙。为我谈公诗，大雅后有焉。

谓我欠公诗，勉哉成其天。此语久不理，今朝堕公前。

——《呈陆严州》五首之五《淳熙稿》卷1（《聚珍版业书》第76函）

范成大认为陆游的诗传承了正统的诗风，就是按照自己的本性来写。他主张按照事物的本来面貌来描述，没有矫揉造作之感，诗人的个人感情在诗里也不能流露出来。陆游的诗是自我陶醉型的，运用比喻等手法来强调感情，表现手法很直接。虽然运用了这样的表现手法，但没有一点儿不自然的感觉。笔者以为，范成大也许是想说，这种技巧是"成其天"吧。对于这样的评价，不知陆游作何感想。

在成都送别了被召回京的范成大之后，两个人就再也没见过面。淳熙十三年丙午的正月，迎来花甲的范成大写了《丙午新正书怀》十首（《范石湖集》卷 26）。6 年后，也就是分别了15 年的绍熙三年，陆游写了这十首诗的次韵诗《次韵范参政书怀》十首（《剑南诗稿》卷 24，绍熙三年春作于山阴）。今后笔者想围绕这随岁月的流逝而作的十首诗，和在成都两个人所作的诗放在一起研究一下，看看对于晚年的陆游，范成大是怎样的存在。

从题画诗看陆游与画家的交游

湖南人文科技学院　钟巧灵　陈天佑

相对安定的社会环境、积极宽松的政治氛围，让宋王朝的思想学术与文化艺术都呈现出繁荣昌盛的局面。诗歌与绘画艺术的高度成熟催生了题画诗创作的兴盛。正如清人乔亿所云："题画诗三唐间见，入宋浸多。"[1] 据统计，唐代题画诗总量不到 300 首，而宋代题画诗创作达 5000 余首[2]。一批优秀的题画诗人逐渐走向了历史与文学的前台。

作为我国古代的高产诗人，陆游"六十年间万首诗"[3]，其诗歌题材内容多种多样，其中题画诗共 84 题、107 首，卓然为唐宋题画诗大家。就陆游研究领域而言，学界对于其诗词的爱国思想、题材内容、艺术特征及其诗歌理论，甚至其政治理想、

---

① （清）乔亿著，郭绍虞编选，富寿荪点校：《剑溪说诗》，《清诗话续编》，上海古籍出版社 1983 年版，第 1103 页。

② 刘继才：《中国题画诗发展史》，辽宁人民出版社 2010 年版，第 131 页。

③ 北京大学古文献研究所编：《全宋诗》，北京大学出版社 1998 年版，第 25183 页。

军事思想、感情生活等方面的研究早已屡见不鲜，成果颇丰。而对于他的题画诗则少人问津。笔者在对其题画诗进行汇编整理的同时，发现与陆游交往的画家很多，而这其中还包括很多不见于画史记载的画家。故本文先对此进行梳理、探讨，以期弥补学界陆游诗歌研究和绘画史研究的不足，而对其题画诗则另撰文专论。

陆游一生漫游甚广，东起吴越，西达秦蜀，其性格豪迈不羁，交游甚众。许多题画诗作都是与当时的友人画家交游后创作。与陆游交游的画家不仅有文人画家、职业画家，还有僧侣画家、宫廷画家。

一　陆游与文人画家的交游

两宋时期宽松的文化环境造就了集"官僚、文士、学者三位于一身"① 的士大夫阶层，也培养出一批诗文书画兼擅的文艺全才。写诗作画，成了文人士大夫们闲暇时必不可少的余事。正如宋人邓椿《画继》所云："其为人也多文，虽有不晓画者寡矣。"② 文人画家成为宋代画家群体中的重要分支。

在陆游的画家交游中，与文人画家的结缘最早，情感最切。陆游最早结识的画家是朱敦儒。朱敦儒，字希真，两宋之际著名词人，画家，南渡后放浪于江湖间，其画作被秦桧荐于御前，颇得圣心。但朱敦儒因耻于被人视作秦桧门人，而对亲友说自

---

① 王水照：《宋代文学通论》，复文图书出版社 2000 年版，第 29 页。
② （宋）邓椿：《画继》，人民美术出版社 1964 年版，第 113 页。

己不善作画。因此，后世往往称道其诗才而忽视其画才。朱敦儒绝不是南宋画坛的泛泛之辈，《画继》中把他和米友仁并提，且其画作深受宋高宗及秦桧的喜欢，其画才由此可见一斑。绍兴十五年朱敦儒被任命为浙东提刑，驻绍兴，陆游其时与世交王明清等人一同受知于朱氏门下。此时的朱敦儒已久不作画，亦不以画家自居，故而陆游集中不见题朱敦儒画之诗。虽然如此，但朱氏毕竟是陆游业师，也是陆游所结交的首位画家，其对陆游的影响当然不容忽视。或许正是与朱氏的交往开启了此后陆游与文人画家群体频繁的交游。

王廉清，字仲信，祖籍颍州汝阴（今安徽阜阳），出生于书香世家。其父王铚时以藏书颇富、博闻强记著名。秦桧父子曾以官相许，而取其藏书，王廉清不从，秦氏父子亦无可奈何。廉清善画，其画"落笔烟云，人藏以为宝"①。陆游称赞其才艺："王郎书逼杨风子，画亦凭陵蜀两孙。"② 评价不可谓不高。他曾为陆游作水石一壁，陆游因此作画赞一首：

> 导江三峡，神禹之迹。王子写之，汹汹撼壁。后三十
> 年，尘暗苔蚀。淡墨色之欲尽，尚观者之惨栗。或曰：是
> 学蜀两孙者非耶。放翁曰：吾但见其有欧阳信本、柳诚悬
> 之笔力也。③

---

① 孔凡礼：《孔凡礼文存》，中华书局 2009 年版，第 176 页。
② 北京大学古文献研究所编：《全宋诗》，北京大学出版社 1998 年版，第 25003 页。
③ 钱仲联、马亚中：《陆游全集校注》，浙江教育出版社 2011 年版，第 29～30 页。

诗中用浪漫的手法写出了画家墨迹的艺术效果，称赞其线条有欧阳询、柳公权的笔力。陆游与王廉清可谓世交，廉清祖父王萃与陆游祖父陆佃皆从学于王安石。两家都是书香世家，藏书数万卷，二人父辈陆宰与王铚同为当时的藏书大家。陆游自幼便与王家子弟来往，特别是与廉清、明清兄弟交好，且一同师从朱敦儒。陆游视廉清为才华卓绝之士，又为其时运不济、襟抱未开而同情喟叹。其《题王仲信画水石横幅》慨叹"岂是天公憎绝艺，一生憔悴向衡门"①，为老友抱憾的同时，也不乏同病相怜之感。

乾道六年，陆游被朝廷任命为夔州通判，由此开始了长达8年的蜀中宦游。其间结识了当地画家李石。李石，字知几，四川资中人，其人"直情径行，不附权贵，遂不容于朝"②。他诗文书画兼擅，堪称全才，在蜀中开坛授徒，从学者数千人。陆游视之为蜀中名士。《画继》说他"少负才名，既登第，任大学博士，出主石室，就学者如云。蜀学之盛，古今鲜俪。后卒成都，时作山水小笔，风调远俗。卒年七十外"③。淳熙五年，陆游出川，李石以诗送行。此后，二人仍各有诗作怀念对方。20年后，陆游仍作《感旧》诗道："君不见资中名士有李石，八月秋涛供笔力，初为博士不暖席，晚补台郎俄复斥。诸公熟睨亦

---

①　北京大学古文献研究所编：《全宋诗》，北京大学出版社1998年版，第25003页。

②　（宋）邓椿：《画继》，人民美术出版社1964年版，第30页。

③　同上。

太息，摧压至死终不惜。生前何曾一钱直，没后遗文价金璧。"①
对李石才华杰出而仕途坎坷表示同情和惋惜。

陆游与朱熹的交往是南宋文化界的佳话，二人惺惺相惜，友谊绵亘终身。朱门弟子中，与陆游有来往的也不少，其中就有颇善丹青之辈，如严士敦。严士敦曾于剡中任官（离陆游家乡甚近），朱熹特地嘱咐他去山阴拜访过陆游。庆元三年，韩侂胄上台后，排斥异己，加强了政治和思想上的控制，是为"庆元党禁"，朱熹的学说被宣布为"伪学"，其门人也被称为"伪党"，一时间朝廷风声鹤唳，昔日的亲友纷纷离朱熹而去，严士敦亦因对朝政失望而罢官归建阳。陆游的《次韵朱元晦题严居厚溪庄图》正作于这个敏感时期：

> 鹤俸元知不疗穷，叶舟还入乱云中。溪庄直下秋千顷，赢取闲身伴钓翁。②

诗中毫不隐晦地表达了被闲置乡里的不满，这种不满不仅仅缘于微薄的俸禄，更在于国事日非之时，有识之士毫无用武之地，只能每日和钓翁一起闲来垂钓。当然，这首诗既是写朱熹和严士敦这些不同流合污的有识之士，也是写诗人自己。

除严士敦外，朱门中人曾兴宗也与陆游有过交往。曾兴宗，宁都人。乾道七年（1171）举解试，师事朱熹。后值庆元党禁，他失了官职，隐居故里，四方从学者甚众。他曾筑室于箕筥谷，

---

① 北京大学古文献研究所编：《全宋诗》，北京大学出版社1998年版，第25200页。

② 同上书，第24965页。

精舍落成后，作《箦笘谷图》，请陆游题诗。陆游挥笔写下：

> 高人心虚万物宗，家世常以仕易农。买山本爱坡上竹，
> 手种已偃岩前松。

> 瀑泉三伏凛冰雪，谷声火里酣笙镛。了知自是一丘壑，
> 不与金精为附庸。①

松与竹都是高洁之物，堪比人中君子。诗中对曾兴祖离身官场、隐居自适的人生态度表示赞赏和羡慕，诗末两句通过写箦笘谷自成丘壑、不依附高山，传达了诗人对曾氏洁身自好高洁品行的赞扬。诗人以君子许人，同时也以君子自许，有朱熹师徒这样的好友为伴，诗人的内心世界不会孤独。

二　陆游与职业画家的交游

陆游是南宋四大书家之一，酷爱收藏。现存于故宫博物院的《苦寒帖》、现存辽宁省博物馆的《自书诗卷》等书法作品都展现出他一代书法大家的风范。他结交的朋友中，除上述集官僚、学者、文士于一身的士大夫阶层文人画家外，还有不少专工绘画的职业画家。区别于上述主要以文名世的文人画家，此处所指的职业画家或以作画为谋生手段，或画名显于文名，多见诸画史。

廉布就是较早与陆游结交的职业画家，字仲宣，淮安山阳（今江苏淮安）人，出生于元祐七年（1092），卒年不详（约在

---

① 北京大学古文献研究所编：《全宋诗》，北京大学出版社1998年版，第25515页。

宋孝宗时期)。他少年时颇有盛名,徽宗宣和初年中第,为武学博士。被大臣张邦昌召为东床快婿。南渡后,张因被视为卖国贼而声名狼藉,廉布也随之断了仕途。此后,廉布便卜居绍兴,以作画为生。他在南宋初年画坛占有一席之地,画史称其"画山水,尤工枯木、丛竹、奇石、松柏,本学东坡,青出于蓝"①,时人也说他"以古木墨戏得名于绍兴间"②。陆游深赏其画,与之结为忘年交。陆游的老学庵中就悬挂有廉布画的老木。诗人还曾为廉布的《容斋燕集诗》作序。除工画外,廉布还精于鉴赏。如陆游《题赵生画》,就是在二人鉴赏北宋画家赵廉的画作后所写,诗云:

> 东都画手排浮萍,天子独赏一赵生。幅缣尺纸皆厚赐,众史妒媚都人惊。

> 尔来一笔不复见,好事往往空闻名。奇哉此独出劫火,论价直恐千金轻。

> 老廉博士最别识,一见自谓双眼明。老夫寓居旱河上,矮轴正向幽窗横。

> 饭余扪腹看不厌,林外重阁高峰嵘。凭谁唤住两禅客,水边共听烟钟声?③

诗歌前半部分对画家和画作给予了高度肯定,但后半部分几乎不再提及,反而称赞起了老友廉布,称其博闻强记,

---

① (元)夏文彦:《图绘宝鉴》,商务印书馆1930年版,第70页。

② (宋)楼钥:《攻媿集》,中华书局1985年版,第1061页。

③ 北京大学古文献研究所编:《全宋诗》,北京大学出版社1998年版,第25228页。

见多识广。又说自己闲居无事，真想与友人一起唤住画中禅客，驻足水边共听那遥远的钟声。在诗人看来，能与友人廉布一起在饭后茶余鉴赏古画、把玩墨趣、卧游山水，岂非人生乐事？

作为中兴四大诗家之一，陆游的诗名可谓冠绝南宋诗坛，当时就有"小太白"之美誉。数十年间，求诗者甚众。常有画家作画以求题诗，谢耕道便是其中一位职业画手。他是南宋中期颇为活跃的画人，与当时名流多有交游。他画毕喜请诗人品题，以至"三十年间，天下诗人，未有不至其室。诗轴不知几牛腰"[①]。据俞文豹《吹剑录》记载，他曾"绘一犁春雨图，求诗于诸公。一时名达，如楼公钥、李公壁、陈公宗召、易公彦章、程公怀古诸贤，长章大篇，累百十首"[②]，堪称盛事。此外，诗人苏泂、魏了翁、赵师秀等人也都曾题咏过他的《一犁春雨图》。陆游集中有《谢君寄一犁春雨图求诗为作绝句二首》：

> 说著功名我自羞，喜君解剑换吴牛。莫将江上一犁雨，轻博人间万户侯。

> 老农虽瘠喜牛肥，回首红尘万事非。耕罢春芜天欲暮，小舟冲雨载犁归。[③]

---

① （宋）张端义著，王云五编：《贵耳集》，《丛书集成初编》，中华书局1985年版，第19页。

② （宋）俞文豹著，王云五编：《吹剑录》，《丛书集成初编》，中华书局1985年版，第33页。

③ 北京大学古文献研究所编：《全宋诗》，北京大学出版社1998年版，第25432页。

诗人为画家抛弃儒冠、离开仕途感到欣喜。诗歌描绘了画中老农忙碌而平静的耕作生活，感慨红尘是非。诗人心怀高远理想却未能施展，内心别有忧愁，所以即使表现闲适恬淡的出世情怀之时，仍隐隐透出一种对世俗的关心和牵挂。

与陆游交往的还有詹仲信，他生年晚于陆游，是一名画家、收藏家，与陆游、苏泂等诗人有来往。开禧元年十月十七，陆游80寿诞之时，詹仲信曾以两幅山水画作为贺。陆游作诗谢之：

> 策蹇渡桥春雨余，乱山缺处草亭孤。
> 不知何许丹青手，画我当年入蜀图。（《春山》）
> 雪崦梅村一径斜，茆檐烟火两三家。
> 眼明见此幽栖地，却恨吾庐已太奢。（《雪山》）

看到画作，诗人不由得遐想起自己当年入蜀时的那段峥嵘岁月。蜀中七八年，可说是陆游一生最为难忘的时光。在陆游心中，詹仲信不仅画作得好，更堪称自己的知音，"画我当年入蜀图"，画家似乎深深地懂得自己心灵深处难以释怀的蜀中情结。由此可见，二人可称神交。詹仲信不仅擅画，还与陆游一样热爱收藏字画。他藏有米友仁的山水小景，曾与陆游一同鉴赏。陆游因此作《题詹仲信所藏米元晖云山小幅二首》：

> 俗韵凡情一点无，开元以上立规模。
> 镜湖老监空挥泪，想见楚江清晓图。
> 一棹朝南暮北风，奇峰倒影绿波中。

> 定知渐近三山路，认得渔翁是放翁。①

唐代题画诗讲究描摹逼真，观画只言画，较少言外之意。到了宋代，随着文人画的发展，题画诗人多通过画作表象而追寻其包含的某种精神、气质与韵味，观画往往观心。这首诗中，陆游如实地描写了画作中的奇峰、倒影、绿水，同时又以江上的渔翁自况。此作不但有着写景的真实，同时又鲜活地传达出诗人的隐逸情怀，既如唐人题画诗观画言物，又达到了宋人观画而观心的艺术高度。同时，作者还高度评价了米友仁山水不同流俗的高超画技以及开宗立派的艺术地位。詹仲信与陆游结识较晚，却是陆游晚年来往最为密切的画家之一，直到嘉定元年，詹仲信仍写过《卜居》诗呈放翁，与陆游保持着唱和②。

三 陆游与僧侣画家的交游

陆游一生科场失意，官场蹭蹬。激烈的政治倾轧、复杂的朝政形势、频繁 频繁的职官调任让他心力交瘁，才华无以施展，对朝政失望之余，也不时表现出对官场的厌倦。步入中年以后，陆游结交了不少僧侣朋友，其中便有不少工书善画之辈。与僧侣画家的交游，体现出陆游对政治失意的纾解与对自由生活的热爱。

莹上人是最早与陆游结交的僧侣画家之一，山阴县南天衣

---

① 北京大学古文献研究所编：《全宋诗》，北京大学出版社 1998 年版，第 25415 页。

② 于北山：《陆游年谱》，中华书局 1961 年版，第 450 页。

寺僧人，年长于陆游。早在隆兴元年，陆游便有《欲游五峰不果往小诗寄莹老》，说明二人之结识不晚于这一年。钱仲联《陆游全集校注》根据《宋诗纪事》记载，推测其名为宗莹①。作为僧人，莹上人随缘而住，游历甚广。陆游入蜀后，他也来到蜀中修行，曾经特意去拜会老友陆游。陆游在《思蜀四首》诗中自注："余昔在犍为，师伯浑、王志夫、张功父、王季夷、莹上人辈，以秋晚来访，乐饮旬日而去。"② 陆游被赵汝愚弹劾罢官后，莹上人也回到了山阴。仕途的坎坷，催化了诗人思想的转变，中年以后的陆游，渐喜佛老之说，与僧人、道士甚至道姑往来频繁。淳熙十年春，莹上人与平师、印老及刘道士等僧侣来山阴拜会陆游③。莹上人工画，兼擅山水、花鸟、人物。陆游曾为他作过 4 首题画诗，不可谓不多。如《题莹师钓台图》：

　　羊裘老子钓鱼处，开卷令人双眼明。未可忽忽便持去，夜窗吾欲听滩声。④

此诗作于淳熙十年，羊裘老子借用后汉典故，指东汉著名隐士严光。严光是光武帝刘秀幼时学友，刘秀称帝后欲请他出山，严光洗耳拒之，传为佳话。"开卷令人双眼明"是对画家技艺的称赞，同时也说明莹上人所表现的情怀与诗人信仰不谋而

① 钱仲联、马亚中：《陆游全集校注》，浙江教育出版社 2011 年版，第 54 页。
② 北京大学古文献研究所编：《全宋诗》，北京大学出版社 1998 年版，第 24763 页。
③ 钱仲联、马亚中：《陆游全集校注》，浙江教育出版社 2011 年版，第 213 页。
④ 北京大学古文献研究所编：《全宋诗》，北京大学出版社 1998 年版，第 24573 页。

合，令他眼前一亮。可见二人颇有艺术上的心有灵犀。另外
《题莹上人二画》也颇能说明二人的交游：

> 天地又秋风，溪山忆剡中。孤舟幸闲著，借我访支公。
> （《剡溪》）

> 晓听枫桥钟，暮泊松江月。斯人亦可人，淡墨写愁绝。
> （《吴江》）①

诗人将自己与莹上人的友谊比之于前代的王羲之与支遁，
诗人视上人为知己，称其为可人，这样的评价在陆游的诗中并
不多见。

陆游在蜀中，遍游巴蜀大好河山，访寻古寺，觅求遗贤，
其间便结识了四川僧人城侍者。城侍者俗名祖城，四川广汉僧
人，生平不见载。从陆游诗来看，他曾于淳熙五年以后暂居永
嘉乐清广福寺，后游历越中，能作山水画。绍熙二年秋，祖城
来山阴拜访陆游，并且带来了诗人好友成汉卿的消息。陆游为
其画作诗二首。其一为《题城侍者岷山图》：

> 汉水沉碑安在哉？千年岷首独崔嵬。
> 平生不作羊公计，但欲无名死草莱。②

晋初，晋吴对峙，大将军羊祜镇守襄阳。他在荆州施仁
政、布恩德，与吴国名将陆抗和平相处，让饱经战乱的荆州人
民安居乐业。他去世后，襄阳人民莫不流涕堕泪，在岷山建庙
造碑，后世称为"羊公碑"或"堕泪碑"。后代文人墨客如孟

---

① 北京大学古文献研究所编：《全宋诗》，北京大学出版社 1998 年版，第
24770 页。

② 同上书，第 24754 页。

浩然、范仲淹多有凭吊之作。诗人认为河山依旧，而羊公碑已无处可寻。与其像羊公一样鞠躬尽瘁却身后凄凉，还不如做个山野村夫，优游终老。结合陆游的生平来看，这首诗颇有言不由衷之嫌。作为传统儒家文化培养下的士大夫，羊祜的一生立德、立功，几乎达到了不朽的完美境界。他去世前推荐名臣杜预接替自己，并定下了平天下的遗策。杜预也以三不朽来激励自己，他治军民，注《春秋》，做到了立功、立言。为了做到立德，他还刻下碑文来表彰自己的功劳，想以此比肩羊祜。对此，后人多讥其自我标榜。在儒家"三不朽"的光环下，英明睿智如杜预亦不能免俗，我们相信，陆游也一定像先贤怀着"立德、立功、立言"崇高的人生目标。但惨淡的仕途前景和艰难的政治处境却让他愤懑不已，因而发出了"平生不作羊公计，但欲无名死草莱"反语式的一声叹息。还有一首《题城侍者剡溪图》：

> 暮境侵寻两鬓丝，湖边自葺小茆茨。
>
> 从今步步俱回棹，不独山阴兴尽时。[1]

诗中说自己两鬓渐白，只想在湖边过着散人逸士的生活，又引用东晋王子猷雪夜访戴的典故，表达自己摒弃复杂而黑暗的官场、追求精神自由和内心满足的愿望。值得注意的是，城侍者的岷山、剡溪二画，包含了两个意蕴深厚的文化典故，二者一隐一仕。前者兼济天下，后者独善其身，既是传统士大夫

---

① 北京大学古文献研究所编：《全宋诗》，北京大学出版社1998年版，第24754页。

的终极目标，也道出了诗人陆游内心复杂的矛盾之源。从这个角度来看，城侍者堪称诗人的知音。

应该指出的是，陆游虽与佛道之人交往，但从内心深处来说，他仍然坚守着早年所抱定的"上马击狂胡，下马草军书"的爱国理想。无论遭遇多少的政治斗争与权力倾轧，也矢志不渝，这便是伟大诗人的伟大之处。佛道思想对他来说，只是精神世界中的一种缓和和调剂，其内心信奉的仍是积极入世的儒家思想。这不仅在诗作中屡有表现，甚至在与僧侣友人的交游唱和中也不乏流露。如《题海首座侠客像》：

赵魏胡尘千丈黄，遗民膏血饱豺狼。

功名不遣斯人了，无奈和戎白面郎！①

海首座，生平不见载，不知何寺上座。此诗作于淳熙十一年，正值陆游与众僧侣诗友唱和交游之时，海首座或为莹上人所介绍得识，亦未可知。从诗作来看，这位海首座并非万事不问、闭关学佛之人，所题的人物像为侠客，这在宋代的僧侣画创作中并不多见。作者在诗中表达出了明显的情感倾向，即对大好河山落入金人之手的痛恨，对于中原遗民则充满了同情，对于侠客豪杰不被任用而惋惜，而对于朝廷任用奸臣小人、屈膝求和而感到无奈与愤恨。诗作的思想感情与画作契合如一，格调激越悲愤，据说宋孝宗读后亦"为之太息"②。由此看来，海首座也是关心家国、爱憎分明的"六根不净"的僧人，与诗

---

① 北京大学古文献研究所编：《全宋诗》，北京大学出版社1998年版，第24763页。

② （宋）罗大经：《鹤林玉露》，上海书店出版社1990年版，第8页。

人志同而道合。

此外，陆游还有《题庠阇黎二画》：

秋山瘦嶙峋，秋水渺无津。如何草亭上，却欠倚阑人。
（《秋景》）

溪上望前峰，巉巉千仞玉。浑舍喜翁归，地炉煨芋熟。
（《雪景》）①

庠阇黎，名庠，姓不详，生平不见载，系陆游晚年在山阴老家闲居时所交游的画僧。从作品来看，他能画山水。第一幅为秋景图，画中有怪石嶙峋的瘦山，亦有缥缈无边的秋水。从皴染画法来看，他与李唐等人的斧劈皴或有师承关系。从构图来看，有郭熙《林泉高致》中所说的"高远"和"平远"之致。第二首中，诗人视角是从溪上仰望前峰，形象地将雪山称为千仞玉。第二幅中有人物，表现的是温馨祥和的农家生活。而第一幅中没有人物，作者戏问画家，为何不画上倚栏待归的美人。二作雅中见俗，俗中有雅，而陆游即使与方外之人交游也不忘其俗心。跳出作品来说，陆游思想出入于三家，既有萧散闲适、放浪江湖的野趣，亦有戮力报国、心怀魏阙的雄心，但他毕竟是"位卑未敢忘忧国"（《病起书怀》）②的伟大诗人，在隐逸与逃禅的同时，亦从未放弃心中辅佐君王、复兴北伐的政治理想。可以说，陆游就是这样矛盾的诗人。

由于种种原因，记载南宋画僧生平及创作的传世文献很少。

---

① 北京大学古文献研究所编：《全宋诗》，北京大学出版社 1998 年版，第 24771 页。

② 同上书，第 24400 页。

今人陈野所著《南宋绘画史》搜罗多种史料，考证了当时的 18 位僧人，作者认为南宋画僧之人数一定不止于此，但苦于文献不足征①。以上与陆游有交游的 4 位画僧，不见载于《画继》《画继补遗》及《图绘宝鉴》等古代画籍，也不见载于陈野的《南宋绘画史》。从这个角度来说，陆游的题画诗为我们提供了不可多得的画史材料；笔者对他们的粗浅罗列，亦可稍补于绘画史研究。

四　陆游与宫廷画家的交游

南宋一朝，画坛的领军人物是宫廷画家，自李唐南渡后，其画风画法便一直引领着南宋画坛的发展。不论是斧劈式硬瘦的线条还是其对角式、局部式构图，都对百余年的画坛产生了深远影响，并在中国绘画史上打上了浓重的"南宋印记"。可以说，以李唐、刘松年、夏圭、马远等为代表的宫廷画家成为南宋画坛的主流。

然而，从现存的史料来看，绝少有陆游与宫廷画家的来往记载。原因不难理解，宋代翰林图画院中的宫廷画师虽然俸禄与同级朝官相等，但实际上有官职而无官权，不能被外调地方或充任朝官，一入画院，基本上终身为皇家服务，与外界来往不多。不但如此，画师的子孙也往往子承父业，如南宋四大画家之一的马远，其祖兴祖、其父世荣、伯父公显，兄逵、子麟，四代人都是画院画家。这些人虽然享有一定的人身自由，但交

---

① 陈野：《南宋绘画史》，上海古籍出版社 2008 年版，第 302 页。

游圈子十分有限，交游范围远不如文人画家、僧侣画家及职业画家广泛。他们所面对的多是皇室宗亲，如赵伯驹兄弟因得圣心而幸从于高宗左右，刘松年的画作亦曾得到杨皇后的题诗。除此之外，史籍中鲜有他们与文人士大夫的交游记载。陆游与宫廷画家的交游虽找不到直接的记载，但绝不意味着他们的绝缘。陆游晚年担任实录院检讨官兼秘书监，被委以编撰高宗、孝宗二朝实录的任务，故能出入于宫廷及秘阁，也便有了与宫廷画家画作的接触机会。陆游有部分诗作正是题写宫廷画家所绘的画作。

如《十八学士图》，此画原为唐人阎立本所绘，为传世名画。宋王朝一直注重对古籍与图画的搜集、整理工作。其龙图阁、三馆（史馆、昭文馆、集贤院）均藏有前代法书名画等珍贵典籍。到宋徽宗宣和年间，御府藏阎立本画作达40余件。然而靖康之难中，金军将汴京洗劫一空，阎立本《十八学士图》因此下落不明。南渡后，著名宫廷画家刘松年以此为题材，按自己的理解重绘了此图。《十八学士图》取材于初唐李世民收揽人才的典故。李世民在创建秦王府时，曾吸纳了一大批文人学士为其出谋划策，以房玄龄、杜如晦为代表，共18人。这些人为李世民打下江山、夺得皇位建立了奇功。太宗念其功劳，于是命阎立本绘18人像，以示殊荣。陆游在诗中对他们的风采与功勋给予了很高的评价，说他们能与古代的伊尹、吕尚相比。这与其他诗人的题咏之作没有不同，但在诗的后半部分，他沉痛地认为，正是在学士中隐藏的奸人几乎颠覆了太宗的煌煌基业。这里说的奸人指许敬宗，他是太宗的臣子，晚年却依附武后打击李姓势力，帮助武后篡权夺位。整首诗写出了太宗君臣建立功业时的悲壮与社稷几乎毁于内部奸人的历史凄凉。南渡以后，宋王朝虽得以重建，但朝局错综复杂，战和两派纷争不已。诗人借前代故实提醒统治者，应该要善用人才，谨防内部的奸人扰乱朝政。至于奸人是谁，诗人并未直接道名，但从其诗集的其他作品中或有迹可循。《剑南诗稿校注》卷45有《追感往事》一诗，其中就写道："太平翁翁（指秦桧）十九年，父子气焰可熏天……诸公可叹善谋身，误国当时岂一秦？"① 直白地表现出了对秦氏父子及投降派祸国殃民的深切痛恨。

《观运粮图》也是陆游题宫廷画的作品。南宋时以运粮为题材的画作有李唐《雪天运粮图》及刘松年《风雪运粮图》。从清人厉鹗题《风雪运粮图》所描写的环境来看②，与陆诗不甚吻合。刘继才《中国题画诗发展史》认为陆游《观运粮图》诗是观李唐的《雪天运粮图》而作③。此诗作于庆元六年，诗中写道：

> 王师北伐如宣王，风驰电击复土疆。
>
> 中军歌舞入洛阳，前军已渡河流黄。
>
> 马声萧萧阵堂堂，直跨井陉登太行。
>
> 壶浆箪食满道傍，刍粟岂复烦车箱？

---

① 北京大学古文献研究所编：《全宋诗》，北京大学出版社1998年版，第25114页。

② 于安澜：《南宋院画录》，上海人民美术出版社1963年版，第93页。

③ 钱仲联、马亚中：《陆游全集校注》，浙江教育出版社2011年版，第195页。

不须绝漠追败亡，亦勿分兵取河湟；

但令中夏歌时康，千年万年无馈粮！①

此时，正是宋宁宗在位、权相韩侂胄掌权之时，他们君臣倾向于通过战争来改变屈辱的宋金关系，一时抗金成了舆论主流。陆游又一次看到了恢复中原的希望，于是，怀着兴奋的心情写下了这首诗。诗人以自信而轻松的笔调勾勒出一幅大军出师的场景，他想象着前线兵不血刃，民众欢呼雀跃的图画，飞扬之神彩跃于纸上，欢乐之情溢于言表。

从以上陆游题宫廷画作的诗篇来看，再加上陆游晚年入朝为官的经历及其对书画的喜好，诗人与宫廷画家之间的交游虽文献不足征，但也当是存在的。

以上我们讨论了陆游与文人画家、职业画家、僧侣画家和宫廷画家的交游。应当指出的是，在陆游所交游的画人中，还有一类值得注意，如范成大、尤袤、张镃等人。他们是颇负盛名的文人士大夫，在文坛能与陆游并驾而争先，彼此间也存有深厚的友谊，如范、尤二人都曾将自己的诗集送呈放翁作序。他们虽然会画但很少作画，也不见其画作传世，以至于后人很少知其画名。陆游与他们并不以画交，故而也不见题其画作之诗传世。他们之间的交游，今人多有论及，此不赘述。

陆游的题画诗产量颇丰，成就不凡。他以艺术家的身份结交画坛名流，鉴赏画迹，留下了精彩的交游诗篇与交游逸事；

---

① 北京大学古文献研究所编：《全宋诗》，北京大学出版社 1998 年版，第 25077 页。

又以文学家的眼光题咏画作，给我们留下了许多内涵丰富且承载着诗人画坛游艺思想与经历的题画诗作，其间既有心系家国天下的胸襟，也有流连田园生活的情怀，还饱含着诗人对画而思友人的款款深情。从这一角度来看，陆游不仅是一位伟大的爱国诗人，同时也是一位真正的艺术家。

陆游评述苏轼刍议

天津财经大学　崔际银

苏轼与陆游，是宋代最为著名的诗人，分别代表着北宋、南宋诗歌创作的最高水平。相对而言，苏轼生活于北宋时期，且其天赋才情非凡、人生经历坎坷、创作成就多样（诗、文、词、赋俱佳）、文坛地位极高、影响力巨大。因而陆游显然受到了苏轼的影响。此处拟以陆游对苏轼的经历及创作的记述、评价为题，略做阐析。

一　陆游评苏的基本内容

陆游评述苏轼的主要内容，可以大致分为"描述品性形象""评价各类作品"两个方面。

第一，描述品性形象。苏轼自幼聪颖，少有大志。"弱冠，父子兄弟至京师，一日而声名赫然，动于四方。既而登上第，擢词科，入掌书命，出典方州。器识之闳伟，议论之卓荦，文章之雄隽，政事之精明，四者皆能以特立之志为之主，而以迈往之气辅之。故意之所向，言足以达其有猷，行足以遂其有为。

至于祸患之来，节义足以固其有守，皆志与气所为也。"① 他性格外向、幽默诙谐，为人处事多有常人不及之处。对此，陆游进行了详细记述，有的描绘苏轼与友人戏谑的情形："伯筠（慎东美字伯筠）工书，王逢原赠之诗，极称其笔法，有曰：'铁索急缠蛟龙僵。'盖言其老劲也。东坡见其题壁，亦曰：'此有何好，但似箓束枯骨耳。'伯筠闻之，笑曰：'此意逢原已道了。'"② "东坡赠赵德麟《秋阳赋》云：'生于不土之里，而咏无言之诗。'盖寓'時'字也。"③ 有的表现苏轼的乐观品性："吕周辅言：东坡先生与黄门公（苏辙）南迁，相遇于梧藤间，道旁有鬻汤饼者，共买食之，觕恶不可食。黄门置箸而叹，东坡已尽之矣。徐谓黄门曰：'九三郎，尔尚欲咀嚼耶?'大笑而起。"④ 有的说明苏轼喜甜食（蜜）："族伯父彦远言：少时识仲殊长老，东坡为作《安州老人食蜜歌》者。一日，与数客过之，所食皆蜜也。豆腐、面筋、牛乳之类，皆渍蜜食之，客多不能下箸。惟东坡性亦酷嗜蜜，能与之共饱。"⑤ 有的叙写日常文墨之事："东坡自儋耳归，至广州，舟败，亡墨四箧，平生所宝皆尽，仅于诸子处得李墨一丸，潘谷墨两丸。自是至毗陵捐馆舍，所用皆此三墨也。"⑥ 由于苏轼具有外向、通达的个性与行为方式，因而他不喜理学家，认为此类人迂阔不能治政："张文定甚

① 《宋史·苏轼传》，《二十五史》本，上海古籍出版社1986年版，第1220页。
② 《陆放翁全集》，《老学庵笔记》卷四，中国书店1986年版，第25页。
③ 《陆放翁全集》，《老学庵笔记》卷五，中国书店1986年版，第30页。
④ 《陆放翁全集》，《老学庵笔记》卷一，中国书店1986年版，第7页。
⑤ 《陆放翁全集》，《老学庵笔记》卷七，中国书店1986年版，第44页。
⑥ 《陆放翁全集》，《老学庵笔记》卷五，中国书店1986年版，第33页。

恶石徂徕，诋之甚力，目为狂生。东坡《议学校贡举状》云："使孙复、石介尚在，则迂阔矫诞之士也，可施之于政事乎？"其言亦有自来。"① 对于苏轼的超凡才能，陆游非常钦佩，而对其遭受的不公正待遇，则表现出极大的同情："苏公本天人，谪堕为世用。太平极嘉祐，珠玉始包贡。……飞腾上台阁，废放落云梦。……晚途迁岭表，万里天宇空。……我生虽后公，妙句得吟讽。整衣拜遗像，千古尊正统。"② 通过陆游的记述，生动展示出鲜活的苏轼形象。

第二，评价各类作品。苏轼在文艺创作上具有多方面的杰出贡献，其中成就最高的是文学。苏轼的文才得到了最高统治者、文坛领袖的推许与称赞："仁宗初读轼、辙制策，退而喜曰：'朕今日为子孙得两宰相矣。'神宗尤爱其文，宫中读之，膳进忘食，称为天下奇才。二君皆有以知轼，而轼卒不得大用。一欧阳修先识之，其名遂与之齐，岂非轼之所长不可掩抑者。"③ 即使他的政敌，也不得不承认"苏轼乃奇才也"④。至于文学之士，更是由衷钦敬。陆游与人们（特别是文士）的感受是一致的，他以充满情感的笔触，对苏轼的创作进行了较为详细的记述评价。

陆游身为诗人，对苏轼的诗歌体会最深。他用心寻找苏诗用韵依据："东坡诗云：'大弨一弛何缘彀，已觉翻翻不受

① 《陆放翁全集》，《老学庵笔记》卷七，中国书店 1986 年版，第 47 页。
② 《陆游集》，《玉局观拜东坡先生海外画像》，中华书局 1976 年版，第 244 页。
③ 《宋史·苏轼传》，《二十五史》本，上海古籍出版社 1986 年版，第 1220 页。
④ 《宋史·李定传》，《二十五史》本，上海古籍出版社 1986 年版，第 1196 页。

檠。'……《释文》：'檠音景。'《前汉书苏武传》：'武能经网纺缴，檠弓弩。'颜师古曰：'檠，谓辅正弓弩，音警，又巨京反。'东坡作平声叶，盖用《汉书》注也。"① 陆游充分肯定了苏轼的表达技巧（点化他人诗句）："老杜《寄薛三郎中》诗云：'上马不用扶，每扶必怒嗔。'东坡《送乔仝》诗云：'上山如飞嗔人扶。'皆言老人也。盖老人讳老，故尔。若少壮者，扶与不扶皆可，何嗔之有。"② 陆游尽力求解苏诗之句意："东坡《牡丹》诗云：'一朵妖红翠欲流。'初不解'翠欲流'为何语。及游成都，过木行街，有大署市肆曰：'郭家鲜翠红紫铺。'问土人，乃知蜀语鲜翠犹言鲜明也。东坡盖用乡语云。"③ 陆游对苏轼诗歌的精细解读，对其诗歌创作及他人理解苏诗，都发挥了很好的作用。

苏轼是"唐宋八大家"之一，代表着宋代散文创作的最高水平。陆游以诗名世，又是散文名家，他十分关注苏轼的散文。"避讳"是发言为文者必须遵循的原则，苏轼作文也不例外："苏东坡祖名序，故为人作序皆用'叙'字，又以为未安，遂改为'引'，而谓'字序'曰'字说'（此《字说》由杭僧思聪所作，苏轼为之作序）。"④ 苏轼仕途不顺、历经坎坷，晚年对陶渊明抒写退居、柳宗元表达不平的作品颇为喜好。陆游多次记述了这方面的情况："东坡在岭海间，最喜读陶渊明、柳子厚二

---

① 《陆放翁全集》，《老学庵笔记》卷七，中国书店 1986 年版，第 44 页。
② 《陆放翁全集》，《老学庵笔记》卷八，中国书店 1986 年版，第 52 页。
③ 同上书，第 51 页。
④ 《陆放翁全集》，《老学庵笔记》卷六，中国书店 1986 年版，第 37 页。

集，谓之南迁二友。"① "东坡公在岭外特喜子厚文，朝夕不去手，与陶渊明并称二友。及北归，与钱济明书，乃痛诋子厚《时令》《断刑》《四维》《贞符》诸篇，至以为小人无忌惮者。"② 这些记述表现出陆游对苏轼的真心同情与理解（喜柳宗元自述苦难之文，以抒发自我之抑郁；好陶渊明归隐乡野之作，以求放达自解）。由于政治斗争的原因，苏轼的作品在北宋徽、钦年间是被禁的。南渡之后，这一状况得以改变："建炎以来，尚苏氏文章，学者翕然从之，而蜀士尤盛。亦有语曰：'苏文熟，吃羊肉；苏文生，吃菜羹。'"③ 透过这段文字，不仅反映了时人学苏的盛况，也折射出陆游对苏文重获新生的喜悦之情。

苏轼对词坛的贡献，重在开创豪放之风格、流派。对于苏轼的词法、词风，人们的争议还是很大的。陆游对苏词的豪放特征是认同的："世言东坡不能歌，故所作乐府词多不协。晁以道云：'绍圣初，与东坡别于汴上，东坡酒酣，自歌《古阳关》。'则公非不能歌，但豪放不喜裁剪以就声律耳。"④ 同时，他结合自己阅读苏词的体会，希望大家向苏轼学习："昔人作七夕诗，率不免有珠枕绮疏惜别之意。惟东坡此篇（指'七夕词'），居然是星汉上语，歌之曲终，觉天风海雨逼人。学诗者当以是求之。"⑤

---

① 《陆放翁全集》，《老学庵笔记》卷九，中国书店 1986 年版，第 60 页。
② 《陆放翁全集》，《老学庵笔记》卷十，中国书店 1986 年版，第 63 页。
③ 《陆放翁全集》，《老学庵笔记》卷八，中国书店 1986 年版，第 49 页。
④ 《陆放翁全集》，《老学庵笔记》卷五，中国书店 1986 年版，第 33 页。
⑤ 《陆放翁全集》，《渭南文集》卷二十八《跋东坡七夕词后》，中国书店 1986 年版，第 171 页。

苏轼是古今少有的"全才"，其成就不仅限于文学，包括书法、绘画等多种艺术门类。陆游对苏轼的书法艺术进行了不少描述。他在《跋蔡君谟帖》中，记述了苏轼书法在当时盛行之状："近岁苏、黄、米芾书盛行，前辈如李西台、宋宣献、蔡君谟、苏才翁兄弟书皆废。"① 对于苏轼的书法，陆游并不仅仅停留在对艺术形式的欣赏上，而是深入研读其内容："东坡先生忧其亲党之疾，委曲详尽如此，则爱君忧国之际可知矣。其曰'勿使常医弄疾'，天下之至言，读之使人感叹弥日。"② "成都西楼下，有汪圣锡所刻东坡帖三十卷。其间与吕给事陶一帖，大略与此帖同。是时时事已可知矣，公不以一身祸福，易其忧国之心，千载之下，生气凛然，忠臣烈士所当取法也。"③ 这两则为苏轼书帖所作的跋语，表达出苏轼关心亲人疾病、忧国忧民之心（亲亲爱国）。这种由苏帖形式及内容赞其人格品范的评价方法，值得认真品味与借鉴。

二　陆游评苏的方式列举

陆游对苏轼的评述，运用了多种多样的方式。其中，特别值得关注的是，"文体"与"表达方式"的选取与运用。

其一，运用"诗、文、序、跋"等文体进行叙写。例如，

① 《陆放翁全集》，《渭南文集》卷二十六，中国书店1986年版，第159页。
② 《陆放翁全集》，《渭南文集》卷二十七《跋东坡问疾帖》，中国书店1986年版，第161页。
③ 《陆放翁全集》，《渭南文集》卷二十九《跋东坡帖》，中国书店1986年版，第177页。

诗歌："孕奇蓄秀当此地，郁然千载诗书城。高台老仙谁所写，仰视眉宇寒峥嵘。百年醉魂吹不醒，飘飘风袖笻枝横。尔来逢迎厌俗子，龙章凤姿我眼明。"① 散文："（八月二十八日）复与冠之（章甫字冠之）出汉阳门游仙洞，止是石壁数尺，皆直裂无洞穴之状。旧传有仙人隐其中，尝启洞出游，老兵遇之，得黄金数饼，后化为石。东坡先生有诗纪其事。"② 序文："近世有蜀人任渊，尝注宋子京、黄鲁直、陈无己三家诗，颇称详赡。若东坡先生之诗，则援据闳博，指趣深远，渊独不敢为之说。某顷与范公至能会于蜀，因相与论东坡诗。"③ 跋语："东坡此诗云：'清吟杂梦寐，得句旋已忘。'固已奇矣。晚谪惠州，复出一联云：'春江有佳句，我醉堕渺莽。'则又加于少作一等。近世诗人，老而益严，盖未有如东坡者也。"④ 碑志："柳宗元死为罗池之神，其传甚怪，而韩文公实之。张路斯自人为龙，庙于颍上，其传尤怪，而苏文忠公实之。盖二神者，所传虽不可知，而水旱之祷，卓乎伟哉，不可泯没，则二公亦不得而掩也。"⑤ 杂记："绍圣中，贬元祐人苏子瞻儋州，子由雷州，刘莘

---

① 《陆游集》，《眉州披风榭拜东坡先生遗像》，中华书局 1976 年版，第 265 页。

② 《陆放翁全集》，《渭南文集》卷四十七《入蜀记》第五，中国书店 1986 年版，第 288 页。

③ 《陆放翁全集》，《渭南文集》卷十五《施司谏注东坡诗序》，中国书店 1986 年版，第 83 页。

④ 《陆放翁全集》，《渭南文集》卷二十七《跋东坡诗草》，中国书店 1986 年版，第 161 页。

⑤ 《陆放翁全集》，《渭南文集》卷十六《严州乌龙广济庙碑》，中国书店 1986 年版，第 92 页。

老新州，皆戏取其字之偏旁也。时相之忍怼如此。"① 作者运用这些体式，或颂扬苏轼之功业，或为其鸣不平，或记述其经行之地，或抒发由衷之感慨，表现出陆游驾驭各种文学体式的高超技能，以及对苏轼念念不忘、时时记录的情形。

其二，通过"记叙、抒情、议论"等方式加以表达。记叙：用于对实地实景的具体描述，如："十九日早，游东坡。自州门而东，冈垄高下，至东坡则地势平旷开豁。东起一垄，颇高，有屋三间，一龟头，曰居士亭。亭下南面一堂，颇雄，四壁皆画雪，堂中有苏公像，乌帽紫裘，横按筇杖，是为雪堂。堂东大柳，传以为公手植。正南有桥，榜曰小桥，以'莫忘小桥流水'之句得名。……东一井曰暗井，取苏公诗中'走报暗井出'之句。泉寒熨齿，但不甚甘。又有四望亭，正与雪堂相值，在高阜上览观江山，为一郡之最。"② 议论：用以表达自己的心得体会，申明观点与见解，如："东坡前后集祭文凡四十首，惟祭贤良陈公，辞指最哀，读之，使人感叹流涕。其言天人予夺之际，虽若出愤激；然士抱奇材绝识，沉压摈废，不得少出一二，则其肝心凝为金石，精气去为神明，亦乌足怪！彼愦愦者，固不知也。"③ 抒情：用来承载不可抑制的情绪感慨，如："臣伏读御制《苏轼赞》有曰：'手抉云汉，斡造化机，气高天下，乃

① 《陆放翁全集》，《老学庵笔记》卷四，中国书店1986年版，第26页。
② 《陆放翁全集》，《渭南文集》卷四十六《入蜀记》第四，中国书店1986年版，第285页。
③ 《陆放翁全集》，《渭南文集》卷二十八《跋东坡祭陈令举文》，中国书店1986年版，第171页。

克为之。'呜呼，陛下之言曲谟也！轼死且九十年，学士大夫徒知尊诵其文，而未有知其文之妙在于气高天下者。今陛下独表而出之，岂惟轼死且不朽，所以遗学者，顾不厚哉！"① 这些表达方式的运用，为读者提供了阅读理解的不同视角，同时也展现了作者的思想观念与品性情怀。

三　陆游评苏的资质因缘

苏轼作为宋代最为著名、成就最高的文学家，对其人其作进行合乎情理、令人信服的评述论说，决非轻而易举。陆游与苏轼颇有渊源，完全具备评述苏轼的素养与资质。

首先，敬重苏轼其人其作。陆游对苏轼的敬重，最初是来自家庭长辈的影响。陆游的祖父陆佃，与苏轼先后担任颖州知州，且有书信往来。陆游曾说："先大父左辖，元祐中，自小宗伯自请守颖。逾年，移南阳。而苏公自北扉得颖。与大父为代。此当时往来书也。书三幅，前后二幅藏叔父房；其一幅则从伯父彦远得之，亡兄次川又得于伯父，此是也。传授明白，可以不疑。"② 这段文字记述了陆佃与苏轼之间的交往情况。陆家始终精心保存着苏轼的这些书信，可见对此是十分珍视的。陆游自幼生活在这样的家庭，一定会受到苏轼的影响。随着年龄及学识的增长，陆游对苏轼的敬仰之情日甚，这种情感既表现在

---

① 《陆放翁全集》，《渭南文集》卷四《上殿札子之二》，中国书店 1986 年版，第 19 页。

② 《陆放翁全集》，《渭南文集》卷三十一《跋坡谷帖》，中国书店 1986 年版，第 193 页。

对其人的敬重上，也表现在对其作品的仰慕上。

陆游出生于 1125 年（徽宗宣和七年），此时距苏轼去世（1101 年，徽宗建中靖国元年）已有二十余年。陆游对苏轼形象的认识，只能借助画像。他在某次参拜苏轼画像时写道："我游钧天，帝之所都。是老先生，玉色敷腴。顾我而叹，闵世垢浊。笑谓侍仙，畀以灵药。稽首径归，万里天风。碧山巉然，月堕江空。"① 所谓"玉色敷腴"，指苏轼的面容形态，当是对画像的真实记录。"顾我而叹，闵世垢浊。笑谓侍仙，畀以灵药"，是对苏轼表情及行为的描述，其中应有作者对画像引申的成分。至于"我游钧天""稽首径归"云云，显然是陆游梦游仙界与苏轼会面的情景。而"碧山巉然，月堕江空"，则可视为对梦醒之后所处环境的记述。通过这则对苏轼画像的赞语，表现出陆游对苏轼日思夜想的意绪，充分表达了对其的敬仰之情。

除了珍视苏轼的书信墨宝、拜揖苏轼画像之外，陆游还特别注重寻访苏轼的行踪遗迹。黄州是当年苏轼被贬之地，存有不少与苏轼有关的名胜遗迹。陆游入蜀途经黄州时，踵步苏轼之踪而观览，并且作有多篇诗文加以记述。在《自雪堂登四望亭因历访苏公遗迹至安国院》中，叙写了自己走访定惠院意欲观赏海棠花的情景。当前往该地的时候，他的兴致极高："我醉飞屐登孱颜，拄杖出没风烟间。"可惜的是，"老仙归侍紫皇案"，坡公早已仙逝。苏轼当年的题壁之作，艳丽的海棠花，也已荡然无存："向来龙蛇满雪壁，雷电下取何时还？名花亦已天

---

① 《陆放翁全集》，《东坡像赞》，中国书店 1986 年版，第 130 页。

上去，居人指示题诗处。"面对难以确认的遗址，他试图向年长的僧人求证，然而"九十一翁不识公"（陆游原注：定惠院已废，海棠亦不复在。安国老僧景滋年九十一，自云东坡去黄后四年方生）。最终，陆游只能发出"我抱此恨终无穷"① 的感叹，以未能更近距离地了解与认识苏轼为憾，而在这种感叹与遗憾中，表现的是对苏轼其人的怀念之情与敬重之意。

对于苏轼的诗文作品，陆游更是十分钦佩。他认真揣摩苏轼作品，领会其创作方法，模仿其行文风格。在创作过程中，有时化用苏轼的成句："陆务观《王忠州席上作》曰：'欲归时司空笑问，微近处丞相嗔狂。'笑啼不敢之致，描勒殆尽。较东坡'司空见惯，应谓寻常。座中有狂客，恼乱柔肠'，岂惟出蓝，几于点铁矣。"② "点铁成金"是以黄庭坚为代表的江西诗派所提倡的作诗之法。陆游早年曾经拜著名诗人曾几学诗，曾几正是南渡之初江西诗派的重要人物，而江西诗派的创始人黄庭坚，则是苏轼门人。由苏、黄、曾至陆游，可谓渊源有自。有的时候，他甚至直接引用苏轼的诗句："放翁《谒昭烈惠陵及诸葛祠》诗：'论高常近迂，才大本难用。'竟是全用苏句，但有颠倒，以下句作上句耳。"③ 引用、化用苏轼的诗句，其中所传达的信息，是作者对苏轼作品的认同与喜爱。

① 《陆游集》，《自雪堂登四望亭因历访苏公遗迹至安国院》，中华书局1976年版，第278页。

② （清）贺裳：《皱水轩词筌》，《苏轼资料汇编》上编（三），中华书局2004年版，第1195页。

③ （清）翁方纲：《石洲诗话》卷四《清诗话续编》，上海古籍出版社1983年版，第1438页。

苏轼一生历经坎坷，创作了不少记录经行、抒发感怀之作，陆游对相关情况十分关注。黄州因杜牧、苏轼等人的主政与贬谪而知名，陆游曾专门实地考察了苏诗中所述及的地点："（八月十八日）至黄州。州最僻陋少事，杜牧之所谓'平生睡足处，云梦泽南州'。然自牧之、王元之出守，又东坡先生、张文潜谪居，遂为名邦。泊临皋亭，东坡先生所尝寓，《与秦少游书》所谓'门外数步即大江'是也烟波渺然，气象疏豁。……黄州与樊口正相对，东坡所谓'武昌樊口幽绝处'也。"① 这种做法，对于深入了解当初的创作状况、进一步理解作品的意蕴，是大有帮助的。对于苏轼诗歌作品刻印存废的情况，他也注意调查："（八月四日）游天庆观，李太白诗所谓'浔阳紫极宫'也。苏、黄诗刻皆不复存。"② 尽管他对苏轼的创作已然熟知，并且受到著名诗人范成大的鼓励，但仍旧以苏轼诗歌"援据闳博，指趣深远"③ 为由，表明自己不敢注释苏轼之诗。上述种种，虽表现形式各不相同，而展示的均为陆游对苏轼的崇敬与热爱之情。

其次，具备评苏之资质。能够对人物、事件或作品做出正确的评价，是需要具备先决条件的。这些条件包括熟悉评价的对象、自身属于相关领域的专家、具有相应的理论素养与视野

---

① 《陆放翁全集》，《渭南文集》卷四十六《入蜀记》第四，中国书店 1986 年版，第 284 页。

② 《陆放翁全集》，《渭南文集》卷四十五《入蜀记》第三，中国书店 1986 年版，第 280 页。

③ 《陆放翁全集》，《渭南文集》卷十五《施司谏注东坡诗序》，中国书店 1986 年版，第 83 页。

眼光等。陆游是宋代存诗最多的诗人，对诗歌创作的甘苦体会最深，实践经验十分丰富。刘勰所谓"操千曲而后晓声，观千剑而后识器"①，正是强调实践经验的重要性。陆游身为诗人且大量作诗，为进行文学批评（评苏）奠定了坚实的基础。

陆游对苏轼其人其作非常熟悉，堪称苏轼的知音。在创作上，也获得了苏轼的真传："诗印频提教外传，入魔入佛总超然。放翁已得眉山髓，不解诚斋学谪仙。"② 陆游创作的古体诗，与苏轼的同类作品相似："苏、陆古体诗，行墨间尚多排偶，一则以肆其辨博，一则以侈其藻绘，固才人之能事也。"③ 苏轼的某些作品，更是对陆游有直接的启示作用："东坡《赠王子方秀才》诗，宛然剑南之先声。"④ 当然，陆游并非亦步亦趋地模仿苏轼，而是在借鉴的同时形成自己的特色："东坡、放翁两家诗，皆有豪有旷，但放翁是有意要做诗人，东坡虽为诗，而仍有夷然不屑之意，所以尤高。"⑤ "昌黎之后，放翁之前，东坡自成一家，不可方物。昌黎好用险韵，以尽其锻炼；东坡则不择韵，而但抒其意之所欲言。放翁古诗好用俪句，以炫其绚烂；

---

① 刘勰：《文心雕龙·知音》，周振甫《文心雕龙注释》，人民文学出版社1981年版，第518页。

② （清）汪琬：《尧峰文集》卷五《读宋人诗五首》其三，文渊阁四库全书本。

③ （清）赵翼：《瓯北诗话》卷八《清诗话续编》，上海古籍出版社1983年版，第1267页。

④ （清）潘清：《挹翠楼诗话》卷二《苏轼资料汇编》上编（四），中华书局2004年版，第1575页。

⑤ （清）刘熙载：《诗概》，《清诗话续编》，上海古籍出版社1983年版，第2432页。

东坡则行墨间多单行，而不屑于对属。且昌黎、放翁多从正面铺张，而东坡则反面、旁面，左萦右拂，不专以铺张见长。昌黎、放翁使典亦多正用，而东坡则驱使书卷入议论中，穿穴翻簸，无一板用者。此数处，似东坡较优。然雄厚不如昌黎，而稍觉清浅；整丽不如放翁，而稍觉率略。此固才分各有不同，不能兼长也。"① 可见，在诗歌创作方面，陆游以其独具的特色，达到与韩愈、苏轼并肩而立的地步。

陆游在诗坛的重要地位，得到专家们的一致肯定，而且这种肯定大多是与李白、杜甫、韩愈、白居易、苏轼等人相提并论的："唐诗以杜子美为大家，宋诗以苏子瞻、陆务观为大家。此三家者，皆才雄而学瞻，气俊而词伟，虽至片言只句，往往能写不易名之状与不易吐之情，使读者爽然而觉，跃然而兴，固非饾饤雕画者所得仿佛其万一也。"② "诗自正宗之外，如昔人所称广大教化主者，于长庆得一人，曰白乐天；于元丰得一人焉，曰苏子瞻；于南渡后得一人，曰陆务观。为其情事景物之悉备也。"③ 事实证明，诗坛"大家""广大教化主"之类的称呼，陆游是当之无愧的。应当注意的是，这些称呼都是陆与苏并称，而这种"大家"的身份，也为陆游评价苏轼提供了重要的依据。

需要特别指出的是，陆游在评价苏轼时，并非一味肯定，

---

① （清）赵翼：《瓯北诗话》卷五《清诗话续编》，上海古籍出版社1983年版，第1202页。

② （清）汪琬：《尧峰文集》卷二十九《篴步诗集序》，文渊阁四库全书本。

③ （明）王世贞：《弇州四部稿》卷一四七，文渊阁四库全书本。

而是勇于发表自己的观点与看法。他对苏轼过度赞许诗僧，曾经提出批评："宋兴，诗僧不愧唐人。然皆因诸巨公以名天下。……苏翰林之于西湖道潜，徐师川之于庐山祖可，盖不可殚纪。潜、可得名最重。然世亦以苏、徐两公许之太过为病。"①"山色有无中"之句，出自王维《汉江临眺》。欧阳修在其词《朝中措·平山堂》中加以引用，而苏轼在《水调歌头·黄州快哉亭赠张偓佺》词中写道："记取醉翁语，山色有无中。"对苏轼将此句的首创权归于欧阳修的说法，陆游提出质疑："'水流天地外，山色有无中'，王维诗也。……欧阳公长短句云：'平山阑槛倚晴空，山色有无中。'……然公（欧阳）但以此句施用于平山堂为宜，初不自谓工也。东坡先生乃云：'记取醉翁语，山色有无中。'则似谓欧阳公创为此句，何哉？"②陆游这种公正务实的立场与态度，大大增加了其立论观点的可靠性。

统观陆游评价苏轼的材料可知，陆游对苏轼充满着极为崇敬的心理、认真学习的态度。同时，在评述苏轼的过程中，展示了自己的文学理念、政治观点，以及精细观察、严谨求证、立论公允的治学风范。凡此，不仅在很大程度上成就了陆游的诗坛地位，而且对于后世学者的为人、治学与创作，都具有指导与借鉴意义。

---

① 《陆放翁全集》，《渭南文集》卷二十九《跋云丘诗集后》，中国书店1986年版，第182页。

② 《陆放翁全集》，《老学庵笔记》卷六，中国书店1986年版，第39页。

理学对文学的意义

——兼论陆游与朱熹的友谊对福建诗人的影响

中共福建省委党校　林　怡

一　问题的提出：理学桎梏了文学的发展吗

朱熹集宋代道学之大成，他构建的理学思想体系被后世尊称为"闽学"，其人其学对后世中国政治、社会、学术与文化诸领域影响深远，对福建士风文风影响尤为广泛深刻。然而，历来学界多认为理学对文学，尤其对诗歌、散文的发展起消极的桎梏作用。许多论者认为："不论散文也好，诗歌也好，比之唐人，宋人就带有更多的封建说教意味，这是和宋人的道统观念和理学思想分不开的。"① 虽然研究者也认为"北宋初期的理学家""在文学上主张明道致用，反对浮华纤巧，也有助于诗文革

新运动的开展"①，但是他们却批评"后来的理学家把封建秩序看作永恒的'理'，把人们在生活上的一切要求看作'欲'，片面强调'尊天理，窒人欲'，因此他们就鄙视许多为人们所喜闻乐见的文艺作品，把诗文作家看作俳优，认为对文艺的爱好是'玩物丧志'，而片面要求作家为封建教条作宣传。正是在这种思想影响之下，使两宋不少诗文不同程度地表现了'头巾气'与'学究气'，削弱了一般文娱作品所应有的明朗性和生动性"②。其实，朱熹个人的文学修养及其创作成就斐然可观，论者也承认朱熹"虽然重道轻文，并不根本排斥文学，他只认为首先要明义理（道），义理既明，文章自然做得出色。……朱熹本是颇有文学修养的学者，他的诗文创作都有一定的成就，评论古今作家利病亦颇多中肯"③。但是，批评者依然说："朱熹以道学家的眼光看待文学创作，以义理为根本，文章为末务，自然是周、程以来道学家唯心主义的文艺观点。"④ 有的研究者即便不以唯心唯物来区隔评骘朱熹的理学思想及其文学观，但也一样认定："朱熹是两宋理学家中最具文学修养的一人。《朱子语类》中论及前代诗人每有独到之见。……眼光很是老辣，其诗亦有可观者……但这种文学修养并不妨碍朱熹站在道学原则立场上看待文学。……自二程至朱熹的文论，其最有针对性、

---

① 游国恩、王起、萧涤非等主编：《中国文学史》（三），人民文学出版社2002年版，第13页。

② 同上书，第13页。

③ 同上书，第156—157页。

④ 同上书，第157页。

影响最大的是对唐宋古文家的抨击。……理学家意犹未足，更对韩柳、欧苏施以打击。尤其朱熹眼光尖锐而议论苛严，对古文家之‘道’的不纯正提出了严厉的指责。……朱熹一生讲学不辍，影响极为广泛，对文学的阻遏实为不为小，故宋元之际戴表元有‘后宋百五十年理学兴而文艺绝’之论。至少从散文来看，南宋较北宋衰落是很明显的。"①

然而，针对理学桎梏文学发展的观点，也有学者提出了谨慎的异议。莫砺锋先生在《朱熹文学研究·前言》中说道："在马积高先生的《宋明理学与文学》一书中，把宋、明两代理学对文学的影响归结为：‘理学对文学的影响则几乎难以找出什么积极的东西。’我对这个结论不完全同意，但恐怕也无法对此作出有力的反驳。总之，既然朱熹对后代文学的不利影响是出于历史的误会，朱熹本人对这些负面影响是不任其咎的，所以我们在研究朱熹的文学业绩时，不妨暂且不考虑他对后代文学的实际影响，而直接从其本人的文学活动入手。"② 今天，如果要全面评述理学对文学的意义，我们依然不能不正视朱熹及其理学"对后代文学的实际影响"。

如果承认理学和文学是不同的思维范式，前者以理性冷静的逻辑建构为其特质，后者以感性生动的情感抒发为其特质，那么，我们就要问：一个人能否同时兼擅理学和文学的思维呢？如果不能，则理学家与文学家一定各有专攻，彼此不能以各自

---

① 章培恒、骆玉明主编：《中国文学史》，复旦大学出版社 2004 年版，第 465—467 页。

② 莫砺锋：《朱熹文学研究·前言》，南京大学出版社 2000 年版，第 10 页。

的思维范式去评判对方术业的短长，但是这并不妨碍理学家与文学家可能成为交谊至深的友朋。当然，理学家与文学家也可能因为思维范式的不同而成为陌路甚至论敌。如果能，少数如朱熹这样的理学家同时又是文学家，那么，他的理学思维是否真左右了其文学思维，还是在彼此兼容中自觉地保持了各自的相对独立性？换句话说，理学对文学有意义吗？如果有意义，又是在什么样的层面或界域内对文学有积极的或消极的意义？本文试图通过考察陆游与朱熹的友谊及其对福建诗人如刘克庄等人的影响，来回答上述问题，以期促进学术界对理学与文学之关系的深入研究。

二　陆游宦闽及其与朱熹的友谊对各自
诗文创作的影响

陆游出身经学世家①，两次入闽为官。据赵翼撰《陆放翁年谱》，绍兴二十八年，陆游 34 岁，官福建宁德县主簿，次年任福州决曹掾，1160 年北归杭州。淳熙五年，陆游 54 岁，又奉诏入闽北建安任职，1179 年秋离开闽地。② 陆游第二次宦闽为提举福建常平茶盐公事，官舍所在建安即今福建建瓯。陈庆元先生有《陆游两次宦闽的行踪及其创作》，考述陆游两次入闽的行

---

① 参见欧明俊《陆游研究》，《学者和思想家陆游》，上海三联书店 2007 年版。

② 参见朱东润《陆游传》附赵翼《陆放翁年谱》，百花文艺出版社 2003 年版，第 356—378 页。

迹和在闽中的诗词创作甚详。① 福建尤其闽北武夷山一带，是成就朱熹及其理学建构的重地。朱熹长于此、学于此、传道授业于此，一生中的大部分时光都在福建闽北度过。陆游宦闽，尤其任职闽北后，加深了对朱熹的认识。1181 年，即陆游离开闽北一年多后，家居，有《寄朱元晦提举》诗，"以年荒，望其来赈粜也"②。1183 年，陆游 59 岁，有《寄题朱元晦武夷精舍》诗。③ 1191 年，陆游 67 岁，家居，宋室授他"中奉大夫提举建宁府武夷山冲祐观"一职直至 1198 年，供薄俸以维持其老年生计。从庆元元年（1195）起，发生了韩侂胄专权，打压政见不合的赵汝愚、朱熹等人的"庆元党禁"，时间长达六年。束景南先生指出：

"他（朱熹）同陆游的关系在庆元党禁中也进一步密切。庆元三年二月，陆游为吕希哲的《岁时杂记》作跋，朱熹也作了一跋，对陆放翁感叹中原沦陷、士大夫苟安江左表示'窃亦深有感焉'。建阳士子严居厚（士敦）赴剡中为官，朱熹作诗相送，要他去拜望陆游：'平日生涯一短篷，只今回首画图中。平章个里无穷事，要见三山老放翁。'（《文集》卷九《题严居厚溪庄图》）陆游作了一首和诗：'鹤俸元知不疗穷，叶舟还入乱云中。溪庄直下秋千顷，赢取闲身伴钓翁。'（《剑南诗稿》卷

---

① 参见陈庆元《福建文学发展史》附录《陆游两次宦闽的行踪及其创作》，福建教育出版社 1996 年版，第 518—530 页。
② 赵翼：《陆放翁年谱》，朱东润《陆游传》，百花文艺出版社 2003 年版，第 370 页。
③ 参见赵翼《陆放翁年谱》，朱东润《陆游传》，百花文艺出版社 2003 年版，第 371 页。

三十六《次朱元晦韵题严居厚溪庄图》）两人在废居穷困中同病相怜，诗书往返不断。这一年冬间，朱熹特寄纸被给陆游御寒，陆游作了二首答谢诗：

> 木枕藜床席见经，卧看飘雪入窗棂。
>
> 布衾纸被元相似，只欠高人为作铭。
>
> 纸被围身度雪天，白于狐腋软于绵。
>
> 放翁用处君知否，绝胜蒲团夜坐禅。
>
> ——《谢朱元晦寄纸被》

'只欠高人为作铭'，是暗示朱熹为他的老学斋作铭，朱熹后来应允，但因党禁森严终于未能写成。"①

庆元六年，朱熹去世，陆游76岁，写下了诚挚痛切的《祭朱元晦侍讲文》："某有捐百身起九原之心，有倾长河注东海之泪，路修齿髦，神往形留。公殁不亡，尚其来飨。"② 这篇祭文只有35字，其情感之炽烈却跃然纸上，撼人心神。

上述朱熹与陆游的交谊，不仅体现了理学家与文学家完全可以彼此相知的融洽友情，而且还共同促进了文学的发展。这一点，束景南先生已做出较为深刻和独到的论析。他指出："朱熹在文学上的探索，是同他与同时代的诗人词人广泛交游讲论联系在一起的，这使他成了文学上的一面特殊的思想旗帜，吸引着四方的文士与诗人。同他关系最密切的大诗人，除了辛弃疾与杨万里，就是放翁陆游。后来洪亮吉曾说：'南宋之文，朱

---

① 束景南：《朱子大传》（下），商务印书馆2003年版，第1096页。
② 朱东润：《陆游选集》，上海古籍出版社1979年版，第277页。

仲晦大家也；南宋之诗，陆务观大家也。'（《北江诗话》卷三）如果再加上南宋词坛霸主辛弃疾，堪称文学三星并耀于天地之间。他们在创作上互相倾心，思想上互相影响。"①

"陆游也服膺朱熹的理学，同朱熹的弟子交往密切。"② 朱熹也反复称道陆游笔力之健，他说："放翁老笔愈健，在今当推为第一流。"③ 束景南指出："朱熹所以认为近代只有陆游独具诗人风致，就是因为他能充养其气，陆游自己也认为'谁能养气塞天地，吐出自足成霓虹'。健从气得，气充则骨健，所以朱熹反复用一'健'字来概括陆游诗风的基本审美特征。"④

束景南更引朱熹在庆元五年七月为陆游作于去岁寒冬的《舍北晚步》诗所题之跋为例，指出："这种政治上的忧'道'之志同文学上的养'气'之说便天然沟通，使两人在创作上也心心相印了。"⑤

从陆游与朱熹的交谊以及他们诗文创作所取得的实际成就来看，很难得出理学桎梏阻碍了文学发展的论断。那么，在朱熹、陆游双双离世之后，随着庆元党禁的解除，程朱理学被日益推崇，成为科举取士的应考圭臬，这是否对随后的文学发展起了极其消极的桎梏作用呢？我们考察一下南宋后期著名理学家真德秀的弟子、江湖诗派最具影响力的诗人刘克庄的诗歌创

---

① 束景南：《朱子大传》（下），商务印书馆2003年版，第1095—1096页。
② 同上书，第1097页。
③ 《文集》卷六十四《答巩仲至》书十七。
④ 束景南：《朱子大传》（下），商务印书馆2003年版，第1099页。
⑤ 同上书，第1097—1098页。

作成就，或许对这个问题可以有更深入的反思。

三　朱熹、陆游对刘克庄的影响

　　江湖诗人的代表人物刘克庄，是南宋末文坛的集大成者。作为南宋末文坛宗师，他师承理学名家真德秀，一样服膺朱子理学。真德秀是闽北浦城人，朱熹的再传弟子，其师詹体仁，是朱熹的及门弟子。① "真德秀的学术渊源于朱熹，是朱熹的再传。在庆元党禁时期，朝廷宣布程朱理学为伪学，许多理学家遭到迫害……但是，这时真德秀不为时论所动，不怕牵连，慨然以斯文自任，讲理学，行理学。未能亲炙朱熹而私淑朱熹，为朱熹的私淑弟子。……韩侂胄死后，真德秀出任参知政事（副宰相），提出解除学禁，大力提倡程朱理学。……真德秀的学说出自朱熹，且墨守朱熹。一般来说，他没有跳出朱熹学说的范围，但亦有发展。……真德秀在宣传朱熹学说方面，起了很大作用，是朱熹后学中较有影响的人物。他的学说是朱子学正宗，是正统的有代表性的福建朱子学者。"②

　　刘克庄是福建莆田人。"真德秀比刘克庄大9岁，二人交往甚早。在嘉定元年真德秀任馆职时刘克庄就拜访过他。此时真德秀正大力弘扬朱子理学，刘家为传统的理学世家，其祖父刘夙是理学创始人程颐的三传弟子，其父刘弥正也是家传理学人

---

① 参见陈荣捷《朱子门人》，华东师范大学出版社2007年版，第196—197页。
② 高令印、陈其芳：《福建朱子学》，福建人民出版社1986年版，第132—134页。

士，对于理学崇尚备至，尤其称颂朱熹集理学大成之功。……真德秀因而称刘克庄'世以正学（理学）传其家'。有了这样一层关系，二人相聚颇欢。这从以后文字交酬的频繁可以得知。……宝庆元年十一月，真德秀罢官回家乡浦城闲居。浦城为建阳邻县①，刘克庄投入真德秀门下……真德秀刚落职在家，别人唯恐避之不及……而刘克庄投入其门，显然不是从利害关系考虑，而更多的是一种政治宣誓……自觉地选择站在了理学集团一边。……宝庆三年，刘克庄在建阳重修朱熹祠，以其大弟子黄幹配祀；又在建阳县学建四君子祠，祭祀朱熹的父亲朱松及朱熹的师友。……但刘克庄又不是一个囿于理学门派之人。他对于朝廷不顾国家安危，热衷于打击新学等其他学派，盲目推崇理学，深为不满。"②

刘克庄的理学涵养直接体现在他代其父行文、为宋宁宗赐朱熹谥号出谋划策上。宁宗嘉定元年，宁宗皇帝认为朱熹的理学思想"有德于朝"，颁诏拟给朱熹特赐谥号，令朝臣讨论为其拟定谥号。当时朝廷在讨论应给朱熹定什么谥号时，有大臣提议定谥号为"文忠"。刘克庄对此持有不同的看法。他在代时任吏部员外郎兼考功右司的父亲刘弥正撰写了一份《侍讲朱公覆谥议》文，认为给朱熹定复谥"文忠"不符合他生前的行为实际，应当重新予以复议。

刘克庄在这篇《侍讲朱公覆谥议》文中大量地引经据史，

---

① 理宗即位，刘克庄知建阳县。

② 孙先英：《真德秀学术思想研究》，上海人民出版社 2008 年版，第 302—305 页。

充分地论说了为什么只给朱熹定单字谥号"文"的理由和依据。他说:"谥古也。复谥非古也。《谥法》曰:'谥生于行者也。'苟当于行字,一足矣,奚复哉?故侍讲朱公没于爵,未得谥,上以公道德可谥,下有司议所以谥。谨献议曰:六经,圣人载道之文也。孔子没,独子思、孟轲氏述遗言以持世,斯文以是未坠。汉诸儒于经,始采掇以资文墨,郑司农、王辅嗣辈,又老死训诂,谓圣人之心真在句读而已。涉隋唐间,河汾讲学,已不造圣贤阃域。最后韩愈氏出,或谓其文近道尔。盖孔氏之道,赖子思、孟轲而明,子思、孟轲之死,此道几熄,及本朝而又明。濂溪、横渠、二程子发其微,程氏之徒阐其光,至公而圣道粲然矣。……初,太常议以文忠议公。按公在朝廷之日无几,正主庇民之学而不施,而著书立言之功大畅于后。合文与忠谥公,似非而非也;有功于斯文而谓之文,简矣而实也……公持心甚言,不萌一毫非正之念。……读书初贯穿百氏,终也韬以圣人之格言。……采众说之精而遗其粗,集诸儒之粹而去其驳,曰纯矣哉!孟氏以来,可概矣。……世评韩愈为文人,非也。《原道》曰:'轲之死,不得其传。'斯言也,程子取之。公晚为韩文立《考异》一书,岂其心亦有合欤!请以韩子之谥谥公。"①

刘克庄从孔子儒学的兴起、发展以及衰而复兴的历史,充分肯定了韩愈"文起八代之衰"对后世宋儒重振儒学道统的贡

---

① 刘克庄著,辛更儒校注:《刘克庄集笺校》(第十册),中华书局 2011 年版,第 4652—4654 页。

献，他认为朱熹晚年为韩愈之文作《考异》，这说明朱熹与韩愈文脉相承，因此他建议以韩愈的谥号"文"来给朱熹定谥。

刘克庄代其父提此建议时年方二十二，但宁宗皇帝最终力排众议采纳了刘克庄的意见，于嘉定二年赐朱熹谥号为"文"，这就是朱熹被后世尊称为"朱文公"的由来。刘克庄因此声名鹊起，宋洪天赐在《后村先生墓志铭》中说："侍郎定谥朱子曰文，天下称当。忠简傅公闻议状出公手，寄声愿交，诸老多折辈行。"①

刘克庄虽然服膺朱子理学且不乏功力，但其理学涵养并没有对他的诗文创作构成消极的阻碍作用。在诗歌创作上，刘克庄极为推崇朱熹的好友陆游。"在南宋后期，刘克庄不仅是成就最高的辛派词人，也是继承陆游爱国主义传统的重要诗人。"②他推崇陆游的诗歌或长短句创作，是着眼于诗词等文体自身的审美特征的，他说："放翁，学力也，似杜甫。"③他欣赏陆游诗歌中精彩的对偶，说："古人好对偶，被放翁用尽。""近岁诗人，杂博者堆队仗，空疏者窘材料，出奇者费搜索，缚律者少变化。惟放翁记问足以贯通，力量足以驱使，才思足以发越，气魄足以陵暴。南渡而后，故当为一大宗。"④他重视诗歌语言本身的审美特质，说："诗以体物验工巧……语简而味长，每欲

---

① 刘克庄：《后村先生大全集》卷195，四川大学出版社2008年版。
② 游国恩、王起、萧涤非等主编：《中国文学史》（三），人民文学出版社2002年版，第152页。
③ 刘克庄：《后村诗话·前集》卷二，中华书局1983年版，第33页。
④ 同上书，第30、31页。

仿此作数题，未暇也。"① 他推崇陆游的词，认为放翁的长短句
"其激昂感慨者，稼轩不能过；飘逸高妙者，与陈简斋、朱希真
相颉颃；流丽绵密者，欲出晏叔原、贺方回之上"②。他认为同
时代诗人诗歌创作的症结在于"往往音节聱牙，意象迫切，且
论议太多，失古诗吟咏性情之本意"③。从上述刘克庄对陆游诗
词的推崇评论来看，他清清楚楚地就文学论文学，就诗词论诗
词，绝不以理学思维范式作为文学创作的圭臬。他极其强调文
学语言自身的审美特质，如对音节、对偶、意象、遣词造句和
语简味长、激昂感慨、飘逸高妙、流丽绵密等诗词风格加以关
注，并强调诗歌不应该"论议太多"，认为"吟咏性情"才是
诗歌创作的"本意"所在。他自觉地区隔理学与文学，也体现
在他对叶适诗歌《中塘梅林》及其后篇的评论上，他说："水
心，大儒，不可以诗人论。"④ 叶诗《中塘梅林》"此二篇兼阮、
陶之高雅，沈、谢之丽密，韦、柳之情深，一洗古今诗人寒俭
之态矣"⑤。自魏晋南北朝"文的自觉"以来，"诗缘情而绮靡"
作为诗歌这一文体的自身审美特质已经成为诗歌创作的共识，
刘克庄没有用理学修养的范式来冲击或者取代文学创作的范式，
这表明他对文学创作应该持守本领域的审美特质有着高度的自
觉，他对陆游诗词和叶适诗歌创作等的赞誉都证明了这一点。

---

① 刘克庄：《后村诗话·前集》卷二，中华书局 1983 年版，第 99 页。
② 刘克庄：《后村诗话·续集》卷四，中华书局 1983 年版，第 139 页。
③ 刘克庄：《后村诗话·后集》卷二，中华书局 1983 年版，第 70 页。
④ 同上书，第 71 页。
⑤ 同上。

王述尧指出，刘克庄的文学创作实践及其理念都体现了集大成的成就，他的诗文创作"融汇众体"、文学审美取向"包容了平淡、华采两派"、文学语言追求"锻炼和天成交融"① 等，体现了"刘克庄身兼理学家和文人于一身，具有双重人格，因而也使得自己的诗论具有更深刻的包容性和全面性，具有非常明显的集大成特征"②。"刘克庄诗论兼容风骚，融理学家和文学家的理论为一炉，形成集大成思想的内核，显示出理学和文学相互间动态平衡的发展过程。"③

四 理学对文学的意义

上述陆游与朱熹的友谊对他们各自创作的影响、朱熹与陆游对宋末文坛集大成者刘克庄的影响等，都证明了"理学桎梏了文学的发展"或"理学对文学的发展起消极作用"的论断是无法令人信服的。

那么，为什么长期以来，文学史家得出的这种论断一直影响至今呢？我们认为，其中主要原因在于：习惯于以"时代精神"来左右文学创作、评骘文学创作的思维范式长期主导着中国文学史的编写。理学和文学是两个不同的学科领域，理学哲理建构与文学创作实践是两种不同的思维范式。术业有专攻，理学、文学各自有独特的内在发展理路，不能以对方的思维范

---

① 王述尧：《刘克庄与南宋后期文学研究》，东方出版中心 2008 年版，第 278—284 页。

② 同上书，第 280 页。

③ 同上书，第 278—284 页。

式为标准来相互规范、界定或评判对方。但中国文学界长期认为一个时代的主流思想或意识形态会直接左右文学创作。其实，许多时候，"艺术家的政治态度与艺术态度非常不吻合"①，意识形态无法决定文学创作实践成功与否。文艺创作及其发展有自身的内在"规律"或"审美要求"，"时代精神"或"社会思潮"之类的意识形态的变化未必与文学的发展变化相一致，不可能存在着对文学的发展变迁起着决定作用的所谓的"时代精神"。只有文学家各具特色的气质才力或文学家个人具有丰富多元的气质才力，才决定着文学创作的发展与变化。虽然气质彰显的是文学家的主观个性，但这种主观个性和"时代精神"一样无法左右文学的发展，真正决定文学发展的力量是文学家对文学创作内在审美规则的把握擅长程度。文学创作内在的审美规则是在历史传承中形成的文学创作的客观规律，它与文学创作的传统紧密相关，任何卓有才气个性的文学家都不可能无视渊源有自的文学创作的客观规则。这一点，西方当代著名的文艺批评家已经有深刻的论述。波普尔在《贡布里希论情境逻辑》一文中，说：

历史相对主义也在艺术领域威胁着我们……强调把艺术看成正在变动着的时代精神的表现。我知道我和贡布里希一样，认为这些艺术理论在理智上是难以理解的，当把它们拿来与分辨真实和虚假的客观标准相对照的时候，就

---

① ［英］贡布里希：《名利场逻辑》，卡尔·波普尔《通过知识获得解放》，范景中、李本正译，中国美术学院出版社1996年版，第333页。

可以看出它们是虚假的。事实上，贡布里希把这些理论叫作'彻头彻尾的胡言'。它们的问题产生于一种误解的社会学。它们是有害的唯理智论的空谈，与艺术问题毫无关系。……这些错误的唯理智论的艺术理论，包括把艺术看作时代表现的理论和把艺术看作自我表现的理论，在理智上是空虚的。①

针对"自我表现"论，波普尔指出，艺术家的创造能力既然能够"有进步"，"当然也会退步"②。他批评了克罗齐和科林伍德等许多人所支持的"艺术是自我表现或艺术家个性表现"这样"一种人们普遍接受的艺术理论"③，认为"表现主义的艺术理论是空洞的。……这并不是艺术的特征。……使一件艺术作品令人感兴趣或有意义的，绝不是自我表现。……作品对他（指艺术家）就是一切，作品必定超越他自己的个性。……有些伟大的艺术作品是不具备伟大的独创性的。……一味追求独创或非同寻常，想表现自己的个性，就必定影响艺术作品的所谓'完整性'。在一件艺术杰作中，艺术家并不想把他个人的小小抱负强加于作品，而是利用这些抱负为他的作品服务。这样，他这个人就能通过与其作品的相互作用而有所长进。通过一种反馈，他可能获得成为一位艺术家所需的技艺和其他能

---

① ［英］卡尔·波普尔：《通过知识获得解放》，范景中、李本正译，中国美术学院出版社 1996 年版，第 303 页。

② ［英］卡尔·波普尔：《科学和艺术中的创造性自我批评》，《通过知识获得解放》，范景中、李本正译，中国美术学院出版社 1996 年版，第 264 页。

③ ［英］卡尔·波普尔：《关于音乐及其一些艺术理论问题》，《通过知识获得解放》，范景中、李本正译，中国美术学院出版社 1996 年版，第 280—281 页。

力。……艺术家和他的作品之间始终是一种互惠的交流,而不是单方面的'给予',即纯粹是他的个性在作品中的表现"①。他进而指出:"主张艺术是自我表现的现代理论,或者更确切地说,艺术是自我赋予灵感,是情感的表达与交流……这种现代理论是一种没有上帝的神学,它用艺术家的隐蔽的本性或本质取代了神:艺术家的灵感源自本身。"②

波普尔和他的朋友艺术史家贡布里希一起致力于"证实艺术价值的客观性"③,认为包括文学在内的艺术有独立于"社会压力"(如"时代精神")和"作家个性"之外的"独立性""客观性"。文学艺术的发展变化主要取决于作家对文学艺术"客观性"和个性的"自我超越"。事实上,"自康德以来的大多数哲学家以及大多数以严肃态度关心艺术的人们都赞成包括文学在内的各种艺术具有独特的性质和价值"④。在《艺术和自我超越》一文中,贡布里希指出:"西方传统中的伟大艺术家大都觉得自己萦萦于怀的是解决艺术的问题而不是表现自己的个性,这是一个历史事实。"⑤ 波普尔和贡布里希认为,"艺术和

---

① [英]卡尔·波普尔:《关于音乐及其一些艺术理论问题》,《通过知识获得解放》,范景中、李本正译,中国美术学院出版社 1996 年版,第 281—284 页。

② 同上书,第 286 页。

③ [英]贡布里希:《名利场逻辑》,《通过知识获得解放》,范景中、李本正译,中国美术学院出版社 1996 年版,第 352 页。

④ [美]勒内·韦勒克、奥斯汀·沃伦:《文学理论》,江苏教育出版社 2005 年版,第 286 页。

⑤ [英]贡布里希:《艺术和自我超越》,《通过知识获得解放》,范景中、李本正译,中国美术学院出版社 1996 年版,第 357 页。

竞赛都讲究规则"①。

在波普尔或贡布里希之前，中国的陆游和朱熹，已经自觉地追求遵循并超越了文学创作的"客观规则"。前述陆游对音节、对偶、韵味等文字锤炼和风格的要求，就体现了这一点；朱熹对诗歌"古今体制"的关注也证明了他对把握文学创作自身规律的重视。束景南先生对此有精到的评述，他指出，朱熹在《答巩仲至》（书四）中"认为要能准确地批判江西诗派的谬误，从而超越它，必须先通古今体制之变：恐亦须先识得古今体制，雅俗向背，仍更洗涤得尽肠胃间夙生生荤血脂膏……近世诗人正缘不曾透得此关，而规规于近局，故其所就皆不满人意。他对古今体制的认识，包含在了他的'三变'说中：间考诗之原委，因知古今之诗凡有三变：盖自书传所记虞夏以来，下及魏晋，自为一等；自晋宋间颜谢以后，下及唐初，自为一等；自沈宋以后定著律诗，下及今日，又为一等。然自唐初以前，其为诗者固有高下，而法犹未变；至律诗出，而后诗之与法始皆大变，以至今日，益巧益密，而无复古人之风矣。故尝妄欲抄取经史诸书所载韵语，下及《文选》、汉魏古词，以尽乎郭景纯、陶渊明之所作，自为一编，而附于三百篇、《楚辞》之后，以为诗之根本准则；又于其下二等之中，择其近于古者，各为一编，以为之羽翼舆卫，其不合者，则悉去之，不使其接于吾之耳目，而入于吾之胸次，要使方寸之中，无一字世俗言

---

① ［英］贡布里希：《名利场逻辑》，《通过知识获得解放》，范景中、李本正译，中国美术学院出版社1996年版，第335页。

语意思，则其为诗不期于高远，而自高远矣。这包含了朱熹对整整一部文学史的认识……他从通古今体制之变中融铸出了自己自然平淡的审美意趣……朱熹在与巩丰论诗中达到的这种认识高度，已经突破了他的文道说的理学抽象框架。……朱熹自己也力图把这种文学理想贯彻到晚年的创作中"①。

朱熹力图从诗歌"古今体制"的历史发展变化中总结出"诗之根本规则"，这样的文学理念与波普尔和贡布里希所致力于"证实艺术价值的客观性"②，堪称是异代异邦之千古知音。③"艺术价值的客观性"就是一切艺术自产生以来逐渐形成的、可以共享的、可供批评的各种客观规则或标准，亦可称为"教条"、范式。波普尔说："这些标准不止在一种意义上是客观的，这些标准是共享的，它们是可以批评的。它们会变（我绝不会说它们不应该变），但是变并不是随机任意的，而且它们更不应该与那些伟大的、我们曾借以成长并超越自己的旧标准敌对。归根到底，正是这些'旧'标准代表了艺术，而且艺术在发展的任何阶段都要用它们来判断优劣。一个痛恨一切'旧'标准的艺术家很难称得上是艺术家，因为他所痛恨的正是艺术。因而艺术中的标准可能变，但变的方式可以是多种多样的，而且它们可能进而超越它们自己，也超越我们自己。认为大艺术家

---

① 束景南：《朱子大传》（下），商务印书馆 2003 年版，第 1101—1103 页。

② ［英］贡布里希：《名利场逻辑》，《通过知识获得解放》，范景中、李本正译，中国美术学院出版社 1996 年版，第 352 页。

③ 参见［英］卡尔·波普尔《关于音乐及其一些艺术理论问题》，《通过知识获得解放》，范景中、李本正译，中国美术学院出版社 1996 年版，第 287 页。

永远是或者通常是伟大的变革家，或者是旧秩序的敌人，这类想法是错误的；这些是历史决定论的神话。"① 波普尔和贡布里希认为，包括文学在内的一切艺术的发展变化主要取决于文学家、艺术家对文学或艺术自身形成的"传统"经验、规则或标准、范式的继承和超越，这种继承和超越是依靠文学家、艺术家不断地依据"旧"的规则范式进行自我学习、自我实践、自我批判、自我调整、自我超越而完成的。因此，一切艺术的发展变化都是建立在对旧的艺术法则、标准、范式的继承并突破之上，文学的发展进步主要也是在继承自身传统上的超越和突破，并不是天才艺术家天马行空横扫一切"传统"的结果，也不是文学家、艺术家神秘的"天赋"或"气质"的结果，更不是诸如"理学"这样的"时代精神"所能左右拘囿的了。无论是朱熹、陆游，还是刘克庄的诗文创作实践及其取得的成就都证明了这一点。孙先英指出："在当时刘克庄为著名文人，而真德秀被时人目为理学正宗，二人的审美价值取向不同。体现在选文上就是，刘克庄偏重情感和文采要素，而真德秀仅仅看重选文的正统价值观……这说明理学家与文学之士的文章观念差距甚大。"② 可见，真正的文学家在文学实践中是自觉地区隔理学与文学的界域的，他们追求文学自在的审美规则，不会以理学的标准来左右自己的文学理念与实践，理学也无力对文学的发展起根本性的消极作用。

---

① ［英］卡尔·波普尔：《贡布里希论情境逻辑》，《通过知识获得解放》，范景中、李本正译，中国美术学院出版社1996年版，第297页。

② 孙先英：《真德秀学术思想研究》，上海人民出版社2008年版，第306页。

如果一定要说理学对文学有"意义",其意义也是在特定层面或特定内容上来说的,这个特定的层面或内容主要指的是理学家"政治上的忧'道'之志同文学上的养'气'之说""天然沟通"①。理学家以国是民本为重的胸怀与文学家民我物与的情怀浑然一体,刘克庄指出:"放翁云:'身为野老已无责,路有流民终动心。'退士能为此言,尤未之见也。"② 他还说:"忧时原是诗人职,莫怪吟中感慨多。"③ 也正是在这个意义上,理学家与文学家能够"在创作上心心相印"④。但理学家如果要将自己忧道养气的修养化作陶冶性情的文学实践,决定其文学作品优劣的依然是文学自身的审美特质。这一点,可以从比较宋末文天祥、陈文龙以及明末黄道周这三个理学修养极好、坚决抵抗异族入侵的士大夫诗歌创作实践中得以说明。

有学者指出:"在道学塑造的价值世界中,第一个重要诗人是文天祥。他主要以爱国的诗人、官员身份闻名于世,《指南录》记载了他对蒙古入侵者的抵抗运动。被俘期间,他写出了激动人心的《正气歌》,最后不屈被杀。在抵抗蒙古人之前,文天祥对诗歌似乎并无多大兴趣。……文天祥的理论,是当时道学思想与陆游、刘克庄所持诗观相互影响的结果。元军入侵,他应时势而秉笔……他诗中的一事一物,都成为忠诚与抵抗的

---

① 束景南:《朱子大传》(下),商务印书馆 2003 年版,第 1098 页。
② 刘克庄:《后村诗话·续集》卷二,中华书局 1983 年版,第 100 页。
③ 刘克庄著,辛更儒校注:《刘克庄集笺校》(第二册),中华书局 2011 年版,第 194 页。
④ 束景南:《朱子大传》(下),商务印书馆 2003 年版,第 1098 页。

象征。"① 文天祥在《正气歌》中写道:"三纲实系命,道义为之根。"这是典型的理学家之诗。在他传世的诗歌名篇中,除《正气歌》外,最为脍炙人口的作品是《过零丁洋》和《金陵驿》(其一)。与他并肩作战的同僚陈文龙在家乡福建抵抗元军,同样兵败被俘,绝食,被押北上,经福州途中写下了诗歌《寄仲子诀别诗》;三百多年后,明亡,坚决抗清的福建名臣黄道周一样兵败被俘,绝食,押解往南京,写下了《发自新安,绝粒十四日复进水浆,至南都示友》。我们把这四首诗按时间先后抄录如下:

> 斗垒孤危力不支,书生守志誓难移。自经沟渎非吾事,臣死封疆是此时。须信累囚堪衅鼓,未闻烈士竖降旗。一门百指沦胥尽,惟有丹衷天地知。
>
> ——陈文龙作于 1276 年 12 月被俘后
>
> 辛苦遭逢起一经,干戈寥落四周星。山河破碎风飘絮,身世浮沉雨打萍。惶恐滩头说惶恐,零丁洋里叹零丁。人生自古谁无死,留取丹心照汗青。
>
> ——文天祥作于 1279 年被俘中
>
> 草合离宫转夕晖,孤云飘泊复何依?山河风景原无异,城郭人民半已非。满地芦花和我老,旧家燕子傍谁飞。从今却别江南路,化作啼鹃带血归。
>
> ——文天祥作于 1279 年被俘至南京

---

① 宇文所安主编:《剑桥中国文学史》(上卷),生活·读书·新知三联书店 2013 年版,第 546—550 页。

　　诸子收吾骨，青天知我心。为谁分板荡，未忍共浮沉。
鹤怨空山曲，鸡啼中夜阴。南阳归路远，恨作卧龙吟。

——黄道周作于 1646 年被俘至南京

　　文天祥是宋理宗时的状元，官拜宰相，封信国公；陈文龙是宋度宗咸淳年间的状元，官至参知政事，深受宋度宗的器重；黄道周是明天启年间进士，官至礼部尚书、吏部尚书、武英殿学士。上述四首诗歌，从体现出深受理学浸染的朝廷重臣"为纲常谋"的"忧道"之志与浩然正气这个角度来说，都是上乘之作，皆感人至深。但是，如果从文学作品自身的审美规则来看，无疑，文天祥的"草合离宫转夕晖"这一首，无论在字句的锻炼上，还是在意象用典的选择上，或是在意境情思的营造中都最接近朱熹强调的源于诗骚创作传统的"诗之根本准则"——温柔敦厚、清丽雅正却又百折流转、韵味深长。次之当为黄道周的"诸子收吾骨"这一篇，也彰显了刘克庄所推崇的诗歌语言"简而有味"的审美特质。

　　总之，就理学对文学的意义而言，不存在理学制约或桎梏了文学发展这样的事实。文学的发展有其自身内在的规则。如果有理学修养的人无法创作出第一流的优秀文学作品，只能归咎于其文学素养或功力不够，没有最好地掌握并实践文学创作的审美规则，而不能归咎于理学。如果说理学对文学有意义的话，那只能说理学范式对文学范式构成了对照，在彼此的互为观照中，理学事实上成了文学成就为文学自身而区别于理学的参照物，这实际上推动了文学沿着自己的轨道发展。

论晚宋江湖诗人戴复古与
陆游的师承关系

绍兴文理学院　　魏秀琪

13世纪初叶，一个由下层江湖游士为主体的诗人群体逐渐占据了诗坛，文学史上谓之"江湖诗派"。

江湖诗派的先声人物"四灵"——徐照、徐玑、翁卷、赵师秀尊崇晚唐诗风，学姚贾清苦之风，他们的创作，受到一大批江湖诗人的推重和效法，然"四灵之诗虽镂心钵肾，刻意雕琢，而取径太狭，终不免破碎尖酸之病"[1]，题材上贫乏单调，审美上琐碎纤微，字句上苦苦锤炼，使得晚唐体的弊端日益显露，也危及了诗歌的发展前途。

四灵之后，江湖诗派日渐壮大，其领袖人物刘克庄、戴复古早年追随四灵，诗学姚贾，但后来逐渐认识到晚唐体的弊端，希望突破四灵诗学藩篱，广泛师承，尤其提倡效法杨万里和陆

---

①　永瑢等：《四库全书总目》卷162，《芳兰轩集》提要，中华书局1965年影印本。

游。特别是戴复古，对陆游有着极其特殊的情感，在其诗歌创作的主题与风格上多有继承与仿效。

一 陆游戴复古师承关系之再辨析

戴复古，字式之，号石屏，黄岩（今浙江温岭）人，是南宋江湖诗派的代表作家之一。

在学术界通行一种说法，认为戴复古是陆游的学生，陆游曾亲身教戴复古写诗。如张宏生说"陆游本是戴复古学诗的老师"①；杨理论说戴复古是"陆游的及门弟子"②；张继定认定"陆游是戴复古学诗的第三位老师""……而陆游却赋闲在家，较有余暇对戴复古'讲明句法'"③；池太宁则具体生动地描绘了戴复古拜师的情形："初出茅庐的青年诗人拜早已名噪诗坛、白发苍苍的大诗人为师，终于实现了他的夙愿，而一经大师点拨，于是'诗益进'。"④ "《剑南诗稿》是戴复古效仿的范本，程门立雪，终于登门拜师，在一代大师的亲身教诲之下，'刻意精研'，'诗益进'，达到了'自有清远之致'的境界"⑤。那么认为戴复古是陆游学生的这一观点源自哪里呢？

据明弘治本影印的《四部丛刊续编石屏诗集》10 卷后有戴

---

① 张宏生：《江湖诗派研究》第 3 章，中华书局 1995 年版，第 235 页。
② 杨理论：《晚宋江湖诗派的诗学向度》，《西南大学学报》（社会科学版）2014 年第 5 期。
③ 张继定：《戴复古师承陆游考》，《浙江师范大学学报》（社会科学版）1999 年第 2 期。
④ 池太宁：《戴复古的生平与创作》，《台州学院学报》2003 年第 2 期。
⑤ 池太宁：《布衣诗人戴复古》，《黄岩文学》2008 年第 2 期。

复古前辈楼钥所作的序：

> 雪巢林监庙景思、竹隐徐直院渊子，皆丹丘名士，俱从之游，讲明句法。又登三山陆放翁之门，而诗益进。①

这大概是戴复古登陆游门之说的源头，但《石屏诗集》其他诸多序跋文及戴复古自书两篇都不曾提及此事，一直到清代，这一说法又现出踪迹，《光绪台州府志·戴复古传》：

> 从林宪、徐似道游，又登陆游之门，诗益进。②

吴之振《宋诗钞·石屏诗钞序》：

> 从雪巢林景思，竹隐徐渊子讲明句法，复登放翁之门，而诗益进。③

语句虽略有不同，但可以看出意思极为相近，毋庸置疑，后二者应直接脱胎于楼钥序文内容。

楼钥，字大防，又字启伯，自号攻愧主人，明州鄞县（今属浙江宁波）人，隆兴元年进士，初任教官，后调温州教授。楼钥敢于直谏，无所避忌。继迁给事中。朱熹论事忤韩侂胄被罢官，他上疏要求挽留。宁宗立，韩侂胄掌朝政，不肯依附，遂改显谟阁直学士，出知婺州，移知宁国府。后告老归家，家居13年，读书授徒。韩侂胄被诛后，楼钥又起用为翰林学士，升为吏部尚书兼翰林侍讲，迁端明殿学士。嘉定初年，同知枢密院事，升参知政事，又授资政殿大学士，提举万寿观。卒赠

---

① 金芝山点校，王埜题跋：《戴复古诗集》，浙江古籍出版社1992年版，第323页。

② 同上书，第319页。

③ 同上书，第334页。

少师，谥宣献。

嘉定三年，戴复古携其诗初编本面谒楼钥，向他陈述自己继承父志、笃意学诗而受穷的事实，请求楼钥为其诗集作序以书其志。楼钥时年74，参知政事任上，被戴复古虽穷不忘其志所感动，为他写下了第一篇序。由于楼钥当时在政界和诗坛的显赫地位，他的序言无疑为戴复古诗歌的传播起到了积极的推动作用。

前文已述，楼钥为人正直，加上他又比戴复古年长近30岁，在政界文坛地位颇高，序言又是根据戴复古自述的生平所作，因此戴复古曾"登三山陆放翁门"当为事实。但是从这一"登门"之说是否就可以认为戴复古就是陆游的及门弟子，陆游曾亲自向他"讲明句法"、指导他写诗呢？笔者认为，此说尚存疑。

第一，在戴复古的《石屏集》中出现的与其交约者多达400多人，却无一首诗是直接写给陆游的，也没有片言只语描写他向陆游学诗的情形，现存诗中只有一首加两联诗与陆游有关，在这几首作品中，戴复古对陆游的仰慕和推崇溢于言表，说"茶山衣钵放翁体，南渡百年无此奇"，盛赞陆游诗歌"入妙文章本平淡，等闲言语变瑰奇"，甚至说"李杜陈黄题不尽，先生摹写一无遗"①，认为在描摹天地万物、世态人情的多样性方面，陆游诗歌的成就已经超过了李白、杜甫、陈师道和黄庭坚。戴

---

① 金芝山点校，王埜题跋：《戴复古诗集》，浙江古籍出版社1992年版，卷6，《读放翁先生剑南诗草》，第171页。

复古自己经常随身携带陆游的诗集，抓紧一切时间阅读："樽前
有余暇，细读放翁诗"①，对于陆游、杨万里过世之后诗坛从此
无大家发出悲叹："陆杨不再作，何人可受降！"② 如果戴复古
真有过入陆游门为徒，得他亲自指导写诗的经历，那么这是他
一生中最值得夸耀之事，怎么会在他的诗歌作品中无所体
现呢？

第二，在陆游现存的诗词作品中，也没有一首提到戴复古
的，倒是有写给戴复古早年老师徐似道的《题徐渊子环碧亭，
亭有茶山曾先生诗》："徐卿赤城古仙子，十年四海推才华。"③
另外于北山先生的《陆游年谱》和欧小牧先生的《陆游年谱》
二书对于陆游收戴复古做弟子之事也没有考证。

因此，笔者认为，楼钥所说戴复古"登三山陆放翁之门"
当为事实，但是今说戴为陆之入门弟子则缺少证据，此次登门
或许只是戴氏江湖游学之时经过山阴，以后学身份拜访一直景
仰的前辈诗坛大家，希望得到老诗人的一些诗法指点而已，其
后窥得陆游作诗要法的方式是通过自己用心研读陆游诗稿，而
非来自陆游的直接教诲。

---

① 金芝山点校，王垫题跋：《戴复古诗集》，浙江古籍出版社1992年版，卷
6，《读放翁先生剑南诗草》，第171页。卷2，《访曾鲁叔，有少嫌，先从金仙假
榻，长老作笋供》，第57页。

② 同上书，卷3，《诸诗人会于吴门翁可际通判席上，高菊硼有诗。仆有
"客星聚吴会，诗派落松江"之句，方子万使君喜之，遂足成篇》，第94页。

③ 钱仲联：卷17，《剑南诗稿校注》，上海古籍出版社1985年版，第1331页。

二　戴复古在诗歌主题倾向上对
陆游的承继和仿效

　　虽然戴复古或许并未得到陆游太多的直接关于诗歌创作的指导，但他通过潜心研读《剑南诗稿》无疑参悟了陆诗的艺术真谛，对陆诗多有承继和自觉的仿效，从而达到了"诗益进"的效果，这种承继和仿效首先体现在创作的主题倾向上。

　　陆游一生勤奋创作，流传至今的诗就有九千多首。诗歌的内容也极为丰富，几乎涵盖了当时社会生活的各个方面，其中最主要的是爱国主题和日常生活情景的吟咏，正如《唐宋诗醇》卷42所说："其感激悲愤、忠君爱国之诚，一寓于诗，酒酣耳热，跌宕淋漓。至于渔舟樵径，茶碗炉熏，或雨或晴，一草一本，莫不著为歌咏，以寄其意。"① 而对戴复古影响最大的也是这两类主题的作品。

（一）爱国情怀的抒发

　　爱国主题贯穿了陆游长达60年的创作历程，成为陆诗的精华，在他的诗中，可以看到他对北伐抗战的讴歌，恢复中原的坚定信念和洗雪国耻的雄心壮志："夜阑卧听风吹雨，铁马冰河入梦来"②；有对南宋朝廷妥协苟安的和戎政策的抨击，"和戎

---

　　① 爱新觉罗·弘历：《御选唐宋诗醇》，吉林出版集团有限责任公司2002年版，第855页。

　　② 钱仲联：《剑南诗稿校注》卷26《十一月四日风雨大作》，上海古籍出版社1985年版，第1829页。

诏下十五年，将军不战空临边"①；有壮志难酬的悲愤和英雄迟暮的感慨，"塞上长城空自许，镜中衰鬓已先斑"②；还有对沦陷区人民苦难生活的同情，"遗民泪尽胡尘里，南望王师又一年"③。

陆游一生经历北宋的末年和南宋的前半期，对当时深重的民族灾难有着深刻的切身体会，因此他的爱国主题作品数量虽然不多，但却贯穿了他一生的创作。清朝诗人赵翼的《瓯北诗话》对此有过全面的概括：

放翁十余岁时，早已习闻先正之绪言，遂如冰寒火热之不可改易；且以《春秋》大义而论，亦莫有过于是者，故终身守之不变。入蜀后在宣抚使王炎幕下，经临南郑，瞻望鄠、杜，志盛气锐，真有唾手燕、云之意，其诗之言恢复者十之五六。出蜀以后，犹十之三四。至七十以后……是固无复有功名之志矣，然其《感中原旧事》云："乞倾东海洗胡沙"，《老马行》云："中原旱蝗胡运衰，王师北伐方传诏。一闻战鼓意气生，犹能为国平燕赵"，则此心犹耿耿不忘也。临殁犹有"王师北定中原日，家祭无忘告乃翁"之句，则放翁之素志可见矣。④

虽然随着年纪渐长，南宋国势衰微，诗人心中的复国希望

---

① 钱仲联：《剑南诗稿校注》卷 26，《十一月四日风雨大作》，第 1829 页；卷 2，《关山月》，第 623 页。
② 同上书，卷 17，《书愤》（五首其一），第 1346 页。
③ 同上书，卷 25，《秋夜将晓出篱门迎凉有感》，第 1774 页
④ 赵翼：《瓯北诗话》卷 6，人民文学出版社 1963 年版，第 80 页。

越来越渺茫，但这种爱国情怀却伴随了他一生。

戴复古现存诗歌数量远不及陆游，但其中不乏具有强烈爱国情感的作品。

戴复古虽身为布衣，浪迹江湖，却时时刻刻关注着政局形势变化，每一次大的战事在他的诗中都有反映。开禧二年，南宋北伐一发即败，金兵九路南下，攻入真州。他忧愤难平，写下"风雨愁人夜，草茅忧国心"①；战后，诗人游淮南，看到了遭战争蹂躏后民生凋敝的衰败景象，写下了《淮村兵后》"小桃无主自开花，烟草茫茫带晓鸦。几处败垣围故井，向来一一是人家"②；嘉定十二年，金兵犯滁州，至六合，建康震动，李全等分道狙击，金兵败退，戴复古讽刺地写道，"边将惭尸素，朝臣奏凯歌"③；嘉定十四年，金兵围光州，犯五关，又围黄州，陷蕲州，诗人闻之心痛如裂："未语心先噎，低头泪滂沱"④；端平元年，南宋联蒙灭金，朝廷上下一时喜气洋洋，歌功颂德，诗人却敏感地看到了这背后隐藏的危机，即蒙古对中原的觊觎之心："今虏既亡后，中间消息稀。山河谁是主？豪杰故乘机"⑤；嘉熙元年，蒙古破光州、攻寿春、扰黄州、围安丰，已闲居在家的戴复古写诗给朝中的朋友，表示了他对时局的担心：

---

① 金芝山点校，王埜题跋：《戴复古诗集》卷3，《闻边事》，第90页。
② 同上书，卷7，第212页。
③ 同上书，卷2，第41页。
④ 同上书，卷2，《遇淮人问蕲黄之变》，第53页。
⑤ 同上书，卷5，《所闻》，第147页。

“忧国家何有，愁吟天不闻。北风吹汉水，胡骑乱纷纷。”①

　　与戴复古同时之人，则对戴复古诗歌中伤时忧国的内容进行了高度赞扬。如王埜谓其：“……长篇短章，隐然有江湖廊庙之忧。”② 姚镛谓其：“至于伤时忧国，耿耿寸心，甚矣其似少陵也。”③

　　细读这些诗篇，无疑能清楚地看出戴复古诗歌对于陆游爱国精神的一脉相承。正如张宏生指出的：“如果把二人的诗对读，我们就会进一步体会到，为什么戴复古诗中的爱国主义感情会如此深厚。如果我们承认戴诗的思想内涵是继承了‘飘零忧国’的杜诗的影响的话，那么，有必要指出，陆游正是他们之间的一座桥梁。”④

　　戴复古诗歌中的爱国主题与陆游相通之处在于：

　　其一，二人诗歌中所表达的故国之思、丧国之痛是真切的，亲身经历的。戴复古作为一个江湖诗人，他在江湖奔走多年，所谓：“落魄江湖四十年，白头方办买山钱。”⑤ 除了四川以外，他的足迹几乎遍及当时南中国各重要地区：“所游历登览，东吴浙、西襄汉、北淮、南越，凡乔岳巨浸，灵洞珍苑，空迥绝特之观，荒怪古僻之综，可以拓诗之景、助诗之奇者，周遭何啻

---

　　① 金芝山点校，王埜题跋：《戴复古诗集》卷2，《闻李将军至建康》，第41页。卷5，《所闻》，第147页。卷3，《新朝士多故人》，第98页。

　　② 同上书，王埜题跋，第326页。

　　③ 同上书，姚镛题跋，第327页。

　　④ 张宏生：《江湖诗派研究》第3章，中华书局1995年版，第235页。

　　⑤ 金芝山点校，王埜题跋：《戴复古诗集》卷6，《镇江别总领吴道夫侍郎，时愚子琦来迎侍朝夕，催归甚切》，第165页。

数千万里。"① 江湖漂泊，所过之处有多地甚至是前线，因此戴对于战事特别敏感，对于当时民族悲剧的体会也格外深刻。而陆游早年仕宦途中辗转奔波，乾道七年（1171）进王炎幕府，常到骆谷口、仙人原、定军山等前方据点和战略要塞，并到大散关巡逻。这是陆游一生中唯一的一次亲临抗金前线、力图实现爱国之志的军事实践，这段生活虽只有八个月，却给他的爱国主题诗歌创作提供了极为真实的情感基础。

其二，二人的爱国热忱并不仅限于在诗歌中抒发金戈铁马、气吞残虏的英雄气概，更是"一身报国有万死"②的牺牲精神。陆游早年在《夜读兵书》里就说："平生万里心，执戈王前驱。战死士所有，耻复守妻孥！"③也因如此，"丈夫可为酒色死？战场横尸胜床第"④、"常恐埋山丘，不得委锋镝"⑤、"从军乐事世间无"⑥、"一闻战鼓意气生，犹能为国平燕赵"⑦，这样迫切表达希望为国立功、战死沙场的诗句在《剑南诗稿》中频频可见。戴复古虽是一介书生，但诗歌中也时时流露出渴望投笔从戎、收复失地、建功立业的愿望，"壮怀看宝剑，孤愤裂寒

---

①　金芝山点校，王埜题跋：《戴复古诗集》卷6，《镇江别总领吴道夫侍郎，时愚子琦来迎侍朝夕，催归甚切》，第165页。吴子良《石屏诗后集序》，第322页。

②　钱仲联：《剑南诗稿校注》卷14，《夜泊水村》，第1136页。

③　同上书，卷1，第18页。

④　同上书，卷11，《前有樽酒行》，第867页。

⑤　同上书，卷13，《书悲》，第1061页。

⑥　同上书，卷17，《独酌有怀南郑》，第1318页。

⑦　同上书，卷68，《老马行》，第3818页。

衾"①、"要使文臣知武事，不访王粲且从军"②、"平生倚天剑，
终待斩楼兰"③……

值得注意的一点是，虽然戴复古在爱国主题上直承陆游，
但是相同的主题呈现出的面貌却不尽完全相同。如果说陆游的
时代尚有南方各路勤王部队，尚有岳飞、辛弃疾这些抗金名将，
北方也到处有抗金义军的烽火，但到了戴复古的时代，老将们
死的死，贬的贬，统治集团腐败无能，早已沉醉于灯红酒绿的
生活之中，偏安一隅苟且求存。因此，虽然这一时期的诗人在
作品中仍频频提及故国之思，却再少有陆游时代的意气风发和
壮志豪情，更多的是一种悲哀和伤心。反映在戴复古爱国诗中
也是如此，多了些"悲"、"愁"和"苦"的情绪，而少了陆游
诗的"愤"、"豪"和"壮"。

（二）日常生活的吟咏

钱锺书先生在《宋诗选注》中指出："他（陆游）的作品
主要有两方面：一方面是悲愤激昂，要为国家报仇雪耻，恢复
丧失的疆土，解放沦陷的人民；一方面是闲适细腻，咀嚼出日
常生活的深永的滋味，熨帖出当前景物的曲折的情状……除了
在明代中叶他很受冷淡以外，陆游全靠那第二方面去打动后世
好几百年的读者。"④ 胡云翼在《宋诗研究》中也指出："爱国

---

① 金芝山点校，王埜题跋：《戴复古诗集》卷 3，《闻边事》，第 90 页。
② 同上书，卷 6，《朱渊出示廷对策》，第 168 页。
③ 同上书，卷 2，《归后遣书问讯李敷文》，第 60 页。
④ 钱锺书：《宋诗选注》，人民文学出版社 1997 年版，第 170 页。

的诗，仅仅是代表放翁的志愿怀抱，不足以表示放翁诗艺术的完美；我们更要欣赏放翁诗艺术的完美，必须从放翁另一方面的诗去追求。"① 这里的"另一方面"指的也是陆游吟咏日常生活情景的诗歌，比较集中于放翁晚年闲居山阴时所作，学界将之称为"闲适诗"。

在陆游这类诗歌中，我们可以看到村林茅舍、农田耕渔的农村景象："妇女晨炊动井臼，儿童夜诵聒比邻"②，"窄窄柴门短短篱，山家随分有园池"③；看到花石茶酒、闲行坐卧、读书作诗的斋居生活："痛饮山花插鬓红，醉归棘露沾衣湿"④，"归来何事添幽致，小灶灯前自煮茶"⑤，"春浓日永有佳处，睡味着人如蜜甜"⑥，"窗下兴阑初掩卷，花前技痒又成诗"⑦；看到他游山玩水、寻禅问道的精神追求："老翁七十亦何求，尚赖山行解百忧"⑧，"道士传琴谱，山僧送药方"⑨，"清坐了无书可读，残年堪有佛可依"⑩；也能看到他儿孙相伴、尽享天伦的快意游哉，"儿来问晨炊，一笑挥使去"⑪，"儿曹娱老子，团坐说

---

① 胡云翼：《宋诗研究》，商务印书馆 1930 年版，第 111 页。
② 钱仲联：《剑南诗稿校注》卷 37，《闲居初冬作》，第 2425 页。
③ 同上书，卷 25，《小园》，第 1814 页。
④ 同上书，卷 54，《饮酒近村》，第 3175 页。
⑤ 同上书，卷 79，《自法云归》，第 4301 页。
⑥ 同上书，卷 27，《春日》，第 1873 页。
⑦ 同上书，卷 82，《还东》，第 4419 页。
⑧ 同上书，卷 33，《山行》，第 2201 页。
⑨ 同上书，卷 59《袖手》，第 3856 页。
⑩ 钱仲联：《剑南诗稿校注》卷 11，《白发》，第 863 页。
⑪ 同上书，卷 43，《六月一日晓赋》，第 2694 页。

丰穰"①，"父子追随一笑倾，东园东畔路初成"②……这类诗语
言平和朴素，意境深永秀逸，数量最多，也最能代表陆诗的独
特艺术成就。

戴复古晚年回乡后也创作了不少描写山居日常生活的诗歌，
有对其居处的自得可喜："修竹罩门梅夹路，诗人居处野人
居"③，"山崦谁家绿树中，短墙半露石榴红"④，"虽无往来客，
青山当佳宾"⑤；有山村四时景象的生动描绘："花残蜂课蜜，
林茂鸟安巢"⑥，"雨后菜虫死，秋来花蝶稀"⑦，"催耕啼后新秧
绿，锻磨鸣时大麦黄"⑧；也有子侄相伴出游赋诗、家族祭祀人
丁兴旺的天伦之乐："俗客苦恋坐，小孙痴弄人"⑨，"上下二百
位，尊卑五世人"⑩。

综观戴复古、陆游二人一生的经历，会发现引起他们诗歌主
题变化的原因亦颇相似：陆游早年宦海沉浮，但一直未能跻身高
位，人微言轻，郁郁不得志；戴复古干谒江湖，却仕进不得，沉
沦下僚，进退两难，于是俩人呈现在诗歌中的多为或豪迈或悲慨
的爱国语。陆游 66 岁罢官蛰居乡间，虽然生活清贫，却没有了年

---

① 钱仲联：《剑南诗稿校注》卷 11，《白发》，卷 46，《小集》，第 2835 页。
② 同上书，卷 44，《开东园路北至山脚因治路傍隙地杂植花草》，第 2737 页。
③ 金芝山点校，王埜题跋：《戴复古诗集》卷 7，《见山居可喜》，第 211 页。
④ 同上书，卷 7，《山村》（二首其一），第 213 页。
⑤ 同上书，卷 1，《所馆小楼见山可喜》，第 5 页。
⑥ 同上书，卷 2，《春尽日》，第 38 页。
⑦ 同上书，卷 2，《小畦》，第 66 页。
⑧ 同上书，卷 6，《田园吟》，第 175 页。
⑨ 同上书，卷 2，《一笑》，第 61 页。
⑩ 同上书，卷 3，《岁旦族党会拜》，第 68 页。

轻时万里为官的奔波劳碌，家乡山阴秀美的自然风光，使他暂时忘却了外面世界的险恶，洗涤了他内心报国无门的抑郁，使得他的诗歌呈现一种恬淡、闲适的意味；戴复古年近 70 由儿子接回家中，得养天年，虽然他在诗中一再提及"病""穷""悲"，但是能在花间吟诗，竹楼抚琴，的确远胜于俯仰侯门，在家儿孙满堂，尽享天伦，亦远强过风餐露宿，流浪江湖，因此诗歌主题转向对自身生活的关注也不足为奇。最后，二人都是老寿之人，80 余岁方辞世，这也为他们晚年诗歌创作提供了足够充裕的时间，能让他们以比较清闲的姿态去观察生活琐事。

三 戴复古在诗歌艺术风格上对陆游的传承和学习

陆游之于戴复古，除了诗歌创作主题倾向外，在诗歌风格艺术上的影响也是多方面的，比如体裁格律、谋篇布局、遣词造句等。

吕辉在其《陆游七言律诗研究》中将陆游七律的美学风格概括为豪、奇、健和清四个方面①，其实这也基本上概括了所有陆游诗歌的艺术风格，今取其中"豪、奇、清"三点论述对戴复古诗歌的影响。

（一）豪

陆游的爱国题材诗歌逸兴横飞，充满着雄豪不羁之气，譬如其被誉为"压卷之作"的《长歌行》：

---

① 吕辉：《陆游七言律诗研究》，博士学位论文，陕西师范大学，2008 年。

人生不作安期生，醉入东海骑长鲸；犹当出作李西平，手枭逆贼清旧京。金印辉煌未，白发种种来无情。成都古寺卧秋晚，落日偏傍僧窗明。岂其马上破贼手，哦诗长作寒螀鸣？兴来买尽市桥酒，大车磊落堆长瓶；哀丝豪竹助剧饮，如锯野受黄河倾。平时一滴不入口，意气顿使千人惊。国仇未报壮士老，匣中宝剑夜有声。何当凯旋宴将士，三更雪压飞狐城！①

诗的格调雄放豪逸，悲中带壮，笔力清壮顿挫，结构波澜迭起，既有对现实的不满与牢骚，又充满积极向上的奋斗精神，紧密围绕对国事的关心与对未来的信心；恢宏雄放的气势寓于明朗晓畅的语言和整饬的句式之中，体现出陆诗典型的个性风格，具有很强的鼓舞力。

陆游诗中的豪语、壮语、狂语更是不胜枚举，时而是可以移动天地山川的巨人："先取山川来掌上，却移天地入壶中"②；时而是英勇善战的将领："江面水军飞海鹘，帐前羽箭射天狼"③；时而是虽不得重用，然复国之心不死的志士："丈夫五十功未立，提刀独立顾八荒"④……这样的句子在陆游的诗中俯拾皆是，难怪陆游自己都说："放翁五十犹豪纵。"⑤

戴复古继承陆游这一豪迈奔放的风格的作品主要是长篇古

---

① 钱仲联：卷5，《剑南诗稿校注》，第467页。
② 同上书，卷65，《道院杂兴》，第3672页。
③ 钱仲联：《剑南诗稿校注》卷10，《将至金陵先寄献刘留守》，第818页。
④ 同上书，卷4，《金错刀行》，第361页。
⑤ 同上书，卷10，《怀成都十韵》，第825页。

体和词作。这些作品一扫江西诗风的艰涩生僻，表现出酣畅淋漓、波澜壮阔的气势。如《求先人墨迹呈表兄黄季文》："我翁本诗仙，游戏沧海上。引手掣鲸鲵，失脚堕尘网"①，动宕流转，飞扬奔腾，隐然有李白之风；又如《水调歌头·题李季允侍郎鄂州吞云楼》："轮奂半天上，胜概压南楼。筹边独坐，岂欲登览怯双眸。浪说胸吞云梦，直把气吞残敌，西北望神州"②，慷慨激昂的爱国之情，气吞残虏的豪情壮志，堪与稼轩词的豪迈壮烈相伯仲。

而这些豪迈奔放的作品，又往往与作者诗词中的爱国题材相联系。如其《南岳》：

> 南云缥缈连苍穹，七十二峰朝祝融。凌空栋宇赤帝宅，修廊翼翼生寒风。朝家遣使严祀典，御香当殿开宸封。口愿四海扶九重，干戈永息年屡丰。五岳今唯见南岳，北望乾坤双泪落。③

诗歌极力描写了南岳衡山的气势磅礴，高连苍穹，并向山神祈求从此国家能不再有战争和饥贫，末句点明了国家残缺不全的现实，豪迈之气之中又添了几分沉郁。

戴复古在诗歌艺术风格上继承了陆游的"豪"，一是与两人的性格有关，陆游"天资慷慨，喜任侠，常以踞鞍草檄自任"④，而戴复古"……隐然有江湖庙廊之忧，虽诋时忌，忤达

① 金芝山点校，王埜题跋：《戴复古诗集》卷1，第1页。
② 同上书，《戴复古诗集钞补》，第245页。
③ 同上书，卷1，第16页。
④ 叶绍翁：《四朝闻见录》，三秦出版社2004年版，第94页。

官，弗顾也"①，两人相似的疏放豪迈性格是形成"豪"之诗风的重要原因；二是戴复古与陆游有一共同学习的老师——杜甫，杜甫的爱国忧民思想、沉郁顿挫的诗歌风格都不同程度地被两人所继承，形成了"豪"之气概。

（二）奇

戴复古在《读放翁先生剑南诗草》中曾说陆游的诗"入妙文章本平淡，等闲言语变瑰奇"②，很明显，他认识到了陆游诗歌中"奇"的特点。陆游诗歌的"奇"，一是语言上的鲜活，注重炼字炼句，写出新意，"我得茶山一转语，文章切忌参死句"③；二是精妙的对偶句的运用，以至后人有"古人好对偶被放翁用尽"④ 之叹；三是飞动的气势，浪漫的想象，尤其是通过现实和想象结合而形成的独特诗情，构成了陆游诗歌"奇"的一个重要特征，如《弋阳道中遇大雪》：

我行江郊暮犹进，大雪塞空迷远近；壮哉组练从天来，人间有此堂堂阵！少年颇爱军中乐，跌宕不耐微官缚；凭鞍寓目一怅然，思为君王扫河洛。夜听簌簌窗纸鸣，恰似铁马相磨声；起倾斗酒歌出塞，弹压胸中十万兵。⑤

诗歌首写江郊遇雪，次写少年志向，末写深夜独酌。由眼

---

① 金芝山点校，王埜题跋：《戴复古诗集》，第 326 页。
② 同上书，卷 6，第 171 页。
③ 钱仲联：《剑南诗稿校注》卷 31，第 2115 页。
④ 刘克庄：《后村诗话》前集卷 2。
⑤ 钱仲联：《剑南诗稿校注》卷 11，第 932 页。

前实景引出想象：这壮丽的世界，好像无数白盔白甲的神兵自天而降，这里以"组练"形容大雪，与前人"撒盐""飞絮"的比拟迥异其趣。结尾四句写现实和理想的矛盾，诗人夜宿释合，四顾萧瑟，只听风吹窗纸发出的响声，好像战马相磨之声，这是一种幻觉，也是诗人心中一直不曾忘记的理想。

戴复古不少作品也通过跳荡的感情和飞跃的想象来表达深刻的主题，如《阿奇晬日》：

穷居少生涯，养子如种谷。寸苗方在手，想象秋禾熟。吾儿天所惠，骨相颇丰硕。娟娟怀抱中，一岁至週日。愿汝无灾害，长大庶可必。十岁聪明开，二十盍奋发。胸蟠三万卷，手握五色笔。策勋文字场，致君以儒术。不然学孙吴，纵横万人敌。为国取中原，辟地玄冥北。他年汝成就，料我头已白。光华照老眼，甘旨不可缺。为子必纯孝，为人必正直。以我期望心，一日必一祝。勿为痴小儿，茫然无所识。胎教尚有闻，斯言岂无益。①

诗歌为小儿周岁时所作。开篇写实，先写将小儿抱在手中，觉得他骨相丰硕，接着写对他的希望；中间几联，感情跳荡非常大，气势飞动，想象丰富，希望儿子或学文，能以儒术辅佐君王，或学武，能为朝廷收复中原；最后又回到眼前，希望他孝顺父母，正直为人，千万不要成为痴呆小儿。

陆游早年师从曾几而诗歌与吕本中有几分相似，追求炼字炼句的功夫，同时提倡"诗外功夫"，从生活中去寻找素材，寻

---

① 金芝山点校，王埜题跋：《戴复古诗集》卷1，第15页。

常景物经过诗人的奇思妙想之后，就会创造出新的诗意；而戴复古诗歌艺术的其中一个渊源是以姚合贾岛为代表的晚唐诗，那种对字句的推敲和锤炼的注意，在他的不少诗中都能体现出来，同时他又能注意作品的生动、形象、真实反映生活，"雕镂太过伤于巧，朴拙唯宜怕近村"①，诗歌不能太过雕琢，但也不能太随意，"须教自我心中出，切忌随人脚后行"②，要自出机杼，求新求奇。

（三）清

胡应麟《诗薮》云：

> 诗最可贵者清，然有格清，有调清，有思清，有才清，才清者，王、孟、储、韦之类是也。若格不清则凡，调不清则冗，思不清则俗。王、杨之流丽，沈、宋之丰蔚，高、岑之悲壮，李、杜之雄大，其才不可概以清言，其格与调与思，则无不清者。③

蒋寅先生将"清"的美学内涵概括为明晰省净、超脱尘俗而不委琐、新颖、清冽、古雅等几个方面④，陆游诗歌恰恰能很好地体现这些内涵，尤其是他晚年赋闲山阴二十年所创作的闲适诗。

---

① 金芝山点校，王埜题跋：《戴复古诗集》卷7，《论诗十绝》其三,，第230页。
② 同上书，卷7，《论诗十绝》其四，第230页。
③ 胡应麟：《诗薮》外编卷4。
④ 蒋寅：《古典诗学中清的概念》，《中国社会科学》2000年第1期。

赵翼《瓯北诗话》说陆游："及乎晚年，则又造平淡，并从前求工见好之意亦尽消除。"① 诗人晚年闲适诗努力实践平淡清新的诗风，一是儒家安贫乐道思想的影响，使他能抱着安于清贫，甘于淡泊的心态面对乡居生活；二是受老庄适性自然思想的影响，追求人格的自由，顺应自然；三是受当时宋人创作风貌的影响。宋人诗学白居易者颇多，宋初王禹偁虽倡学杜，实则主要学白，故其诗号称"白体"。其后梅尧臣继之，论诗唯举"平淡"，并推誉为最高境界。作为与西昆抗衡的理论和实践，"平淡"说掀起一股宋诗尚淡尚硬尚朴尚拙的强劲风潮，以至经江西派的热潮后，陆游尚赞赏梅氏"天资卓伟，其于诗，非待学而工，然学亦无出其右者"②。

这种"清"在陆游诗中，体现在内容上，是细致入微地描写平淡琐碎的日常生活，体现在语言上，是清新浅切的俚俗口语的运用，体现在意境上，则是营造一种冲淡平和的美学风貌。"清"一词更是频频出现在陆游诗作中，"远来不负东皇意，一绝清诗手自提"③，"即今画史无名手，试把清诗当写真"④，"清夜炷炉香，袅袅起孤云"⑤，"稽山翠入家家窗，此家清绝无与双"⑥，"兴来自喜犹强健，一纸清诗取次成"⑦。

---

① 赵翼：《瓯北诗话》卷6，人民文学出版社1963年版，第80页。
② 陆游：《梅圣俞别集序》。
③ 钱仲联：《剑南诗稿校注》卷1，《平阳驿舍梅花》，第31页。
④ 同上书，卷17，《射的山观梅》，第1306页。
⑤ 同上书，卷17，《秋夜读书有感》，第1322页
⑥ 同上书，卷22，《舟过梅坞胡氏居爱其幽邃为赋一诗》，第1658页。
⑦ 同上书，卷15，《拥炉》，第1218页。

而戴复古幼孤失学，一生又都沉沦下寮，郁郁不得志，也使得他诗歌创作有意追求"清"与"俗"的意趣。他在《望江南·自嘲》词中写道"贾岛形模原自瘦，杜陵言语不妨村"①，正是对这种诗歌创作风格追求的生动写照。

试看其《浒以秋兰一盆为供》：

> 吾儿来侍侧，供我一盆兰。萧然出尘姿，能禁风寒露。移根自岩壑，归我几案间。养之以水石，副之以小山。俨然对益友，朝夕共盘桓。清香可呼吸，薰我老肺肝。不过十数根，当作九畹看。②

诗歌以清新简朴的语言描写了诗人晚年生活中一个细节：儿子捧来一盆兰花供老父种养，诗人如何将它种入盆中，又添上小山水石，与之朝夕相对，清香扑鼻。诗人怡然自得的晚年生活跃然纸上。屈原《离骚》中有："余既滋兰之九畹兮，又树蕙之百亩。"九畹后成为种兰的典故。此诗末句"不过十数根，当作九畹看"正是用了这个典故，但是放在特定的语言环境中，已浑然无迹，即使不知道这个典故，亦不会影响对诗句的理解。

戴复古诗中亦有古淡高雅之作。如其《白苎歌》：

> 云为纬，玉为经，一织三涤手，织成一片冰。
>
> 清如夷齐，可以为衣。陟彼西山，于以采薇。③

该诗在当时就已经受到了很高的评价。《玉林诗话》中黄玉林云："赵懒庵为戴石屏选诗百余篇，南塘称'其识精到'，其

---

① 金芝山点校，王堃题跋：《戴复古诗集》卷8，《望江南·自嘲》，第239页。

② 同上书，卷1，第9页。

③ 金芝山点校，王堃题跋：《戴复古诗集》卷1，第2页。

间《白苎歌》，最古雅，语简意深，今世难得，所谓一不
为少。"①

清人翁方纲也称赞该诗"托寄清高，与乐府《白苎词》之
旨不同"②。

自宋以来，模拟、追随陆游诗歌创作者不一而足，戴复古
虽然在诗歌数量、气局、思路、才气上仍远远无法与陆游相比，
但是无论是在诗歌的主题倾向、题材选择，还是诗歌风格形成
上，两人之间的师承关系还是非常明显的。而正是通过戴复古、
刘克庄等人对陆游的自觉学习和仿效，江湖诗派逐渐形成了新
的诗学取向，完成了对四灵的超越，也逐渐走出晚唐的窠臼，
成为晚宋诗坛最为瞩目的一支力量。

---

① 魏庆之：《诗人玉屑》卷 19，中华书局 2007 年版。
② 金芝山点校，王埜题跋：《戴复古诗集》，第 343 页。

陆游在闽时的海洋游历与台湾诗缘

（中国台湾）中国文化大学 廖一瑾

一 陆游的海洋经历与《感昔》

陆游在福州时，因地利之便，可能有几次航海经验，他在绍兴二十九年，三十五岁时曾写下《航海》：

> 我不如列子，神游御天风。尚应似安石，悠然云海中。
> 卧看十幅蒲，弯弯似张弓。潮来涌银山，忽复磨青铜。
> 饥鹘掠船舷，大鱼肆虚空。流落何足道，豪气荡肺胸。
> 歌罢海动色，诗成天改容。行矣跨鹏背，弭节蓬莱宫。

这首诗描绘了大海的波澜壮阔以及自身的豪迈，是宋代海洋文学中的佳作。四十五年后，他八十岁时，回忆当年的航海经验，所作的《感昔》诗却是不同的景象。

陆游的一生因为主张抗金，和主和派格格不入，仕途因之多舛不顺。光宗绍熙元年，六十六岁的陆游回到山阴，过着田园躬耕的闲居生活。直到宁宗嘉泰三年，七十八岁时再被朝廷任命为实录院同修纂，兼同修国史。他前往临安，参加修撰孝宗、光宗两朝实录及三朝史的工作。次年四月，史书告成，陆游即请求还乡。五月回到山阴，此时陆游已经八十岁了，他仍不停地写作，一年便写了453首。① 正如同朱东润所说："在这里我们必须记清陆游的年龄，将近八十岁的人，对于生活常常是向后看的。固然，在号角高奏的当中，他会和奔马一样，瞪着眼睛向前，可是平时他还是向后看的，这就使他不断地怀念自己的庭园。"②

《感昔》诗便是八十岁的陆游"向后看"的回忆之作，也是他此生走过千山万水，返回故乡颐养天年时的众多作品之一。这五首诗，并无系统，但都是他生命中深刻的回忆。依时间顺序排列，第一首是他回忆起四十五年前，他三十多岁刚做官时，在福州的一次难忘的海上南行之旅。那是在绍兴二十九年的秋天雷雨刚停，天朗气清，他搭上了一艘又稳又大的"万斛舟"，那一天，他看到了台湾！

二　"稳驾万斛舟"与宋代海运

诗中描写陆游所乘"万斛舟"是艘大船，在茫茫无际的大海中走得四平八稳。由福州沿着台湾海峡航行，此行的目的是"南游"，往南是到泉州还是南洋，作者并未说明，但却表达了陆游对南宋航海技术的称赞！

---

①　参见严修《陆游诗集导读》，巴蜀书社1996年版，第61页。

②　朱东润：《陆游传》，海南出版社1993年版，第155页。

南宋时期中国的造船技术远远居于世界的前列。宋代指南工具已由人工磁石替代了天然磁体，磁针代替磁勺，指南针成了全天候的导航工具。

此时中国的经济重心已由北向南转移，北方的丝路因陷入西夏手里，和西方各国的通商，只能转向海路，造就了宋代极为发达的海洋贸易。从流传下来的《岭外代答》《诸蕃志》等地理书的记载上看，在两宋时期与中国进行海外贸易的国家和地区起码有五十多个，其中比较密切的有高丽（朝鲜）、日本、占城（越南中部）、阇婆（爪哇）、蒲甘（缅甸）、真腊（柬埔寨）、三佛齐（印度尼西亚苏门答腊岛东部）、大食等，其中大多数是在南洋群岛与亚洲南部、西南部的沿海地区。[①]

三　宋代柁师所指点的"流求国"

柁师是船长，犹如今日之向导，当时他是如何向三十五岁的陆游介绍"流求"的呢？

"流求"是今日的台湾。台湾在三国时称为"夷州"或"夷洲"，隋朝开始称为"琉球"或"琉求"。《隋书》《陈棱传》和《东夷传》流求国条对台湾有详细的记载，后者记道："流求国，居海岛之中，当建安郡东，水行五日而至。"宋代泉州市舶司赵汝适的《诸蕃志》，对台湾和澎湖均有记载："琉求

---

① 参见陶雪《谈谈两宋时期的海外贸易》，前线出版社 1984 年版，第46 页。

国，当泉州之东，舟行约五、六日行程。""泉有海岛曰澎湖，隶晋江县，与其国密迩，烟火相望。"①

宋宁宗嘉定十年，担任泉州知府的真德秀在《申枢密院措置沿海事宜状》中记道："永宁寨（地名水澳），去法石七十里。出干道间，毗舍耶国入危害居民，遂置寨于此。其地阚临大海，直望东洋。一日一夜可至澎湖。澎湖之人，遇夜不敢举烟，以为流求国望见，必来作过。以此言之，置寨城得其地。"②

据当代学者庄万寿考证："十二世纪时掠夺宋国泉州的毗舍耶国人，可能为台湾平埔族凯达格兰人。"③ 由此推想，陆游航海时，船长所指点的流求国是一个令人恐惧生畏、岛民常到澎湖、泉州杀人劫财的未开化民族。

推想当时的陆游只想远远地观看远方海洋上的神秘岛屿，并没有登临一探的期待。

淳熙三年冬天陆游在成都写了《步出万里桥门至江上》云："常忆航巨海，银山卷涛头。一日新雨霁霁，微茫见流求。"此诗从关于天气的描述来看，应与《感昔》其一是同一次的航海经历。

四　结论

陆游一生，无日不吟，诗作留存下来的约有万首。《剑南诗稿》依其创作年代一一叙录。故读其诗如同读他的生平日记：

---

① 李祖基：《台湾历史研究》，海峡学术出版社 2008 年版。
② 真德秀：《西山先生真文公文集》卷八。
③ 庄万寿：《台湾海洋文化初探》，《中国学术年刊》1997 年第 18 期。

喜怒哀乐、爱国襟抱、民情风俗、山川游历、物候兴衰、友朋聚别等，丰富而多彩。在他的生平阅历中，福州时期的航海经历，成了他晚年醇美的回忆。他的《感昔》其一，虽只有短短二十八字，却展现了南宋时期台湾海峡上，技术先进的船只往来的海上风光！

陆游题咏拟岘台诗解读

南昌大学　文师华

一　关于拟岘台的沿革

拟岘台，在今江西抚州市城区东南隅盐步岭，位于抚河边上山水交汇处，因形似岘山，故名拟岘台。岘山究竟指哪个地方的岘山呢？

《汉语大词典》载，名叫岘山的地方主要有三处：一处在湖北襄阳县南，又名岘首山。东临汉水，为襄阳南面要塞。西晋羊祜镇襄阳时，常登此山，置酒吟咏。《晋书·羊祜传》："祜乐山水，每风景，必造岘山，置酒言咏，终日不倦。"唐孟浩然《岘山送朱大去非游巴东》诗："岘山南郭外，送别每登临。"宋韦居安《梅磵诗话》卷上："羊叔子镇襄阳，尝与从事邹湛登岘山，慨然有'湮没无闻'之叹，岘山因是以传。"一处在浙江湖州市南。本名显山，后避唐中宗（李显）讳，改名岘山。宋苏轼任湖州太守时，曾登此山，有诗云："吴兴胜襄阳，万瓦浮青冥。我非羊叔子，愧此岘山亭。"一处在浙江东阳县南。原名三丘山。晋义熙间殷仲文守东阳，常登此山。后人比之羊祜，因亦名岘山。其中，位于湖北襄阳县南的岘山命名时间最早，且与西晋羊祜有关。

抚州的拟岘台始建于北宋嘉祐二年，由当时抚州知州裴材主持兴筑。曾巩在应裴材之请所作《拟岘台记》中是这样说的："尚书司门员外郎晋国裴君，治抚之二年，因城之东隅，作台以游而命之曰拟岘台。谓其山溪之形拟乎岘山也。"王安石《为裴使君赋拟岘台》云："君作新台拟岘山，羊公千载得跻攀。"点明临川拟岘台是模仿湖北襄阳县南的岘山而得名，并把临川太守裴材比作西晋荆州诸军都督羊祜。

拟岘台自 1057 年兴建至今，历经千年，期间屡经废兴。据史载，大的重建维修，共有六次：一修于北宋政和元年，由知州狄明远重修，谢逸作记；二修于南宋景定三年，由知州眉山人家坤翁主持并作记；三修于明嘉靖二十五年，由同知陈一贯主持，陈九川作记；四修于清康熙十八年，由知府陈洪谏重修，胡亦堂作记；五修于清乾隆四十九年，由知府陈朗主持；六修于清道光二年，由临川知县姜铨捐赀重建，杨护作记。现在的拟岘台为第七次重新修复，从 2009 年 8 月正式开工，到 2012 年国庆节竣工并对外开放，前后花了三年多时间。主体高度为49.9 米，为宋代风格建筑。①

拟岘台历来为江南名胜，抚州郡城第一胜景，在古代曾与河北幽州台、山西鹳雀楼、赣州郁孤台等齐名。历代不少文人

---

① 摘自百度百科"拟岘台"。

墨客到拟岘台登临揽胜，吟诗赋，数量较为可观。据不完全统计，历代文人墨客为拟岘台所作题记诗赋有：记8篇、赋2篇、诗50余首。

二　陆游到抚州为官的时间及其咏拟岘台诗的创作

陆游一生两次来江西为官：第一次是乾道元年，陆游改调隆兴通判；第二次是淳熙六年，陆游提举江南西路常平茶盐公事，十二月到抚州任。

抚州之名，始于隋代。隋开皇九年，废临川、巴山两郡置抚州（取安抚之意），抚州之名始于此。将西丰、定川两县并入临汝县，改称临川县。抚州辖临川、南城、崇仁、邵武四县，郡治在临川。大业三年，改抚州为临川郡。唐武德五年，改临川郡为抚州，隶洪州总管府。天宝元年，改抚州为临川郡。乾元元年，临川郡复为抚州。北宋初年，抚州为南唐辖地。宋太祖开宝八年，南唐亡，改抚州为军州，抚州、建武军归宋，属江南西路。太平兴国元年，抚州、建武军改属江南路。南宋绍兴元年，抚州、建昌军改属江南东路。四年，复属江南西路。陆游到抚州为官时，抚州隶属于江南西路。①

在这前后两次到江西为官之间，陆游于乾道六年到夔州任通判，乾道八年三月到南郑（今汉中市），在抗金前线南郑任王炎幕府干事兼检法官，十一月就离开南郑赴成都府安抚司任参

---

① 摘自百度百科"抚州、临川历史沿革"。

议官。陆游在南郑前线任职的八个月时间是他一生最辉煌的时期，对他诗风的转变有重大影响。被调到成都之后，陆游感到抗金复国的理想落空了，极为苦闷，常借酒浇愁，同僚们讥笑他燕饮颓放，于是他自号"放翁"。此后又被频繁调动，先后任蜀州（今四川崇庆）通判、代理嘉州知州、荣州（今四川容县）代理州事。到淳熙五年，陆游免职东归，先在福建任提举福建常平茶盐公事。淳熙六年调为提举江南西路常平茶盐公事，开始了第二次在江西为官的生涯。十二月，陆游到抚州任。不久，抚州地区发生水灾，陆游开仓救济灾民，反而遭到弹劾，以擅自开仓的罪名被罢官。淳熙七年冬，陆游返回老家山阴。①可见。陆游第二次在江西为官近一年时间。

陆游在抚州任上，多次登临拟岘台，留下了七首题咏拟岘台的诗篇，这七首诗的写作时间，无疑是在淳熙六年冬到淳熙七年冬。从每首诗中还可以看出所写的季节。

三　陆游咏拟岘台诗解读

> 垂虹亭上三更月，拟岘台前清晓雪。
>
> 我行万里跨秦吴，此地固应名二绝。
>
> 山川灭没雪作海，乱坠天花自成态。
>
> 狂歌痛饮豪不除，更忆衔枚驰出塞。
>
> 芦摧苇折号饥鸿，欲傅粉墨无良工。

---

① 孙望、常国武：《宋代文学史》，下册，人民文学出版社 1996 年版，第104 页。

摩挲东绢三叹息，收入放翁诗卷中。

明朝青天行日毂，万瓦生烟失琼玉。

世间成坏本相寻，却看晴山晕眉绿。①

——《拟岘台观雪》

注释：

垂虹亭：在江苏吴江县长桥上。秦吴：秦，今陕西一带，包括汉中地区；吴，吴越，包括今江苏、浙江等地。二绝：两种绝妙的景物，即三更月、清晓雪。衔枚：古代夜行军时，士兵口里横衔筷子形状的短小棍子，以防喧哗或叫喊。傅：涂搽，此处指描绘雪景。摩挲：抚摸。东绢：旧指四川省盐亭县产的鹅溪绢，多用于绘画。日毂：太阳。相寻：相继，接连不断。晕眉绿：在眉峰上涂上绿色。晕，涂抹。

解说：

此首七言古诗应是淳熙六年冬陆游刚到抚州所写。1—4句，空间跨度大，由江苏吴江的垂虹亭到江西抚州的拟岘台，由西部川陕到东部吴越，概括了自己离开四川到福建、江西为官的经历，称赞抚州拟岘台兼有吴江的月色和川陕的雪景。5—8句，运用白描手法，重点描绘拟岘台所看到的雪景和把酒赏雪的神情：山川被白雪覆盖，成为茫茫雪海，天空雪花飞舞，姿态万千。诗人狂歌痛饮，豪兴勃发，并回想起在南郑地区雪夜衔枚行军、开赴前线杀敌的情景。9—12句，描绘雪天

---

① 北大古文献所编：《全宋诗》，第39册"陆游一二"，北京大学出版社1998年版。本文所引陆游咏拟岘台诗，据此本。

的苍凉景象，叹赏眼前的雪景欲画不能，只能以诗描绘，收入诗中。"芦摧苇折号饥鸿"意思是芦苇被大雪摧折，饥饿的鸿雁哀号悲鸣，此句像一个特写镜头，展示了寒冬对万物的摧残，这种景象最有诗情画意，最能发人深思。诗人感叹自己不擅长绘画，不能把眼前的雪景用色彩描画下来。他抚摸四川盐亭县产的鹅溪绢，叹息再三，决定以诗句来描绘眼前大雪纷飞、万物萧条的雪景。13—16 句，设想明天太阳出来，气温上升，万瓦生烟，琼玉般的雪景很快会消失，晴天的山川又会重新抹上一层绿色，作者认为这种雪后天晴的自然景象符合"世间成坏本相寻"的规律。这样的结尾充满理性，格调昂扬向上。

此诗艺术上运用白描手法写景状物，意象鲜明生动；把眼前景物与往日异地生活联系起来，联想丰富，思路开阔；在景物描写之中融入抒情和说理，增强了诗的感染力和思想深度。

> 层台缥缈压城闉，倚杖来观浩荡春。
> 放尽樽前千里目，洗空衣上十年尘。
> 萦回水抱中和气，平远山如酝藉人。
> 更喜机心无复在，沙边鸥鹭亦相亲。
>
> ——《登拟岘台》

注释：

缥缈：高远隐约的样子。城闉（yin，阴平）：城内重门，也泛指城郭。十年尘：指自乾道六年到夔州任通判以来十年的仕宦生涯。萦回：盘旋往复。酝藉：蕴藉，宽和有涵容。机心：

巧诈之心，机巧功利之心。

解说：

此首七律应是淳熙七年春写的。1—2 句从写景入手，写耸立在城墙上的拟岘台高远隐约，诗人倚杖登台，观赏浩荡春色。3—4 句抒发登高望远的兴致，诗人在拟岘台上把酒临风，目极千里之外，借大好春光洗去十年来衣上的尘土，即仕宦中的苦闷失意。5—6 句，运用比喻手法，描写登高所见的河水与山峦，说盘旋往复的河水环抱着中正平和的气象，平旷遥远的山峦像是含蓄敦厚的人物，赋予山水以君子之德，写法上以人的性情修养比喻山水的形貌精神，富有新意。7—8 句，抒发由眼前秀美的山水引发的超尘脱俗的情怀，诗人感到平日的机巧功利之心此刻不复存在，心与物合，无障无碍，沙洲边上的鸥鹭也显得亲近可爱。这种结尾与黄庭坚《登快阁》的结句"万里归船弄长笛，此心吾与白鸥盟"可谓异曲同工。

此诗描绘了诗人春日登临拟岘台所看到的秀美山水，抒发了把酒临风的兴致和超尘脱俗的情怀。艺术上，比喻新颖，语言清丽酣畅，气象平和开阔，故当推为陆游咏拟岘台诗的代表作。

> 高城断处阁横空，目力虽穷兴未穷。
> 燕子争泥朱槛外，人家晒网绿洲中。
> 谁能招唤三秋月，我欲凭陵万里风。
> 更比岘山无湛辈，论交惟是一枝筇。
>
> ——《雨后独登拟岘台》

注释：

断处：尽头的地方。阁：指拟岘台。目力：视力，视线。凭陵：也作凭凌，凌驾，驾驭。湛辈：西晋邹湛那样的同伴。宋·韦居安《梅磵诗话》卷上："羊叔子镇襄阳，尝与从事邹湛登岘山，慨然有'湮没无闻'之叹，岘山因是以传。"筇（qiong，阳平）：筇竹，指手杖。

解说：

此首七律应是淳熙七年春夏之交所写。1—2句写拟岘台高耸在城墙尽头处，像是横立在空中，诗人放眼观赏，兴味无穷。3—4句，目中所见的城内、城外美景：城内居民房屋的红色栏杆外，紫燕衔泥，竞相飞舞；城外河边的绿洲上，渔民晒着渔网。城内、城外，显示出一派平和安宁的景象。5—6句，由眼前春景联想到三秋月色，抒发欲驾万里长风遨游太空的浪漫情怀，把登台游览的兴致推向高峰。7—8句，扣住题中的"独"字，兴尽悲来，产生孤独感，感到身边缺乏西晋邹湛那样乐游山水的同伴，陪伴自己的只有手中的竹杖。

此诗前六句景象清丽，意兴豪迈，末二句陡然一转，显得深沉孤独，章法上先扬后抑，富有变化。

> 雨气分千嶂，江声撼万家。云翻一天墨，浪蹴半空花。
> 喷薄侵虚阁，低昂泛断槎。壮游思夙昔，乘醉下三巴。
>
> ——《冒雨登拟岘台观江涨》

注释：

分：分散，分开，隔开。江声：江河水声，此处指抚河的

水声。抚河位于江西东部，是鄱阳湖水系主要河流之一，发源
于武夷山脉西麓广昌县驿前乡的血木岭，全长 312 公里，流经
南城、抚州市临川区、丰城、进贤、南昌县之后，汇入鄱阳
湖。蹴（cu，去声）：追逐，翻滚。喷薄：此处指河水汹涌激
荡。断槎：孤零零的竹筏。三巴：古地名，巴郡、巴东、巴西
的合称，多泛指今四川、重庆一带。

解说：

此首五律应是淳熙七年夏写的。1—2 句，总写雨遮群
山，江声震荡。3—4 句，具体描绘天上乌云密布，浓黑如
墨；河中风浪翻腾，像雪花在空中飞舞。其中第三句化用苏
轼《望湖楼醉书》中首句"黑云翻墨未遮山"。5—6 句，描
绘河水上涨，水势汹涌激荡，楼阁仿佛虚浮在半空，孤零零
的竹筏在波涛汹涌的水面上低昂起伏，漂荡不定。7—8 句，
表达观看河水上涨的感受，由眼前翻腾起伏的河水和漂荡不
定的孤筏，联想到自己昔日从四川乘船沿江东下经过急流险
滩时的情景。

此诗运用比喻和夸张的修辞手法，描绘了江南夏天云
浓、雨急、江河水位上涨的景象，向读者展示出一幅浓墨重
彩的江南烟雨图；结构上先总后分、有条不紊，显示出娴熟
的技法。

> 憔悴思吴客，凄凉拟岘台。一年秋欲到，两鬓老先催。
> 袅袅菱歌断，翩翩水鸟来。倚阑哦五字，未稳莫轻回。
>
> ——《登拟岘台》

注释：

憔悴：面容黄瘦，忧戚，烦恼。吴：吴越之地，指作者的家乡。袅袅：悠扬婉转。翩翩：飞行快速。倚阑：倚栏，靠着栏杆。未稳：未写稳妥。

解说：

此首五律应是淳熙七年初秋写的。1—2 句，描写自己的神情，面容憔悴，心情忧伤，充满仕途失意和思乡之情，境因情生，因而感到拟岘台凄凉冷落，"憔悴""凄凉"奠定了全诗的基调。3—4 句感叹秋天到来，时光易逝，老大无成。5—6 句，写盛夏季节悠扬婉转的采菱歌声停止了，河水中只见鸟儿飞翔，以水鸟的自由飞翔反衬自己的孤单寂寞。7—8 句，写自己凭栏吟诗，记录自己的心绪。

此诗首二句奠定全诗的基调，主要表达仕途失意和思乡之情，写法上以抒情为主。

> 放翁局促留江干，爱此楼前烟水宽。
>
> 雨昏回望殿突兀，秋晚剩觉山苍寒。
>
> 中原未复泪横臆，故里欲归身属官。
>
> 云外飞仙故不远，唤渠小为驻青鸾。

——《秋晚登拟岘望祥符观》

注释：

祥符观：道观，在临川城之西。祥符，吉祥的征兆。王安石于皇祐二年知鄞县任满，回临川，应祥符观道士之请，撰写《抚州祥符观三清殿记》。局促：形容受束缚而不得舒展。江干：

江边，江岸，此处指抚河边。殿：指祥符观。突兀：高耸突出。
剩觉：更加觉得。苍寒：苍翠而带寒气。横臆：充满心间。故
里：故乡。属官：属于朝廷官员。故：本来。小为驻：略为停
留。青鸾：一是古代传说中凤凰一类的神鸟，赤色多者为凤，
青色多者为鸾，多为即青鸟，多为神仙坐骑。二是指青鸟，借
指传送信息的使者。

解说：

此首七律应是淳熙七年秋写的。1—2 句，直抒胸臆，心
情不佳，登台遣闷。3—4 句，写观望秋日傍晚雨中的祥符观，
宫殿高耸，更觉得群山苍翠而带寒气。5—6 句，由眼前苍凉
景象联想到中原未复，想回故乡也不可能。7—8 句，希望传
说中传送信息的使者青鸟略作停留，为自己捎去给家乡亲人的
信件。这一结尾依然紧扣"祥符观"是神仙驻地这一题意，
写法上类似李商隐《无题》结句"蓬山此去无多路，青鸟殷
勤为探看"。

此诗由观望祥符观，联想到中原未复，并产生思乡之情，
感情深沉，联想丰富。

> 小阁敞朱扉，停车暂息机。行人呼晚渡，幼妇浣秋衣。
> 霜树欹危堞，风鸦满落晖。登临客愁里，况是送将归。
>
> ——《别张教授归独登拟岘》

注释：

朱扉：红漆门。息机：停息机巧功利之心。欹危堞：欹，
通倚，斜靠；危堞，高高的城墙。风鸦：在风中乱飞的乌鸦。

解说：

此首五律应是淳熙七年深秋写的。1—2 句，叙写送别张教授归来途中，停车登上拟岘台，暂时抛弃迎来送往的世俗功利之事。3—4 句，写傍晚时分，行人呼唤渡船，准备回家，年轻的妇女洗衣归来。5—6 句，写日落时分，带有寒霜的树木环绕高高的城墙，在秋风中乱飞的乌鸦正在寻找归宿。7—8 句，写自己客居他乡，独自登台，客中送客，充满思乡之情。

此诗书写客居临川的忧愁，艺术上，以行人呼唤渡船、幼妇洗衣归来、风鸦飞归霜树，反衬诗人客居他乡的愁思。

结　语

陆游咏拟岘台七首诗，从内容来看，主要描写了抚州拟岘台一带春、夏、秋、冬四季的自然风光和居民生活，穿插了对往日在抗金前线生活的回忆，抒发了对自然山水的热爱，仕途失意的苦闷和浓烈的思乡之情。从艺术形式来看，这七首诗以律诗为主，其中七律 3 首，五律 3 首，七言古诗 1 首，作者驾驭律诗的技巧非常娴熟，对偶工整，声韵和谐，章法也富有变化。在写景抒情方面，作者思路开阔，联想丰富，善于运用白描、比喻、夸张等手法，诗的意象鲜明生动，情思深沉婉曲，语言清丽酣畅，无疑是一组优秀的山水咏物诗。

陆游孤村诗小考

——以《十一月四日风雨大作》其二为起点

（日本）爱知大学　三野丰浩

一般来说，作为诗语的"孤村"本来不能和"轮台""铁马"等边塞诗的因素结合在一起。但是，陆游非常佩服盛唐边塞诗人岑参，并明显地受到他的影响。陆游在《十一月四日风雨大作》其二里，把萧条的"孤村"和边塞的"轮台""铁马"大胆地结合起来，就表现了未曾有的意境；加上"风吹雨"这种暴风雨的描写也增强了这首诗的感染力。可以说，这些都是这首诗的独到之处。

绍熙三年冬，陆游在山阴写了七绝《十一月四日风雨大作》（《诗稿》① 卷26），时68岁。二首其二曰：

---

① 陆游：《剑南诗稿》，本文中均简称为《诗稿》。文中引用的陆游作品，都出自钱仲联、马亚中主编《陆游全集校注》，浙江出版联合集团、浙江教育出版社2011年版。

　　僵卧①孤村不自哀，尚思为国戍轮台。

　　夜阑卧听风吹雨，铁马冰河入梦来。

　　不用说，这是陆游的代表作之一，钱锺书《宋诗选注》（人民文学出版社 1958 年初版）也收录了这首诗。在这首诗中，我要关注"孤村"这个词语。"孤村"是"孤零零的村庄"的意思（据《汉语大词典》），基本上带有萧条的语感，给人以荒凉而且寂寞的印象。这里，首先调查这个词语的来源和历代诗词上的用法，然后通过探讨陆游的作品世界，考察《十一月四日风雨大作》其二在表现上的独创性。

一　陆游以前历代诗词中的"孤村"诗词

（一）唐代以前的情况

　　唐以前，"孤村"这个词语都不见于《诗经》《楚辞》和《文选》，也不见于《玉台新咏》。在魏晋南北朝时期，最有代表性的曹植、阮籍和陶渊明等诗人的作品里也找不到"孤村"②的例子。在唐代以前的诗歌中，"孤村"只有一例，就是传为隋炀帝杨广作的《诗》（《先秦汉魏晋南北朝诗·隋诗》③ 卷 3）。诗云：

---

　　①　《后汉书·袁安传》注引《汝南先贤传》云："时大雪积地丈余……至袁安门，无有行路。谓安已死，令人除雪入户，见安僵卧。"

　　②　陶渊明的五古《归园田居五首》（《先秦汉魏晋南北朝诗·晋诗》卷 17）其一云："暧暧远人村，依依墟里烟"，在陶渊明诗里用"村"字的只有这一个例子。

　　③　逯钦立：《先秦汉魏晋南北朝诗》。

　　寒鸦飞数点，流水绕孤村。斜阳欲落处，一望黯消魂。

　　隋炀帝说："几只乌鸦飞在寒冷的天空中，流去的河水围绕着孤零零的村庄。夕阳将要西沉的时候，看着周围的风景真令人黯然神伤，令人销魂！"这就是现在可以确认的"孤村"最早的例子。它基本上规定了这个词语的用法，唐代以后的诗人们，或多或少受到了这首诗的影响。

（二）唐代以及五代的情况

　　在《全唐诗》里，"孤村"有 30 多例。举一个例子，盛唐诗人王维的五古《送綦毋潜落第还乡》（《全唐诗》卷 125）末尾云：

　　远树带行客，孤村当落晖。吾谋适不用，勿谓知音稀。

　　綦毋潜考试失败，回到自己的故乡去。这是王维送别这位朋友的诗。夕阳照耀的孤村景象，象征地表现出落第的失意和别离的无奈感。

　　盛唐诗人杜甫的五律《遣意二首》（《全唐诗》卷 226）其一云：

　　啭枝黄鸟近，泛渚白鸥轻。一径野花落，孤村春水生。
　　衰年催酿黍，细雨更移橙。渐喜交友绝，幽居不用名。

　　这是上元二年杜甫在成都的作品。这首诗概括地抒写在浣花草堂的闲居生活。《送綦毋潜落第还乡》中王维把送别的舞台表现为"孤村"，与此相反，杜甫把自己生活的地方表现为"孤村"。

　　在中唐诗人的作品里，刘长卿的五律《北归次秋浦界清溪

馆》(《全唐诗》卷 147)、韦应物的七律《自巩洛舟行入黄河即
事寄府县僚友》(《全唐诗》卷 187)、钱起的五古《登胜果寺南
楼雨中望严协律》(《全唐诗》卷 236)等都抒写"孤村"。作为
抒写下雨的例子,卢纶七绝《与从弟瑾同下第后出关言别》
(《全唐诗》卷 276)四首其三云:

> ……
>
> 出关愁暮一沾裳,满野蓬生古战场。
> 孤村树色昏残雨,远寺钟声带夕阳。
>
> ……

这首诗也抒发了作者考试落第的悲伤,内容和情调都像前
面王维诗。晚唐诗人陆龟蒙的五古《村夜》二篇(《全唐诗》
卷 619)其一开头云:

> 江上冬日短,裴回草堂暝。鸿当绝塞来,客向孤村病。
> 绵绵起归念,咽咽兴微咏。菊径月方高,橘斋霜已并。

这首诗抒写卧病孤村的旅客。"客"就是作者自己。他把孤
独的自己比喻从远方飞来的候鸟。此外,陆龟蒙的《幽居赋并
序》(《全唐文》卷 800)也云:"鹿去而云遮绝洞,樵归而水绕
孤村。"

晚唐五代诗人韩偓的七律《春尽》(《全唐诗》卷 681)前
四句云:

> 惜春连日醉昏昏,醒后衣裳见酒痕。
> 细水浮花归别涧,断云含雨入孤村。

这首诗用了纤细的笔致描写微妙的天气。这个"孤村",很
可能从此开始下雨。到了唐末五代,在词的作品里也出现了抒

写"孤村"的例子。晚唐词人李珣的《渔歌子》词（《花间集》卷7）其三下阕云：

> 罢垂纶，还酌醑，孤村遥指云遮处。下长汀，临深渡，惊起一行沙鹭。

这是我国文学史上的第一部文人词总集《花间集》里唯一提到"孤村"的作品，这里的"孤村"当然不是农村，而是渔村。从词中可以看出，这首词受到了中唐张志和《渔歌子》词①的影响。

（三）宋代的情况

到了宋代，同样出现了抒写"孤村"的诗词。调查《宋诗钞》《宋诗纪事》等主要选集收录的作品，可以说，"孤村"这个词语的用法，在宋代也基本没有变化。比如，北宋诗人苏轼的五律《倦夜》（《苏轼诗集》卷43）②云：

> 倦枕厌长夜，小窗终未明。孤村一犬吠，残月几人行。
> 衰鬓久已白，旅怀空自清。荒园有络纬，虚织竟何成。

这是在旅途上的抒怀。晚上，夜阑人静的时候，在一个小小的孤村里，一条野狗于黑暗中鸣叫，天上挂着将要消失的月亮。此时，只有偶尔几个人在赶路。诗人被户外的声音打搅而

---

① 龙榆生：《唐宋名家词选》，上海古籍出版社1980年版。词牌"渔歌子"，在《全唐诗》308题为《渔夫歌》，卷890题为《渔夫》。
② 除此之外，还有唐人沈颂的五古《早发西山》（《全唐诗》卷202）云："遥闻孤村犬，暗指人家去。"可见，抒写孤村的野狗，有唐诗的先例。在苏轼诗中出现"孤村"一词的，还有七律《留题显圣寺》（《苏轼诗集》卷45）等。同诗的首联云："渺渺疏林集晚鸦，孤村烟火梵王家。"

不能入睡，不禁感怀自己一把年纪还在奔波的凄凉。苏轼词里的"孤村"与其他作品相比又是另一番景象。

北宋诗人张耒的七律《至日有感》二首（《张耒集》卷24）其二前四句云：

> 一卧孤村两见冬，独搔华发思无穷。
>
> 荒山极目漫汗雪，老树当庭昼夜风。

这首诗中"卧孤村"的运用①，可以说是陆游《十一月四日风雨大作》其二的先声②。

在北宋诗人的诗里，还有不少使用"孤村"的例子。如晁冲之的七绝《夜行》（《宋诗钞·具茨集钞》）云：

> 老去功名意转疏，独骑瘦马取长途。
>
> 孤村到晓犹灯火，知有人家夜读书。

这首诗描写的情景是：有一天晚上，作者一个人骑着瘦马，走在漫长的旅途中。天明时分，经过一个孤零零的村庄时，看到有星星点点的灯火。心想，他大概是跟过去的我一样，志愿科举的读书人吧。由此，在心里涌出了对于陌生人的亲爱之情。

---

① "卧孤村"这种用法并不见于《先秦汉魏晋南北朝诗》和《全唐诗》，宋代以后的用例也不多。在南宋，除了陆游以外，袁说友也有"卧孤村"的例子。如，他的七绝《江上度元宵节》（《东塘集》卷7）云："一舟元夕卧孤村，夜半相呼不应说。"

② 钱锺书在《宋诗选注》（人民文学出版社1958年版）的张耒解说中指出："……而读他（指张耒）的七言律诗常会引起一种感觉，仿佛没有尝到陆游七律的味道，却已经老早闻着它的香气。"我认为，张耒的七绝也是这样。比如，张耒的七绝《舟行六绝》（《张耒集》卷26）其五云："半夜西风惊客梦，卧听寒雨到天明。"这是抒发行船旅途中感慨的连作。在深夜，旅途的诗人躺在舟中，直到天明时分一直听着秋风吹雨的声音。这首诗的表现方式，很像陆游《十一月四日风雨大作》其二"夜阑卧听风吹雨，铁马冰河入梦来"。

宋黄伯厚的七绝《晚泊》(《宋诗纪事》卷72①) 云:

> 片帆寂寞绕孤村，茅店惊寒半掩门。
>
> 行草不成风断雁，一江烟雨正黄昏。

这也是一首旅途抒怀诗。这首诗抒写坐船旅游途中经过孤村时的情景，抒发作者的感慨。起句的"绕孤村"明显地受到隋炀帝"流水绕孤村"一句的影响。时刻也是傍晚时分，和隋炀帝原诗一致。"行草"就是用毛笔写的行书和草书，这里比喻天空中的雁阵。

此外，宋词中的"孤村"也不少。② 比如，北宋名相寇准的《江南春》词(《宋诗纪事》卷四) 云:

> 波渺渺，柳依依。孤村芳草远，斜日杏花飞。江南春尽离肠断，蘋满汀洲人未归。

这首词用了伤感的笔致抒写江南孤村的情景。

此外，秦观的《满庭芳》(山抹微云)③ (《淮海词》) 上阕云:

> 山抹微云，天连衰草，画角声断谯门。暂停征棹，聊共引离尊。多少蓬莱旧事，空回首，烟霭纷纷。斜阳外，寒鸦万点，流水绕孤村。

末尾的"斜阳外，寒鸦万点，流水绕孤村"无疑是上述隋炀帝诗的翻版。据宋人胡仔《苕溪渔隐丛话》，苏轼很欣赏这首

---

① 据傅璇琮《宋人绝句选》中华书局 2000 年版，黄伯厚是北宋元丰八年(1085) 进士。

② 在《全宋词》里，"孤村"一共有 50 多例。

③ 秦观《满庭芳》词也见于龙榆生《唐宋名家词选》。

词，并送给秦观"山抹微云君"的绰号。①

以上，概观了在历代诗词里"孤村"的用法。虽然由于年代或者作者的不同，其含义存在一定程度的差异，但是在唐宋诗词里的"孤村"基本上意味着萧条、寂寞或者悲哀的地方，有时候阴雨绵绵，有时候野狗吠叫，可是很多诗里的"孤村"，大都是宁静而和平的地方。此外，在这些例子之中，作者把偶然经过的地方或者偶然寄身的地方叫作"孤村"的较多，而把自己定居的地方叫作"孤村"的则较少。

以上就是"孤村"这个词语的基本特色。

二 陆游诗歌里的"孤村"形象

这一部分里，将要概观陆游诗歌中的"孤村"例子。

在《诗稿》里的"孤村"，诗题有 4 例，诗句有 58 例，如下表所示。

诗　　题	诗句	卷	形式	制作时期	年龄	地点
雨中泊赵屯有感	荻花枫叶泊孤村	2	七律	乾道六年秋	46	赵屯
太息·宿青山铺作	秋砧满孤村	3	五古	乾道八年秋冬	48	苍溪
草堂拜少陵遗像	清江抱孤村	9	五古	淳熙四年冬	53	成都

① 《苕溪渔隐丛话》后集卷33，《秦太虚》所引《艺苑雌黄》："……其词极为东坡所称道，取其首句，呼之为山抹微云君。中间有'寒鸦万点，流水绕孤村'之句，人皆以为少游自造此语，殊不知亦有所本。……隋炀帝诗云：'寒鸦千万点，流水绕孤村。'少游用此语也。"

续表

诗　　题	诗句	卷	形式	制作时期	年龄	地点
偷闲	淡日孤村客到稀	10	七律	淳熙五年秋	54	山阴
发丰城县	孤村灯火照破驿	12	七古	淳熙七年冬	56	丰城
杭头晚兴严州（二首其二）	落叶孤村晚下程	13	七绝	淳熙七年冬	56	寿昌
不睡	孤村风雨夜骚然	14	七律	淳熙八年冬	57	山阴
夜寒遣兴	孤村萧萧雨解雪	14	七律	淳熙八年冬	57	山阴
晚霁（二首其二）	孤村落照间	15	五律	淳熙十年秋	59	山阴
秋思	略无人肯访孤村	15	七律	淳熙十年秋	59	山阴
村饮	白发老孤村	16	五古	淳熙十一年秋	60	山阴
夜坐忽闻村路报晓铁牌（二首其二）	老书生病卧孤村	20	七绝	淳熙十五年秋	64	山阴
自桑渎泛舟归三山	孤村霜近稻登场	20	七律	淳熙十五年秋	64	山阴
秋雨顿寒偶书	林鸠催雨暗孤村	20	七律	淳熙十五年秋	64	山阴
九月二十三夜，小儿方读书而油尽，口占此诗示之	孤村月上正三更	25	七律	绍熙三年秋	68	山阴
十一月四日风雨大作（二首其二）	僵卧孤村不自哀	26	七绝	绍熙三年冬	68	山阴
明日复雨排闷（二首其一）	湖上孤村冷欲冰	26	七律	绍熙四年春	69	山阴

诗　　题	诗句	卷	形式	制作时期	年龄	地点
雨凉小饮戏作	孤村小院雨输凉	27	七律	绍熙四年秋	69	山阴
穷居有感	孤村烟草暮凄迷	32	七律	庆元元年春	71	山阴
十月十七日,予生日也。孤村风雨萧然,偶得二绝句。予生于淮上,是日平旦大风雨骇人。及予坠地,雨乃止(二首)	(无)	33	七绝	庆元元年冬	71	山阴
雨夜读书(二首其一)	风雨颎洞吞孤村	35	七古	庆元二年秋	72	山阴
立春日(二首其一)	如今病卧孤村里	35	七绝	庆元三年春	73	山阴
村居	孤村浅浦近江城	37	七律	庆元四年秋	74	山阴
小舟过吉泽劾王右丞	孤村烟火微	37	五律	庆元四年秋	74	山阴
题庵壁(二首其二)	孤村寂寂潮生浦	39	七律	庆元五年夏	75	山阴
孤村	老寄孤村里	40	五律	庆元五年秋	75	山阴
初寒老身颇健戏书(二首其二)	孤村景物更禁秋	40	七律	庆元五年秋	75	山阴
枕上	迢递孤村夜	42	五律	庆元五年冬	75	山阴
小舟白竹篷,盖保长所乘也,偶借至近村戏作(二首其二)	小市孤村禹庙东	45	七绝	庆元六年冬	76	山阴

续表

诗　题	诗句	卷	形式	制作时期	年龄	地点
舟中作	隔林绩火认孤村	45	七律	嘉泰元年夏	77	山阴
自诒	孤村巷陌看骑驴	47	七律	嘉泰元年秋	77	山阴
独处(二首其二)	孤村夜无月	48	五律	嘉泰元年冬	77	山阴
冬夜	孤村月白闻衣杵	48	七律	嘉泰元年冬	77	山阴
兀兀	兀兀孤村客	49	五律	嘉泰元年冬	77	山阴
雨夜	孤村小雨夜萧萧	50	七律	嘉泰二年春	78	山阴
入秋游山赋诗,略无阙日,戏作五字七首识之,以"野店山桥送马蹄"为韵(七首其七)	青嶂环孤村	54	五古	嘉泰三年秋	79	山阴
山行赠野叟(二首其二)	莫笑孤村生理微	56	七律	嘉泰四年春	80	山阴
幽居	孤村野径不曾锄	57	七律	嘉泰四年夏	80	山阴
秋夜感遇十首,以"孤村一犬吠,残月几人行"为韵(十首)	(无)	58	五古	嘉泰四年秋	80	山阴
舍北独步	孤村薄暮谁从我	59	七律	嘉泰四年冬	80	山阴
孤村	晚卧孤村日掩关	60	七律	嘉泰四年冬	80	山阴
风云昼晦,夜遂大雪	冻死向孤村	60	五古	嘉泰四年冬	80	山阴

诗　　题	诗句	卷	形式	制作时期	年龄	地点
小园	送老向孤村	61	五律	开禧元年春	81	山阴
村饮	小市孤村真送老	62	七律	开禧元年秋	81	山阴
读王摩诘诗,爱其"散发晚未簪,道书行尚把"之句,因用为韵,赋古风十首,亦皆物外事也(十首其四)	告归卧孤村	63	五古	开禧元年秋	81	山阴
薄暑	孤村日尤长	67	五古	开禧二年夏	82	山阴
自嘲(二首其二)	身卧孤村日	67	五律	开禧二年夏	82	山阴
纵游深山,随所遇记之(四首其二)	孤村小店夕阳红	67	七绝	开禧二年夏	82	山阴
野渡用前韵	孤村雨送钓时舟	67	七律	开禧二年秋	82	山阴
久无客至戏作	频年老病卧孤村	67	七律	开禧二年秋	82	山阴
岁暮遣兴(二首其二)	孤村况遇岁残时	69	七律	开禧二年冬	82	山阴
戍兵有新婚之明日遂行者,予闻而悲之,为作绝句(二首其二)	夜静孤村闻笛声	69	七绝	开禧二年冬	82	山阴
行歌	孤村小市负薪歌	70	七绝	开禧三年春	83	山阴
春阴溪上小轩作	离离烟树识孤村	70	七律	开禧三年春	83	山阴

诗　　题	诗句	卷	形式	制作时期	年龄	地点
与野人散策门外	孤村雀满林	73	五律	开禧三年冬	83	山阴
挟书一卷至湖上戏作	买地孤村结草庐	75	七绝	嘉定元年春	84	山阴
秋思（四首其四）	自我卧孤村	79	五古	嘉定元年秋	84	山阴
杂赋（十二首其七）	一间茆屋寄孤村	79	七绝	嘉定元年冬	84	山阴
雨中	孤村风雨连三日	83	七绝	嘉定二年秋	85	山阴
病中杂咏十首（其五）	小市孤村鸡喔喔	85	七律	嘉定二年冬	85	山阴

　　从表中可以看出，在入蜀以前的陆游诗里还没有"孤村"的例子。[①] 乾道三年，陆游在山阴写的七律《游山西村》（《诗稿》卷）颔联云："山重水复疑无路，柳暗花明又一村。"这是脍炙人口的名对，可是只说"又一村"，没有说"孤村"。大概这时候的陆游，还没有把山阴看作"孤村"。

　　乾道六年夏，陆游离开山阴，赴任夔州（今重庆奉节）。途中，陆游写了七律《雨中泊赵屯有感》（《诗稿》卷2）。在陆游诗里，这应该就是"孤村"这个词语的初出。

　　　　归燕羁鸿共断魂，荻花枫叶泊孤村。

　　　　风吹暗浪重添缆，雨送新寒半掩门。

　　　　鱼市人烟横惨淡，龙祠箫鼓闹黄昏。

---

① 此外，陆游《放翁词》中也没有"孤村"的例子。

此身且健无余恨，行路虽难莫更论。

陆游的小船，在长江沿岸的渔村停泊了。这首诗即是抒写那时候的感慨。把渔村叫作"孤村"，有上述李珣词的先例。情景格外萧条，处境不容乐观。虽然如此，诗人对于前途还有信心，鼓励自己。虽然诗中没有说"风雨"，但是颔联把"风"和"雨"用了对仗的形式表现出来，可以认为"孤村风雨"这个表现的出发点。

乾道六年冬，陆游到达夔州，乾道八年春，赴任南郑（今陕西汉中）。在南郑写的五古《太息宿青山铺作》（《诗稿》卷3）二首其一的开头云：

太息重太息，吾行无终极。

冰霜迫残岁，鸟兽号落日。

秋砧满孤村，枯叶拥破驿。

……

这首诗抒写秋天的山村情景。这年冬，陆游离开南郑赴任成都。

淳熙四年冬，陆游在成都拜访杜甫住的浣花草堂，有感而发写了五古《草堂拜少陵遗像》（《诗稿》卷9）。诗云：

清江抱孤村，杜子昔所馆。虚堂尘不扫，小径门可款。

公诗岂纸上，遗句处处满。人皆欲拾取，志大才苦短。

计公客此时，一饱得亦罕。厄穷端有自，宁独坐房琯。

至今壁见像，朱绶意萧散。长安貂蝉多，死去谁复算。

这首诗一共有 16 句，有点儿长。但是我觉得，思考陆游"孤村"诗的时候，这首诗具有特别重要的意义。从这首诗里，可以看出陆游如何佩服杜甫，以及如何评价他在文学上的成就。
在这首诗里，陆游把浣花草堂所在的那一带称为"孤村"。杜甫
的七律《江村》（《全唐诗》卷 226）首联云："清江一曲抱村
流，长夏江村事事幽。"此外，上述杜甫《遣意》二首其一云：
"一径野花落，孤村春水生。"陆游的"清江抱孤村"一句，明
显地来自于杜甫的这些诗句。如上所述，"孤村"这个词语头一
次出现于隋炀帝诗。但是对这时候的陆游来说，"孤村"和杜甫
的关系比"孤村"和隋炀帝的关系当然更重要。

淳熙五年春，陆游离开成都回到山阴。并于这年秋天写下
了七律《偷闲》（《诗稿》卷 10），前四句云：

老向人间未拂衣，偷闲聊喜息尘机。

丹枫断岸秋来早，淡日孤村客到稀。

三四句的描写，好像是一幅水墨画似的。"孤村客到稀"令
人联想到上述杜甫《遣兴二首》其一的"渐喜交友绝"一句。
在现存的陆游诗中，这就是头一次把山阴表现为"孤村"的例
子。陆游从繁华的成都回到自己的故乡来，倍感孤独，因此很
自然用到"孤村"这个词语表现自己的处境。这之后，陆游又
屡次用"孤村"来描写山阴。回到山阴不久，陆游赴任建安
（今福建建瓯）和抚州（今江西临川）。任期满后离开抚州回到
山阴的陆游，再次被弹劾①，直至取消新的任命，在山阴度过了
一段闲居的生活。

---

① 《宋史·陆游传》："江西水灾，奏拨义仓赈济，檄诸郡发粟以予民，召
还。给事中赵如愚驳之，遂与祠。"

淳熙八年冬，陆游在山阴写的七律《不睡》（《诗稿》卷14）前四句云：

城远不闻钟鼓传，孤村风雨夜骚然。

但悲绿酒欺多病，敢恨青灯笑不眠。

这里，第一次出现"孤村风雨"这个意象。可以说，陆游从此开始向往《十一月四日风雨大作》的场面。以后的"孤村"诗，陆游都在山阴写，而且都把山阴表现为"孤村"。同年冬十二月，七律《夜寒遣兴》（《诗稿》卷14）后四句云："孤村萧萧雨解雪，寒犬喋卧饥鼠啮。拥衾危坐待天明，白首忍穷心似铁。"这首诗抒写的是冬天寒冷的情景和作者晚年贫穷的生活。

淳熙十年秋，七律《秋思》（《诗稿》卷15）后四句云：

陂塘夜雨添新涨，原野烟芜减旧痕。

岂是平生少亲友，略无人肯访孤村。

诗人在诗中幽幽地说，我不是没有亲人朋友，可是却没有愿意来拜访我的人。可以想象，随着孤独感的深化，诗人把自己住的地方看成"孤村"的想法渐渐强烈起来。"略无人肯访孤村"一句，和上述《偷闲》中的"淡日孤村客到稀"差不多一样。

淳熙十三年秋，陆游赴任严州（今浙江建德）。在严州，陆游没有再写关于"孤村"的诗。淳熙十五年秋，严州任满，陆游回到山阴。同年秋，写了七绝《夜坐忽闻村路报晓铁牌》（《诗稿》20）二首，其二云：

秋气凄凉雾雨昏，老书生病卧孤村。

五更不用元戎报，片铁铮铮自过门。

"老书生病卧孤村"一句，令人联想到《十一月四日风雨大作》其二的"僵卧孤村"。在《诗稿》中，"卧孤村"这个意象一共有 8 例，这是第一例（《十一月四日风雨大作》是第二例）①。同年秋，七律《秋雨顿寒偶书》（《诗稿》卷 20）前四句云：

湖上孤村冷欲冰，更堪衰与病相乘。

梦回点滴檐间雨，心折青荧帐外灯。

这里，陆游一边抒写寒冷彻骨的孤村情景，一边抒写自己的衰老和疾病。庆元元年冬，陆游写了七绝《十月十七日，予生日也。孤村风雨萧然，偶得二绝句。予生于淮上。是日平旦大风雨骇人。及予坠地，雨乃止》（《诗稿》卷 33）二首。这是陆游 71 岁生日的抒怀，也是在陆游诗题中"孤村"的初出。

庆元二年秋，七律《雨夜读书》（《诗稿》卷 35）二首其一的首联云："风雨颒洞吞孤村，读书拥褐不出门。"描写狂风暴雨好似要吞没"孤村"似的。这也是抒写"孤村风雨"的又一实例。

庆元三年春，陆游作七绝《立春日》（《诗稿》卷 35）二首，其一云：

花压乌巾酒满卮，旧逢春日恨春迟。

如今病卧孤村里，过了新春也不知。

---

① （明）杨慎《十二月廿三日高峣大雪四首》（《升庵集》卷 35），其二云："佳句渔蓑怜郑谷，中庭鹤氅立王恭。那知执戟扬云老，冻卧孤村积雪中。"可以明显看出，这首诗受到了陆游诗的影响。

诗中"如今"一句，可以说是"僵卧孤村"的变奏。

庆元五年秋，陆游作五律《孤村》（《诗稿》卷40），首联云："老寄孤村里，悠然卧曲肱。"诗人已经很多次抒写孤村，可是把孤村本身作为诗题的，这是第一次。

嘉泰元年冬，诗人作五律《兀兀》（《诗稿》卷49），首联云：

> 兀兀孤村客，悠悠两世人。

嘉泰二年春，诗人再作七律《雨夜》（《诗稿》卷50），前四句云：

> 断岸轻烟著柳条，孤村小雨夜萧萧。
>
> 荒鸡隔浦声相续，短烛无风焰自摇。

嘉泰四年秋，陆游写五古《秋夜感遇十首，以"孤村一犬吠，残月几人行"为韵》（《诗稿》卷58）。这是以苏轼《倦夜》颔联的十个字为韵字的连作。可以说，这是陆游献给"孤村"和苏轼的赞美诗。同年冬，陆游写了七律《孤村》（《诗稿》卷60）。这是陆游把"孤村"作为诗题的第二个，也是最后的作品。首联云：

> 少年误计落人间，晚卧孤村日掩关。

嘉定二年秋，陆游在七绝《雨中》（《诗稿》卷83）中写道：

> 孤村风雨连三日，秋暑如焚一洗空。
>
> 睡觉房栊灯渐暗，却寻残梦雨声中。

这是陆游去世之年的作品。诗中说："在我住的孤零零的村里，风雨持续了三天。火热的秋日的暑气，被一干二净地冲洗掉了。我睡醒的时候，房间的灯火渐渐地黑暗起来。我还要寻梦，听着雨声又入睡。"这也是抒写"孤村风雨"的诗。虽然没有《十一月四日风雨大作》那么强烈的画面感，但是富有余韵。同年冬，作者在《病中杂咏十首各四韵，第八首二韵》①（《诗稿》卷85）其五，颈联云："小市孤村鸡喔喔，断山幽谷雨萧萧。"这是陆游描写孤村的最后一篇。可见，直到去世那一年，陆游还在继续描写孤村，从中也可以一探作者当时的心境。

三 《十一月四日风雨大作》其二的独创性

这里，笔者将更进一步考察《十一月四日风雨大作》其二在表现手法上的独创性。

（一）岑参对于陆游的影响

陆游对于盛唐边塞诗人岑参的评价特别高。乾道九年，陆游赴任嘉州（今四川乐山），纪念曾经当过嘉州刺史的岑参，写了五古《夜读岑嘉州诗集》（《诗稿》卷4）。诗云：

汉嘉山水邦，岑公昔所寓。公诗信豪伟，笔力追李杜。

常想从军时，气无玉关路。至今蠹简传，多昔横槊赋。

零落财百篇，崔嵬多杰句。工夫刮造化，音节配韶濩。

我后四百年，清梦奉巾屦。晚途有奇事，随牒得补处。

群胡自鱼肉，明主方北顾。诵公天山篇，流涕思一遇。

---

① 这套连作由几种不同形式的作品构成，这大概和陆游的衰弱有关。

此外，陆游在《跋岑嘉州诗集》（《渭南文集》卷 26）中说：

> 予自少时，绝好岑嘉州诗。往在山中，每醉归，倚胡床睡，辄令儿曹诵之，到酒醒，或睡熟，乃已。尝以为太白、子美之后，一人而已。

陆游评价岑参，说他"笔力追李杜"，"太白、子美之后，一人而已。"陆游认为，岑参诗歌的成就很高，仅次于李杜。可见，陆游对岑参的欣赏与崇拜。不用说，陆游通过研读岑参的边塞诗，受到了不小的影响。其实，陆游《十一月四日风雨大作》其二里的"轮台"和"铁马"，都可见于岑参诗。关于这一点，以下作简要说明。

首先，关于"轮台"。"轮台"是汉代西域的地名，今属新疆维吾尔自治区。《汉书·西域传序》记载在同地实施屯田的事实。① 此外，西汉武帝末年，轮台被匈奴侵占的时候，武帝发布了《轮台诏》②。可见这是和象征汉族兴亡的历史分不开的，具有高度象征意义的地名。更何况，"轮台"这个地名在岑参诗里多次出现。在《全唐诗》中，使用这个词语最多的就是岑参，一共有诗题 3 例，诗句 18 例。如，岑参的七古《轮台歌奉送封

---

① 《汉书·西域传序》："汉兴至于孝武，事征四夷，广威德，而张骞始开西域之迹。……自贰师将军伐大宛之后，西域震惧，多遣使来贡献，汉使西域者益得职。于是自敦煌西至盐泽，往往起亭，而轮台、渠犂皆有田卒数百人，置使者校尉领护，以给使外国者。"

② 汉武帝《报桑弘羊等请屯田轮台诏征和四年》，见《全上古三代秦汉三国六朝文·全汉文》卷 4。征和四年是公元前 89 年。

大夫出师西征》①（《全唐诗》卷 199）前四联云：

> 轮台城头夜吹角，轮台城北旄头落。
>
> 羽书昨夜过渠黎，单于已在金山西。
>
> 戍楼西望烟尘黑，汉军屯在轮台北。
>
> 上将拥旄西出征，平明吹笛大军行。

可以想象，陆游在抒写《十一月四日风雨大作》其二的时候，脑海里一定会浮现岑参的这类作品。但是，虽然岑参抒写不少"轮台"的诗，但是没有抒写"孤村"的诗。"孤村"和"轮台"在一首绝句之中并存，这无疑是陆游的独创。

其次，关于"铁马"。据《全唐诗》统计，"铁马"这个意象的使用，杜甫有 5 例，岑参有 1 例。杜甫的七古《魏将军歌》（《全唐诗》卷 223）首联云："将军昔著从事衫，铁马驰突重两衔。"七律《黄河二首》（《全唐诗》卷 228）其一颔联云："铁马长鸣不知数，胡人高鼻动成群。"岑参的五古《送郭仆射节制剑南》（《全唐诗》卷 201）开头云："铁马擐红缨，幡旗出禁城。"可以想象，这些诗句都给陆游在写作思想上形成了一定的影响，因此"铁马"在陆游《诗稿》中出现了有 20 次之多。如：

> 三更骑报河冰合，铁马何人从我行。（《夜寒》其二，《诗稿》卷 9）
>
> 忽闻雨掠篷窗过，犹作当时铁马看。（《秋雨渐凉有怀

---

① 此外，岑参的七古《白雪歌送武判官归京》有云："轮台东门送君去，去时雪满天山路。"

兴元》其三,《诗稿》卷15)

楼船夜雪瓜洲渡,铁马秋风大散关。(《书愤》,《诗稿》卷17)①

(二)"风雨"以及"风吹雨"

《十一月四日风雨大作》其二在诗题云"风雨大作"②,在诗中云"风吹雨"。所以在这里仅讨论陆游诗里的"风雨"以及"风吹雨"。

首先,关于"风雨"。"风雨"这个诗歌意象,最早见于中国第一部诗歌总集《诗经》里。③ 这也说明这一自然现象作为意象的原初性。《诗经》以来,历代无数诗人都会采用"风雨"来表现自己的世界。楚宋玉的《九辩》(《文选》卷33)云:"何曾华之无实兮,从风雨而飞飏。"在魏晋南北朝时期,已经有不少使用"风雨"的例子。比如,魏曹植《泰山梁甫行》(《先秦汉魏晋南北朝诗·魏诗》卷6)云:"八方各异气,千里殊风雨。"东晋陶渊明《怨诗楚调示庞主簿邓治中》(《先秦汉魏晋南北朝诗·晋诗》卷16)云:"风雨纵横至,收敛不盈廛。"唐宋诗人抒写的"风雨",更不胜枚举。只限于《唐诗三

---

① 陆游的《夜寒》和《书愤》都见于钱锺书《宋诗选注》。

② 陆游诗题中含有"风雨大作"的共有3例:《十一月四日风雨大作》(《诗稿》卷26),《十月二十八日夜风雨大作》(《诗稿》卷44)和《五月二十一日风雨大作》(《诗稿》卷71)。

③ 《诗经郑风·风雨》:"风雨凄凄,鸡鸣喈喈。既见君子,云胡不夷。风雨潇潇,鸡鸣膠膠。既见君子,云胡不瘳。风雨如晦,鸡鸣不已。既见君子,云胡不喜。"

百首》① 和《宋诗选注》②，也可以找到不少例子。

当然，陆游抒写的"风雨"也非常多：

破驿梦回灯欲死，打窗风雨正三更。（七古《三月十七日夜醉中作》，《诗稿》卷3）

夜阑风雨嘉州驿，愁向屏风见折枝。（七古《驿舍见故屏风画海棠有感》，《诗稿》卷3）

风雨声豪入梦中，不知身世寄孤蓬。（七绝《初冬杂题》其六，《诗稿》卷17）

心游万里关河外，身卧一窗风雨中。（七律《雨夜》，《诗稿》卷27）

忽闻风雨掠窗外，便觉江湖在眼前。（七律《夜闻雨声》，《诗稿》卷69）

风雨纵横夜彻明，须臾更觉势如倾。（七律《五月二十一日风雨大作》，《诗稿》卷71）

这些诗句中的意象，都令人联想到陆游的《十一月四日风雨大作》其二。此外，还有上述《不睡》（《诗稿》卷14）的"孤村风雨夜骚然"，《雨夜读书》（《诗稿》卷35）二首其一的"风雨颎洞吞孤村"以及《雨中》（《诗稿》卷83）的"孤村风

---

① 在《唐诗三百首》中，盛唐孟浩然的《春晓》云："夜来风雨声，花落知多少。"中唐韦应物的五古《寄全椒山中道士》云："欲持一瓢酒，远慰风雨夕。"晚唐李商隐的五律《风雨》云："黄叶仍风雨，青楼自管弦。"

② 在《宋诗选注》，北宋郑文宝的《柳枝词》云："不管烟波与风雨，载将离恨过江南。"北宋黄庭坚的七绝《雨中登岳阳楼望君山》二首其二云："满川风雨独凭栏，绾结湘娥十二鬟。"两宋之交吕本中的《柳州开元寺夏雨》云："风雨潇潇似晚秋，鸦归门掩伴僧幽。"

雨连三日"等抒写"孤村风雨"的例子。

其次，关于"风吹雨"以及"×风吹雨"。由此看来，这些表现都不见于《诗经》《楚辞》和《文选》①。"风吹雨"或者"×风吹雨"这种意象出现于诗，大概是唐代以后。作为最早的例子，初唐张说的五律《幽州夜饮》（《全唐诗》卷87）首联云："凉风吹夜雨，萧瑟动寒林。"中唐元稹《闻乐天授江州司马》（《全唐诗》卷415）末句云："垂死病中惊坐起，暗风吹雨入寒窗。"此外，"风吹雨"或者"×风吹雨"屡次见于唐宋诗。②

陆游诗的"风吹雨"或者"×风吹雨"，只限于七言，有这些例子：

西风吹雨冷凄凄，道上行人白昼迷。（七律《喜晴》，《诗稿》卷4）

阴风吹雨白昼昏，谁扫云雾升朝暾。（七古《十月一日浮桥成以故事宴客凌云》，《诗稿》卷4）

黄亭一夜风吹雨，似为游人洗俗尘。（七绝《黄亭夜雨》，《诗稿》卷11）

秋风吹雨鸣窗纸，壮士不眠摧枕起。（七古《秋风曲》，

---

① 作为类似的表现，南朝齐谢朓的《观朝雨》诗（《先秦汉魏晋南北朝诗·齐诗》卷3）云："朔风吹飞雨，萧条江上来。"据此，盛唐李白的七古《酬殷明佐见赠五云裘歌》（《全唐诗》卷167）开头云："我吟谢朓诗上语，朔风飒飒吹飞雨。"

② 比如，中唐李贺的杂古《苏小小墓》（《全唐诗》卷390）末尾云："西陵下，风吹雨。"在《宋诗选注》中，北宋苏轼七绝《望海楼晚景》五首其二云："横风吹雨入楼斜，壮观应须好句夸。"南宋范成大七绝《晚潮》云："东风吹雨晚潮生，叠鼓催船镜里行。"

《诗稿》卷 15）

　　北风吹雨乱疏钟，簌簌灯花破碎红。（七律《雨夜》，
《诗稿》卷 34）

　　凄风吹雨过江城，缓策羸骖并水行。（七律《郊行》，
《诗稿》卷 83）

　　可见，陆游诗的"风吹雨"或者"×风吹雨"多么丰富多
彩。此外，七古《风雨中望峡口诸山奇甚，戏作短歌》（《诗
稿》卷 2）末两句云："安得朱楼高百尺，看此疾雨吹横风。"
由此可见，用生动的笔致描写深夜孤村暴风雨的《十一月四日
风雨大作》，在陆游的整个作品之中也占着独一无二的地位。

四　小结

　　综上所述，"孤村"这个词语，在中国诗歌的历史上，头一
次出现于隋炀帝杨广的《诗》。这首诗抒写格外萧条的"孤村"
情景，这个先例基本上规定了后世诗人们这个词语的用法。唐
宋两代的诗人们基本上承袭隋炀帝的先例，作为萧条、寂寞或
者悲哀的地方而抒写"孤村"。唐代的王维、杜甫、卢纶、陆龟
蒙和韩偓等，宋代的苏轼、张耒、晁冲之、黄伯厚和秦观等，
都有这样的作品。

　　南宋淳熙五年，陆游离蜀东归回到山阴之后，头一次写了
以山阴表现为"孤村"的诗。以后，直到去世的那一年，陆游
继续抒写以山阴表现为"孤村"的作品。陆游抒写"孤村"的
不少作品，也基本上承袭隋炀帝以来的"孤村"传统。但是，
陆游非常佩服盛唐边塞诗人岑参，因而受其影响不小。一般来

说，作为诗语的"孤村"本来不能和"轮台""铁马"等边塞诗的因素结合在一起。但陆游在《十一月四日风雨大作》其二里，把萧条的"孤村"和边塞的"轮台""铁马"大胆地结合起来，就表现了未曾有的意境。另外，"夜阑卧听风吹雨"这种深夜暴风雨的描写也增强了这首诗的感染力。可以说，这些都是这首诗的独到之处。

继《十一月四日风雨大作》这首杰作以后，陆游还继续抒写"孤村"。但是，在以后的作品，慷慨的情调渐渐衰弱，闲适的情调则渐渐增强。在《十一月四日风雨大作》突破了从前"孤村"常用套路的陆游，随着时间的推移和身体的衰弱，也回归到以前的诗人们那样的用法上去了。从此可见，《十一月四日风雨大作》其二就是陆游"悲愤激昂"方面代表作的原因所在。

陆游山阴诗之美

——以嘉泰三年至嘉定二年期间为核心

中国文化大学 林素玲

前　言

　　陆游于孝宗淳熙十六年为谏议大夫何澹弹劾，诏罢官，返故里。之后，他在家乡山阴山三别业及会稽石帆别业里居十二年。于宁宗嘉泰二年壬戌五月，陆游七十八岁时，"朝廷以孝宗、光宗两朝实录及三朝史未就，宣召以元官提举佑神观兼实录院同修撰兼同修国史，免奉朝请。六月十四日入都"①。他这是第三次被朝廷召至行在修国史。修国史完竣之后，于宁宗嘉泰三年癸亥五月十四日致仕回山阴，直至嘉定二年己巳十二月二十九日卒。

　　陆游家乡山阴（今浙江绍兴），透露着钟灵毓秀之气，自古就是文人墨客寻幽探访之处，地域之灵气及文化，孕育出绮丽

---

　　①　转引自于北山《陆游年谱》，中华书局 1961 年版，第 392 页。

之诗篇。宋代时山阴之美，如陆游《山行》令人陶醉："山光秀可餐，溪水清可啜。白云映空碧，突起若积雪。我行溪山间，灵俯为澄澈。峻嶒崖角立，蟠屈路九折。黄杨与东青，郁郁自成列。其根贯石罅，横逸相纠结。"① 在陆游笔下，山阴之美仿佛一幅意境深邃的世外桃源之画卷。在陆游诗作中，山阴是"高枕静听棋剥啄，幽窗闲对石嶙峋。吾庐已是桃源境，不为秦人更问津"（《自咏》卷六三）。

诗人之诗作，风格各异于不同时期，陆游之诗作亦然。清代赵翼《瓯北诗话》卷六：

> 放翁诗凡三变，宗派本出于杜，中年以后，则益自出机杼，尽其才而后止。观其《答宋都曹诗》云："古诗三千篇，删去才十一。诗降为楚骚，犹足中六律。天未丧斯文，杜乃独出。陵迟至元白，固已可愤嫉。"……此可见其宗尚之正。故虽挫笼万有，穷极工巧，而乃归雅正，不落纤佻。此初境也。……放翁诗之宏肆，自从戎巴、蜀而境界又一变。及乎晚年，则又造平淡，并从前求工见好之意亦尽消除，所谓"诗到无人爱处工"者，刘后村谓其"皮毛落尽矣"。此又诗之一变也。②

此段话言及陆游诗之三变，其初期之诗作风格为工巧。在巴蜀从戎之际，其诗作宏肆、豪放雄浑、爱国意识浓烈，此境界又一变。到晚年居山阴期间，诗作之风格受时代、心

---

① 钱仲联：《剑南诗稿校注》，上海古籍出版社 2005 年版，第 3433 页。
② （清）赵翼：《瓯北诗话》卷六，人民出版社 1963 年版，第 78—79 页。

境、地域人文、环境影响之故，趋于平淡之风格，此又其诗之一变。

本文就以陆游晚年，即宋宁宗嘉泰三年至嘉定二年里居山阴期间之诗作，探讨诗中所呈现出的意境美及平淡美。

一　秋诗篇篇，写出山阴一片秋

陆游于嘉泰三年回山阴过着悠闲、闲游的生活，此由其诗作见之，如"邻翁唤午茶"①"约客同看竹，留僧与对棋"②"闲身有乐事，倚仗看农耕""饱饭逍遥信所之，茭塘蔬圃遍游嬉""浴罢来水浒，适有渔舟横。浩然纵棹去，漫漫菰蒲声"③"悠然吾事足""随处寄悠悠""再来依旧一生闲"④ 的生活。所以他在山阴的诗以闲游、乡居生活为题材之作为多。

宋宁宗开禧元年九月，陆游曾说："诗情随处有，信笔自成章。"（《即事》）生活周边之事他皆可入诗，若以其诗作之诗题言之，确实诗情处处有。诗意跟着现实景象描摹而有变化，也就是说，他是以现实生活之景象入诗。同时，他是以虚静之心，凝神观照天地间万物，在时序的变化中呈现之景象，妙悟物象之美，并臻于物我相融合一之境。

---

①　钱仲联：《剑南诗稿校注》，《幽事》卷五四，上海古籍出版社 2005 年版，第 3168 页。
②　同上书，第 3169 页。
③　钱仲联：《剑南诗稿校注》，《海气》卷六二，上海古籍出版社 2005 年版，第 3550 页。
④　钱仲联：《剑南诗稿校注》，《记闲》卷七五，上海古籍出版社 2005 年版，第 4123 页。

诗人对于季节的变化特别敏感，尤其秋天萧飒的景象，总是让诗人自易悲伤、感怀，愁诗篇篇。在陆游《剑南诗稿》中发现他晚年在山阴，以秋为诗题的诗不少，尤其嘉泰三年至嘉定二年间，以秋为诗题之诗约有八十六首。诗题中无秋，而诗文提到秋意的也不少，可见陆游对秋别有情思，所以他说"四序虽悉佳，莫若新秋时"（《游山》卷五九），"节物喜更新，清秋最可人"（《秋兴》卷六三）。陆游回山阴之后，时令将进入秋天之时，他说"新秋近眼边"（《夏日独居》卷五四），"病叶报新秋"（《闲游》卷五四），"风雨忽如秋已深"（《蜻蜓浦夜泊》卷五四）。他对事物观察入微，感悟特别敏锐，诚如于嘉定元年秋天作《秋怀》言："独立离人境，幽居察物情。蚁知军阵法，虫作纬车声。"

陆游于嘉泰三年至嘉定二年，此六年多秋诗，是于虚静中凝神观照物象，妙悟主客体间产生之意境美及平淡自然之美。

（一）意境之美

陆游似乎每年都会等待秋的到来，他虚静观照万物自然景象的变化，每年秋天都有不同的诗情。嘉泰三年他说"又见一年秋"（《立秋前一夕作》卷五四），"大泽秋忽到"（《夜坐庭中》卷五四）。见陆游此年的秋思之美：

> 湖上山衔落月明，钓筒收罢叶横舟。不知身世在何许，一夜萧萧芦荻声。
>
> ——《湖上秋夜》卷五四

　　陆游曾说"有山有水一生闲"，在山水明媚中，他常"月下时闲钓"，心境悠游自在、放任，陶醉、享受月下山水间呈现的意境之美。此夜，夜色美景是他以虚静凝神观照状态之下，主客体相互融合而产生之意境美。

　　　　拒霜惨淡数枝红，石竹凋零不满丛。小蝶一双来又去，
　　　与人都在寂寞中。

　　　　　　　　　　　　　　　　　——《秋兴》卷五四

　　秋天最易让人愁思满怀，此时，他已融入天地万物之中了，所以看到芙蓉、石竹惨淡凋零之景象，处在这景象中的蝴蝶与人都显得非常寂寞。

　　　　乌桕微丹菊渐开，天高风送雁声哀。诗情也似并刀快，
　　　翦得秋光入卷来。

　　　　　　　　　　　　　　　　　——《秋思》卷五四

　　一、二句将秋天景象言尽，似一幅秋景图，此诗秋意浓。

　　嘉泰四年，在陆游诗作中，他感觉到秋天的来临，如"又见秋风到海边"（《新秋》卷五八），"一年又见秋风至"（《村居遗兴》卷五八），此年陆游对秋天的秋兴：

　　　　远浦平郊弄夕霏，曲篱幽径锁秋晖。驯獐巧占苍苔卧，
　　　惊鹊斜穿密筱飞。

　　　　　　　　　　　　　　　　　——《新秋》卷五八

　　此诗秋意有祥和之美。秋天的夕霏照满远浦平郊，它的余晖洒满曲篱幽径，鹊也惊飞归巢了。

　　　　多雨今秋水渺然，沟溪无处不通船。山回忽得烟村路，

始信桃源是地仙。

——《暮秋四首》卷五九

此诗描摹了暮秋时的乡野景象。秋天丰沛之雨水,酿成之渺然景观,呈现出蒙蒙之意境美,犹如世外桃源。

一年容易又秋天,岁月真如东逝波,开禧元年作《湖上》(卷六三):"烟生墟落垂垂晚,雁下陂湖处处秋。"闰八月作《秋思》(卷六三):"石帆射的烟岚晚,过雁声中又一秋。"是年陆游虚静观照山阴秋天的景象:

横林渺渺夜生烟,野水茫茫远拍天。菱唱一声惊梦断,始知身在钓渔船。

——《夏秋之交小舟早夜往来湖中绝句》卷六二

初夜月犹淡,入秋风已清。萤孤无远照,蝉断有遗声。命薄惭勋业,才疏负圣明。青鞋若耶路,亦足慰平生。

——《初秋》卷六二

夏秋更迭之际的乡野景象,呈现出一片富有秋意之美景。触景感怀,感慨自己一生的功业:

千里郊原俯莽苍,三江烟水接微茫。横林虫镂无全叶,新雁风惊有断行。

——《秋望》卷六三

十日秋阴满径苔,蓬门那有客敲门。水边丹叶已如许,篱下黄花犹未开。空见游僧衡岳去,难逢新雁杜陵来。溪云一片闲舒卷,恋着渔矶不肯回。

——《秋思》卷六三

虚静观察宇宙万物间的变化,知秋之至。秋景虽萧条,但有秋雁、闲云点缀，让秋景图鲜活起来，充满秋的意境美。

陆游于开禧二年，在暮夏时，看着万物的变化，惊觉时光易流逝，忽然已见秋迹，而作《夏夜》（卷六七）："菡萏晚花香未减，梧桐病叶坠无声。关河又见新秋近，屈指流年一叹惊。"《夏末野兴》（卷六七）："数声相应鸠呼雨，一片初飞叶报秋。"《夜雨》（卷六七）："只道物生常茂遂，一宵风雨又成秋。"一场风雨一场寒，秋雨至，即进入秋天了。绍兴有句谚语"一芽知春，一叶知秋"，由万物生长情形知道季节随之起变化。陆游此年秋天的秋兴：

> 炎歊数日剧，荡涤及秋初。病叶风吹尽，鸣蝉雨打疏。
>
> ——《秋后一日风雨》卷六七

一阵风雨，消除了暑气，也洗净覆盖在万物上的尘埃。秋叶被风雨打落了，夏蝉也惊散飞了，一片初秋景象。

> 乌鹊成桥秋又到，梧桐滴雨夜初凉。江南江北堪双只，灯暗灯明更短长。
>
> ——《秋思》卷六七

看到聚集的乌鹊，雨后之微凉，这些自然现象，知道秋天来临了。

一年容易又见秋，开禧三年作"晚来疏雨过，探借北窗秋"（《晚雨》卷七一），"离离远树傍烟津，又见清秋一岁新"（《门外独望》卷七一），"鸡声喔喔频催晓，木叶飕飕已变秋"（《秋晚》卷七二），此年陆游的秋兴：

> 石帆山下醉清秋，常伴渔翁弄小舟。箬笠照溪吾自喜，貂蝉谁管出兜鍪。

烟波万顷镜湖秋，清啸谁闻不可求。自是世间知音少，山林何代乏巢由。

漠漠渔村烟雨中，参差苍桧映丹枫。古来画手知多少，除却范宽无此工。

渺渺风烟接小江，牛头山色满蓬窗。门前西走钱塘路，也有闲人似老庞。

——《晚秋杂兴》四首卷七一

桧稽山下樵风溪，翠屏倒影青玻璃。尤奇峭壁立千仞，行子欲尚无阶梯。

商山作看紫芝老，武陵无奈桃花迷。人间得意忘自喜，一哄怜汝真酰鸡。

——《新秋往来湖山间》卷七二

无论是镜湖布满秋之蒙蒙美、烟波万顷之意境美，还是会稽山下樵风溪上，翠屏倒影之美，在陆游眼里，皆是人间仙境。

嘉定元年作"沧波万顷江湖晚，渔唱一声天地秋"（《初秋骤凉》卷七七）及"零落槐花已满沟，江湖又见一番秋"（《夜坐小饮》卷七七）。以下是此年的秋思感悟：

秋云易簇日常阴，西望山村每欲寻。屏掩数峰邻峭绝，蛇蟠一径入幽深。

——《秋思》卷七七

岸帻萧然病体轻，雨余郊馆已凉生。微风掠面酒无力，明月满窗眠不成。叶底涓涓秋露滴，草根咽咽暗蛩鸣。屏居未免伤孤寂，赖有邻翁约耦耕。

——《秋夜》卷七七

断云归岫雨初收，茅舍萧条古渡头。短褐老人垂九十，
松枯石瘦不禁秋。

——《仲秋书事》卷七八

凝神观照季节气候的转变，秋云、秋雨，这些秋天的物象，
最易让人有愁思、孤寂之情思。

（二）平淡之美

陆游晚年，年迈又体病，他说："不入城门三岁余，亦无车
马过吾庐。食常羹芋已忘肉，年迫盖棺犹爱书。处处叩门寻醉
叟，时时临水看鱼游。"（《村翁》卷七三）"晚年诸儿少在傍，
书堂孤寂似僧房，家居不减旅怀恶，夏夜尚如寒漏长。"（《孤
寂》卷六六）"浩然物外真堪乐，回首浮生万事非。"（《梅市》
卷六六）"绝迹市朝外，结炉云水间。心平诗淡泊，身退梦安
闲。"（《闲趣》卷六七）"石帆山下古苔矶，回首人间万事非。"
（《石帆山下作》卷七五）由这些诗句，得知他晚年生活概况及
心境。他的诗作也随环境及心境的转变，呈现心平诗淡泊的
风格。

陆游对秋天农村景象及农事的描摹贴切写实，自然地流露
于诗歌之中：

闲倾清圣浊贤酒，稳泛朝南暮北风。射的山前雪几片，
一秋不散伴渔翁。

舍前舍后养鱼塘，溪北溪南打稻场。喜事一双黄蛱蝶，
随人来往弄秋光。

清秋又是一年新，满眼丹枫映白萍。海内故人书断绝，

汀洲欧鹭却新亲。

——《暮秋》三首卷五九

简朴的乡野在陆游视野里，处处是美景，处处充盈着盎然之气息。

遮日云生忽复收，黄鸦鸣唤伴林鸠。也知雨意逢秋作，未害山翁竟日游。陌上驿亭双只堠，烟中渔钓两三舟。归迟不是寻诗料，秣塞民家偶小留。

——《秋阴出游》卷六二

整首诗描摹陆游在秋天出游，沿途所见景观。无论是林中鸟禽声，或是蒙蒙烟中若隐若现之小舟，呈现出一片祥和之意境。

小圃秋光泼眼来，老人隐几兴悠哉。翩翩蝴蝶成双过，两两蜀葵相背开。雨足疏篱引荒蔓，人稀幽径长新苔。贫家灶冷炊烟晚，待得邻翁买药回。

——《秋光》卷六三

修蔓丛篁步步迷，山村东下近渔陂。钓归恰值秋风起，棋罢常惊日影移。病叶辞枝应有恨，候虫吟壁故知时。残年我亦悲摇落，薄暮空囊又有诗。

——《秋兴》卷六七

村晚归牛下，林昏宿鸟喧。微升天际月，半掩水边门。衣杵悲边信，渔歌断客魂。老人交旧尽，此意与谁论。客思残荷外，农功晚稻前。祭多巫得职，税足吏无权。浦溆家家钓，村墟点点烟。归船葛衣薄，始觉是秋天。

——《秋怀》二首卷六七

汀树犹青未着霜，垄间稗穗已先黄。放翁皓首归民籍，烂醉狂歌坐箦床。

冷落秋风把酒杯，半酣直欲挽春回。今年菰菜尝新晚，正与鲈鱼一并来。

——《秋晚杂兴》二首卷七一

雾浓压架葡萄熟，日嫩登场罢亚香。商略人生如意事，及身强健得还乡。

村南村北鹎鵊鸣，小雨霏霏又作晴。拂枕欹眠不成梦，却拖藤杖出门行。

出门东行复西行，处处人家打稻声。小瓮秫醅虽未熟，后园楮蕈已堪烹。

桑竹成阴不见门，牛羊分路各归村。前山雨过云无迹，别浦潮回岸有痕。

邻砧落日数声残，汀树秋风几叶舟。冉冉清愁来不断，无方能使酒肠宽。

——《秋思》五首卷七二

山步溪桥入早秋，飘然无处不堪游。僧廊偶为题诗入，渔市常因施药留。

——《秋思》卷七七

上列几首诗，都是描摹秋天农村农事的景象，或是闲游在秋思之中，体悟宇宙变化之美与深奥。

陆游对绍兴秋天的气候观察细腻，纵观前面提到之诗作，无论诗题或内蕴，都是秋意浓浓之佳作。他以平淡自然之语言，将生活中的场景入诗，犹如山阴之清明上河图，令人回味无穷。

二　江云漠漠雨昏昏，渺渺水云乡

陆游《剑南诗稿》中以雨为诗题的诗不少，山阴有时冬季少雨，如陆游诗中说："经冬少雨雪，所至苦水涸……入春一再雨，喜气满墟落。"（《初春纪事》卷五六）可见雨水对农作物及民生之重要。其实，吴地是多雨水之地，如陆游诗言"吴中地多雨，海角客常愁"（《雨夜》卷七六），"岁秋固多雨，每恨不及时"①，"岁暮寒多雨，村深早闭门"②，"海近冈峦多迤逦，天寒雨正霏微"③ 等。绍兴有句时令谚语"一场春雨一场暖，一场秋雨一场寒"，来形容当地的春、秋之雨与气候的关系。另一句谚语"秋冷勿见日，冬寒水绝流"，是节令与气候之相互关系。

绍兴先民有以气象谚语来形容当地四季之雨水，"春雨绵绵夏雨急，秋雨凉爽冬雨雪"④。古代中国以农立国，先民是看天而耕，依节令之不同，而知气候之变化现象，因此有气象谚语、农谚等。绍兴的先民对雨水与节令之间的变化，观察入微，连陆游都说"老农自喜知时节"。在绍兴关于雨之谚语有"雨打黄

---

① 钱仲联：《剑南诗稿校注》，《闵雨》卷五八，上海古籍出版社 2005 年版，第 3364 页。

② 钱仲联：《剑南诗稿校注》，《与儿孙小饮》卷六〇，上海古籍出版社 2005 年版，第 3445 页。

③ 钱仲联：《剑南诗稿校注》，《渔家》卷六〇，上海古籍出版社 2005 年版，第 3444 页。

④ 周扬总主编：《中国谚语集成·浙江卷》，中国 ISBN 中心 1995 年版，第 497 页。

昏后，落雨通夜头""早雨晚晴，晚雨难晴""清明前后落夜雨""黄昏落雨五更晴，半夜落雨到天明""上元无雨多春旱，清明无雨少黄梅""新春落雨到清明，一日落雨一日晴""立冬无雨一冬晴""雨雪近年边"① 等，这些谚语都说明在古代节气与落雨之规律。在陆游诗作中，也可看出不同时令落雨现象，如"夜雨空阶滴到明，山云忽敛作新晴"（《新晴》卷六五），"入春雨雪无休日，雨止犹阴未快晴"（《村夜》卷六五），"春阴易成雨"（《春雨》卷六五），"高秋风雨天"（《题柴言山水》卷七五）。

（一）春雨绵绵

绍兴有句谚语："雨前蒙蒙终勿雨，雨后蒙蒙终无晴。"此句说明在下雨前是蒙蒙之天气，或是下小雨，那么就难得下大雨。而下雨之后，天气是蒙蒙的，天气就难得晴了。陆游诗中描写的春雨霏霏之景：

> 依阑正尔受斜阳，细雨霏霏度野塘。本为柳枝留浅色，却教梅蕊洗幽香。小沾蝶粉初何惜，暂涩莺声亦未妨。造物无心宁遍物，凭谁闲与问东皇。
>
> ——《春雨》卷六一

> 小雨明复暗，余寒去又来。新苔缘砌上，残杏过篱开。垂老身余几，逢春心尚孩。江天近寒食，林外过轻雷。
>
> ——《小雨》卷六一

---

① 周扬总主编：《中国谚语集成·浙江卷》，中国 ISBN 中心 1995 年版。

小雨廉纤不濡土，忽闻檐溜喜无穷。断知不作西山饿，
多稼如云在眼中。

——《枕上闻雨声》卷七

春阴不肯晴，春雨断人行。惨淡柴荆色，萧条鸡犬声。
香分豆子粥，美啜芋魁羹。犹胜梁州路，蒙毡夜下程。

——《春雨》卷七五

柴门方出雨霏霏，未到湖边促驾归。深炷炉香掩屏卧，
谁知不为湿春衣。

——《出游遇雨而返》卷七五

正看飞雪暗江天，不觉新春已粲然。花气袭人娱独夜，
雨声绕舍送丰年。樵风未改山川旧，禊事空悲岁月迁。一
楫可营身尚健，故应先冶下湖船。

——《夜雨》卷八一

无论是细雨霏霏，还是小雨纤细不濡土，都是春雨绵绵的
特色。此景象令诗人诗意大发，春思、春愁也绵绵了。

晓望横斜映水亭，暮看飘洒湿帘旌。不嫌平野苍茫色，
实厌空阶点滴声。上策莫如常熟睡，少安毋躁会当晴。且
将稼事传童稚，未插秧时正好耕。

——《雨》卷六六

绍兴谚语"早雨晚晴，晚雨难晴"，此诗"暮看飘洒湿
帘旌"及"实厌空阶点滴声"二句印证了"晚雨难晴"之
谚语。

（二）夏雨急

溪烟一缕起前滩，急雨俄吞四面山。造化等闲成壮观，月明却送钓船还。

——《湖上急雨》卷五四

此诗是陆游于嘉泰三年夏天，其自行回山阴时作。山阴夏天之急雨，气势磅礴、壮观，仿佛要吞没湖边之山一样。又如：

急雨消残暑，旷然天地秋。露萤矜熠熠，风叶送飕飕。凉簟惟添睡，明河不洗愁。流年又如此，随处怯登楼。

——《急雨骤凉》卷六七

北窗欲化庄生蝶，睡思蒙蒙栖倦睫。川云忽带急雨来，万点纵横打荷叶。坐收爽气入诗律，更借凉飕吹醉颊。坏檐腐垣凛欲堕，积潦中庭深可涉。

——《大雨》卷六二

藩篱处处蔓牵牛，薏苡丛深稗穗抽。只道物生常茂遂，一宵风雨又成秋。

——《夜雨》卷六七

夏季之雨总是又急又大，夏末了，下场大雨消消暑，接着时序也将进入秋天了。

"川云忽带急雨来，万点纵横打荷叶"，陆游虚静凝神观看，描写急雨带来的景象，充满意境美。

绍兴谚语"黄昏落雨五更晴，半夜落雨到天明"，在陆游诗作中，对此气候雨景现象做了描摹：

暮雨萧萧集瓦沟，空阶点滴送清愁。何由乞得须臾睡，直到窗明滴未休。

——《夜雨》卷五七

点滴茅檐雨，长宵不肯晴。残缸待鸡唱，倦枕厌枭鸣。已践衰残境，况兼羁旅情。晨兴亦何事，椎髻绕廊行。

——《夜雨》卷五七

五更残雨滴檐头，探借天公一月秋。只道风吹云散尽，数声桑下又鸣鸠。

——《残雨》卷五八

家近蓬莱白玉京，草堂登望不胜清。初惊野色昏昏至，已见波纹细细生。残醉顿消迎乱点，微吟渐苦入寒声。只愁今夕虚檐滴，又对青灯梦不成。

——《雨》卷六一

陆游对下雨之景的描写意境深美。凝神观照下雨之景象，由远景野地因下雨而呈现之昏昏、蒙蒙之状，到近景已见波纹细细的生成，此为主体已融入雨景之中，深邃唯美。

午暑不可触，忽惊如许凉。轩窗云作暝，草木雨生香。蒲叶先秋贾，蝉声入夜长。自欣无一事，岸帻倚胡床。

——《残暑得小雨颇凉》卷六二

空蒙五月雨，景气一番新。换尽园林叶，洗空衢路尘。山邮恼行客，野渡滞归人。独有龟堂叟，凉风吹角巾。

——《五月雨》卷七一

梅雨忽已过，松风来飒然。吟多锦囊富，影瘦角巾偏。客祝加餐饭，儿忧少睡眠。衰骸累人久，抚事憾遗年。

——《梅雨初霁》卷七一

川云迭迭密如麟，山雨霏霏细似尘。未必便为耕陇喜，
天公分付与诗人。

——《小雨》卷七六

欲雨未雨雷车奔，欲睡不睡人思昏。蛮童正报主茶熟，
忽有野僧来叩门。

草茂水长蛙群鸣，涯深路坏人断行。故侯老退守瓜垄，
翠蔓黄花偏眼明。

——《暑雨》二首卷七六

小筑涛江外，微凉暑雨余。倾囊致欢伯，信脚到华胥。
芳草翩翩蝶，清池泼泼鱼。此翁虽耄矣，作计未全疏。

——《雨后》卷八三

一雨萧然洗睡昏，清晨屣屦自开门。岂惟爽气生山袂，
坐觉凉飔入发根。浦口鱼多来野鹤，林梢果熟下山猿。吾
庐清绝君知否，钓雪寒江不足言。

——《五月下旬大热晦日夜得雨明旦甚凉》卷八三

陆游诗中，夏雨除了是忽而至又大又急之雨外，也有空蒙
之雨，景象一新，也有梅雨忽已过，松风飒然而来之景象，也
有雷大不成雨，令人有睡昏之欲等。陆游将下雨之景与情境融
合，呈现一种雨中美感。

（三）秋雨凉爽

绍兴谚语："白露秋分夜，一夜凉一夜。"故秋天的雨是凉
爽的，因时序渐入冬天之际。陆游对秋雨的感兴是：

雨声疏复密，窗影暗还明。赤米香炊饭，清蔬淡齑羹。

闲中长棋格，病后减诗情。惟有桑麻事，邻翁与细评。

——《秋雨》卷五八

并海宽闲野，清秋摇落天。微凉供美睡，稳字入新联。陋屋萧萧雨，修筒细细泉。晚窗生酒兴，洗酌一陶然。

——《雨后甚凉》卷五八

吾庐多美阴，最茂楸与梧。百鸟集其间，下上更鸣呼。秋风忽动地，摇落日日疏。何如涧底松，终岁无荣枯。

——《秋雨》卷五八

新雁南来岁又残，萧萧风雨暗江干。客疏似悉尔来病，酒薄不禁如许寒。草络篱头花尚碧，树当浦口叶初丹。醉来且拥黄䌷睡，莫问何时后土干。

——《秋晚雨中作》卷六八

上述之诗描摹秋风、秋雨洒落丹叶，漠漠江上萧萧风雨，凉秋随之而来之情景。绍兴谚语"八月雁门开，百雁头上带霜来"，候鸟雁南飞过冬，显示已入秋冬之际。

暮秋木叶已微丹，小雨萧萧又作寒。目送断云归谷口，身随新雁寄江干。

——《秋雨》卷七八

此诗，陆游于嘉定元年秋天作。感悟时序已近晚秋时分，此时是一场秋雨一场寒了。

雨气侵人暮不休，雨声逼枕冷飕飕。方欣草木有生意，已报沟池无涸流。避湿入檐怜病鹤，争巢逐妇叹鸣鸠。老农自喜知时节，夜半呼儿起饭牛。

——《喜雨》卷八三

孤村风雨连三日，秋暑如焚一洗空。睡觉房栊灯渐暗，
却寻残梦雨声中。

——《雨中》卷八三

此二首诗，陆游于嘉定二年秋天作。秋暑热如焚，猛如虎。
一场连夜秋雨来，雨气逼人，顿觉有冷飕飕之感。

（四）冬雨雪

陆游有诗作形容冬天要下雪时气候大变，他说："大风从北
来，汹汹十万军。草木尽偃仆，道路瞑不分。山泽气上腾，天
受之为云。天云如马牛，水云如鱼鼋。朝暗翳白日，暮重压厚
坤。"（《风云昼晦夜遂大雪》卷六〇）

《剑南诗稿》中虽然诗题少有以冬天之雨为题，然诗文中，
有冬雨之描述，如"雨声不断叶飞霜"（《庵中晚思》卷六四），
"数点雨声催返舍"（《晚立》卷七三），"江村烟雨宿孤篷"
（《志喜》卷七三）。陆游对冬雨之感兴：

入冬殊未寒，尘土冒原野。沟溪淡枯萍，不闻清湍泻。
今夕复何夕，急雨鸣屋瓦。岂惟宿麦长，分喜到菜把。明
朝开衡门，想见泥溅踝。丰年傥可期，击壤歌幽雅。

——《十一月十一日夜闻雨声》卷七三

秋冬久不雨，气浊喜云生。麦垄崇朝润，茆檐彻夜声。
初来断幽径，渐密杂疏更。赖有墙阴荠，离离已可烹。
薄晚初沾洒，清晨更惨凄。鱼寒抛饵去，鸦湿就檐栖。
幽涧溅溅溜，长堤浅浅泥。一杯持自贺，吾事在锄犁。

——《雨》二首卷七九

万籁号风如战鼓，雪意垂垂先作雨。庭中栖鸟惊屡起，窗下残灯黭还吐。老翁耸膊高过顶，童子触屏低不语。时闻邻舍起饭牛，亦有归樵说逢虎。去年雪薄蝗害稼，今年望雪如望赦。行当三白兆丰年，牲酒如山作秋社。

——《夜雨寒甚》卷八十

"万籁号风如战鼓，雪意垂垂先作雨"诗句，是对冬雨雪最佳的阐释。

"春雨绵绵夏雨急，秋雨凉爽冬雨雪"，在陆游视域中，各个季节都有他的意境之美。他将四季不同景象，透过主体的感悟，将山阴四季之美一一呈现在诗作之中，从中亦可明了宋代山阴的人文之美。

《剑南诗稿》中的绍兴风物

绍兴市陆游研究会　王致涌

陆游一生著述甚丰，尤其是《剑南诗稿》九千余首，使他的诗歌创作量在古代诗人中名列前茅；又由于他长期生活在家乡绍兴，年跻大耋，大量诗作栩栩如生地描绘了当时各阶层日常生活与习俗风情。这些诗作是特定的社会关系和自然关系的社会化、情感化、形象化、审美化之生动载体，蕴含着丰富、深刻的历史内容。它反映了南宋绍兴及周边地区的自然风貌、城乡各业、生活起居、建筑风格、水陆交通以及民风民俗，清晰地展示了当时江南城乡的生活百态，特别是大量的农村生活内容。我们可以毫不夸张地说，《剑南诗稿》就是一幅描绘南宋时期江南特别是水乡绍兴的风俗长卷。它所描述的绍兴风物具体而微，容量的丰富性远胜于地方志与其他文献著述。

先说"祝福"。由于鲁迅的小说《祝福》，使大家知晓了绍兴有个独特的过年习俗——祝福。清末绍兴民俗学家范寅的《越谚》的"风俗"中简单记有："祝福，岁暮谢年、谢神祖，名此"，除此之外，均未发现其他史料与著述对它有过详细的记载。前不久看陆游 800 多年前的诗作，还是有一些线索可以给绍兴的祝福作一些旁证。诗全文如下：

> 已幸悬车示子孙，正须祭灶请比邻。
>
> 岁时风俗相传久，宾主欢娱一笑新。
>
> 雪鬓坐深知敬老，瓦盆酌满不羞贫。
>
> 问君此夕茅檐底，何似原头乐社神。
>
> ——《祭灶与邻曲散福》

此诗陆游收于《剑南诗稿》卷 41，写于庆元五年十二月，亦即公元 1201 年初，陆游 76 岁。从陆游的诗中可以知道，南宋时期的"祝福"其实很简单，也就是从"祭灶"直接到"散福"了。而且据陆游讲，此风俗已经相传很久了，当时应该还没有"祝福"这一说。但散福却实实在在已经有了，而且一直保存至今的。宋代的习俗是祭灶并把邻居请到家中散福的。这中间还有一个问题，就是祭灶的日子如果是固定的，陆游家里延请邻居，来的人家里的散福怎么搞？是不是家中条件好一点的搞散福，一般人家就不搞了；抑或祭灶可以在相近几天中进行，这样散福的人家就会多一点？在宋代，有地方将祭灶的日子定在农历十二月二十四日，宋代诗人范成大的《祭灶词》对祭灶日有详尽描述："古传腊月二十四，灶君朝天欲言事。云车风马小留连，家有杯盘丰典祀。猪头烂熟双鱼鲜，豆沙甘松米饵圆。男儿酌献女儿避，酹酒烧钱灶君喜。婢子斗争君莫闻，猫犬触秽君莫嗔。送君醉饱登天门，勺长勺短勿复云，乞取利市归来分"，诗写得具体翔实且饶有情趣，足见古代民风对祭灶的重视、食物的丰盈，而且当时已经有男的祭祀女的回避的习俗了。但在陆游的诗中可以了解到，宋时绍兴这里的祭灶日还没有固定，须卜日而定①，这样邻里之间有所参差，方便互相去别的家里祝贺和散福。但近代绍兴的祭灶日子已经固定了下来，就是十二月二十三，说是这天灶司菩萨上天，向玉帝禀告；不是范成大所说的二十四。而且现在绍兴风俗中祭灶的供品也已很简单，主要就是饴糖与腌菜。这饴糖说是灶司菩萨经常要打小报告，吃饴糖的目的是把他的嘴黏住；那腌菜说的是，以前因为家家都祭灶，像范成大诗中说的大鱼大肉，十分丰盛。有户人家生活拮据，拿不出像样的菜肴，只好用腌菜来祭灶，结果出乎意料，灶神是油腻吃多了，感觉腌菜特别爽口，上天禀告时给他家说了不少好话，这户人家也因此咸鱼翻身，第二年就由贫致富，于是家家都模仿此举祭灶。

再说"祝福"。通过陆续寻访绍兴对乡土文化比较了解的老人，基本了解了近代祝福的梗概：（1）掸尘，把家里打扫得干干净净；（2）请灶神爷上天；（3）预备"祝福"仪式所用的各种"福礼"；（4）"拜菩萨"；（5）"请羹饭"（即"祭祖"仪式）；（6）"散福"。

"福神"又被称为"祝福菩萨"或"大菩萨"，"祝福"仪式在夜里五更天举行。祝福的这一天，前半夜要烧煮福礼（供品）。祝福就放在后半夜五更天举行，由于彻夜准备福礼，大都整夜不得睡眠，所以也把祝福叫作"请勤俭菩萨"。

"祝福"在黑夜举办，又特别强调了静悄悄的气氛，使仪式

① 参见《剑南诗稿》卷4《无题》。

显得庄严肃穆。因此，当"祝福"举行时，难以安静的孩子，受到大人们特别叮嘱。

祝福仪式必须在正厅、堂前举行，而且必须大开正门。仪式必须由男性当家人主持，点燃香烛后，家中男丁按辈分大小，依次由里朝外行三跪九叩大礼。女眷和个别忌生肖的男丁，一概回避，不准拜神。这应该是过去的习俗，在现代社会里，则越来越不执行这些规定。

绍兴搞民俗学的人认为，"祝福"大典起始于元朝。"祝福"大典供奉的神像，印有"南朝圣众"和"黄山西南"字样。

相传宋为元所灭后，遗民慑于异族统治者的淫威，多于深夜子时，悄悄祭祀南宋皇帝以与抗元殉国的南宋忠烈。神像所印"南朝"，是指沦亡的南宋王朝，"圣众"就是南宋忠烈。神像正中是一位头戴香貂帽，身穿大红袍，手指朝笏的神，传说他就是文天祥；左边文官有以陆秀夫为首的忠烈，右边武官有以张世杰为首的诸将；顶端的神舟中，坐着头戴金冠的少年，推断应该是年号"祥兴"的南宋皇帝赵昺。而"黄山西南"，民间传说是指宋时在黄山西南为救百姓而与金兵同归于尽的兄弟俩人，后人祭奠他们为国捐躯，却又不知其姓名，只好以他们遇害的地点为名，尊其为"黄山西南"。由于蒙古贵族对汉人的统治十分严苛，汉人为祭祀故国忠烈，不得不采取隐喻的方法（创造"南朝圣众"和"黄山西南"神像），且必须在日落黄昏后或黎明拂晓前悄悄祭祀。此种带有民族意识的祭祀活动，起先公开的说法是一年一度请"祚福之神"，求神保佑来年五谷丰登、六畜兴旺、吉祥如意。后相沿成习，演化为答谢神明保佑，祈求来年幸福的一年一度的祭祀大典。

按照绍兴习俗，在拂晓前（包括深夜）祝福的叫请"勤俭（音，绍兴话中意为勤劳）菩萨"；在黄昏时分祝福的叫请"懒惰菩萨"。也就是说，现在绍兴城乡百姓基本上请的是"懒惰菩萨"。祭祖后，便用煮福礼的汁汤烧年糕或面吃，名曰"散福"，表示神所赐之"福"放给了一家人。以前绍兴城里人，一般祝福以后都是合家散福的，但农村的散福则是第二天早上用煮福礼的汁汤烧年糕或面分送给左邻右舍。

这些说法虽然没有明确的典籍佐证，但基本还是可信的。现在从陆游的诗作进一步提供了证明，流传于近代的祝福仪式，宋代尚未出现，但散福却由来已久。绍兴的文人受陆游等人的影响，比较崇尚忠君爱国之人，明末的刘宗周、祁彪佳、祝渊、王毓蓍等都是为民族大义以身殉国的，所以后来祝福中结合祭奠故国皇帝与忠臣可能性也是相当大的。

在陆游诗中，提到岁时习俗和祭祀拜神的不少，但其中提到较多的却是"紫姑"。虽然有人将她称为神——厕神，但对佛道均有较多了解的陆游自然清楚，她是不能列入仙班的。

紫姑，又名坑三姑、紫姑仙，我国神话中的厕神。传说姓何名媚字丽卿，系山东莱阳人。公元687年（唐武则天时）寿阳刺史李景纳为妾，为大妇曹氏所嫉，正月十五被杀于厕中。上帝悯之，命为厕神。宋苏轼曾写过《子姑神记》述其事。

古籍提到紫姑之记载，亦首见于刘敬叔《异苑》卷5，曰："世有紫姑神。古来相传，云是人家妾，为大妇所嫉，每以秽事相次役，正月十五日感激而死。故世人以其日作其形，夜于厕间或猪栏边迎之。祝曰：'子胥不在（是其婿名也），曹姑亦归（曹即其大妇也），小姑可出戏。'捉者觉重，便是神来。奠设酒果，亦觉貌辉辉有色，即跳躔不住。能占众事，卜未来蚕桑。又善射钩，好则大舞，恶便仰眠。"继《异苑》之后，南朝宋东阳无疑《齐谐记》、梁宗懔《荆楚岁时记》、隋杜台卿《玉烛宝典》等，皆有关于紫姑的记述。《齐谐记》云："正月半，……其夕则迎紫姑以卜。"

陆游《剑南诗稿》中提到"紫姑"的诗有六七首之多，其中一首《箕卜》写得最为详细：

> 孟春百草灵，古俗迎紫姑。厨中取竹箕，冒以妇裙襦。
> 竖子夹相持，插笔祝其书。俄若有物凭，对客不须史。
> 岂必考中否，一笑聊相娱。诗章亦间作，酒食随所需。
> 兴阑忽辞去，谁能执其法。持箕弃宠婢，弃笔卧墙隅。
> 几席亦已彻，狼藉果与疏。纷纷竟何益，人鬼均一愚。
>
> ——《箕卜》

地域不同，迎仪或许各异。绍兴风俗，人若请紫姑决事断理，则在正月十五日夜，拿一竹编饭箕，上盖常穿之衣服，在底部插竹筷一双，须呈人嘴状，然后两人手持饭箕，对面而坐，在涂有面粉或灰粉的平盘上随意涂鸦，接着便根据所写文字占断吉凶。陆游以扶乩作为娱乐，"人鬼均一愚"，一笑了之。扶乩的兴起开始大约是为卜来年的农桑，读书人临考前心中空虚，也就以扶乩祈求神示，陆游在诗中说的"岂必考中否"就是预测科举事。但陆游其他几首诗说得最多的是问征夫信息①，也有说自己后面的状况基本已定，无须向紫姑问卜的②，也就是说，大凡心中有疑惑，都可占卜。

浙东一带，以前卜紫姑相当流行，除了日子不一定固定于正月十五日夜，其形式基本与陆游诗中记的别无二致。我小时候，农村中很盛行，也许是当时农民生活比较艰苦，困惑也多，以此祈福解疑。我虽然没有具体参与过这类活动，但听得很多，有些甚至活灵活现，内容有点匪夷所思，如果传言属实，至少是现代科学难以解释的。

绍兴还有一个"柳姑"，虽然《嘉泰会稽志》记有柳姑庙，但大多数人还是通过陆游的诗知道的。不过，这个建庙祭祀的柳姑究竟是何方神圣，语焉不详。现有三种说法：一是替人治病，保船平安的圣女；二是大禹治水时在大禹身边的圣姑；三是齐梁间贞女。二说比较牵强，这样的名字与大禹时代不合。我以为，一说其实与第三说是可以统一的。梁代的沈约写过一首山阴柳姑的诗，在现在所能看到的史料里，这是唯一提到柳姑原型的。当然现在还是孤证，有待进一步考证。

> 山阴柳家女，莫言出田墅。丰容好姿颜，便僻工言语。
> 腰肢既软弱，衣服亦华楚。红轮映早寒，画扇迎初暑。
> 锦履并花纹，绣带同心苣。罗繻金薄厕，云髻花钗举。
> 我情已郁纡，何用表崎岖。托意眉间黛，中心口上朱。

---

① 《剑南诗稿》卷35《初春》。
② 《剑南诗稿》卷38《初春》。

莫争三春价，坐丧千金躯。盈尺青铜镜，径寸合浦珠。

无因达往意，欲寄双飞凫。裾开见玉趾，衫薄映凝肤。

羞言赵飞燕，笑杀秦罗敷。自顾虽悴薄，冠盖耀城隅。

高门列驷驾，广路从骊驹。何惭鹿卢剑，讵减府中趋。

还家问乡里，讵堪持作夫。

——《少年新婚为之咏》

也许有人会认为，诗中描述柳家女的事迹讲得平常，恐怕还够不上建庙，但从陆游《剑南诗稿》中多次提到的项王庙和伍胥神来看，其实都是民间的英雄，从正统的角度去衡量，也不是很够封神的资格。但两人性格刚烈，疾恶如仇，很符合绍兴人的脾气，正印了鲁迅引的那句老话："会稽乃报仇雪耻之乡，非藏垢纳污之地！"还有陆游《过张王行庙》提到的张王，据赵翼考证①，也不过是一个能变成大猪帮助疏通河道的术士而已。可见那时候建庙祭祀的主人公远没有后世那么严格。

旧时绍兴的风俗，讲究很多，这在陆游诗中多有记述：祭蚕官、刍狗祭祀、岁末聚博试年庚，立春未明卖春困……这些都给搞民俗学的同志不少帮助。

另外再说一下"日铸茶"。陆游是中国历史上写酒诗最多的诗人②，也是写茶诗最多的，据统计有300余首。他记述了当时绍兴已有"花坞茶""丁坑白雪茶""金奁茶"等名茶外，还有

---

① 赵翼：《陔余丛考》卷35。

② 见拙作《诗情恰在醉魂中——陆游酒诗论》，1990年曾在"中国第一届国际酒文化学术讨论会"上获奖，后结集出版，《辉煌的世界酒文化》，成都出版社1993年版。

两款贡茶，即"瑞龙茶"和"日铸茶"。特别是这日铸茶，陆游提到最多，将它奉为珍品。

绍兴历代产名茶。到了宋代，绍兴名茶"日铸茶"已闻名遐迩，备受称颂。"日铸茶"产于绍兴日铸岭，与陆佃著述《陶山集》的陶山（绍兴人又称陶宴岭）相邻，位于平水左近，岭上有清溪环绕。相传欧冶子替越王炼剑，就寻到了这块风水宝地，后来则成为名茶的产地。地方志记："会稽山茶，以日铸名天下。入京都，奉台府，供好事者。"陆游对日铸茶更是珍爱万分，他外出宦游时，身边都珍藏着日铸名茶，"不是名泉不合尝"，只有碰上名泉奇水时，才取出日铸茶品尝。宋代绍兴府的茶叶产量已达 385000 多斤，这在全国占有很大的比例。

陆游参与编撰的《嘉泰会稽志》卷 17，就将"日铸茶"单设一目，与"草木鱼虫鸟兽"目并列（嘉泰志目录），按理茶应属草木目，就是因为日铸茶地位特殊，所以单列，也符合现代修志强调的重要内容"升格处理"的做法。

问题是现在许多写茶叶史的文章和著述都把陆游笔下的日铸茶称为有记载最早的"炒青茶"，并说是陆游诗自注有"炒青"的说法。如杭州大学出版社 1993 年版《陆游论集》戴盟先生的《茶诗二百续茶经——浅谈陆游的茶诗》中写道："他（指陆游）有一首《安国院试茶》，诗后自注：'日铸……，不团不饼，而曰炒青，曰苍鹰爪，则撮泡矣。'"同书陆伟民先生的《悠悠茶事·淳淳风物——从〈剑南诗稿〉看南宋越地茶文化》中也有："陆游有《安国院试茶》诗，诗后自注云：'日铸则越茶矣，不团不饼，而曰炒青，曰苍鹰爪，则撮泡矣。'"以及江西省中国农业考古研究中心、江西省社会科学院历史研究所主办的《中国茶文化》专号（2）（《农业考古》1991年第4期）中王钟音先生的《中国绿茶生产之沿革》，也有与陆文同样的引用，只不过诗的题目改成《安国院试茶诗》。

查我手头中华书局的《陆游集》（1976年版）和上海古籍出版社钱仲联先生的《剑南诗稿校注》（2005年版），均未见有《安国院试茶》与《安国院试茶诗》，其中标题有茶字的一共22首，最接近的应该是《过武连县北柳池安国院煮泉试日铸顾渚茶院有二泉皆甘寒传云唐僖宗幸蜀在道不豫至此饮泉而愈赐名报国灵泉云》，诗三首如下：

> 滴沥珠玑翠壁间，遭时曾得奉龙颜。
>
> 栏倾甃缺无人管，满院松风昼掩关。

又

> 行殿凄凉迹已陈，至今父老记南巡。
>
> 一泓寒碧无今古，付与闲人作主人。

又

> 我是江南桑苎家，汲泉闲品故园茶。
>
> 只应碧罐苍鹰爪，可压红囊白雪芽。

诗下自注："日铸贮以小瓶，蜡纸丹印封之，顾渚贮以红蓝缣囊。皆有岁贡。"

诗题所称武连县，为今四川剑阁县，陆游名句"细雨骑驴入剑门"的"剑门关"就在那里。安国院系唐代古刹，陆游经过的时候，"栏倾甃缺"，显然已经成为荒寺。令陆游留连的是寺有寒泉，凡好茶饮者都知道，所谓"茶者水之神，水者茶之体。"没有好水，茶就不能成为其本色的茶。陆游在乡品茶惯了，故长途旅行也不忘带着，只要有好水就自己动手，汲泉而饮。诗句中"苍鹰爪"指日铸茶，"白雪芽"指产于顾渚山的顾渚茶，地在浙江长兴县西北，宋梅尧臣诗已有称道。当然陆游这三首诗，对于日铸茶的描写还是粗线条的。茶人之意不在茶，在于冲茶之水也。传说安国院的泉水，治好了唐僖宗的疾病。

试茶的结果陆游认为日铸茶胜于唐代数一数二的贡品"顾渚紫笋茶"。这倒也不是陆游的家乡观念在作怪，日铸茶用瓷瓶贮藏，并用蜡纸丹印封口，这样的包装在当代，也是仅次于真空包装的最佳包装，而顾渚茶用红蓝绢袋存放，包装已差一截，色香味自然无法与之抗衡了。

我诗下找不到上述三文所引的陆游"曰炒青"的自注，这个注引用者相当多，当然有可能有其他《剑南诗稿》版本，望有识者告知。并且有人认为这是中国最早的炒青提法。我以为，要证明日铸茶是炒青茶，不一定要有"炒青"的原文，陆游在川中有《试茶》诗，讲的就是"日铸茶"：

　　苍爪初惊鹰脱韝，得汤已见玉花浮。

　　睡魔何止避三舍，欢伯直知输一筹。

　　日铸焙香怀旧隐，谷帘试水忆西游。

　　银瓶铜碾俱官样，恨欠纤纤为捧瓯。

日铸茶采用雨前或明前嫩芽，这其实就是现在炒青的特点，陆游从平水回三山时，就有诗记"人买山茶先谷雨"，这就是现在所说的"雨前茶"。春茶经杀青烘炒而成，成品转青褐色，干微屈，"苍爪"正是它的外形。茶叶在茶汤中腾挪翻飞一会，水与茶互相渗透，而后茶中有水，水中有茶，水青茶碧，就是自然而本色的茶。陆游说，当他看到绿玉一般浮在水面的茶，睡意全消，精神振作。回想起隐居故乡汲泉品茗的日子，又要责怪自己背井远行的不是了。这诗中还有一个字，就是"日铸焙香"的"焙"字。西汉扬雄《方言》说："凡以火而干五谷之类，自山而东，齐楚以往谓之熬，关西陇冀以往或谓之火备，秦晋之间或谓之炒。"焙的本意就是"用微火烘烤"。宋苏轼《西江月·茶词》："龙焙今年绝品，谷帘自古珍泉。"春焙，就是指经过焙制的春季茶叶。宋黄庭坚《惜馀欢·茶》词："相将扶上，金鞍骢背，碾春焙，愿少延欢洽。"这个"焙"字，现在绍兴还在普遍使用，而且这个字其实比"炒"更符合"炒青"的制作工艺。

《剑南诗稿》中还提到不少当时的一些生活习俗，也与现在有不小的差异。如现在绍兴有"冬至馄饨夏至面"的讲究，而宋代却是"冬馄饨，年馎饦"①。这馎饦，亦即汤饼，绍兴人俗称"滞夹头"，也就是杭州知味观的"猫耳朵"，这种食物以前绍兴相当普遍。现在绍兴一带习惯于冬至和清明前后去扫墓，但宋代却是"乡中每以寒食立夏之间省坟"②。陆游有用乌龟壳做帽子戴③，现在乌龟与"绿帽子"同列，一般人避之不及。

---

① 《剑南诗稿》卷38《岁首书事》。
② 《剑南诗稿》卷2《乡中每以寒食立夏之间省坟客褒适逢此时凄然感怀》。
③ 《剑南诗稿》卷43《近村暮归》。

《剑南诗稿》还提到当时绍兴夏天还能买到冰块①，当时没有制冰的设备，应该是从寒冬藏下的。陆游当年还曾使用纸做的蚊帐与纸做的被子，据他说效果相当好。② 这样的内容陆游诗中还有不少。

记得30年前曾应邀给绍兴师专（亦即现在的绍兴文理学院）中文专业的学生做过一个"《剑南诗稿》中的绍兴风物"的讲座，我一直想对此进行一些梳理，但由于工作的原因，当然主要是自己的慵懒，一直没有搞起来。现在借这次会议的机会，作了一些修改以期求教于方家。

---

① 《剑南诗稿》卷21《重午》。
② 《剑南诗稿》卷48《夜雨》。

陆游"镜湖"诗歌的生态图景
及其现代启示

绍兴文理学院　元培学院　何金梅

随着工业文明的进程和城市化的发展，空气、水、土地等人类和其他生命赖以生存的自然环境与物质资源面临着严重污染与匮乏的现实。当前，生态美学研究成为文学研究中一个具有认识论和实践意义的研究方向。"生态美学的提出就是要反思现代技术条件下人与自然关系的恶化及其根源，扭转认识论框架下美、审美的传统观念，构建人与自然之间和谐的、审美的生态关系。"① 从这一研究的语境背景和研究目的出发，文学研究中的生态视角也就成为一个切合时代需求的视角。中国的传统文学资源中，有着丰富的生态美学观念及其具体呈现。其中，中国山水诗歌中呈现的生态图景和生态观念既可以给我们提供一种古今场景的比照，也可以给我们提供一定的思想启示。在人与自然的关系中，人与水的关系是非常重

---

① 曾繁仁：《生态美学导论》，商务印书馆 2010 年版，第 76 页。

要的一种关系。考察文学作品中水环境的生态呈现及其审美
情感，是管窥这一问题答案的一种途径。本文拟以陆游"镜
湖诗"为个案进行探究，考察陆游诗歌中出现的镜湖水域的
生态图景，以期对当前建构和谐人水关系的生态理想提供借
鉴意义。

一　陆游"镜湖"诗研究概况

　　陆游作为一个诗作存量众多和影响巨大的诗人，其"镜湖"
诗词也引起有关学者的研究和讨论。主要的讨论有：许芳红从
陆游的"镜湖"诗词看其人生起伏的情感生活，"陆游的镜湖诗
词在游赏与怀思中，呈现出清绝美、迷漾美、热烈美等几大特
点，陆游笔下的镜湖也是隐者与狂者情怀的载体，是其人生失
意时的知己。透过镜湖诗词表面的萧散，我们可窥见陆游内心
时时涌动的爱国热情及壮志难酬的内心苦痛"①。有论者从陆游
"镜湖"诗看陆游的晚年生活②，讨论陆游诗里所反映的"当时
市镇的类型、特点、发展状况以及由此带来的对农村社会产生
的多方面的影响"③。《陆游镜湖诗简论》一文认为陆游镜湖诗

---

　　①　许芳红：《杜陵诗在得其骨　贺鉴湖老荒此身——陆游镜湖诗词析论》，
《绍兴文理学院学报》2011 年第 4 期。
　　②　参见杨昇《"镜湖诗"中的陆游晚年农村市场生活》，《内蒙古民族大学
学报》2006 年第 4 期。
　　③　杨昇：《陆游"镜湖诗"中的江南市镇》，《孝感学院学报》2010 年
第 4 期。

描述了多彩的美景，从中看出陆游的隐逸和爱国情怀。① 这些研究都还是以陆游（作者）为中心，或者以人类生活为中心来考察这些诗歌作品，在这些研究中，"镜湖"往往被看作陆游（作者）情感抒发的载体，或者是陆游和"镜湖"区域人们生活的一个环境客体，"镜湖"还不具有独立的自然存在的主体性。《生态批评视野中的陆游山阴诗》一文立足于生态批评的立场，认为陆游的诗歌展现了山阴美丽、清净的自然生态环境、田园风光，并分析出这些诗歌中透露着诗人"戒杀爱物思想、'物与'情怀和对身心自由的渴望"② 的精神生态。这篇文章是以"山阴诗"作为讨论范围，其中的作品包含山水诗和田园诗，最后观点还是以陆游为中心，"镜湖"并未作为独立的自然存在被重点讨论。

从生态美学的视角看，要抛弃以作者或者以人为中心的观点，把"镜湖"当作一个独立存在的生态系统，在这个系统中，自然、诗人和诗人面对自然所激发的情感成为一个融合的整体，这三者平等存在于作品中。陆游的"镜湖"诗可以成为一个考察人与水的生态关系的典型个案，理由有三：其一，陆游久居的家乡绍兴是著名的水乡，自然环境具有典型性；其二，绍兴大片的水域自唐至宋，原来是水利工程，因为众多诗人的描写逐渐成为审美对象，"镜湖"成为一个具有历史意义的地理空间

---

① 参见李建英《陆游的镜湖诗简论》，《陆游与鉴湖》，人民文学出版社2011年版。
② 曹瑞娟：《生态批评视野中的陆游山阴诗》，《东华理工大学学报》2012年第2期。

和审美空间，具有一定的讨论价值；其三，唐宋之后，写"镜湖"的诗歌很多，其中写作数量最为丰富和集中的要数陆游。因为陆游"五十年间居镜湖"，"据初步统计，其诗词涉及镜湖的大概有150首"①，同一个作家的众多作品，更有可能呈现出"镜湖"水域共时整体的空间形象。

本文所选陆游"镜湖"诗，以钱仲联校注的《剑南诗稿校注》（钱仲联、马亚中主编《陆游全集校注》，浙江教育出版社2011年版）为选本范围，除了题目中直接出现"镜湖"、诗作中带有"镜湖"的作品外，也包括经校注题解注明为陆游作于山阴的与"湖"有关的诗作。

二　陆游"镜湖"诗的生态图景

所谓生态图景，是指存在于自然界一定范围或区域内的自然环境及其在这一环境中生存的生命形态的构成，包括一定种类的动物、植物以及人类活动。生态图景首先指客观的生物体的样貌形态及其之间的关系，包括人在自然环境中的活动；其次也包括文本所流露的生态情感和评价。

综合来看，陆游"镜湖"诗作呈现的生态图景表现为：以水为整体生态背景，以丰富的物产为自然生态环境，以人的活动为社会生态景象，构成了一幅人与自然整体和谐的生态系统。

---

① 许芳红：《杜陵诗在得其骨　贺鉴湖老荒此身——陆游镜湖诗词析论》，《绍兴文理学院学报》2011年第4期。

(一)"水"域的澄清

陆游直接描写镜湖的诗歌中,"水"是首要的描写对象,也是其他生态样式存在的载体。在陆游诗中,"镜湖"作为整体形象出现有很多次,其主要的水体特征可以用三个字概括:广、平、清。主要诗句有:

> 镜湖俯仰两青天,万顷玻璃一叶船。① (《灯下读玄真子渔歌因怀山阴故隐追拟》)

> 我摇画楫镜湖中,碧水青天两奇绝。(《雨晴游香山》)

> 湖波绿似鸭头深,一日春晴值万金。(《乡人或病予诗多道蜀中遨乐之盛适春日游镜湖》其二)

> 吾州清绝冠三吴,天写云山万幅图。(《小雨泛镜湖》)

> 三百里湖秋渺然,是间可以著钓船。(《泛湖上云门》)

> 镜湖三百里,风止镜面平。(《舟中咏落景余清晖轻桡弄溪渚之句盖孟浩然耶溪泛舟诗也因以其句为韵赋诗》之六)

从镜湖成因看,它本是用于治水的一处水利工程,用于蓄洪、灌溉、防旱涝,是人类改造自然的产物。陆游描写的镜湖水"三百里"之"广"是一种人改造自然的行为结果;"平"带有地域特征,因为镜湖所在的绍兴地处内陆,少有风暴,水面平静;而"清"则是水的自然特征,"碧""绿""青"是诗

---

① 钱仲联校注:《剑南诗稿校注》卷十九,浙江教育出版社 2011 年版,第263 页。(以下只标明诗题)

中用以形容水的洁净的相近词，陆游也经常用"水天一色"表现水的透明洁净。在陆游诗歌中，广阔的镜湖水域给了诗人以及无数读诗的人极目远怀、澄清洁净的美好感受，湖水不仅仅是单独存在的自然主体，往往水、舟、人三位一体，构成了一幅幅立体的水乡生态图。"亲水"成为这些诗歌的生命情感体验。

陆游诗中经常描绘乘坐舟船从居处三山到镜湖水域的其他地方游玩，水上交通还是主要的交通路径。对于"镜湖三百里"的描述是否有夸张的成分，学者们考证南宋时期的镜湖相较东汉马臻时的镜湖水域面积已经大大缩小，古鉴湖面积为172.7平方公里，今天鉴湖的水域面积仅30.44平方公里，作为水利工程的镜湖已经湮废，只剩下河网河道。① 相比之下，现在镜湖的水域面积大大减小，也可见生态环境的变化。

在陆游的"镜湖"诗作中，我们还发现诗人往往近写水，远写山，山水相映，自然更加丰富而又有层次，也更衬托了水的清澈。如：

万迭青山绕镜湖，数椽自爱野人居。（《题庵壁》）

吾庐镜湖上，傍水开云扃。秋浅叶未丹，日落山更青。（《吾庐》）

老子即今双白鬓，镜湖自古几青山。（《闲趣》）

笔床茶社钓鱼竿，漻漻平湖淡淡山。（《泛湖》）

山和水是自然界最为宽阔的两大景象，也是很多生命生存

---

① 参见张校军《绍兴鉴湖》，西泠印社2010年版，第56页。

的物质依托。有山有水，是镜湖地方风貌的体现。在诗歌作品中，山水相映、山水相连，也表现出了古代中国文人对山水这两种大自然最重要的存在样态的敬畏和喜爱。

（二）"水"生的丰富

在陆游的"镜湖"诗作中，以水为整体生态载体，因水而生发出相应丰富的生态图景。一方面，是因水的流动幻化出其他的自然景色，可以称为水生景象；另一方面，水是一切生命的源泉，有了水，就有了依水而生的植物和动物，可以称为水生生物。陆游笔下水生的自然景象主要有：烟波、烟水。比较典型的诗作有：

> 烟波深处卧孤篷，宿酒醒时闻断鸿。最是平生会心事，芦花千顷月明中。烟水苍茫绝四邻，幽栖无地著纤尘。萧条鸡犬枫林下，似是无怀太古民。（《烟波即事》）
>
> 烟波万顷镜湖秋，清啸虽闻不可求。（《秋晚杂兴》）
>
> 城边小市聚，烟水淡秋容。南走兰亭路，迢迢云外钟。

（《湖山东跨湖桥》）

"烟波""烟水"是以"烟"形容水，"烟"是气体形状的水，轻盈、灵动而又朦胧，比水更具有立体美和动态美，是和水直接相关的一种自然美景。

在陆游的笔下，出现了丰富的水生植物、动物，这可以看作水生图景的另一个层面。比较典型和集中的诗作有以下几首：

> 镜湖春游甲吴越，莺花如海城南陌。十里笙歌声不绝，不待清明寒食节。青丝玉瓶挈新酿，细柳穿鱼初出浪。花

外金羁络雪驹，桥边翠幰围螭舫。(《春游》)

禹祠柳未黄，剡曲水已白。鲂鲇来洋洋，凫雁去拍拍。
(《游镜湖》)

柳姑庙前鱼作市，道士庄畔菱为租。一弯画桥出林薄，
两岸红蓼连菰蒲。陂南陂北鸦阵黑，舍西舍东枫叶
赤。……新钓紫鳜鱼，旋洗白莲藕。(《思故山》)

稽山何巍巍，浙江水汤汤。千里亘大野，勾践之所荒。
春雨桑柘绿，秋风粳稻香。村村作蟹椴，处处起鱼梁。陂
放万头鸭，园覆千畦姜。春碓声如雷，私债逾官仓。禹庙
争奉牲，兰亭共流觞。空巷看竞渡，倒社观戏场。项里杨
梅熟，采摘日夜忙，翠篮满山路，不数荔枝筐，星驰入侯
家，那惜黄金偿。湘湖莼菜出，卖者环三乡。何以共烹煮，
鲈鱼三尺长。芳鲜初上市，羊酪何足当。镜湖滀众水，自
汉无旱蝗。重楼与曲槛，潋滟浮湖光。舟行以当车，小伞
遮新妆。浅坊小陌间，深夜理丝簧。我老述此诗，妄继古
乐章。恨无季札听，大国风泱泱。(《稽山行》)

陆游笔下诸多依水而生的各种花草虫鱼，一年四季，既构
成了赏心悦目的美丽风光图景，又给镜湖的人民带来了生活的
富饶和乐趣。这几首诗里涉及的植物有柳树、桑树、枫叶、杨
梅、荔枝、粳稻、红蓼、菰蒲、姜、菱、藕等；动物类的有水
鸭、鳜鱼、鲈鱼、蟹以及各种不知名的鱼类。这些动植物在陆
游的笔下不仅随处可见而且数量丰富，在水域环境下成了人们
日常生活中离不开的风景，更是人们生活构成的一部分。

值得注意的是，陆游笔下的这些水生风景不是单个的个体

存在，也不纯粹是诗人笔下的审美客体。这些丰富的景物往往构成了一幅幅以水为主体、以各种动植物为组成部分的完整画面，构成了具有独立性的自然画卷。

（三）"水"居的诗意

人类也是生态系统当中不可或缺的一部分，人和自然的相处状态如何应该是考察生态文明的主要指标之一。在中国古代的山水诗中，自然既可以是独立的审美对象，又和人形成一体融合的关系，人们往往在大自然当中寻找到心灵的安宁和安身之处。陆游笔下镜湖水域的生态图景，如果少了人的活动，就少了大自然和人的联系，少了生动活泼的生命图景。有了人和自然相互衬托的各样活动，镜湖的生态才显示出完整的系统性和生命力。陆游的写景诗往往都是把自然景物和人文活动结合起来，看看以下代表作品：

龙化庙梁飞白雨，鹤收仙箭下青芜。菱歌袅袅遥相答，烟树昏昏淡欲无。（《小雨泛镜湖》）

翠阜青林烟叠重，朱楼画阁雨空蒙。禹祠西走兰亭路，一片湖山锦绣中。（《湖上今岁游人颇盛戏作》）

镜湖四月正清和，白塔红桥小艇过。（《初夏怀故山》）

嫩日轻云淡沱天，扑灯过后卖花前。便从水阁杭湖去，卷起朱帘上画船。……东风忽送笙歌近，一片楼台泛水来。……好事谁家斗歌舞，方舟齐榜出花阴。（《乡人或病予诗多道蜀中遨乐之盛适春日游镜湖共请赋山阴风物遂即杯酒间作四绝句却当持以夸西州故人也》）

湖中居人事舟楫，家家以舟作生业。女儿妆面花样红，小伞翻翻乱荷叶。日暮归来月色新，菱歌缥缈泛烟津。到家更约西邻女，明日湖桥看赛神。(《镜湖女》)

吾庐镜湖上，傍水开云扃。秋浅叶未丹，日落山更青。孤鹤从西来，长鸣掠沙汀；亦知常苦饥，未忍吞膻腥。我食虽不肉，匕箸穷芳馨。幽窗灯火冷，浊酒倒残瓶。(《吾庐》)

三伏无多暑渐微，登临清晓试缣衣。风高病木初凋叶，潦退流萍尚半扉。白首重来空感昔，清尊相属欲忘归。犹怜不负湖山处，好在平生旧钓矶。(《湖上》)

三更画船穿藕花，花为四壁船为家。(《同何元立赏荷花追怀镜湖旧游》)

陆游作品中，镜湖周围的塔、桥、楼、阁等人文建筑物不仅是实用的，而且充满魅力，诗作描摹了这些建筑丰富的色彩和形状，"白塔""红桥""一弯画桥""朱楼画阁"。除了湖面上静态的美丽建筑，还有动态的艇、画船等这样的交通工具，轻盈地带着人们来往穿梭。在岸边，还有"柳姑庙前鱼作市，道士庄畔菱为租"这样热闹的市场交易，有"禹庙争奉牲，兰亭共流觞。空巷看竞渡，倒社观戏场"这样丰富的民俗活动。"菱歌袅袅遥相答，烟树昏昏淡欲无"写出了采菱歌女的遥相应答几乎融汇在茫茫水面上，而"最是平生会心事，芦花千顷月明中""三更画船穿藕花，花为四壁船为家"可以说是直接表达了诗人置身湖中，以花为壁以船为家的自由和美好心情。此时，美丽镜湖成为诗人诗意栖居的所在，人与自然完全融为了一体，自然为人类提供了美好的所在。

在陆游的"镜湖"诗里，描绘的是一幅幅人和自然高度融合、充满活力的诗意图景。不管是诗人自己，还是生活在镜湖的人们，都在依水而居的生活中获得了物质和精神的极大满足。人们的诗意生活最终与作为自然的水体、依水而生的生物构成了一个圆融完满的生态系统。在这些诗作中，丝毫看不出社会生活的复杂，虽然也偶尔透露出陆游个人仕宦生涯的挫折起伏，但是正是镜湖的生态圆融呼唤着陆游，涤荡着陆游的心胸，给了陆游生活的安宁和精神的平静。

三 陆游"镜湖"诗的现代启示

陆游生活的宋代还是农业社会时代，虽然有了一定的商业活动行为，但是基本上没有工业的污染，也没有现代城市迅速扩张带来的水资源和土地资源的巨大消费，因而陆游诗中关于镜湖水域的生态图景还可以说是处于自然和谐的一种状态，对于现代社会处理人与水环境的关系问题也有几分借鉴之处，笔者认为表现在以下几个方面。

（一）保护水体的丰盈洁净

从陆游"镜湖"诗作可以看出，镜湖"三百里"的广阔和水清如镜的本来面目今已不再。"镜湖"诗里呈现的美丽生态如果没有了水作为其生存的大环境，其他的一切也就无从谈起。因而对于自然水体的保护就显得尤为重要。首先，要把自然水体看作单独的存在，要尽可能在不侵占现有水域面积的前提下发展城市建设和经济建设，不因人类的自私而侵占自然的空间。

其次，是修复和还原。在对历史文本的解读和考证下，尽可能恢复一些有重要意义但是现在可能已经消失了的河道水面。没有丰盈充足的水体，水生生态的多元丰富也就失去了其存在的自然基础。最后，是对水质量的保护。当前人口膨胀、工业经济发展使很多河道受到严重工业和生活污染，需要做好民众环保意识的宣传教育工作，也急需制定相关的法律制度加以保护。

（二）保护和建构生态的多元系统性

自然生态有自己的多元性和系统完整性，人只是这个完整系统中的一个组成部分，因此要给予人之外的其他生命足够的尊重和保护，给予其他种类的生物形态足够的生存空间，不从自然中过度索取，不对自然过度干预，这是保护的一方面。另一方面，当自然本身的多元性和完整性遭到破坏之后，人类应该有勇气进行新的建构，以恢复原生态的和谐与活泼。比如，镜湖水域花草、树木、虫鱼的种类和数量如何保护和恢复，也是建设中需要考虑的问题。

（三）培养审美观照的诗意心灵

"书写自然实际上是从心灵的角度看待自然。"① 在陆游的诗中，呈现的是一种审美观照的生态视角和生态情感。在这种审美观照下，自然不是作为一个被利用的客体对象，人和自然

---

① 转引自王喜绒等《生态批评视野下的中国现当代文学》，中国社会科学出版社 2009 年版，第 95 页。

的其他生命形态和谐共处，人在自然的馈赠中得到满足和快乐。
有人认为，"中国传统文化作为一种以水文化为底色的生态文
化，构成了其生命活动论生态美学的文化根基，这种生命活动
论生态美学表现在中国传统的艺术审美中，即重视生命活动的
审美参与和动态观照"①。这和现代科技主义、人类中心主义的
自然观显然不同。因而，克制人的欲望，敬畏自然，欣赏自然，
甚至像陆游那样把自然当作身体和心灵的安放之地，是我们现
代人应该重新学习和培养的一种生活态度和自然观念。这一点
也许更为重要也更为困难，因为人的行动是受人的意识和观念
支配的，要现代人摆脱对物质的无限欲望，似乎也是一件不容
易做到的事情。

四　结语

本文对陆游"镜湖"诗的代表作的生态图景做了一个简要
的考察，可以看出，陆游"镜湖"诗歌里的生态图景是以水为
底色的，其构成的要素是丰富的，不是单一的；是有机整体的，
不是割裂的；是人和自然融合一体的，不是以人为中心的；是
审美关照的，而不是功利摄取的。

人如何存在于世界中，如何与自然共处？中国的先哲其实
已经回答过这个问题，北宋著名山水画家郭熙在《林泉高致》
中云："山水有可行者，可望者，可游者，可居者。……君子之

---

① 李自雄：《论中国生态美学的原生性及其美学形态》，《中州学刊》2014
年第 1 期。

所以渴慕林泉者，正谓此佳处故也。"① 如果说这四者大体囊括了中国传统文人与山水的关系，其实也可以说，这四者体现出了人和山水的一种生态和谐的关系。在陆游的诗中，"镜湖"不再是一个纯粹实用的水利工程，而是一片"可行，可望，可游，可居"的生态和谐的人文区域，是一种如海德格尔在《荷尔德林诗的阐释》中提出的"诗意地栖居"的文化形态。"一切劳作和活动，建造和照料，都是文化。而文化始终只是并且永远就是一种栖居的结果。这种栖居就是诗意的。"② 就像陆游诗歌里的描写一样"花为四壁船为家"，这是否可以是人类生存理想的一种写照？

---

① 转引自《读书》，生活·读书·新知三联书店 2013 年版，第 90 页。
② ［德］海德格尔：《荷尔德林诗的阐释》，孙周兴译，商务印书馆 2000 年版，第 107 页。

读《剑南诗稿校注》^① 札记

南京师范大学　钟振振

（1）卷·《题阎郎中溧水东皋园亭》：

省中地禁清昼长，侍史深注熏笼香。

荣名挽公公不住，东皋归去栽花忙。

皝皝华发映朱绂，同舍半已排云翔。

正如少陵入严幕，本自不用尚书郎。

向令封侯佩金印，不然草诏直玉堂。

万钟会作梦幻过，三径空叹松菊荒。

乐天十年履道宅，赞皇一夕平泉庄。

公看富贵定何物，一笑乃复坐此妨。

东皋乐哉日成趣，簪花起舞当自强。

知公能容贱子狂，请赋式微之二章。^②

---

① 钱仲联：《剑南诗稿校注》，上海古籍出版社1985年版。
② 同上书，第1册卷1，第4页。

按：

古代诗歌的现代标点，最简单、通行的做法有两种。一种是按押韵来标点，押韵句，一般单数句用逗号，偶数句则用句号；不押韵句，一般多是单数句，一律用逗号。另一种是按文意来标点，在文意未完时，不管押韵与否，一律用逗号；文意完了，又是押韵句，则用句号。《剑南诗稿校注》对陆游诗的标点采用的体例是后一种。持此体例以衡陆游此诗，则"向令"四句的标点似有未当。这四句大意是说，假如阎郎中仕途通达，封了侯或者当了翰林学士的话，那么他就会像"南柯梦""黄粱梦"一般虚度富贵人生，而享受不到隐居的快乐了。前二句语意未完，故不应用句号，而只能用逗号。

（2）卷一《送陈德邵宫教赴行在二十韵》：

相从何必早，白头或如新；登门虽尚疏，数面自成亲。
昨者始见公，凛然须如银，败席留煮茗，寒厅无杂宾。
平生事贤意，寸心渴生尘，乐哉得所从，贫病忘吟呻。
恭惟大雅姿，信是邦国珍。广文旧官长，二纪转鸿钧，
恩仇快报复，祸福出笑颦。同舍事容悦，腰佩玉麒麟，
群谀更得志，后来如积薪。於时公淡如，位屈道则伸。
法宫亲决事，收召极海滨，人才方杂沓，公仕益逡巡。
欲以贵祝公，公岂慕要津；欲以穷托公，公岂私贱贫；
颇欲述古谊，劝公勿爱身，此又公所存，岂待贱子陈。

　　高帆泊江渚，岁晚风雨频，愿言添衣裳，寒阴能薄人。①

　　注释：

　　群谀二句：《宋史》卷473《奸臣·秦桧传》："附己者立与擢用。自其独相，至死之日，易执政二十八人，皆世无一誉。柔佞易制者……率拔之冗散，遽跻政地。又多自言官听桧弹击，辄以政府报之，由中丞、谏议而升者凡十有二人。"

　　按：

　　此段文字引自中华书局标点本《宋史》，标点也依照该本，但漏了8个字。兹照抄该本相关文字全文于此，以资比勘："附己者立与擢用。自其独相，至死之日，易执政二十八人，皆世无一誉。柔佞易制者，如孙近、韩肖胄、楼炤、王次翁、范同、万俟卨、程克俊、李文会、杨愿、李若谷、何若、段拂、汪勃、詹大方、余尧弼、巫伋、章夏、宋朴、史才、魏师逊、施钜、郑仲熊之徒，率拔之冗散，遽跻政地。既共政，则拱默而已。又多自言官听桧弹击，辄以政府报之，由中丞、谏议而升者凡十有二人。"漏了的字，无关紧要，点到为止。倒是中华书局本的标点颇成问题，实不可从。如"皆世无一誉柔佞易制者"，当标点为"皆世无一誉、柔佞易制者"。这句是说，秦桧所更易的28名执政，都是当世没有什么名望、柔顺谄佞而易于控制的人。此10字当一气连读，无论如何，都不应该拦腰用句号截断。又如"又多自言官听桧弹击"，当标点为"又多自言官，听桧弹击"。这里是说，秦桧所提拔的执政，除了"拔之冗散"外，又多"拔自言官"，即御史中丞、谏议大夫之类监察官、谏官，因为他们听从秦桧的唆使，弹劾、抨击秦桧的政敌，故秦桧提拔他们作执政，以为报答。

（3）卷一《寄黄龙升老》（节选）：

> 读书万卷裂儒衣，黄金可成弃不为。
> 快哉天马不可羁，开口便呼临济儿。
> 诸方蹴踏莫支持，吾州一老偶得之。
> 闭门夜付僧伽黎，明日声价羽檄驰。①

注释：

天马：《山海经·北山经》："其状如白犬而黑头，见人则飞，其名曰天马。"郭璞《山海经图赞》："未若天马，自然凌翥。"

按：

"天马"乃古代诗词中常见字面，且出处不一，似不必注。必欲注之，则陆游此诗中的"天马"也与《山海经》没什么瓜葛，还不如引《史记·乐书》："（汉武帝时）伐大宛，得千里马，马名蒲梢，次作以为歌。歌诗曰：'天马来兮从西极……'"或《史记·大宛列传》："大宛在匈奴西南，在汉正西，去汉可万里。……多善马，马汗血，其先天马子也。"又，陆诗此句最该注的还不是"天马"，而是"天马不可羁"。似可

---

① 钱仲联：《剑南诗稿校注》第1册卷1，上海古籍出版社1985年版，第118页。

引唐殷文圭《送道者朝见后归山》诗："天马难将朱索绊。"
又，贯休《观怀素草书歌》："天马骄狞不可勒。"《观李翰林
真》诗二首其二："天马难拢勒。"亦同此意。

（4）卷一《寄黄龙升老》（节选）：

> 弟子不必不如师，黄龙所立尤瑰奇。
>
> 空山鬼火号狐狸，筑屋千础食万缗。
>
> 痴人不解公游嬉，嫉怒欲碎门前碑。
>
> 世衰道丧士自欺，山林亦复践骇机。
>
> 长谣寄公公试思，吾辈救此当何施？①

注释：

痴人句：惠洪《冷斋夜话》："僧伽龙朔中游江淮间，其迹
甚异。有问之曰：汝何姓？答曰：姓何。又问曰：何国人？答
曰：何国人。唐李邕作碑，不晓其言，乃书传曰：'大师何姓，
何国人。'此正所谓对痴人说梦耳。"《续谷响集》7："痴人前
不可说梦，达人前不可言命。宋人《就月录》以为陶渊明之言，
不知何据。"（《丹铅录》）

按：

这条注释所引文献，与陆游诗句全无关系，不知注者用意
何在。若以为"痴人"之出处，则其又不自宋释惠洪《冷斋夜
话》始。东晋阙名《建邺城铭》已曰："二百年后，当有痴人脩
破吾城者。"（见《南史·陈本纪》）故此条注释似可全删。

---

① 钱仲联：《剑南诗稿校注》第 1 册卷 1，上海古籍出版社 1985 年版，第
119—120 页。

（5）卷 17《题徐渊子环碧亭亭有茶山曾先生诗》：

> 茶山丈人厌嚣哗，幅巾每访博士家，
>
> 小亭谈笑不知暮，往往城上闻吹笳。
>
> 兴来杰作粲珠璧，岁久妙墨亡龙蛇。
>
> 郎君弟子多白发，回头日月如奔车。
>
> 徐卿赤城古仙子，十年四海推才华。
>
> 览观陈迹喜不寐，旋补罅漏支倾斜。
>
> 曲池还浸古来月，丛莽忽见当时花。
>
> 重题旧句照高栋，力振风雅排淫哇。
>
> 席间纡袍已散鹄，堂上讲鼓初停挝。
>
> 速宜力置竹叶酒，不用更瀹桃花茶。

（《桃花茶见曾公诗》）①

题解：

此诗淳熙十二年秋作于山阴。……此时似道盖为台州教授。

注释：

环碧亭亭有茶山曾先生诗：曾几《茶山集》卷 6《张耆年教授置酒官舍环碧散步上园煎桃花茶》："何许清尊对物华，广文官舍似僧家。向人只合供谈笑，领客犹能办咄嗟。光动杯盘环碧水，香随珠履上园花。公如不厌过从数，但煮东坡所种茶。"按，环碧亭，台州教授官舍之亭，张耆年建。茶山于绍兴二十六年知台州，此诗盖官暇时游耆年官舍所作。徐卿二句，

---

① 钱仲联：《剑南诗稿校注》第 3 册，上海古籍出版社 1985 年版，第 1331—1332 页。

《癸辛杂识》续集下："竹隐徐渊子似道，天台名士也。"《万姓统谱》："徐似道，字渊子，天台人。少负才名。"赤城在天台县，故称之为赤城仙子。

按：

注者说陆游此诗淳熙十二年秋作于山阴，大抵可信，因为《剑南诗稿》系按年编次，有同卷前后诸诗作可参证。但注者所引曾几的《张耆年教授置酒官舍环碧散步上园煎桃花茶》诗，只能证明环碧亭在某州州学教授的官舍里；作此诗时，该州的州学教授是张耆年。至于该州是否即台州，此亭是否张耆年所建，诗中并没有说。仅凭曾几曾于绍兴二十六年知台州，就断定此亭在台州，为张氏所建，证据并不充分，难以成立。据此难以成立之断定，进而推断陆游作此诗时，徐似道为台州教授，就更靠不住了。

窃考宋吕祖谦《吕东莱文集》卷6《纪事·入越录》曰："淳熙元年八月二十八日，自金华与潘叔度为会稽之游。……九月……六日偕石天民（斗文）、潘叔度自前桥直道过郡庠。道旁多流水乔木，殊不类廛市。教授厅后环碧亭小憩，环亭皆水，败荷折苇，秋思甚浓。"这里的"会稽"，即绍兴府的别称。"郡庠"，即府学。如此，则"环碧亭"自是绍兴府学教授厅后之亭。由此可证，淳熙十二年秋，徐似道是在绍兴府学教授任上。

徐似道之任绍兴府学教授，还有一条宋代的文献记载可为佐证。王应麟《困学纪闻》卷19《评文》曰："徐渊子为越教，答项平甫云：'正恐异时风舞雩之流，不无或者月离毕之

问。'""越"即越州，即绍兴府的古称和别名。宋王象之《舆
地纪胜》卷10《两浙东路·绍兴府·府沿革》曰："浙东以越
州为帅府。中兴驻跸，升为绍兴府。今统浙东七郡，领县八，
治会稽、山阴两县。""教"即教授的简称。故"越教"即绍
兴府学教授。

论陆游的七言绝句

中国社科院　　陶文鹏

在中国古代诗史上，陆游是继屈原、杜甫之后又一位伟大的爱国诗人。他满怀着扫灭胡尘的理想抱负，渴望征战沙场，为国立功，却请缨无路，壮志成空。他才思敏捷，辛勤写作，"六十年间万首诗"（《小饮梅花下作》）[①]，至今仍存九千三百多首。在宋代诗坛上，他与苏轼都是集大成者。其诗无体不备，无体不工。其七律数量第一，古今评论亦多；七绝数量仅次于七律，仍为宋人之冠，但几无专门的深入研究。学界多认为陆游七律成就最高，影响最大。在笔者看来，其七绝的成就和影响胜于七律。本文拟从三个方面展开论述。

一

陆游的全部血液和骨髓中都沸腾着爱国激情，所以他的七绝和七律作品，都以爱国主题为核心内容，但七绝体式比七律

---

① 钱仲联、马亚中主编：《陆游全集校注》，浙江教育出版社 2011 年版。本文所引用陆游诗文均见于此。

短小轻灵，故而其所表现的题材更宽广、丰富。陆游的七绝，几乎每一种题材都有脍炙人口历代传诵堪称经典的杰作，这是笔者判定陆游七绝的成就和影响胜于七律的一个重要理由。

我们先看陆游的一首行旅诗《剑门道中遇微雨》：

衣上征尘杂酒痕，远游无处不消魂。此身合是诗人未？细雨骑驴入剑门。

孝宗乾道八年九月，川陕宣抚使王炎被调回京，汉中军幕解散，在幕中任军事政治参议官的陆游调任成都安抚司参议官，此诗作于诗人从南郑赴成都途中。首句先写在边防前线沾满"征尘"的衣裳，如今却掺杂了斑斑酒痕。诗人先从衣服的细节着笔，勾勒出借酒浇愁又顾影自怜的自我形象。次句用乐景写哀的反衬手法抒情：出外远游，到处风光绮丽，我却无心观赏，反而黯然神伤。三四句说：此刻，在细雨蒙蒙中，我骑着驴走进了剑门关，该算是个诗人了吧？这里暗用了唐代杜甫、贾岛、郑綮等人骑驴赋诗的典故，贴切巧妙，不着痕迹。诗人先有意一问，再推出一个人物形象活灵活现、环境气氛孤独凄清的画面，从而既表现出他在汉中前线诗境飞跃的自喜自赏，又蕴含着杀敌壮志破灭却不甘于作诗人的自嘲自悲。诗的情思丰富复杂又含蓄深婉，令人寻味无穷。近人陈衍引友人谈东评语云："剑南七绝，宋人中最占上峰，此首又其最上峰者，直摩唐贤之垒。"①此评极精当。笔者认为，此诗不仅占宋人纪行诗的"最

① 陈衍著，郑朝宗、石文英校点：《石遗室诗话》卷27，人民文学出版社2004年版，第423页。

上峰"，而且可占中国古代纪行诗"最上峰"。

再读一首《小雨极凉，舟中熟睡至夕》：

　　舟中一雨扫飞蝇，半脱纶巾卧翠藤。清梦初回窗日晚，
数声柔橹下巴陵。

此诗作于淳熙五年五月，陆游奉诏离蜀东归途中。诗的前半幅，写小雨突来，驱散暑热，扫尽飞蝇，诗人半脱青丝头巾，卧于翠藤编织的躺椅上，很快进入梦乡。这两句妙借景物烘托诗人悠然自得的儒雅风度。后半幅纯是写景，景中透露了诗人清梦初回发现船到巴陵的喜悦之情。全篇将动静、声色、虚实、情景自然融合，营造出一个清新柔美的意境。《唐宋诗醇》引卢世㴶评语赞："只末一句，有多少蕴含在。"① 此诗自然隽永，尤富唐人风味，历来广获赞赏，亦堪称行旅诗的经典之作。

陆游热爱生活，热爱气象万千的大自然，热爱神州大地上的壮丽山河。他从乾道六年出任夔州通判起，先后在南郑、成都、蜀州、嘉州、荣州等地任职八年。奉命出蜀后的十多年中，又在闽、浙、赣等地任地方官。此后二十年间，他都在千岩竞秀、万壑争流的故乡山阴度过。因此，他一生得江山之助，创作了大量的山水诗，其中就有多首堪称经典的七绝，如《过灵石三峰二首》其一：

　　奇峰迎马骇衰翁，蜀岭吴山一洗空。拔地青苍五千仞，
劳渠蟠屈小诗中。

---

① 爱新觉罗·弘历：《唐宋诗醇》卷47，孔凡礼、齐治平编《陆游资料汇编》，中华书局1962年版，第223页。

淳熙五年十月，陆游赴闽途中作。灵石三峰在今浙江江山县南，又名江郎山，山有三峰，各有巨石，高数百寻，奇崛雄峻。此诗落笔即奇峰陡起，前三句扬山抑己又抑彼扬此，极尽艺术夸张之能事，令人心惊神骇。结句突作转折，诗人竟将这三座奇峰收入小诗中，又以"劳渠蟠屈"的幽默语言与之对话，显出诗人的广阔胸怀与恢宏气魄。诗句看似无理，却妙趣横生。奇思异想，前无古人。毛泽东《长征》中的"五岭逶迤腾细浪，乌蒙磅礴走泥丸"一联，可谓同一机杼，古今映照。

再看淳熙四年陆游在四川邛州兼用泼墨与泼彩绘出的《雨中山行至松风亭忽澄霁》：

> 烟雨千峰拥髻鬟，忽看青嶂白云间。卷藏破墨营丘笔，却展将军著色山。

雨后初晴，诗人把"烟雨千峰"忽变为"青嶂白云"的奇景，想象是天公"卷藏"了李成的破墨山水，"却展"开了李思训的著色山水。全篇以画写真，想象新奇贴切，意境瑰丽变幻。钱锺书《宋诗选注·文同小传》说："具体的把当前风物比拟为某种画法或某大画家的名作，……这可以说是从文同正式起头。例如，他的《长举》'峰峦李成似，涧谷范宽能'；《长举驿楼》'君如要识营丘画，请看东头第五重'。……在他以后，这就成为中国写景诗文里的惯技。"① 但陆游此诗已不是把眼前风景简单比拟为画家的画法名作，而是以"卷藏"与"却展"

---

① 钱锺书：《宋诗选注》，人民文学出版社 2005 年版，第 36 页。

两个动词展现两个画家的不同画法，藉以生动逼真地描绘山景雨晴的瞬间变化，这就把"以画写真"的"惯技"大大向前推进了一步。仅凭此点，此诗就可镌刻在中国山水诗史上。

陆游长期在故乡山阴农村闲居，"日课一诗"或多诗，正如清人王士禛所说："务观闲适，写村林茅舍、农田耕渔、花石琴酒事，每逐月日，记寒暑。读其诗如读其年谱也。然中间勃勃有生气。中原未定，梦寐思建功业。其真朴处多，雕镂处少。"① 在陆游的农村田园诗中，确有不少清新真朴、生气勃勃的经典之作，例如《小园》：

> 小园烟草接邻家，桑柘阴阴一径斜。卧读陶诗未终卷，又乘微雨去锄瓜。

初夏的小园，如烟细雨笼罩着青草。在桑柘阴阴中，一条小路连接着邻家。诗人于茅舍里卧读陶渊明诗。也许是陶诗中"晨兴理荒秽，带月荷锄归"这类句子使他怡然神往吧，于是他也拿起锄头，趁着微雨去瓜地松土了。诗人纯用白描写景叙事，情融景与事中，其村居耕读的生活趣味与悠然心境洋溢于字里行间。后联对仗，句意却如行云流水，诗境自然浑成。《秋怀》也是宋代七绝田园诗的精品：

> 园丁傍架摘黄瓜，村女沿篱采碧花。城市尚余三伏热，秋光先到野人家。

园丁傍着棚架收摘黄瓜，村女沿着竹篱采撷碧花，乡村的

---

① 王士禛：《带经堂诗话》卷1"品藻类"，人民文学出版社1963年版，第43页。

秋光多么美丽动人！后两句把喧嚣炎热的城市与清幽凉爽的乡村作对比，抒发出诗人对农村的喜爱和赞美。南宋大词人辛弃疾《鹧鸪天》词云："城中桃李愁风雨，春在溪头荠菜花。"二者有异曲同工之妙，都表现了农村的朴素风景和日常劳动生活的诗情画意美。陆游还有一首描写乡村文化风俗的七绝名篇《小舟游近村舍舟步归》：

> 斜阳古柳赵家庄，负鼓盲翁正作场。死后是非谁管得？满村听说蔡中郎。

这是陆游71岁时写的。诗人在夕阳斜照古柳掩映的江边小村中，看见背鼓盲翁正在说唱蔡中郎的故事，满村的人都兴致勃勃赶来观赏。蔡中郎，指蔡邕，字伯喈，东汉文学家，有才华，性至孝，但因董卓专权时当过左中郎将，故南宋时盛行的南戏中，竟编造出他抛弃父母妻室，终为天雷打死。诗中第三句的感慨，寄寓着诗人对自己屡遭投降派谗毁的无奈与愤懑之情，却含蓄不露，耐人思索寻绎。全篇描写民间艺人在乡村演唱情景真实生动，散发着浓郁的生活气息，又是研究南宋曲艺的珍贵史料。所以明代朱承爵评曰："虽嬉笑之语，亦自有味。"① 清人刘熙载评陆游诗："明白如话，然浅中有深，平中有奇，故足令人咀味。"② 此诗即是典型一例。

陆游与农民喜乐与共、休戚相关，他深切同情农民疾苦，还为农民送药治病，以下三首七绝写得十分感人。其一，《秋旱

---

① 朱承爵：《灼薪剧谈》，孔凡礼、齐治平编《陆游资料汇编》，中华书局1962年版，第120页。

② 刘熙载：《艺概·诗概》，上海古籍出版社1978年版，第69页。

方甚，七月二十八日夜忽雨，喜而有作》云："嘉谷如焚稗草青，沉忧耿耿欲忘生。钧天九奏箫韶乐，未抵虚檐泻雨声。"秋旱无雨，嘉谷如焚，诗人也沉忧耿耿，心如火焚。当夜雨忽降，诗人欢喜若狂，竟觉得天宫上演奏的仙乐，也比不上虚檐泻雨声那么美妙动听。此诗大忧大喜，对比强烈，撼人肺腑。诗人的老师曾几有七律名篇《苏秀道中，自七月二十五日夜大雨三日，秋苗以苏，喜而有作》，写得精神饱满，淋漓酣畅。二诗对读，可更强烈体验曾几陆游师徒二人与农民同呼吸共忧乐的情怀。其二，《山村经行因施药》云："驴背每带药囊行，村巷欢欣夹道迎。共说向来曾活我，生儿多以陆为名。"诗写眼前语。读之，如见诗人骑毛驴驮药囊经行于山村，人们走出村巷夹道欢迎的动人场景。其三，《春日杂兴》云："夜夜燃薪暖絮衾，禺中一饭直千金。身为野老已无责，路有流民终动心！"85 岁的诗人早已停止祠禄，生活困窘。连年天灾，成批百姓饿死，诗人目睹路上有难民向城市逃亡，不禁心弦震动。诗人直抒胸臆，把爱民之情表现得多么真挚深切！晚宋诗人刘克庄评赞说："韦苏州诗云：'身多疾病思田里，邑有流亡愧俸钱。'太守能为此言者鲜矣。若放翁云：'身为野老已无责，路有流民终动心。'退士能为此言，尤未之见也。"① 如此赤忱爱民的诗歌，自然历代传诵。陆游的好友范成大，创作了以大型七绝组诗《四时田园杂兴六十首》为代表的田园诗，被誉为中国古代田园诗

---

① 刘克庄撰，王秀梅点校：《后村诗话》续集卷 2，中华书局 1983 年版，第 100 页。

的集大成者。陆游的七绝田园诗抨击官府与土豪对农民的剥削与敲诈，似不如范成大犀利深刻，却更丰富多彩地表现了农村的生活场景和他与农民的亲密感情，其成就不在范成大之下。

陆游有一颗永不衰老的童心，对自然界的花草鱼鸟，农村中常见的鸡鹅猫犬，都满怀喜爱之情，在七绝诗中为它们写照传神。放翁咏物，数量最多的是咏梅诗，计160多首，包括绝句31首，还有几十首咏荷、咏海棠的。放翁常借梅花象征一种坚贞孤高的人格气节，写得十分精彩。最为人传诵的是下面这首：

闻道梅花坼晓风，雪堆遍满四山中。何方可化身千亿？
一树梅花一放翁。(《梅花绝句三首》其三)

在早春中，诗人听说梅花迎着破晓的寒风开放了，就像堆堆晶莹白雪布满山间。他忽发奇想，希望化身千亿，让每树梅花都有放翁陪同。诗人与梅花相依相伴，合二为一。这个奇妙的想象表达出诗人对梅花近乎痴迷的热爱之情。唐代诗人柳宗元《与浩初上人同看山寄京华亲故》诗云："海畔尖山似剑芒，秋来处处割愁肠。若为化得身千亿，散上峰头望故乡。"陆游"化身千亿"的奇想出自柳诗，但"一树梅花一放翁"有新的创造，近代陈衍评："柳州之化身何其苦，此老之化身何其乐！"① 也看出了二者的不同。再看一首《燕》：

---

① 陈衍评点，曹中孚校注：《宋诗精华录》卷3，巴蜀书社1992年版，第563页。

初见梁间牖户新，衔泥已复哺雏频。只愁去远归来晚，不怕飞低打着人。

杜甫《绝句漫兴九首》其三咏燕曰："熟知茅斋绝低小，江上燕子故来频。衔泥点污琴书内，更接飞虫打着人。"显然，陆游的《燕》仿效了杜诗。杜甫有广博的仁爱胸襟，他写到天地间的多种生灵时都怀着爱抚之情。但在上引的这首绝句中，为了表现他孤居草堂的客愁，移情于物，嗔怪调皮的燕子频频进扰，使他烦恼。陆游在《燕》诗中弘扬了杜甫的仁爱精神，描写燕子不辞辛劳，衔泥作巢，喂哺雏燕，出外觅食又牵挂雏燕，赶着归来，不怕飞低打着人。诗人表现了燕子深挚的爱子之情，也表现了自己的感动、钦佩与喜悦。由于给燕子注入了无私无畏的母爱灵魂，翻新了杜甫咏燕诗的情感和意趣，陆游此诗的思想境界大大提升，可谓青出于蓝而胜于蓝，从而具有杜甫五律名篇《春夜喜雨》所表现的博爱情怀与崇高品格，成为一首咏物七绝诗的经典。

在陆游的题画诗、读书诗和论诗诗中也有精品杰作。先看题画诗《题詹仲信所藏米元晖云山小幅二首》其一：

一棹朝南暮北风，奇峰倒影绿波中。定知渐近三山路，认得渔翁是放翁。

诗的前二句生动展现画中美景，第三句把画境看作故乡山阴的三山，结句说画中渔翁就是放翁，抒写自己村居的渔耕生活情趣。诗人以真景写画境，又将自我引入境中。构思巧妙，语言精练流畅，自然洒脱。

再看读书诗《夜读范至能〈揽辔录〉，言中原父老见使者多挥涕，感其事，作绝句》：

> 公卿有党排宗泽，帷幄无人用岳飞。遗老不应知此恨，亦逢汉节解沾衣。

孝宗乾道六年，范成大出使金国，写了一本日记《揽辔录》。其中记载他过相州（今河南安阳）时，"遗黎往往垂涕嗟啧，指使人云：'此中华佛国人也。'老妪跪拜者尤多。"陆游此诗作于光宗绍熙三年冬。因被投降派谗毁，诗人再次罢官闲居山阴，夜读友人二十二年前的日记，触动了中原失地未能收复的内心伤痛，信笔写了这首七绝。诗的前联直斥朝廷公卿大臣如黄潜善、汪伯彦等投降派结成朋党，排挤抗金名将宗泽；而军事决策机关却没有人肯任用另一位抗金名将岳飞。后联用饱含激情的议论说：料想沦陷区父老不知道这些令人愤恨的事情，但在遇见故国使节时，也会流下伤心的眼泪沾湿衣裳。"恨"字为一篇之诗眼，"不知此恨"四字暗寓着对投降派丧尽天良的切齿之恨。沉痛彻骨，催人落泪，言外有意，发人深省。《唐宋诗醇》评曰："南渡之不振，实由于此，扼腕而言，自成高调。"①清人潘德舆说："宋人绝句，亦有不似唐人，而万万不可废者。如陆放翁《读范至能揽辔录》云云。《追感往事》云：'诸公可谓善谋身，误国当时岂一秦！不望夷吾出江左，新亭对泣亦无人！'此类纯以劲直激昂为主，然忠义之色，使人起敬，未尝非

---

① 爱新觉罗·弘历：《唐宋诗醇》卷47，孔凡礼、齐治平编《陆游资料汇编》，中华书局1962年版，第228页。

诗之正声矣。"① 评得中肯。

《题庐陵萧彦毓秀才诗卷后》是陆游论诗七绝中著名的一首，诗云：

> 法不孤生自古同，痴人乃欲镂虚空。君诗妙处吾能识，正在山程水驿中。

前二句借用禅宗的口号和佛经的比喻，说明诗人决不可闭门造车，面壁空想；后二句赞扬萧诗是从"行万里路"的生活阅历中体验了自然、社会与人生之真境真谛，获得新鲜独到的诗思写出来的，所以才"妙"。陆游这首绝句指出了生活是诗歌创作的源泉，并用带情韵、有形象的语言表达出这一高见卓识，因此深得历代诗人和诗论家的认同与赞赏，成为继杜甫《戏为六绝句》后七绝论诗诗的经典名篇。

唐代诗人刘禹锡、杜牧、李商隐等人擅长写作怀古咏史的七绝。他们题咏与前朝史事有关的风景遗迹，融深长的怀古幽思与深刻的现实忧患意识于一炉，突出抒写家国兴亡与世事沧桑之感，引出历史教训或寄寓人生哲理，使读者同时获得审美享受与思想启迪。陆游继承和发扬唐人这一优秀传统，创作了不少怀古咏史的七绝，下面两首尤为传诵：

> 中原草草失承平，戎火胡尘到两京。扈跸老臣身万里，天寒来此听江声！（《龙兴寺吊少陵先生寓居》）

> 江上荒城猿鸟悲，隔江便是屈原祠。一千五百年间事，

---

① 潘德舆：《养一斋诗话》卷 5，郭绍虞编选，富寿荪校点《清诗话续编》第 4 册，上海古籍出版社 1983 年版，第 2083 页。

只有滩声似旧时。(《楚城》)

屈原和杜甫是陆游最推崇的爱国诗人。这两首诗是淳熙五年陆游东归途经忠州（今重庆忠县）和归州（今湖北秭归）时作。前一首凭吊杜甫。诗人感念在安史之乱中曾经随驾的老臣杜甫，孤身流落万里之外，于寒风萧瑟中来到这忠州龙兴寺聆听浩荡江声。陆游和杜甫都身经国难并且入蜀，都有忧国忧民情怀。陆游凭吊杜甫，为其不幸的遭遇悲哀，也是为自己抗金壮志成空而悲哀。诗从空间构思，侧重叙事，情溢事外，兼有吊杜与自咏内外两重意，跌宕悲凉，感慨深沉。《唐宋诗醇》评此诗是"双管齐下，一写两枝"①，眼光独到。后一首凭吊屈原。诗写楚王城一片荒凉，只闻猿鸟悲鸣，隔江便是已经破败的屈原祠堂。一千五百年过去了，楚国早已灭亡，此后还发生无数事变，只有江上险滩急流声还和以前一样轰响不息。诗从时间构思，侧重写景，情融景中，含蓄表达了对屈原的怀念和对世事的感慨。这两首诗分别以"江声""滩声"的意象扣人心弦，寄寓无穷感慨。王士禛认为《楚城》是"宋人绝句可追踪唐贤者"，又举王龟龄诗："城郭旧为夔子国，人民多是楚王孙。"何仲默诗："古郡山头数家住，客舟江上一灯明。竹枝惯听巴人曲，鸟道才通楚国程。"然后说："荒山寒日，江声怒号，独坐吟此数诗，不必猿鸣三声泪沾裳也。"② 可见陆游这首怀念

① 爱新觉罗·弘历：《唐宋诗醇》卷47，孔凡礼、齐治平编《陆游资料汇编》，中华书局1962年版，第223页。
② 王士禛：《带经堂诗话》卷9、卷13，人民文学出版社1963年版，第203、333页。

屈原诗强大的艺术感染力。

宋人常以议论为诗，故宋诗以意理胜。大诗人苏轼尤擅长在抒写情、景、事中寄寓哲理，其诗理趣深长，发人妙悟。陆游的七律《游山西村》颔联："山重水复疑无路，柳暗花明又一村。"妙写故乡山阴春景，蕴含哲理，启迪人们遇到困境时要有信心，坚持前进就能豁然开朗，见到光明美好前景。这是历代传诵的理趣名句。陆游的七绝理趣诗不及苏诗精彩，但也有耐人涵咏讽味之作。如："大船已泊灯火明，小舟犹行闻橹声。虎头崔嵬鹿角横，人生实难君勿轻。"（《泊虎头滩下》）"忆昔西行万里馀，长亭夜夜梦归吴。如今历尽风波恶，飞栈连云是坦途。"（《秋晚思梁益旧游》）前一首在对旅途情景描写中揭示人生的艰难；后一首说，在历尽宦海之后，反而觉得"飞栈连云"的蜀道是坦途了。这两首诗都蕴含社会人生哲理。《书意三首》其一云："整书拂几当闲嬉，时取曾孙竹马骑。故故小劳君会否？户枢流水即吾师。"用风趣的笔墨写日常生活情事，表达生命在于运动和老年的养生哲学。《马上作》是兼具诗情画意理趣的佳篇：

平桥小陌雨初收，淡日穿云翠霭浮。杨柳不遮春色断，一枝红杏出墙头。

此诗描绘乡村春色，状景细致，色彩明丽，诗人在马背上赏春的欣悦之情流溢纸上。结句一枝伸出墙头的红杏给予读者哲理的启迪：世间一切新生、美好的事物，总是能冲破各种遮蔽阻挡，显露其蓬勃的生命力。后来，江湖派诗人叶绍翁写了一首《游园不值》："应怜屐齿印苍苔，小扣柴扉久不开。春

色满园关不住，一枝红杏出墙来。"更广为传诵。钱锺书评叶
诗说："第三句写得比陆游的新警。"① 但从诗的构思章法，第
三句的铺垫转折特别是第四句几乎完全相同来看，叶诗其实模
拟甚至可说是剽窃了陆诗。陆游才是这首理趣诗经典的原
创者。

宋代爱情诗极少，几乎所有咏唱男女恋情的题材内容，都
转移到长短句的词里了。陆游却写了与妻子唐婉伉俪情深的诗，
尤其是抒写被母亲逼迫离婚后深切怀念唐氏的诗，共十一首，
其中有八首七绝。《沈园二首》是古今传诵的经典：

> 城上斜阳画角哀，沈园非复旧池台。伤心桥下春波绿，
> 曾是惊鸿照影来。

> 梦断香消四十年，沈园柳老不吹绵。此身行作稽山土，
> 犹吊遗踪一泫然。

陆游与唐婉离婚数年后，在沈园（故址在今绍兴禹迹寺南）
偶然相遇，不久唐氏就郁郁去世。陆游晚年两次经过沈园，怀
念唐氏，十分伤感。第一次是绍熙三年，写了二首七绝和一首
七律。第二次是庆元五年，陆游已 75 岁，写了这两首七绝。第
一首前联写城上斜阳画角与沈园破败，绘声绘色，渲染凄凉悲
哀的环境氛围。后联再写诗人俯瞰桥下绿波，仿佛仍映照着唐
氏翩若惊鸿的倩影。这美丽的幻象令诗人伤心欲绝。第二首写
唐氏死去四十年了，沈园的杨柳也已衰老，不再扬花飘絮；自
己亦将辞世，化作会稽山的泥土。而今凭吊她的遗踪，仍止不

---

① 钱锺书：《宋诗选注》，人民文学出版社 2005 年版，第 266 页。

住泪水流淌。"不吹绵"的老柳,对比映衬出行将入土的老诗人"一泫然"的神情。二诗情景交融,沉挚深厚,哀婉动人。陈衍评为"古今断肠之作",并感叹:"无此绝等伤心之事,亦无此绝等伤心之诗。就百年论,谁愿有此事;就千秋论,不可无此诗。"①

赵宋王朝重文轻武,军事上屡弱。士大夫文人普遍缺少唐人那种时代自豪感和建功边疆的进取心,赴边从军的诗人寥若晨星,所以唐代那种情调昂扬的边塞诗在两宋几乎绝响。而陆游曾在抗金斗争前线南郑过了八个多月的军营生活,多次参加部队的军事行动,在诗中高唱"从军乐事世间无"(《独酌有怀南郑》)。直到临终,他的心仍在前线。他写了大量回忆军旅生活和想象沙场杀敌的诗,其中就有不少弘扬唐代边塞诗风的七绝,如《雪中忽起从戎之兴戏作》四首:

狐裘卧载锦驼车,酒醒冰髭结乱珠。三尺马鞭装白玉,雪中画字草军书。

铁马渡河风破肉,云梯攻垒雪平壕。兽奔鸟散何劳逐,直斩单于衅宝刀。

十万貔貅出羽林,横空杀气结层阴。桑乾沙土初飞雪,未到幽州一丈深。

群胡束手仗天亡,弃甲纵横满战场。雪上急追奔马迹,官军夜半入辽阳。

① 陈衍评点,曹中孚校注:《宋诗精华录》卷3,巴蜀书社1992年版,第560、562页。

诗人在严州（今浙江建德）任职的一个冬日，雪花纷飞，他又萌发了从军杀敌的豪兴，一气呵成这四首诗。诗中写铁马渡河，寒风破肉，髭须结冰，他用马鞭在雪地上划字草军书；又写云梯攻垒，敌兵丢盔弃甲如兽奔鸟散；最后写北伐大军歼灭金兵，夜入辽阳，直捣敌巢。诗出于回忆和想象，但诗人有过军营生活体验，故写得细节精妙，情景逼真。这组诗豪迈奔放，情调昂扬，气势磅礴，境界壮阔，读之令人气壮神旺，完全可与盛唐诗人岑参、王昌龄的边塞诗名篇媲美。

在《剑南诗稿》中，最有思想与艺术光彩的是表现爱国情怀的诗篇。诗人揭露南宋朝廷屈辱议和的罪恶行径，表达广大百姓渴望恢复故土、统一祖国的心愿，抒发自我杀敌报国的英雄气概与壮志难酬的悲愤。其中，就有多首堪称经典的七绝名篇。限于篇幅，这里只举出三首，其一是《秋夜将晓，出篱门迎凉有感》：

三万里河东入海，五千仞岳上摩天。遗民泪尽胡尘里，南望王师又一年。

诗人秋夜迎凉，北望中原，如见三万里黄河怒涛滚滚东流入海，五千仞华岳巍峨屹立上摩青天。诗人以艺术夸张手法创造出这两个壮丽意象，作为中原的象征，表达他对祖国的热爱和对沦陷区河山的怀念。山河之壮与遗民之悲对比强烈，令人扼腕。后两句运用"对面写"的手法，展现遗民泪尽胡尘年复一年南望王师北伐的情景。"尽"与"又"字，下得沉痛酸辛、苍凉悲愤，力透纸背。

其二是《十一月四日风雨大作》：

僵卧孤村不自哀，尚思为国戍轮台。夜阑卧听风吹雨，
铁马冰河入梦来。

在冬夜里僵卧孤村的老诗人，并不为自己贫病交加的境况
悲哀，仍然想着为国家守卫边疆。倾听着窗外疾风劲雨之声，
梦见自己骑着披甲的战马，驰过冰封的河面，在边塞长驱破敌。
诗的情景真幻对比，顿挫跌宕，豪迈悲壮，感人至深。

其三是诗人临终的绝笔《示儿》：

死去元知万事空，但悲不见九州同。王师北定中原日，
家祭无忘告乃翁。

宁宗嘉定二年元月，85 岁的诗人在临终之际，仍坚信王师
定能收复中原，并谆谆嘱咐儿孙在家祭时，切勿忘记把捷报告
诉自己。这首诗直抒胸臆，一句一转，起伏跌宕，铿锵有力，
最鲜明强烈地表达了陆游坚贞不渝的爱国激情和胜利信念，是
中华民族精神的集中体现。八百多年来，此诗深深感动和激励
了无数爱国志士。明胡应麟说："忠愤之气，落落二十八字
间。"① 清代贺贻孙评曰："率意直书，悲壮沉痛，孤忠至性，可
泣鬼神！"② 爱国诗人陆游的这首绝笔诗，堪称千古绝唱。

限于篇幅，笔者无法把陆游所有题材的七绝诗名篇佳作都
列举出来。但以上所举二十多首诗基本上都被选入多种陆游选
集，大多数还被选入了各种宋诗选或宋人绝句选。在多种宋代
文学史、宋诗史、中国文学史，还有各种中国古代诗歌选，中

---

① 胡应麟：《诗薮》杂编卷 5，上海古籍出版社 1958 年版，第 318 页。
② 贺贻孙撰：《诗筏》，郭绍虞编选，富寿荪点校：《清诗话续编》第 1 册，
上海古籍出版社 1983 年版，第 196 页。

国古代文学作品选中，都对其中一些作品作了评析。诸如《剑门道中遇微雨》《秋夜将晓，出篱门迎凉有感》《示儿》《梅花绝句》《秋怀》《小园》等篇，还被选进各种小学、中学、大学的语文课本里。多数作品曾被古今诗评家评点、赞赏，至今仍然为广大人民群众喜吟乐诵，继续焕发着艺术生命力，给予人们思想启迪和美感享受。说它们是不朽的经典，洵非虚誉。上述那么多经典诗歌作了有力的发言：陆游不愧是宋代第一流的七绝高手。在他的各体诗中，七绝最佳，影响也最大。

二

笔者在这一节里要探讨陆游七绝诗的创作方法、表现手法、体式特点以及艺术风格，从而更全面、深入地揭示陆游七绝的成就。

近人王国维在《人间词话》中说："有造境，有写境，此理想与写实二派之所由分。然二者颇难分别，因大诗人所造之境必合乎自然；所写之境，亦必邻于理想故也。"[①] 王国维所说写境与造境、写实与理想二派，亦即西方文论所谓现实主义与浪漫主义两个流派、两种创作方法。在中国诗歌史上，现实主义和浪漫主义在唐代都获得了高度的发展和成熟。杜甫、白居易是伟大的现实主义诗人，李白是伟大的浪漫主义诗人。岑参、李贺、李商隐也都堪称杰出的浪漫主义诗人。宋诗的浪漫主义远不及唐诗。其中北宋青年诗人王令有些诗歌表现出远大的理

---

① 王国维著，施议对译注：《人间词话译注》，广西教育出版社1990年版，第4页。

想抱负，有奇特的想象，颇具浪漫主义色彩。就诗歌创作方法来说，苏轼和陆游的诗歌主要是现实主义的，但都有胜于其他诗人的雄奇瑰丽的浪漫主义。据我看来，陆游诗歌的浪漫主义色彩比苏轼诗更加鲜明、丰富、浓郁。陆游常借助梦境和幻想寄托其救国的理想，他的记梦诗与醉中作的诗多是"造境"而非"写实"的。这些闪耀着浪漫主义奇光异彩的诗歌主要是七言古诗，七绝中也有不少，例如《梦海山壁间诗，不能尽记，以其意追补》其二、其三：

> 海上乘云满袖风，醉扪星斗蹑虚空。要知壮观非尘世，半夜鲸波浴日红。

> 一剑能清万里尘，谗波深处偶全身。那知九转丹成后，却插金貂侍帝辰。

诗人梦中写梦，补足其曾在海山壁间题写之诗。诗里写他乘云蹈海，醉扪星斗，壮观鲸波浴日。他有"一剑能清万里尘"的豪气与神功，却被卷入谗波深处，侥幸得以全身。哪知修炼成仙后，还要飞到上清宫去侍候道君。这里借虚荒诞幻的梦境描写，宣泄出杀敌救国壮志难酬的失望与愤懑。再看《醉中作四首》其一、其二：

> 晚途豪气未低催，一饮犹能三百杯。烂烂目光方似电，齁齁鼻息忽如雷。

> 驾鹤孤飞万里风，偶然来憩大峨东。持杯露坐无人会，要看青天入酒中。

这组诗是乾道九年十月，陆游摄知嘉州（今四川乐山）时写的。诗人在嘉州为当地百姓做了不少实事，故《乐山县志》

称赞他"流风善政，至今颂之"。但他却被猥鄙的"臣僚"捏造"燕饮颓放"的谰言诬谤。陆游不畏不避，反而自号"放翁"，继续借酒浇愁，放浪不羁。这两首诗写他一饮三百杯，乘万里风驾鹤孤飞，在大峨山之东持杯露坐，要看青天被他吸入酒杯之中。真是奇思妙想，笔力横绝，意象雄奇。陆游被称为"小李白"。这几首诗明显受到李白《梦游天姥吟留别》《西岳云台歌送丹丘子》等诗的影响，表现出诗人超尘出世的浪漫理想，闪耀着窈杳惝恍、奇谲变幻的色彩。

在陆游的咏花七绝诗中，也有幻想大胆、造境奇特的浪漫主义佳作，如《花时遍游诸家园》其二："为爱名花抵死狂，只愁风日损红芳。绿章夜奏通明殿，乞借春阴护海棠。"苏轼《海棠》诗云："东风袅袅泛崇光，香雾空濛月转廊。只恐夜深花睡去，故烧高烛照红妆。"二诗都写爱惜海棠的深情。苏轼恐花睡去，故燃红烛照之。陆游却写青词乞求玉帝多施春阴，庇护海棠，把苏诗现实主义的"写境"，化作浪漫主义的"造境"。再看陆游一首梦中赏花的七绝：

　　天风无际路茫茫，老作月王风露郎。只把千尊为月俸，为嫌铜臭染花香。

这是《剑南诗稿》最末第二首诗，其下紧接终卷绝笔诗《示儿》。86岁的老诗人在行将辞世之时写下这首记梦诗：天风拂拂，水路茫茫，诗人行走在万顷荷花之中，他已出任月王所封的"风露郎"。他表白月俸只要千樽酒，不要别的，因为他嫌憎钱的铜臭味会损害荷花的芬芳。梦行荷花万顷中，带有人将离世的幻觉，但这梦幻境界多么美丽空阔，清香馥郁！它表明诗人对于追求利禄荣华的流俗之辈的厌恶，对投降派的种种毁谤的愤慨，对自身高洁清白的人格尊严的维护。邹志方先生评曰："如果说临终《示儿》诗是诗人一生爱国精神的集中表现，那么此诗是诗人一生人格力量的真实写照。"① 笔者认为，更确切地说，诗中梦境是诗人高洁人格理想虚幻的、象征的、浪漫的表现。

明胡应麟说："绝句最贵含蓄。"② 清沈德潜说："七言绝句，贵言微旨远，语浅情深，如清庙之瑟，一唱而三叹，有余音者矣。"③ 又说："七言绝句，以语近情遥，含吐不露为主。只眼前景，口头语，而有弦外音，味外味，使人神远。"④ 无数七绝的成功创作表明，妙用兴寄，托物寓端，尤能言微旨远，语近情遥，一唱三叹，弦外有音，韵味无穷。陆游深谙七绝创作这一出奇制胜的艺术奥秘，用他的话来说，就是要"托情寓物"⑤。这个"物"，可以是人物、景物、事物等。借人物画像寄情寓意的，如《题海首座侠客像》："赵魏胡尘千丈黄，遗民膏血饱豺狼。功名不遣斯人了，无奈和戎白面郎！"法名"海"的首座和尚所藏一幅侠客像，使敬慕侠客的诗人联想到金兵在中原残害遗民，南宋朝廷竟不重用"侠客"去杀敌立功，只用

---

① 邹志方：《陆游诗词选》，中华书局 2005 年版，第 201 页。
② 胡应麟：《诗薮》内编卷 6，第 117 页。
③ 沈德潜：《唐诗别裁集·凡例》，中华书局 1975 年版，第 4 页。
④ 沈德潜著，霍松林校注：《说诗晬语》，人民文学出版社 1979 年版，第 219 页。
⑤ 陆游：《曾裘父诗集序》，钱仲联、马亚中主编《陆游全集校注》第 9 册，浙江教育出版社 2011 年版，第 392 页。

那些不敢也不会打仗的"白面郎"向敌人屈膝求和。诗人巧妙构思，使情溢言中，意在象外。南宋罗大经《鹤林玉露》卷4载："《剑南集》多豪丽语，言征伐恢复事。其《题侠客图》云云，寿皇（宋孝宗）读之，为之太息。台评劾之。"① 明高明《题放翁〈晨起〉诗卷》评此诗"爱君忧时"，"其雄心壮气，可想见已。诗意高语健"②。评得精切。借景物寓意的诗更多，如下面二首咏闻雁的诗：

> 过尽梅花把酒稀，熏炉香冷换春衣。秦关汉苑无消息，又在江南送雁归。（《闻雁》）

> 新雁南来片影孤，冷云深处宿菰芦。不知湘水巴陵客，曾记渔阳上谷无？（《闻新雁有感》）

这两首七绝分别描写他在江南送雁北归和迎雁南来，含蓄地表达他对北方沦陷区人民的关怀，对朝廷一直不能出师北伐的深深失望。冯振先生《诗词杂话》评论说："陆放翁《闻雁》云云，又《闻新雁有感》云云，二诗托兴相似，皆感慨中原之不复也。……特前首末二句由北说到南，后首末二句由南说到北耳。"③ 晚唐著名诗人杜牧的七律名篇《早雁》云："金河秋半虏弦开，云外惊飞四散哀。仙掌月明孤影过，长门灯暗数声来。须知胡骑纷纷在，岂逐春风一一回。莫厌潇湘少人处，水多菰米岸莓苔。"陆游这两首咏雁诗可能受了杜牧诗的启发，但

---

① 罗大佑：《鹤林玉露》卷4，孔凡礼、齐治平编《陆游资料汇编》，第50页。

② 孔凡礼、齐治平：《陆游资料汇编》，中华书局1962年版，第111页。

③ 冯振：《诗词杂话》，钱仲联、马亚中主编《陆游全集校注》第2册，浙江教育出版社2011年版，第308页注引。

比起杜牧诗中用了"虏弦""胡骑"等字词，陆诗更显得含蓄蕴藉。刘勰《文心雕龙·比兴》说："比显而兴隐。"陆游七绝诗多用兴象寄情寓意，故多有空灵微妙、含蓄曲隐、耐人寻味的佳作。在这一点上，也胜于其更多雄直激切之作的七律。

七言绝句仅4句28字。诗人要在短小篇幅中独到、深刻地表达情思意蕴，首先须在立意构思上下功夫。陆游的七绝，具有立意高远、构思新颖的特色。上文引述的《过灵石三峰》其一，就表现出诗人想落天外的浪漫诗思。此题其二，在立意构思上也是诗心独运，不同凡响。诗云：

> 晓日瞳瞳雪未残，三峰杰立插云间。老夫合是征西将，胸次先收一华山。

诗人由眼前的灵石三峰，立即联想到仍被金人侵占的西岳华山的莲花、朝阳、落雁三峰，于是说：既然老夫还想做东汉冯异那样的征西大将军，那就让我先把眼前这一座华山收入胸中吧！诗人从收复北方河山的思想高度立意，在一首山水诗中表现出杀敌救国的激烈壮怀。诗境之高，也如华岳三峰，耸峙云霄。再看一首《梨花》：

> 粉淡香清自一家，未容桃李占年华。常思南郑清明路，醉袖迎风雪一杈。

这首七绝是开禧二年春天，82岁的陆游在山阴写的。诗人眼前的梨花，粉淡香清，有自成一家的风采，未容艳俗的桃李独占年华。这两句写出梨花高洁素雅的形神与气质，也寄托着诗人对自身清白无瑕人格的赞誉。后两句，诗人由眼前的梨花，联想和回忆昔年在南郑军中的生活。他只展现一个场景：

清明时节，他乘着醉意，走在南郑的山路上，把一枝如雪梨花放在袖中，让它迎风散发出阵阵清香。这里既拓展了时空境界，使之远大悠长；又提升了思想境界，点燃杀敌报国的热情。诗中梨花的意象比兴兼具，反复唱叹，小题材表现出了大主题。

陆游积极抗金、收复中原的壮志抱负与南宋朝廷苟安一隅屈辱求和的政策有着不可调和的矛盾。诗人为更鲜明强烈地抒发报国无门、请缨无路的悲愤，他在大量七绝诗创作中采用了对比反衬的艺术结构，而两联四句的绝句体式也很有利于展现这种章法结构。于是，我们就接二连三地看到昔与今，壮年与老年、前线与后方、理想与现实、遗民的盼望与王师的不发等情景在七绝诗中的对比，读来心弦震撼！请看："大散关头北望秦，自期谈笑扫胡尘。收身死向农桑社，何止明明两世人！"（《追忆征西幕中旧事》）"百骑河滩猎盛秋，至今血渍短貂裘。谁知老卧江湖上，犹枕当年虎髑髅。"（《感旧》）"初冬常忆宴梁州，百炬如椽满画楼。三十七年犹未死，茅檐霜冷一灯幽。"（《初冬》）"少携一剑行天下，晚落空村学灌园。交旧凋零身老病，轮囷肝胆与谁论！"（《灌园》）"白发萧萧病满身，冻云野渡正愁人。扬鞭大散关头日，曾为中原万里春。"（《北园杂咏》）"北望中原泪满巾，黄旗空想渡河津。丈夫穷死由来事，要是江南有此人！"（《北望》）"小阁凭栏望远空，天河横贯斗牛中。他年鼓角榆关道，马上遥看与此同。"（《即事》）这些作品，或自昔至今，或自今忆昔，或今昔交错，或由眼前到将来，都是对照鲜明，反衬强烈。诗人回忆当年雄关策马，河滩猎虎，真是意气风发；眼看今日空村灌园，交旧凋零，贫病交困，不禁悲愤填膺；想到日后王师北伐，扫灭胡尘，又热血沸腾，跃跃欲试。对比反衬的章法结构，形成巨大的抒情张力，使诗篇抑扬顿挫，跌宕起伏，如波翻浪涌，扣人心弦！

钱锺书先生指出："放翁善写景，而诚斋擅写生。放翁如画图之工笔；诚斋则如摄影之快镜。"① 又说放翁写景叙事"工细圆匀"，善于"熨帖出当前景物的曲折情状"②。此乃钱先生的慧眼卓识。陆游前期多展现雄奇壮丽的山川景色，后期更多地描画清丽自然或真朴有趣的乡村风景画与风俗画。七古和七律有较多的篇幅写景，但陆游在写作短小的七绝时，仍能飞腾想象和幻想的灵翼，调动多种感觉和修辞手段，营构出不少写景精美的篇章和联句。例如《秋思》其一：

乌桕微丹菊渐开，天高风送雁声哀。诗情也似并刀快，剪得秋光入卷来。

前两句写乌桕红、菊花黄、天高旷、西风紧、雁声哀，把秋光展现得有声有色、有高低远近，清丽如画。杜甫《戏题王宰画山水图歌》有"焉得并州快剪刀，剪取吴松半江水"之句。陆游把杜甫借以剪取江水的"并州剪刀"，用来比拟"诗情"的快利，进一步化实为虚，可谓巧妙化用，情景深融，通体灵妙。又如《舍北晚眺二首》：

红树青山带暮烟，并桥常有卖鱼船。樊川诗句营丘画，

① 钱锺书：《谈艺录》，中华书局1984年版，第118、124页。
② 钱锺书：《宋诗选注·陆游传》，人民文学出版社2005年版，第170页。

尽在先生拄杖边。

　　　日日津头系小舟，老人自懒出门游。一枝筇杖疏篱外，占断千岩万壑秋。

　　二诗皆写山阴秋色，饶有诗情画意和水乡生活气息。《唐宋诗醇》评前首"自然入画"①。后首用"一枝筇杖"将自我招入画中，用小景物带出大景远景，真是妙趣横生！

　　放翁善于调动多种感觉和修辞手法，在七绝诗中写出不少精彩的景句。如："村南村北鹁鸪声，水刺新秧漫漫平"（《小园》），纯用白描，绘出一幅有声画；"云迷江岸屈原塔，花落空山夏禹祠"（《三峡歌》其一），亦用白描借景写人。顾随先生说，"如此伟大人物屈原，塔在云迷之江岸"；"如此伟大人物（夏禹），在空山中之祠住，暮春花落"，"放翁诗中盖无美过此二句者"②。"黄蛱蝶轻傍曲槛，红蜻蜓小过横塘"（《秋思绝句》），运用色彩映衬和动态描写，两只小动物活灵活现；"暮云细细鳞千叠，新月纤纤玉一钩"（《倚楼》）妙用比喻，意象奇丽迷人；"风摇北斗柄欲折，雨溢天河浪正生"（《风雨》）大胆夸张，无理而妙；"正疑白鹭归何晚，一片雪从天际来"（《秋日杂咏》）写错觉幻象，意外出奇；"喜事一双黄蛱蝶，随人来往弄秋光"（《暮秋》），巧用拟人，蛱蝶多情；还有一首《水亭》："水亭不受俗尘侵，葛帐筇床弄素琴。一片风光谁画得：

---

①　爱新觉罗·弘历：《唐宋诗醇》卷47，孔凡礼、齐治平编《陆游资料汇编》，中华书局1962年版，第230页。

②　顾随著，叶嘉莹笔记：《中国古典诗词感发》，北京大学出版社2012年版，第224页。

红蜻蜓点绿荷心。"钱锺书说，结句这种句法和颜色的对照，在唐人白居易、李商隐、韩偓的诗中各有一例。① 笔者想补充说，在宋诗中，陆游是最先运用"这种句法和颜色的对照"的。其后，才有乐雷发的"一路稻花谁是主？红蜻蛉伴绿螳螂"（《秋日行村路》）。笔者还在晚宋萧立之的《武阳渡》中拈出"落日平江晚最奇，白龙鳞换紫玻璃"一联②。

钱锺书指出，陆游七绝写景妙句，沾溉后人者不浅，王士禛获益尤多。南宋葛天民《郊原避暑》"竹疏身共瘦，湖近意先凉"一联，脱胎自陆游七绝《枕上闻风铃》的"老人不办摇团扇，静听风铃意已凉"。王士禛《息斋夜宿即事怀故园》"萤火出深碧，池荷闻暗香"，也从陆游七绝《桥南纳凉》"风定池莲自在香"化出。王氏《池北偶谈》卷 18 记少作《题壁绝句》云："仿佛梦中寻蜀道，打包身度栈云西。"全本于陆游《和富参议二绝》的"大似无家老禅衲，打包还度栈云西。"③ 上文曾引王士禛赞赏陆游田园诗描写景物真朴自然，生气勃勃。王士禛的《真州绝句五首》《江上看晚霞三首》《江上二首》《即事》等写景的七绝名篇，很明显地从陆游写山水田园风景的诗中汲取了艺术营养，可见陆游七绝诗影响深远。

陆游对七言绝句的体式也作了多种尝试。他写了一些不拘平仄、押仄声韵的古绝句，如《夜坐》："大风横吹斗柄折，迅雷下击山壁裂。放翁闭户寂不闻，《楞严》卷尽灯花结。"但多

---

①　钱锺书：《宋诗选注》，人民文学出版社 2005 年版，第 84 页。
②　拙著《古诗名句掇英》，江苏古籍出版社 2000 年版，第 277 页。
③　钱锺书：《谈艺录》，中华书局 1984 年版，第 131 页。

数是律绝，其中有通篇散行的，更多是对起散结或散起对结的。对起散结式，如："小艇上时皆绿水，短筇到处即青山。二十四岁中书令，不换先生半日闲。"（《闲中自咏》）前两句对仗写景，自然流畅。散起对结易致章法板滞，很不好写。陆游却喜爱写这种体式，如："行歌曳杖到新塘，银阙瑶台无此凉。万里秋风菰菜老，一川明月稻花香。""鱼咸满缶酒新篘，处处吴歌起垅头。上客已随新雁到，晚禾犹待薄霜收。"（《秋日郊居》其五、其六）一用正对，一用流水对，都流转不滞。对起对结式更不易作，前人作品很少，杜甫《绝句四首》其一云："两个黄鹂鸣翠柳，一行白鹭上青天。窗含西岭千秋雪，门泊东吴万里船。"柳中庸《征人怨》云："岁岁金河复玉关，朝朝策马与刀镮。三春白雪归青塚，万里黄河绕黑山。"此诗不仅两联各自成对，还兼用当句对、颜色对、数字对、叠字对，真是精工至极。北宋诗人王安石也写了一些通篇对仗的七绝。陆游喜爱并擅长对仗，因此有意"以律为绝"，通篇对仗的七绝更多，如："薄云韬日未成雨，野水啮沙争赴溪。书册懒看聊成伴，酒壶不饮亦常携"（《秋日出游戏作》）；"不酸金橘种初成，无核枇杷接亦生。珍产已从幽圃得，浊醪仍就小槽倾"（《杂咏园中果子》）；"东西相望两湖桥，来往无时一画桡。买酒每寻村市步，煮蔬时就野僧寮"（《湖山杂咏》）；等等。虽非杰作，但诗意贯通，并无板滞之感。

陆游早年不仅受到曾几爱国思想的熏陶，还经过曾几的传授，接受了吕本中的作诗活法论。吕本中在《夏均父集序》中说:"谢玄晖有言:'好诗流转圆美如弹丸。'此真活法也。"①
陆游受这一观点影响很深,作诗既遵守规矩,又能灵活变化,
还追求圆熟流转、朗朗上口的音韵美。这在其七绝诗中有突出
表现。首先是爱用叠字,如:"檐角查查鹊语轻,窗棂澹澹月痕
生"(《枕上》);"川云叠叠密如鳞,山雨霏霏细似尘"(《小
雨》)。还有一句中两用叠字,如"秋风袅袅雨斑斑"(《吾家旧
藏奇石甚富》)。清人叶炜说:"陆放翁《还县》诗句云:'飞飞
鸥鹭陂塘绿,郁郁桑麻风露香。'夫陂塘鸥鹭,风露桑麻,人所
共知也,而一出以飞飞、郁郁等六字,便觉生趣溢于纸上,所
谓化工之笔。然细思此六字亦极平常,但用之得动荡之气耳,
会心须从此等处领取。"② 可见放翁用叠字不仅加强了诗句音节
和谐流畅之美,而且能更熨帖细致地写景状物。其次是喜用双
声、叠韵字,如,"初闻澒洞怒涛翻,徐听骎骎战马奔"(《大
风》);"萧条冬令侵春晚,淅沥寒声滴夜长"(《春雨绝句》)。
也有一句中兼用叠韵与叠字,如"潋滟平湖淡淡山"(《泛
湖》);或兼用双声叠韵,如"小雨帘栊惨淡天"(《悲秋》)。放
翁又爱用句中自对和重言错综句式,如"风雨满山窗未晓,只
将残梦伴残灯"(《残梦》);"古驿萧萧独倚阑,角声催晚雨催
寒"(《寓蓬莱馆》)。此外,还有意象前后呼应的,如:"烟中
一棹小江秋,忆上牛头倚寺楼。今日篱边残照里,却从西北望
牛头。"(《湖山杂咏》)读之有音节回环往复之美。

---

① 刘克庄:《后村先生大全集》卷95,《江西诗派吕紫微》引。
② 叶炜:《煮药漫钞》,孔凡礼、齐治平编《陆游资料汇编》,中华书局
1962 年版,第 370 页。

作为一个具有集大成性质的诗人，陆游诗歌以悲愤激昂的爱国诗和清淡自然的田园诗为主体，具有丰富多样的风格，诸如豪放、雄奇、绮丽、疏野、沉郁、旷达、淡泊等。就连杨万里"诚斋体"七绝诗特有的那种幽默、诙谐、风趣，在陆游诗中也并不少见。例如《赠猫》："裹盐迎得小狸奴，召护山房万卷书。惭愧家贫策勋薄，寒无毡坐食无鱼。"写对家猫的喜爱和歉意，趣溢纸上。又如《赠鸡》："青铜三百买乌鸡，辟地墙东为择栖。更聘一雌全物性，莫辞风雨五更啼。"表达对乌鸡的爱护与希冀，诙谐中见深情。杨万里很爱表现大自然的景物，并从中发现谐趣；陆游更多写农村日常生活景物，喜作自我调侃，自嘲自乐，例如：

> 白发无情日日生，散愁聊复作山行。幽禽似欲嘲衰病，故学禅房杵药声。(《捣药鸟》)

诗人把有如杵药声的鸟鸣，看作是嘲笑他的衰病。又如：

> 月白庭空树影稀，鹊栖不稳绕枝飞。老翁也学痴儿女，扑得流萤露湿衣。(《月下》)

老诗人竟然学小孩在秋月下扑捉流萤，不顾露湿衣裳。真是童心烂漫，诗意天真，谐趣盎然。

三

宋、元、明诗论家都很赞扬陆游诗爱国忧民的深厚情思，公认陆游是南宋中兴四大诗人之冠。到了清代与近现代，才有人对陆游诗作分体的研究和评论。其中，对其七律与七绝诗的评论尤多。

先看对陆游七律的评论。清人宋长白认为陆游"以七律擅长，远撮钱、刘之标，近萃苏、黄之胜"①。相反，朱彝尊批评陆游七律"句法稠叠，读之终卷，令人生憎"。他举出陆游七律中用"如""似"字重复对仗的共39联，还说"难以悉数"②。

王士禛也推重陆游七律，认为唐、宋以来写七律的不止千百人，"求其十分满者，唯杜甫、李颀、李商隐、陆游及明之空同、沧溟二李数家耳"③。而贺裳却苛评陆游七律"大抵才具无多，意境不远"④。

查慎行赞扬陆游七律"工于用事，属对天然"，又指摘其"蹊径太熟，章法句法未免雷同，不耐多看"⑤。

陈訏极称陆游："一生精力，尽于七律，故全集所载，最多最佳。"⑥ 陆次云也说："七律为诸体所难，余于放翁，独选至三十首，亦云盛矣。然割爱者正多。其中佳句，……不可悉数。"⑦ 何世璂也说："七律宜读王右丞、李东川，尤宜熟玩刘

---

① 宋长白：《柳亭诗话》卷28，孔凡礼、齐治平编《陆游资料汇编》，中华书局1962年版，第150页。

② 朱彝尊：《书剑南集后》，《曝书亭集》卷52，孔凡礼、齐治平编《陆游资料汇编》，中华书局1962年版，第155—156页。

③ 王士禛：《带经堂诗话》，人民文学出版社1963年版，第32页。

④ 贺裳：《载酒园诗话·陆游》，郭绍虞编选，富寿荪点校《清诗话续编》第1册，上海古籍出版社1983年版，第451页。

⑤ 查慎行：《初白庵诗评》，孔凡礼、齐治平编《陆游资料汇编》，中华书局1962年版，第179、182页。

⑥ 陈訏：《剑南诗选题词》，孔凡礼、齐治平编《陆游资料汇编》，中华书局1962年版，第187页。

⑦ 陆次云：《五朝诗善鸣集评语》，孔凡礼、齐治平编《陆游资料汇编》，中华书局1962年版，第204页。

文房诸作；宋人则陆务观。"①

沈德潜对陆游七律有褒有贬："放翁七言律，队仗工整，使事熨帖，当时无与比埒。然朱竹垞摘其雷同之句，多至四十余联。……诗篇太多，不暇持择也。……八句中上下时不承接，应是先得佳句，续成首尾，故神完气厚之作，十不得其三。"②

李调元是褒少贬多，他说："陆放翁诗，以'小楼一夜听春雨，深巷明朝卖杏花'得名，其余七律名句辐辏大类此，而起讫多不相称。人以先生先得好句后足成之，情理或然。……余独爱其《感愤》一律，颇近唐人。"③

赵翼极力推崇说："放翁以律诗见长，名章俊句，层见叠出，令人应接不暇；使事必切，属对必工；无意不搜，而不落纤巧；无语不新，而不事涂泽：实古来诗家所未见也。"④姚鼐也说："其七律固为南渡后一人。其余如简斋、茶山、诚斋诸贤，虽有盛名，实无超诣。"⑤洪亮吉说："七律之多，无有过于宋陆务观者，次则本朝查慎行。陆诗善写景，查诗善写情。写景故千变万化，层出不穷；写情故宛转关生，一唱三叹。盖诗

① 何世璂：《燃灯记闻》，王夫之等撰《清诗话》，上海古籍出版社1963年版，第120页。

② 沈德潜著，霍松林校注：《说诗晬语》，人民文学出版社1979年版，第234页。

③ 李调元：《雨村诗话》卷下，郭绍虞编选，富寿荪点校《清诗话续编》第3册，上海古籍出版社1983年版，第1534页。

④ 赵翼著，霍松林、胡主佑点校：《瓯北诗话》卷6，人民文学出版社1963年版，第80页。

⑤ 姚鼐选编：《今体诗钞序目》，孔凡礼、齐治平编《陆游资料汇编》，中华书局1962年版，第305页。

家之能事毕，而七律之能事亦毕矣。"① 舒位亦云："尝论七律
至杜少陵而始盛且备，为一变；李义山瓣香于杜而易其面目，
为一变；至陆放翁，专工此体，而集其成，为一变；凡三变，
而他家之为是体者，不能出其范围矣。"②

潘德舆说放翁七律："佳者诚多，然亦佳句耳；若通体浑
成，不愧南渡称首者，尝精求之矣。"他举出陆游十数首七律，
认为"著句既遒，全体亦警拔相称"，但"较之全集七律数十之
一耳"。他还指出陆游七律闲居遣兴之作，时仿唐人许浑，"虽
圆密稳顺，一时可喜，而盛唐之气魄，中唐之情韵，杳然尽
矣"③。他的评价有扬有抑，比较审慎，有分寸。

李慈铭对陆游七律优缺点的认识也较切当。他说："放翁律
句，太平切近人，又往往句法相似，与全篇气多不贯，其诗派
之不高，自由于此。"但又说《感愤》《题接待院壁》《书愤》
等五首"皆全首浑成，风格高健，置之老杜集中，直无愧色。
此外清新婉约者，尚有数篇，然仅到得中晚唐人境界"④。

施补华只说放翁七律有逼近盛唐人的佳作，如《新夏感事》
之"百花过后绿阴成"，《感愤》之"今皇神武是周宣"⑤。

① 洪亮吉著，陈迩冬点校：《北江诗话》，人民文学出版社1983年版，第26页。
② 舒位：《瓶水斋诗话》，孔凡礼、齐治平编《陆游资料汇编》，中华书局
1962年版，第328页。
③ 潘德舆：《养一斋诗话》卷4、卷5，郭绍虞编选，富寿荪点校《清诗话
续编》第4册，上海古籍出版社1983年版，第2066、2074页。
④ 李慈铭著，张寅彭、周容编校：《越缦堂日记说诗全编·内编·评论门》，
江苏凤凰出版社2010年版，第359页。
⑤ 施补华：《岘佣说诗》，孔凡礼、齐治平编《陆游资料汇编》，中华书局
1962年版，第373页。

近代陈衍说陆游"最工七言律、七言绝句。七言律断句，美不胜收"①。

钱锺书对陆游七律，只肯定其"写景叙事之工细圆匀者"，与中晚唐人相似，却批评其毛病太多，"多文为富，意境实尟变化"，"古来大家，心思句法，复出重见，无如渠之多者"，"往往八句之中，啼笑杂沓，两联以内，典实丛叠；于首击尾应、尺接寸附之旨，相去殊远。文气不接，字面相犯"，"绝无章法，只堪摘句"，"制题之宽泛因袭，千篇一律"，"好正襟危坐，讲唐虞孔孟，说《论语》《孝经》，诵典坟而附洙泗，攘斥佛老百家，谓为淫词异端"。钱锺书还列举了陆游七律中大量捃拾、临摹、蹈袭前人的诗句。②

下面我们再举前人对陆游七绝的评论。首先，推重陆游七律的王士禛，也称赞陆游七绝《楚城》等四首"可追踪唐贤"③。

爱新觉罗·弘历等《唐宋诗醇》推扬陆游七绝说："作者妙处，深得风人之致，视唐殆无愧色，此不可以时代拘者也。"④乔亿也赞陆游七绝"具迈往之气"⑤。王棠说："年来人皆奉剑南（绝句）为准的。"⑥

①　陈衍：《剑南摘句图》，孔凡礼、齐治平编《陆游资料汇编》，中华书局1962年版，第378—379页。
②　钱锺书：《谈艺录》，中华书局1984年版，第124、125—128页。
③　王士禛：《带经堂诗话》卷9，第203页。
④　孔凡礼、齐治平：《陆游资料汇编》，中华书局1962年版，第224页。
⑤　乔亿：《剑溪说诗》，《情诗话续编》第2册，第1096页。
⑥　王棠：《燕在阁唐绝句选凡例》，孔凡礼、齐治平《陆游资料汇编》，中华书局1962年版，第274页。

　　潘德舆认为陆游七绝实胜于七律。他说陆游的《读晋书》《闻雁》《游寒岩钓矶》等十数首绝句"与唐人声情气息，不隔累黍"；又说陆游《读范至能揽辔录》《追感往事》等绝句"不似唐人，而万万不可废"①。

　　李慈铭用盛唐七绝为标准来评价陆游绝句的成就。他说："七绝则江宁、右丞、太白、君虞、义山、飞卿、致尧、东坡、放翁、雁门、沧溟、子相、松圆、渔洋、樊榭十五家，皆绝调也。""东坡、石翁、放翁、白石四家，尤清远逼唐人。"②

　　曾国藩晚年最喜爱陆游七绝。《曾国藩全集·求缺斋日记》载，同治元年（1862）后，七绝专读放翁，趣味尚闲适。又选陶、杜、韦、白、苏、陆之诗，成《闲适诗选》。同治六年《与李眉生书》云："诗中有一种闲适之境，专从胸襟着工夫。读之但觉天机与百物相弄悦，天宇奇宽，日月奇闲，如陶渊明之五古、杜工部之五律、陆放翁之七绝，往往得闲适之真乐。"是年三月二十二日《家训》云："凡诗文趣味，约有二种。一曰闲适之趣，诗则韦、孟、白傅，均极闲适。而余所好者，尤在陶之五古，杜之五律、陆之七绝。以为人生具此高淡襟怀，虽南面王不易其乐也。"

　　近人陈衍着重指出："宋诗人工于七言绝句，而能不袭用唐人旧调者，以放翁、诚斋、后村为最。大略浅意深一层说，直

---

　　①　潘德舆：《养一斋诗话》卷5，郭绍虞编选，富寿荪点校《清诗话续编》第4册，上海古籍出版社1983年版，第2083页。

　　②　李慈铭：《越缦堂诗话》卷上，孔凡礼、齐治平编《陆游资料汇编》，中华书局1962年版，第371、373页。

意曲一层说，正意反一层侧一层说。"① 顾随也赞："放翁诗盖七言绝句最好。"②

钱锺书对陆游绝句的评价较高。《谈艺录》云："茶山诗槎枒清快，实与诚斋为近，七言律绝尤往往可乱楮叶，视剑南工饬温润之体，大勿类。"又引《诚斋诗话》云："五七言绝句最少而最难工，晚唐人与王介甫最工于此。"并评曰："杨、陆两诗豪尚规抚晚唐。"③ 赞扬陆游七绝工饬温润，得晚唐风味。

归纳以上评论不难看出：清代与近现代诗论家推重陆游七律与批评其缺点的人较多；推重陆游七绝的人少一些，却无人批评其病。在批评陆游七律的观点中，贺裳所说"才具无多，意境不远"明显不合事实。其他如查慎行、沈德潜、李调元、潘德舆、李慈铭的批评意见，基本上是客观公允的。钱锺书批判的方面最多，见解尤犀利、尖刻，但有理有据，语语中的，并非主观武断，肆意攻击。

笔者认真思考前贤的意见，结合自己阅读、研究的心得感受，提出以下看法。

陆游的七绝、七律以及其他各体诗歌，都表现了诗人一生为苦难的祖国而歌唱而战斗的爱国主义精神。陆游的爱国诗歌具有最鲜明的战斗性和时代性，其对投降派的揭露批制，对人民群众渴望恢复故土统一祖国的表达，对诗人杀敌报国的英雄

① 陈衍：《石遗室诗话》卷 16，第 257 页。
② 顾随著，叶嘉莹笔记：《中国古典诗词感发》，北京大学出版社 2012 年版，第 226 页。
③ 钱锺书：《谈艺录》，中华书局 1984 年版，第 118、125 页。

气概与壮志未酬的悲愤的抒发，都比两宋任何一位诗人更强烈、丰富、深刻。在宋代诗坛上，陆游诗歌的思想性最高，具有强大的感染与激励人心的正能量，这是不容置疑的。

陆游的文学天才不及苏轼。他的七古、七律、七绝在艺术表现上都达不到苏诗那样"出新意于法度之中，寄妙理于豪放之外"①，达不到苏诗那样的信手拈来，妙趣天成，气势飞动，纵横开阖，变幻莫测，又如行云流水般灵动自然。但陆游的七绝和七律在艺术上也有杰出成就。他在这两种诗体上都成功地运用了现实主义与浪漫主义的创作方法，其浪漫主义色彩在宋诗中最为浓厚。他的七绝与七律都具有以雄放悲壮与平淡自然为主的多种艺术风格。诗人能纯熟地综合运用诗的诸般技法，以敷腴俊逸、自然圆转的语言营造意象表达情思意绪。他是宋代七绝与七律的艺术高手，这也是不可否认的。

陆游是一个激情充沛的诗人，他把写诗作为一项重要事业，是每日不可缺少的功课。他的诗作得太多了。"75岁开始每年突破300首大关，80岁之后，每年的诗产量都在400首以上，而84岁这一年竟然写了599首"②。晚年的诗人没有充沛的精力去筛选淘汰、锤炼打磨他的诗作。他的七律确实具有写景叙事工细熨帖、对仗工稳使事贴切等优点，但也有不少诗用词、造句、命意大同小异，重见复出，还有文气不接，字面相犯，用典过

---

① 苏轼：《书吴道子画后》，张志烈、马德富、周裕锴主编《苏轼全集校注·苏轼文集校注》，河北人民出版社2010年版，第7908页。

② 据欧小牧先生《陆游年谱》，邱鸣皋著《陆游评传》，南京大学出版社2002年版，第423页。

多与用典失误等毛病。他把精力大都用在中间两联的对仗上，力求对出佳联名句，而对首尾两联，多凑合填补，结果正如沈德潜所说，"神完气厚之作，十不得其三"。由于有那么多刺目的严重缺点，从而引起诸多诗评家的不满与批评。实事求是地说，陆游的七律，从艺术表现方面来看，除了不及苏轼之外，也不及黄庭坚法度出奇变化、风格奇崛峭硬、极具独创性的七律，亦未必比得上学到了杜甫慷慨悲凉、沉郁顿挫风格又锤炼精工的陈与义七律。

陆游有"高明之性，不耐沉潜"，"专务眼处生心"，其"眸而可得，拾而即是"① 的敏捷才思，是最适合写作七绝的。写篇幅短小的七绝，不需要像写格律森严的七律那样缜密构思，精心锤炼、反复打磨，往往一触即发，即兴而成，一探而就，这自然免不了产生一些草率、平庸、诗味浅薄的作品，但更多是天真活泼、自然本色的好诗。陆游说"文章本天成，妙手偶得之"②，正是他作诗特别是作七绝小诗的心得体会。总之，陆游的七绝有数量更有质量，佳作尤多，经典不少；兼备唐音与宋调，更具包蕴众体的集大成性质。其艺术成就和对后世的影响力，在宋人中仅逊于苏轼，而在王安石、黄庭坚、杨万里、范成大、朱熹之上，也胜于他本人的七律，可谓高居"榜眼"，实至名归，当之无愧。

---

① 钱锺书：《谈艺录》，中华书局 1984 年版，第 130、131 页。
② 陆游：《文章》，《陆游全集校注》第 8 册，钱仲联、马亚中主编《陆游全集校注》，浙江教育出版社 2011 年版，第 228 页。

七律的放翁诗法

——从"律熟"的评价说起

北京大学　管　琴

　　陆游是南宋诗坛的大家。在诸多诗体中，他对七律这种体裁情有独钟，现存《剑南诗稿》的九千余首诗作中，七律的数量多达三千余首，占了现存全部诗作的三分之一。而五律只有一千六百余首，数量几乎差了一倍。而且其七律与五律相比，在不同写作时期的数量也有差别。七律在各个时间段所作较为均衡，而五律这种体裁早年所作相对少一些，晚年才较多且均衡。放翁的这三千余首七律，内容包罗广阔，无论是叙事貌景、咏古登临、怀旧忆往、抒情感愤，还是描摹风土人情、节物习俗、书斋生活等，均无施不可。七律不仅为放翁所喜作、擅作，也是放翁诗最为人所称道的诗体之一。陈訏评价说："放翁一生精力，尽于七律，故全集所载，最多最佳。"[1] 另外，清代的王士禛、姚鼐、赵翼、舒位等评论家，对陆游的七律均有很高的

---

① 陈訏：《剑南诗选题词》，《宋五十家诗选》，清康熙刻本。

评价，认为是七律之"大宗""南渡后一人"等。

关于陆游的七律，还有一个颇值得注意的评价是"律熟"。"律熟"来自方回《瀛奎律髓》一书中的评语，主要是用来评价陆游的七律，纪昀在评点该书时对"律熟"之"熟"也多有发挥。为何会出现这样的评价呢？本文认为，放翁七律"律熟"的现象既与七律本身的特点有一定的关联，也与放翁作诗的习惯与个人性情有关。本文拟从放翁七律诗较为显见的"律熟"现象入手，做一些讨论，另外还涉及陆游七律具体如何体现宋调的问题。七律是陆游诗歌中最重要的文体之一，也最大限度地体现了放翁诗律体写作的丰富，但目前对陆游的七律，专题的讨论还比较少。本文就此略作梳理，就教于方家。

一　关于"律熟"

关于"律熟"的评价，首见于方回的《瀛奎律髓》，在评陆诗时出现了多次，除了一次是评其五律《北斋书志示儿辈》外，其余全是针对陆游七律而做出的评价。纪昀在批校《瀛奎律髓》时，也多次以"熟"来评价陆诗。与"律熟"相近的说法还有"甜熟""熟烂""太熟"等，相近的还包括"滑""滑调"等。除纪昀外，冯舒、查慎行等对陆诗也有"圆熟""蹊径太熟"① 的评价，朱彝尊也批评学陆诗者为"庸熟"②，姚范评

---

① 评陆游《入城至郡圃及诸家园亭游人甚盛》，李庆甲《瀛奎律髓汇评》卷五，上海古籍出版社 2005 年版，第 230 页。

② 朱彝尊：《汪司城诗序》，《曝书亭集》卷三九，《四部丛刊》本。"今之诸家不事博览，专以宋杨、陆为师，庸熟之语，令人作恶。"

其为"平熟"①。递相祖述，"熟"已成为后人评价陆游律诗
（尤其是七律）的一个突出的特点。

放翁七律中，哪些被认为是"律熟"之作呢？《瀛奎律髓》
举了以下一些例子：

家是江南友是兰，水边月底怯新寒。画图省识惊春草，
玉笛孤吹怨夜残。冷淡合教闲处着，清癯难遣俗人看。相
逢剩作樽前恨，索笑情怀老渐阑。（《梅花》）纪批：此种
又恨甜熟。

云暝风号得我惊，砚池转盼已冰生。窗间顿失疏梅影，
枕上空闻断雁声。公子皂貂方痛饮，农家黄犊正深耕。老
人别有超然处，一首清诗信笔成。（《作雪寒甚有赋》）方
批：律熟。纪批：病在太熟，便成滑调。

今年意味报君知，属疾虽频未苦衰。独坐冷斋如自讼，
小镌残俸类分司。闲撑野艇渔蓑湿，乱插山花醉帽欹。有
兴行歌便终日，逢人那识我为谁。（《简邻里》）纪批：亦
无深味。总之作诗太多，便无许多意思，只以熟套换来换
去，此放翁一生病根。

七十残年百念枯，桑榆元不补东隅。但存隐具金鸦嘴，
哪梦朝衣玉鹿卢。身世蚕眠将作茧，形容牛老已垂胡。客
来莫问先生处，不钓娥江即镜湖。（《七十》）纪批：语自
风华，然终带甜熟之味。

---

① 姚范：《援鹑堂笔记》卷四十，丁福保辑《清诗话》（下册），上海古籍
出版社 1978 年版，第 212 页。

以上略举数处"律熟"之例，可见"熟"几乎成为对陆游七律的一个定评。放翁的这些七律均写得妥帖精工，风格清圆婉转，音调浏亮可诵，但纪昀认为仍摆脱不了"熟"味，即某种固有的风格与程式。①

在传统的诗学批评中，"熟"代表了诗歌中的一种较为程式化的写作，与生新透辟的风格、陌生化的意象相反，"熟"强调诗歌风格的似曾相识而缺乏新意，略含贬义。② "熟"与"老"容易被划为一类，但与"老"不同的是，"老"还强调某种枯瘦、苍劲之感③，而"熟"更多的是与"滑""易""俗"联系在一起。纪昀主张温柔敦厚的风格，眼光颇高，去取也较为严格。据他之意，"熟"较明确地体现了律体写作的一种套路，与"浅鄙"等风格还是有区别的。

"律熟"之形成，与七律本身的表现特点有一定关联。七律这种体裁起源于唐前的歌行体，在律诗中是要求最高也最难作的一种诗体，既要求条畅工整、合律妥帖，也要求表情达意的浑然一体。体式上，虽然每句只比五律多二字，但要达到属对

---

① 纪昀对方回在《瀛奎律髓》一书中的评语多有批评，但对方回"律熟"之观点一般并无异议。

② 宋诗人中也有追求圆熟之境者，如梅尧臣诗《依韵和晏相公》："苦词未圆熟，刺口剧菱芡。"诗人之意在于追求词意的圆妥与稳适，以"圆熟"为上，此处与明清诗学批评中的"圆熟"并非一意。苏轼《与二郎侄》一文曰："凡文字，少小时须令气象峥嵘，采色绚烂。渐老渐熟，乃造平淡。"（《苏轼佚文汇编》卷四）这里将"熟"作为一种得心应手的写作趋势，也不同于明清诗学中通常说的"熟"。

③ 放翁诗也有"老"境之评，如《麦熟市米价减邻病者亦皆愈欣然有赋》，颈联云："邻翁濒死复相见，村市小凉时独游。"查慎行评此两句"瘦劲，非老境不能到"。

精工、情韵两胜的层面，需要比五律花费更多的工夫，故有七律作者须"挺拔自异"① 一说。从字词组合上看，五律的结构较为稳定，七律的结构更富于变化，需要考虑章法、结构与虚实安排等，尤其是需要以虚字破实字之密，用以形成前后映照的特点。如果缺少内在情感而形式又过于重安排，如虚字安排过多，声响胜过实字等，则会带来律体俗化、骨力不足的问题。这也是明清以来诗评家眼中晚唐体七律的主要流弊。沈德潜说七言律"平叙易于径遂，雕镂失之佻巧"，"贵属对稳，贵遣事切，贵捶字老，贵结响高，而总归于血脉动荡，首尾浑成。失人只于全篇中争一联警拔，取青妃白，有句无章，所以去古日远"②，可见其写法之难。首先，从写法上看，七律中间两联写得工整与否是至关重要的；其次，关于起始、敷衍、拓境、收束等各个步骤，都需要善作安排。总之，七律之难写，在于需要情感与章法、句意的相契无间、浓淡照应，非才力富瞻者不能为之，否则不免前后难以瞻顾，而出现寒索或是竭蹶之病。五律以浑穆严整为上，在写景方面具备优势，七律则更适宜表达充沛的情感。这与诗人的个人情性也有关系，不同性格的诗人往往根据自己的需要选择合适的诗体。钱志熙先生曾指出："感情比较奔放的人长于用七言，而比较浑穆的人，也许用五言能更好地表现自己的感情。"③ 即说明五律、七律在情感主体的表现力方面有着不同的分担。清人洪亮吉以陆游和查慎行二人

① 钱本庵：《唐音审体》，《清诗话》下册，第 784 页。
② 《说诗晬语》，《清诗话》下册，第 540 页。
③ 钱志熙：《唐诗近体源流》，北京大学出版社 2015 年版，第 41 页。

为例，认为"陆诗善写景，查诗善写情。写景故千变万化，层出不穷；写情故宛转关生，一唱三叹。盖诗家之能事毕，而七律之能事亦毕矣"①。所谓"诗家之能事"，是指诗家之才情。七律这种体裁非常适合表达丰富的才情，能将状景摹物的功能发挥到极致。陆游本人才力富赡，七律这种体裁运用起来也更加得心应手，其对七律的偏爱也使得"熟"的倾向加重了。

历代诗论家已指出，陆游的七律最突出的特点是中间两联非常工整，他有意在磨炼这方面的诗歌技巧。李慈铭《越缦堂诗话》举了放翁诗的很多例子，认为可以作为楹联语句，即说明了放翁律诗对仗工稳、善于描摹的特点。沈德潜也说："放翁七言律，队仗工整，使事熨贴，当时无与比埒。"② 放翁擅长将新鲜的事物、新鲜的场景写入诗歌，而又注意情景的铺陈与色调的安排。历代诗论家之所以评价放翁诗有"清腴""丰腴"的特点，陆游对七律本身容量的加重也是一种原因。除了"腴"之外，前人关于陆诗"清妥""稳适"等的评价，主要也是针对其律诗工于对偶的特点来说的。但在律诗中，过于追求巧对往往会落入纤巧。清人潘德舆认为，陆游七律"圆密深稳，一时可喜，而盛唐之气魄，中唐之情韵，杳然尽矣"③，虽然称许陆游七律的技巧，但认为过于工稳，反而掩盖了真味。而且对于有意磨炼对偶的诗人来说，往往先有句而再有篇，也就往往

---

① 洪亮吉：《北江诗话》卷二，人民文学出版社1998年版，第26页。
② 沈德潜：《说诗晬语》卷下，《清诗话》下册，第544页。
③ 潘德舆撰，朱德慈辑校：《养一斋诗话》卷四，中华书局2010年版，第67页。

有为一句、一联而凑成全篇的问题，形成律体结构上的不均衡。这种情况加上作者一时间所作数量过多，则会带来大量的句法稠叠的问题，这一点在陆游的诗中不胜枚举。朱彝尊曾举出陆游七律中四十多例句法雷同的例子，如中间两联的"似"与"如"二举，就有"身似老僧犹有发，门如村舍强名官""迹似春萍本无柢，心如秋燕不安巢""身似在家狂道士，心如退院病禅师""心似春鸿宁久住，身如秋扇合长捐"等例，都是相似句法的大量出现；其他诗论家也有相似的例子。这些句子均是从陆游的七律中摘出的，可以看到，七律是最容易出现句法稠叠问题的一种诗体。

与陆游的例子相近的还有元遗山，他的律诗也有句法稠叠的倾向，也因此而被指为"熟"。那么也带来一个问题，"熟"是否直接由句法的重叠而造成？

应当指出的是，"熟"与句法稠叠、重复虽然矛头指向一致，但这两者还并非一回事。句法稠叠是因为写作者的不加拣择、不注意诗意的精练而造成的，而"熟"有时还含有勉强凑泊、缺乏锤炼而近俗之意。在此可以举一些例子，陆游的七律中间两联的工对如：

天垂缫白萦青外，人在纷红骇绿中。（《新筑山亭戏作》）

读书十纸勤虽在，上树千回事已非。（《庵中独居感怀》其一）

寄怀楚水吴山外，得意唐诗晋帖间。（《出游归鞍上口占》）

江边云湿初横雁，墙下桐疏不庇蝉。（《久病灼艾后独

卧有感》)

　　唤妇晴鸠鸣废圃，归林栖鹊补危巢。(《喜晴》)

　　暑近蚊雷先隐辚，雨前蚁垤正崔嵬。(《春晚书怀》其三)

　　以上所举数句都是从陆诗七律的中间两联摘出的，这方面还可以举出大量的例子。这些对句都非常工整，也有为对偶而对偶的情况，但它们还不属于"熟"的范围。陆诗的"熟"主要体现在以下一些例子中：

　　痴人自作浮生梦，腐骨那须后世名。(《晚游东园》)

　　几许放翁新事业，不教虚过太平时。(《山居》)

　　江河不洗古今恨，天地能知忠义心。(《王给事饷玉友》)

　　太平有象人人醉，造物无私处处春。(《入城至郡圃及诸家园亭游人甚盛》)

　　难寻仙客乘槎路，且伴吾儿乞巧盘。(《癸丑七夕》)

　　三千界内人人错，七十年来念念非。(《夏日》其一)

　　纸上是非难尽信，人间祸福有相乘。(《登山亭》)

　　这些句子有一些共同的特点，即结对工整老到，议论痛快直白，但是缺乏饱满的情感与一唱三叹的蕴藉之感。这里举的只是一些句例，方回、纪昀所指的"熟"还不单单是指句子层面，而是全篇给人的滑易而缺少个性、缺少提炼的感觉，总结起来说，方回与纪昀等人所谓的"熟"指的是在结构、章法与文字上已经达到极为工整与巧妙的层面，因为缺少内在的情感与韵味，因而体现出一种体式上合律工整、游刃有余而总体上却凑泊寡味、有篇无韵的风格。

　　"熟"的反面是"生"。宋诗中追求句"生"、调"生"、意
"生"的典型是江西诗派。《复斋漫录》引韩驹的话说："作语
不可太熟，亦须令生。"① 即是典型的江西诗派的诗论。江西诗
派的"生"意远可追溯至老杜。放翁虽然学习少陵诗法，但在
七言律诗"熟"的这一层面，与少陵诗法是相去较远的。清人
乔亿评价说："七律至于杜子美，古今变态尽矣。试举十数首观
之，章法无一同者。"② 老杜的七律在写法上极参其变，放翁却
有大量章法雷同的现象出现；老杜善于腾挪跳跃，锻炼字面，
而陆游则更多地追求平易与达意，注重工整，在对字面的翻新
与开阖方面不如老杜。例如，写叹老怀忧之感，陆游的《登赏
心亭》尾联直抒胸臆曰："孤臣老抱忧时意，欲请迁都泪已流。"
虽然意思沉着，但稍显直露，逊于老杜后期七律的情感上的顿
挫与意象上的起伏变化。另如《村居秋日》"逋负如山炊米尽，
终年枉是把锄犁"，《毅斋即事》"调得身心能自慊，止吾所止
复何疑"等句，都结得较为直白。江西诗派的诗人多以学老杜
为宗，像陈与义，其《登岳阳楼》尾联"白头吊古风霜里，老
木沧波无限悲"，风格哀感顽艳，这样的尾联还是有着自己的特
色。而陆游七律的尾联，注重寻常景物的描摹而以直笔抒之。
杜甫的诗歌之所以不存在"熟"的问题，是因为杜甫七律对寻
常事物的细致描摹往往与其诗情感的贯注、诗法的注重相结合，
四联的组织与句法的安排富于变化，在"律细"的同时也炼句，

---

　　① 何溪汶：《竹庄诗话》，《四库全书》本。
　　② 乔亿：《剑溪说诗》卷下，《清诗话续编》下册，上海古籍出版社1983
年版，第1093页。

而且往往与诗人的情感夹杂在一起，使得诗作富于深沉的感情，愈描愈精，愈转而深。因此少陵的七律虽然数量不多，但变化很多，在"律细"与章法腾挪的层面形成了七律的变格。① 而陆游的七律则数量很多，水平参差不齐。他的优秀的七律能够很好地达到体物达意的效果，而有一些七律则因为写作较为凑泊而缺少变化，从而予人以律熟、圆熟之感。

七律体裁易写得俗，所以江西诗人在着力改造前朝诗体时，也对七律的内在与外在特点做出校整，黄庭坚的七律就一改俗体，直接呈现出"生"的特点。山谷七律的中间两联对句如"人乞祭余娇妾妇，士甘焚死不公侯"（《清明》），"舞阳去叶才百里，贱子与公俱少年"（《次韵裴仲谋同年》），"麒麟堕地思千里，虎豹憎人上九天"（《再次韵寄子由》）等，都开创了江西诗派的典型句法。姜特立说陆游"不蹑江西篱下迹，远追李杜与翱翔"②，实际上陆游的律体也并非完全没有江西之派的影子。如朱彝尊拈出的中间两联"似""如"之例，黄庭坚也有不少相似的句法。③ 这也是陆游善学前人的一个例子。但是从"生"与"熟"的分歧来看，陆游的七律与江西诗派的句法还

---

① 参见葛晓音《论杜甫七律"变格"的原理和意义——从明诗论的七言律取向之争说起》，《北京大学学报》2011 年第 6 期。

② 姜特立：《陆严州惠〈剑外集〉》，《梅山续稿》卷二，傅增湘家藏钞本。

③ 恒仁《月山诗话》举出了一些陆游与黄庭坚七律句法相合的例子："黄山谷诗，喜以身心、如心作对，如《弈棋呈任公渐》云：'心似蛛丝游碧落，身如蜩甲化枯枝。'《次韵王稚川客舍》云：'身如病鹤翅翎短，心似乱丝头绪多。'《赠石敏若》云：'才似谪仙唯欠酒，情如宋玉兼逢秋。'《道中寄景珍兼简庚元镇》云：'心在青云故人处，身行红雨乱花间。'陆放翁七律句法，其源盖出于此。"（清《艺海珠尘》本）

是有一些区别的。陆游的七律更多地追求工整与妥帖，而不像黄庭坚那样，主要以新奇的句法、句中典故的嵌入、字词重新组合带来的陌生化效果等方式，对传统七律进行趋向于"生"的改造。当然，陆游的七律还是很注意开阖变化的。像《吴体寄张季长》就是效法老杜所作的拗体。在句法方面，他的部分作品对一般的七律句式也有所突破。七律一般是上四下三的节奏，而陆游的一些诗也改变了这种上四下三的句法，而以上三下四来代替之。例如，王复礼所举的"白菡萏香初过雨，红蜻蜓弱不禁风""浆石榴随糕作节，蜡樱桃与酪同时"等。但我们也看到，这些诗句虽然变化了一句中的节奏，语序却并未发生变化，全诗仍然是正常的语序。朱东润先生也曾以《读赵昌甫诗卷》为例说明陆游的炼句，但这样的例子毕竟比较少，而且陆游的七律也并不以此见长。他更多地将"炼"的着眼点放在中间两联的锻炼上，在律句的妥帖方面极其所炼。陈訏曾评价说："读放翁诗，须深思其炼字炼句猛力炉锤之妙，方得真面目。若以浅易求之，不啻去而万里。"[①] 放翁七律还有一个突出的特点就是，炼句与浅易这两者在其诗中是并存的。也就是说，炼句是在一定程度上完成的，不会损伤整首诗的流畅自然。放翁集中有一些诗作，显现出一种"熟"与"硬"并行不悖的风格，也是他受宋调七律影响的体现，但多数情况下，陆游的炼字炼句有他自己的特点，还是与江西诗风有一定的区别。

纪昀指出"熟"的两面性："熟是佳处，然熟正是放翁病

---

① 　陈訏：《剑南诗选题词》，《宋五十家诗选》，清康熙刻本。

处。"　"熟"从正面的意义看，说明了陆游对七律这种体裁从形式到内容的擅长。①　而作为一种诗学评价，"熟"无疑带有更多负面的意义。"律熟"既与七律本身的特点有关，也与放翁写诗的倾向有关。放翁的不懈作诗带来了"熟"境的形成，这在下面会继续说到。

二　日课·书斋·自我——放翁七律观察视角之突破

上面所论放翁七律的诗法，注重中间两联、写法工整巧妙这些优点还是与七律律体本身的特点相关。对律法的遵循是在律体的内部发生的，是对七律这种诗歌体式的很好发挥，本质上也不算新变，但陆游七律在内容上与风格上确实包含一些新的变化，这类新变主要体现在三个方面：第一个方面体现在，放翁作为一个伟大的爱国诗人，诗中常有爱国情感的流露，他的七律写得最好的也是这一部分。这部分诗歌因为脱离了日课的程式化而融入自身的胸襟抱负，得以风骨毕现。情绪的抒发与七律本身的浏亮清圆等特点相契合，故能够取得强烈的艺术效果。第二个方面则是对日常生活与书斋生活的描写。关注日常生活，关注寻常景物，对之常有细致的描摹。而对自身生活的关注则集中体现在对书斋生活的叙写上，这也体现了其文人化的趣味。第三个方面则涉及诗歌写作角度与隐含自我的问题。以下分别来做说明。

---

①　参见评放翁《幽居初夏雨霁》，《瀛奎律髓汇评》卷一一，第415页。

上述的第一个方面，陆游的七律，其优秀之作往往情感的浓烈与七律诗体的契合达到很好的融合，这方面可举《书愤》《病起书怀》《躬耕》《夜步庭下有感》《雨中卧病有感》《示子遹》等诗为例，这些诗歌均流露出对国家形势的忧心，忠愤跌宕，情感真挚。像《雨中卧病有感》云："病卧穷山白发新，不堪风雨过中春。歌呼空倚一尊酒，零落渐无吾辈人。千载诗书成长物，两京宫阙委胡尘。非熊老子不复见，谁吊遗魂清渭滨。"穷愁卧病的处境与忧心世事的心理两相衬托，笼罩着忧伤愤慨的笔调。而他的一部分寄赠之作由于少有流连光景的描摹，而以情感为之，则给人以力透纸背之感。《后园独步有怀张季长正字》云："斯世元知少赏音，道存何恨死山林。半生去国风埃面，一片忧时铁石心。闲看断云成小立，偶穿修竹得幽寻。故人已到梁州未？尺纸东来抵万金。"首联写道之不存与友人潦落蹙迫之状况；次联则以工整之对烘托其九死不回之意；颈联则又从侧面起笔，写幽往孤独之境遇；尾联则点明寄赠与怀念之意。对境遇的切实描述与细腻的情怀融合在一起，诗意显得较为郁勃。《寄王季夷》等作同样是如此。"熟"境有时会减少真味，而真挚情感的融入则会大大增加七律的骨力，从陆游这部分抒发意志的诗中更见此老胸中丘壑。

第二个方面，放翁的"律熟"有一个背景，即寻常诗材的大量融入。这在南宋前中期诗坛上，又具备它的典型意义。南渡以后的诗坛上，江西诗风大盛，但江西诗派本身就包含一些不同的诗歌取向。江西诗派三宗之一的陈与义，其诗风高华蕴藉，与黄庭坚、陈师道等人的诗风已有所别异。而中兴四大诗人中，陆游、杨万里、范成大三人在诗歌取材的日常化方面走得更远。南渡以后，南方山水风物的秀美、经济社会的繁荣都使大量新鲜的诗材进入诗中，诗歌的表现力也得到了拓展。但外部的影响毕竟还不是最主要的，从诗歌发展的内在层面上看，对"活法"的重视使得诗风向圆融、活泼的层面发展，文坛上更注重诗歌趣味的融入与观物角度的变化。放翁的七律则是这种文学风气与七律本身的诗体特点结合在一起的产物，七律的规模与安排已到极工整与极纯熟的程度。其七律语意的流转与自然体现了当时较为风行的"活法"之说。七律中间两联需要对仗工整，在其对寻常事物与生活场景的大量透脱与细致的描摹中体现得更加淋漓尽致。虽然放翁自称其诗有"三变"，但这两处是放翁七律一直以来都没有变的特点。七律在初唐兴起时，主要是由于应制的需要，在表现人事方面较有优势，后来才融入更多的内容。陆游的七律善于将寻常景物入诗，将难写之景、难状之事通过七律体裁表现出来，尤其是将前人鲜见写入诗材的内容写入，这方面是较为突出的。由于其内容的延伸与无事不可入的客观情况，后人对放翁有以四六文为诗的评价。① 以文为诗具体说来有多种方式，放翁的所谓以四六为诗与他人还不一样，他不但通过古诗叙事状物，其近体也担负着同样的功能，这种以文为诗是在遵循诗歌内在规律的基础上完成的，不需要打破诗文的界限，并且在意脉贯穿、语意流动方面做得非常出色。

---

① 参见方回、冯班评语《瀛奎律髓汇评》卷八，第309页。

第三个方面涉及诗歌对自我的关注。一般来说，诗歌对自我的关注有两种方式，一种是以我之口吻来叙写我之所见、我之所感，贯注了鲜明的主体精神与个人情感，而明确的自我形象是淡化在诗句之外的，不那么明显；另一种是字面有我，背后有我，时时烘托出自我，这一个自我是较明显的一个自我。放翁七律不像北宋时期的欧阳修、王安石、苏轼等人的七律，喜以议论入诗，从议论方面展现主体的视角，而是常以第二种方式切入，即在诗歌中进行自我关注，这一个自我是与日常生活、田园生活、书斋生活紧密结合的。

有论者指出，放翁诗的一个重要特点是对自身及身边事物的关注。例如，喜欢写老境，喜欢写喝酒，喜欢细致入微地写日常生活。陆游尤其善以七律写自我，诗中处处有自我，其诗中像"已为读书悲眼力，还因揽带叹腰围"（《晚春感事》其三），"放翁未到忘情处，日暮凭栏独咏诗"（《鸂鶒鸟》），"放翁一饱真无事，拟伴园头日把锄"（《晚过保福》），"百年等是一枯冢，四海应无两放翁"（《初夏杂兴》其六）这样的诗句，都典型地体现了他对自我的关注。另如《自笑》《自责》《自嘲》《九月三十日登城门东望凄然有感》《小山之南作曲栏石磴缭绕如栈道戏作二篇》《连日扶病领客殆不能支枕上怀故山偶成》《野兴》等诗，都是持续对自我的关注与书写。这是一个有意思的现象。

放翁得享高寿，一生蛰居书斋的时间有几十年之长，他又喜爱课诗，写书斋、读书的诗作数量很多，所以书生的形象在陆游诗中也是烘托欲出的。他写自己"午窗弄笔临唐帖，夜几研朱勘楚词"(《冬日》），"诗囊属稿惭新思，博齿争豪悔昔狂"
（《风雨旬日春后始晴》），"韫玉砚凹宜墨色，冷金笺滑助诗情"
（《秋晴》），"苍砚有池残墨在，白头不帗乱书围"（《九月十一
日疾小间夜赋》）等，都饶有思致。另如七律《冬夜读书》《居
室甚隘而藏书颇富率终日不出户》《斋中弄笔偶书示子聿》等诗
作都是直接写书斋生活的。陆游在抒发对国事的忧患与对偏安
的愤慨时，往往是从书生的角度去写的，诗的背景也脱离不了
书斋。如《病起书怀》写一己之感愤，前三联均是直陈其意，
末联云："出师一表通今古，夜半挑灯再细看。"再如他擅长写
梦，也代表了书斋里的书生对金戈铁马的一种联想，其出发点
是书斋，其落脚点也是书斋。陆游晚年的诗风深造平淡，也更
加回归于日常生活特别是书斋生活。

　　以上几个方面体现出放翁诗在诗材生活化、描摹细致化、
诗人视角的自我潜转等方面有自己的特点。诗歌的日常化视角
与对诗人身份的贴近是北宋以来就有的倾向，南渡以后，"活法
为诗""点铁成金""夺胎换骨"之说风行于诗坛，诗材的日常
化视角也渐渐成为诗坛的一个重要的主导方向，观物的方式有
了一定的新变。放翁的七律多含有一些直观式与直陈式的视角，
这种视角的变化既与大的诗歌环境有关，也是放翁自己对律诗
写作具体而微的开拓。

　　陆游的日课习惯对其律诗的"熟"境也起到了很直接的催
化作用。明代朱承爵在《灼薪剧谈》中说："或谓翁有日课，盖
机圆律熟动宫商。"放翁是有诗癖的，他曾自言"三日无诗自怪
衰"（《五月初夏病体轻偶书》），方回《瀛奎律髓》中针对这一

句评论说：“此翁无日无诗，所以熟，所以进，所以不可及。”
这里方回又将“熟”作为一种正面的诗歌锻炼的结果了。观物
属于日课的层面，放翁曾幽默地说“物华撩我缘何事？似恐新
年渐废诗”（《正月二十日晨起弄笔》），不说我来观物，而是说
物来撩我，从背面衬托，以示无日不观物，无日不有诗。他还
说“谁遣化工娱此老，幽花微拆绿苔滋”（《小山之南作曲栏石
磴缭绕如栈道戏作二篇》其一），也是采用以有情之外物来衬托
自我之心境的方式。这一点陆游与杨万里也有一些相似之处。
杨万里说“山思江情不负伊，雨姿晴态总成奇”（《下横山滩头
望金华山》），也是出于类似的机杼。日课与“熟”之间是很有
关联的。在大部分情况下，诗人需要经过反复锻炼才能够将诗
艺提高。宋人中，像欧阳修、韩驹等人都较为注重诗艺的锻炼，
不断修改自己的诗作，而陆游则是另一个极端，他不但主观上
“有意要作诗人”[1]，出手也较易。七律虽然难作，但难之尤难
的体式在掌握了一定的程式后则会变成其所擅长的体式。除了
早年对诗歌曾有一次较大规模的删削之外，放翁中年以后的诗
歌明显地不加拣择，晚年尤甚。这种对诗歌不加拣择的情况，
也是导致其“熟”的主要因素。日课一诗，则自然而然地将寻
常生活与寻常景物大量入诗。灵感迸发这样的可能性毕竟不可
能每天都有，搜索枯肠，便容易从较熟悉的并且做过的诗材中
寻找诗料。这也是“熟”的一个原因。刘克庄举陆游与梅尧臣

---

① 刘熙载撰，袁津琥校注：《艺概校注》卷二，中华书局 2009 年版，第
324 页。

勤于日课的例子说"二公岂贪多哉？艺之熟者必精，理势然也"①，这里就涉及日课与诗艺锻炼的问题。宋人对日课还抱有宽容的态度，清人如纪昀的评价则完全是负面的，他批评说："总之作诗太多，便无许多意思，只以熟套换来换去，此放翁一生病根。"直接将作诗之多与熟套之形成联系起来，对日课持否定意见。

写诗对陆游来说是一种癖好，一方面是日课，一直不停地写，不重视拣择删汰，导致句法稠叠。另一方面还有一个深层次的原因，也是钱锺书先生在《谈艺录》中所说的，放翁的心性属于高明之性，而非深潜之性。② 高明而不能沉潜，故其诗作善于披露心情，俊逸勃发，畅快爽利，但缺点是缺少锤炼，缺乏蕴藉之意。诗歌写作是一种个人化的体验，但也很难脱离集体书写的痕迹。像陆游对自身的关注，对书斋生活的留连，都是宋诗文人趣味的进一步发展。而很多时候诗歌写作还与个人的写作习惯有很深的关联。放翁有一种将诗歌当成日常生活技艺的倾向，通俗一点说就是诗癖，如吉川幸次郎所说，他有一种行动型的性格③，行动型的性格不仅仅是指他对时事、时政的关注，日课这种行动性主导的作诗习惯也是这种行动型性格的重要体现。这种日课型的诗人与晚唐苦吟型的诗人有很大的不

① 《仲弟诗》，辛更儒《刘克庄集笺校》卷九九，中华书局2011年版，第4177页。

② 参见钱锺书《谈艺录》三六条"放翁自道诗法"，生活·读书·新知三联书店2007年版，第329页。

③ 参见［日］吉川幸次郎《关于陆游》，《中国诗史》，复旦大学出版社2012年版，第266页。

同：日课型的诗人往往愿意将时间用于创造型的行动，苦吟型的诗人更愿意将时间更多地放在对旧作的修改与锤炼上来；日课型的诗人将丰沛的才华与灵感作为写诗取之不竭的源头，苦吟型的诗人则更多地依靠学力的层叠与累积、通过对已完成作品的反复锤炼取得诗艺的提高。沉潜与高明这两种心性，在心性的内与外两方面各有赋力，所谓"沉潜刚克，高明柔克"（《尚书·洪范》），而从性格的深层次来看，放翁的心性更多地属于一种高明之性而非沉潜之性。

三 七律的宋调与放翁诗法

从七律的发展过程来看，宋体七律与唐体七律的不同也突出地体现了宋调与唐调的不同。七律始于初唐应制诗，沈佺期、宋之问等人的应制七律，体式已备但生气不足。后经张说等人的发展，唐代七律之体渐张。盛唐时期李颀、王维等人的七律，在章法的开阖与气象的阔大方面奠定了盛唐七律的特征。高适、岑参等人的七律，兴象骨力兼备，笔力宏大，堪称盛唐宗匠。之后七律发展至杜甫，才极显其变化。杜甫的七律，在夭矫溟渤中富蕴藉之意。虽然数量在杜诗中并非占多数，但却树立了七律典范，影响极大。中唐之后，七律进一步发展。大历诗人的七律以工稳见长，在写景的精细与抒情的细化方面都有所推进。刘长卿尤擅七律，他的七律善以虚字旋斡。晚唐七律，在白居易、李商隐、杜牧、许浑等人的手中得到进一步发展。白居易的七律圆融自然，李商隐之七律得之于少陵之一体，境界幽深，富有气韵。许浑则专写七律，其七律的主要特点是婉转流丽，精于偶对，但总体上不如盛唐七律，缺少高情远致与诗法锤炼。

宋代前期的七律，效法白居易、李商隐等，沿袭晚唐七律的风格。西昆派学义山七律，虽也偶有新奇精警之句，却不能在律法与风格上转开胜境，意境上也走的是晚唐温、李一派的老路。欧、苏等人本以古体见长，欧阳修的七律，工稳流丽处近唐体，但笔力沉雄、平易而不见费力处已与昆体判然有别。苏轼天才横放，他的七律一般也不走寻常路径，后人也不易学。黄庭坚的七律一改俗体，大开大阖，重拙生新，淋漓尽致地体现了与"律熟"相反的"律生"的特点。陈师道等人也在学习杜甫的基础上构建了典型的宋调。渡江以后，陈与义的七律较为突出，体现出风格高华、深微蕴藉的特点。中兴四大诗人中，范成大的七律亦有风调，纪行与田园题材的七律写景物与民俗，有新人耳目之感；杨诚斋的七律清丽婉转，偶以俚语入之，是为七律之变体，亦被评为有"熟"① 味；尤袤的律诗风格较为平淡自然，亦被方回评为"圆熟"；萧德藻的诗集已佚，据称他的律诗则呈现出较为"生"的特点。虽然中兴诗人的七律或多或少地受到了江西诗派的影响，但这一时期的诗人在实际的七律写作中，还是在进行着各自的探索。

对于放翁七律的渊源，评论者多将其与晚唐七律绾结，有说其七律是刘长卿体的，也有说是许浑体的，也有说是白香山体的。宋长白《柳亭诗话》说放翁"以七律擅长，远撮钱、刘

① 翁方纲：《石洲诗话》卷四，郭绍虞编选《清诗话续编》，第 1435 页。

之私服，近萃苏、黄之胜"①。陆游诗中虽效有晚唐体，但他本人鄙薄晚唐体②，又与江西诗派有关联。那么，放翁的七律究竟更近于哪一体呢？

笔者认为，放翁七律融合了唐调与宋调的不同特点。陆游诗不专主一家，多对前人诗体转益多师。前面说过，虽然他也学习杜甫，从他的个人行迹方面看，与杜甫有诸多相似之处，但他的七律与杜甫的七律有很大的不同。杜甫七律有一百五十余首，数量上远远不及陆游，但在章法和句律上都极尽变化。杜甫善为拗律，而陆游的七律则很少作拗律，大体上遵循七律句法，他也不是特别注意在句法上的革新。唐代诗人中，从善写寻常事物、善于叙事、造语平易的角度看，陆游的七律较接近香山体，特别是晚年之作多叹老嗟衰之语，更接近香山体裁，尾联多浅近之语等也与香山体接近。只是比起香山体，闲雅不及，豪荡过之。他的七律如《夏日二首》《西村暮归》《上章纳禄恩畀外祠遂以五月东归》《遣兴》等皆是踵武香山体。而从属对稳当、善于体物、字面的流丽婉转等层面来看，放翁的一些七律则与刘长卿、许浑的七律的风格较为接近。许浑的七律以工于对偶著称，好处在于"意气雍和，音律恬细"③，但亦曾被潘德舆称为"圆熟太过"④，这也说明在善用偶对方面容易导致

---

① 宋长白：《柳亭诗话》卷二八"不如诚斋"条，《丛书集成续编》本。
② 参见莫砺锋《论陆游对晚唐诗的态度》，《文学遗产》1991年第4期。
③ 雷起剑：《丁卯集笺证》，中华书局2012年版，第658页。
④ 潘德舆撰，朱德慈辑校：《养一斋诗话》卷四，中华书局2010年版，第67页。

诗歌的情感与灵性缺失。而且许浑的七律也有将同一句子重用的现象，这一点也与陆游相似。许浑与陆游的这种均工于七律，以偶对见长，又均见"圆熟"的现象，如前所说，与七律本身的特点是有联系的，更重要的是，两人都是着意写作七律的诗人。陆游虽然表面上鄙薄晚唐体，但在实际写作与诗艺锤炼中，他还是注意学习晚唐体的。这里面有一个根本性的原因在于，晚唐体擅长景物的细致描摹，而陆游因为其日课，其关注点也多以自然景物与书斋生活为主，而不像江西诗派那样在议论与生新方面较为关注，故他在实际写作中不可能不向工于景物描写的晚唐体学习借鉴。而这种借鉴是多层面的，并非专主一人。钱锺书先生曾经指出："放翁五七律写景叙事之工细圆匀者，与中晚唐人如香山、浪仙、飞卿、表圣、武功、玄英格调皆极相似，又不特近丁卯而已。"① 这一概括非常准确。陆游虽然主观上鄙薄晚唐体，认为不及李杜，但他在写七律时，因为题材的近似，而自觉地学习晚唐体。而在晚唐的诸家中，他也并没有专主哪一家，而是将晚唐体的精髓融化在自己的七律中。

　　就他个人明确提出的较仰慕的宋代诗人来说，他虽然对梅尧臣的诗很是赞赏，但宛陵体本以古风见长，放翁诗中效宛陵体的也主要是古体而非律体。陆游直接师承曾几。钱锺书在《谈艺录》中曾指出："顾茶山诗槎枒清快，实与诚斋为近，七

---

　　① 钱锺书：《谈艺录》三四条"放翁与中晚唐人"，生活·读书·新知三联书店 2007 年版，第 317 页。

言律绝往往可乱楮叶，视剑南工饬温润之体，大勿类。"① 但笔者认为，工饬温润只是剑南一体，从七律的风格与写法上看，陆游与曾几的诗风还是一脉相承的，尤其在追求稳适与"平夷"方面，他受曾几的影响也较为明显。曾几的七律，有自然圆密之作，也有清劲稳健之作。曾几的诗善以"两句道一事"②，陆游的七律也深得曾几这种写法的妙处，在中间两联的自然流转方面颇为注意。但陆游是否是由曾几上经韩驹上接江西诗派呢？笔者认为尚不可完全等同，曾几虽被列入江西诗派，但他有"妥帖"与"平夷"的诗学主张，与江西诗派的典型诗论还是有一些区别的。吴乔说"江西宗派专主山谷，江湖诗派专主曾茶山"③，翁方纲认为曾几"上接香山，下开放翁"④，这些观点或将曾几与江西诗派的风格区别开来，或是认为曾几诗风直接上承晚唐，都不将曾几列入江西诗派。曾几虽然学习山谷，在"生"的方面有一些自己的创造，如"熟思岂是天贫我，妄计还忧鬼笑人"（《苦贫》），"饭余常贮新陈谷，农隙闲眠子母牛"（《农家》），"修营香火三生愿，收拾风波九死身"（《闲中戏书》其二）等，这些中间两联的造句也可以看出他对江西诗法的学习，但总的来说，类似的诗句还是较少的，总体风格还是以自然稳健见长。陆游直接师承曾几，受曾几的影响要更大一些。

---

① 钱锺书：《谈艺录》三三条"放翁诗"，生活·读书·新知三联书店2007年版，第298—299页。
② 魏庆之：《诗人玉屑》卷一九引《玉林诗话》，郭绍虞辑《宋诗话辑佚》，中华书局1980年版，第511页。
③ 吴乔：《围炉诗话》卷五，郭绍虞编选《清诗话续编》，第606页。
④ 翁方纲：《七言律诗钞》，清乾隆刻本。

　　从"生"与"熟"这两种诗歌作法的区别来看，陆诗与江西诗派的关系较远，这也大概成为陆诗与江西诗派最为明显的一种区别。黄庭坚的七律重在避俗，重在营造生新瘦硬、不主故常的风格，而陆游写景叙事的七律体则较少沾染这种特点。江西诗派趋生避熟，而放翁则完全不避熟，这种不避熟更多地体现在诗人的内在气质之中，是内化而非外化的。

　　关于放翁七律在诗史中的地位，存在不同的说法。方回举宋代七律五公，分别是黄庭坚、陈师道、陈与义、吕本中与曾几，而不言及陆游，大概仍是不满陆游七律之"熟"味。清代诗论家则有许多是推尊陆游七律的。王士禛《带经堂诗话》引刘戬的话，说七律比五律难十倍，唐代只推杜甫、李颀、李商隐三家，宋代只推陆游一家，将陆游推为宋代七律的翘楚。但他自己又有不同的看法，他说："南渡气格，下东都远甚，唯陆务观为大宗。七言逊杜、韩、苏、黄诸大家，正坐沉郁顿挫之少耳，要非余人所及。"① 他认为，陆游虽然是南渡后唯一的大家，七言虽是他的所长，但因为缺少沉郁顿挫的风格而屈居北宋之下。姚鼐亦推许放翁七律为"南渡后一人"，认为"放翁激发忠愤，横极才力，上法子美，下揽子瞻，裁制既富，变境亦多"，"其余如简斋、茶山、诚斋诸贤，虽有盛名，实无超诣"②，认为其七律已超过江西三宗之一的陈与义，也超过了同时代的杨万里。

---

　　① 《带经堂诗话》卷一，人民文学出版社 1963 年版，第 32 页。
　　② 《今体诗钞序目》，《今体诗钞》，清同治刻本。

对放翁七律评价最高的是清代的赵翼和舒位等人。赵翼认为："放翁以律诗见长，名章俊句，层见叠出，令人应接不暇；使事必切，属对必工，无意不搜，而不落纤巧，无语不新，而不事涂泽，实古来诗家所未见也。"[1] 他将放翁的七律拔高到古今无二的位置。舒位将古今七律分为三体："尝论七律至杜少陵而始盛且备，为一变；李义山瓣香于杜而易其面目，为一变；至宋陆放翁，专工此体，而集其成，为一变。凡三变，而他家之为是体者，不能出其范围矣。"他认为，陆游的七律与杜甫、李商隐的七律鼎足而立，而陆游因为专工此体而注力尤多，最终能够集七律之大成。其实，他是将陆游作为宋调七律的代表，评价也是相当高的。

陆游七律的开拓性之一在于对日常生活的抒写、景致描摹的逼真与文人情调的流露，这些与最具表现力的律诗体式很好地融合在一起，也写出不少平正妥帖、清新俊逸的佳作。即景叙事如《南定楼遇急雨》《题斋壁》《昼睡》《夏日》《南堂与儿辈夜坐》《斋中弄笔偶书示子聿》等，抒发胸臆如《书愤》《枕上作》《后寓叹》《夜登千峰榭》《冬夜读书忽闻鸡唱》等，都写得浑圆有致。清代田雯说放翁七律不下千篇，"其间取材寄兴，无不令人解颐，有作诗之乐，而无伤于大雅"，放翁七律之多也是其作诗之乐的体现，是其个人情感、态度与文人趣味的一种表达。寻常生活入诗、句法的平淡与婉转流丽使七律的诗体显得自然而有趣味，中间两联的工致与诵读起来的音节琅然

又显示出这种趣味是在一定的规范里才凸显出来的。规范是一种不自由，而平淡与从容是一种自由，从极不自由到极自由，这两种特点是可以并存的。

四　结语

放翁的七律，数量在历代诗人中无人能及，而在写景叙事、日常生活的融入与观物的视角方面均有所突破，在工于偶对、平正妥帖等方面，都是宋人中的翘楚。放翁的七律将七律这种诗体的特点发挥到极致，尤其擅长以七律来摹写物态、体现生机勃发之意。① 放翁七律的精妙与自然也主要体现在这一方面。陆游七律在内容与风格上的一些特殊之处，在南宋前中期的诗坛上既存在典型意义，也有重要的突破。放翁的七律既对南渡以后的诗坛有具体而微的开拓，同时因为写作较为率易，数量过于庞大，也带来了不加拣择的负面问题，从元代方回至清代纪昀、冯舒、查慎行等，他们对放翁七律"熟"的评价即与此相关。"熟"也成为陆游七律与江西诗派最为明显的一种区别。放翁的七律总体来说能够兼收并蓄，从杜甫、曾几等人的身上都汲取了不少经验。在风格上绾合唐宋七律的风格，在叙情写景方面又大有开拓，确实是集唐宋七律之大成。前人对放翁诗风有"清健""敷腴""俊逸""逸足"等评价，都赞赏其诗思的清健俊逸与诗法的浑成凝练。而像"律熟"这样的评价，虽

---

① 《带经堂诗话》卷一："务观闲适，写村林茅舍、农田耕渔、花石琴酒事，每逐日月，记寒暑。读其诗如读其年谱也。然中间勃勃有生气。"

然偶被方回指为长处，但总体看来，则更多地包含了一些负面的意义。放翁七律的优点和不足之处都很明显，正如高步瀛所说，放翁诗需"披沙拣金，真实乃出"①，七律这种体裁也成为放翁诗歌中最具典型性、评价也最为两极的一种诗体。

---

① 高步瀛：《唐宋诗举要》（下），中国书店 2014 年版，第 528 页。

关于日本所藏《名公妙选陆放翁诗集》

日本学术振兴会　甲斐雄一

一

　　《名公妙选陆放翁诗集》（后文简称《陆放翁诗集》）是元代所编辑的陆游诗的选集。依诗体（古诗、七言八句、五言八句、五言四句）来分类，《前集》10 卷为罗椅①所编，《后集》8 卷为刘辰翁所编。

　　我们研究者一般使用完整的"全集"，如陆游《剑南诗稿》85 卷。不过，南宋和元代的读者看到的陆游诗集是怎样的文本呢？从这样的角度来说，这本《陆放翁诗集》还是不可忽视的。众所周知，从南宋到元代，写诗阶层逐渐开始通俗化，由于出

----

　　①　在张宏生《江湖诗派研究》（中华书局 1995 年版）中，被称为江湖诗人之一。

版业的兴盛和版本的普及，写诗人数日益增多。① 在这样的文化潮流中，所收五百多首②的陆游诗集的出版意味着陆游诗存在着一定的阅读需求。那么，以宋末元初的江湖派诗人为代表的非士大夫阶层的读者是怎样欣赏陆游的作品的呢？

基于如上问题，本文通过《陆放翁诗集》和《剑南诗稿》的文本异同，分析所收诗歌的诗体问题，以揭示《陆放翁诗集》的文本价值和特征。

二

首先需要整理《陆放翁诗集》的诸版本。《陆放翁诗集》有两种系统，即元刊本与明刊本。前者为《前集》10 卷和《后集》8 卷，后者增加了刘景寅所选《别集》1 卷。

元刊本系统源于 14 世纪前期出版的元版，其后有将元版翻刻的五山版，还有江户时代的承德版。

元版《陆放翁诗集》由日本千叶县国立历史民俗博物馆所藏③，博物馆称为"元版陆放翁诗集"，左右双边，有界，半面 10 行 20 字，小黑口，黑鱼尾。卷首收录罗椅（罗椅的嫡孙）的序。

五山版现存大阪青山历史文学博物馆所藏本与奈良龙门文

① 参见王水照、熊海英《南宋文学史·前言二》，《南宋作家的阶层分化与文学新变》，人民出版社 2009 年版；［日］内山精也《古今體詩における近世の萌芽——南宋江湖派研究事始》，《江湖派研究》2009 年第 1 辑。

② 《前集》10 卷选出 295 首，《后集》8 卷选出 220 首，一共 515 首。《后集》的目录还有与《前集》重复的 2 首，但本文没收录。

③ 笔者承蒙日本九州岛大学静永健老师的帮助，直接看到原版。

库所藏本。笔者对前者进行实地考察，确认版式、缺字、使用异体字的情况与元版一致。后者未见，此版本的照片（与实物同样大小）收在川濑一马《五山版の研究》① 的图录，比较青山历史文学博物馆本与此照片，可知两者边廓和栏线完全一致，当为同一版本。中国的元版与其翻刻的五山版均现存，这是不寻常的事情。可以说五山版是可以证实当时中日文化交流的贵重版本。

其后文化交流越来越密，京都田中庄兵卫于江户承德二年翻刻《陆放翁诗集》，即承德版。②

《陆放翁诗集》的元刊本系统是现仅存日本的域外汉籍，值得学界关注。③

明刊本源于刘景寅所编、冉孝隆所刊的弘治版，还有其翻刻的嘉靖版。刘景寅增补的《别集》1 卷是从方回《瀛奎律髓》所收的陆游诗中选出的。

弘治版为弘治十年出版，现在有南京图书馆所藏本。《四部丛刊》所收的《精选陆放翁诗集》是"缩印乌程刘氏藏明弘治本"，不过缺了刘景寅的那部分。

嘉靖版是黄漳嘉靖十三年用弘治版翻刻的，由国国家图书

---

① ［日］川濑一马：《五山版の研究》，日本古书籍商协会 1970 年版。五山版《后集》的边廓外有"伯寿""伯"的刻工名，川濑先生指出这是陈伯寿，按照他的活动时期，推断五山版《陆放翁诗集》是在 14 世纪后半叶出版的。

② 承德版的影印收录于［日］长泽规矩也《和刻本汉诗集成》第 16 辑，汲古书院 1976 年版。但是，承德版缺了不少《后集》的圈点。

③ 王丽在《陆游早期诗歌选本〈精选陆放翁诗集〉版本源流考》（《现代语文》2014 年第 6 期）中指出，中国国内的《陆放翁诗集》版本都属于明刊本系统，而且从书录信息推测，刻本可能是元版的翻刻。

馆、上海图书馆和日本宫内厅书陵部藏。

关于明刊本的出版情况，刘景寅《识放翁诗选后》云：

> 其全集有抄本尚存，然雅闻而未尝见也。

又黄漳《书放翁陆先生卷后》云：

> 酷爱之不能忘，恨不得全集而观之。

由此可知，15—16 世纪的文人也看不到陆游的"全集"，南宋和元代的读者更难得到，《陆放翁诗集》对读者做出的贡献，可想而知。

三

那么，《陆放翁诗集》的元刊本系统具有什么样的价值呢？在此先说结论，即明刊本系统改变了诗歌的排列，已经失去元刊本系统的原貌。例如：

（一）《感昔二首》

元刊本排列在《前集》卷四（《遣兴》之后，《冬晚山房书事》之前），明刊本转到《前集》卷3（《村居书触目》之后，《夜半读书罢，出门徙倚久之，归赋短句》之前）。

（二）《自述（二亩新蔬圃）》

元刊本排列在《前集》卷十（《春晚苦雨》之后，《客有见过者既去，喟然有作》之前），明刊本转到《前集》卷十（《春晚杂兴》之后，《梅天》之前）。

（三）《夜闻湖中渔歌》《石首县雨中系船短歌》

元刊本排列在《后集》卷三（排列：《芳草曲》19、《夜闻湖中渔歌》26、《古别离》28、《夜闻松声有感》2、《石首县雨中系船短歌》2、《苍滩》2），明刊本转到《后集》卷二（排列：《短歌行》14、《夜闻湖中渔歌》26、《石首县雨中系船短歌》2、《陶山遇雪，觉林迁庵主见招，不果往赴》14。后面的数字表示这首诗收录于《剑南诗稿》第几卷）。

（四）《夜登江楼》

元刊本排列在《后集》卷四（《龙挂》之后，《罗翅峡江小酌》① 之前），明刊本转到《后集》卷三（《东山》之前，《东山》在卷末）。

（五）《月夕》

元刊本排列在《后集》卷四（《罗翅峡江小酌》之后，《双清堂夜赋》之前），明刊本转到《后集》卷五（《夏夜》之后，《夜闻橹声》之前）。

元刊本系统大概随着《剑南诗稿》的排列来选出诗歌，而明刊本要削减几页②，而将诗歌转到别的部分。并且，明刊本对诗歌有所增减。《寄二子》在明刊本《前集》卷七的卷末，元

---

① 《剑南诗稿》卷10诗题作《雁翅夹口小酌》。

② 比较元刊本与明刊本的页数，明刊本在《前集》卷1、2、4、5、6、9、10和《后集》卷3—8减了1页。

刊本没有。《客有见过者既去，喟然有作》是两首连作，元刊本收录第一和第二，但是明刊本削减了第二首（永日安耕钓）。

从编辑方面来看，明刊本已经失去元刊本的原貌，我们要阐明早期的陆游诗接受的时候，一定要依据《陆放翁诗集》元刊本系统进行研究。

四

前面探讨了《陆放翁诗集》元刊本与明刊本之间的问题，在此将通过诗歌文本的异同，探讨《剑南诗稿》与《陆放翁诗集》之间，换句话说，别集与选集之间的关系。

将使用的文本整理如下：

A《剑南诗稿》

A1 严州刊本（二十卷本）①。

A2 汲古阁本（八十五卷本）②。

B《陆放翁诗集》

B1 元刊本系统（元版、五山版、承德版）。

B2 明刊本系统（弘治版、嘉靖版）。

校勘时，要注意的是 A2 汲古阁本。这四个版本出版时间的前后关系如下：

A1（南宋）—B1（元）—B2（明）—A2（明末）

---

① 此版本是陆游在严州自己编辑而出版的。本文依据《中华再造善本》所收《新刊剑南诗稿》的影印本（残卷 1—4、8—10、14—16）。

② 汲古阁本源于陆子虡嘉定 13 年（1220）在江州出版的八十五卷本。

不过，汲古阁本源于陆子虞嘉定 13 年（1220）在江州出版的版本，本文的成立过程的前后关系如下：

A1（陆游生前）—A2（陆游去世后）—B1（元）

基于此，从 A1 与 A2 之间的异同无法辨别出是编辑时出现的还是出版时出现的，使用 B1 元刊本系统才知道诗歌文本异同的价值。

实际进行诸本的校勘，会发现本文异同可以分为两种，即文本产生分歧的过程和保存文本的痕迹这两类。

先看文本产生分歧的例子，第一类是 A1 和 A2 是同一文本，B1 和 B2 为别的文本。①

雨声便早睡，酒力压新寒。②

A《剑南诗稿》作"新寒"，B《陆放翁诗集》作"春寒"。③

君看赤壁终陈迹，生子何须似仲谋。

"仲谋"即三国吴孙权的字，B《陆放翁诗集》作"万户侯"。别集《剑南诗稿》是陆游和他的儿子亲自编辑的，所以第一类的异同可以说是由于《陆放翁诗集》产生分歧的。

第二类也是由于《陆放翁诗集》产生分歧的，不过 B1 元刊本系统保存了别集的文本。

鸡鸣何预人，推枕中夕起。④

---

① 以下诗题和诗歌文本依据钱仲联《剑南诗稿校注》。

② 《一室》第 3、4 句，《剑南诗稿》卷十六（《剑南诗稿校注》第 1295 页），《陆放翁诗集》前集卷十。

③ 《剑南诗稿校注》认为秋期之作，云："与写作时间不合。"

④ 《投梁参政》第 3、4 句，《剑南诗稿》卷二（《剑南诗稿校注》第 135 页），《陆放翁诗集》前集卷一。

B2 明刊本作"中夜"，其他作"中夕"①。

> 今朝醉眼烂岩电，提笔四顾天地窄。②

"岩电"③ B2 明刊本作"崖电"。据《世说新语》，可能是 B2 明刊本的错误。

> 孤帆秋上峡，五马晓班春。④

"班春" B2 明刊本作"行春"。"班春"指颁布春令，"行春"指官吏春天出巡，都表示官吏春天的行为。

总上所考，第一类的异同就是别集《剑南诗稿》与选集《陆放翁诗集》之间的异同。第二类异同是到了明代出现的异同，如果不能以 B1 元刊本为校勘的依据，那么属于第一类还是第二类则无法辨别，由此可见《陆放翁诗集》具有的数据价值。

异同的第三类就是保存文本的例子，B2 明刊本将 B1 元刊本所产生的异同恢复为原来的文字。

> 手把仙人绿玉枝，吾行忽及早秋期。⑤

"绿玉枝" B1 元刊本作"绿玉杖"，B2 明刊本还原为"绿玉枝"。

---

① 《晋书·祖逖传》云："（祖逖）与司空刘琨俱为司州主簿，情好绸缪，共被同寝。中夜闻荒鸡鸣，蹴琨觉曰：'此非恶声也。'因起舞。"
② 《草书歌》第 3、4 句，《剑南诗稿》卷十四（《剑南诗稿校注》第 1135 页），《陆放翁诗集》后集卷二。
③ 《世说新语·容止篇》云："裴令公目王安丰，烂烂如岩下电。"
④ 《寄张真父舍人》第 5、6 句，《剑南诗稿》卷一（《剑南诗稿校注》第 69 页），《陆放翁诗集》后集卷八。
⑤ 《黄鹤楼》第 1、2 句，《剑南诗稿》卷十（《剑南诗稿校注》第 804 页），《陆放翁诗集》前集卷八。

正如奇材遇事见，平日乃与常人同。①

"平日" B1 元刊本作"平人"，B2 明刊本还原为"平日"。

从第一类到第三类的异同以别集与选集的异同为主。第四类是 A1 严州刊本与 A2 汲古阁本之间所产生的异同。

我独登城望大荒，勇欲为国平河湟。②

"独"字 A2 汲古阁本作"欲"。钱仲联《剑南诗稿校注》云："'独'，毛本（汲古阁本）作'欲'，兹据严州本改。"③

双履踏云呼野渡，一瓢邀月醉梅花。④

A2 汲古阁本作"履"字，其他作"屦"字。

道士昼闲丹灶冷，山童晓出药苗肥。⑤

A2 汲古阁本作"晓"字，其他作"竞"字。

关于第四类异同，我们研究者看到的可能是《剑南诗稿校注》采用的 A2 汲古阁本的文本。但是，在上文也提到过，元代和明代的读者看不到陆游的"全集"，他们极有可能依据 A1 严州刊本和 B《陆放翁诗集》的文本欣赏陆游的作品，所以第四类异同值得注意。

---

① 《风雨中望峡口诸山奇甚，戏作短歌》第 11、12 句，《剑南诗稿》卷二（《剑南诗稿校注》第 189 页），《陆放翁诗集》后集卷三。

② 《大风登城》第 9、10 句，《剑南诗稿》卷九（《剑南诗稿校注》第 731 页），《陆放翁诗集》后集卷一。

③ 钱锺书《宋诗选注》（人民文学出版社 1958 年版）中作"欲"，跟汲古阁本一致。

④ 《赠林使君》二首之一第 3、4 句，《剑南诗稿》卷十四（《剑南诗稿校注》第 1108 页），《陆放翁诗集》前集卷四。

⑤ 《雨晴游洞宫山天庆观，坐间复雨》第 5、6 句，《剑南诗稿》卷一（《剑南诗稿校注》第 33 页），《陆放翁诗集》前集卷 3。

A1 严州刊本出版于淳熙十四年，其后20多年，陆游还有充足的时间来推敲自己的诗文，第四类异同有陆游自己推敲的可能性。[①] 当然，这只不过是推测而已。

五

《陆放翁诗集》根据诗体（古诗、七言八句、五言八句、五言四句）来分类，各个诗体收录情况如下：

表 1　　　　　　　《陆放翁诗集》各个诗体收录情况

	诗 体	收录卷	收录数（首）		诗 体	收录卷	收录数（首）	总 计
前集	古　　诗	1,2	39	后集	古　　诗	1—5	93	132
	七言八句	3—8	158		七言八句	5,6	44	202
	七言四句	8,9	61		七言四句	7,8	62	123
	五言八句	10	34		五言八句	8	18	52
	五言四句	10	3		五言四句	8	3	6

由此可见，前集收录最多的是七言八句，后集是古诗。《陆放翁诗集》可能是元代坊刻本[②]，应当迎合了读者的需求。从南

---

① 村上哲见先生在《陸游〈劍南詩稿〉の構成とその成立過程》（摘自《中国文人论》，汲古书院 1994 年版）中指出 85 卷本可能将严州刊本 20 卷照旧拿进，不过村上先生的说法涉及作品的编订问题，可以说陆游推敲了作品的词句。

② 《四库提要》云："据其所言，则两人本各自为选。其前集、后集之目，盖元时坊贾所追题矣。"

宋到元代，收集作诗用例的类书、唐宋诗的选集和诗话总集陆陆续续地出版了。比如说，《陆放翁诗集》采用的依诗体分类的方法跟《唐诗三体家法》（七绝、七律、五律）类似。从这样的选集以初学者为对象可以看出，《陆放翁诗集》也是类似的出版物。然而，《陆放翁诗集》除了诗体分类之外，没有《唐诗三体家法》的"实接""虚接"那样的教导初学者的内容，尤其《后集》收录的大部分是古诗。也就是说，《陆放翁诗集》与其说是面向诗作的初学者的书籍不如说是为了欣赏陆游诗的书籍。

六

关于《陆放翁诗集》与陆游诗的接受，还有不可忽视的问题。《陆放翁诗集》将《剑南诗稿》所收的诗歌改变诗体后收录在内：第一是将绝句连作合在一起来作为古诗；第二是将古诗分开四句来收录。

飘飘鸾鹤杳难攀，万里东游海上山。应有世人遥稽首，紫箫余调落云间。

初珥金貂谒紫皇，仙班①最近玉炉香。为怜未惯丛霄冷，独赐流霞九酝觞。

玉殿吹笙第一仙，花前奏罢色凄然。忆曾偷学春愁曲，谪在人间五百年。

《陆放翁诗集》收录《游仙》②诗，分类在古诗。但是，

---

① "班"字，《陆放翁诗集》元刊本误作"攀"。
② 《前集》卷二。

《剑南诗稿》卷十五收录《游仙》七言绝句五首。①

满城桃李②争春色，不许梅花不成雪。世间尤物无盛衰，万点萦风愈③奇绝。

我行柯山眠酒家，初见窗前三四花。恨无壮士挽斗柄，坐令东指催年华。

今朝零落已可惜，明日重寻更无迹。情之所钟在我曹，莫倚心肠如铁石。

《剑南诗稿》卷十二收录《庚子正月十八日送梅》④诗，是十二句的古诗。《陆放翁诗集》收录为"七言四句"二首。⑤

其实，这个现象反映了当时的风潮，南宋到元代所编的绝句选集里也有同样的例子。⑥关于元代人对绝句的看法，《诗法源流》云：

余又曰："若杜诗五七言绝句，有四句皆对者，又何如？"先生曰："绝句者，截句也。后两句对者，是截律诗前四句。前两句对者，是截律诗后四句。四句皆对者，是截中四句。四句皆不对者，是截前后四句。"⑦

---

①　《剑南诗稿校注》，第 1209 页。《陆放翁诗集》的第 1—4 句相当于第 1首，第 5—8 句相当于第 4 首，第 9—12 句相当于第 5 首。

②　"李"字，《陆放翁诗集》作"杏"。

③　"愈"字，《陆放翁诗集》作"正"。

④　《剑南诗稿校注》，第 944 页。

⑤　《前集》卷九。第 1—4 句为第 1 首，第 5—8 句为第 2 首，不收录第 9—12 句。

⑥　笔者在洪迈《万首唐人绝句》《唐宋千家联珠诗格》和《分门纂类唐宋时贤千家诗选》里确认有将律诗截为绝句的例子。

⑦　张健：《元代诗法校考》，北京大学出版社 2001 年版。

由此可见，元代人认为绝句是用来截取律诗的。《陆放翁诗集》所收诗歌的改变也反映了这样的倾向。①

总上所考，江西庐陵的书肆将罗椅和刘辰翁所选的《陆放翁诗集》合在一起来出版。②《陆放翁诗集》保存着南宋、元代的读者看到的文本，可谓宝贵的资料。也就是说，从《陆放翁诗集》这本书，我们可以看出 14 世纪以后陆游诗接受的盛况。

---

① 但是，其他的例子都是将律诗分为绝句的，《陆放翁诗集》将古诗分为绝句，有所不同。这样的改变都在《陆放翁诗集》的末尾，可能是书肆出版时补入的。

② 参见土肥克己《宋元时代の建陽と廬陵における分集本出版》，《東方学》2005 年第 109 辑。

陆游短论三篇

内蒙古包头师范学院　张福勋

一　陆游诗多好的少

在中国古代众多的诗人中，陆游的作品可算是"凌绝顶"。他自己于《小饮梅花下作》"六十年间万首诗"下自注云："予自十七八岁学诗，今六十年得万篇。"①（《剑南诗稿》卷49，以下简称《诗稿》）即是说，每年平均写167首诗，即每两天就写一首诗。看来大有"诗癖"之嫌疑。

《全宋诗》收诗20余万首。那么陆游一个人的诗作就占到了全宋诗的1/20。在这么多的诗作中，陆游确实为后人留下了众多脍炙人口的作品，几乎成了中华诗文化中的骨骼与精髓。但是，也毋庸讳言，陆游的诗有时候也确实是粗制滥造，诗多好的少。他自己就承认："囊里诗多得意稀。"（《村市醉归》，《诗稿》卷62）

---

① 陆游：《剑南诗稿》，中华书局1976年版。

这"好的少"，大致表现为："信笔"涂鸦，"义味殊短"。诗翁曾经总结自己的创作，以为"予平生作诗至多"而他日取视，"义味殊短"，并不满意。①（《跋詹仲信所藏诗稿》，《渭南文集》，卷31，以下简称《文集》）

他有感就写，不及精思细检。只是追求"适情"而已，"信笔"为之。《诗稿》卷64《即事》自言："诗情随处有，信笔自成章"，所以显得草率，粗疏。他说"我独适情无杰句"（《杂兴》，《诗稿》卷73），卷68《秋怀》："题诗虽草草"，而卷七十《石帆山下》又说："才尽极知诗草草"。这都是实事求是的话。草率为之，"信笔"过头，当然就不可能有好的质量。

再是辞语、意境、诗题等颇多重复，让人读之颇感乏味。

我粗粗作了一个大体的统计，光《读书》作诗题者，即有卷7、卷8、卷10、卷14、卷15、卷18、卷19、卷20、卷21、卷23、卷35（同卷重复两次）、卷39、卷41（同卷重复两次）、卷42（《冬夜读书示子聿》即八首）、卷43、卷44、卷54、卷63、卷74（《读书杂言》同题重复两次）、卷80等20多次的重复。内容也多为喜欢藏书、喜欢读书、以读书传家、读书精神等老套内容。

再如《示儿》诗题，也有卷1、卷22、卷24、卷25、卷41、卷44、卷71等七八次重复。又如《书感》也有10余次重复。《书怀》3次重复。而"草书"同一命题，虽稍有变化，而内容大体也重复。如卷4《醉后草书歌诗戏作》、卷14《草书

---

① 陆游：《渭南文集》，中华书局1976年版。

歌》、卷15《八月五日夜半起饮酒作草书数纸》、卷19《醉中草书因戏作此诗》《胸次郁郁偶取枯笔作狂草遂成长句》、卷21《醉中作行草数纸》、卷22《观苏沧浪草书绢图歌》《醉后作小草因成长句》、卷58《草书歌》、卷59《夜卧久不得寐披衣起呼灯作草书》等，重复唠叨，甚至让人不能卒读。

像陆游这样的大诗人，本来应该是严肃认真对待作诗，精思细刻，勿轻易出之才是。而他却"随意题诗无杰思"（卷76《闲游》），所以造成很平淡的词语也多次重复，让人读了生厌。如卷67《闲趣》："心平诗淡泊，身退梦安闲"。卷69《幽兴》又说："身闲诗简淡，心静梦和平"。卷72《秋夜》又重复"身闲诗简淡，道胜梦轻安"。

又如卷71题《蒙恩封渭南县伯，因刻渭南伯印》自注云："唐诗人赵嘏为渭南尉，时谓之'赵渭南'。"而卷75又题《恩封渭南伯，唐诗人赵嘏为渭南尉，当时谓之赵渭南，后来将以予为陆渭南乎？戏作长句》。不仅内容重复，而且表述也十分啰唆，让人读不起兴味。

又，凡说《易》，爱说"屡绝编"，也不畏多次重复。诗中动辄不是"示儿"，就是"说梦"，让人头疼。

陆游不仅是多产的诗人，同时他还能从自己的创作实践中总结出许多规律性的认识来，去指导诗歌创作。只可惜有的理论总结，他自己却并未那样去作，为后人提供了反面的教训。比如他说："诗凭写兴忘工拙"。（《诗稿》卷77《初晴》），又说"信笔愧冥搜"（卷77《闲行》），还说"匆匆摹写不能工"（卷80《日暮自湖上归》），而且也明白自己作诗的毛病"平生好大忽琐细"（卷63《读老子次前韵》）。遗憾的是，他写起诗来，只图一时兴起，随意涂抹，也就难免粗疏了。

钱锺书先生于《谈艺录》①对比剖析了南宋两大家杨万里与陆游诗的不同特征，一反流俗，先于众人尊奉之处发掘其不足；但当叙其不足时，又拈出其长处。好处说好，不好处说不好；说好不是绝对好，好中也有不好；说不好不是绝对不好，不好中也有好。坚持比较的辩证法，把握比较的分寸度。充分显示了他思辨的光辉。比如说陆游，就毫不为尊者讳地指出，陆游"意境实鲜变化""心思句法，复出重见"，制题"宽泛因袭，千篇一律"。其病在于"粗疏"："一时兴到，越世高谈……自语相违，浑然不觉"。有时甚至表现得"酸腐可厌"。

二　陆游对宋诗的拾遗

在陆游的著述中，有一些资料和信息，弥补了厉鹗《宋诗纪事》②、陆心源《宋诗纪事补遗》③、孔凡礼《宋诗纪事续补》④、钱锺书《宋诗纪事补正》⑤的缺失，具有珍贵的研究宋诗的价值。毛晋跋《老学庵笔记》认为，"补史之遗"，"纠史之谬"，评价恰当。今就补诗人、补诗事、补诗评三个方面，略加陈述。

---

① 钱锺书：《谈艺录》（补订本），中华书局1984年版，第125—451页。
② （清）厉鹗：《宋诗纪事》，上海古籍出版社1983年版。
③ （清）陆心源：《宋诗纪事补遗》，山西古籍出版社1997年版。
④ 孔凡礼：《宋诗纪事续补》，北京大学出版社1987年版。
⑤ 钱锺书：《宋诗纪事补正》，辽宁人民出版社2003年版。

（一）补诗人 5 则

1. 陈德召

《渭南文集》①卷 15《淡然居士诗序》云："淡然居士陈公德召者，故与秦公（按：指秦桧丞相）有学校旧，自揣必不合，因不复与相闻，退以文章自娱。诗尤中律吕，不怨不怒，而愤世疾邪之气，凛然不少回挠。……及秦氏废，始稍起，为吏部郎，为国子司业，秘书少监，遂没于官。后四十余年，有子知津为高安守，最其诗，得三卷。"

2. 晁公迈

《文集》卷 14《晁伯咎诗集序》云："晁公伯咎诗四百六十有一篇，其孙集为四卷。伯咎少以文学称，自其诸父景迁具茨先生皆叹誉之。……伯咎傲倪忧患，不少动心，方扁舟往来吴松，啸歌饮酒，益放于诗。其名章秀句，传之士大夫，皆以为有承平台阁之风。盖晁氏自文元公大手笔，……汪洋渟滀，五世百余年，文献相望，以及建炎、绍兴，公独殿其后。……伯咎学问赡博，胸中恢疏，勇于为义，视死生祸福无如也。至他文亦皆豪奇，不独其诗可贵。"

3. 吴梦予

《文集》卷 27《跋吴梦予诗编》云："吾友吴梦予，橐其歌诗数百篇于天下名卿贤大夫之主斯文盟者，翕然叹誉之，余

---

① 陆游：《渭南文集》，中华书局 1976 年版。

（按：指陆游）愀然曰：'子之文，其工可悲，其不幸可吊。年益老，身益穷，后世将曰是穷人之工于歌诗者。娱悲舒忧，为风为骚而已'。"

4. 傅正议

《文集》卷33《傅正议墓志铭》云："公文凝远。其先为北地清河著姓，后徙光州，为固始人。观公文章，豪迈绝人，而其诗尤工。"

5. 王季嘉

《文集》卷37《王季嘉墓志铭》云："君自少事亲孝，事兄悌，处乡里学校，从师择友甚严，言语举动，忠敬有法，与兄时叙同登乾道五年进士第。仕自台州司户参军，迁至朝散郎，赐绯鱼袋。君锐意经学，有《易》《诗》《书》《论语》训传，《乡饮酒辨疑》，凡数十百卷。文辞简古，尤喜为诗，与范文穆公（成大）及尤延之（袤）、杨廷秀（万里）倡酬，诸公皆推之。有《泰庵存稿》（按：《四库全书总目》无）三十卷。"

（二）补诗事 10 则

1. 范成大诗事

《文集》卷14《范待制诗集序》云："公素以诗名一代，故落纸墨未及燥，士女万人，已更传诵，被之乐府弦歌，或题写素屏团扇，更相赠遗，盖自蜀置帅守以来未有也。"

按：厉鹗《宋诗纪事》卷五十一有小传，并引杨诚斋序及周密《齐东野语》，而未及陆文。

2. 李孝先诗事

《文集》卷15《宣城李虞部诗序》云："宣之为郡，自晋唐至本朝，地望常重。来为守者不知几人，而风流吟咏，谢宣城为之冠；梅宛陵独擅其宗。……当元丰间，有虞部公作诗益工，规模思致，宏放简远，自宛陵出。"

按：孝先，字玠叔，虞部为其官称。元祐间人。《纪事》卷三十四有传。其曾孙李兼，字孟达，宁国人，有《雪岩集》。陆心源《补遗》卷62有传。二传皆未及陆文。

3. 韩驹诗事

《文集》卷27《跋陵阳先生诗草》："先生诗擅天下，然反复涂乙，又历疏语所从来。其严如此，可以为后辈法矣。予闻先生诗成，既以与人，久或累月，远或千里，复追取更定，无毫发恨乃止。"

按：韩驹，字子苍，有《陵阳集》。《宋诗纪事》卷33引《后村诗话》云："其诗有磨淬剪截之功，终身改窜不已。有已写寄人数年而追取更易一两字者，故所作少而善。"可相互发明。

4. 郭祥正诗事

《入蜀记》乾道六年七月十三日：

族伯父引东坡以"太白后身，功父（按郭祥正字）遂以自负云云。"

按：钱锺书《宋诗纪事补正》引《存余堂诗话》："其（按指郭祥正）母梦太白而生，是岂其后身?"（卷27，第1955页）

5. 苏过诗事

《老学庵笔记》卷7：陶渊明《游斜川诗》自叙辛丑岁，年五十。而苏叔党（按：苏轼季子苏过字）宣和辛丑，亦年五十。盖与渊明同甲子也。是岁得园于许昌西湖上，故名之曰"小斜川"云。

按：《宋诗纪事》卷34、《宋诗纪事补遗》《宋诗纪事补正》皆无此条。苏过，字叔党，自号斜川居士。有《斜川集》。

6. 饶得操诗事

《老学庵笔记》卷2："饶得操诗为近时僧中之冠。早有大志，既不遇，纵酒自晦，或数日不醒。醉时，往往登屋危坐，浩歌恸哭，达旦乃下。又尝醉赴汴水，适遇客舟救之获免。"

按：《纪事》卷92无此条；《补遗》《续补》无此人。钱先生《补正》卷九十二全引此条。饶节，字德操。后为僧，法号如璧。陈莹中称"旧时饶措大，今日璧头陀"是也。

7. 腾达道（元发）、郑毅夫（獬）诗事

《老学庵笔记》卷7："王荆公（安石）素不乐滕元发、郑毅夫，目为'滕屠郑酤'，然二公素豪迈，殊不病其言。"

按：《纪事》卷19引《郡斋读书志》："毅夫为文有豪气，峭整无豪语。与滕达道少相善，嗜酒落魄，无检操，人目之曰'滕屠、郑酤'。"

余按，滕、郑二人心胸宽阔，毫不计较。与豪爽之气相一

致。陆游惺惺惜惜惺惺，以明己之豪放也。

8. 俞紫芝诗事

《老学庵笔记》卷 7："俞秀老紫芝，物外高人，喜歌讴，醉则浩歌不止。"

按：《纪事》卷 29 有传无此条，而《补遗》《补正》无此人。

9. 陈丰诗事

《老学庵笔记》卷 9："陈无己子丰，诗亦可喜，晁以道集中有《谢陈十二郎诗卷》是也。建炎中，以无己故，特命官。李邺守会稽，丰从邺作摄局。邺降虏（金），丰亦被系累而去。无己之后，遂无在江左者。丰亦不知存亡，可哀也。"

按：《纪事》《补遗》《补正》皆无。

10. 方士繇诗事

《文集》卷 36《方伯谟墓志铭》："伯谟甫既见朱公（按指师朱熹），即厌科举之习，久之，遂自废，不为进士，专以传道为后学。六经皆通，尤长于《易》，亦颇好老子。""博学兼取"，"宽裕忠厚"。"伯谟甫之作，则闲谈简远，有一唱三叹之音。""伯谟甫多才艺，所能辄过人，其思虑精诣。"

按：方士鷂（繇），字伯谟，又名伯休，号远庵。《纪事》卷 63 有小传而无此条。《补遗》《续补》《补正》皆无补。

（三）补诗评 3 则

1. 吕居仁补评

《文集》卷 14《吕居仁集序》评云："公自少时,既承家学,心体而身履之,几三十年。仕愈踬,学愈进,因以其暇尽交天下名士,其讲习探讨,磨砻浸灌,不极其源不止。故其诗文,江洋闳肆,兼备众体,间出新意,愈奇而愈浑厚,震耀耳目,而不失高古,一时学士宗焉。"

按:《宋诗纪事》卷 33 有传而无此评。钱锺书《宋诗纪事补正》也未补。

2. 赵昌甫徐斯远补评

《剑南诗稿》卷 45《寄赵昌甫并简徐斯远》云："赵子乃宿士,山立谁敢侮。高吟三千篇,一字无尘土。朱先(熹)少许可,书每说昌甫。嗟君与斯远,文中真二虎。"

又卷 55《故人赵昌甫久不相闻寄之诗皆杰作也,辄以长句奉酬》："海内文章有阿昌。"皆评价甚高。

按:《纪事》卷 59、《补遗》《续补》皆无,钱《补正》有补诗而无补评。

3. 苏东坡补评

《文集》卷 29《跋东坡帖》:"公不以一身祸福,易其忧国之心,千载之下,生气凛然,忠臣烈士,所当取法也。"又《跋东坡诗疏草》:"天下自有公论,非爱憎异同能夺也。如东坡之论时事,岂独天下服其忠,高其辩,使荆公见之,其有不抚几太息者乎?"

按:《纪事》卷 21 先后引《明道杂志》、敖陶孙《诗评》

《庚溪诗话》《侯鲭录》《复斋漫录》《容斋三笔》、翟耆年《籀史》《苕溪渔隐丛话》《墨庄漫录》、袁褧《枫窗小牍》《娱书堂诗话》《春渚纪闻》《式古堂书考》《石林诗话》、王定国《闻见近录》《元城先生语录》《诗林广记》等十数种文献，而独无陆游所评。《补遗》《续补》《补正》亦无补。

三 放翁诗自注出处的科学态度

作为"江西诗派"理论纲领之"夺胎换骨"，从其提出之日起，便充满了针锋相对的看法和论辩，而陆游则从自己诗歌创作的具体实践和诗论抽象中，完全肯定了"夺胎换骨"系诗歌创作的独一无二的作诗法。他在《剑南诗稿》[①] 卷25《示儿》诗中，十分肯定地表明了自己对这一理论的认可，说："文能换骨余无法，学但穷源自不疑。齿豁头童方悟此，乃翁见事可怜迟。"这是他一生作诗从渐悟到顿悟的理论自觉。并且以"穷源"的科学态度，在诗中自注出处，从而彰显了一个学者诗人的本色特征。

在人们的印象中，或以为陆游只是个诗人，却不知他还是个著作《南唐书》18 卷、《孝宗实录》100 卷、《光宗实录》100 卷的史学家；又是著作《陆游续集验方》的药学家；还是著作《禾谱》的农学家。所以赵世延序《南唐书》说："至山阴陆游著成此书，最号有法。"是什么"法"呢？就是科学家的科学态度："于文献遗阙，大有所考订"。

---

① 陆游：《剑南诗稿》，中华书局 1976 年版。

这种"考订"，就是学人的严谨学风。将其用于作诗，即特别讲究将用事、用语的出处自己考订出来，并亲自加以注处。做到所谓"无一字无来处"①。

《诗稿》卷24《晨起》曰："吾家读书法，一字亦当核。"考核，就是一种严谨的科学态度。他希望将此"家法"一直传下去。

但陆游强调的是"妙于用事"，关键是夺胎换骨之后，诗要做到"益工"。而不是毫无变化，拿来就用。他举宋子京《秋夜》诗云："西风已飘上林叶，北斗直挂建章城。人间的事最堪恨，络纬啼时无妇惊。"认为末句是翻用《诗正义》语"络纬鸣，懒妇惊"，认为此种变化，方为"妙于用事"（《老学庵笔记》卷7）者。② 卷8 又举王荆公诗云"闭户欲推愁，愁终不肯去"，是用刘宾客舍人子苍诗"推愁不去还相觅，与老无期稍见侵"，认为舍人是用刘诗"与老无期约，到来如等闲"，虽取古人言入自己诗，但能加以改造，做到"点铁成金"。

本着这样的理论自觉，陆游在作诗时，往往能够灵活运用前人的诗意或词语而加以变化，而且更为可贵的是老老实实地注出哪一句诗是出于前人的什么辞句，让读者看个明白，又省却了后世笺注家的许多笨功夫。陆游对前人作诗法的继承主要有以下两种。

一是承接前人诗意，而使诗意更进一步。

---

① 黄庭坚：《豫章黄先生文集·答洪驹父书》，上海古籍出版社2001年版。
② 陆游：《老学庵笔记》，中华书局1979年版。

如《剑南诗稿》（以下简称《诗稿》）①卷35《夜坐》"颓然待旦君无笑，尚胜闻鸡赋早行"，自注引温庭筠诗云"鸡声茅店月，人迹板桥霜"。温是"闻"鸡而早行；陆却不待"闻鸡"而早行，更进了一步。又卷67《社饮》"试看大醉称贤相，始信常醒是鄙夫"，夹注引陶渊明诗"一士常独醉，一夫终年醒"。陶是"终年醒"的"夫"，不如"常独醉"的"士"。而陆则更进一步：大醉称为"贤相"，而"常醒"只是"鄙夫"罢了。又卷4《玻璃江》云"月落烟渚天横参，车轮无角那得住。马蹄不方何处寻，空凭尺素寄幽恨"，自注引古乐府"安得双车轮，一夜生四角"，又引唐人诗"长安尘土中，马蹄圆重重。郎马蹄不方，何处认郎踪"，车轮一夜生"四角"，当然就走不了了；而现在车轮却"无角"，当然就更留不住了。看得出，车轮无角是对车轮生四角的翻用；而马蹄不方则是一种沿用。经过这样的变化，诗意都更进了一步。

1. 或承接前人之意而沿用，或翻案前人而反用，这是放翁诗用前人诗的两种基本方式。而不管使用哪种方式，他都以一个学者的身份，将出处自己给予注出，表现了一种实实在在的科学态度。

如承接例，《宿北岩院》（《诗稿》卷11）"终年到处难为别，也似初程宿灞桥"，自注引岑参诗"初程莫早发，且宿灞桥头"，因"灞桥"就是道别之地，出句"难为别"已切。对句是改造岑参的两句诗而简为一句，更加精辟。

---

① 陆游：《剑南诗稿》，中华书局1976年版。

2. 又有承接其意，而摘用其语句者，如卷 13《立秋前三日夜坐庭中偶赋》末联"试将绿发窥清镜，未愧仙姝玉炼颜"，注引李文饶诗："河汉女，玉炼颜，云軿往往到人间。""玉炼颜"摘用三字。

3. 还有承接其意，而摘用其用语警策者，如卷 35《春行》"猩红带露海棠湿，鸭绿平堤湖水明"，自注引杜子美"晓看红湿处，花重锦官城"，又引李太白"蜀江红且明"。可知这"湿"字、"明"字，乃原诗锻炼警策处，今摘来为我所用。又卷 65《春日杂赋》"退红衣焙熏香冷，古锦诗囊觅句忙"，注引乐府云"床上小熏笼，韶州新退红"，摘取两句之中的三字："熏""退红"。因为这三字，正是诗中诗眼之所在。

二是翻前人诗意而用，使诗更精彩。

如卷 16《偶得北境金泉酒小酌》"灯前耳热癫狂甚，边酒谁言不醉人"，自注引高适诗云"敌人十岁能骑马，边酒千杯不醉人"。可知"谁言不醉人"是对"不醉人"的翻用。翻了更觉警醒。

有时候，这种翻用接连使用，非常巧妙。如卷 3《登荔枝楼》"公事无多厨酿美，此身不负负嘉州"，自注引薛能诗"不负嘉州只负身"。"此身不负"是对"只负身"的翻用，而"不负嘉州"又是对"负嘉州"的翻用。连反两次，又"负"字粘连，出人所料。

陆游为人实在，做学问实在，作诗又自注出处，更实在。

陆游诗歌"关键词"研究

福建师范大学　欧明俊

安德鲁·本尼特、尼古拉·罗伊尔著有《关键词：文学批评与理论导论》，选取文学活动中 32 个"关键词"，如作者、人物、文本与世界、神秘、声音、修辞和比喻、动态的画面、意识形态、悬念、欲望、愉悦、战争、怪异、种族差异、性别差异等，揭示了各类文学问题的生成语境和变形图景，勾画出文学活动丰富多彩的面貌。受此启发，拟因之研究文学文本"关键词"。陆游诗歌"关键词"，指其诗中反复出现的频率较高的最能表达诗人感情和思想的词语，如山、水、月、黄昏、夜、雨、舟、剑、刀、菊、梅、雪、茶、酒、鸿雁、淮河、中原、恢复、遗民等意象。意象首先必须是具体的物象，抽象的词语不是意象，如儒、佛、禅、道、经、史、老庄、易（《周易》）、危机、游、梦、狂、放、旷、达、豪、笑、喜、快、乐、闲、适、忧、愁、苦、闷、怨、愤、怒、恨等，只能称作关键词。关键词可以包括重要的意象，而意象不能包括所有的关键词。陆游诗歌，可提炼一些关键词研究，每个关键词都是一种内涵独特的文化符号，表现出作者感情和思想的某些侧面，可见其在不同时期、不同境遇中的心态。这一思路是陆游研究的深化和细化，笔者拟写系列论文。本文先简要论述十个关键词，以抛砖引玉，求方家指正。

一　笠泽

"笠泽"，指松江，即吴淞江，在今苏州境内。晚唐诗人陆龟蒙是长洲（今江苏苏州）人，乾符六年春，他隐居笠泽著书，自编文集即名《笠泽丛书》，陆龟蒙是有名的隐士，颇受后世文人推崇。陆龟蒙为祖上贤人，陆游崇敬有加，故称籍贯"笠泽"，别号"笠泽渔隐"。隆兴元年十一月五日，陆游作《跋杲禅师蒙泉铭》，末署"笠泽渔隐陆某书"。乾道元年《跋邵公济诗》亦署名"笠泽渔隐"。淳熙二年元月至淳熙五年春，陆游在成都任职期间，仍署名"笠泽渔隐"。他仕宦受到挫折，厌恶官场，羡慕起渔隐生活，寄情于山水渔樵之间，以求得到精神上的慰藉，其隐逸思想与受陆龟蒙影响有关。诗中反复提及"笠泽"，如"笠泽决归犹小憩，锦城未到莫轻回"（《初离兴元》，《剑南诗稿》卷3），"笠泽松陵家世事，一竿唯是待西风"（《感秋》，《剑南诗稿》卷13），"也知笠泽家风在，十岁能吟病起诗"（《喜小儿病愈》，《剑南诗稿》卷19）。"笠泽家风"，主要是指陆龟蒙式的"隐逸"之风。陆游又自称笠泽渔翁、笠泽老渔，乾道八年十二月六日，他作《跋司马子微饵松菊法》，末署"笠泽渔翁陆务观"。绍熙二年正月二十三日所作《跋郭德谊书》，末署"笠泽老渔"。"笠泽"既是隐逸"家风"，又是超脱尘世羁绊的心灵安栖地，是一种闲逸文化符号。

二　桑苎

据《新唐书》卷196《隐逸·陆羽传》载，"茶神"陆羽曾隐居苕溪，自称"桑苎翁"，闭门著书，著有《茶经》。陆游亦嗜茶，敬慕陆羽，视陆羽为祖先，"我本杞菊家，桑苎亦吾宗"（《村舍杂书》，《剑南诗稿》卷39）。自号"桑苎""老桑苎""桑苎翁"，"身是江南老桑苎，诸君小住共茶杯"（《同何元立蔡肩吾至东丁院汲泉煮茶》，《剑南诗稿》卷4），"卧石听松风，萧然老桑苎"（《幽居即事》，《剑南诗稿》71），"曾著杞菊赋，自名桑苎翁"（《自咏》，《剑南诗稿》卷66）。他常以"桑苎家风"自诩，"我是江南桑苎家"（《过武连县北柳池安国院煮泉试日铸顾渚茶院有二泉皆甘寒传云唐僖宗幸蜀在道不豫至此饮泉而愈赐名报国灵泉云》三首其三，《剑南诗稿》卷3）。"遥遥桑苎家风在，重补《茶经》又一编"（《开东园路北至山脚因治路旁隙地杂植花草》六首其二，《剑南诗稿》卷44），"桑苎家风君勿笑，他年犹得作茶神"（《八十三吟》，《剑南诗稿》卷70）。陆游自诩自己是陆羽后身，"前身疑是竟陵翁"（《戏书燕几》，《剑南诗稿》卷七十一）。陆游不仅研究《茶经》，自己还拟重补《茶经》，是品茶行家。"桑苎"既是隐逸"家风"，又是向往一种闲雅淡逸的"茶神"境界。

三　鸥

陆游故里有一斋名下鸥亭。据《宋会要辑稿·职官·黜降官九》载，淳熙八年三月二十七日，陆游为臣僚以"不自检饬，所为多越于规矩"论罢提举淮南东路常平茶盐公事，回归故里。次年三月，台评岁满，旋除朝奉大夫主管成都玉局观。是年五月二十六日，诗人作《跋东坡诗草》，末署"玉局祠吏陆某作于镜湖下鸥亭"。《跋法帖》其末署"绍熙三载正月二十二日三山下汇亭书"。"下鸥"又写作"下汇"，意思相同。"下鸥"即鸥鸟停下栖止之意。鸥鸟为一种水鸟，《列子·黄帝篇》云："海上之人有好汇（按：汇，通鸥）鸟者，每旦之海上，从汇鸟游，汇鸟之至者百住而不止。其父曰：'吾闻汇鸟皆从汝游，汝取来，吾玩之。'明日之海上，汇鸟舞而不下也。"① 意指人无机巧之心，异类可以亲近。后以鸥或鸥鹭指隐退闲逸、自由自在的生活和志趣。陆游罢官奉祠闲居，遂以"下鸥"名亭，以寄托其志趣。陆游诗中多写鸥鸟，希望闲逸"忘机"。《夙兴》云："鹤怨凭谁解，鸥盟恐已寒。"（《剑南诗稿》卷52）《杂兴》云："得意鸥波外，忘归雁浦边。"（《剑南诗稿》卷59）《游东村》云："鸥为忘机下，鱼缘得计浮。"（《剑南诗稿》卷65）隆兴元年夏，陆游于山阴作《曾原伯屡劝居城中而仆方欲自梅山入云门今日病酒偶得长句奉寄》云："闲似白鸥虽自许，健如黄犊已无缘。"（《剑南诗稿》卷1）诗人在如此幽静优美的环境中

---

① 严北溟、严捷：《列子译注》，上海古籍出版社1986年版，第39页。

生活、读书、思考，度过人生一段美好的时光。《还县》曰：
"飞飞鸥鹭陂塘绿，郁郁桑麻风露香。"（《剑南诗稿》卷 1）《峡
川东山》曰："老矣判无黄鹄举，归哉唯有白鸥盟。"（《剑南诗
稿》卷 10）《张时可直阁书报已得请奉祠云台作长句贺之》云：
"玩鸥有约间何阔，敛版无聊归去来。"（《剑南诗稿》卷 19）陆
游退居乡里，脱离官场，也摆脱了功名利禄的束缚。面对清新
宁静的自然，悠闲的鸥鹭，悠然的渔樵，诗人虽独自一身，没
有友人唱和，心灵却融化在美的大自然中。陆游晚年回首一生
经历，觉时光飞逝，青春永去，功名难立，不禁感慨万千，《月
夜泛舟湖中三更乃归》曰："壮岁功名惭汗马，暮年心事许沙
鸥。"（《剑南诗稿》卷 13）陆游常将鸥与鹭合写，如"翻翻林
表鸦鹊语，渺渺烟边鸥鹭行。"（《游卧龙寺》）"鸥鹭论交有旧
盟，越山胜处著柴荆。"（《步月》）"误辱君王赐镜湖，身随鸥
鹭寄菰蒲。"（《钱道人不饮酒食肉囊中不畜一钱所须饭及草屦二
物皆临时乞钱买之非此虽强与不取也》）"赖有钓船堪送老，一
汀鸥鹭共忘形。"（《微雨午寝梦憩道傍驿舍若在秦蜀间慨然有
赋》）"门外秋水深，日日集鸥鹭。是岂相与期，正以同类故。"
（《二爱》其二）"渺渺塘阴下鸥鹭，萧萧秋意满菰蒲。"（《小阁
纳凉》）"赋罢新诗自高咏，满汀鸥鹭欲忘形。"（《樊江》）"秋
来有奇事，鸥鹭日相亲。"（《幽居》）"唯有白鸥真我客，尔来
底事向人疏？"（《白鸥》）陆游一生积极入世，但同时又有隐逸
情结，一旦遭遇挫折，此种思想便表露出来。

四　心太平

陆游诗中常写到"心太平"。他有斋名"心太平庵",《剑南诗稿》卷9《心太平庵》题下自注云:"余取《黄庭》语名所寓室。"同卷有《晚起》诗,其二有句云:"学道逍遥心太平,幽窗鼻息撼床声。"作于淳熙四年十月成都任上。《独学》云:"少年妄起功名念,岂信身闲心太平。"诗下自注:"《黄庭经》'闲暇无事心太平'。"(《剑南诗稿》卷1)又《外景经》曰:"观志游神三奇灵,行闲无事心太平。"诗作于乾道三年冬,时作者罢官居山阴。诗中还有如:"病多不辨酒中圣,身远且令心太平。"(《北窗哦诗因赋》二首其二,《剑南诗稿》卷11)"施行要使俗仁寿,收敛犹能心太平。"(《金丹》,《剑南诗稿》卷45)"无事自能心太平,有为终蔽性光明。"(《书怀》,《剑南诗稿》卷58)词中也写到"心太平",如:"看破空花尘世,放轻昨梦浮名……身闲心太平。"(《破阵子》,《渭南文集》卷50)"悟浮生,厌浮名。回视千钟一发轻。从今心太平。"(《长相思》,《渭南文集》卷50)陆游信奉道教,仕途上遭遇挫折时,即以道家逍遥思想安慰自己,修炼身心,身闲心太平。"心太平"追求的不只是"身闲",更是"心闲",是精神上的超脱。但"身闲"易,"心太平"难,诗人逍遥旷达中实则有深沉的感慨和不平。

五　昨非

人的一生在不断自我否定中度过,总是感叹"今是而昨非",今天的"是"又成为明天的"非"。陆游有斋名"昨非轩",淳熙七年,陆游在抚州(今属江西)江南西路提举常平茶盐公事任内,五月间作有《书感》诗:"半世狂疏践骇机,暮年持此欲安居。今凭香火消前业,已筑茆茨讼昨非。"诗下自注:"余村居筑小轩,以昨非名之。"(《剑南诗稿》卷12)这里所说"村居"应指山阴故里,"昨非轩"命名时间当在淳熙五年。淳熙四年七八月间,诗人在成都作有《昼卧》云:"身外极知皆梦事,世间随处有危机。故山松菊今何似,晚矣渊明悟昨非。"(《剑南诗稿》卷8)诗用陶渊明《归去来兮辞》"知迷途其未远,觉今是而昨非"意,可知诗人于东归前已有厌恶尘俗、归耕田园的思想,所以回到故乡把居室取名为"昨非轩"应是极自然的事。陆游诗中反复感叹"昨非",如"白首逢人只累欷,今虽未是昨真非"(《累日文符沓至怅然有感》其二),"一官彭泽曾何有,元亮还家悔昨非"(《昨非》),"小室仅容膝,焚香观昨非"(《小室》),"夜香一炷无他祝,稽首虚空忏昨非"(《次韵范参政书怀》),"人生念念皆堪悔,敢效渊明叹昨非"(《东轩花时将过感怀》),"学古忘衰疾,斋心洗昨非"(《学易》),"浩浩观空劫,拳拳讼昨非"(《秋来益觉顽健时——出游意中甚适杂赋五字》)等。淳熙五年写的《绣停针》(叹半记)词也抒发今是昨非的感慨。陆游几经宦海沉浮,看清了世人的真面目,觉得是非曲直,一切都没有标准,于是仿佛大彻大悟,以为只有隐居乡野,与世无争,才能保持自我,从而也否定过去的一切。陆游的"昨非"之叹,有时也未必当真,并非真地认为"昨非",只是发一下牢骚和感慨而已。

六 老

陆游享高寿，诗中"老"字出现的频率很高。老而衰、病，无能，无用，故常叹老、伤老，老而寿，又有长寿的自豪。陆游还喜以"老"字自号，乾道二年初，他因力说张浚用兵，被劾罢官回乡，卜居故乡镜湖之三山，自号"三山老子"。《鹧鸪天》词云："三山老子真堪笑，见事迟来四十年。"（《渭南文集》卷49）诗人时年42岁，自称"三山老子"，其中有牢骚不平之气。绍熙元年秋，陆游于山阴作《饮酒望西山戏咏》云："若耶老农识几字，也与二事日相关。"（《剑南诗稿》卷21）淳熙十六年（1189）十二月，陆游为谏议大夫何澹所劾，罢官退居故里，不得已重过耕读生活，遂以"若耶老农"为自号，是自嘲，亦是自慰。绍熙元年十二月八日，陆游作《书二公事》，末署"九曲老樵"（《渭南文集》卷25）。此时，陆游罢官已有一年，心情已平静下来，经历长期宦海风波，闲居故里，似渔樵生活，闲逸平淡，反觉超脱的轻松。诗人身杂老农间，淡忘时事，进入人生的另一种境界。陆游还自号"笠泽老民""笠泽老渔"，开禧二年六月己巳，陆游作《跋鱼计赋》，末署"笠泽老民陆某谨书"；绍熙二年正月二十三日，陆游作《跋郭德谊书》，末署"笠泽老渔"。嘉泰二年正月五日，陆游作《施司谏注东坡诗序》，末署"山阴老民"。嘉定元年七月己未，作《跋伯予所藏黄州兄帖》，末亦署"山阴老民陆某谨书"。陆游晚年自号"老学庵"，与其斋名"老学庵"同名，《桑泽卿砖砚铭》末自注云："放翁铭桑蜻泽卿砚砖。绍熙二年六月九日，老学庵书。"(《渭南文集》卷 22）庆元元年，陆游作有《老学庵》诗，自注云："予取师旷'老而学如秉烛夜行'之语名庵。"斋名取"老而好学"义，别署亦如此。陆游晚年退居故里，以读书自娱，老仍好学，表现出生命不息、进取不止的精神。陆游诗中，"老子""老去""老来"等字眼频频出现，如"老子真成无一事，抱孙负日坐茆檐"（《雨晴》），"老子馋堪笑，珍盘忆少城"（《思蜀》），"老子通神谁得似？短筇到处即春风"（《半丈红盛开》），"老子未须悲白发，黄公垆下且闲眠"（《故山》四首其二），"忽看千尺涌涛头，颇动老子乘桴兴"（《观潮》），"归见诸公问老子，为言满帽插梅花"（《观梅至花泾高端叔解元见寻》二首其二），"痴顽老子老无能，游惰农夫酒肉僧"（《龟堂杂题》四首其二），"老去时时病，春来日日阴"（《老去》），"老去功名无复梦，凌烟分付黑头公"（《排闷》），"老去已忘天下事，梦中犹看洛阳花"（《梦至洛中观牡丹繁丽溢目觉而有赋》），"老去形容虽变改，醉来意气尚轩昂"（《自嘲》），"老来阅尽荣枯事，万变唯应一笑酬"（《孤坐无聊每思江湖之适》），"老来感旧多凄怆，孤梦时时到灞西"（《感昔》十六首其四），"老来无复当年快，聊对丹青作卧游"（《观画山水》），"老来愈觉岁时速，梦裹不知途路长"（《龟堂一隅开窗设榻为小憩之地》），"老来百事不入眼，唯爱青山如旧时"（《衡门》）。这其中，有自叹，有自嘲，也有自爱，有自豪。

七　龟

陆游特别喜欢"龟"字，晚年自号"龟堂"，又称"老龟堂""龟堂叟""龟堂病叟""龟堂老人"。庆元二年，他作有《龟堂独坐遣闷》诗，知此时已有"龟堂"斋名，同时"龟堂"亦用作自号。庆元四年十月十九日，陆游74岁，作《跋魏先生草堂集》，末署"龟堂病叟手识"。庆元五年三月二十四日作《跋前汉通用古字韵编》，末署"龟堂识"。庆元六年五月十七日作《跋皇甫先生文集》，末署"龟堂书"；同年七月庚申作《跋注心赋》，末署"龟堂老人书"。诗人谢世前，于嘉定二年春还写有《暮春龟堂即事》诗。"龟堂"别号，陆游晚年喜用之，诗中多处咏及，如《书喜》云："堪笑龟堂老更顽，天教白发看青山。"（《剑南诗稿》卷49）《龟堂》云："莫笑龟堂老，残年所得多。"（《剑南诗稿》卷55）庆元五年，作者于山阴作《龟堂杂兴》十首其四云："鼻观舌根俱得道，悠悠谁识老龟堂。"（《剑南诗稿》卷41）《雨复作自近村归》云："行人也识龟堂老，小榼村醪手自携。"（《剑南诗稿》卷48）《春晴》云："谁见龟堂叟，揩藤送夕阳。"（《剑南诗稿》卷61）庆元六年秋，陆游于故里作《龟堂杂兴》诗十首，其中《近村暮归》云："鲎樽恰受三升酏，龟屋新裁二寸冠。"（《剑南诗稿》卷43）诗人于"二寸冠"下自注云："予近以龟壳作冠，高二寸许。""二寸冠"，如道士帽发总处小冠，做龟冠而戴，是讨吉利，期望老而高寿。可见，陆游对"龟"情有独钟，可说有种"龟"字情结，故诗中反复咏及，如"龟常曳尾岂非乐？鹤已锻翎徒自伤。"(《老学庵北窗杂书》)"老人清饿如龟蝉,起坐甚爱小窗妍。"(《夙兴》)等。

至于"龟"字含义,陆游没有说明,俞正燮对此做过解释:"取龟有三义:《自述》云:'拜赐龟章行旧紫,养成鹤发扫余青',龟,贵,一义也。《长饥》云:'早年羞学仗下马,末路幸似泥中龟',龟,闲,一义也。《杂兴》云:'鼻观后根俱得道,悠悠谁识老龟堂',龟,寿,一义也。"①俞正燮所说三义,陆游所述,兼而有之,但主要还是取"寿"义,有老而无用的自谦自抑,又有悠闲自在、年高寿长的自喜自慰。"龟"字自上古时代起就是褒义词,一直到元代以后才成为詈人之词。龟活得长久,"龟"和"久"在上古时读音相同,刘向《易·系辞义》曰:"龟之言久,龟千岁而灵,以其长久,故能辨吉凶也。"许慎《说文解字》曰:"龟,旧也。"旧也是长久的意思。相传龟、鹤寿有千百之数,因此古人用于比喻人之长寿,用作祝寿之词,如龟年鹤算、龟龄鹤算、龟鹤之年,宋韦骧《醉蓬莱·廷评庆寿》词:"唯愿增高,龟年鹤算,鸿恩紫诏。"侯寘《水调歌头·为郑子礼提刑寿》词:"坐享龟龄鹤算,稳佩金鱼玉带,常近赭黄袍。"金王丹桂《瑶台第一层·崔大师生辰》词:"表长年。傲龟龄鹤算,永劫绵绵。"古人姓名喜用"龟"字,以是讨吉利,求长寿,如唐代有乐工李龟年,宋代有诗人彭龟年。

---

① 俞正燮:《癸巳存稿》卷12,中华书局1985年版。

八　还婴

　　陆游晚年将自己居处称作"道室",命名"还婴室",开禧
元年秋,作者有诗题《读王摩诘诗爱其散发晚未簪道书行尚把
之句因用为韵赋古风十首亦皆物外事也》,其中第八首云:"隐
书有三景,字字当力行……即今修行地,千古名还婴。"诗下自
注:"予道室以还婴名之。"(《剑南诗稿》卷63)《道室述怀》
云:"养心功用在还婴,肯使秋毫有妄情?"(《剑南诗稿》卷
57)作于嘉泰四年春。嘉定元年,诗人作《园居》云:"还婴吾
所证,手自写庵名。"自注云:"近名小室曰还婴。"(《剑南诗
稿》卷74)"还婴"即返老还童,《上清黄庭内景经·白谷章》
云:"那从反老得还婴。"① 诗中晚年常写到"还婴","还婴吾
所证,手自写庵名。"(《园居》)"怡然气貌渐还婴,淡饭粗裘
过此生。"(《自述》)老人容易孤独,陆游却如儿童一样活泼好
动,富有好奇心,热爱生活。道家养生追求"还婴"境界,强
调"养心",去除杂念。陆游一向崇尚道教,也想童颜永驻,长
生不老,但也自知不可能,而以"还婴"名室,也只是一种精
神上的寄托。陆游老了以后像儿童一样,其实属于一种心理调
节,人一生不同年龄阶段心态也各不相同。②

---

　　①　张君房编:《云笈七签》,中华书局2003年版。
　　②　参见欧明俊《陆游研究》,上海三联书店2007年版。

九　江南

陆游生于江南，长于江南，为官也在江南。他诗中的江南寄予了对江南的特殊情怀，又因特殊的历史环境而染上鲜明的时代印记。陆游生于南北宋之际，一生辗转各地，乱离之心、国破之痛使其诗中的"江南"一词蕴含了丰富内涵。《剑南诗稿》中共有 40 首涉及"江南"，"江南"既是地理概念，又是一种文化概念，作者时而实写，时而虚写。"江南"指陆游家乡山阴，诗人一生仕途坎坷，时常因调职而辗转各处，颠沛流离之时，报国无门之际，常忆起稽山镜水，"江南"寄寓着陆游对故乡的思念。《南沮水道中》曰："家山空怅望，无梦到江南。"诗为乾道八年十一月作者离南郑后途中作，此处"江南"即指山阴老家。陆游一生爱茶，常以家乡名茶而自豪，《同何元立蔡肩吾至东丁院汲泉煮茶》二首之一云："身是江南老桑苎，诸君小住共茶杯。"《梅花》曰："金樽翠杓未免俗，篝火为试江南茶。"家乡的花亦常勾起诗人的思乡之情，《梅花》云："家是江南友是兰，水边月底怯新寒。"诗作于乾道八年岁暮，此前王炎被召回京，幕僚星散，诗人宦运多舛，心愿未成，岁暮寒冬，梅花绽放，不禁忆起家乡。"与卿俱是江南客，剩欲尊前说故乡"（《梅花》四首之二），作者浊酒一杯，将梅引为知己，认为自己与梅花皆客居他乡。《芳草曲》云："家在江南妻子病，离乡半岁无消息。"岁月凋零，人生易老，诗人感叹之余，想起家乡的妻子，心中一片苍凉。陆游诗中的"江南"，有时泛指长江以南的广大地区。如《感旧绝句》七首之二云："冰纨不画骖鸾女,却写江南白纻辞。"《夜饮即事》云:"更作茶瓯清绝梦,小窗横幅画江南。"《春日》云:"今代江南无画手,矮笺移入放翁诗。"陆游常将"江南"与"剑南"并称,以怀念自己的从军生涯。如《吴体寄张季长》云:"九月十月天雨霜,江南剑南途路长。"《秋思》云:"好奇自笑心无厌,行遍江南忆剑南。""江南"还指诗人宦游的江南某地,诗人四处漂泊,于羁旅途中写过许多诗歌记载路途所见所历。《紫溪驿》云:"旋买一尊持自贺,病身安稳到江南。"诗为淳熙六年作于铅山道中,"江南"即指诗人要到达的任所。《谢演师送梅》描写金华衢州一带的季节:"早梅时节到江南,已判樽前酒满衫。"《视陂至崇仁村落》写旅途中孤独寂寞的心境,描述至崇仁村落时的艰难处境,"津亭徙倚客衣单,秋尽江南亦已寒",感叹功业未就,前途渺茫,表达凄苦的心绪。

北宋灭亡,南北分治,陆游诗中"江南"一词,多与"江北"相对,暗指南方政权,是赵宋王朝半壁江山的象征。此时"江南"不只是地域名称,更渗透着有志之士的悲愤、忠义、爱国之情。《春晴》云:"安得一船东下峡,江南江北听莺声。"《梅花绝句》十首之五云:"蜀王小苑旧池台,江北江南万树梅。"《园中赏梅》二首之二曰:"春前春后百回醉,江北江南千里愁。"《秋思》云:"江南江北堠双只,灯暗灯明更短长。"诗作于开禧二年,诗人已是耄耋之年,仍寄托恢复。七夕已到,乌鹊成桥与梧桐夜雨形成强烈反差,南北分治,灯暗灯明,时局变幻莫测,诗人感叹无会心之侣,哀自身而伤时局。"江南"一词是偏安江左的代名词。《闻雁》云:"秦关汉苑无消息,又在江南送雁归。"诗人在江南送雁北归，而秦关汉苑归期无望，感慨中原之不复。《秋色》曰："蓼汀荻浦江南岸，自入秋来梦几回。"作者心境凄苦，期盼在"江南"有更多的人才为朝廷所用，担起收复重任。《北望》云："丈夫穷死由来事，要是江南有此人。"他认为国家积弱，朝廷并不重用人才，才导致战事节节败退，种下恶果。"代北军人富羊马，江南奇士出菰芦"（《醉题》），作者希望偏安"江南"的朝廷，在残弱的半壁江山中有奇侠横空出世，力挽狂澜。陆游从各个角度展开江南书写，写的是地理江南，更是文化江南，江南是陆游心中抹不去的记忆。

十　经

"经"，指经学。陆游出身于书香门第，高祖陆轸以进士起家，开启业儒守官、经学传家的家风。陆游祖、父皆通经学，读经、治经是"家学"，"经术吾家事，躬行更不疑。"（《自儆》其二，《剑南诗稿》卷63）陆游自觉以承继并"躬行"家学为己任。陆游家收藏经书甚富，《冬夜读书》称"茅屋三四间，充栋贮经史"（《剑南诗稿》卷19）。陆游幼承庭训，勤苦读经，"遗经在椟传家学，大字书墙作座铭。"（《自述》，《剑南诗稿》卷47）他以儒学经典指导自己的思想和行为，"万事忘来尚忧国，百家屏尽独穷经。"（《自咏》，《剑南诗稿》卷49）可见经学在他心目中的崇高地位。诗中反复强调"六经"的重要性，"'六经'圣所传，百代尊元龟。"（《六经》，《剑南诗稿》卷41）"'六经'日月未尝蚀，千载源流终自明。"（《次金溪宗人伯政见寄韵》，《剑南诗稿》卷40）陆游一生都在学"六经"，其核心思想是儒家的积极进取，建功立业，立德立言，追求精神不朽。他读经最看重其中的"道"，"道在'六经'宁有尽，躬耕百亩可无饥。"（《示儿子》，《剑南诗稿》卷40）陆游晚年仍一如既往地尊奉经学，"'六经'未与秦灰冷，尚付余年断简中"（《冬夜读书有感》，《剑南诗稿》卷49），"平生学'六经'，白首颇自信"（《病中夜思》，《剑南诗稿》卷79）。

陆游尊崇"六经"，自然排斥异端，"吾徒宗'六经'，崇雅必放郑"（《冬日读白集爱其贫坚志士节病长高人情之句作古风》十首其六，《剑南诗稿》卷41），"熟读大小《止观》，精思内外《黄庭》。直使超然有得，岂若渊源'六经'"（《六言杂兴》，《剑南诗稿》卷56）。如祖辈一样，陆游以经学传家，教育儿孙，"学问参千古，工夫始一经。"（《示元敏》，《剑南诗稿》卷58）他以身作则，谨守家风，"经术吾家事，躬行更不疑"（《自儆》二首其二，《剑南诗稿》卷63），表示自己将兢兢业业，恪守经学，希望为子孙后代树立榜样。《读经示儿子》云："通经本训诂，讲字及声形……惧如临战阵，敬若在朝廷。此是吾家事，儿曹要细听。"（《剑南诗稿》卷44）希望儿子能以敬畏的态度对待经学，并强调"此是吾家事"，要认真听取，努力实践。

《渭南文集》部分篇目系年札记

上海财经大学　朱迎平

　　《渭南文集》是陆游生前亲自编订的文集，其幼子陆子遹在《渭南文集序》中称："遗文自先太史未病时，故已编辑，而名以《渭南》矣。第学者多未之见，今别为五十卷，凡命名及次第之旨，皆出遗意，今不敢紊。"① 由于文集首刊本即宋嘉定十三年溧阳学宫刊本基本完整地保存至今，明代弘治本、正德本源头单一、传承有序，至汲古阁本集其大成，因此，流传至今的《渭南文集》仍完全体现了作者当年编集时的意图，这在历代传世文集中极为难得。

　　《渭南文集》同古代大多数别集一样，分文体编排，每类文体中篇目又以时间先后排列，这是全书的基本体例。但每篇文章的编年，则有几种不同的情况：一种是作者自己在篇题或篇末明确标明的，如卷3、卷4"札子"中的大部分篇目，卷14、

---

　　① 陆游：《渭南文集》卷首，宋嘉定十三年溧阳学宫刊本，《中华再造善本》影印。

卷15"序"文和卷26至卷31"跋"文中的大部分篇目；另一种是作者自己未予注明，但根据文章内容可以确定的，如卷2"南宫表笺"都是作者在礼部郎中任内所撰，因此都作于淳熙十六年（1189）无疑；有些编集时已难以确认时间的，作者将其集中编排在每类文体的最后，如卷31从《跋熊舍人四六后》至《跋王元泽论语孟子解》27篇；此外相当部分篇目的作年则需根据文章的背景和内容考定。

历来的陆游研究者对《渭南文集》篇目的编年都下过不少功夫，其中尤以欧小牧先生贡献为巨，他在1962年出版的《陆游年谱》（以下简称《欧谱》）后，附有《陆放翁先生著作系年》，对陆游的诗文词作品全部编年，分年排列篇目，末尾另列"不系年文"（无法系年）125首，"不系年词"68首。《欧谱》的编年工作筚路蓝缕，具有开创性，大部分是准确的，当然不免也有疏误之处。此后，于北山的《陆游年谱》（上海古籍出版社2006年版，以下简称《于谱》）、马亚中和涂小马的《渭南文集校注》（浙江教育出版社2011年版，以下简称《校注》）等，也都在陆文编年上做出不少贡献。笔者在前人研究的基础上，对《渭南文集》部分篇目的系年，用札记的形式再作补充考订，以期更准确地掌握篇目的作年。

《会庆节贺表》（卷一）

"会庆节"为宋孝宗圣节（生日）。《宋史·礼志十五》："孝宗以十月二十二日为会庆节。"该节始于绍兴三十二年。本文为庆贺会庆节上呈宋孝宗的表文。

　　本题有两篇，原未系年。《欧谱》均系于淳熙十四年。其实两篇作于不同年份。前篇当作于淳熙六年十月，时陆游从提举福建路常平茶事任上奉召离任。表中称"臣迹滞遐陬，心驰魏阙"，可证。福建地处海边，故称"遐陬"即边远之地。同卷《贺明堂表》称"官縻遐徼"，《谢明堂赦表》称"远在遐陬"，均作于该年。后篇则作于淳熙十四年十月，时陆游在知严州任上。表中称"蓬转逾二十年""兹膺郡寄，复在王畿""臣猥以分符，莫遑造阙"数语，均可为证。陆游于孝宗隆兴元年通判镇江府离京，至此时已24年，才重得知严州之任，而严州毗邻临安，故称王畿。

《光宗册宝贺表》（卷 1）

　　"册宝"指册书和宝玺。宋代为皇帝或太后等上尊号，常奉上册宝。册为条玉，以金填字，以红线相连，可卷舒；宝为印章。本文为庆贺光宗册宝上呈宋宁宗的表文。

　　本文原未系年。《欧谱》系于庆元六年十一月，误。本文当作于嘉泰三年十一月。《宋史》卷 36《光宗本纪》载，光宗卒于庆元六年八月，十一月上谥号为宪仁圣哲慈孝皇帝，庙号光宗。又卷 38《宁宗本纪》："（嘉泰三年）十一月壬申，上光宗册宝于太庙。"该年五月陆游修史完毕去国返乡，秋转太中大夫。

　　同卷《光宗册宝贺太皇太后笺》作年同本文。

《皇帝御正殿贺表》（卷1）

"正殿"指皇宫中位置居中的主殿。南宋皇宫之正殿为大庆殿，又名崇政殿，为举行大典、大朝会的处所。本卷又有《皇帝御正殿贺皇后笺》和《皇帝御正殿贺皇太子笺》二文，据文中称"宜中壸之介万寿""宝殇奉万寿之祝"等语，此次皇帝驾临正殿，应为举行庆贺生日的大典。本文即为庆贺此次大典而上呈宋宁宗的表文。

本文原未系年。《欧谱》系于致仕之后作。陆游再次获准致仕在嘉泰四年。本卷有作于同时的《皇帝御正殿贺皇太子笺》，皇太子赵询立于开禧三年十一月，则表文当作于其后。考宁宗生于乾道四年十月十九日，嘉定元年恰是其四十岁生日，故本文当作于嘉定元年十月。

同卷《皇帝御正殿贺皇后笺》《皇帝御正殿贺皇太子笺》二文作年同本文。

《皇太子受册贺表》（卷1）

"皇太子"指宁宗所立太子赵询，生于绍熙二年，卒于嘉定十三年，年29，谥景献，《宋史》卷246有传。《宋史》卷39《宁宗本纪》三："（开禧三年十一月）丁亥，诏立皇子荣王曦为皇太子，更名𬀩。"又："（嘉定二年八月）甲戌，册皇太子。丁丑，皇太子谒于太庙。戊寅，诏皇太子更名询。"本文为庆贺皇太子受册封上呈宋宁宗的表文。

本文原未系年。《欧谱》系于致仕后作。据上引《宋史》

所载，本文当作于嘉定二年八月陆游逝世前不久。

同卷《皇太子受册贺皇后笺》《贺皇太子受册笺》二文作年同本文。

《谢赐历日表》（卷1）

"历日"即历书，今称日历。颁历授时，是古代国家要政，朝廷盛典。皇帝往往于年前颁布下年新历，作为次年举国行事的时间依据。群臣接到新历后多有谢表。本文为感谢颁布新历上呈宋孝宗的表文。

本题有两篇，原未系年。《欧谱》均系于淳熙十四年。其实两篇作于不同年份。前篇文中有"闰月定时而成岁，适当班历之辰"两句，考淳熙十四年并无闰月，而上年则有闰七月，故前篇当作于淳熙十三年闰七月，时陆游已到知严州任上。后篇则作于淳熙十四年，文中称"地近清都""偶叨牧养，获与布宣"，可证。

《上丞相参政乞宫观启》（卷11）

"宫观"为宫观使的省称。宋代宫观本为崇奉道教而设，大中祥符五年玉清昭应宫建成，始置宫观使，由前任或现任宰相充任。此外还有提点、主管、判官、都监等官，皆为安排闲散官员而设，无实职。淳熙七年冬，陆游从提举江西常平茶盐公事任上被召还。本文为陆游致丞相赵雄、参政周必大请求授予宫观使的启文。

本文原未系年。《于谱》系于淳熙七年末，并称："此文未标年月，以序次及语意推之，盖此时所作。本年丞相为赵雄，参政为周必大。"《欧谱》系于淳熙八年。《宋会要辑稿》一〇一册职官黜降官九："（淳熙八年）三月二十七日，提举淮南东路常平茶盐公事陆游罢新任，以臣僚论游不自检饬，所为多越于规矩，屡遭物议故也。"则陆游于七年冬被召回至八年三月间一直在候任之中，直至新任被罢，故乞除宫观当在该年三月后。而陆游正式获除朝奉大夫（从六品）主管成都府玉局观，已在淳熙九年五月。

《贺谢殿院启》（卷 12）

谢殿院，即谢谔，字昌国，临江军新余人。绍兴二十七年进士。历官监察御史、侍御史、右谏议大夫兼侍讲。光宗时除御史中丞、权工部尚书。《宋史》卷 389 有传。南宋御史台台长为御史中丞，下隶三院：台院设侍御史一人，称"台端"，又称"台杂"，即台院知杂事侍御史，主持台中事务，其地位在一般侍御史之上；殿院设殿中侍御史二人，称"殿院"，别称"副端"；察院设监察御史三人。周必大《文忠集》卷 68《朝议大夫谢谔神道碑》："淳熙十年春擢监察御史，十三年九月为副端，十四年升台杂，十月入谏垣。明年冬兼侍讲。十六年四月遂进中执法，徙权工部尚书。"则谢谔任殿中侍御史在十三年九月。本文为陆游为谢谔获除殿中侍御史所致的贺启。

本文原未系年。《欧谱》系于淳熙十四年，误。据上引周必大《谢谔神道碑》，当作于淳熙十三年九月。

《答权提刑启》（卷 12）

提刑为提点刑狱公事的简称。权提刑，当为权安节。宋张
淏《会稽续志》卷 2 "提刑题名"："权安节以朝散大夫司农卿
除充秘阁修撰除，嘉泰四年十一月十七日到任，当年十二月十
六日改差知鄂州。"文中称"某退依耕陇"，正是致仕家居之时。
陆游嘉泰四年二三月间获准致仕。本文为陆游致浙东提刑权安
节的答启。

本文原未系年。《欧谱》列于不系年文，称当为晚年作。据
上引《会稽续志》"提刑题名"，当作于嘉泰四年冬。

《答胡吉州启》（卷 12）

胡吉州，即胡元衡，字平一，隆兴府武宁人。淳熙八年进
士。嘉泰三年至开禧元年知吉州。陆游之子子龙嘉泰二年初赴
任吉州掾，《剑南诗稿》卷 50 有《送子龙赴吉州掾》诗。本文
为陆游致吉州知府胡元衡的答启。

本文原未系年。《欧谱》列于不系年文，称当为晚年作。文
中称"某已返农畴"，故本文当作于嘉泰四年至开禧元年间。

《答陆伯政上舍书》（卷 13）

陆伯政，即陆焕之，字伯章，一字伯政，金溪（今属江西）
人。陆九思之子，陆九渊之侄。生而颖异端重，十三学为进士，
即有声，但屡贡礼部不合。乡里称山堂先生。陆游撰有《山堂
陆先生墓志铭》。本文为陆游答陆焕之的书信。

　　本文原未系年。《欧谱》系于庆元五年，是。文中称"昨日儿子自城中来，知方伯谟已卒"，而陆游撰《方伯谟墓志铭》载："庆元五年夏，病如常岁。至五月庚申，忽命家人为之总发，既毕，取镜自照，正冠危坐而殁"，则本文作于庆元五年无疑。据篇首，当作于该年九月六日。

《家世旧闻》版本补议

——兼议陆游家世诗数量稀少的原因

中国社会科学院　张　剑

陆游（1125—1210），字务观，号放翁，晚号龟堂老人，越州山阴（今绍兴）人，我国著名文学家、史学家，伟大的诗人。《家世旧闻》是陆游所著的一部具有重要史料价值的笔记，共上下两卷，但长期以来，仅以节本或抄本形式流传于较小的圈子内，其全貌罕为世人所知。如《说郛》卷45收录《家世旧闻》一卷，仅8则；汲古阁刻本亦仅一卷8则。[1] 明代苏州袁褧（1502—1547，字永之）收藏过抄本二卷，已佚，仅有过录本留存，今藏中国台湾地区"国家图书馆"；另中国国家图书馆藏有明穴砚斋抄本二卷，亦足本；北京大学所藏李盛铎本即以之景抄；中国科学院图书馆藏萃闵堂正副抄本皆二卷，似亦从穴砚斋本辗转抄出。20世纪90年代，孔凡礼先生以穴砚斋抄本为底

---

[1] 《家世旧闻》节本的版本流传情况，请参见吴珊珊《〈家世旧闻〉研究》，硕士学位论文，华东师范大学，2007年。兹不赘述。

本将《家世旧闻》点校整理出版①，该书整体价值及版本状况始渐为人所知。但其中仍不乏可发之覆，今先就其版本部分补议如下。

一

较早对《家世旧闻》版本源流予以系统梳理的，当是孔凡礼先生。早在 20 世纪 50 年代末，他已发现藏于国家图书馆的明穴砚斋本《家世旧闻》，并将之与此前抄录的北京大学图书馆藏景抄穴砚斋本《家世旧闻》相互校核。孔先生自言"把对于从事校勘工作所应具备的小心谨慎提到了虔诚的高度，甚至可以说带有几分庄严……我一字、一句地核对。唯恐有遗漏……一共核对了三次"②，因此该点校本质量很高。孔先生对此发现也极为自得，陆续发表了一系列文章揭示该书版本源流及价值：《一部久秘不宣的陆游著作》（《文学遗产》1993 年第 1 期），《家世旧闻流传的经过及其他》（《家世旧闻》点校本自序，后收入《孔凡礼古典文学论集》，学苑出版社 1999 年版），《庆贺陆游的〈家世旧闻〉整理出版》（《书品》1994 年第 2 期），《〈家世旧闻〉是宋代史料笔记珍品》（《古籍整理出版情况简报》1994 年第 8 期），《再谈〈家世旧闻〉是史料笔记中的珍品》（《文史知识》2005 年第 11 期）。但是，由于孔先生没有条件看到台湾地区所藏的 2 卷足本，也留下了不少遗憾。

① 孔凡礼：《西溪丛语　家世旧闻》，中华书局 1993 年点校本。
② 孔凡礼：《庆贺陆游的〈家世旧闻〉整理出版》，《书品》1994 年第 2 期。

孔校本出版后，王水照先生随即发表《读中华版〈家世旧闻〉》（《书品》1995 年第 1 期），不仅肯定孔校本的"有功之举"，而且为大陆学界介绍了台湾所藏的 2 卷足本：

> 此书在台湾"中央图书馆"尚藏有抄本一部，上、下两卷，共 62 页，每半页 9 行，每行 18 字，无界栏及中缝字，楷体工录。此本最后亦有何焯跋语云"乃六俊袁氏故物"，知同是袁褎藏本的另一过录本。又据首尾各有一"吴兴张氏珍藏""希逸藏书"长方印，知曾为吴兴人张珩（字葱玉，号希逸）所藏。此张珩藏本（简称张本）虽与穴砚斋本等均自袁褎藏本所出，但因抄写工整，保存完好，实比穴砚斋本优胜，具有很高的校勘价值，可供参酌之处甚多。

王先生随文列举二十余例两本差异之处，并就其得失做了简要点评，探骊得珠，其价值不减孔凡礼先生当年发现之功。由于王先生是据孔校本比勘张珩藏本，未看到穴砚斋原抄本，因此所举之例有些系孔校本整理者之误，而非穴砚斋本之误。因此将穴砚斋本、孔校本、张珩藏本重新对勘一遍，也许不无意义。

另外，孔凡礼先生虽就穴砚斋本写过系列文章，但都重于内容介绍而疏于版本描述，在此也有必要做一点补充：穴砚斋据沈曾植《海日楼题跋》卷 3 "穴砚斋藏王雅宜小楷千文真迹册后"条，考证为明万历年间无锡秦柱（1536—1585）斋名。秦氏多藏书，擅书法，穴砚斋抄本皆为端楷缮写，精妙严整，但传世稀少；近人邓邦述（1868—1939）曾藏有 20 余种，大部分于 1927 年售给"中央研究院",后转藏于台湾地区"国家图书馆"(原"中央图书馆"),《家世旧闻》则是售余之一种,今藏于中国国家图书馆。① 该本两卷,正文计 39 页(卷上 18 页,卷下 21 页),每半页 12 行,行 21 字;字迹间见虫蛀,卷下尤甚,虫蛀处常有浮签粘于页眉,约 10 余条,皆为对虫蛀处缺字的揣测校补之语,观笔迹似为邓邦述手书;正文字旁偶有补字或删乙符号,难以断定是原抄如此还是后人所为;该本与张珩藏本行款版式有较大不同,其源自何本,尚待进一步探讨。

孔校本附录有《藏园群书经眼录》中所收的何焯的一则跋语:

> 放翁《家世旧闻》上下二卷。康熙辛卯春,余偶从雍熙寺西泠摊得之,袁永之家故物。汲古斧季十丈惊云:"先人求之终身不得,何意近在郡城尚有完本!"从余借传,欲开雕而未果。此则止于掇拾丛残耳。戊戌冬夜,焯偶记。

跋中说的是毛晋当年刻《家世旧闻》,只找到丛残数篇,后来何焯得到二卷足本,使毛晋之子毛扆(字斧季)大为惊讶,借抄欲刻而未果,何焯有感此事,跋于毛晋原来所刻的《家世旧闻》之后。由于孔凡礼先生将之附录于穴砚斋整理本中,后人多有误认穴砚斋本亦袁氏故物者。其实,只有何焯所得的二卷抄本能明确为袁氏故物,因为以之为祖本的张珩藏本文末,也录过有何焯的跋语:

---

① 冀淑英:《关于穴砚斋抄本》,《沈兼士先生诞生一百周年纪念论文集》,紫禁城出版社 1990 年版。

陆放翁《家世旧闻》二卷，乃六俊袁氏故物，恨笔生太拙于书耳。辛卯春，从雍熙寺西泠摊得之。汲古毛十丈见而惊喜："不谓此书人间尚有全本也。"余家书最寡陋，独此乃可以夸于十丈，真仅有之事，因识之。焯。

此跋与何焯跋于汲古阁刻本后的文字多有不同，文中并未提及毛扆传抄欲刻之事，当系先写之跋。

除附录资料易使人混淆外，孔校本未妥处主要有四：一是将邓邦述校语径作原本正文，然邓之校语有时并不准确；二是或将虫蛀处视为原本无字，或将虫蛀仅剩半边之字视为独立之字；三是无视正文中的删乙符号，对于补字有时入原本正文，有时又予省略；四是难免一些校勘的衍脱错讹。以下以图表方式先列举孔校本未妥处，再列举穴砚斋本（以下简称"穴本"）与张珩藏本（以下简称"张本"）的文字差异，然后对二卷本《家世旧闻》版本流传情况略作总结。

为便观览，对比时仍沿孔校本页码及条目；孔校本提到的北京大学藏景抄穴砚斋本和社会科学院图书馆（实际应为中国科学院图书馆）藏萃闵堂抄本，本文分别简称"北大本"和"萃闵本"；穴本正文某字旁有删除符号（三点）者，本文代之以双删除线；穴本虫蛀字而本文据张本复原者，则加方框以示区别。

二

穴本不误而孔校本未妥处：

孔校本页码/条目	孔校本	穴 本	说 明
第 179 页卷上第 9 条	次任奉勑监饶州茶盐务	次任奉勑监勅州茶盐务。	穴本第 2 处"勑"字显误，然孔校本改"勑"为"饶"，未见依据。按张本、北大本、萃闵本此处亦作"勑"。
第 180 页卷上第 10 条	直昭文阁馆陆某。	直昭文阁馆陆某。	穴本"阁"字旁有删除符号，北大本、萃闵本同孔校本。孔校本校语云："'阁'疑衍。"按穴本已有删除符号，当径删或于校记中说明。张本此处即作"直昭文馆陆某"。
第 181 页卷上第 15 条	此吾家法也。	此吾家家法也。	孔校本脱一"家"字，按张本、北大本、萃闵本皆不脱。
第 183 页卷上第 21 条	色极不乐。	色极不乐曰。	穴本"曰"字系小字补书于旁边。北大本、萃闵本同孔校本。孔校本校语云："'乐'后疑脱去一'口'字"，按穴本、张本皆不脱。
第 185 页卷上第 28 条	则并朝夕哭亦废。		穴本、北大本"并"字皆小字补书于旁。张本即作"则并朝夕哭亦废"。萃闵本独无"并"字。

续　表

孔校本页码/条目	孔校本	穴　本	说　明
第 187 页卷上第 32 条	必是出□在此。	必是出处在此。	按穴本"处"字为虫蛀大半，非空格，张本"处"字全。北大本、萃闵本同孔校本。
第 188 页卷上第 37 条	与人交当有礼。	与人交当有理礼。	穴本"理"字旁有删除符号；张本无"理"字；北大本有"理"字。萃闵本改作"与人交当有礼，礼……"，页眉校语："原本上'理'下'礼'，似有误。"孔校本云："'礼'上原有'理'字，难通。《大典》引文无'理'字，今据删。"按孔校本未注意到删除符号。
第 188 页卷上第 37 条	与舒信道、彭器资……	与舒道信、彭器资……	穴本"道信"两字有勾倒符号。孔校本校语云："'信道'原作'道信'，误，据《大典》改。"按孔校本未注意勾倒符号。北大本、萃闵本作"与舒道信、彭器资……"

孔校本页码/ 条目	孔校本	穴　本	说　明
第 188 页卷 上第 37 条	束带竟。	束带竟。	孔校本校语云:"'竟'原作'意',因形致讹。"按穴本即"竟"而非"意"字。北大本误抄作"意"。萃闵本作"竟"。
第 190 页卷 上第 43 条	不以为意异也。	不以为意异也。	穴本"意"字旁有删除符号;张本无"意"字;北大本、萃闵本有"意"字。孔校本校语云:"'意'疑衍。"似未注意到穴本删除符号。
第 192 页卷 上第 48 条	性能糜肉,一鼎之内,以貔一脔投之,旋即糜烂。	性能糜肉,一鼎之肉,以此物一脔投鼎中,旋即糜烂。	孔校本此处显误,疑混入《说郛》本文字。孔校本又云"'糜'原作'靡',误。"按"糜"与"靡"通,有碎烂意,无须校改。按张本、北大本、萃闵本同穴本,唯张本"糜"作"麋"。
第 194 页卷 上第 53 条	寒 峻 之风。	寒峻之风。	穴本"峻"字左半微残,被孔校本误认作"唆"。按张本作"峻",北大本、萃闵本作"唆"。

续　表

孔校本页码/条目	孔校本	穴　本	说　明
第 194 页卷上第 56 条	李作乂为楚公言。	李作乂赏为楚公言。	孔校本、北大本此处脱"赏"字,按"赏"为"尝"之误,此处当补校。张本、萃闵本作"尝"字。
第 196 页卷上第 62 条	操色襆头。	操色幞头。	按"襆头"虽通"幞头",然孔校本后文作"幞头"而此处作"襆头",不统一,当据穴本改。北大本、萃闵本亦作"幞头"。
第 204 页卷下第 7、8 条			穴本、北大本、张本皆作一条,不当分开。
第 205 页卷下第 11 条	阿谀也、附会也。	阿谀也附会也。	穴本第一处"也"字有删除符号,当径删或出校记说明。张本"阿谀"后无"也"字。北大本同孔校本。萃闵本两"也"字皆脱。
第 206 页卷下第 13 条	不至如是之薄。	不至如此之薄。	当据穴本改。按张本、北大本、萃闵本亦作"如此"。
第 206 页卷下第 13 条	貌美类韩魏公。	貌类韩魏公。	当据穴本删"美"字。按张本、北大本、萃闵本此处同穴本。

孔校本页码/条目	孔校本	穴　本	说　明
第 207 页卷下第 14 条	春风和泪过昭陵。	春风吹泪过昭陵。	当据穴本改"和"为"吹"。按张本、北大本、萃闵本此处同穴本。
第 208 页卷下第 17 条	亦有题诗者曰。	亦有题诗者云。	当据穴本改"曰"为"云"。按张本、北大本、萃闵本此处同穴本。
第 208 页卷下第 19 条	置讲议司及大乐。	置讲议司，首及大乐。	当据穴本添"首"字。按张本、北大本、萃闵本此处同穴本。
第 209 页卷下第 19 条	艮盖年八百岁，谓之……	艮盖年八百，世谓之……	当据穴本改"岁"为"世"，并下属。按张本、北大本、萃闵本此处同穴本。
第 209 页卷下第 20 条	去位后所作。	去位后所作。	穴本、北大本"所"字皆小字补书于旁。张本即作"去位后所作"。萃闵本无"所"字。
第 211 页卷下第 25 条			此条穴本上接第 24 条，按文意亦不于此处分条。张本、北大本、萃闵本同穴本。

孔校本页码/条目	孔校本	穴　本	说　明
第 211 页卷下第 26 条	受命于天,既寿亿,永无极。	受命于天既寿亿永无极。	穴本"寿"字旁有删除符号。北大本同孔校本。张本此句作"天既亿,永无极"。萃闵本作"受天于命,既寿亿,永无极"。
第 212 页卷下第 27 条	遂降诏御殿受之。	遂 降诏 御殿受之。	穴本"降诏"二字残,页眉浮签校语云:"遂降诏御殿。"张本即作"降诏"。孔校本误将"诏"认作"诒",且入正文,并出校记改"诒"为"诏"。
第 212 页卷下第 28 条	皆安于外官。	往往皆安于外官。	当据穴本补"往往"。按张本、北大本、萃闵本此处同穴本。
第 212 页卷下第 28 条	喘乃已。	喘良已。	按张本、北大本、萃闵本此处同穴本。
第 213 页卷下第 30 条	亦编于图。	亦编入图。	当据穴本。按张本、北大本、萃闵本此处同穴本。
第 213 页卷下第 30 条	耶律德光所盗上世宝玉。	耶德光所盗上世宝玉。	孔校本校语云:"'律'原脱……今据《辽史》补'律'字。"按穴本、北大本、萃闵本皆脱律字,张本不脱。

孔校本页码/条目	孔校本	穴　本	说　明
第 213 页卷下第 30 条	翕然称其□□。	翕然称其 工云 。	按穴本"工云"二字残，但依稀可辨，并非空格。张本此处作"工云"。北大本、萃闵本同孔校本。
第 214 页卷下第 34 条	楚公授礼、春秋。	从楚公授礼、春秋。	当据穴本补"从"字。按张本、北大本、萃闵本此处同穴本。
第 214 页卷下第 34 条	安时妻与弟宽不相得。	安时妻与弟宽妻不相得。	按张本、北大本、萃闵本此处同穴本。
第 214 页卷下第 34 条	能使之为成王而已。	能使之为 成王 而已。	孔校本云："'为成王'之'成王'二字，原为空格。"实穴本此两字残，但依稀可辨为"成王"，并非空格。北大本、萃闵本此两字为空格。
第 215 页卷下第 34 条	吾见其妄作以祸天下矣而已。	吾见其妄作以祸天下矣而已。	穴本"矣"字有删除符号，当径删或出校记说明。按张本无"矣"字。北大本、萃闵本同孔校本。
第 215 页卷下第 35 条	名在党籍也。	名在党籍尔。	北大本、萃闵本同穴本。按张本作"名在党籍耳"。

孔校本页码/条目	孔校本	穴 本	说 明
第 215 页卷下第 35 条	刘瑷、裴迪臣。	刘瑷、裴彦臣。	穴本"彦"字残，上有邓邦述眉批："'刘瑷'下大约是'裴迪臣'三字。"北大本同孔校本。孔校本据邓眉批径改，未妥，当出校。按此残字类"彦"不类"迪"。张本作"彦"，可据改。萃闵本此字为空格。
第 216 页卷下第 35 条	太后亦崩矣。	太后亦崩矣。	孔校本校语云："'崩'原作'萠'，以形近致误，今改。"按穴本、萃闵本即作"崩"，张本同穴本。北大本"崩"作"萠"（萌）。
第 216 页卷下第 36 条	渔稻之美。	鱼稻之美。	张本、北大本、萃闵本同穴本。
第 216 页卷下第 38 条	楚公愿又曰。	楚公愿叹曰。	北大本、萃闵本同穴本。张本此处作"楚公顾叹曰"。穴本"顾"讹为"愿"，孔校本复讹"叹"为"又"。

孔校本页码/ 条目	孔校本	穴　本	说　　明
第 217 页卷 下第 39 条	苏轼知扬州。	苏轼知 扬 州。	孔校本云："'扬'原作'扌',今从说郛。"按穴本"扬"字残右边,故被误认为"扌",实不误。张本此处作"扬"。北大本作"苏轼知扌州"。邓邦述此处页眉浮签校曰"苏轼知扌州",大约此为北大本、孔校本致误之源。萃闵本此字为空格。
第 219 页卷 下第 39 条	自言谓之四世孙。	自言谓四世孙。	孔校本云："'之'原脱,据说郛补。"实此处无须补。张本、北大本、萃闵本此处同穴本。
第 219 页卷 下第 39 条	赠为少保。	赠谓少保。	孔校本云："'为'原作'谓',据说郛改。"实此处言赠丁谓少保衔,不当改。张本、北大本、萃闵本此处同穴本。
第 219 页卷 下第 39 条	既喫水投符。	既 喫水 投符。	穴本"喫水"二字残,页眉有邓邦述浮签校语:"既喫水投符。"按北大本作"既选水投符"。张本、萃闵本同孔校本。

孔校本页码/ 条目	孔校本	穴　本	说　　明
第 219 页卷 下第 39 条	所荐进即拔擢。	所 荐进 即拔擢。	孔校本云:"'荐进',此二字原脱,据《说郛》补。"实此二字虫蛀而残,依稀可辨,并非脱文。张本此处作"荐进",北大本此处作"荐□"。萃闵本"荐进"二字皆为空格。
第 219 页卷 下第 39 条	辄据主府,已而……	辄据主 席 已而……	穴本"席"字残不可辨,邓邦述此处浮签校曰:"辄据主府已而。"孔校本将邓之校语误作穴本正文。北大本、萃闵本同孔校本。按张本此处作"席"。
第 219 页卷 下第 39 条	宫中为之雷。	宫中谓之雷。	当据穴本改。张本北大本、萃闵本此处同穴本。
第 220 页卷 下第 41 条	未贷吭颈戮。	幸贷吭颈戮。	按"未"当改作"幸"。张本、北大、萃闵本本亦作"幸"。
第 221 页卷 下第 41 条	喋喋狈与豺。	喋血狈与豺。	当据穴本改。张本、北大本此处同穴本。萃闵本作"喋血狼与豺"。

孔校本页码/条目	孔校本	穴 本	说　明
第 221 页卷下第 43 条	□唐士宪……亦当□□今日之祸。	使唐士宪……亦当 能弭 今日之祸。	穴本"使""能弭"三字残不可辨，然非空格。此据张本补。北大本、萃闵本同孔校本。
第 222 页卷下第 45 条	终身常为筦库。	终身常为筦库。	孔校本校语云："'常'原作'尝'。"按穴本、北大本、张本、萃闵本皆作"常"，未见作"尝"。
第 222 页卷下第 46 条	与孙汉公齐名。	与孙汉公齐名。	孔校本校语云："'汉'原作'潩'，误。"按穴本、张本、萃闵本皆作"汉"，不误。北大本作"潩"。
第 222 页卷下第 46 条	谢希深绛特铨荐之。	谢希 深判 铨，特荐之。	穴本"深判"二字残，然非空格，孔校所补未妥。此据张本补。北大本、萃闵本"深判"二字作空格。
第 223 页卷下第 47 条	以伯父质肃公任，为试将作监主簿。	以伯父质肃公，任为试将作监主簿。	孔校本校语云："此处文字疑有脱讹……'任'或为'奏'之误。"按"任"可通，似不必出校。穴本、张本、北大本、萃闵本皆同。

孔校本页码/ 条目	孔校本	穴　本	说　　明
第 224 页卷 下第 49 条	本朝当为相给。	本朝 当以 相给。	穴本"当以"二字残不可辨，邓邦述眉批"本朝当为相给"，孔校本据邓批改。今据张本补。北大本、萃闲本同孔校本。
第 224 页卷 下第 49 条	不忘其德。	不亡其德。	北大本、张本、萃闲本同穴本。
第 224 页卷 下第 49 条	惜乎其不见用也。	惜乎不见用也。	北大本、萃闲本、张本同穴本。
第 225 页卷 下第 51 条	盖以五月十七日为高帝忌日。	盖以五月十七日为汉高帝忌日。	当据穴本补"汉"字。按张本、北大本、萃闲本此处同穴本。
第 225 页卷 下第 51 条	凡积一百九十一万六千三百六十三年。	凡积一百九 十三 万六千三百六十三年。	穴本"十三"两字残不可辨，《老学庵笔记》及张本此处均作"十三"。北大本同孔校本。萃闲本此处空四格。
第 225 页卷 下第 51 条	二千三百九十四万九千五百九十一月。	二千三百九十四万九千五百九十一月。	孔校本校语云："'五百'二字原为空格，据《老学庵笔记》补。"按穴本此二字残，非空格，可据张本补"五百"。北大本此二字作空格。萃闲本此处空四格。

孔校本页码/条目	孔校本	穴　本	说　明
第 225 页卷下第 51 条	七亿七百二十四万六千八百十五日。	七亿七百二十四万六千八十五日。	孔校本误将"八十五日"衍为"八百十五日"按张本、北大本、萃闵本此处同穴本。
第 225 页卷下第 51 条	算外得五月朔日也,己酉。	算外得五月朔日也己酉。	穴本"也"字有删除符号,当径删或出校记说明。张本无"也"字。北大本、萃闵本同孔校本。
第 226 页卷下第 52 条	至以为……	但至以为……	"但"字旁有删除符号。孔校本校语云:"'至'上原有'但'字,衍,今删。"未注意到删除符号。北大本作"但至以为……"。张本、萃闵本作"至以为……"。
第 233 页附录邓邦述跋	家世旧闻,毛晋刻入放翁全集。	家世旧闻,毛子晋刻入放翁全集。	当据穴本补"子"字。
第 233 页附录邓邦述跋	过毛氏所刊几二十倍云。	过毛氏所刊行者几二十倍之。	当据穴本。
第 233 页附录邓邦述跋	仅得其皮与骨耳。	仅得其皮与其骨耳。	当据穴本。

三

穴本与张本文字不同处：

孔校本页码/条目	孔校本	穴 本	说 明
第 175 页卷上第 1 条	托言于邻家子曰。	托言于其邻家子曰。	
第 175 页卷上第 1 条	以故嵇公尤务为清修宽厚。	以故嵇公尤胜务为清修宽厚。	穴本优。
第 176 页卷上第 3 条	或食少山果。	如食少山果。	穴本优。
第 176 页卷上第 3 条	已为便服矣。	以为便服矣。	张本优。
第 176 页卷上第 4 条	亦有为县数任者。	□有为县数任者。	穴本优。
第 176 页卷上第 4 条	公亦不求见而去。	公卒不求见而去。	张本优。
第 177 页卷上第 6 条	锁斤试。	锁厅试。	穴本误,张本优。参王先生文。
第 177 页卷上第 6 条	但谓多捷之徵。	但谓克捷之徵。	张本优。
第 178 页卷上第 9 条	遍行告报盛度以下。	遍行告报盛度已下。	

续　表

孔校本页码/条目	孔校本	穴　本	说　明
第178页卷上第9条	具出身。	其出身。	按该条穴本"具出身",张本皆为"其出身",穴本优。
第178页卷上第9条	乞具公文回报者。	讫具公文回报者。	张本优。按"讫"字当属上句。
第178页卷上第9条	须是两任六考已上。	须是两任六考以上。	
第179页卷上第9条	一、次任奉敕差监饶州盐酒税。不经考,移就差。(在"三十六度差遣了当"一句后。)		张本脱此句。
第179页卷上第9条	两考并无责罚。	二考并无责罚。	
第180页卷上第9条	尚书度支员外郎。	南书度支员外郎。	张本误,穴本优。
第180页卷上第10条	狱讼之间。	狱讼之闻。	
第180页卷上第10条	苟听断少乖于阅实。	苟听断稍乖于阅实。	

续　表

孔校本页码/条目	孔校本	穴　本	说　明
第 180 页卷上第 10 条	然实录、国史皆不载。	然实录、国史不载。	
第 181 页卷上第 13 条	意无屋庐。	竟无屋庐。	穴本误,张本优。参王先生文。
第 182 页卷上第 16 条	每撼经以破后世之妄。	每据经以破后世之妄。	穴本误,张本优。参王先生文。
第 182 页卷上第 19 条	哲庙语讫。	哲庙语吃。	张本误,穴本优。
第 182 页卷上第 19 条	公度章相必为上为钱塘不合事。	公度章相必为卜尹钱唐不合事。	
第 182 页卷上第 19 条	而小匄（同"丏"——编者注）辄呶呶不已。小匄盖指臣也。	而小勾辄呶呶不已。小勾盖指臣也。	
第 183 页卷上第 21 条	但患言路无继之者耳。	但悉言路无继之者耳。	张本误,穴本优。
第 184 页卷上第 22 条	而志则常在生民如此。	而志常在生民如此。	
第 184 页卷上第 23 条	与诸公不合。	与诸公议论不合。	张本优。

续 表

孔校本页码/条目	孔校本	穴 本	说 明
第 185 页卷上第 27 条	秦陵终无嗣。	泰陵终无嗣。	张本优。
第 185 页卷上第 27 条	因请其故。	固请其故。	穴本优。
第 185 页卷上第 28 条	元丰中,庚申冬。	元丰庚申冬。	张本优。参王先生文。
第 185 页卷上第 28 条	今俚俗初丧。	今但俗初丧。	张本误,穴本优。
第 186 页卷上第 29 条	合换朝省郎。	合换朝散郎。	穴本误,张本优。
第 186 页卷上第 29 条	非朝廷体。	非朝廷休。	张本误,穴本优。
第 186 页卷上第 29 条	议遂格。	议格。	
第 187 页卷上第 32 条	既检。	既检视。	张本优。参王先生文。
第 187 页卷上第 33 条	遍祷神祇。	遍祷神祠。	
第 187 页卷上第 35 条	朝士孰再贵	朝士孰贵	
第 188 页卷上第 37 条	尝记熙宁中。	常记熙宁中。	

续 表

孔校本页码/ 条目	孔校本	穴　本	说　明
第 188 页卷上 第 37 条	必有一语。	止有一语。	张本优。
第 188 页卷上 第 37 条	束带意。	束带竟。	穴本误,张本优。
第 188 页卷上 第 37 条	如器资乃是。	当如器资乃是。	
第 189 页卷上 第 39 条	不因试官火。	不因试中火。	
第 189 页卷上 第 39 条	谅阴。	亮阴。	
第 189 页卷上 第 40 条	遂以为谋逆。	遯以为谋逆。	张本误,穴本优。
第 189 页卷上 第 40 条	得无滥耶。	得无滥也耶。	穴本优。
第 190 页卷上 第 41 条	乃至数百策。	乃至数百册。	张本优。
第 190 页卷上 第 41 条	乃进本大者, 而进表及元降 旨挥……	乃进本大字,而 进表及原降旨 挥……	张本优。
第 190 页卷上 第 41 条	盖为内侍省亦 称省。	盖以内侍省亦 称省。	

续　表

孔校本页码/条目	孔校本	穴　本	说　明
第 190 页卷上第 41 条	遂改都知为知内侍省事、同知内侍省事。	遂改都知为知内侍省事、副都知为同知内侍省事。	张本优。参王先生文。
第 190 页卷上第 43 条	忽见右□数十人。	忽见左右数十人。	张本优。参王先生文。
第 190 页卷上第 43 条	笃意礼学。	笃意礼乐。	
第 191 页卷上第 44 条	宫车晏驾。	宫车宴驾。	
第 191 页卷上第 44 条	佛经云。	佛经。	
第 191 页卷上第 45 条	何以为士耶。	何为士也。	
第 191 页卷上第 46 条	驸马都尉玮之子。	驸马都尉璋之子。	张本误,穴本优。
第 191 页卷上第 46 条	北虏遣金紫崇禄大夫。	北虏遣金紫荣禄大夫。	
第 192 页卷上第 46 条	洪基赐诗,答曰。	洪基赐诗,答之曰。	
第 192 页卷上第 46 条	妻刑。	妻邢。	张本优。参王先生文。

续　表

孔校本页码/ 条目	孔校本	穴　本	说　明
第 192 页卷上 第 47 条	特假此为丐恩 泽尔。	特借此为丐恩 泽耳。	
第 192 页卷上 第 48 条	不以此卖之。	不以此贵之。	张本优。
第 194 页卷上 第 53 条	朝循之治为 先,诵……	胡循之治为先君 诵……	张本优。参王先 生文。
第 194 页卷上 第 54 条	一过目尽能。	一过目尽能记。	张本优。参王先 生文。
第 194 页卷上 第 56 条	李作乂赏为楚 公言。	李作乂尝为楚 公言。	张本优。
第 195 页卷上 第 56 条	若人主改过。	若人改主过。	穴本优。
第 195 页卷上 第 58 条	实受业,为仲 修不第。	实受业焉,仲修 不第。	张本优。参王先 生文。
第 196 页卷上 第 61 条	柳氏训序。	柳氏序训。	穴本倒,张本优。
第 196 页卷上 第 62 条	辽人虽外窥中 国礼文。	辽人虽外窃中国 礼文。	
第 196 页卷上 第 62 条	又回途闻其 主丧。	又西辽送使闻其 主丧。	
第 196 页卷上 第 62 条	操色幞头。	褵色幞头。	

孔校本页码/条目	孔校本	穴 本	说 明
第 196 页卷上第 62 条	因从容摘话。	因从容□语。	按孔校本原文误作"与话",校记作"与语"。
第 202 页卷下第 1 条	和倡诗。	倡和诗。	张本优。
第 202 页卷下第 3 条	是特使之身受祸也。	是将使之身受祸也。	
第 203 页卷下第 6 条	又颁五礼新仪。	又班五礼新仪。	穴本优。
第 203 页卷下第 6 条	迎合者遂摩之。	迎合者遂磨之。	张本优。参王先生文。
第 204 页卷下第 9 条	岂夷狄耶。	岂夷狄也。	
第 204 页卷下第 10 条	我是里堠。	是我里堠。	
第 205 页卷下第 11 条	识者皆愤黜胡。	识者皆愤黜故。	张本误,穴本优。
第 205 页卷下第 12 条	称太师。	称内太师。	张本优。
第 205 页卷下第 13 条	问贯、师成事用之由。	问贯、师成用事之由。	张本优。参王先生文。

孔校本页码/ 条目	孔校本	穴 本	说 明
第 206 页卷下 第 13 条	生已子外□者。	生已于外舍者。	张本优。参王先 生文。
第 206 页卷下 第 13 条	京乃谓降旨有 边功者。	京乃请降旨有边 功者。	张本优。
第 206 页卷下 第 13 条	已而攀缘者多。	已而攀缘者。	穴本优。
第 206 页卷下 第 13 条	今为通侍大夫 者比肩。	今为通侍大夫 比有。	穴本优。
第 207 页卷下 第 15 条	霞独率其徒 致祭。	霞独牵其徒 致祭。	穴本优。
第 207 页卷下 第 15 条	谪居寓此寺。	谪房寓此寺。	张本误,穴本优。
第 207 页卷下 第 15 条	殷勤吹呗作 三年。	殷勤歌呗作 三年。	穴本优。
第 207 页卷下 第 16 条	今奈何自为之。	今禁何自为之。	张本误,穴本优。
第 208 页卷下 第 16 条	谁敢议。	人谁敢议。	张本优。
第 208 页卷下 第 17 条	先君亲受榜焉。	先君亲书牓焉。	穴本误,张本优。
第 208 页卷下 第 17 条	谁敢议。	人谁敢议。	张本优。孔校本校 补后同张本。

孔校本页码/ 条目	孔校本	穴　本	说　明
第 209 页卷下 第 19 条	魏汉知津铸鼎 作乐之法。	魏汉津知铸鼎 乐之法。	张本优。孔校本校 改后同张本。案穴 本"津"字上似有勾 倒符号,不确。
第 209 页卷下 第 19 条	乃常谈不足用。	乃常谈不定用。	穴本优。
第 209 页卷下 第 19 条	陈指之法。	陈指尺之法。	张本优。孔校本校 补后同张本。
第 209 页卷下 第 19 条	会阮逸作黍律 已成。	会既逸作黍律 已成。	张本误,穴本优。
第 209 页卷下 第 19 条	是时神庙已近 四十。	是时仁庙已近 四十。	穴本误,张本优。
第 209 页卷下 第 19 条	协律郎。	协律即。	张本误,穴本优。
第 209 页卷下 第 20 条	有君难托一篇。	有君难说一篇。	张本误,穴本优。
第 210 页卷下 第 21 条	自此至没。	自此至殁。	
第 211 页卷下 第 26 条	受命于天,既 寿亿,永无极。	天既亿,永无极。	据《宋史》,当作: "承天福,延万亿,永 无极。"

孔校本页码/ 条目	孔校本	穴　本	说　　明
第 212 页卷下 第 26 条	谓八宝。	谓之八宝。	
第 212 页卷下 第 26 条	为虫、鱼、鸟、 兽、龙、蛇之形。	为虫、鱼、鸟、兽、 蛟龙之形。	穴本优。
第 212 页卷下 第 26 条	经九寸。	径九寸。	张本优。参王先 生文。
第 212 页卷下 第 27 条	遂 降诏 御殿 受之。	遂降诏御殿受之。	张本优。穴本"降 诏"二字残。
第 212 页卷下 第 27 条	杨康家功。	杨康功家。	张本优。孔校本校 改为"杨康功家"。
第 212 页卷下 第 28 条	盖其家习为 正论。	盖其习为正论。	穴本优。
第 213 页卷下 第 29 条	别由高祖。	则由高祖。	
第 213 页卷下 第 30 条	所至古冢劚凿 殆遍。	所至古冢创凿 殆遍。	穴本优。
第 213 页卷下 第 30 条	耶律光。	耶律德光。	张本优。
第 213 页卷下 第 30 条	翕然称其□□。	翕然称其工云。	张本优。
第 213 页卷下 第 31 条	漫取视。	慢取视。	穴本优。

孔校本页码/条目	孔校本	穴　本	说　明
第213页卷下第31条	尝为游道姓字。	尝为游道士人姓字。	张本优。
第214页卷下第33条	谓之曲谢。多者或至再三。余官则俟下殿，并再拜（在"而退"二字前）。		张本脱此十九字。而于条末注："有两曲谢，欠一曲谢。"可知注者已知有脱文。
第214页卷下第34条	安时不拘世俗如此。	安时卓然不徇世俗如此。	
第215页卷下第35条	公又请牓其章于朝堂。	公又请牓其章朝堂。	
第215页卷下第35条	正恐相及耳。	正恐自及耳。	
第215页卷下第35条	名在党籍尔。	名在党籍耳。	
第216页卷下第35条	又乞照洗安惇。	又乞昭洗安惇。	张本优。
第216页卷下第35条	遂出致虚知均州。	遂出致虚守钧州。	穴本优。
第216页卷下第38条	楚公愿叹曰。	楚公顾叹曰。	张本优。

孔校本页码/ 条目	孔校本	穴　本	说　明
第 217 页卷下 第 39 条	在钱塘常遇 异人。	在钱唐尝遇 异人。	
第 217 页卷下 第 39 条	能知前来物。	能知未来事。	张本优。参王先 生文。
第 217 页卷下 第 39 条	遣人往来求神 翁字。	遣人往求字。	
第 217 页卷下 第 39 条	泄慢堕地狱。	池慢堕地狱。	穴本优。
第 217 页卷下 第 39 条	遣人密问嗣。	遣人密问圣嗣。	
第 217 页卷下 第 39 条	襄显。	褒显。	
第 217 页卷下 第 39 条	语涉欺诞。	敢涉欺诞。	
第 218 页卷下 第 39 条	少尝事僧为 童子。	少尝侍僧为 童子。	
第 218 页卷下 第 39 条	自空而坠。	自空而堕。	
第 218 页卷下 第 39 条	位至右极仙卿。	位至右枢仙。	
第 218 页卷下 第 39 条	嘉今亦生世间。	嘉卿今亦生世间。	张本优。孔校本据 《说郛》校补"卿"字。

续　表

孔校本页码/ 条目	孔校本	穴　本	说　明
第 218 页卷下 第 39 条	李孝迪。	王孝迪。	北大本、萃闵堂本皆作"李孝迪"，孔校本校改为"王孝迪"。
第 219 页卷下 第 39 条	蕊珠殿侍晨金门羽客。	蕊珠殿侍宸金门羽客。	张本优。
第 219 页卷下 第 39 条	所荐进即拔擢。	所荐进皆拔擢。	
第 219 页卷下 第 39 条	久著令。	又著令。	张本优。孔校本据《说郛》校改为"又著令"。
第 219 页卷下 第 39 条	自是某物显行。	自是崇物显行。	张本优。
第 219 页卷下 第 39 条	已入笔记，馀未入。	已入笔记，余皆未入。	
第 220 页卷下 第 40 条	京徐亦知其误。	京徐亦知其详。	穴本优。
第 220 页卷下 第 40 条	赐大臣旌节。	赐文臣旌节。	北大本、萃闵堂本皆作"大臣"，孔校本校改为"文臣"。
第 220 页卷下 第 41 条	幸贷吭颈戮。	幸贷抗颈戮。	张本优。

孔校本页码/条目	孔校本	穴　本	说　明
第 221 页卷下第 41 条	例为朝政疵。	例为朝政庇。	穴本优。
第 221 页卷下第 41 条		世所传本乃曰已死奸谀骨尚寒。（在"盖畏祸者"一句前）	穴本脱此句，张本优。参王先生文。
第 222 页卷下第 44 条	积官至朝奉大夫。	积官朝奉大夫。	
第 222 页卷下第 45 条	公一以法令共给之。	公一以法会供给之。	
第 222 页卷下第 45 条	公独自京师驰至陈留，谓之。	公独自京师驰至陈留，谒之。	北大本同穴本，萃闵本同张本，孔校本校改"谓之"作"谒之"。
第 223 页卷下第 47 条	真淡先生既，字潜亨。	真淡先生既，字潜身。	张本误，穴本优。
第 223 页卷下第 47 条	至为下拜。	至为下殿。	张本误，穴本优。
第 223 页卷下第 48 条	仕至徽猷阁待制。	仕至徽猷阁待诏。	张本误，穴本优。
第 224 页卷下第 49 条	我既深和好。	我亦深和好。	穴本优。

续　表

孔校本页码/条目	孔校本	穴　本	说　明
第 224 页卷下 第 50 条	预行日诛茆地。	预行后日诛茆地。	张本优。
第 225 页卷下 第 51 条	算外得五月朔日己酉。	算外得五月朔己酉。	
第 225 页卷下 第 51 条	而传之者失也。	传之者失也。	
第 225 页卷下 第 51 条	即子开也。	子开也。	
第 225 页卷下 第 51 条	入笔记讫。	入笔记云。	

四

由上可知，穴本与张本互有短长，但穴本虫蛀字残处较多，不如张本清晰可辨。因此，较为理想的《家世旧闻》整理本，应综合穴本与张本之长。孔校本虽因条件所限，未能利用张本，亦未能充分利用穴本（他抄录穴本邓邦述 200 余字的跋，竟抄错了三处，这应该是当时条件不允许孔先生仔细翻阅所致，否则出现这种情况是不可想象的），并出现了一些疏失，但古籍校勘如扫落叶，讹误难免，易地而处，吾辈之误恐更多于孔校。平心而论，孔校本当得起王水照先生"句读审慎、校勘亦称精细，整理质量颇高"之评。

穴本系统，除孔校本外，北大本又以之景写；据孔校本云，萃闵本亦出穴本，此说大致不差，但萃闵本当非径抄穴本而来，似为辗转递抄而来。如卷下第 26 条萃闵本有两处"受天于命"，页眉校语还特意强调："原本'受天于命'，非'于'为'之'误，即'天于命'三字颠倒，应作'受命于天'。"其原本此处文字明显与穴本、北大本不同（与张本也不一致），疑转抄时衍增之误所致。萃闵本一函两册，函套书签题曰"家世旧闻"（"家世旧"三字已残），下双行注："萃闵堂正副抄本二册，不咸山民题。"该本两册内容一致，不过一为初抄，时见改正误抄之处，页眉校语亦有修改之迹；一为重抄，正文及页眉校语较初抄本稳定清晰。两本皆卷上 22 页，卷下 25 页，半页 10 行，但初抄本行 18—21 字不等，重抄本行 18—20 字不等，两本格式并不一致，可见萃闵堂本已失明抄本原貌，价值较穴本、北大本为低。

张本系统流传亦少，张本后有胡适 1948 年 12 月 18 日跋："此书似宜抄一本付影印流传。"但直至 20 世纪 60 年代，严一萍选辑《百部丛书集成》（台湾艺文印书馆 1964 年至 1969 年发行），据《稗乘》影印收入《家世旧闻》一卷节本，其后才补充排印此二卷足本；而张本影印本的面世，更迟至 1985 年台北新兴书局出版《笔记小说大观》第 39 辑时，才将之收入其中得以实现。但是由于两岸交流不便，张本被大陆读者广知，复有待于十年后王先生的文章了。

王水照先生《读中华版〈家世旧闻〉》一文发表至今又过去 20 年，其间该文先后收入先生《半肖居笔记》（东方出版社

1998 年版）和《鳞爪文辑》（陕西人民出版社 2008 年版），影
响不可谓不大。但遗憾的是，《全宋笔记》第 5 编收入《家世旧
闻》（大象出版社 2012 年版）时，仍声明以穴本（实据孔校本）
为底本；《陆游全集·家世旧闻》（浙江教育出版社 2011 年版）
则声明以北大本为底本（实亦据孔校本并参酌王先生的文
章）①，均未能全面利用张本。因此本文比勘穴本与张本也就具
有了一定的意义。

　　陆游名气既大，《家世旧闻》2 卷本史料价值又高，但该书
为何一直未有刻本问世，以至长期难为人知？是刊刻经费不足
所致吗？显然不是。众所周知，陆游生前曾按年编次，自定
《剑南诗稿》20 卷，于淳熙十四年刻于严州郡斋，今有残本 10
卷藏于中国国家图书馆；而从淳熙十五年至其去世前 20 余年之
作，其幼子陆子通编为《剑南诗稿续稿》67 卷，于宝庆二年十
一月至绍定二年三月刻出，惜该本已佚。嘉定十三年，陆游长
子陆子虡在江州又刻《剑南诗稿》85 卷，不仅有残本藏于中国
国家图书馆，且有毛氏汲古阁重刻本流传至今。也就是说，在
陆游生前身后，其刻书并不存在经费上的困难。区区两卷《家
世旧闻》，南宋陆氏未有刻本，可能基于以下两个原因：

----

　　① 孔校本的疏失，当是他过于相信北大本的可靠性了。该本有李盛铎跋
（孔校本已收入第 222 页，其中"汲古阁刻附全集"后脱"者"字），工楷景写，
行款字数皆同穴砚斋原本，唯抄工未留意正文中之校勘符号，将删除之字或倒乙
之字皆做正文收入，且又将邓邦述校语径入正文。据笔者臆测，孔校本实是托言
以穴本为底本而实据北大本；此与《全宋笔记》托言底本据穴本而实据孔校本、
《陆游全集》托言底本据北大本而亦实据孔校本一样，可能皆出于一种出版策略
上的考虑。

其一，就编纂性质而言，《家世旧闻》主要记述家族先人事迹或闻自先人的掌故，在宋人思想观念中，一般是将其视为与家训、家谱①同类，都属于家族内部读物，欲传之子孙而并不欲公之于世。这应该是《家世旧闻》虽早在淳熙九年之前成书②，却一直未有刻本传世的主要原因。

其二，就社会风气而言，虽然荆公新学在高、孝两朝的大部分时间内还可以与苏学、道学抗衡，但南宋从政治到学术总体上对新学持否定态度的趋势却愈后愈显，宋理宗取缔王安石配享孔庙之后，新学更遭到严厉抨击。陆子遹、陆子虡刻《剑南诗稿续稿》67卷和《剑南诗稿》85卷时皆在孝宗朝之后，陆佃为王安石门生，《家世旧闻》对王安石及新学皆有褒美之言，略显不合时宜，后代将之藏于家中暂不刊行，亦为情理中事。

最后还有一个相关问题附带讨论：陆游的高祖陆轸官至祠部员外郎、集贤校理；曾祖陆珪曾知奉化、天长二县；祖父陆佃官至尚书右丞，著有《埤雅》《春秋后传》《尔雅新义》《陶山集》等；父亲陆宰虽不及陆佃有名，但能诗文，重节操，官至京西路转运副使；母亲唐氏是北宋宰相唐介的孙女，又是澶州晁氏名门的女甥。陆游的家世不能不说值得夸耀。但奇怪的

---

① 《放翁家训》同样也是长期无闻于世，直至明代叶盛《水东日记》才从陆氏族谱中抄入。于北山《陆游年谱》（中华书局1961年版）和欧小牧《陆游年谱》（成都天地出版社1998年版）皆以《放翁家训》为伪作，然以其内容证之《剑南诗稿》《渭南文集》，若合符节，《放翁家训》当非伪作。另参见杨光皎《〈放翁家训〉祛疑》一文，《古典文献研究》总第八辑，凤凰出版社2005年版。

② 吴珊珊：《〈家世旧闻〉研究》，硕士学位论文，华东师范大学，2007年，第5—6页。

是，不论是在风云激荡热爱幻想的壮年，还是在絮絮叨叨钟情忆旧的晚年，喜欢将生活中的一切都写进诗中的陆游，对于自己的家世却很少用诗歌来表现。整部《剑南诗稿》明确提及先人事迹的只有《诵书示子聿二首》其一、《先大父以元祐乙亥寓居妙明僧舍后百余年当嘉泰癸亥游复假榻一夕感叹成咏》《家居自戒六首》其一、《酬妙湛阇梨见赠妙湛能棋其师璘公盖尝与先君游云》《和陈鲁山十诗以孟夏草木长绕屋树扶疏为韵》其三、《子通读书常至夜分作此示之》等，另外还有一些凭吊鲁墟故居的诗，总体数量并不多，这与陆诗连篇累牍、不厌烦琐和细碎地表现自己生活的做法形成了鲜明对比。

实际上，陆游从来没有淡忘过自己的家世，只是他将这种情感更多转移到了自己的笔记《家世旧闻》中。在《家世旧闻》2 卷足本中，陆游述及家族先人事迹或其事闻自先人者达 118 条。卷上 66 条，涉及陆轸、陆佃、陆珪及六叔祖陆傅，另有一则涉及陆游祖母，其中与陆佃相关者最多，有 52 条；卷下 52 条，涉及陆宰及外曾祖父唐介家族等，其中与陆宰相关者最多，有 39 条。[①] 陆游以史笔的方式记述先人言行，比述之于诗歌无疑更具庄重感。陆游，正是以这种方式表达着对家族的怀念和尊敬。

---

① 统计数据根据吴珊珊《〈家世旧闻〉研究》，硕士学位论文，华东师范大学，2007 年，第 10 页。

陆游笔下的秦桧及其家族群像

上海财经大学国际文化交流学院　白振奎

陆游（1125—1210）是南宋著名的诗人，是伟大而真诚的爱国者。他一生最大的成就是谱写了几千首爱国抗金的雄壮诗篇，国难之际能够激励中华儿女同仇敌忾、保家卫国；承平安定时期，其创作又是团结国人、凝聚文化共识的宝贵精神财富。与诗歌相映成趣，陆游尝试了各种写作文体，以或亲见亲闻、或逸闻趣事的形式记载了当时仁人志士的抗金活动，揭露了秦桧专权误国和迫害正直士人的罪行，从另一个侧面激发了人们的爱国情怀。陆游的文章以灵活多样的笔法，幽默生动的语言，描画了权相秦桧祸国殃民的丑行。特别是他晚年创作的《老学庵笔记》，描绘了秦桧及其家族成员（儿子、孙女、妻族）的斑斑劣迹，前后多达十七条，构成了一组"秦桧家族群像"。这组群像表达了陆游的愤慨，传达了百姓的呼声，同时又在客观上向后人昭示了权奸作恶的各种伎俩，有很高的文学和史料价值。

一 专制独裁者——秦桧画像

秦桧是秦氏家族的中心人物，也是其家族群像的中心人物。陆游本人与秦桧曾有过纠葛。绍兴二十二年（1153），陆游二十九岁时到临安参加进士考试，名列第一，然而在第二年的复试中，却因他名列权相秦桧的孙子秦埙之前，又因喜论恢复，与秦桧意见不合，遂被黜落第，长期遭受压制，直到秦桧死后第三年，才被起用。这样，无论是从政治原则还是从个人遭际，陆游对秦桧都没有什么好感。77岁时陆游还作诗曰："太平翁翁十九年，父子气焰可熏天。"（《剑南诗稿》卷45《追感往事》）陆游对秦桧的态度，由此可见一斑。诗中的"太平翁翁"指秦桧，是时人对他的谀称。但是，我们不应该把陆游对秦桧的憎恶看成个人恩怨，而应该看作正义与邪恶之间的势不两立。

陆游为李光后人所作的《跋李庄简公家书》中描写道："李丈参政罢政归乡里时，某年二十矣。时时来访先君，剧谈终日。每言秦氏，必曰'咸阳'，愤切慷慨，形于色辞。"这里借他人之口，写出了秦桧对士大夫的压制，以及由此所造成的士大夫的激烈反抗。在《跋傅给事帖》中，他回忆道："绍兴初，某甫成童，亲见当时士大夫相与言及国事……会秦丞相桧用事，掠以为功，变恢复为和戎，非复诸公初意矣。志士仁人抱愤入地者可胜数哉！"行将就木的老人，谈及当年的家仇国恨仍然心潮澎湃，令读者动容。而秦桧作为和戎屈膝的代表，与陆游的批判如影随形。在《曾文清公墓志铭》中，他仍不忘对秦桧的专权误国、嚣张不可一世的嘴脸进行辛辣的批判："故太师秦桧用事，与虏和，士大夫议其不可者辄斥。公兄为礼部侍郎，争尤力，首斥，而公亦罢。"语句沉痛，传达出一代正直士大夫人生理想幻灭的悲苦。

陆游对秦桧及其家族的批判，在《老学庵笔记》中更加集中而无顾虑。该书第一卷就义正词严地表明了态度："张德远诛范琼于建康狱中，都人皆鼓舞；秦桧之杀岳飞于临安狱中，都人皆涕泣。是非之公如此！"（《老学庵笔记》卷一）涉及大是大非，语言简洁、明快，态度不容置疑。《老学庵笔记》关于秦桧的精彩记载，择要如下：

> 秦丞相晚岁权尤重，常有数卒，皂衣持梃立府门外，行路过者稍顾视馨欬，皆呵止之。尝病告一二日，执政独对，既不敢他语，惟盛推秦公勋业而已。明日入堂，忽问曰："闻昨日奏事甚久。"执政惶恐，曰："某惟诵太师先生勋德，旷世所无。语终即退，实无他言。"秦公嘻笑曰："甚荷。"盖已嗾言事官上章。执政甫归，阁子弹章副本已至矣。其忮刻如此。（《老学庵笔记》卷八）

这则故事以一个简单的片断，生动地刻画了独裁者秦桧阴险、嫉妒、狡诈的性格和嘴脸，读后令人不寒而栗。当时，秦桧的地位已达到登峰造极的地步，但越是专制的独裁者就越担心权力的旁落，秦桧则尤甚。秦桧生病告假一两天，傀儡执政被皇帝单独召见，怵于秦氏无形的淫威，见到皇帝只是称赞秦桧的功绩。但就这样，还是触犯了秦氏，认为对他的权力构成了侵犯。"闻昨日奏事甚久"一句，看似漫不经心的问话，其实暗藏杀机。执政小心作答，秦桧嘴上说"甚是感谢"，其实早已暗示自己的党羽上书弹劾执政了，必欲罢免而后快。陆游这里用了一个"嗾"字，极其精彩。"嗾"为召唤狗的象声词，主人指使狗，只需"嗾"一声，狗便摇尾听命，一往无前。看来，秦桧对待自己的心腹，就如同对待自己豢养的走狗。说到弹劾，这里还要补充一下，秦桧、秦熺父子狼狈为奸，创制了一种权力迫害以舆论先行的新手法。事见载于《老学庵笔记》卷六："秦桧之当国时，谏官御史必兼经筵，而其子熺亦在焉。意欲搏击者，辄令熺于经筵侍对时论之，经筵退，弹文即上。"秦熺既任谏官又担任皇帝的御前侍讲，老子秦桧想要迫害谁，儿子秦熺在为皇帝讲经时就先放出风来，造成舆论压力，讲经完毕，弹劾文也就随之呈上。这种高效的迫害手法可谓秦桧父子的新发明吧！

据《宋史·奸臣传》秦桧本传记载，秦桧把持朝政十九年间，执政更换凡二十八人，都是柔佞顺服之辈。秦桧还暗中收买内侍及太医，窥伺皇帝的动静，郡国之事皆出之于桧手。秦桧死后，皇帝才将真相告诉别人。由此可见，秦桧不仅操纵了政府，还在事实上控制了皇帝。不仅自己的儿子是走狗群中的一员，他更使众多政府顶级高官成为其俯首帖耳的走狗！这就正如《宋史·奸臣传》秦桧本传所言："桧两据相位者，凡十九年……一时忠臣良将，诛锄略尽。其顽钝无耻者，率为桧用，争以诬陷善类为功。"对于研究政治史之学者来说，这一段独裁历史引人深思。如果说上述两例是正面描写，那在《老学庵笔记》第一卷中，则用反衬法凸显、刻画了秦桧专制独裁者的形象：

　　　　毛德昭名文，江山人。苦学，至忘寝食，经史多成诵。
喜大骂剧谈，绍兴初，招徕，直谏无所忌讳。德昭对客议
时事，率不逊语，人莫敢与酬对，而德昭愈自若。晚来临
安赴省试，时秦桧之当国，数以言罪人，势焰可畏。有唐
锡永夫者，与德昭遇朝天门茶肆中，素恶其狂，乃与坐，
附耳语曰："君素好敢言，不知秦太师如何？"德昭大骇，
亟起掩耳，曰："放气！放气！"遂疾走而去，追之不及。

　　故事令人感叹陆游传神写照的文字功夫。毛德昭这样的名
士，内心中并无坚实的人格支撑，只是要小聪明以貌似强悍无
畏的形象，为自己捞取政治资本，为将来的考试高中打下舆论
基础。尤其精彩的是，将毛德昭与当朝太师秦桧联系起来，当
毛德昭听到"秦太师"二字，顿时"大骇，亟起掩耳，曰：'放
气！放气！'遂疾走而去，追之不及"。这一连串的动作、情态
描写，看似漫不经心，实乃神来之笔，从一个侧面表现出秦桧
的专制独裁给当时士人造成的精神印痕。秦桧前后专权十九年，
大兴文字、口舌之狱，迫害正义力量，使天下士人三缄其口。
秦桧的名字，在当时就是专制与迫害的代名词，是检验人格操
守的试金石。

二　穷奢极欲者——儿子秦熺画像

　　据《宋史·奸臣传》秦桧本传载，秦熺是秦桧妻王氏的侄
子，王氏无子，遂抱为己子。秦桧对养子秦熺视如己出，为其
进学、升官铺平道路，父子于是在朝廷中沆瀣一气、狼狈为奸。
本传载："（桧）开门受赂，富敌于国，外国珍宝，死尤及门。"

秦熺更多地继承了乃父贪婪的一面，"熺自桧秉政无日不锻酒具，治书画，特其细尔"。陆游在《老学庵笔记》中，对此也有相同的记录，两则材料可以相互印证。对于秦熺贪婪和穷奢极欲的特点，《老学庵笔记》卷三予以生动的描画：

> 王黼作相，请朝假归咸平焚黄，画舫数十，沿路作乐，固已骇物论。绍兴中，秦熺亦归金陵焚黄，临安及转运司舟舫尽选以行，不足，择取于浙西一路，凡数百艘，皆穷极丹艧之饰。郡县监司迎饯，数百里不绝。平江当运河，结彩楼数丈，大合乐官妓舞于其上，缥缈若在云间，熺处之自若。

焚黄，古时品官新受恩典，祭告家庙祖墓，告文用黄纸书写，祭毕即焚去，后亦称祭告祝文为焚黄。故事把王黼焚黄"画舫数十"与秦熺焚黄画舫"数百"、迎饯"数百里"、彩楼"数丈"加以对比，触目惊心地凸现了秦熺穷奢极欲、暴殄天物的新贵形象，两相比较，王黼的炫耀不过是小巫见大巫，不值一提。"熺处之自若"，极见其毫无赧色，安然享受。相信陆游行文之际，内心的感受绝不会平静如水，但落笔时那份淡定、冷静令人称奇，可见作者化解内心情绪的功夫之强。对比映衬手法的运用，增强了事件的形象性、生动性，可见作者的精心设计。陆游并不是一直都保持着从容的心态，在为秦熺画像时也时或于字里行间喷发愤怒的情绪，如下面一则故事：

> 王性之善读书……既卒，秦熺方恃其父气焰熏灼，手书移郡，将欲取其所藏书，且许以官其子。长子仲信，名廉清，苦学有守，号泣拒之曰："愿守此书以死，不愿官也。"郡将

以祸福诱胁之，皆不听。熺亦不能夺而止。（卷二）

文中，"秦熺方恃其父气焰熏灼"一句，明显地流露出对秦桧父子的憎恶态度。秦熺酷爱书画、碑刻，看似高雅、风流，但强取豪夺的手法难掩其卑劣无耻的流氓心理。

三 仗势扰民者——孙女小童夫人画像

"大树底下好乘凉"，这句话用在秦氏家族的第三代人身上同样适用。桧孙秦埙应进士举，省试、殿试皆为第一。这并不是说他的水平有多高，而是借着他爷爷的权势，一路踩在别人的肩膀上染红了自己的"顶戴花翎"，"未几，埙修撰实录院，宰相子孙同领史职，前所无也"。陆游正是在绍兴二十三年和秦埙一同参加进士考试，而成为权力政治的牺牲品。不仅如此，"桧从子煊、焴、姻党周夤、沈兴杰皆登上第，士论为之不平"（以上皆出自《宋史》桧本传）。权力政治造成的牺牲品何可胜数？

《老学庵笔记》记载了秦桧孙女崇国夫人因丢失宠猫而扰民的一则故事，为其孙女画了像：

> 其孙女封崇国夫人者，谓之童夫人，盖小名也。爱一狮猫，忽亡之，立限令临安府访求。及期，猫不获，府为捕系邻居民家，且欲劾兵官。兵官惶恐，步行求猫。凡狮猫悉捕致，而皆非也。乃赂入宅老卒，询其状，图百本，于茶肆张之。府尹因嬖人祈恳乃已。（卷三）

关于此事，《西湖游览志》卷四亦有记载，只不过结局略有不同："府尹曹泳因嬖人以金猫赂，恳乃已。"更在令人心酸的苦笑中增添滑稽意味。一个六七岁的小女孩丢了一只宠爱的狮猫，官府全城搜寻，竟至逮捕百姓，可以想见柳宗元《捕蛇者说》中描写的官吏"叫嚣乎东西，隳突乎南北，哗然而骇者，虽鸡狗不得宁焉"的混乱场面。仗势扰民，此可谓造极，以致《山居新话》的作者元人杨瑀评论此事道："权势所在，一至于此，可不叹乎！"

四 鸡犬升天者——内亲王子溶画像

"一人得道，鸡犬升天"，秦桧当权，不仅儿子、孙子、孙女跟着受益甚至为非作歹，就连秦桧的妻子王氏家族的成员也随之飞扬跋扈、仗势欺人。《老学庵笔记》第五卷为妻族王子溶也画了一幅像：

> 秦太师娶王禹玉孙女，故诸王皆用事。有王子溶者，为浙东仓司官属，郡宴必与提举者同席，陵忽玩戏，无不至。提举者事之反若官属。已而又知吴县，尤放肆。郡守宴客，初就席，子溶遣县吏呼伎乐伶人，即皆持往，无敢留者。上元吴县放灯，召太守为客，郡治乃寂无一人。又尝夜半遣厅吏叩府门，言知县传语，必面见。守醉中狼狈，揽衣秉烛出问之。乃曰："知县酒渴，闻有咸齑，欲觅一瓯。"其陵侮如此。守狼狈，遣人遗之，不敢较也。

秦桧妻族成员王子溶，虽然官职不大，却可以戏弄上司、挟制郡守，文章通过他的几件小事，刻画了他的流氓无赖形象，足见权力的影响无处不在：郡守宴客，他反客为主，叫县吏喊来乐队；他请太守吃饭，郡衙倾府而出，无人敢滞留；他半夜派人敲开郡守的大门，竟然是酒醉欲觅咸齑，郡守竟不敢有一句怨言。这个王子溶，其实他自己也知道，离开了秦桧，他一文不值，没有任何人会买他的账。但因为他是秦桧的内亲，只要秦桧有一口气在，他就可以大树底下好乘凉，抓住一切机会作威作福、仗势欺人。秦桧为相十九年，其党羽、势力盘根错节，遍布全国，到一定程度就可以指鹿为马、自行废立。这就可见，权力必须有限制，这个限制包括他方权力的制衡及任期上的限制。中国古代的文官制度在权力制衡上，至少从表面上看还有一些措施，而对高级官员权力任期的限制则缺少关注。

《老学庵笔记》之撰述，在秦桧死后三四十年，离赵构去世也近十年，秦氏气焰早熄，于无所顾忌时，陆游犹能不囿恩怨、不加詈辞，"所论时事人物，亦多平允"（李慈铭《桃花圣解庵日记》），其史料价值就值得重视。这与其历任史官（枢密院编修官等）应诏修孝宗、光宗两朝实录，修《南唐书》等养成的史家素质密切相关。作者选取的十几则故事，每篇均以寥寥百字，穷形尽相地写出秦桧祸国殃民及其家族成员穷奢极欲、作威作福的罪恶现实。专制独裁者不会错过每一个榨取人民血汗、满足自我贪欲的机会，这里所展示的不过是冰山的一角而已，大量触目惊心的事实可能已随着当事人的死亡而雨打风吹去。我们不妨将其看作陆游"以少总多"写法的一例。

陆游以一组群像描画了秦氏家族权力网络上的各色人物，如桧子秦熺、孙女崇国夫人、妻族王子溶，但他的批判目光是直指罪魁祸首权奸秦桧的。每一则故事或在前或在后，交代了故事主角擅作威福的权力基础，如"秦熺方恃其父气焰熏灼""秦太师娶王禹玉孙女，故诸王皆用事"，记述桧孙女崇国夫人丢猫扰民故事后随即跟上"其子熺，十九年间无一日不锻酒器，无一日不背书画碑刻之类"几句，无不是为了强化罪恶与权力之间的关联。这些人物，无不是"拉大旗作虎皮"，仗势欺人而已。试想，秦桧孙女小童夫人不过是一个童稚未脱的小姑娘，竟能逼得临安府尹围其团团转，并低三下四地求情说好话，不就是因为这个小姑娘已然被异化成了权力的符号了吗？所以，陆游为秦桧家族画像，说到底，还是为秦桧画像，各色人物的丑恶嘴脸和变态性格，最终还是应该折射到秦桧的画像上去，算到秦桧的账上去。这就好比一个电影中的大场面与为大场面服务而设计的几个分镜头之间的关系。当然，陆游的批判也止于秦桧而已，至于秦桧擅权误国的最终根源，囿于历史的局限，陆游并不能给出正确的答案。这就需要后来者进行深入的思考了。

陆游与嘉泰《会稽志》

绍兴文理学院　邹志方

环境是历史和地理的纵横交错、双重结合。绍兴是一个历史文化渊源相当深厚的地方。入宋后，统治者更加重视文化和文士。特别是宋室南迁，造成文化中心的南移，绍兴当然成为南宋王朝的首选之地。南宋朱熹曾说："国朝文明之盛，前世莫及。"当代陈寅恪先生说："华夏民族之文化，历数千载之演进，造极于赵宋之世。"

绍兴是一个山清水秀、自然条件极其优越的地方。《世说新语·言语》曰："顾长康（恺之）从会稽还，人问山川之美，顾云：'千岩竞秀，万壑争流。草木蒙笼其上，若云兴霞蔚。'"元稹在《再酬复言和夸州宅》曰："会稽天下本无俦。"《寄乐天》又曰："天下风光数会稽。"嘉泰《会稽志》在这样的环境中诞生，并不是偶然现象。

宋代是浙江修志史上重大转移时期，嘉泰《会稽志》是浙江修志史上转折时期的成熟著作，是继历史上《越绝书》以后绍兴地方志的里程碑。《四库全书总目》卷68如此评价："志为目一百十七，……不漏不支，叙次有法，如姓氏、送迎、古第宅、古器物、求遗书、藏书诸条，皆地书所弗详。宿独能搜采辑比，使条理秩然……地志中之有体要者。"民国十五年，里人王家襄在采鞠轩藏版影印本序中也道得明白："宋仍为越州，南渡后升为绍兴府。志成于通判施宿。在嘉泰元年，陆游为之序。先是，直龙图阁沈作宾为守，创始纂辑，华文阁待制赵不迹、宝文阁学士袁说友等相继为之，而宿实始终其事。"

既然"搜采辑比""志成于通判施宿"，"宿实始终其事"，笔者为什么还要扯上陆游呢？且从陆游嘉泰《〈会稽志〉序》切入，看看陆游与嘉泰《会稽志》之关系。

《〈会稽志〉序》全文如下：

昔在夏禹，会诸侯于会稽。历三千岁，而我高宗皇帝御龙舟，横涛江，应天顺动，复禹之迹。驻跸弥年，定中兴之业，群盗削平，强虏退遁。于是用唐幸梁州故事，升州为府，冠以纪元。

大驾既西幸，而府遂为股肱近藩，称东诸侯之首。地望盖视长安之陕、洛，汴都之陈、许，所命牧守，皆领浙东安抚使。其自丞相执政来，与去而拜丞相执政者，不可遽数。而又昭慈圣烈皇后及永祐以来，四陵攒殿，相望于郁葱佳气中。朝谒之使，舻衔毂击。中原未清，今天下巨镇，唯金陵与会稽耳。荆、扬、梁、益、潭、广，皆莫敢望也。则山川图牒，宜其广载备书，顾未暇及者，绵数十年。

直龙图阁沈公作宾来为守，慨然以为己任，而通判府事施君宿发其端，安抚司干办公事李君兼、韩君茂卿为之助，郡士冯景中、陆子虞、王度、朱熹，永嘉邵持正等，相与上参《禹贡》、下考太史公及历代史金匮石室之藏，旁及《尔雅》《本草》、道释之书、稗官野史所传，神林鬼区幽怪恍惚之说，秦、汉、晋、唐以降金石刻，歌诗赋咏，残章断简，靡有遗者。若父老以口相传，不见于文字者，亦间见层出，积劳累月乃成。沈公去为转运副使，犹经营此书不已，华文阁待制赵公不迹，宝文阁学士袁公说友继为守，亦力成之。而始终其事者施君也。

书虽本之《图经》，《图经》出于先朝，非藩郡所可附益，乃用长安、河南、成都、相台之比，名《会稽志》。会稽为郡，虽迁徙靡常，而郡本以山得名，又禹所巡也，故卒以名之。既成，属游参订其概，且为之序。

嘉泰元年十二月乙酉，中大夫直华文阁致仕，赐紫金鱼袋陆游序。

序中交代了会稽之沿革，会稽之地位，《会稽志》之主持者、主编、编纂者及关注者，《会稽志》之参考书。尤可注意者在于：

（一）嘉泰《会稽志》本于先朝之《图经》。既点明"先朝"，当指北宋大中祥符年间之《越州图经》。嘉泰《会稽志》引录该书资料200余条，说明当时该书尚存。可惜此后该书已佚，但嘉泰《会稽志》之编纂方法、体例、格局等当有所借鉴。

（二）嘉泰《会稽志》主持者当为沈作宾、赵不迹、袁说友，编撰时间为沈作宾官绍兴知府之"庆元五年十一月"之后，即庆元六年和嘉泰元年；施宿身为"通判府事"，不但"发其端"而且"始终其事"，即施宿当为该书主编。

（三）浙东安抚司"干办公事"李兼、韩茂卿当为嘉泰《会稽志》副主编，"郡士"冯景中、王度、朱霈及永嘉邵持正当为具体编撰者；陆游长子陆子虡作为"郡士"，亦是该书编撰者之一。陆游不但为该书作序，而且"参订其概"，非一般工作人员。

有鉴于此，笔者以为，陆游不但是编纂嘉泰《会稽志》的积极参与者，而且是编纂嘉泰《会稽志》的实际策划者。理由如次。

先看陆游作为嘉泰《会稽志》实际策划者的客观条件。

一者，会稽历来有编纂地方志的传统。作为地方志始祖《越绝书》的故乡，编纂地方志早已开风气之先，此后三国吴朱育的《会稽土地记》、佚名的《会稽先贤传》《会稽先贤赞》《会稽后贤记》，晋虞预的《会稽典录》、贺循的《会稽记》，南明宋谢灵运的《山居赋》、孔灵符的《会稽记》，齐虞愿的《会稽记》、陈隋夏侯曾先的《会稽地志》等，为嘉泰《会稽志》的编纂积累了大量资料和宝贵经验，而北宋大中祥符年间的《越州图经》又为嘉泰《会稽志》的编写提供了可靠的借鉴和依据。陆游熟读史书，不少志书当为经眼者。作为嘉泰《会稽志》的策划者，具备了资格。

二者，陆家所积累的藏书和知识，特别是陆游父亲陆宰的学养，也为陆游策划嘉泰《会稽志》的编写创造了条件。陆宰是一位酷爱书籍的人。李心传《建炎以来系年要录》卷151载，

"（朝廷）且令有司即直秘阁陆宰家录所藏书来上。"嘉泰《会稽志》卷16据此亦载："绍兴十三年，始建秘书省于临安天井考之东，仍诏求遗书于天下，首命绍兴府录朝请大夫直秘阁陆宰家所藏书来上。凡万三千卷有奇。"陆游在《渭南文集》卷28《跋京本家语》中写道："收书之富，独称江浙……方先少保书此（按：指《京本家语》）时，某年十四，今七十矣！"可见陆宰酷爱藏书之程度。陆游在《剑南诗稿》卷49《诵书示子聿》中曰："楚公著书数百编，少师手校世世传。"足见陆游祖父陆佃、父亲陆宰对著书和藏书之重视。怪不得陆游《家世旧闻》一书中有40条材料记到陆宰，诸如"殿廷宣判"何时有变，陆宰独知；"省札下故相"如何称谓，陆宰能明言；旧有玉玺和新获玉玺其工其名，陆宰能如数家珍；"曲谢"情状如何，陆宰道得明白。陆宰的藏书和学养，对于陆游策划嘉泰《会稽志》的编写，不能说没有影响。

三者，陆游与嘉泰《会稽志》主编施宿并非一般的朋友关系。施宿，字武子，湖州长兴人，是一位学问家。孝宗淳熙末年为昌化县主簿。光宗绍熙四年登进士第。宁宗庆元六年和嘉泰元年官绍兴府通判。二年余知盱眙军。身任嘉泰《会稽志》主编，施宿是称职的。陆游与施宿之交谊，当属莫逆。《诗稿》卷45有《题施武子所藏杨补之梅》："补之写生梅，至简亦半树。此幅独不然，岂画横斜句？"此诗作于宁宗嘉泰元年春，正是嘉泰《会稽志》编纂之时，要是两人交谊不深，陆游怎么可能在施宿所藏之图画上题诗呢？卷50又有《送施武子通判》诗：

初入修门鬓未秋，安期千里接英游。

退归久散前三众，迈往欣逢第一流。

只道升沉方异趣，岂知气类肯相求。

龙钟不得临江别，目断西陵烟雨舟。

此诗作于宁宗嘉泰二年春，与上述《题施武子所藏杨补之梅》相距一年。施宿在绍兴府通判任上主编嘉泰《会稽志》后，于次年除盱眙军，春上离别绍兴。陆游本想前往钱塘江边的西陵送行，因为已到 78 岁高龄，行动有所不便，便以诗相送，以示友情。值得注意的是：陆游与施宿年龄上相差 40 岁，属忘年交，陆游以字相称，可见其对施宿这位后辈的推崇；诗中以"英游""第一流"相推许，可谓对施宿之期待无以复加；特别是"气类肯相求"之设问，除了表明两人友谊实质，似乎透露了两人在修志问题上看法的一致性，只是这次相别，施宿是升任而去，陆游在家乡赋闲罢了。试想一下，如果陆游不帮助施宿策划嘉泰《会稽志》之编写，只在嘉泰《会稽志》定稿后写个序，怎能在临别之际写下如此诗句？又怎能如此难分难舍："龙钟不得临江别，目断西陵烟雨舟。"

无独有偶，陆游与施宿之交谊，文中亦有表达。陆游在《文集》卷 29《跋东坡帖》曰："予谓武子：当求善工坚石刻之，与西楼之帖并传天下，不当独私囊褚，使见者有恨也。"此跋作于嘉泰元年编纂嘉泰《会稽志》时，如果施宿与陆游不是志同道合、心心相印，陆游能如此嘱咐施宿吗？宁宗开禧元年，施宿在朝散郎直秘阁知盱眙军任上，修筑翠屏堂，"走骑抵山阴泽中，请记于"陆游，陆游不假思索地写下《盱眙军翠屏堂记》，记中不仅写明盱眙军地位之重要，翠屏堂修筑之情实，而且特意点明："侯与予故相好也。"所谓"故相好"，显然指宁宗庆元六年和嘉泰元年编纂嘉泰《会稽志》时两人之情谊。这又足以证明，陆游非编纂嘉泰《会稽志》的关心者和一般参与者，而是有力策划者。

不仅如此，因为两人之"故相好"，陆游还为施宿之父施元之所作之《施司谏注东坡诗》作序，在嘉泰二年正月五日施宿完成嘉泰《会稽志》而尚未离任时。陆游在《〈施司谏注东坡诗〉序》中指明："后二十五六年，某告老居山阴泽中，吴兴施宿武子出其先人司谏公所注数十大编，属某作序。司谏公以绝识博学名天下，且用工深，历岁久，又助之以顾君景蕃之该洽，则于东坡之意，盖几可以无憾矣。某虽不能如至能所托，而得序斯文，岂非幸哉！"序中先以"若东坡先生之诗，则援据闳博，指趣深远，渊独不敢为之说"标明注东坡诗之难度，接着证以自己与范成大（字至能）讨论具体诗句之误注，得出上述之感想。推许施元之之"绝识博学"，其中当有与施宿的情谊在。要是编纂嘉泰《会稽志》之时，陆游只是一般参与者，陆游能如此推许施宿之父吗？

四者，陆游与"安抚使干办公事李君兼、韩君茂卿""郡士冯景中、陆子虞、王度、朱萧，永嘉郡邵持正"均有关系，上述人士亦非等闲之辈。

李兼，字孟达，号雪岩，宁国（今属安徽）人。编撰嘉泰《会稽志》时已为绍兴人。历知台州。陆游与之交谊颇深。《诗稿》卷63《老怀》自注："昨日得李孟达书。"其时为宁宗开禧元年闰八月，距编纂嘉泰《会稽志》已历四年。《文集》卷十五有《宣城〈李虞部诗〉序》，指出"予得其两世遗编于虞部之曾孙、临海太守兼字孟达。孟达固诗人，盖渊源二祖而能不愧者。"对李兼有所推重。又同卷《梅圣俞别集序》指出："宛陵先生遗诗及文若干首，实某官李兼孟达所编辑也。"表明李兼乃有学问之人。前者作于开禧三年，距编纂嘉泰《会稽志》已历六年，后者作于宁宗嘉泰三年，距编纂嘉泰《会稽志》只两年。而编纂嘉泰《会稽志》7年后，即宁宗嘉定八年李兼逝世时，陆游写有《哭李孟达》诗，哭得十分伤心："旧交多已谢明时，孟达奇才最所思。晚岁立朝虽小试，平生苦学竟谁知？尊前一笑终无日，地下相从却有期。恸绝寝门霜日暮，短篇聊为写余悲。"请注意"旧交""奇才""苦学""恸绝"等措辞，要知道其时陆游已 84 岁高龄，故有"地下相从却有期"之许。"尊前一笑"云云，说明陆游与李兼还促膝论交，攀谈学问。两人在编纂嘉泰《会稽志》时当为莫逆，而李兼为副主编，可见陆游非一般参与者了。

韩茂卿，字立道，其父韩肖胄，曾于绍兴十五年五月以资政殿学士、左奉议郎知绍兴府，居住绍兴近 10 年而卒，韩茂卿便留在绍兴。说明韩茂卿为北宋忠献公韩琦后裔。韩陆有通家之谊，韩茂卿在参与编纂嘉泰《会稽志》前，与陆游有交往。《诗稿》卷 32 有《题韩运盐竹隐堂绝句三首》，时为宁宗庆元二年秋。陆游称时任提举茶盐发运使的韩茂卿为"邺下王孙今胜流"，指明韩茂卿为韩琦昆孙，"似是前身王子猷"，又推崇韩茂卿如确爱竹林之王徽之清高。开禧二年夏，距韩茂卿参与编纂

嘉泰《会稽志》5 年后，陆游又写有《送韩立道守池州》诗
（《诗稿》）卷 66），曰："才华故在诸公右，谈笑遥分圣主忧。"
"万家歌舞春风在，秋浦如今不似秋。"对韩茂卿之才华推崇备
至。《文集》卷 30 又有《跋韩立道所藏兰亭序》，时在宁宗开禧
二年，对韩茂卿所藏《兰亭》特别钟爱："观此本《兰亭》，如
见大勋业巨公于未央殿中，大冠若箕，长剑挂颐，风采凛凛，
虽单于不觉自失，况余子有不汗洽股栗者哉？"从中说明韩茂卿
不仅为绍兴乡贤，而且与陆游的关系非同一般。

冯景中，字克温，诸暨人。宁宗庆元二年登进士第，历官
至集贤院士。编纂嘉泰《会稽志》时，在登进第后不久，可能
在绍兴府或会稽、山阴任吏，有才华，余不详。

王度，字君玉，会稽人。以太学生上舍入对，失第。曾为
舒州教授，迁太学博士。陆游在《文集》卷 31《跋陈伯予所藏
兰亭帖》曰："卷末数跋，为吾友王君玉所录黄太史鲁直语。"
此跋作于宁宗嘉定元年陆游 84 岁时，陆游称王度为"吾友"，
属忘年交，足见两人之相知。

邵持正，字子文，温州平阳（今属浙江）人，以父恩补为
监，官至成都郎。编纂嘉泰《会稽志》时当在绍兴府或会稽、
山阴县为小官或吏。《中国人名大辞典》介绍曰："叶适初讲学，
持正邵在学舍中，其后所至皆从之。神暇语简，喜愠不形于色。
工诗歌骈体。沉沦下吏。早卒，适深惜之。"可见邵持正也是一
位有学问之人，陆游与叶适有交往。《诗稿》卷 30《新暑书事》
自注："去岁叶正则饷薪箪，得以御暑。今年蚕事，仅得五六
分，遂办暑服。"此诗作于光宗绍熙五年夏，距编纂嘉泰《会稽

志》尚有六年，陆游可能因叶适关系或邵持正"工诗歌骈体"而结识。

朱彊，未详。

陆子虡，字伯业，小字彭儿，一名统。编纂嘉泰《会稽志》时54岁。以前以父陆游恩补常州比较务，调乌程（今浙江吴兴）县丞、淮西通判。此时陆游在《示子虡》中有言："好学承家风所奇，蠹编残简共娱嬉。"（卷48）说明陆游对长子子虡参加嘉泰《会稽志》的编纂是满意的，并不时有所讨论、指点。陆子虡于嘉泰二年调官金坛县丞（上引诗自注："子虡明秋当赴句金。"）后又转浙西提刑司干办公事，江州节度使，官终朝奉大夫，赐紫金鱼袋。说明陆子虡完全胜任嘉泰《会稽志》的编纂工作。这又说明陆游的这一安排，与策划嘉泰《会稽志》的编纂不无关系。

以上就嘉泰《会稽志》"发其端"之施宿，"为之动"之李兼、韩茂卿，"相与"之冯景中、陆子虡、王度、邵持正等一一作了介绍，除了"相与"之朱彊未详，均非等闲之辈，而且与陆游关系密切。从中说明，作为初来乍到的外来人员施宿，要物色这么一批人才是非常困难的，故其中参与策划的，当为陆游。

至于"慨然以为己任"的直龙图阁沈作宾，宁宗庆元五年十一月知绍兴府，六年二月转朝请大夫，三月除两浙转运副使。"力成之"之赵不迹，庆元六年五月知绍兴府、嘉泰元年正月除华文阁待制，三月移知潭州；"力成之"之袁说友，字起岩，号东塘居士，建安（今福建建瓯）人，侨居湖州。隆兴元年登进士第。嘉泰元年四月六日，以宝文阁学士、通奉大夫知绍兴府，该年十一月三日，召赴行在。二年同知枢密院事。三年迁参知政事。在绍兴知府任上，写有《题天衣寺》《题王顺伯秘书所藏兰亭修禊帖》《题墨妙亭》《霸王庙》《和罗春伯奉常寄题稽山阁韵》《绍兴府学斋宿》《登蓬莱阁》《司庚会稽道中答衢民彩帜送行》《李英才作墨梅于天庆观壁》等诗。三人在绍兴知府任上时间均不长，可知不能具体参与嘉泰《会稽志》编纂事。"慨然为己任""力成之"，是陆游对他们尊重而已。具体策划嘉泰《会稽志》的，当为陆游。

五者，编纂嘉泰《会稽志》的宁宗庆元六年和嘉泰元年，陆游正在家乡赋闲。陆游于孝宗淳熙十六年十二月被何澹弹劾，罢官返故里。先在家乡领祠禄，庆元四年冬，奉祠岁满，不复请。在壮志未酬、百无聊赖之中，陆游完全有能力、有时间一意为施宿策划，只是不肯公开出面而已。请看庆元六年之赋闲诗句，春日之《小雨初霁》曰："莫道此翁游兴赖，兰亭禹寺已关情。"（卷 42）《病愈偶书》曰："闲处固应容老子，卧看年少起新丰。"（卷 42）夏日之《初夏》曰："昏昏时就枕，贸贸却寻书。"（卷 43）《书适》曰："时时访溪友，亦或游僧庐。"秋日之《杂兴》："事来强酬答，其实唯欲卧。"冬日之《舟中作》曰："三百里湖新月时，放翁艇子只寻诗。"《对酒戏咏》曰："反拂乌丝写新句，此翁可惜老天涯。"（卷 44）至于为策划编纂嘉泰《会稽志》所做的准备，也可引录一些诗句。以庆元五年冬为例，《冬夜读书示子聿》曰："布被藜羹缘未尽，闭门更读数卷书。"（卷 42）《读史有感》曰："老死故山虽自许，掩书

未免愧斯人。"（卷 43）《新治火阁》曰："炉红毡暖不出户，木
落窗明常读书。"（卷 44）《冬晴》曰："天公元不容光阴，付与
书生遂本心。"（卷 45）这些诗句虽然没有明确表态，但不能说
与策划编纂嘉泰《会稽志》一点关系也没有。

次看陆游作为嘉泰《会稽志》实际策划者的主观因素。

一者，终陆游一生，曾三次入都为史官，积累了丰富的作
志经验。两次在策划编写嘉泰《会稽志》以前。即高宗绍兴三
十一年五月入都，十一月第一次为史官。《诗稿》卷 18《岁晚
书怀》自注："绍兴末，游官玉牒所。"玉牒所掌修皇帝玉牒，
凡帝系、帝纪、朝廷政令之因革，无不编录。孝宗淳熙十六年
七月，陆游在行在第 2 次为史官。《南宋馆阁续录》卷 9 载：
"实录院检讨官……陆游，十六年七月以礼部郎中兼。"《诗稿》
卷 15《望永思陵》自注："淳熙末，上命群臣齐集华文阁，修
《高宗实录》，游首被选。"一次在策划编纂嘉泰《会稽志》之
后，即宁宗嘉泰二年五月，召宣陆游以原官提举祐神观兼实录
院同修撰，兼同修国史。《宋史》本传载："嘉泰二年，以孝宗、
光宗两朝实录及三朝史末就，诏游权同修国史、实录院同修撰，
免奉朝请。寻兼秘书监。"《南宋馆阁续录》卷 9 亦载："实录院
同修撰……陆游，二年五月以直华文阁提举祐神观修。"又：
"同修国史……陆游，二年五月以直华文阁提举祐神观权。"《诗
稿》卷 51《开局》诗曰："谁令归踏京尘路，又见新开史局
时。"自注："予三作史官，皆初开局。"

二者，入都修史，使陆游有幸读到他人读不到的历史和地
理典籍，练就他人难以企及的修史文笔，包括有关绍兴府的历

史和地理书籍，有关修志中简练、清晰而重点突出的史笔修养。仅举淳熙十六年秋冬的有关写实和体会。《诗稿》卷21《史院书事》曰："信史新修稿满床，牙签黄帕希芸香。"《病中数辱曾无逸架阁见问》曰："不为朝天愁路涩，夜窗灯火要寻盟。"《次韵和杨伯子主簿见赠》曰："终年无人问良苦，眼望青天唯自许……文章最忌百家衣，火龙黼黻世不知。谁知养气塞天地，吐出自足成虹霓。"为了策划嘉泰《会稽志》的编纂，陆游废寝忘食地读书，仅以嘉泰元年为例。卷45《先少师》曰："老见异书犹眼明。"《春雨》曰："闲摩病眼开书卷。"《寄题张仲钦左司槃涧》曰："伏几读书时举头。"《三月二十日》曰："读书老易倦。"《安初夏野兴》曰："爱书自笑心常在。"卷46《早凉熟睡》曰："手中书册堕无声。"《倚楼》曰："诗书幸有先人业。"《述怀》曰："灯下看书方觉老。"《晨兴》曰："书细尤能读。"《老叹》曰："诸儒轻古学。"《书斋书事》曰："作意观书睡已来。"《道室杂题》曰："勘书窗下松明火。"《省书》曰："细读手抄书。"《自述》曰："遗经在楼传家学。"《风雨》曰："腐儒未辍读书声。"《闲适》曰："读书以自娱。"卷47《雨夜叹》曰："破屋自爱读书声。"《幽栖》曰："闲日借书观。"《秋夜读书》曰："孤灯对细字。"《卧病累日》曰："开书觉眼明。"卷48《不寐》曰："读书有味身忘老。"《冬日》曰："苦闲犹复取书看。"《遂初》曰："归读古人书。"《读经》曰："晨起衣冠读典谟。"卷49《纵笔》曰："夜读世藏书。"《自勉》曰："读书尤自力。"《读书》曰："一编相向眼偏明。"《读史》曰："夜对遗编以复谅。"《晴窗读书自勉》曰："岂无案上书，可与共寂寞?"陆游爱书,读书成癖,这就为策划嘉泰《会稽志》的编纂具备了他人难以企及的主观因素。

三者,陆游愈到晚年,对人格愈加重视。仅以嘉泰元年冬写作《嘉泰〈会稽志〉序》时的情绪为例。《诗稿》卷49《自勉》曰:"自信直如弦,残年偶得金。"《遗兴》曰:"印侯从来非所图,赤丁子赤不容呼。"《闲记老境》曰:"槁木忘荣谢,闲云任卷舒。"卷48《园中作》曰:"读书本自安穷处,丰岁何妨乐太平。"《读史》曰:"孤忠要有天知我,万事当思后视今。"《寓言》曰:"为谋须远大,守节要坚完。"抱着这样的心态,陆游热心策划嘉泰《会稽志》的编纂工作可以想见,至于嘉泰《会稽志》的主编,当然让与友好施宿了。

陆游的人格,源于古越先民坚韧犷悍、图强不屈的民族性格和越族子民卧薪尝胆、自强不息的文化精神,亦源于陆游世家的历来教养。始祖陆通"迷阳迷阳,无伤吾行"(《庄子·人间世第四》),是以"楚狂"闻名于世的,陆游在《诗稿》卷1《睡起书事》即曰:"烈士壮心虽未减,狂奴故态有谁容?"(卷3)《示儿子》曰:"墓前自誓宁非谥,泽畔行吟未免狂。"五世祖陆贾曾经辅佐刘邦定天下,出使南粤,立下奇功,晚年退居雍州好畤县,流寓陕西西安府,安然去世。三十九世祖陆贽,在唐代官拜中书侍郎同平章事,晚年退居嘉兴。四十三祖即越州始祖陆谊,"不肯苟富贵以辱先人,乃东渡江,夷于偏氓。"陆游在《宋会稽陆氏重修宗谱序》中曾深情地曰:"有陆氏仕璋者,钱(镠)之贵臣也,求通谱牒。博士谊拒不许,遂东渡钱塘,徙居山阴。"四十八世祖即高祖陆轸以进士起家,官至吏部尚书，淳厚刚直，诚如祖父陆佃在《朝奉大夫陆公（按，即陆琼）墓志铭》写到的："佃之皇祖吏部郎公讳轸，越人也，逮真宗、仁宗，在馆阁最久。华文质行，粹美无疵。"五十世祖、祖父楚国公陆佃，官至尚书左丞，陆游在卷1《和陈鲁山十诗》中如此推崇："大父昔在朝，腾上唯恐早，淡然清班中，灰寒而木槁。议论主中和，人才进耆老。至今下马坟，不生刺人草。"陆游在《家世旧闻》中记到陆佃的资料多达52则，并非偶然现象。五十一世祖、父亲陆宰，陆游亦极其推崇其人格。《家世旧闻》中亦有40处记到陆宰，陆游有3篇跋文，虽然记的是李光、周聿和傅崧卿，但我们看到的是陆宰的人格。《文集》卷27《跋李庄简家书》曰："剧谈终日，每言秦氏，必曰咸阳，愤切慨慷，形于色辞……方言此时，目如炬，声如钟，其英伟刚毅之气，使人兴起。"卷30《跋周侍郎奏稿》曰："一时贤公卿与先君游者，每言及高庙盗环之寇，乾陵斧柏之忧，未尝不相与流涕哀恸……犹想见当时忠臣烈士忧愤感激之余风。"卷31《跋傅给事帖》曰："亲见当时士大夫相与言及国事，或裂眦嚼齿，或流涕痛哭，人人自期以杀身翊戴王室。虽丑虏方张，视之蔑如也。"显然这对陆游一生的人格颇有熏陶，在策划嘉泰《会稽志》的编纂中不可能不流露出来。

再次看嘉泰《会稽志》的收录材料与陆游观点的一致性。

一者，陆游一生为人可总结为两点，一是热切的爱国思想，二是高尚的人格力量。这两点在嘉泰《会稽志》中均有深刻的反映。

我们知道，绍兴优美的自然环境与悠久的历史文化是与大禹治水、东汉马臻修筑镜湖、东晋贺循开凿浙东运河分不开的，在一定程度上说，绍兴历史是一部水文化的历史。这在嘉泰《会稽志》中有浓彩重笔的叙述。卷1开宗明义地说："越在唐虞时，禹平水土，制九州，而越为扬州之域。《职方氏》：'东南曰扬州，其山镇曰会稽。'释云：会稽在山阴。《旧经》云：'涂山在山阴县西北，禹会万国之所在……'按《史记·夏本纪》赞曰：'禹会诸侯江南，计功而崩，因葬焉，命曰会稽。会稽者，会计也。'裴骃注引《皇览》曰：'禹冢在山阴会稽山上。会稽山本名苗山，在县南，去县七里。'《越传》曰：'禹到大越，上苗山，大会计，爵有德，封有功，更名苗山曰会稽。'《家语》：'孔子曰：昔禹致群臣于会稽之山，防风氏后至，禹杀而戮之，其骨专车。'《封禅书》曰：'禹封泰山，禅会稽。'由是论之，禹既合诸侯于会稽，庸讵知鲁大夫所谓涂山非会稽与？至夏后氏，少康封庶子于会稽，以奉守禹之祀。文身断发，拔草莱而邑焉。后二十余世，至于允常。允常之时，与吴王阖闾战而相怨伐。允常卒，子勾践立，是为越王。……"在卷6专列"大禹陵"和"禹庙"。不妨亦抄录于下："禹巡守江南，上苗山，会计诸侯，死而葬焉。犹舜涉方而死，遂葬苍悟。圣人所以送终，事最简易，非若汉世人主豫自起陵也。刘向书云：'禹葬会稽，不改其列。'谓不改林木百物之列也。苗山自禹葬后，更名会稽。是山之东，有陇隐然若剑脊，西向而下。下有窆石，或云此正葬处。疑未敢信。然《檀公》注'天子绛四碑，所以下棺'，则窆石者，固碑之制度。至其数不同，或由繁简异宜，或世代悠远，所存止此，皆不可知也。按《皇览》：'禹冢在会稽山。自先秦古书，帝王墓皆不称陵。而陵之名，实自汉也。'《旧经》云：'禹陵在会稽县南一十三里。'又：'禹庙，在县东南一十二里。'《越绝书》云：'少康立祠于禹陵所。'梁时修庙，唯久一梁，俄风雨大至，湖中得一木，取以为梁，即梅梁也。夜或大雷雨，梁辄失去。比复归，水草披其上。人以为神，縻以大铁绳，然犹时一失之。政和四年，敕即庙为道士观，赐额曰'告成'。禹陵旧在庙旁，今不知所在。独有当时窆石尚存。高丈许，状如秤权。庙东庑祭嗣王启，而越王勾践亦祭别室。镜湖在庙之下，为放生池。临池有'咸若亭'，又有'明远阁''怀勤亭'。'怀勤'取建炎御制诗'登堂望稽岭，怀哉夏禹勤'之句。"上述三条记载奉大禹为越地始祖，接以句践，既明历史之悠久，又寓爱国爱乡之思想，不但主旨清楚，重点突出，而且各有侧重，互通声气。若没有统一策划，不可能考虑如此周到。

再如镜湖与马臻之关系。卷13曰："曾子固《序鉴湖》云：'……或问曰：马臻之始为湖也，会稽民数千人诣阙讼之，臻得罪死。及按，见讼者皆已死。说者以为臻虽坐死，湖乃不得废，亦幸而已。九千顷之田，千余年无水旱，岂偶然哉！'"卷2《太守·马臻》曰："永和五年为太守，创立镜湖，在会稽、山阴两县界，筑塘蓄水。水高田丈余，田又高海丈余。若水少，则泄湖灌田；如水多，则闭湖泄田中水入海，所以无凶年。其陂塘周回三百一十里，都溉田九千余顷。"《会稽记》云："创湖之始，多淹家宅。有千余人怨诉，臻遂被刑于市。及遣使按覆，总不见人籍，皆是先死亡者。然越人至今庙祀之。"两则材

料相互补充，各有千秋，突出的是马臻爱乡爱民之情思，引
《鉴湖说》和《会稽记》之材料，用事实说明爱民尽责者之怨，
矛头便针对不明事理之最高统治者。如此，让读者更清楚地认
识鉴湖与马臻之关系。这与陆游诗文中不时写到大禹与马臻的
情思是一致的。《诗稿》卷 25《舟中望禹祠兰亭诸山》曰："禹
穴探书惭旧学，涂山执玉记前身。"《出游》曰："秦碑禹穴风
烟外，一吊兴亡万古愁。"卷 56《春晚出游》曰："禹吾无间圣
所叹，治水殆与天同功。"由于对禹感情深厚，故诗中写到禹庙
的特别多，诸如卷 1《记梦》曰："旅梦游何地，分明禹庙旁。"
卷 22《禹祠》曰："渡江谒神禹，拜手荐俎壶。"卷 24《次韵范
参政书怀》曰："年少从渠笑衰懒，相呼禹庙看龙船。"卷 27
《戏咏山阴风物》曰："城边绿树山阴道，水际朱扉夏禹祠。"
卷 30《步至湖上》曰："红叶秦驰道，青山禹庙墙。"卷 33《病
后往来湖山间》曰："不如一酹禹祠去，恶衣菲食真吾邻。"卷
36《梦中游禹祠》曰："禹巡吾国三千岁，陈迹销沉渺莽中。"
卷四六《湖塘晚眺》曰："奉祠神禹旧，驰道暴秦馀。"卷 50
《开岁》曰："唯有禹祠春渐好，从今剩判典春衣。"卷 56《初
春书怀》曰："出门未觉龙钟在，禹庙兰亭又见春。"卷 70《春
晚即事》曰："今岁禹祠才一到，安能分日作遨游？"卷 70《禹
祠》曰："禹祠行乐盛年年，绣毂争先置画船。"卷 72《新秋往
来湖山间》曰："禹祠巍巍阅千代，广殿修廊半倾坏。"卷 74
《早春出游》曰："闻道禹祠游渐盛，也谋随例一持杯。"陆游
写到镜湖的诗也很多，诸如卷 11《思故山》曰："千金不须买
画图，听我长歌歌镜湖。"卷 17《小雨泛镜湖》曰："吾州清绝

冠三吴，天写云山万幅图。……端办一船多贮酒，敢辞送老向南湖？"卷18《丙午五月》曰："湖三百里汉迄唐，千载未尝废陂防。"卷27《春游》曰："镜湖春游甲吴越，莺花如海城南陌。"卷28《镜湖女》曰："到家更约西邻女，明日湖桥看赛神。"卷30《十月三日泛舟湖中作》曰："镜湖三百里，往来寒日中。"卷32《镜湖》曰："镜湖洪已久，造祸初非天。"卷34《舟中咏》曰："镜湖三百里，风止镜面平。"卷37《湖山杂赋》曰："门前天镜倒千峰，舍后菰蒲与海通。"卷46《湖堤》曰："篮舆小放湖堤上，信有人间白玉壶。"卷54《湖上秋夜》曰："湖上山衔落月明，钓筒收置叶舟横。"其他写镜湖诗很多，如《游镜湖》《泛湖》《夜行湖上》《湖上》《夜泛湖中》《小舟湖中夜归》《晚晴肩舆至湖上》《舟泊湖桥酒楼下》《湖上夜归》《晚行湖上》《湖上》《泛舟至镜湖旁小市》《湖堤暮归》《泛湖》《东跨湖桥》《西跨湖桥》《日暮自湖上归》《湖塘夜归》《夏秋之交小舟早夜往来湖中绝句》（12首）、词《谢池春》《乌夜啼》《渔父》等，将镜湖写得美不胜收。卷83《秋日遗怀》"西来浮涛江，东眺俯镜湖……禹幸有遗窆，粤亡无故墟"，则将大禹和镜湖联结在一起。需要指出的是：第一，从宋代开始，镜湖业已改称鉴湖，但陆游诗中一直写的是"镜湖"；第二，陆游生前，围湖造田的现象已十分严重，为此，陆游写了《复湖》《散步湖堤，时方浚湖，水面稍涉弥矣》等诗作，表明自己复湖的态度，这实际上是对马臻修筑镜湖的肯定。

二者，嘉泰《会稽志》所收录的陆游家世材料特别丰富，不少材料当是陆游提供的。就墓地说，卷第6"冢墓"目中，写到"陆谏议轸墓,在五云乡焦坞,赠太傅。""陆都官珪墓,在袁孝乡,赠至太尉,今改葬本县鹫峰寺前。""陆发运寘墓,在富盛乡。郎中沆祔发运墓。""陆左丞佃墓,在陶宴岭。""陆少师宰墓,在云门卢家岙。知郡淞、通判浚并祔少师墓。""陆右司长民墓,在上皋尚书坞。参议静之,提举升之,教授光之并祔右司墓。""陆太保昭墓,在承务乡。左丞之祖。四世葬此,有陆氏大墓碑。"嘉泰《会稽志》中所记墓冢144座(包括会稽、山阴、上虞、嵊县、新昌、诸暨、萧山、余姚八县),陆家占了13座,有些如陆游长兄陆淞墓,陆游弟陆浚墓,他人未必知悉;陆游从伯叔寘、长民墓、陆游从兄弟静之、升之、光之墓,他人更难知悉。特别是陆游亲家、陆子坦岳父"许知郡从龙墓,在(新昌)杜黄山",想来只有陆游知道,要是陆游没有参与嘉泰《会稽志》策划,能如此记载吗?就寺院说,卷第7介绍延福院,中曰:"延福院,在(山阴)县西六十里新安乡牛头山之麓……景德初,赠太傅陆公轸与卿士数人肄业于此。尝遇大雪,绝食累日。陆公祷山神,明日获二麂焉,闻者叹异。及陆公直集贤院来守乡邦,遣衙校致祭。书堂在寺之西北隅。今寺僧犹能识其处。"如此掌故,不得之陆游得之谁?"泰宁寺,在(会稽)县东南四十里……建中靖国元年,太师陆佃既拜尚书左丞,请以为功德院,改赐名证慈。米芾书额。""雍熙院,在(会稽)县南三十一里一十步……绍兴元年六月,赐故尚书左丞陆公为功德院。""宝山证慈院,在(会稽)县东七十二里曹娥镇曹娥庙之旁。米礼部芾书额。证慈本陆左丞宝山功德院名,后以昭慈圣献皇后攒宫,改院名泰宁,而徙额于此。""本觉寺，在（山阴）县西北一十五里梅山……寺后有适南亭，可以望海，郡牧程给事建，陆左丞作记。""法云寺，在（山阴）县西北八里……开宝七年，改名宝城寺，中允陆公仁旺及弟大卿舍园地以益之。大中祥符中，改名法云。建中靖国元年，大卿之孙拜左丞，请为功德院。三岁度僧一人。"寺院之如此沿革，非所涉之后辈，如何知之？大体说来，嘉泰《会稽志》所记会稽、山阴两县寺院计82所，与陆游世家有关的有七所，其中陆游一系的特别多，而且不少材料非一般熟悉方志者所能知。即使不起眼的景物如泉、井等，凡是涉及陆游世家的，嘉泰《会稽志》也不会遗漏。如泉，嘉泰《会稽志》记了18眼，其中就记到"三汲泉"。卷11载："三汲泉，在卧龙山麓。泉甚浅，不过有水数斗。然汲尽已复满，未尝竭也。旧在陆左丞园内，今析为二，其一归陆参议静之，其一归司马监丞僖。"如井，嘉泰《会稽志》记了25口，其中记到"陆太傅丹井"。同卷载："陆太傅丹井，在法云寺佛殿前少东。太傅昔以直集贤院守乡邦。晚谢事，居寺东鲁墟故庐，辟谷炼丹，专汲此井用之。辟谷十余年，鬓气力皆不衰。丹已八转，忽变化飞去。太傅乃洗炉钵水饮之。数日，不疾而逝。又以余水分诸孙，饮者三人，中大必年八十六，祠部傅年九十，承奉倚年八十三。"这些材料，当得之陆游。要是陆游不参加嘉泰《会稽志》策划，安能至此？

总之，嘉泰《会稽志》体例可能受《图经》启发和影响，但其纲目自成体系，材料安排相当周密，文字高雅清通，当与陆游策划和润色有关。笔者从陆游所具备之客观条件、主观因素和某些内容与陆游思想的一致性三个方面作了一些分析。是否得当，请方家批评指正。

末了，引录四则材料以作佐证。明万历《绍兴府志》主编孙𬭚在万历《绍兴府志序》曰："《会稽志》二十卷，施宿作。……陆游为之序。……今人但谓之《放翁志》，几不知有施宿。然观篇末参订之语，则亦似与润色矣。其文辩博可喜，笔力畅健，有苏氏父子风。非此老不能若此。"

清高宗乾隆五十七年九月绍兴知府李亨特在乾隆《绍兴府志序》曰："昔陆游作嘉泰志，以《会稽》名。"

清俞卿在乾隆《绍兴府志序》曰："绍兴郡志始于南宋嘉泰间，而宝庆续之。至明万历十五年乃集其成。其前为之者，陆放翁也。其后为之者，张阳和、孙丹峰也。诸先生皆魁垒杰出人才，老于掌故，手眼所到，搜剔无遗，彬彬乎大观哉！"

乾隆《绍兴府志》所附《旧修志人姓名录》载："宋嘉泰《会稽志》，施宿、沈作宾、李兼、赵不迹、袁说友等监修，陆游、冯景中、陆子虡、王度、朱𬙂、邵持正等撰。"

孙𬭚以为："今人但谓《放翁志》……非此老不能若此。"李亨特以为"陆游作嘉泰志"。俞卿以为"其前为之（按：指嘉泰《会稽志》）者，陆放翁也"。《旧修志人姓名录》以为"陆游……等撰"。不能看作是空穴来风。

文末，再啰唆几句。本文之所以以"陆游与嘉泰《会稽志》"为题，没有径以"陆游为嘉泰《会稽志》策划者"为题，旨在深一层揭示陆游与嘉泰《会稽志》之关系。不知读者诸君以为何如？

陆游赋浅议

绍兴文理学院　吴从祥

　　陆游是南宋著名的爱国诗人，其诗极负盛名，其词和文也颇佳，唯有赋是例外。陆游赋历来不受重视，古代各类文选、赋选皆少有选其赋者①，今人选编的各种《陆游选集》以及各类赋选，亦少有收录陆游赋者②。一些辞赋史，如马积高的《赋史》、郭维森和许结的《中国辞赋发展史》以及刘培的《两宋辞赋史》等，皆言及陆游赋，近期研究陆游文的学位论文亦多言及陆游赋。③ 对于陆游赋，学者虽然不乏肯定之言，但否定者居多，其至有学者认为"就文学史的认可度来说，陆游的赋知名度很低、影响很小"④。陆游赋到底如何呢？

---

　　① 　陆游：《思故山赋》，（清）庄仲方编《南宋文苑》。

　　② 　毕万忱等编：《丰城剑赋》，《中国历代赋选》（唐宋卷），江苏教育出版社1996年版。

　　③ 　如赵永平《陆游散文研究》，博士学位论文，广西师范大学，2011年；倪海权《陆游文研究》，博士学位论文，哈尔滨师范大学，2012年等。

　　④ 　赵永平：《陆游散文研究》，博士学位论文，广西师范大学，2011年，第201页。

一

陆游自己编定的《渭南文集》中未收其赋，后人所辑《渭南逸稿》中收录其赋七篇，依次是《禹庙赋》《虎节门观雨赋》《红栀子华赋》《丰城剑赋》《焚香赋》《自闵赋》《思故乡赋》等。从内容而言，陆游赋有抒情、状物和咏史三类：《自闵赋》和《思故乡赋》是抒情赋，《虎门节观雨赋》《红栀子华赋》和《焚香赋》是状物赋，《禹庙赋》和《丰城剑赋》是咏史赋。可见从题材上看，陆游赋亦算丰富。

从赋作本身而言，陆游赋亦不乏精彩片段。如《禹庙赋》开篇对洪水泛滥的描写：

> 在昔鸿水之为害也，浮乾端，浸坤轴。裂水石，卷草木。方洋徐行，弥漫平陆。浩浩荡荡，奔放涧浜。生者寄丘阜，死者葬鱼腹。蛇龙骄横，鬼神夜哭。其来也组练百万，铁壁千仞。日月无色，山岳俱震。大堤坚防，攻龁立尽。方舟利楫，辟易莫进。势极而折，千里一瞬。莽乎苍苍，继以饥馑。①

文章以四言为主，兼杂以三言、五言和杂言，句式多变。又多采用对偶、比喻和夸张等修辞手法，使得全文气势充沛，生动形象，颇有枚乘《七发》中"观涛"之余风。《思故山赋》中对所见景观描写亦是如此。

---

① 《陆游集》第五册，中华书局1976年版，第2493页。本文所引陆游赋皆引自此书。

　　川原奇丽，天宇澄廓。风萧萧而未厉，日晖晖而寝薄。……白鹭下渚，文鱼出跃。荷盖摧柄，竹枝陨箨。松翳翳以藏寺，柳疏疏而带郭。行欲尽而更赊，望若迩而逾邈。俄而披烟霞，观铁崿。千峰巽峨，万幛联络。或耸起而鸟骞，或怒奋而兽搏。或雍容而暇豫，或峭厉而刻削。或方行而巍立，或将前而复却。连者如堤，断者如筰。广者如屋，锐者如槊。泄云如甑，蓄雨如橐。或平如燕居之几，或壮如行军之幕，或筋脉奇瘦，如夔魖之欻见，或窍穴穿空，如浑沌之初凿。……

　　全文以四六句式为主，多用对偶、排比、夸张和拟人等修辞手法，中间又不时插以"俄而""之""或"等字眼以舒缓文字，从而使得全文工整而不呆板，气势奔放，流畅生动，犹如一篇优美的写景美文。这些精美片段表明陆游创作赋时还是比较用心的，而不是随意草作。这些优美的写景片段与陆游《入蜀记》等游记散文片段非常类似，很难作明晰区分。

　　就表现手法而言，陆游赋往往灵活运用多样表现手法。如《红栀子华赋》：

　　岁癸巳之仲冬，天畀予以此行。极山中之奇观，乃税驾乎云扃。挹瀑泉之甘寒，味芝术之芳馨。濯肺肝之尘土，凛毛骨其凄清。乃步空翠之间，而听风松之声。睹一童子，祫佩青青，手持异华，六出其英。……有老道士，笑而语予。人皆可以得道，求诸己而有余。顾舍是而外慕，宜见欺于猿狙。嗟予好学而昧道，有书而无师。虽粗远于声利，实未免夫喜奇。请书先生之言，用为终身之规。

　　全赋篇幅不长，却运用了叙述、描写、议论等多种表现手法，这些表现手法灵活转换，而无生硬之感。

　　描写优美生动，表现手法多样等，正是陆游赋受到一些学者肯定的原因所在。

二

　　陆游对散文创作用力甚勤，亦颇多收获，其序、记、书、跋等皆不乏名篇，唯独赋例外。这与陆游的赋学观、创作态度以及创作手法等密切相关。

　　自汉代以来，赋体历经多变。汉代以大赋而闻名，南朝以骈赋而著称，而唐人颇重律赋，北宋欧阳修和苏轼又开文赋一体。到了南宋时期，文赋已广为流行，习者甚众。陆游却"没有一篇可称为文赋"①，其赋作皆袭用传统的赋体。欧明俊先生亦曾指出："南宋时，赋多散文化，'文赋'已盛行，陆游仍用传统典型的赋体，可见其观念上的传统倾向。"② 可见，陆游的赋学观是比较传统保守的。

　　从具体创作素材来看，陆游赋在素材方面并没有作多少开拓。不管是咏禹庙，还是自闵、思故乡等，都是比较老套的话题；观雨和栀子华，亦不算新鲜。此亦与其保守的赋学观有关。

　　赋史上的名篇，除了技巧高超之外，更重要的是这些作品具有正能量。《子虚》《两都》以展现盛世风采而著称，《芜城》

----

① 曾枣庄：《宋文通论》，上海人民出版社 2008 年版，第 359 页。
② 欧明俊：《陆游研究》，上海三联书店 2007 年版，第 216 页。

《哀江南》以哀叹历史变迁而闻名。作者赋予其作品以"历史生命力",从使得这些作品获得了"不朽"。阅读这些名篇会给人以奋发向上的积极性,而不是一味地世故与伤感。陆游赋作似乎遗失了赋的正能量。陆游赋作亦不乏重大题材之作,如《禹庙赋》和《丰城剑赋》等。《禹庙赋》虽然有禹治水之功的描述,但作者却将此作为引子,重点放在了后面的议论。而《丰城剑赋》"几乎纯是论体"①。这样,重大题材变成作者了发议论的媒介,这无疑大大削弱了其赋的历史价值和社会价值。

陆游创作了一些状物和抒情赋作,但这些作品大多充满消极、避世的情调。如《红栀子华赋》:

> 睹一童子,衿佩青青,手持异华,六出其英。……方就视而爱叹,已绝驰而莫及。忽矫首而清啸,犹举袂而长揖。援修蔓而上腾,攀峭壁而遽入。敬变灭于转盼,久惝怳而伫立。有老道士,笑而语予。人皆可以得道,求诸己而有余。顾舍是而外慕,宜见其欺于猿狙。嗟予好学而昧道,有书而无师。虽粗远于声利,实未免夫喜奇。

赋虽以"红栀华"命名,但全篇写的是仙人之道,由睹仙人而悟仙道。再如《焚香赋》:"方与香而为友,彼世俗其奚恤。洁我壶觞,散我签帙。非独洗京洛之风尘,亦以慰江汉之衰疾也。"全篇表现出浓郁的出世思想。甚至连《思故山赋》亦带有浓郁的仙道思想,如"道翁药叟,一笑而相握"等。

从以上分析可以看出,陆游赋学观与其说是保守的,倒不

---

① 马积高:《赋史》,上海古籍出版社 1987 年版,第 461 页。

如说是消极的。他抛弃了赋作应该具有的反映历史和社会的责任，而将其降格为自己发议论和泄私情的工具。这使得他的不少赋作充满了消极的情调，最终导致其作品很难受到有识之士的重视与赏识。一句话，陆游不是把赋当作赋来看待，而是将赋当作文看待，当作发己见、抒私情的工具。

三

在"视赋为文"的赋学观影响下，陆游大量将散文创作手法与技巧运用于赋创作之中，使得其赋呈现出明显的散文化特征。

（一）以议论为赋

唐前赋作多以状物与抒情为主，唐代李翱等首开以议论为赋先河。宋代以来，以议论为赋大为盛行。由于当时以议论为赋风气的影响，陆游亦好以议论为赋。《禹庙赋》开篇由游禹庙引出禹治水之功，但接下来笔锋一转，花了大量篇幅讨论禹治水"行其所无事"："孟子曰：禹之行水也，行其所无事也。……然则孟子谓之行其所无事，何也？曰：世以己治水，而禹以水治水也。以己治水者，己与水交战，决东而西溢，堤南而北圮。治于此而彼败，纷万绪之俱起。则沟浍可以杀人，涛澜作于平地。此鲧之所以殛死也。以水治水者，内不见己，外不见水，惟理之视。避其怒，导其驶，引之为江为河为济为淮，汇之为潭为渊为沼为沚。"

议论在赋中所占篇幅过半，从而议论主题成为全赋的主体。

《丰城剑赋》完全是一篇议体赋。开篇写丰城剑气之传说，接下来作者就此说发表了自己的见解，"彼区区之二剑，曾何与于上玄？若吴亡而气犹见，其应晋之南迁。有识已悲宗庙之丘墟，与河洛之腥膻矣。华不此之是惧，方饰智而怙权。呜呼！负重名，位大吏，俯仰群枉之间。祸败不可以旋踵，而顾自谓优游以穷年。夫九鼎不能保东周之存，则二剑岂能救西晋之颠乎！"全篇仅开篇有少许叙述，后面全为议论。多过的议论消解了赋艺的本体特征，从而使赋沦为议论之文。

（二）理胜于境、情

自汉代赋作分途以来，大赋以状物见长，抒情赋以表情见长，于是赋作名篇或以状物而闻名，如《海赋》《江赋》等，或以抒情见称，如《登楼赋》《别赋》等。唐诗尚韵，宋诗尚理；唐人尚气，宋文尚意。受诗文创作风气影响，"宋赋尚理"[1]。陆游赋作受此风气影响，表现出明显的尚理特征。《禹庙赋》以论述"禹之行水也，行其所无事也"为核心。《丰城剑赋》设问辩难，驳古人，立新说。《红栀子华》以论仙道为主。这些作品皆以理为主，而忽视了境与情。赋是介于文与诗之间的一种文体，因此它或以境胜，或以情胜。陆游赋作以理胜，"遂略于辞，昧于情"[2]，显然与赋的本体特征大相径庭，此无疑消解了其赋的艺术魅力与影响力。

---

① 郭维森、许结：《中国辞赋发展史》，江苏教育出版社1996年版，第523页。
② 祝尧：《古赋辨体》，上海古籍出版社1993年版，第140页。

（三）散文化句式

陆游存世七篇赋作中，有两篇骚体赋《虎节观雨赋》和《焚香赋》。这两篇作品虽然句句带"兮"字，且基本句句押韵，但读起来却没有多少韵味，原因何在呢？

> 南方既秋兮暑弗归，老火干时兮秋金微。赫赫炎炎兮炮烙之威，赤云如山兮其高巍巍。阳乌三足兮中天流辉，吴年喘卧兮海鸟劝飞。水泉枯竭兮桔槔息机，禾欲茂而槁死兮妇泣而子欷，曾纤绤之不御兮如被裘衣。吾一夕而三起兮汗如写其屡挥，昏然投床兮饮馋蚊之方饥。（《虎节门观雨赋》）

开篇两句是较为规范了七言"兮"字句，但自第三句开始，句子逐渐变长，且变得不整齐，八言、九言、十一言、十二言不等。"兮"字前后句式变得越发不整齐。如"赫赫炎炎兮炮烙之威"，前为四字重叠词，后为带"之"字的偏正词组。再如，"禾欲枯茂而槁死"与"兮"字后"妇泣而子欷"，"昏然投床"与"兮"字后"饮馋蚊之方饥"等前后很不匀称。另外，散文化的句子随处可见，如"禾欲茂而槁死"，"吾一夕而三起"，"汗如写其屡挥"，"饮馋蚊之方饥"等。这样，全文给人以零乱、疏散而无韵味之感。《自闵赋》更是如此：

> 余有志于古兮骋自壮岁，慕杀身以成仁兮如自力弘毅。视暗室其犹康庄兮凛昭昭之可畏，敢以不贤之身兮差冒没于富贵。嗟止不自摧兮草奄如翠，余旁睨而窃怪兮抵掌戏欷。吐狂喙之三尺兮论极泾渭，徒被而洁芳兮蹈道则未。

虽然句句有"兮"字，但句式多不整齐，"兮"字前后多为独立性很强的散体句。这样读起来自然没有多少韵味了。

陆游非骚体赋亦多用散文化句式。如《思故山赋》：

予仰而叹，俯而怍。蹴然而起谢曰：仆所谓自用而愚，寡要而博。貌智而中粗，类强而实弱者也。凡子言者，敢不敬诸，请谢曩昔之过，更坚后日之约，可乎？

句子长短不一，且全为口语化的语言。另外，陆游甚至在赋作中大量引作前人言语。如《禹庙赋》："孟子曰：禹之行水也，行其所无事也。……"这在以前的赋作是较少见的。大量散文化的句式会大大削减赋作的艺术性，使之虽名为赋，其实更像散文。

综上所述，陆游赋作散文似的描写手法和表现手法的灵活转换等颇受后世学者肯定，但陆游视赋为文，将赋作为发议论和抒私情的工具，导致其赋作丧失正能量，格调变得消极低沉。陆游以文为赋，过多议论、重理而忽境轻情以及大量散文化句式的运用等，使得其赋韵味大失，几与散文无异。这些大大削弱了其赋作的艺术性，导致其赋作少有佳作名篇。

陆游诗词互渗主体成因及风貌探析

淮阴师范学院　许芳红

德国理论家威克纳格在《诗学·修辞学·风格论》一文中说："风格是语言的表现形态，一部分被表现者的心理特征所决定，一部分则被表现的内容和意图所决定。"[①] 可见，文学创作与创作主体的身份、性格、气质有很大关系。明代李卓吾在《读律肤说》中也说："性格清彻者音调自然宣畅，性格舒徐者音调自然舒缓，旷达者自然浩荡，雄迈者自然壮烈，沉郁者自然悲酸，古怪者自然奇绝。有是格，便有是调，皆情性自然之谓也。"[②] 他非常具体地阐明了文体风格与创作者气质、性情的联系。方孝孺在《张彦辉文集序》也曾指出，"庄周为人，有壶视天地、囊括万物之志，故其文宏博而放肆，飘飘然若云游龙骞不可守"，"司马迁豪迈不羁，宽大易直，故其文崒乎如恒华，

---

① 王元化译：《文学风格论》，上海译文出版社，1982 年版。

② （明）李贽：《读律肤说》，《焚书》卷 3，中华书局 1974 年版，第 369—370 页。

浩乎如江河，曲尽周密，如家人父子语，不尚藻饰而终不可学"。① 从中，我们同样可以看到作家的精神结构与文体风格之间所存在的关系。文体与人的性格气质必然不可分割，歌德说："一个作家的风格是他内心生活的准确标志。"② 作家的气质、性格、禀赋、文化修养必然会在其创作中自然呈现出来。清代词论家谢章铤云："不知诗词异其体调，不异其性情。"③ 作家性情的同一必定会在不同文体中留下相同的印记，于是在不自觉中促成文体的互相渗透影响。叶绍翁曾评价陆游说："天姿慷慨，喜任侠，常以踔鞯草檄自任，且好结中原豪杰以灭敌。"④他的一生不管是清醒时还是在醉乡梦中，抗金收复失地总占据其心灵的主要空间，而且坚定不移。陆游的这种人生经历与性情气质必然会在他的诗词创作中打下鲜明的印记，本文拟从陆游的人生经历、性情气质角度探讨陆游"以诗为词"与"诗具词味"的诗词互渗之主体成因与表现风貌，以求窥见陆游诗词观念的复杂存在。

一 爱国情怀，壮美诗词

陆游为南宋"中兴四大诗人"之一，生于金兵入侵的宣和七年，次年汴京沦陷，北宋灭亡。他生当靖康国耻之时，整个

---

① （明）方孝孺：《张彦辉文集序》，《逊志斋集》卷12，民国戊辰年宁海胡氏味善居重刻本。

② 歌德：《歌德谈话录》，人民文学出版社1978年版，第39页。

③ （清）谢章铤著，唐圭璋编：《赌棋山庄词话》卷5，《词话丛编》，中华书局1986年版，第3387页。

④ （宋）叶绍翁：《四朝闻见录》，中华书局1989年版，第65页。

社会弥漫着浓烈的爱国情绪，这种情绪强烈地感染着他，他在《跋傅给事帖》一文中曾回忆道："绍兴初，某甫成童，亲见当时士大夫，相与言及国事，或裂眦嚼齿，或流涕痛哭。"① 这种情绪促成了他终生许国的豪情，他在诗《久无暇近书卷慨然有作》中言："事业期不朽，致君颇自许。"② 然而，由于秦桧的嫉恨和压抑，他的仕途颇为坎坷，《宋史》卷395《陆游传》谓其：

> 年十二能诗文，荫补登仕郎，锁厅荐送第一，秦桧孙埙适居其次，桧怒，至罪主司。明年试礼部，主司复置游前列，桧显黜之，由是为所嫉。③

直到秦桧死后，他的人生才有起色，34 岁时，因人荐举得到一个仕进的机会，至 38 岁，又得到了赐进士的出身。48 岁时，入宣抚四川的枢密使王炎幕府，开始了一生中非常重要的一段生活——南郑的军旅生涯。南郑位于川陕分界之处，是当时南宋的边防重地。陆游雄心勃勃，想一展宏图，很快便向王炎献进攻之策："经略中原，必自长安始；取长安，必自陇右始。"④ 期盼能实现收复中原的愿望。然而，南宋朝廷只欲自保，已无重拾山河之心，所以他的报国壮志很快就破灭了。虽然他在南郑仅生活了 8 个月，但是"铁马秋风大散关"的生活经历，却为他留下了终生难忘的追忆，"南郑"也成为他一生的情结，

---

① （宋）陆游：《渭南文集》卷31，《四部丛刊》初编本。
② 钱仲联：《剑南诗稿校注》卷19，上海古籍出版社2005年版。
③ （元）脱脱：《陆游传》，《宋史》卷395，中华书局2000年版，第12057页。
④ 同上书，第12058页。

爱国主义情感于是成为其诗歌的主旋律，在其《剑南诗稿》中随处可见，如：《病起书怀》"位卑未敢忘忧国"，《客愁》"消磨未尽胸中事，《梁甫》时时尚一吟"，可谓举不胜举！梁启超在《读陆放翁集》中赞叹道："诗界千年靡靡风，兵魂销尽国魂空。集中什九从军乐，亘古男儿一放翁。"又感慨曰："辜负胸中十万兵，百无聊赖以诗鸣。谁怜爱国千行泪，说到胡尘意不平！"① 明代黄漳于《书陆放翁诗卷后》亦云："盖翁为南渡诗人，遭时之艰，其忠君爱国之心，愤郁不平之气，恢复宇宙之念，往往发之于声诗。"② 他们均认为陆游的诗歌是他心灵的传声筒。在他的一些表达其文学观点的作品里，我们同样可以看到与他这种身份相一致的表述。从诗歌所表现内容来看，他说：

> 君子之学，盖将尧、舜其君民；若乃放逐憔悴，娱悲舒忧，为风为骚，亦文之不幸也。③

认为文学应有为而作，于国于民有所裨益，而非仅仅是个人喜怒哀乐的抒发，若仅作个人悲苦之吟唱，诚乃文之大不幸。类似的观点在陆游的作品里不断出现，比如他在《送范西叔赴召》之二中说："自昔文章关治道。"在《上执政书》（《渭南文集》卷13）中云："夫文章，小技耳，然与至道同一关捩。"他的《示子遹》《九月一日夜读诗稿走笔作歌》均表达了他主张

---

① （清）梁启超：《读陆放翁集》，《饮冰室合集》卷45下，中华书局1926年版。
② （明）黄漳：《书陆放翁诗卷后》，刘辰翁、元罗椅等《精选放翁诗集》，《四部丛刊》影印明初刊本。
③ 陆游：《跋吴梦予诗编》，《渭南文集》卷27，《四部丛刊》初编本。

文人应关心国家命运，面向社会现实的文学观点。可见，他的文学观点完全承继儒家诗教观而来。与此文学观点相一致。在诗歌风格上，陆游追求壮美之雄风，曾于《白鹤馆夜坐》诗中言：

> 兰苕看翡翠，烟雨啼青猿。岂知云海中，九万击鹏鲲。更阑灯欲死，此意与谁论？①

他明确表示文学观点的几首诗歌都可见出他对这种雄壮奔放诗风的追求，如《记梦》：

> 夜梦有客短褐袍，示我文章杂风骚。
> 措辞磊落格力高，浩如秋风驾秋涛。
> 起伏奔蹴何其豪，势尽东注浮千艘。
> 李白杜甫生不遭，英气死岂埋蓬蒿？
> 晚唐诸人战虽鏖，眼暗头白真徒劳。
> 何许老将拥弓刀，遇敌可使空壁逃。
> 肃然起敬竖发毛，伏读百过声嘈嘈。
> 惜未终卷鸡已号，追写尚足惊儿曹。

再如《答郑虞任检法见赠》：

> 文章要须到屈宋，万仞青霄下鸾凤。
> 区区圆美非绝伦，弹丸之评方误人。

火热的军旅生活、热烈的爱国激情、干预时政的文学观点，共同形成了陆游文学创作的主要格局，因此，在他的诗中"所奔腾不息的，正是那个时代与诗人无法抚平的深度的痛苦乃至

---

① 陆游：《白鹤馆夜坐》，《剑南诗稿》卷8。

血泪"①,他用奔突放纵之笔抒发内心炽热的爱国热情,淋漓酣畅、无拘无束。正如前文所言,同一人的性情气质必然会在不同的文体里留下相同的印记,他的一部分词作也表现出与诗相同的内容与风貌,邓乔彬先生说:

> 陆游更因时世之变及个人抱负,"江山""尊俎"都赋予了抗敌御侮、收复失地的新含义,无论是表雄心、抒愤怨,皆使词移就于诗,而多"言志"色彩。②

邱鸣皋先生也言:

> 陆词在表现它这个主流、主调的时候,和诗一样,用笔风格是沉雄悲壮的,如《水调歌头·多景楼》,此词气魄之沉雄豪迈,直欲凌驾诸前辈同调名作之上。③

他的诗是"英雄之诗",词也是"英雄之词"④,其词的这种特点正与他的诗人身份有关,此正如叶嘉莹先生所论:

> 陆游又是以诗人之襟抱与诗人之笔法为词的,因此他的词中自然便出现了一些与他的诗相似的意境。⑤

因为,诗人身份在陆游词的创作中占据了很大的比重,所以,他的词"其豪雄者,盖抱报国大志,而又数临边燧之地,在此身世经历,而以矫健之笔出之,自必近乎稼轩;至闲适之

---

① 邱鸣皋:《陆游评传》,南京大学出版社 2002 年版,第 394 页。

② 邓乔彬:《驿骑苏秦间——陆游词风格及成因浅议》,《词学二十论》,上海古籍出版社 2005 年版,第 9 页。

③ 邱鸣皋:《陆游评传》,南京大学出版社 2002 年版,第 442 页。

④ (清)田同之《西圃词说》引王渔洋语,《词话丛编》,中华书局 1986 年版,第 1451 页。

⑤ 叶嘉莹:《论陆游词》,《唐宋词名家论稿》,河北教育出版社 1997 年版,第 225 页。

作，实乃壮志难申，无可奈何寄情于田园山水之间，悲壮之气渐化而为平淡。此皆身世遭遇所至，非学少游、稼轩、东坡而有此手法及风格也"①。可见，正是由于陆游的诗人身份及身世遭遇使其词的内容、风格以及写作方法，都继承了北宋苏轼以来豪放一派的词风，扩大了词的领域，并以其实际创作进一步发扬了苏轼以来的"以诗为词"风格，成为豪放词体中一位重要的作家。他在词史上的地位正如况周颐所说："（豪放词风）语其变则眉山导其源，至稼轩、放翁而尽其变。"②

二 轻视词体，以诗为词

陆游"以诗为词"，以他的性情与才气驾驭具有"跌宕"之致的词体，写出了一些颇为出色的作品，成为文学史上一位颇有影响的词人，但是，"就陆游平生议论看来，他原是瞧不起词这种文学的"③，他对于词的体性特征并没有明确清晰的认识。他在 65 岁时所写的《长短句序》中云：

> 雅正之乐微，乃有郑卫之音。郑卫虽变，然琴瑟笙磬犹在也。及变而为燕之筑、秦之缶，胡部之琵琶、箜篌，则又郑卫之变矣。风雅颂之后，为骚，为赋，为曲，为引，

---

① 张璋等：《分春馆词话》卷 4，《历代词话续编》下册，大象出版社 2005 年版，第 1207 页。

② （清）况周颐、王国维：《王文简〈倚声集序〉》，《蕙风词话续编》卷 1，（清）况周颐、王国维《蕙风词话》《人间词话》合订本，人民文学出版社 1960 年版，第 148 页。

③ 夏承焘、吴熊和：《论陆游词》，《放翁词编年笺注》，上海古籍出版社 1981 年版，第 2 页。

为行，为谣，为歌。千余年后，乃有倚声制辞，起于唐之季世。则其变愈薄，可胜叹哉！予少时汩于世俗，颇有所为，晚而悔之，然渔歌菱唱，犹不能止；今绝笔已数年，念旧作终不可掩，因书其首以识吾过。淳熙己酉炊熟日，放翁自序。①

他从音乐发展史角度认为词乃"郑卫之变"，且"其变愈薄"，并且很后悔自己"汩于世俗"之作词行径，他作此序的目的是"以识吾过"，表现出非常鲜明的轻视词体之态度。他在81岁所作的《跋花间集》二则中又说：

《花间集》皆唐末五代时人作。方斯时，天下岌岌，生民救死不暇，士大夫乃流宕如此，可叹也哉！或者亦出于无聊故耶！

大中以后，诗衰而倚声作。使诸人以其所长格力施于所短，则后世孰得而议？笔墨驰骋则一，能此不能彼，未易以理推也。②

陆游对唐末五代之人在动乱时代沉湎于作词非常不满，感慨当时"士大夫乃流宕如此"，简直是自甘堕落！同时，他认为若当时诗人能以作词的才能去写诗，那么后世谁又敢讥评他们呢？言语中深为晚唐五代人可惜。从陆游的这些议论看来，他完全是以诗人的身份与眼光来看待词的发生与发展的，并未将词当作一种独立的、具有自身特美的文体看待，也没有认识到

---

① 陆游：《渭南文集》卷14，《四部丛刊》初编本。
② 陆游：《跋〈花间集〉》，《渭南文集》卷30，《四部丛刊》初编本。

词之为词在文学史上的存在价值与意义。因此，他在词之风格方面更欣赏苏轼的清雄高逸之美，他说：

> 昔人作七夕诗，率不免有珠栊绮疏惜别之意，唯东坡此篇，居然是星汉上语，歌之曲终，觉天风海雨逼人。学诗者当以是求之。①

他对词的期待是高韵绝响，而不是"珠栊绮疏"，认为上品词作应能于"惜别"之儿女情态中见出词人自身不同凡俗的精神力量，并希望"学诗者"（此处显然指"学词者"）当以苏轼七夕词为楷模，高其格调，不作泛泛纤艳之词。由于他没有认识到诗词的体性差别，没有认识到诗词对作者的性情品格有不同要求，因此，他在评价陈师道词时就陷入了迷惑不解之中，他在《跋后山居士长短句》中说：

> 唐末，诗益卑，而乐府词高古工妙，庶几汉、魏。陈无己诗妙天下，以其余作辞，宜其工矣；顾乃不然，殆未易晓也。②

在他看来，陈师道以高妙诗才作词，词作之工应易如反掌，但结果却是"顾乃不然"。可见，他认为诗才之高下会影响词作水平之高下，诗人作词，词自会有所受惠，这是陆游预设之心理期待，也是他持有的文学观点。然而陈师道词的创作却未能证实他的判断，所以，他感到迷惑，言"殆未易晓也"，但是，他疑惑中却并未改变对诗人作词的看法。从他的这些议论中，我们可看到陆游对词体的艺术特质与魅力尚缺少深透的领悟与

---

① 陆游：《跋东坡七夕词后》，《渭南文集》卷28，《四部丛刊》初编本。
② 陆游：《跋后山居士长短句》，《渭南文集》卷28，《四部丛刊》初编本。

把握。陆游既有此词学观点，又以诗笔为词，所以他的词作往往会伤于浅率质直，难免"有气而乏韵"①，少委曲含蕴之美。比如他的《汉宫春·初自南郑来成都作》一首：

> 羽箭雕弓，忆呼鹰古垒，截虎平川。吹笳暮归野帐，雪压青毡。淋漓醉墨，看龙蛇、飞落蛮笺。人误许、诗情将略，一时才气超然。
>
> 何事又作南来，看重阳药市，元夕灯山。花时万人乐处，欹帽垂鞭。闻歌感旧，尚时时、流涕尊前。君记取、封侯事在，功名不信由天。

词为陆游自南郑初至成都时作，全词抒发爱国豪情及雄心壮志未得实现的忧伤，风格与其诗几无二致。此词以四字句为主，句式整齐，铺排而下，气势惊人，句法近诗，甚至颇近于文，于诗应为好诗，但于词却缺少盘折含蓄之美，而显得直白发露。② 此正如《四库全书总目》所云：

> 游生平精力，尽于为诗，填词乃其余力，故今所传者，仅及诗集百分之一。刘克庄《后村诗话》谓其时掉书袋，要是一病。杨慎《词品》则谓其纤丽似淮海，雄快处似东坡。平心而论，游之本意，盖欲驿骑于二家之间，故奄有其胜，而皆不能造其极。要之诗人之言，终为近雅，与词

---

① （清）况周颐、王国维：《人间词话》，《蕙风词话续编》卷 1《蕙风词话人间词话》，人民文学出版社 1960 年版，第 213 页。
② 叶嘉莹：《论陆游词》，《唐宋词名家论稿》，河北教育出版社 1997 年版，第 185 页。

人之冶荡有殊。其短其长，故具在是也。①

此评深得陆游成败得失之肯綮。陆游以诗人之身份作词，他作为诗人的文艺观念影响了他的词体创作，故其词只能徘徊于诗与词之间，终不能达词人之胜境。真是"成也萧何，败也萧何"！陆游词的佳处源于他的诗人身份，其败处也在于他的诗人身份，最终，他"上不能如苏之'以诗为词'，下不能如辛之'以文为词'，'蹭蹬乃去作诗人'"的陆游毕竟只是以余力为词，"'以其所长格力施于所短'，终未能使自己成为词坛大家"②。

三 天生情多，诗具词味

但是，陆游的词学观点与其实际创作又是违背的，刘扬忠先生说："陆游对词的创作一直抱着一种既暗自喜欢又十分鄙薄的矛盾态度。"③ 叶嘉莹先生也看到了陆游对待词体的矛盾态度，她说："陆游对词之所以加以否定者，盖由于就理性而言，则其所见之《花间集》中之作品，其内容所写大多不过为流连歌酒男女欢爱之辞，并无一语及于国政及民事者，这与陆游平生之以国事自许的为人志意，自然极不相合。……然而另一方面，则就感性而言，词之为体却又确实有一种特美，足以引起人内心中一种深微窈眇之情思。……他在感性上已经下意识地受了

---

① （清）纪昀：《放翁词》提要，《四库全书总目》卷198，中华书局1997年版，第2795页。

② 邓乔彬：《驿骑苏秦间——陆游词风格及成因浅议》，《词学二十论》，上海古籍出版社2005年版，第152页。

③ 刘扬忠著，中国陆游研究会编：《陆游、辛弃疾词内容与风格异同论》，《陆游与越中山水》，人民出版社2006年版，第265页。

词之此种特美所吸引的缘故。"① 人本有情，陆游也是如此，正因其多情，平日信步出游，才能在生活中触处皆诗。他的诗多是生活中信口吟来之作，他于《剑南诗稿》中多言："但能与物俱无著，小草新诗取次成"②，"题诗本是闲中趣，却为吟哦占却闲。我欲从今焚笔砚，兴来随分看青山"③，"作诗未必能传后，要是幽怀得小抒"④，"秋风岂必关人事，自是衰翁感慨深。"⑤ 虽然总的来说，他重诗轻词，视词为"小道""余事"，但在他一百多首词中，他却有一组专门模仿《花间集》而写的词作，魏庆之《诗人玉屑》于此曾有评价云：

　　至于《月照梨花》一词云："霁景风软，烟江春涨。小阁无人，绣帘半上。花外姊妹相呼，约樗蒲。 修蛾忘了当时样。细思一饷，感事添惆怅。胸酥臂玉消减，拟觅双鱼，倩传书。"此篇杂之唐人《花间集》中，虽具眼未知乌之雌雄也。⑥

从《月照梨花》词之题材内容及风格来看，该词与《花间》作品完全一致，他在《跋〈花间集〉》中对《花间》甚为鄙薄，而在创作上却尽心尽力模仿之，此中，我们可以窥见陆游复杂的创作心态。欧阳修曾言："人生自是有情痴，此恨不关风与月。"陆游不幸的婚姻爱情生活是他一生的痛，在他的心里留下了难以

---

　　① 叶嘉莹：《论陆游词》，《唐宋词名家论稿》，河北教育出版社 1997 年版，第 219—220 页。

　　② 陆游：《初夏闲居》，《剑南诗稿》卷 66。

　　③ 陆游：《村居闲甚戏作》，《剑南诗稿》卷 69。

　　④ 陆游：《幽居遣怀》，《剑南诗稿》卷 69。

　　⑤ 陆游：《秋思绝句》，《剑南诗稿》卷 63。

　　⑥ （宋）魏庆之：《诗人玉屑》卷 21，上海古籍出版社 1978 年版，第 478 页。

抚平的创伤。他 20 岁时娶表妹唐氏为妻，唐氏才貌双全，又有很好的诗词修养，二人两小无猜，情趣相投，婚后两人吟诗赏词，举案齐眉，感情甚笃。但是，因陆母不喜唐氏，陆游的美好姻缘终成悲剧，他最终只能休妻再娶，有情之人劳燕分飞，只能于心中默存一份思念。若干年后，陆游于沈园巧遇唐氏夫妇，唐氏赠予食物以寄相思，陆游内心百感交集情难自抑，提笔于沈园粉墙留词一首《钗头凤》。此事最早见于陈鹄的《耆旧续闻》，刘克庄、周密等俱有记载，众书情节相仿而细节稍有出入。"沈园"与"南郑"遂一起成为陆游心中的两大情结："南郑"情结是陆游士大夫的英雄意气，而"沈园"情结则是他作为男人的儿女情怀。二者缺一不可，少了"沈园"，陆游成了政治符号；少了"南郑"，陆游成了爱情剧中多愁善感的男主角。"南郑"与"沈园"共同构成了陆游壮美而又凄凉的人生。陆游是多情的，否则他不会一生忆念唐氏，魂里梦中，不舍不弃。怀念唐氏的诗他写了又写，凄凉低回，令人情何以堪！叶嘉莹先生说："陆游是一位有'真性情'的诗人。其感情之专一深挚，无论是对国之许身，或是对前妻之悼念，都是至死不渝的。"① 因此，在他一百多首词作中，除了抒写士大夫情怀志意的作品外，还有 23 首爱情词，有一部分词被人评为"纤浓得中"②，"其纤丽处似淮海"③，"流丽

---

① 叶嘉莹：《论陆游词》，《唐宋词名家论稿》，河北教育出版社 1997 年版，第 229 页。

② 谭献著，唐圭璋编：《复堂词话》，《词话丛编》，中华书局 1986 年版，第 3994 页。

③ （明）杨慎：《渚山堂词话·词品》，《词品》卷 5，人民文学出版社 1960 年版，第 141 页。

绵密者，欲出晏叔原、贺方回之上"①。其《临江仙》（鸠雨催成新绿）情感真挚热切，黄昇认为"思致精妙，超出近世乐府。"② 他的《一丛花》（尊前凝伫漫魂迷）情感也深厚动人，其中"倩双燕、说与相思。从今判了，十分憔悴，图要个人知"，贺裳《皱水轩词筌》曰："其情加切矣。"③ 朱庸斋在其《分春馆词话》中也说："放翁小令佳者，多为怀念前妻唐琬及相恋之作，缠绵真挚，动人心坎。旖旎近情，近乎小山。"④ 从这些深切动人的辞章和他对《花间》的模仿中，我们可以看到陆游内心深处多情的一面。他不仅仅是一位爱国诗人，他还有更丰富的情感与生活，他那被传统诗教压抑住的情怀，忍不住会从某一缝隙中流泄出来，对《花间集》的模仿如此，于诗中不自觉地呈现出词之味道与意境也是如此。陆游其实是一个矛盾的统一体，在中国文学史中，没有哪一个诗人像他这样表现出如此严重的两面性，在文学创作中，总是理论上一套，而创作实践又是一套。这种矛盾不仅表现在他表面上鄙视词但暗地里却非常喜欢，还表现在他表面上鄙视晚唐诗但暗地里却深受晚唐诗的影响。陆游多次在他的诗作中表现出对晚唐诗鄙视的态度，如《记梦》云：

> 李白杜甫生不遭，英气死岂埋蓬蒿。

① （宋）刘克庄：《后村诗话》，中华书局1983年版，第139页。
② （宋）魏庆之：《诗人玉屑》卷21《中兴词话》引，第478页。
③ （清）贺裳著，唐圭璋编：《皱水轩词筌》，《词话丛编》，中华书局1986年版，第702页。
④ 朱庸斋：《分春馆词话》，《历代词话续编》下册，大象出版社2005年版，第1207页。

晚唐诸人战虽麈，眼暗头白真徒劳。

《示子遹》云：

数仞李杜墙，常恨欠领会。元白才倚门，温李真自郐。

《宋都曹屡寄诗且督和答作此示之》有云：

天未丧斯文，杜老乃独出。

陵迟至元白，固已可愤疾。

及观晚唐作，令人欲焚笔。

钱锺书先生认为陆游"鄙夷晚唐，乃违心作高论耳"①，齐治平先生也认为"他（陆游）鄙夷晚唐……，可是实际上他自己却濡染晚唐，功夫很深"②。莫砺锋也持相同观点，认为他"在理论上对晚唐诗予以严厉的批评，在创作上却又受到了晚唐诗相当深的影响"③。为什么会如此？为什么会有如此严重的心口不一？钱锺书先生在《谈艺录》中曾有一段关于陆游的经典议论：

（放翁诗）复有二官腔：好谈匡救之略，心性之学……盖生于韩侂胄、朱元晦之世，立言而外，遂并欲立功立德，亦一时风气也。放翁爱国诗中功名之念，胜于君国之思。铺张排场，危事而易言之。④

虽然，陆游诗词中的爱国热情感染打动了一代又一代人，但是一部分作品的确有"铺张排场，危事而易言之"的特点。

---

① 钱锺书：《谈艺录》，中华书局 1984 年版，第 123 页。
② 邱鸣皋：《陆游传论》，岳麓书社 1984 年版，第 86 页。
③ 莫砺锋：《陆游对晚唐诗的态度》，《唐宋诗歌论集》，凤凰出版社 2007 年版，第 431 页。
④ 钱锺书：《谈艺录》，中华书局 1984 年版，第 132 页。

从中可见，陆游更愿意与主流观点及时代潮流保持一致的言行特点。士风以欲收复失地表示爱国，陆游则于诗中反复高唱；诗坛鄙薄晚唐诗风，于是，他也高声鄙视之；词坛受苏轼"以诗为词"观念影响，强调"词与乐府"同出，追求词合"风""骚"之义，他则对《花间》多有指斥。莫砺锋在《陆游对晚唐诗的态度》一文中认为陆游之所以鄙薄晚唐诗，并不是"违心作高论"，而是"出于南宋初期的现实政治斗争及诗坛风气之争的需要"[①]。从中，我们同样可见陆游文学观点的现实功利性。我们说评价一个人不能仅听他说了什么，而是要看他做了什么，陆游言语和行动分裂的个中原因恐怕在于他的功名之念。他与苏轼比起来，"缺乏忧生意识，多的是忧世意识"[②]，"功名之念，胜于君国之思"，所以，在生活中不知不觉埋藏了自己的真实喜好而不知。虽然人说"亘古男儿一放翁"，但是，实质上陆游是软弱的，他太屈从于所谓的正统与主流，从他的爱情悲剧里就可看出他的软弱性，他的身与心总是在社会规范的压制下分离，所以，他嘴里不喜欢词却"渔歌菱唱不能止"，不喜欢词却在他的诗歌里留下较浓的词之意味。时下论者在评价陆游时都认为陆游"疏放"，与秦观比缺少"词心"，并以此来解释陆游词之韵味的缺失。[③] 何谓"词心"？邓乔彬先生认为："一在

---

① 莫砺锋：《陆游对晚唐诗的态度》，《唐宋诗歌论集》，凤凰出版社 2007 年版，第 449 页。

② 胡元翎：《陆游未能成为词中大家原因探析》，《陆游与越中山水》，人民出版社 2006 年版，第 358 页。

③ 胡元翎：《陆游未能成为词中大家原因探析》，《陆游与越中山水》，人民出版社 2006 年版，第 358 页。

于真切的深情，二在于难以移易的独特性。"① 况周颐在《蕙风词话》卷1中说：

> 吾听风雨，吾览江山，常觉风雨江山外有万不得已者在。此万不得已者，即词心也。而能以吾言写吾心，即吾词也。此万不得已者，由吾心酝酿而出，即吾词之真也，非可强为，亦毋庸强求。视吾心之酝酿何如耳。②

况氏也认为"词心"是万不得已的真情。那么，陆游是否有"词心"呢？从他对唐氏的一往情深，从他的《沈园二首》等怀念唐氏的诗作，从他随笔即书的描写日常情味的诗作，从他满怀绮情的词作来看，陆游也具有"真切的深情"，也有万不得已的真情。虽然，他在词中写给唐氏的只有一首《钗头凤》，那是因为"陆游对唐氏之感情的严肃深挚，他是并不愿将此一段感情写入他所视为'渔歌菱唱'的流宕嬉游的歌词之中的"③。但是，他的内心确有万不得已的真情存在。这份真情于词中未尽情泻出，却在诗歌里不自觉地流露出来，因此，在不自觉中，为他的诗歌注入了词体之因素，而使他的诗具有词的情调与风味。

---

① 邓乔彬：《秦观"词心"析论》，《词学二十论》，上海古籍出版社2005年版，第123页。

② （清）况周颐：《蕙风词话》卷1，（清）况周颐、王国维：《蕙风词话》《人间词话》合订本，人民文学出版社1960年版，第10页。

③ 叶嘉莹：《论陆游词》，《唐宋词名家论稿》，河北教育出版社1997年版，第230页。

《放翁词》用调研究

华东师范大学中文系　朱惠国　朱晓娇

一提陆游，许多人立马就联想到"六十年间万首诗"，很少提到他的词。对于陆游的词，宋人刘克庄评价说："放翁长短句，其激昂慷慨者，稼轩不能过；飘逸高妙者，与陈简斋、朱希真相颉颃；流丽绵密者，欲出晏叔原、贺方回之上。"[①] 明代杨慎评其云："放翁词纤丽处似淮海，雄慨处似东坡。"[②] 现代词学家夏承焘则以"夷然不屑，所以尤高"评论陆游的词。可见陆游在词上也颇有造诣，然人们对于其词的关注远远少于其诗，或许正是诗名太盛，以致其词为诗名所掩而被人们忽视。但陆游上承东坡、淮海，下接稼轩，为北、南宋词坛重要过渡人物，在词史上有其特殊的地位和价值。且许伯卿《宋词题材研究》对上百种词选、词史、文学史中的词作进行统计，结果显示陆游入选的名篇数量与晏殊、吴文英相同，排名并列第

[①]　夏承焘、吴熊和：《放翁词编年笺注》，上海古籍出版社 2012 年版，第 199 页。

[②]　同上书，第 200 页。

八①，可见陆游词有着很高的成就，并被广泛接受，有一定的研究价值和意义。

从陆游词的研究情况来看，关注得最多的主要是两方面：一是关于思想内容，二是关于语言风格。

无论是思想内容还是语言风格，这些研究主要是对文本的分析，这也是目前词学研究的情况，多集中于词作文辞的解读。但词作为区别于其他文学样式的又一体裁，有着自身的特点和规律，除了已经消失的音乐性以外，在保留下来的文辞上也有不同于诗歌、散文的文体特征，句读长短参差之间暗含不同的风格意蕴。而一首词篇幅的长短、句式的排列、韵位的安排等外部形式都由词调所决定，同一个词调的所有文辞必定有着相同的形式特点。词调已不再是简单的曲调指称，而成为凝聚外部形式、美学风格的载体。因此，词调研究有其重要的价值和意义。每个词调都有特定的文本形式和思维模式，不同词调标识不同的格式和风格，体现出不同的审美趣味。故不一样的词人往往有着不同用调喜好。如果在研究词人词作时能够结合词调所凝聚的外部形式特点进行分析，无疑可以从文本之外的另一路径探寻词人的个性特点和审美追求，求得更全面深入的认识。

但目前对词调的研究主要单就词调本身而言，集中在考察词调的历史起源、发展变化、句式音律、声情特点等方面，以词调为切入点进行词人研究的则并不多。相比单纯的词调研究和文本分析，这类文章可谓少之又少了。有鉴于词人研究与词

---

① 许伯卿：《宋词题材研究》，中华书局2007年版，第102页。

调研究的分离，本文试图将两者融合，以陆游为例，以其所用词调为研究对象，从整体上宏观分析陆游在选调用调上的特点，或许能为我们更全面地了解陆游词作特点提供一点帮助，也为个体词人与词调研究提供一种参考思路。

若要对陆游词作的用调特点做系统、宏观上的把握，采用单个词调逐一分析的方法必然繁杂且不能抓住要害，因此需对词调进行分类来定位词调特征，再通过分类汇总做定量分析，发现数据背后所隐藏的规律，从而寻求到陆游填词用调的整体特点。在词调的分类上，划分的方式有很多，如按宫调类型可分七宫十二调，依音乐类型可分令、引、近、慢等，以阕的数量可分单调、双调、三叠、四叠，以字数多少分为小令、中调、长调。在词乐失传的今天，使用最多的分类方式则是以字数划分。这种按字数分为小令、中调、长调的三分法始见于张綖《诗余图谱》。明代顾从敬《类编草堂诗余》分卷时将词58字以内者划为小令卷，59字至90字划为中调卷，91字以上划为长调卷。清人毛先舒沿袭这种分类方法，明确提出字数界定。① 这种分类方法虽受到人们的批评，但不乏合理之处。词调由短曲小令发展到曼声长调，最明显的特征就是篇幅上的改变。且词调的长短与音乐类型也有密切联系，以音乐特点划分的令、引、近、慢在篇幅上就有着由短及长的普遍规律，任讷就曾指出"由短及长，则一曰令，二曰引、近，三曰慢曲，四曰三台，五

---

① 孙虹兵：《汉语词律学》，华东师范大学出版社2011年版，第108页。

曰序子"①，王力也发现除《好事近》外凡称为"近"的都没有短调②。而对为何以58字划分小令，王力也做出了解释："最初的词大约是由近体律绝增减而成。七言律诗一首或绝句两首共56字，依词例分为两叠，若每叠增一个字，恰是58字。"③因此，以58字作为小令与中调的划分，这种看似机械的方式其实有一定音乐历史依据，能够帮助我们认识词调的特性。故本文遵循传统按58字以内为小令、59—90字为中调、91字以上为长调的划分方式对陆游所用词调进行分类，并对每种词调的词作数量进行统计，通过与同一时期不同词人的横向比较、不同时期同一词调的纵向比较以及词作前后期的内部比较，探求陆游词在整体上的用调喜好及个性特征。

一 词调之丰：僻调别名的发掘

陆游词，现最为完备充实的版本当为上海古籍出版社2012年出版的夏承焘、吴熊和笺注，陶然订补的《放翁词编年笺注》（增订本），共收录完整词作143首，另有《采桑子》残篇一首，无调名断句一首，共计145篇，涉及调名68种。其中《洞庭春色》依《词谱》载，应为《沁园春》的又一体，因秦观减字而更名《洞庭春色》。据《全宋词》电子检索统计，名《洞庭春色》者仅有程垓、陆游、京镗等人词作9首，

① 孙宵兵：《汉语词律学》，华东师范大学出版社2011年版，第73页。
② 王力：《王力词律学》，三晋出版社2011年版，第24页。
③ 同上书，第14页。

较《沁园春》于大体无异，且魏了翁、李吕、吕胜已皆题名
为沁园春，当归入《沁园春》一调。而《望梅》与《解连环》
也实为一调，《词谱》言此调初名《望梅》，因柳永的"信早
梅、偏占阳和""望明艳、遥知非雪"两词句而得名，后因周
邦彦有"妙手能解连环"句，改名为《解连环》，两者实为同
调异名。因此，《放翁词》实际用调66种。

　　在陆游所处的南宋时期，66种词调的使用量可谓非常丰富
了。根据《全宋词》统计，南宋中兴词作家的用调及词作数量
排名前十的为：①

排名	词人	词调	词作	调/词比例
1	辛弃疾	103	629	16%
2	赵长卿	82	339	24%
3	史　浩	72	174	41%
4	程　垓	70	157	45%
5	陆　游	66	145	46%
6	史达祖	65	112	58%
7	赵彦端	59	153	39%
8	石孝友	58	159	36%
9	张孝祥	53	223	24%
10	韩　淲	48	192	25%

---

　　① 沈燕：《论辛弃疾的用调特征》，《语文学刊》2014年第14期。

从表中可以看到，陆游用调的数量仅次于辛弃疾、赵长卿、史浩、程垓，排在第五位，算得上用调非常多的。再从调/词比例来看，陆游比前四位都要高，说明同一词调重复使用的很少，反映出陆游在填词时努力尝试不同词调，对各种词调都有着浓厚兴趣。这种对词调积极探索的态度，不仅在词调数量和调/词比例上有所反映，在所用词调的冷僻程度上也体现了出来。据《全宋词》检索统计，《放翁词》所涉及的不少词调在整个宋代用得都非常少，如《夜游宫》共28首，《玉胡蝶》共28首，《月照梨花》（《河传》）共24首，《太平时》（《添声杨柳枝》）共22首，《隔浦莲近拍》共20首，《一丛花》共20首，《清商怨》共18首，《真珠帘》共18首，《钗头凤》（《撷芳词》）共11首，《极相思》共10首，《安公子》共10首。有的甚至只有几首，如《月上海棠》共8首，《谢池春》共8首，《大圣乐》共6首，《双头莲》共4首，《绣停针》共1首。这些冷僻词调，前人使用得都很少，陆游却能积极发掘这些词调并填写出不少作品，如《夜游宫》填词3首，《月照梨花》2首，《隔浦莲近拍》2首，《一丛花》2首，《真珠帘》2首，而《谢池春》共8首陆游就有3首，《月上海棠》共8首陆游词占2首，《双头莲》共4首陆游词占2首。因此，《放翁词》为这些僻调提供了重要的研究资料，对丰富词调种类有着积极意义，在词调史上有着不可忽视的价值。并且这些僻调所填之词不乏名篇佳作，除广为人知的《钗头凤》外，《夜游宫》（雪晓清笳乱起）、《谢池春》（壮岁从戎）等表达爱国情怀的名篇常被各种选本选录，《真珠帘》（山村水馆参差

路）更是被陈祖美赞为"压调"之作①，这些僻调佳作既扩大了冷
僻词调的影响力，同时也可见陆游作为大家的功力。

　　与僻调的大量使用相对的，是当时的许多流行金曲在《放
翁词》中用得却不多，如宋代使用最多的两个词调《浣溪沙》
《水调歌头》，在《放翁词》中分别只有 2 首和 1 首，一些广为
人知的流行词调如《满江红》《西江月》《贺新郎》等甚至未被
使用。这种或许是无意识的开掘冷僻词调、回避流行词调的特
点，反映出陆游有意无意地避开大众审美，追求与众不同。使
用词调别名或许就是这种心态的一种佐证。《放翁词》中的 66
种词调不少是舍正名不用而另取别名。有的是承袭前人使用的
别名，如《太平时》《苏武慢》《豆叶黄》等。《词谱》载《太
平时》正名为《添声杨柳枝》，贺铸八首词更名《太平时》；
《苏武慢》常用名为《选冠子》，侯寘改名《苏武慢》；《豆叶
黄》创自秦观，名《忆王孙》，吕渭老更名为《豆叶黄》。有的
则是陆游自行更改的调名：或取词句命名，如《钗头凤》，正名
为《撷芳词》，《词谱》云因有"可怜孤似钗头凤"词句，陆游
更名为《钗头凤》，《月照梨花》原为《河传》，因有李清照的
词句"人静皎月初斜，浸梨花"，陆游将调名改为《月照梨
花》；或以前人所咏地名为调名，如《赤壁词》则因苏轼《念
奴娇》所写赤壁而取名；另有一调《秋波媚》取原名《眼儿
媚》近义命之。自行更改的调名在陆游之前当然没有人用过，
就是前人已有的别名，在陆游前使用得也不多，如《太平时》

---

① 陈祖美：《论〈放翁词〉的"创调"和"压调"之作》，《文学遗产》2008 年第 5 期。

仅贺铸使用过，《苏武慢》也只有朱敦儒、蔡伸、侯寘使用。这反映出调名的使用在当时具有一定的随意性，可以由词人任意更改，同时也反映词人在使用调名时刻意求新的心理。不为人熟知的词调别名，与冷僻词调一样，都能让人耳目一新达到新奇的效果。这种多用僻调、别名的做法，使《放翁词》在呈现出多样化、个性化的同时，也体现出陆游在用调上寻求不同于大众的独特个性。冯煦《蒿庵论词》评陆游词说："剑南屏除纤艳，独往独来，其逋峭沉郁之概，求之有宋诸家无可方比。"①道出了陆游的与众不同，而其独往独来的不只是词作题材内容的选择，还有词调及调名的使用。

而陆游之所以能够了解到这些冷僻词调，个人兴趣追求是一方面，生活环境恐怕也是重要缘由。陆游一生仕途坎坷，不断辗转迁徙各地，除了老家山阴、都城临安一带，还到福州、蜀州、南郑、成都等多地做过官。这种长期漂泊的生活使得陆游能够广泛接触到各地的词曲小调，陆游对这些词调并不排斥，积极尝试，因此《放翁词》的词调种类能够如此丰富。但其中有些地方的词调新声并没有广泛流传开来，留下的词作比较少，这就使得这些曾经在当地流行的小曲在词史上成为冷僻之调。如《钗头凤》在宋代留下的词作并不多，含陆游的在内才 11首，但它却是当时蜀地的流行词调。吴熊和《陆游〈钗头凤〉词本事质疑》引《古今词话》"张尚书帅成都，蜀中传此词，

---

① 夏承焘、吴熊和：《放翁词编年笺注》，上海古籍出版社 2012 年版，第 204 页。

竟唱之"，考证出"《钗头凤》词调流行于蜀中，陆游是承蜀中新词体而作的"。① 正是个人与环境两方面的共同作用，促成了《放翁词》词调的丰富多样。

二 小令之众：律绝诗体的偏好

《放翁词》用调丰富，词调众多，但这众多的词调也暗含了一定的取舍倾向。查看附录中《放翁词》所有词调的类型，可以发现小令具有绝对的优势。在可获知词体类型的 144 篇词作中，有小令 93 首，用调 36 种；中调 24 首，用调 13 种；长调 27 首，用调 17 种。小令不仅在词调种类上占了大半，在数量上更是达到了总数的三分之二，而中调和长调相较之下就显得很少了。但长调在宋代的流行程度并不亚于小令，刘尊明、范晓燕《宋代词调及用调的统计与分析》② 一文对宋词词调使用情况进行过统计，其中使用频率最高的十大金曲为：《浣溪沙》《水调歌头》《鹧鸪天》《念奴娇》《菩萨蛮》《满江红》《蝶恋花》《西江月》《临江仙》《沁园春》。可以看到《水调歌头》《念奴娇》《满江红》《沁园春》等长调都榜上有名，几乎撑起了十大金曲的半边天，可见长调在宋代得到了普遍认同。但《放翁词》却明显以小令为主，长调的使用远不及小令，这在长调流行的时代不能不说是非常有个性的。而这种特点不仅表现在整体数量上，在单个

---

① 吴熊和：《唐宋词通论》，上海古籍出版社 2010 年版，第 439 页。
② 刘尊明、范晓燕：《宋代词调及用调的统计与分析》，《齐鲁学刊》2012 年第 4 期。

词调的使用频率上也有所反映：填词数量前五位的词调，无一例外都是小令。这种情况在同时期词人中非常少见，以与陆游交好的几位代表词人——辛弃疾、韩元吉、范成大、刘过为例，对他们的词调使用频率排前五位进行统计，列表如下：

辛弃疾：

调　名	数量	类型
鹧鸪天	63	小令
水调歌头	37	长调
满江红	34	长调
临江仙	24	小令
贺新郎	23	长调

韩元吉：

调　名	数量	类型
水调歌头	7	长调
菩萨蛮	6	小令
鹧鸪天	6	小令
醉落魄	5	小令
水龙吟	4	长调
念奴娇	4	长调
虞美人	4	小令

范成大：

调　名	数量	类型
浣溪沙	8	小令
满江红	7	长调
水调歌头	7	长调
鹧鸪天	7	小令
步虚词	6	小令
朝中措	6	小令
秦楼月	6	小令
菩萨蛮	6	小令

刘过：

调　名	数量	类型
沁园春	17	长调
贺新郎	8	长调
临江仙	6	小令
水调歌头	4	长调
浣溪沙	4	小令
西江月	4	小令

以上几位词人使用较多的词调中都有长调，而陆游则独具特色的钟情于小令，为何小令能够获得陆游的偏爱？从小令本身的特点来看，其篇幅短小，齐言易记，即使变化作长短句，也类似于在近体律绝的基础上破句、添字，往往句式简明，结构单一。而且格律简易，没有严格的四声要求。相比之下，长调因篇幅较长，需要谋篇布局，对技法要求比较高，张炎在《词源》中就专门说过慢词长调的做法："作慢词看是甚题目，先择曲名，然后命意，命意既了，思量头如何起，尾如何结，方始选韵，而后述曲。最是过阕不要断了曲意，须要承上接下。"① 并且长调形式更为复杂，讲究句法上的组合变换，如一字豆、折腰句法，用韵上有句中韵、短韵，在声调上对四声要求也更为严格，去声字、入声字的运用还有特别的讲究。长调之难，清代刘体仁就曾说过："长调最难工，芜累与痴重同忌，衬字不可少，又忌浅熟。"② 因此，小令的填写相对长调来说更为简单容易。而陆游本就以余力填词，百余首词与近万首诗的数量悬殊就体现了他对词的"夷然不屑"，既无意于词，又忍不住想尝试，那么这种简单容易的小令当然就是填词的最佳选择了。

而且小令无论在句式上还是格律上与近体诗非常接近，这种诗体特点也使谙熟诗歌创作的词人在填写时更加得心应手。并且陆游对诗、词的创作本就没有作严格的区分，他在《跋东

---

① 唐圭璋：《词话丛编》第 1 册，中华书局 1986 年版，第 258 页。
② 同上书，第 621 页。

坡七夕词后》说："昔人作七夕诗，率不免有珠栊绮疏惜别之意；唯东坡此篇，居然是星汉上语，歌之曲终，觉天风海雨逼人。学诗者当以是求之。"① 提出学诗者应从词作中求法，可见在陆游观念中诗词之法无甚区别。因此，他才会对陈师道工于诗却不工于词感到困惑不解，在《跋后山居士长短句》中说："陈无己诗妙天下，以其余作词，宜其工矣，顾乃不然，殆未易晓也。"② 从这些言论中可以看出，陆游一直把词当诗来写，在这种观念的指导下，与诗体越相近似的词调就越容易被陆游接受，因此在填词时不自觉选取律绝诗体的小令进行大量创作。

这种对律绝诗体的喜好从陆游反复用到的词调中也体现了出来。《放翁词》中使用得最多的三个词调分别是《好事近》《乌夜啼》《鹧鸪天》，其中《好事近》与《乌夜啼》都由八句构成，上下阕各四句，两句一韵，形式整齐，并且在句式与韵位的安排上与律诗完全一致。而《鹧鸪天》全词由七个七言句与两个三言句组成，在形式上更近似于七律的变形。若对这三个词调分别标注平仄，则能为我们更清晰地展现这种特点。现将《放翁词》中这三个词调的 29 首词一一标注平仄，得到的词谱格律分别为：

《好事近》③：

---

① 夏承焘、吴熊和：《放翁词编年笺注》（增订本），上海古籍出版社 2012 年版，第 4 页。

② 同上。

③ 《好事近·次宇文卷臣韵》上、下阕第三句多押一韵，此用韵仅一首，且为次韵之作，非由陆游定，故不计。

　　+｜　｜——（句）+｜　｜——｜（韵）+｜　｜——｜
（句）｜+——｜（韵）+——｜　｜——（句）—｜　｜——｜
（韵）+｜　｜——｜（句）｜———｜（韵）

《乌夜啼》：

　　+｜——｜　｜（句）——｜　｜——（韵）+—+｜—
—｜（句）—｜　｜——（韵）　　+｜——｜　｜（句）——｜
　｜——（韵）+—+｜——｜（句）+｜　｜——（韵）

《鹧鸪天》：

　　+｜——｜　｜—（韵）+——｜　｜——（韵）+—
+｜——｜（韵）｜　｜——｜　｜—（韵）　　—｜　｜（句）｜
——（韵）+——｜　｜——（韵）+—+｜——｜（韵）｜
｜——｜　｜—（韵）

（注：一处不合平仄者，忽略不计）

　　可以看到，三个词调以五、六、七言句为主，句式整齐，结构对称，上下阕平仄格律也趋于相同。《好事近》前段以五言律句领起，后段换头改用七言律句，后两句前后段相同；《乌夜啼》前后段形式格律完全一致，为重头曲，开头两句为工整的六言对句，后接一七言律句和一五言律句；《鹧鸪天》前段由4个七言律句构成，后段换头处改用两个三言句，龙榆生在《词学十讲》中说："这又是一首七律，不过破第五句的七言为三言偶句并增一韵而已。"[1]三个词调在平仄使用上承袭了近体诗"一三五不论，二四六分明"的规律，偶数位置平仄

---

① 　龙榆生：《词学十讲》，北京出版社2005年版，第18页。

交替使用，其中如"＋｜　｜——"、"＋—＋｜——｜"
"｜　｜——｜　｜—"等都是标准的五言、七言律诗格式，
六言句"＋｜　｜——｜""——｜　｜——"也是最为
常见的律句。而且《乌夜啼》与《鹧鸪天》在平仄使用上还
讲究黏对合律，《乌夜啼》上下阕的第一、二句与第三、四句
的偶数位置平仄相对，第二、三句平仄相黏；《鹧鸪天》不仅
七言句符合律绝的黏对，摊破的两个三言句平仄也是相对的。
三个词调的句式格律与近体诗非常接近，这对熟稔诗歌创作的
陆游来说填起词来就更加轻车熟路了。而这三个词调能够成为
《放翁词》中用得最多的词调，这些律绝特点或许也起到了重
要作用。

三　东归之变：平淡自然的追求

小令在《放翁词》中多于中、长调，这种特点在陆游后
期词作表现得尤为明显，特别是在自蜀地东归后的词作中，小
令处于一种垄断的地位。参照夏承焘、吴熊和《放翁词编年
笺注》中的编年，除去不编年的29首词，115首词中作于东
归前的有59首，用调39种，其中小令有词作30首、词调18
种，中调有词作12首、词调8种，长调有词作17首、词调13
种；作于东归后有56首，后期用调24种，其中小令有词作46
首、词调18种，中调有词作7首、词调4种，长调有词作3
首、词调2种。为了更直观地展示前后期的变化，可用图表示
如下：

数量变化图：

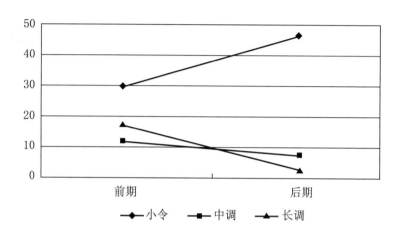

种类变化图:

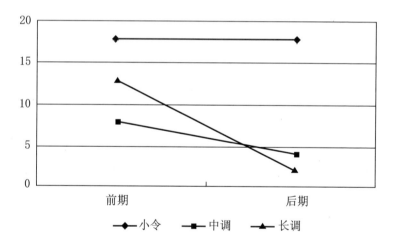

从图中就可以明晰地看到,前期小令只是略多于中调、长调,各种词调分布比较均衡,后期小令则具有绝对的主导地位。从小令的种类来说,前后期并没有发生改变,但数量上有所增加;而后期中、长调不仅在种类而且在数量上都有所减少,特

别是长调减少的幅度非常大，在后期仅使用过两种。为何前后期在小令、中调、长调的使用上会有发生如此变化？

从小令、中调、长调的表达功能上来看，其在内容表达、情感抒发上分别有着不同的作用效果，吴梅在《词学通论》中有言："如果凡题意宽大，宜抒写胸襟者，当用长调，而长调中就以苏、辛雄放之作为宜。若题意纤仄，模山范水者，当用小令或中调。"①《汉语词律学》也提道："明白如话晓畅通达的词，一般都是短调或者中调，有相对简短的篇幅和单纯的格律要求。思想内容深刻博大的词，一般都是长调，有足够的篇幅和相对复杂的格律要求。"② 故调式的长短在表情达意上有着不同的适用对象，内容宽大、情感复杂者宜用长调，而如模山范水之类题意纤仄者，则应用小令。因此，词调变化其实对应着题材内容的改变。

《放翁词》从入蜀到东归，前后期的题材内容也从丰富多样走向单一化和集中化。前期词作中，有记事游乐之作如《齐天乐·三荣人日游龙洞作》，有怀古抒情之作如《汉宫春·张园赏海棠作园故蜀燕王宫也》，有离别怀人之作如《水龙吟·荣南作》，有赠友言志之作如《夜游宫·记梦寄师伯浑》，题材多样，情感丰富。后期词作则相对单一，偶有几首感叹英雄老去、壮志未酬作品，其余基本以描写赋闲山居生活为主，或写江南水乡清丽之景如《渔父》（镜湖俯仰两青天），或写怡然自得的渔

---

① 吴梅：《词学通论》，华东师范大学出版社1996年版，第40页。
② 孙宵兵：《汉语词律学》，华东师范大学出版社2011年版，第67页。

家之趣如《长相思》（云千重）（暮山青），或写求禅问道遗世
之意如《好事近》（风露九霄寒）。后期这种内容题材的改变，
必然促使用调的类型发生变化。长调在格律、音顿上讲究抑扬
变化，宜于表现复杂细腻的情感内容。若以田园平淡生活填之，
缺乏起伏变化，则易显得冗长乏味。而小令因短小精炼，篇幅
有限，则适宜于简单的内容情感，沈义父《乐府指迷》就曾说
"小词只要些新意，不可太高远"①。因此，情感简单平淡的闲
居渔隐题材则是非常适合用小令的。且小令在音节句式上与近
体诗相近，在声韵上也大多具有诗歌中正平和、和谐流美的特
点，适宜表达山水隐逸这类恬淡自然的情感内容。如《放翁词》
中用得最多的三个小令《好事近》《乌夜啼》《鹧鸪天》的调情
都平和流丽，谢桃坊在《唐宋词谱粹编》中就说这三调"调势
平稳""音节平缓""有流畅、响亮、谐美之艺术效应"②，龙榆
生于《词学十讲》中也言《鹧鸪天》"音节流美""音容态度趋
于流丽谐婉"③。而这三调在《放翁词》中也都是以写闲适隐逸
题材为主，29 首词作中表现闲适隐逸的占了 23 首，其余有交游
词 2 首，羁旅词 2 首，艳情词 1 首，闺情词 1 首。陆游或许正是
意识到了小令、长调对题材的要求，因此在抒写不同内容情感
时选择不同词调类型，求得情感与声情的和谐统一，达到形式
与内容的完美结合。

　　而引起词调和题材变化的深层原因，恐怕要归于其个人生

---

① 唐圭璋：《词话丛编》，中华书局 1986 年版，第 283 页。
② 谢桃坊：《唐宋词谱粹编》，四川人民出版社 2010 年版，第 22、27、48 页。
③ 龙榆生：《词学十讲》，北京出版社 2005 年版，第 18 页。

活境遇和艺术观念的改变。蜀中近十年的生活是陆游一生中非常重要的一段经历，也是一个重要的转折点，以出蜀东归为界，其前后的生活发生了很大改变。东归前的生活虽辗转坎坷，却也丰富多彩。自绍兴二十八年做官始，不断调任福州、临安、镇江等地，乾道六年赴夔州通判任入蜀。两年后至南郑，驰逐射猎，亲历前线军旅生活。八个月后，转赴成都。乾道九年春，权蜀州通判，未几，自蜀州还成都，同年夏，摄知嘉州事。明年春，离嘉州，还蜀州任，冬，摄知荣州事。淳熙二年，官成都，好友范成大来知成都府权四川制置使，相与酬唱。淳熙三年，被免官。淳熙五年，应召别蜀东归。在蜀期间，陆游频繁转任，途经多地，罢免后的一年多里，又到邛州、汉州、广都等多地游玩，仕途虽不得志，生活却充实而丰富。出蜀东归后，陆游做官不到三年又被罢免，闲居山阴。淳熙十三年，除朝请大夫，权知严州军州事。淳熙十六年，陆游为谏议大夫何澹所劾，再次罢官返山阴故里。此时的陆游已65岁，在之后的20年里，除了78岁时入都修史外，其余时间基本都在山阴度过。① 如此不同的两种生活，在文学作品中产生了不同的影响。前期经历的坎坷催生出的作品在内容和形式上都非常丰富，后期的闲居生活相较之下显得简单清闲，在此影响下的后期词作不管是题材还是用调，都更加集中和单一，往往同一主题用同一词调反复写之，如表现游仙隐逸的

---

① 夏承焘、吴熊和：《放翁词编年笺注》（增订本），上海古籍出版社2012年版，第214—231页。

《好事近》达 10 首，表现闲居渔隐生活的《渔父》《长相思》
《乌夜啼》都分别达到 5 首。

　　晚年的生活变得悠然闲适，陆游的文学观念也走向了平淡
自然，提出"无意诗方近平淡""工夫深处却平夷""诗到无人
爱处工"等观点，追求平淡的风格。在严州任上，陆游大规模
删定诗稿，对自己早期的诗歌十去之九。早年之作为何不能使
陆游满意，其《示子遹》有云"我初学诗日，但欲工藻绘"，可
见删去的多为藻绘之作。在这种摒除藻饰、追求自然的审美观
念的影响下，陆游后期的诗作中出现了大量的闲适诗，其东归
后的闲适诗达到 6000 多首，晚年的诗作几乎都是闲适诗，而且
越到晚年越多，在去世的前一年达到了一年 500 首的顶峰。① 而
陆游本就以诗为词，后期的词作无疑也深受这种诗学观念影响，
东归后的 56 首词作中仅 10 首左右无关闲适隐逸题材，其余都是
自然清丽的山水隐逸之作。这种平淡自然的艺术追求，致使后
期选用的词调多是和谐流美的短调小令，配合闲适渔隐题材，
使词作达到"精润圆熟""字字句句到口即消"的自然纯熟的
境界。

四　长调之壮：去声字韵的使用

　　《放翁词》虽以小令为主，但中、长调的使用也是非常用心
的，特别是长调，更是陆游经营的重点。刘庆云《放翁词的艺
术追求与江西诗风》指出陆游熟知音韵，在长调的使用上严守

---

① 李建英：《陆游闲适诗研究》，首都师范大学出版社 2012 年版，第 56 页。

声律，并将陆游的《风流子》与周邦彦的《风流子》比较，发现陆词不少句子的四声运用与周词完全一致。而陆游在长调的使用上，并不满足于对前人的简单袭用，如其在选调用名时努力推陈出新一样，在长调上也积极进行改创。《词谱》中多个词调都列有陆游所创的又一体，如《齐天乐》以周邦彦的双调 102 字为正体，陆游添字创 103 字又一体，并于后段增一韵，改五仄韵为六仄韵；《苏武慢》（《选冠子》）是由周邦彦所创的 111 字双调，上阕 45 句四仄韵，下阕 11 句四仄韵，陆游添字作 113 字，上下阕各 12 句、四仄韵，结句作五四四结；《安公子》以柳永的 106 字体为正体，上下阕各 8 句、六仄韵，陆游于上下阕第三、第四韵句各减一字，作 102 字体。为具体展现陆游改调的特点，以《安公子》为例，将柳永词与陆游词分别标注四声列于下①。

柳永词：

远岸收残雨。雨残稍觉江天暮。拾翠汀洲人寂静，立双双鸥鹭。望几点、渔灯隐

上去平平上上平入平平去　入去平平平去去　入平平平去　去上上　平平上

映蒹葭浦。停画桡、两两舟人语。道去程今夜，遥指前村烟树。

去平平去　平去平　上上平平上　去去平平去　去上

---

① 此处及后几处四声标注参考盛配《词调词律大典》（中、下），中国华侨出版社 1998 年版。

平平平去

　　游宦成羁旅。短樯吟倚闲凝伫。万水千山迷远近，想
乡关何处。自别后、风亭月

　　上去平平上上平平上平平去　去上平平平去去　上平
平平去　去入上　平平入

　　榭孤欢聚。刚断肠、惹得离情苦。听杜字声声，劝人
不如归去。

　　去平平去　平去平　上入平平上　去去上平平　去上
平平平去

陆游词：

　　风雨初经社。子规声里春光谢。最是无情，零落尽、
蔷薇一架。况我今年，憔悴

　　上去平平去　去平平去平平去　去上平平　平去去
平平平去　去上平平　平去

　　幽窗下。人尽怪、诗酒消声价。向药炉经卷，忘却莺
窗柳榭。

　　平平去　平去平　平上平平去　去去平平去　去入平
平去去

　　万事收心也。粉痕犹在香罗帕。恨月愁花，争信道、
如今都罢。空忆前身，便面

　　上去平平去　上平平去平平去　去入平平　平去去
平平平去　去入平平　平去

　　章台马。因自来、禁得心肠怕。纵遇歌逢酒，但说京
都旧话。

　　平平去　平去平　平入平平去　去去平去上　去入平
平去去

　　两词相比，陆词在句式上将"蔷薇""如今"句各少一领字，又把上下阕第四韵句改为四、五句法，各少一字，使句式趋于整饬。在四声的使用上，陆游大体遵循柳词，但去声字的使用有所增加，除了领字如"况""向""空""纵"都以去声领起外，还将柳词的上去韵改为去声韵，全用去声韵脚。并且在句首处也多用去声振起，如"最""忘""恨""但"，使调势更为劲厉。在词调变化的同时，相应的内容也发生了改变。周词以写羁旅离情为主，情调偏于低沉哀婉，而陆词则主要抒发不得志的人生感喟和故作放旷的悲慨，相比周词情调更为高亢，配合去声的使用，使全词显出悲壮之势。

　　多用去声字的特点不仅体现在对词调的改制上，在陆游创制的新调上也表现得非常明显。《放翁词》中有 3 个词调是由陆游创制，其中《真珠帘》《绣停针》两调均属首见，《双头莲》虽有周邦彦的前作，但周邦彦的《双头莲》与陆游的《双头莲》完全不同。蔡国强《〈钦定词谱〉分段问题献疑》[①] 一文指出，周邦彦的《双头莲》应为双拽头，从"助秋色""叹乖隔"两处断，为三叠词。而陆游《双头莲》则是双调，且两词在句法上也大不相同，当属同名异调。因此，陆游的《双头莲》应是其自创的新调，共填词两首，现将其录于下：

---

　　① 蔡国强：《〈钦定词谱〉分段问题献疑》，《词学》第 32 辑，华东师范大学出版社 2014 年版。

其一：

华鬓星星，惊壮志成虚，此身如寄。萧条病骥。向暗里、消尽当年豪气。梦断故

平去平平　平去去平平　上平平去　平平去去　去去上　平去平平平去　去上去

国山川，隔重重烟水。身万里，旧社凋零，青门俊游谁记？

入平平　入平平平上　平去上　去上平平　平平去平平去

尽道锦里繁华，叹官闲昼永，柴荆添睡。清愁自醉。念此际、付与何人心事。纵

去上上上平平去平平去上　平平平去　平平去去　去上去　去上平平平去　去

有楚柁吴樯，知何时东逝？空怅望，鲙美莼香，秋风又起。

上上上平平　平平平平去　平平去　去上平平　平平去上

其二：

风卷征尘，堪叹处、青骢正摇金辔。客襟贮泪。漫万点如血，凭谁持寄。伫想艳

平去平平　平去去、平平平去平平去　平平去去　去去上去入　平平平去　去上去

态幽情，压江南佳丽。春正媚。怎忍长亭，匆匆顿分连理。

上平平入平平平去　平去去　去上平平　平平去平平去

目断淡日平芜，望烟浓树远，微茫如荠。悲欢梦里。奈倦客、又是关河千里。最

去上去入平平　去平平去上　平平平去　平平去去去去入　去上平平平去　去

苦唱彻骊歌，重迟留无计。何限事。待与丁宁，行时已醉。

上去入平平　上平平平去　平平去　去上平平　平平上去

两词在断句上略有差异，上阕的第一韵句分别作四五四和四三六断，第三韵句分别作三六和五四断，但两句在字数上并无差异，当是以文意断之造成不同。在四声的使用上两词基本一致，仅有几字不同。在仄声字中可以明显看到以去声居多，以第二首上阕为例，其中上声字和入声字分别只有 4 个和 2 个，而去声字却多达 18 个。开头以“卷”字去声一振，经三平声缓和后再以“叹处”两去声高音提起，接着两个平平去连用，成跌宕之势。第二韵句以去去收，显得激楚凄厉。在“漫万点如血”去去上去入的剧烈起伏后连用三平声成曼音，结句以去声而振起。其后以“伫”去声振起全句，于上声后用去上平平，尤显清远，再以三平声舒缓音节，句尾以去声提起。“怎忍长亭”去上平平构成曼长音节，再以“顿”去声一振，平平组成曼波，波尾以去声拽起音止。去声的声调为降调，其声疾厉劲远，能够振起调势，大量使用能使词作郁勃有力，于悲慨中显

出雄壮。

去声字不仅在《双头莲》中得到大量使用，在陆游自创的其他两调中出现的频率也是极高。现取《真珠帘》《绣停针》各一首，标注四声于下：

《真珠帘》：

　　山村水馆参差路，感羁游、正似残春风絮　掠地穿帘知是竟归何处。镜里新霜

　　平平上去平平去　去平平　去去平平去　去去平平平去去平平去　去上平平

　　空自悯，问几时、鸾台鳌署。迟暮，谩凭高怀远，书空独语。

　　平去上　去平平　平平平去　平去　去平平平去　平平平去

　　自古。儒冠多误。悔当年、早不扁舟归去。醉下白苹洲，看夕阳鸥鹭。莼菜鲈鱼

　　去上　平平平去　去平平　上去平平平去　去上入平平　去去平平去　平去平平

　　都弃了，只换得、青衫尘土。休顾。早收身江上，一蓑烟雨。

　　平去上　上去入　平平平去　平去　上平平平去　平平平去

《绣停针》：

　　叹半纪，跨万里秦吴，顿觉衰谢。回首鹓行，英俊并游，咫尺玉堂金马。气凌嵩

  去去上　去去上平平去平平去　去去平平　平去去平

平入入平平上　去平平

  华。负壮略、纵横王霸。梦经洛浦梁园，觉来泪流

如泻。

  去　去去入　平平平去　去平平去平平　去平去平

平去

  山林定去也。却自恐说著，少年时话。静院焚香，闲

倚素屏，今古总成虚假。趁

  平平去去上　去去上平平去平平去　去去平平　平去

去平　平上上平平上　去

  时婚嫁。幸自有、湖边茅舍。燕归应笑，客中又还

过社。

  平平去　去去上　平平平去　去平平去　去平去平

平去

  可以看到，在以上这些词作中，去声字是仄声字中出现频
率最高的，而且韵脚也基本都是去声。这些经陆游改、创的词
调凝结了他的个性特点，集中体现了其使用四声的特色，在分
析陆游的长调上非常具有代表性。从这些改、创词调中，我们
可以看到陆游在长调使用中多用去声的特点。而去声在四声中
最为特殊，前人对此多有论述。清人万树就指出"去则独异"，
"去声疾厉劲远，其腔高"，"去声成为沉着远重之音"，"而去
声之突兀也"。① 因去声在音调上的特别，故在词调中有着不可

---

  ① 孙宵兵：《汉语词律学》，华东师范大学出版社 2011 年版，第 432 页。

取代的作用,"当用去者非去,则激不起"。杜文澜在《憩园词话》中也论述道:"平上入三声,有可以互代,唯去声则独用,其声疾厉劲远,转折跌宕,全系乎此,故领调亦必用之。"① 陆游在长调中多用去声,使其长调之作显出激楚苍凉、郁勃悲壮的特点,陈廷焯就曾评《真珠帘》说"数语于放浪中见沉郁",俞陛云也言其词境顿挫②。而这些长调词作也多用于抒发壮志难酬、人生易老的悲慨宏大情怀,展现陆游作为不得志的爱国志士的一面。这种与小令的自然流利所不同的清壮顿挫,也使《放翁词》的风格更加丰富多样。

结　语

夏承焘在《论陆游词》中以"运斤成风"喻陆游填词,言其为"以巨匠良工而作业外余技,又何尝不有其至美至乐之境"③。在词调的使用上我们也可以看到,作为大家的陆游虽以余力为词,但其对词调的使用基本能做到调情与文意的融合,并在此基础上积极开拓创新。无论是对僻调别名的发掘,还是对长调的改创,对词调的发展都有积极作用,在词调史上有着不可忽视的价值和意义。而在词调类型的选择上,展现出小令尤多的特点,具有鲜明的个人特色。

本文从词调入手,采用定量分析的方法对陆游词用调所做

① 吴小英:《唐宋词抒情美探幽》,浙江大学出版社 2005 年版,第 137 页。
② 夏承焘、吴熊和:《放翁词编年笺注》,上海古籍出版社 2012 年版,第 174 页。
③ 同上书,第 5 页。

的宏观分析，只是一种试图将词人与词调研究结合的尝试，其中必然有许多疏漏和可待商榷之处，数据的统计也可能存在不够精确的地方，只是希望这种宏观上的定量分析能够帮助我们更清晰了解词作特点，认识词人个性。

《渭南文集》所附乐府词编次与陆游词的系年

——兼论《钗头凤》的写作时地及其他

复旦大学　赵惠俊

陆游以诗名世，其在当时即以"六十年间万首诗"而斐然一时，直至今日还留存下9000余首诗篇。与之相较，他的词名则暗淡许多，只流传下140余阕，从数量上来看，他的词体文学创作真可谓是诗家之余事。如于北山的《陆游年谱》详细全面地对陆游生平及诗文作了考订，但其间只涉及了几阕有明显写作时地标记的词作，对陆游词的研究并没有很大的推进。① 1981年，夏承焘、吴熊和完成了《放翁词编年笺注》②，这是陆游词研究史上的里程碑之作，对陆游词进行了全面的编年考订与笺释。新出的《笺注》增订本的主要工作是添入辑评和序跋作为附录，此外只增补了少量笺注条目，

---

① 于北山：《陆游年谱》，上海古籍出版社2006年版。

② 夏承焘，吴熊和：《放翁词编年笺注》，上海古籍出版社1981年版。

编年情况依旧未作修订。① 尽管《笺注》出于两代词学宗师之手，其成果大体翔实可信，但也并非尽善尽美，还有一定的讨论空间。本文试图从陆游词的编集角度入手，重新审视陆游词的编年情况，并以此对陆游词的创作特别是《钗头凤》一词的写作时地提出一些新的意见。笔者资质浅薄，非敢妄加轻议前贤，只是对《笺注》忽视的部分进行一定的补充，并求正于方家。

一 《渭南文集》的编次体例与所附乐府词顺序

今日流传之陆游词，大致可分两大系统，一是《渭南文集》第49、50卷所收之词，二是单行之《放翁词》。《渭南文集》乃陆游之子陆子遹于嘉定十三年刊刻，今是本尚存。陆子遹序文有云："唯遗文自先太史未病时，故已编辑，而名以《渭南》矣，第学者多未之见。今别为五十卷。凡命名及次第之旨，皆出遗意。今不敢紊，乃锓梓溧阳学宫，以广其传。渭南者，晚封渭南伯，乃自号陆渭南。尝谓子遹曰：'《剑南》乃诗家事，不可施于文，故别名《渭南》。如《入蜀记》《牡丹谱》、乐府词，本当别行，而异时或至散失，宜用庐陵所刊欧阳公集例，附于集后。'"② 由此可知，《渭南文集》为陆游生前亲自编订，命名与编排次序皆出陆游之手，陆子遹只是将编订好的文集分为50卷而已。根据陆游所言要附于集后的《入蜀记》《牡丹谱》、乐府词分别位于今本

① 夏承焘、吴熊和笺注，陶然订补：《放翁词编年笺注》（增订本），上海古籍出版社2012年版，第232—233页。

② 陆游：《陆游集》，中华书局1976年版，第2491页。

《渭南文集》的第 42 卷，第 43—48 卷，第 49—50 卷，可知三者
已经由陆游本人附于他编订的《渭南文集》后，陆子遹将其与文
章合分为 50 卷，以成今本之面貌。故而两卷乐府词的选取与编次
应与诗稿、文章一样，出于陆游本人之手。而单行之一卷本《放
翁词》，无论从吴讷《唐宋名贤百家词》本出，抑或源自毛晋
《宋六十名家词》本，编次顺序皆与《渭南文集》高度相同，当
是从《渭南文集》抽出单行。故陆游词诸本皆源自《渭南文集》，
讨论陆游词应首先围绕《渭南文集》展开。

　　但遗憾的是，历来对陆游词的讨论皆只就词论词，将词从
《渭南文集》中抽出后即将文集弃置一边。而《渭南文集》的
研究者又似乎只关注文章，将词与《牡丹谱》《入蜀记》一并
忽略。夏承焘、吴熊和的《笺注》即脱离《渭南文集》进行编
年工作，吴熊和在讨论《钗头凤》一词的本事时更明确表示：
"《放翁词》二卷虽经陆游手定，淳熙十六年还写过自序（《长
短句序》），然编次无序，先后错杂，这对弄清《钗头凤》的年
代背景来说，无异失去了最可靠的依据。"① 吴熊和此论，应是
在阅读单行本《放翁词》的基础上所发。然而单行本《放翁
词》就是源自《渭南文集》所附的陆游编订本，似乎很难想象
陆游亲自编订的乐府词真的毫无次序可言。当我们将两卷乐府
词放回到《渭南文集》的整体中来看，将其编次与前面文章编
次体例相联系后，或许可以发现一些被遮蔽的情况。

---

　　① 吴熊和：《陆游〈钗头凤〉词本事质疑》，《吴熊和词学论集》，杭州大学
出版社 1999 年版，第 265 页。

一般而言，规整的词别集编序无非两种，一种是以时间为序，即按照写作时间的先后依次排列；一种是以词调为序，即将同一调的词作汇在一起，而词调与词调之间的顺序则一般按照字数多少依次排列。有时也会有按类编排的情况，但这更多出现于词总集中。《渭南文集》共收词130阕，直观上的排序方式是按照词调排列，除了卷末《好事近》（混迹寄人间）、《双头莲》（风卷征尘）、《鹧鸪天》（仗履寻春苦未迟）、《蝶恋花》（禹庙兰亭今古路）四阕之外，其他词皆整齐归在各调之下。单行本《放翁词》即将这四阕放回到各自的词调之下，不再单列，这是单行本与《渭南文集》的唯一差别。但是词调与词调之间却并非按照字数多少排列，故而很容易被认作是编次无序，杂乱无章。

众所周知，陆游手定的《剑南诗稿》是严格按照诗歌写作年代的先后排列，而《渭南文集》文章部分的编次也和写作时间密切相关，可以被认作是一种具有双重标准的编次。第一重标准就是惯常地依文体归类，每篇文章按照各自的文体归属被编在一起。虽然文体与文体之间的顺序并没有明确的标准，但每一文体内部的文章编次都依照第二重标准的要求排列。这第二重标准就是按照写作时间的先后对收在每一文体内的文章进行编次。如卷14至卷15收录序文，由于序文之后往往会注明写作时间，因此特别能够看出文体内部按照时间顺序排列的特征。卷14中第二篇《京口唱和序》写于乾道元年，其后《云安集序》写于乾道七年，其后《送范西叔序》写于乾道八年，其后《东楼集序》写于乾道九年，……本卷最后一篇《会稽志序》写于嘉泰二年。而卷15首篇《施司谏注东坡诗序》亦写于嘉泰二年，其后《达观堂诗序》写于嘉泰二年十一月，其后《梅圣俞别集序》写于嘉泰三年，……最后一篇《陈长翁文集序》写于嘉定二年，即陆游逝世的那一年。[①] 由此可见，写作时间是陆游在编集时的一项重要编次标准，而自编文集的优势也就在于作者对于自己作品的写作时间应该是最为清楚的。这样来看，同样出于陆游亲手编订，并附在《渭南文集》之后的词，是否在编次的时候也有着时间标准的观照？尽管两卷词已经按照词调编次，但既然文章的编次有两重标准，是否可以推测词的编次也同样有两重标准？是否每一调下的词按照写作时间的先后排列，并且调与调之间的顺序是按照每一词调的第一阕词的写作时间先后编次？尽管词体文学一般没有序文那样直接明确的时间信息，但是有赖于夏承焘、吴熊和两位先生的成果，我们能够确认一些陆游词的写作时间。再加上一些新的考订与补正工作，我们已经具备了验证上面提出之猜想的能力。其中，最为特别的就是关于调与调之间顺序排列的猜测，故兹将《渭南文集》中每调首阕依次切出，制成下表：

《渭南文集》各调词首阕写作时间表

序号	各调第一阕	写作时地	备　注
1	《赤壁词·招韩无咎游金山》	隆兴、乾道年间，写于镇江。	见《笺注》第15页。

---

① 陆游：《陆游集》，中华书局1976年版，第2094—2117页。

序号	各调第一阕	写作时地	备 注
2	《浣沙溪·和无咎韵》	未详。	《笺注》编于绍兴、乾道年间的镇江,见第 18 页。然陆游与韩元吉在镇江日之前早已相交相游,词中所言并没有明确的时地信息。
3	《青玉案·与朱景参会北岭》	绍兴二十九年(1159),写于福州。	见《笺注》第 9 页。
4	《水调歌头·多景楼》	隆兴二年(1164),写于镇江。	见《笺注》第 12 页。
5	《浪淘沙·丹阳浮玉亭席上作》	乾道元年(1165),写于镇江。	见《笺注》第 21 页。
6	《定风波·进贤道上见梅赠王伯寿》	乾道元年(1165)冬,写于赴南昌任上。	见《笺注》第 23 页。
7	《南乡子》(归梦寄吴樯)	似作于乾道六年(1170),入蜀经镇江时。①	《笺注》定在四川归途经武昌时,见第 104 页。

---

① 全词云:"归梦寄吴樯。水驿江程去路长。想见芳洲初系缆,斜阳。烟树参差认武昌。愁鬓点新霜。曾是朝衣染御香。重到故乡交旧少,凄凉。却恐他乡胜故乡。"观此词句,似不是归时所作,否则难以言"去路长"。或是于羁旅时有感而作,因吴樯而起兴归意,然自己却需继续前行,而前路迢迢,会经武昌,故有想见之辞。而词末"重到故乡"云云,或是设想之辞。想象自己此去经年,终得归时,已是故乡交旧零落矣。又《入蜀记》卷 1 云:"(乾道六年六月)二十九日,泊瓜洲,天气澄爽。……舟人以帆弊,往姑苏买帆,是日方上。(樯高五丈六尺,帆二十六幅)。"此中所言舟人赴姑苏所买之帆,或是词中吴樯起兴之由,故此词可能即作于此时。见《渭南文集》卷 43,《陆游集》,第 2414 页。

序号	各调第一阕	写作时地	备　注
8	《满江红》(危堞朱栏)	乾道六年(1170),写于入蜀经镇江时。①	《笺注》定在隆兴二年,见第19页。

① 韩元吉《南涧甲乙稿》卷7《满江红》(江绕层城)词序云:"再至丹阳,每怀务观。有歌其所制者,因用其韵,示王季夷、章冠之。"韩词所和即此词,《笺注》即定其为韩元吉乾道二年秋赴建康途中作。然韩元吉于乾道元年与陆游镇江别后,不止一次重经镇江。乾道二年后,其于乾道五年赴宣城奔母丧、乾道八年使金等行程,皆途经镇江。而其词中有"叹新声浑在,断云难觅。暮雨不成巫峡梦,数峰还认湘波瑟"数句,新声当是指陆游原作,故是写实之词。后接巫峡、湘波之典,应非传统词家惯用之成词,而是专言新声作者已似断云,飘至巫峡湘波之间,而己难与之共饮叙旧也。此种景事与陆游入蜀任夔州通判相合,韩氏亦有针对陆游任夔州通判一事而写之《送陆务观序》,其间代陆游立言,一泻心中之愤懑,亦与词情相合。又陆游此词全文云:"危堞朱栏,登览处、一江秋色。人正似,征鸿社燕,几番轻别。缱绻难忘当日语,凄凉又作它乡客。问鬓边,都有几多丝,真堪织。杨柳院,秋千陌。无限事,成虚掷。如今何处也,梦魂难觅。金鸭微温香缥缈,锦茵初展情萧瑟。料也应,红泪伴秋霖,灯前滴。"其间"几番轻别""又作他乡客"可知此回至镇江为再至。若依《笺注》定在乾道元年改通判隆兴军事,则为首次离别,不当有"几番轻别"之感慨,更不会有"当日语"这种追想之辞,而"如今何处也"更是旧地重游之语,不是临别之感。唯有乾道六年从山阴赴夔州途经镇江时,方能有此旧地重临而又作客之感慨。此时距通判镇江已过5年,自能言难忘当日语矣。又陆游赴夔州时,于乾道六年六月经镇江,然据《入蜀记》卷1云:"(乾道六年六月)八日,雨霁,极凉如深秋。……十六日早……夜抵镇江城外。是日立秋。……二十日,迁入嘉州王知义船。微雨,极凉。"既已立秋,天气又微雨极凉如深秋,故与词中"一江秋色"并不矛盾。见《渭南文集》卷43,《陆游集》,第2409—2412页。

续　表

序号	各调第一阕	写作时地	备　注
9	《感皇恩·伯礼立春日生日》	乾道六年（1170）十月，写于夔州。	见《笺注》第23页。
10	《好事近·寄张真甫》	写于夔州。①	《笺注》定在荣州，见第65页。

---

　　① 全词云：“羁雁未成归，肠断宝筝零落。那更冻醅无力，似故人情薄。瘴云蛮雨暗孤城，身在楚山角。烦问剑南消息，怕还成疏索。”《笺注》据《水龙吟·荣南作》一词中亦有“瘴云蛮雨”云云判断此词也作于荣州。然荣州已是蜀中腹地，不能再言楚山。陆游言楚山多指今湖北西部。如《剑南诗稿》卷2《秋风》诗云：“霜侵汉水绿，日落楚山苍。此去三巴路，无猿亦断肠。”，为乾道六年九月赴夔州途经鄂州时作。楚山当指湖北之山。而夔州正处鄂蜀交界，即与词中“楚山角”相合。而陆游在诗中提到夔州时，多见“瘴”字，如《剑南诗稿》卷2《谢张廷老司理录山居诗》云：“憔悴经年客瘴乡，把君诗卷意差强。”此乃乾道七年九月作于夔州。又同年作《九月三十日登城门东望悽然有感》云：“减尽腰围白尽头，经年作客向夔州。流离去国归无日，瘴疠侵人病过秋。”故此词应作于夔州时期。诗见钱仲联《剑南诗稿校注》，上海古籍出版社1985年版，第147、203、206页。

续　表

序号	各调第一阕	写作时地	备　注
11	《鹧鸪天·送叶梦锡》	难解，据叶衡行迹，似难以赴成都就任，故更应写于夔州。①	《笺注》定在乾道九年，于成都。见第54页。
12	《蓦山溪·送伯礼》	乾道七年（1171）八月，写于夔州。	见《笺注》第36页。
13	《木兰花·立春日作》	乾道七年（1171）、八年（1172）之际的立春日，写于夔州。	见《笺注》第37页。

---

　　①　叶衡曾被任命为成都府知府，故《笺注》定此词作于成都，时叶衡离成都改任建康知府。此据《宋会要辑稿》选举三四：“（乾道九年八月）十六日，诏枢密都承旨叶衡除文阁学士知成都府。”然《宋会要辑稿》兵一：“（乾道九年）九月一日知荆南府叶衡言……”可知叶衡九月尚未赴任。而《景定建康志》卷一“行宫留守题名”载：“叶衡，淳熙元年正月以敷文阁学士安抚使兼行宫留守司公事。”卷14《建炎以来年表》：“淳熙元年正月二十六日，敷文阁学士左朝散大夫叶衡知府事，提举学事，兼管内劝农营田使。二月召赴行在。”可知叶衡于淳熙元年正月即已至建康。故叶衡若于成都与陆游相会，需于三个月间从荆南到成都，再从成都赶至建康，似无暇完成此番行程。又《四川通志》卷120成都知府名单不载叶衡，故很可能叶衡并未赴任，即转去建康，其也未有机会为成都一会陆游。又《宋会要辑稿》职官77：“（乾道六年）十二月二十四日，诏叶衡起复，知庐州。”可知乾道七年至淳熙元年间，叶衡历知庐州、荆南、建康。其间唯有知荆南时与夔州相近，可有机会与陆游相会。而陆游乾道六年离山阴赴任夔州时，叶衡曾招饮，故二人情好甚笃，于分任荆南、夔州时寻机重聚应也近情。故此词更应作于乾道七年八年之间，陆游于夔州之时。依次见（清）徐松辑，刘琳等校点《宋会要辑稿》，上海古籍出版社2014年版，第8620、5925、5151页；（宋）马光祖修，（宋）周应合纂《景定》《建康志》，南京出版社2010年版，第118、779—780页；（清）常明等修，（清）杨芳燦、谭光祜等纂《嘉庆》《四川通志》，上海书店、江苏古籍出版社、巴蜀书社1992年版，第538—542页。

续　表

序号	各调第一阕	写作时地	备　注
14	《朝中措·梅》	未详。	
15	《临江仙·离果州作》	乾道八年（1172），写于赴南郑途中经果州时。	见《笺注》第38页。
16	《蝶恋花·离小益作》	乾道八年（1172），写于赴南郑途中经益昌时。	见《笺注》第41页。
17	《钗头凤》（红酥手）	未详。	《笺注》定在绍兴末沈园，见第2页。
18	《清商怨·葭萌驿作》	乾道八年（1172）十一月，写于赴成都途中经葭萌驿时。	见《笺注》第47页。
19	《水龙吟·荣南作》	淳熙二年（1175），写于荣州。	见《笺注》第70页。
20	《秋波媚·七月十六日晚登高兴亭望长安南山》	乾道八年（1172）七月十六日，写于南郑。	见《笺注》第46页。
21	《采桑子》（宝钗楼上妆梳晚）	未详。	
22	《卜算子·咏梅》	未详。	

序号	各调第一阕	写作时地	备　注
23	《沁园春·三荣横溪阁小宴》	淳熙二年（1175），写于荣州。	见《笺注》第 69 页。
24	《月上海棠·成都城南有蜀王旧苑尤多梅,皆二百余年古木》	淳熙二年（1175）至五年（1178）间，写于成都。	见《笺注》第 89 页。
25	《乌夜啼》（金鸭余香尚暖）	未详。	
26	《真珠帘》（山村水馆参差路）	未详。然观词中"感羁游正似,残春风絮"可知是宦游时所作。而"镜里新霜空自悯"一句又点明此时刚刚步入中晚年，故更可能是羁旅蜀中时作。	
27	《好事近》（混迹寄人间）	未详。	
28	《柳梢青·故蜀燕王宫海棠之盛为成都第一,今属张氏》	淳熙二年（1175）至五年（1178）间，写于成都。	见《笺注》第 88 页。
29	《夜游宫·记梦寄师伯浑》	淳熙元年（1174）至淳熙五年（1175）之间。	见《笺注》第 81 页。

续　表

序号	各调第一阕	写作时地	备　注
30	《安公子》(风雨初经社)	未详。	
31	《玉蝴蝶·王忠州家席上作》	淳熙五年(1175),东归途中经忠州时作。	见《笺注》第 101 页。
32	《木兰花慢·夜登青城山玉华楼》	蜀中登青城山作。	《笺注》定为淳熙元年首次登青城山所作,见第 62 页。然词中并无内证可证此必为初登青城山时作。淳熙四年六月,陆游陪同范成大登青城山,《剑南诗稿》卷 8《和范舍人永康青城道中作》《宿上清宫》《登上清小阁》《小憩长生观饭已遂行》诸诗即作于此时。①
33	《苏武慢·唐西安湖》	淳熙元年(1174),作于蜀州。	见《笺注》第 59 页。

---

① 钱仲联:《剑南诗稿校注》,上海古籍出版社 1985 年版,第 645—648 页。

序号	各调第一阕	写作时地	备　注
34	《齐天乐·左绵道中》	乾道八年（1172）末，从南郑入成都途中作。	见《笺注》第48页。
35	《望梅》（寿非金石）	未详。	《笺注》定在乾道八年，于南郑幕府。见第43页。
36	《洞庭春色》（壮岁文章）	未详。	
37	《渔家傲·寄仲高》	淳熙二年（1174）前，作于蜀中。	见《笺注》第74页。
38	《绣停针》（叹半纪）	据首句"叹半纪，跨万里秦吴"及末句"客中又还过社"可知此时陆游已至蜀中六年，尚未东归。自乾道六年（1170）十月陆游至夔州始，历六年当为淳熙三年（1176）前后。此时陆游先被免官，旋得领祠禄，人讥其颓放，故自号放翁。此词词情于此相合。	《笺注》定在东归后，见第110页。

续　表

序号	各调第一阕	写作时地	备　注
39	《桃园忆故人·三荣郡治之西,因子城作楼观,曰高斋。下临山村,萧然如世外。余留七十日,被命参成都戎幕而去,临行,徙倚竟日,作〈桃园忆故人〉一首》	淳熙二年(1175),作于荣州。	见《笺注》第72页。
40	《极相思》(江头疏雨轻烟)	未详。	
41	《一丛花》(尊前凝伫漫魂迷)	未详。	
42	《隔浦莲近拍》(飞花如趁燕子)	未详。	
43	《昭君怨》(昼永蝉声庭院)	未详。	
44	《双头莲·呈范全能待制》	淳熙二年(1176),作于成都。	见《笺注》第78页。
45	《南歌子·送周机宜之益昌》	淳熙二年(1175),作于成都。	见《笺注》第76页。
46	《豆叶黄》(春风楼上柳腰肢)	未详。	

序号	各调第一阕	写作时地	备 注
47	《醉落魄》（江湖醉客）	未详。	
48	《鹊桥仙》（华灯纵博）	据词末"镜湖元自属闲人，又何必官家赐与"云云，当是东归后作。	
49	《长相思》（云千重）	据"月明收钓筒"云云，当是东归后作。	
50	《菩萨蛮》（江天淡碧云如扫）	据"渔家真个好，悔不归来早"云云，当是东归后作。	
51	《诉衷情》（当年万里觅封侯）	据"当年万里觅封侯，匹马戍梁州"云云，当是东归后作。	
52	《生查子》（还山荷主恩）	据"还山荷主恩"云云，当是东归后作。	
53	《破阵子》（仕至千钟良易）	东归后作。	见《笺注》第 128 页。
54	《上西楼》（江头绿暗红稀）	未详。	
55	《点绛唇》（采药归来）	据"江湖上，遮回疏放，作个闲人样"云云，当是东归后作。	

序号	各调第一阕	写作时地	备　注
56	《谢池春》(壮岁从戎)	据"功名梦断,却泛扁舟吴楚"云云,当是东归后忆四川作。	《笺注》认为其与《谢池春》(贺监湖边)、《谢池春》(七十衰翁)二阕作于同时,皆绍熙五年陆游70岁时作。见第159页。然玩三词词意,显非同时,而有先后之分。
57	《一落索》(满路游丝飞絮)	未详。	《笺注》定于东归后所作,见第131页。
58	《杏花天》(老来驹隙骎骎度)	东归后作。	见《笺注》第132页。
59	《太平时》(竹里房栊一径深)	东归后作。	见《笺注》第133页。
60	《恋绣衾》(不惜貂裘换钓篷)	据首句"不惜貂裘换钓篷"云云,当是东归后作。	
61	《风入松》(十年裘马锦江滨)	据首句"十年裘马锦江滨"云云,当是东归后作。	

续　表

序号	各调第一阕	写作时地	备　注
62	《真珠帘》(灯前月下嬉游处)	未详。	
63	《风流子》(佳人多命薄)	未详。	
64	《双头莲》(风卷征尘)	未详。	
65	《鹧鸪天》(仗履寻春苦未迟)	未详。	《笺注》定此词或作于淳熙十六年春。见第156页。
66	《蝶恋花》(禹庙兰亭今古路)	据首句"禹庙兰亭今古路"云云,当是东归后作。	

从上表可以明显看出,各调词的首阕确实基本上按照时间先后排列,其间虽有个别颠倒者,但大时间段都不错乱。如第3号《青玉案·与朱景参会北岭》一阕作于绍兴二十九年,理应放在首位,但其与镇江时期相距无几,或由于前两首是与故知韩元吉唱和之作,故略为提前,以致拳拳。但无论如何,其与第1—8阕皆属于入蜀前所作词,而其后再也未见入蜀前之作。同样,第9—13阕皆是夔州时期所作词;第15—18阕皆是离开夔州赴南郑时期所作词;第23—45阕虽编次略有凌乱,但可考者皆乾道九年至淳熙五年所作,即绝大部分可考者是作于从离

开南郑开始到东归前这段蜀中时间；从第48阕往下，皆是东归后所作，可考者中完全没有混入东归前所作词。于是我们有理由相信，陆游在编订词集的时候也是有着双重标准，即按词调将各词归类，调与调之间的顺序依照首阕词创作时间先后排列。而既然要以首阕词的写作时间作为排序的标准，那么同调各词也必须以时间为序依次排开。事实也确实如此。如《浣沙溪·和无咎韵》写于入蜀前，排在其后的《浣沙溪·南郑席上》显然作于入蜀之后；《满江红》（危堞朱栏）写于入蜀前，其后《满江红·夔州催王伯礼侍御寻梅之集》显然作于夔州；《柳梢青·故蜀燕王宫海棠之盛为成都第一，今属张氏》作于成都，其后《柳梢青·乙巳二月西兴赠别》则作于淳熙十二年，自是东归之后。综上可知，《渭南文集》所附乐府词的编次大致以调名分类，同调词按照写作时间顺序排列，而调与调之间则按照每调的首阕词写作时间先后为序。

二 《渭南文集》所附词编次与《钗头凤》的创作时地

在今存140余首陆游词中，最负盛名、流传最广的一阕当属《钗头凤》。自陈鹄、刘克庄、周密三人的相继敷演，绍兴年间沈园重会前妻唐氏的《钗头凤》本事逐渐被世人接受，并不断被后世戏曲小说铺陈改写，直至今日依旧不衰。《钗头凤》一词也随之家喻户晓，成为词以事传的典型。围绕《钗头凤》一词的学术讨论也同样热烈，可以独立成为陆游词研究中的一大重要范畴。然而，从清代王士祯开始，质疑《钗头凤》词作本事的声音就不断出现①，夏承焘亦对此本事抱有存疑态度，而吴熊和《陆游〈钗头凤〉词本事质疑》一文更堪称最有力的一篇质疑之作。吴文从陈鹄、周密记载的相互抵牾、词情及词中时地与唐氏不合两个方面否定了为唐氏而作的说法，并根据《钗头凤》为蜀中流行新调、开篇以凤州三出"手、酒、柳"为韵及丘崈所记在蜀中闻歌姬唱陆游此词等三个方面认为其应作于成都，为蜀中偶兴的冶游之作。② 其后质疑原本事的文章亦不断出现，陈桥驿甚至提出《钗头凤》是伪作的观点。③ 当然，伪作说本是陈桥驿的随便一谈，毕竟陆游编订、陆子遹刊刻的嘉定本《渭南文集》一直保存到了今天，而词作的本事之伪与系名之伪更是无甚关系的两个问题。但是除了这一经不起推敲的观点外，其他质疑之作均未提出新的意见或新的有力证据，都是吴熊和成都游冶词说的翻演。同时，有怀唐氏本事的支持者也不断撰写针对吴文的商榷文章，然而他们只是反复强调不能忽视三家笔记作者的宋人身份以及《剑南诗稿》中存在的沈园题壁证据与诸多沈园诗。但是笔记本身就是传闻小说的杂录杂抄，而且还有转相传抄、旧闻相因的特点，三家笔记作者的宋人身份并不能否认质疑某些条目是否真实的合理性。而陆游题壁沈园以及对沈园久久不能忘怀的事实，也都不能直接证明题

---

① 高利华：《陆游〈钗头凤〉词研究综述》，《文学遗产》1989 年第 2 期，第 109—111 页。

② 吴熊和：《陆游〈钗头凤〉词本事质疑》，载吴熊和《吴熊和词学论集》，杭州大学出版社 1999 年版，第 265—274 页。

③ 陈桥驿：《读〈亘古男儿——陆游传〉有感——兼论学术界的"伪作"》，《浙江学刊》2009 年第 5 期，第 113—115 页。

壁诗词就是《钗头凤》。因此反对者既不能有效地解答吴熊和的质疑，也无法推翻吴熊和的大部分立论。

不过，吴熊和的立论也并非完全无懈可击，其"红酥手。黄縢酒。满城春色宫墙柳"与凤州三出暗合的观点就遭到诸多反对意见。大致观点不外乎蜀中不产黄縢酒以及陆游于成都作词不大会用千里之外的凤州风俗。[①] 凤州产美酒是不争之事实，尽管蜀中不产黄縢酒，陆游自可以之代称。[②] 但是凤州与成都的空间距离确实是成都说的一大软肋。不过，如若结合《渭南文集》所附词的编次，再来审视《钗头凤》一词的创作时地，则能很好地解决这一问题，并能对吴熊和的观点加以补正。

根据上文所列"《渭南文集》各调词首阕写作时间表"可知，《钗头凤》一词为第17阕，位于第9—13阕夔州系列词之后。紧邻其前的可考者为第15阕《临江仙·离果州作》与第16阕《蝶恋花·离小益作》。果州和益昌（小益）皆是乾道八年春陆游赴南郑幕府时经行之地，此二阕即作于此时，其行程正是先经果州，后至益昌。而紧接其下的第18阕《清商怨·葭萌驿作》则是乾道八年十一月离开南郑赴成都时作，再往下便是编次略为凌乱的离南郑后诸蜀中词了。这样看来，《钗头凤》位于时间编次最谨严的区域，而且其前与其后皆是乾道八年所作，

---

① 黄世中：《〈钗头凤〉公案考辨》，《中国海洋大学学报》（社会科学版）2006年第1期，第65—66页。
② 如《剑南诗稿》卷18《病中偶得名酒小醉作此篇是夕极寒》诗云："一壶花露拆黄縢"，即以黄縢指代名酒。见《剑南诗稿校注》，第1418页。

那么我们有非常大的把握判断《钗头凤》也是作于乾道八年。又根据《临江仙》词写春景，《蝶恋花》词写寒食前风物，《清商怨》词写冬雪，而《钗头凤》词写"桃花落"之暮春，故《钗头凤》与其前两阕一样，都写于乾道八年之春，其时陆游已过益昌。益昌位于今日四川省广元市，与南郑接壤，故下一站便是目的地南郑。而《剑南诗稿》卷 3《南郑马上作》诗云："南郑春残信马行，通都气象尚峥嵘。"① 此是《剑南诗稿》中第二首作于南郑的诗，可知是年春末陆游即已抵达南郑，故而《钗头凤》一词的确切创作时地应是乾道八年春末的南郑。凤州正毗邻南郑之北，陆游于南郑的数月间常往返于兴元、凤州两地，这样首句与凤州三出的暗合也就有了归宿。不仅如此，陆游第一首作于南郑的诗《山南行》更是叙述了南郑之风景："地近函秦气俗豪，秋千蹴鞠分朋曹。苜蓿连云马蹄健，杨柳夹道车声高。古来历历兴亡处，举目山川尚如故。将军坛上冷云低，丞相祠前春日暮。"② 其间秋千、杨柳云云完全可以成为陆游"满城春色宫墙柳"的起兴之源。

既然《钗头凤》写于乾道八年的南郑，自然就与绍兴末沈园题壁无关，那么其词情又是如何？是与诸沈园诗一样怀念唐氏？还是如吴熊和所说的是偶兴之游冶词？

从上文所论可知，尽管《临江仙·离果州作》《蝶恋花·离小益作》与《钗头凤》是分属三种词调的首阕词，然而三

---

① 钱仲联：《剑南诗稿校注》，上海古籍出版社 1985 年版，第 234 页。
② 同上书，第 232 页。

者写作时间同在乾道八年春，故陆游的写作心态应是一致的。同时，三者与列于其后的写在是年冬的《清商怨·葭萌驿作》都是此前不多见的闺情词，四阕的词情又非常接近，将四者合观，或可对《钗头凤》的词情理解产生新的启示。兹录四阕于下：

> 鸠雨催成新绿，燕泥收尽残红。春光还与美人同。论心空眷眷，分袂却匆匆。
>
> 只道真情易写，那知怨句难工。水流云散各西东。半廊花院月，一帽柳桥风。
>
> ——《临江仙·离果州作》

> 陌上箫声寒食近。雨过园林，花气浮芳润。千里斜阳钟欲暝。凭高望断南楼信。
>
> 海角天涯行略尽。三十年间，无处无遗恨。天若有情终欲问。忍教霜点相思鬓。
>
> ——《蝶恋花·离小益作》

> 红酥手。黄縢酒。满城春色宫墙柳。东风恶。欢情薄。一怀愁绪，几年离索。错错错。
>
> 春如旧。人空瘦。泪痕红浥鲛绡透。桃花落。闲池阁。山盟虽在，锦书难托。莫莫莫。
>
> ——《钗头凤》

> 江头日暮痛饮，乍雪晴犹凛。山驿凄凉，灯昏人独寝。
>
> 鸳机新寄断锦，叹往事、不堪重省。梦破南楼，绿云堆一枕。
>
> ——《清商怨·葭萌驿作》

　　四词虽是词体文学的传统闺情之作，但《临江仙》《蝶恋花》《清商怨》三阕显然没有遵循更普遍的代言式"男子作闺音"传统。由于其词题点明了写作时地，词中所写又都是存在于写作时地的现实景物，因此三者更应是涉及闺中怨事的自抒怀抱之作。而且，词中所叙之闺情亦有相合之处。首先，其间都涉及一位分别甚久的美人。这位美人曾与陆游有过美好的往昔，虽然与陆游各自东西许久，但始终是陆游心中无法放下的挂念，而且其似乎已经与陆游再也没有重逢的可能。其次，三词在此时此地的景物之外，还包含有相同的程式化景物元素，如《蝶恋花》与《清商怨》提到的南楼，《临江仙》与《蝶恋花》中涉及的园林。这些相同的元素会让人觉得三词背后的美人与情事是统一的。再结合三者都写于乾道八年的事实，特别《蝶恋花》与《清商怨》都写于是年春季，我们很难想象这种真挚的思恋能在这么短的时间里投射在不同女性身上，因此它们只可能是针对一人而发。再来看《钗头凤》，其也符合上述两点。与凤州三出相关的手、柳、酒韵，东风吹落桃花的暮春景色即是符合写作时地的个性场景；宫墙、池阁构成的园林空间则是与《临江仙》《蝶恋花》相同的共性场景；而分别许久、百般牵挂又重合不得的美人则是沟通四阕最明显的线索。因此，《钗头凤》并非是偶兴之游冶词，更可能是一阕特定的思人词，所思之人应与上引其他三阕相同。

　　那么这位让陆游魂牵梦绕的美人究竟是谁？似乎只有沈园之人才能吻合这一美人的形象。众所周知，陆游在晚年创作了数首沈园诗①，明显是在怀念一位曾经出现在沈园的人，其诗情真挚缠绵，对斯人怀有着无尽的挂恋与遗恨。特别是题为《沈园》的二首绝句，极尽内心的哀怨婉转。诗云：

> 城上斜阳画角哀，沈园非复旧池台。伤心桥下春波绿，
> 曾是惊鸿照影来。

> 梦断香消四十年，沈园柳老不吹绵。此身行作稽山土，
> 犹吊遗踪一泫然。②

尽管二诗是写沈园风景，但其间池台、桥、春波、柳甚至斜阳等景物与词中反映出的共性空间场景完全一致，而且诗词之间的韵味、情愫、感发力都非常类似，故而词中的园林池阁很有可能就是沈园里的这片空间，而词句背后的那位美人，应该就是沈园中的这位照影惊鸿。

由于陆游的沈园诗真挚动人，历代皆将其与《钗头凤》沈园遇唐氏的本事相联系，认为诗中怀念的人就是唐氏，而应该也只有唐氏才能让陆游如此眷恋终生。《蝶恋花》一阕透露出了陆游牵挂之往事的时间，所谓"海角天涯行略尽。三十年间，无处无遗恨"即是表明其与美人分开已过了30年的时间，自己在这一期间漂泊四方，然每到一处新地，都改变不了他对分袂的遗恨。陆游赴南郑经益昌时为乾道八年，上推30年为绍兴十三年前后，时陆游在临安应试，其与唐氏成婚又旋即离异正发生在这段时间，而此时期能让陆游久久不能忘怀的闺情之怨也

---

① 关于陆游沈园本事诗的辑录与研究，高利华已做了较为完善的考辨工作。详见高利华《越文化与唐宋文学》，人民出版社 2008 年版，第 221—239 页。

② 钱仲联：《剑南诗稿校注》，上海古籍出版社 1985 年版，第 2478 页。

只有这场与唐氏的离合了。而每当陆游遇到与昔日相似事物之时，思绪总会回到这段时间或者沈园空间中。如《剑南诗稿》卷19有诗《余年二十时尝作菊枕诗，颇传于人，今秋偶复采菊缝枕囊，凄然有感》①，即是20岁的往事重现，其与词中30年前同属一个时空。卷53所录《春日绝句》其五云："桃李吹成九陌尘，客中又过一年春。余寒漠漠城南路，只见秋千不见人。"② 诗中的桃李、城南路、秋千等意象显然属于沈园空间，而勾起陆游重回沈园空间的原因在同诗其八中有所揭示："杨家园里醉残春，醉倩傍人拾堕巾。红紫飘零不须叹，东君渠自是行人。"③ 是一番春日，是一片相似的春日园林。《剑南诗稿》卷3收有题为《留樊亭三日王觉民检详日携酒来饮海棠下比去花亦衰矣》的两首绝句，作于果州，与《临江仙》一词同时，或许诗中所言的春日樊家园馆勾起了上述诸词中的沈园空间，而汉中之地近于江南的风景也一次次地勾起着陆游对于沈园空间的追忆。而此时距唐氏故去已十余年之久④，故而"山盟虽在，锦书难托"云云便也不显得那么有违礼节、无所顾忌了。此外，首句用凤州三出的轻肆情调也可以得到解释，即此番勾起陆游回到沈园空间的就是凤州歌姬，他在宴饮中的闲愁里想起了让他愁恨一生的闺事。

---

① 钱仲联：《剑南诗稿校注》，上海古籍出版社1985年版，第1473页。

② 同上书，第3138页。

③ 钱仲联：《剑南诗稿校注》，上海古籍出版社1985年版，第3139页。

④ 据《沈园》诗"梦断香消四十年"句可知唐氏约去世于陆游35岁前后，详见《剑南诗稿校注》，第2478页。

至于三家笔记的记载，吴熊和辨之已详。需要补充的是，笔记中记录词之本事不少，但往往不甚可信。特别是语涉闺情的词篇，往往众说纷纭，莫衷一是。究其原因，还是由于记载本事的笔记乃闲谈燕语之作，其热衷的是扣人心弦或感人至深的故事。对于涉及闺情之词的本事，传说者往往会在搜罗真实材料的基础上，进行错误的拼接，以构成一个可供谈资的故事。这种故事不仅会吸引笔记作者的记录，还会抓住后世读者的兴趣，有着很强的传承性与生命力。同见《齐东野语》的"台妓严蕊"条便记载了《卜算子》（不是爱风尘）词的本事，记载中的严蕊面对朱熹的严刑拷打，抵死不作伪证以诬陷唐仲友，并赋此词以明心迹。① 然而此词尽管确实与唐仲友、严蕊、朱熹三人有关，但真实的情况并非周密所记，而是唐仲友欲私自为严蕊落籍之时，友人高宣教填此以调谑严蕊。而此词被朱熹得知，作为唐氏罪证写进了《按唐仲友第四状》中。② 可见周密所记诚是将真实材料错误拼贴后的产物，但却获得了特别的生命力。人们更愿意相信这么一个弱女子对抗道学家的故事，以至于被后世的小说戏曲不断演绎到今天。另外，这场张冠李戴的本事也不是周密始作俑，而是洪迈最先将其记于《夷坚志》中③。如此看来，《钗头凤》的本事及词以事传的历

---

① （宋）周密：《齐东野语》，中华书局 1983 年版，第 375—376 页。

② （宋）朱熹撰，朱杰人、严佐之、刘永翔主编：《朱子全书》（修订本）第 20 册，《晦庵先生朱文公文集》卷 19，上海古籍出版社、安徽教育出版社 2010 年版，第 845—846 页。

③ （宋）洪迈编纂：《夷坚支庚》卷 10，中华书局 2006 年版，第 1217 页。

史与这首《卜算子》应是极其相似。

三　《渭南文集》所附乐府词编序的
相关词史意义

《渭南文集》所附乐府词编序不仅有助于《钗头凤》一词写作时地的讨论，还可以透露出一些词体文学的创作、流传及传播生态的相关信息，有着一定的词史意义。陆游将乐府词附于《渭南文集》之后是用"庐陵所刊欧阳公集例"，此即周必大于庆元二年刊刻的欧阳修全集。将乐府词收入文集而非单行不是周必大编欧阳修集首创，乾道九年高邮军学刊刻秦观《淮海集》时即已收入了 3 卷长短句，然此长短句的编次无序可循，尽管每卷内按调名归类，但卷与卷之间词调重见者很多。① 而周必大刊刻的欧阳修全集将诗余收在卷 131 至卷 133，亦是 3 卷，但其完全按调名归类，没有词调前后重出的现象。② 由于欧阳修的词作大多没有时间信息，故而无法确认周必大在编次时于词调标准之外有无时间标准。然而附于周必大自己的文集《周益公文集》卷 185 的长短句则可以找到按时间编次的线索，由于周词数量极少，故将全部词作按序列表于下③：

① 徐培均：《淮海居士长短句笺注》，上海古籍出版社 2010 年版。
② 李逸安校点：《欧阳修全集》，中华书局 2001 年版，第 1991—2057 页。
③ （宋）周必大：《周益公文集》，明澹生堂抄本，四川大学古籍整理研究所《宋集珍本丛刊》第 50 册，线装书局 2004 年版，第 637—639 页。

序号	词　名	词调	自注时间	写　作　时　间
1	劝酒朝中措	《朝中措》		未详。
2	子中兄自安仁遣书云将以重九登高祝融峰且有借琼珮霞裾之语戏作《满庭芳》以解嘲	《满庭芳》		隆兴、乾道年间,子中兄留连江西、湖南间,见卷一百八十六,《与黄世永编修书》,此词应作于此时间段。①
3	和从周宣教《谒金门》词祝千岁寿请呼段马二生歌之	《谒金门》		未详。
4	葛守坐上出《点绛唇》道思归之意走笔次其韵	《点绛唇》		未详。
5	又	《点绛唇》		未详。
6	赴池阳郡会坐中见梅花赋《点绛唇》一首	《点绛唇》	丁亥九月己丑	乾道三年(1167)
7	乙夜赵富文出家姬小琼再赋仝前	《点绛唇》		作于上阕次日
8	贱生之日蒙季懐示《朝中措》新词今借严韵以侑寿畀敬述雅志非泛泛祝词也	《朝中措》	戊子	乾道四年(1168)

① 《周益公文集》,第643页。

续　表

序号	词　名	词调	自注时间	写　作　时　间
9	胡季懷以《朝中措》为寿八月四日复次其韵季懷常以宰相自期故每戲之	《朝中措》	己丑	乾道五年（1169）
10	次江西帅吴明可韵《醉落魄》	《醉落魄》	庚寅四月	乾道六年（1170）
11	暮春鲁氏坐上次胡邦衡《西江月》韵	《西江月》		未详。
12	再赋送行	《西江月》		未详。

　　表中可以清晰看出按照时间排序的现象，特别是第5到第10阕，就是一调下词作按照时间排列，而调与调之间也以时间先后为序。可见陆游以词调与写作时间的双重编次标准并不是孤例。既然陆游特别看重周必大编订欧阳修全集的体例，或许这种词集编次标准与周必大有所关联。陆游之后，宋人刊刻的宋人别集附词不断出现以时间标准编次迹象者。刘克庄《后村集》收长短句于卷187—191，在按照词调归类的同时，也有部分的时间标准。特别是标有日期的祝寿词和自寿词，全部按照时间先后整齐归在各调之下，而拥有寿词的词调编次也是以写作时间为准。① 收于《鹤山先生大全文集》卷96的魏了翁词作

---

① 辛更儒：《刘克庄集笺校》，中华书局2011年版，第7099—7503页。

则打破了词调归类标准，基本上是以写作时间的先后逐词编次。① 尽管诸如洪适《盘洲文集》、张孝祥《于湖居士文集》、朱熹《晦庵先生朱文公文集》等南宋即已刊行的全集中并不存在以时间为序的词作编次线索，但可以肯定，人们对词集编次给予了越来越多的关注，这意味着人们对于词集越来越重视，也是词体文学地位不断上升的标志。

词集的编纂经历着由随意到谨严的过程，早期的词集多是好事者从各处收集而得，故汇为一编时往往只是全部作品的一小部分。《淮海集》所收三卷秦观词每卷按词调归类、卷与卷之间词调重出的现象，或许表明这是先后三次搜集来的小集。而词集编次上出现了时间线索的痕迹则说明这是一种编辑过的本子。必须承认，魏了翁的词能够全部以时间编次得益于其间绝大多数都是寿词，而刘克庄的词作在寿词之外的编次面貌还是比较凌乱。那么陆游《渭南文集》所附乐府词的意义便是其在没有寿词的情况下还能保持相对有序的时间编次，更重要的是，这是他亲手编订过的。这说明在词作逐渐被允许纳入别集之后，在南宋文人的意识里也变成了可供作者传世不朽的文字，尽管写作场合、文字风格与诗尚有所疏离，但其在作者身后扮演的角色与作用却已经和诗文越来越接近，越来越有必要自己编辑删订一个本子，将其作为权威，让后世都依据这个本子的面貌认识自己，认识自己的作品。但长短句终究不是诗文，陆游的编次在宋刻宋人集中已经是最为规整的了，但还是有一些

---

① （宋）魏了翁：《鹤山先生大全文集》卷96，《四部丛刊》本。

小时间节点上的出入，无法与编次一丝不苟之《剑南诗稿》等观。但无论如何，从欧阳修的词集无法看出有没有时间线索，到可以明确从陆游词集中抓取出时间编次标准已经是词史上的一大飞跃。这不仅表明应歌之作的减少，也表明文人在自己主动记忆词作的创作时地。陆游于《徐大用乐府序》中透露出自己看重的词作类型："独于悲欢离合，郊亭水驿，鞍马舟楫间，时出乐府辞，赡蔚顿挫，识者贵焉。"① 观陆游词集，其间亦存在大量的郊亭水驿、鞍马舟楫之词，这些承载着悲欢离合的辞章是作者一时所兴，更是作者当时特定遭际与心境的记录，是一个完整人生的重要组成部分，故而才须主动记忆时地，主动编次与删订，以免传之后世招致误解。

陆游《长短句序》里有一句常常被词家提及的话："千余年后，乃有倚声制辞，起于唐之季世。则其变愈薄，可胜叹哉！予少时汩于世俗，颇有所为，晚而悔之。然渔歌菱唱，犹不能止，今绝笔已数年，念旧作终不可掩，因书其首以识吾过。"② 但现存陆游词集中基本不存在所谓汩于世俗的作品，显然是被陆游自己删去。从乐府词的编次中即可发现陆游编订的词集先后依次呈现入蜀前词、夔州词、南郑词、南郑后的蜀中词及东归后所作词五大板块，它们与陆游的生平依次对应，但却没有绍兴二十八年前这个时间段，此是陆游入仕前的生命时空，正是二三十岁之时，与"少时汩于世俗，颇有所为"相合。或许

---

① 《陆游集》，《渭南文集》卷 14，第 2101 页。
② 同上。

陆游发出"旧作终不可掩"之感叹的缘由并不是他不愿意让自己年少的作品白白泯灭，他已然删去了那些词篇，但尽管如此，后人自可以通过传统的搜罗辞章方式获取一二，这显然违背了陆游自编词集的初衷。于是这番序言便是陆游的一种策略，通过自我承认错误的方式让后人的视线从删去的部分移开，回到他编订好的这个文本上面。而真正于绍兴年间题在沈园墙壁上的那首词也就并不存在于这两卷乐府词中，再也无从知晓了。这正是词体文学在南宋不断雅化过程中一个重要的注脚，陆游通过自编词集并按词调、时间双重标准编次的郑重方式，在词体文学雅化道路中提供了一个属于诗家的方向。

论陆游与陈亮词书写方式的差异

浙江大学　张　婧　陶　然

陆游作为南宋一代文学大家，被认为是颇具代表性的辛派词人之一，学界多有将其词与辛弃疾的稼轩词相比较之研究，却鲜有比较分析放翁词与其他辛派代表词人作品，本文从书写方式角度切入，对陆词与陈亮词略作比较。词作的书写方式是词人在词作文本中进行内容表达的具体形式及其呈现，词人的书写方式是形成词作特色的重要因素。细考放翁词与龙川词，二者虽同属南宋爱国词派阵营，但其词作本身却呈现出较大的差异，这与具体书写方式是有关的。以将词人与词作相联结的书写方式为切入角度进行分析，可以更好地认识、还原词人的创作过程与心理波动。

书写方式包括书写内容的表达方式、书写载体的文体选择、书写主体的自我塑造以及书写方式的思想来源等。具体到放翁词与龙川词，反映为多景楼书写的政治内涵、酬赠书写的文体选用、自我书写的形象塑造以及典故书写的思想渊源等方面。

一　多景楼书写的政治内涵

政治思想上陆游与陈亮是基本一致的，均属当时主战一派，具有强烈的爱国主义热情，据《宋史》记载的陆游曾上书议迁都建康以及"为炎陈进取之策"① 可见一二，而陈亮亦有迁都建康的上书建议以及北上进取、收复失地之思想，然而两人在词中对这种趋同的爱国政治内涵却有着截然不同的具体书写。

较有代表性的是两人书写自己赴建康游多景楼之经历的词作。多景楼是位于京口这一长江沿岸的军事重镇，在今江苏镇江一带，是三国时期东吴驻地，有着深厚的历史积淀。《嘉定镇江志》中称其"东瞰海门，西望浮玉，江流萦带，海潮腾迅，而唯扬城堞浮图，陈于几席之外，断山零落，出没于烟云杳霭之间。至晴日明，一目万里"②，是登临览胜的最佳处，宋人于此有颇多诗词作品的创作。

陈亮与陆游在其游多景楼的词中均表达了爱国的政治内涵，但具体书写方式迥异。陈亮写作的《念奴娇·登多景楼》③ 一词集中呈现并分析了他对京口军事地理形势的考察，表达其迁都建安的政治观点。首句"鬼设神施，浑认作、天限南疆北界"，展现了对此处地形划分南北界限的历史一贯理解，进而引出后句"一水横陈，连岗三面，做出争雄势"远眺京口地理形

---

① （元）脱脱：《宋史》，中华书局1977年版，第12058页。
② 史弥坚修，卢宪纂：《宋元方志丛刊·嘉定镇江志》，中华书局1990年版，第2404页。
③ 姜书阁：《陈亮龙川词笺注》，人民文学出版社1980年版，第40页。

势后的实写，通过描写长江横陈于京口之北，另三面则由连绵的山冈相环绕的地貌，以"做出争雄势"集中总结了这一天地设险、易守难攻的军事重地给南宋朝廷提供北上争雄可能性的观点。而后笔锋一转，"六朝何事，只成门户私计"，从反面联系六朝时定都金陵，凭借京口地势，却仍是天下分裂割据的历史情况，提出这是六朝时的偏安政策所致而非地形不利之故，以古讽今，否定南宋当时的偏安政策，证明迁都进而北击的必要性。词的最后两句"正好长驱，不须反顾，寻取中流誓。小儿破贼，势成宁问强对"，则浓缩了在当时南宋偏安状态下陈亮想要凭借京口一带的地理形势北击金国的策略谋划，表明其要求迁都建康的目的所在。整首词陈亮是通过叙事、议论的书写方式，直接表明对时事的观点，分析借鉴历史教训，进行有理有据的出谋划策以表现出其理性的爱国政治思想。

据《宋史》载："和议将成，游又以书白二府曰：'江左自吴以来，未有舍建康他都者。驻跸临安出于权宜，形势不固，馈饷不便，海道逼近，凛然意外之忧。一和之后，盟誓已立，动有拘碍。今当与之约，建康、临安皆系驻跸之地，北使朝聘，或就建康，或就临安，如此则我得以暇时建都立国，彼不我疑。'"[①] 陆游在其上书中表达了与陈亮类似的迁都建康的政治观点，并对时机的选择详加论述。而据《陆游年谱》记载"一一六四隆兴二年知镇江府事方滋邀客游多景楼，务观赋《水调

---

① （元）脱脱：《宋史》，中华书局 1977 年版，第 12057—12058 页。

歌头》，张孝祥书而刻之崖石。"① 可知，陆游也曾登临多景楼，并作《水调歌头·多景楼》② 一词，但在该词中其并未提及论述自己的政治观点，而采取了完全不同的写法，使其成为一篇触景伤怀、览胜抒情之作，更多倾向于感性的情感表达。首句"江左占形胜，最数古徐州"。道出京口历来被认为占尽地理优势的历史认知，与龙川词较为相近，但接下来以"连山如画，佳处缥缈著危楼"。句则描绘了其眼中所见如画之美景，与政治军事考虑相去甚远，上阕的后半部分"鼓角临风悲壮，烽火连空明灭，往事忆孙刘。千里曜戈甲，万灶宿貔貅"。则忆及此处作为军事要地在三国时期的战争历史，仿佛战争的场面还历历在目，但这一对历史的书写并非以分析议论之法，而是对发生于此地的这段豪壮历史的咏怀感叹。下阕"露沾草，风落木，岁方秋"，由写秋景入，触悲景以伤情，以羊祜襄阳登览的典故对羊祜个人易在漫长岁月中被遗忘磨灭的感叹表示认同，进而通过"磨灭游人无数"和"叔子独千载"的对比抒发自己无法建功立业、名留青史的遗恨，与其在上书中表达的政治观点无涉。可见放翁词中对政治内涵的书写以抒情写法为主，重在抒发个人情感上匡扶之志的强烈与深刻，表达其感性的爱国政治内涵，并未详写、实写出匡扶之志的内容。

另外，毛开有《水调歌头·次韵陆务观陪太守方务德登多

---

① 于北山：《陆游年谱》，上海古籍出版社 2006 年版，第 113—114 页。

② 夏承焘、吴熊和笺注，陶然订补：《放翁词编年笺注》（增订本），上海古籍出版社 2012 年版，第 10 页。

景楼》① 一词与陆游唱和，亦是通过刻画"襟带大江左，平望见三州"的景致、思及米芾题楼和更早的东吴历史，进而称赞当下的人才英豪，并抒发自身怀才不遇、忧虑当前局势的感叹，亦为一借景抒情之作。稍后一些的杨炎正亦作有《水调歌头·登多景楼》② 一词，其人与辛弃疾志趣相投，颇多交往酬唱，有辛派词之风，词中上阕描写自己秋日登高望远，渲染出寒冷悲凉的氛围，下阕则着重抒发自己怀才不遇、报国无门、郁郁老去的苦闷之情，也是通过借多景楼之景抒个人之情以书写出爱国的政治内涵。再之后的吴潜与李曾伯也就登多景楼有唱和之作，吴潜的《沁园春·多景楼》③ 一词通过描绘登楼远望的"萧条""寂寞"景象，引发对当下偏安局势"问匈奴未灭，底事菟裘"的批判，并对比三国时期历史，表达对当下人才不济的忧虑，亦是借景抒情，但书写的是对整体政治局势的感性思考，而非着眼于个人；李曾伯的和词《沁园春·丙午登多景楼和吴履斋韵》④ 则是通过对眼前景物和过往历史的思考，表达个人怀才不遇、已至暮年之悲，同时认为国运难回，不如归隐。同样是爱国政治内涵的书写，是从个人际遇的角度出发。南宋时期词人对多景楼的反复书写多以借景借史抒情为主，以抒情的书写方式表达爱国的政治内涵，与陆游关于多景楼的书写类

---

① 夏承焘、吴熊和笺注，陶然订补：《放翁词编年笺注》（增订本），上海古籍出版社 2012 年版，第 12 页。

② 唐圭璋：《全宋词》，中华书局 1965 年版，第 2111 页。

③ 同上书，第 2729 页。

④ 同上书，第 2794 页。

似，但在描绘所见之景是悲凉的还是壮阔的、是否借史咏怀、借用历史反衬还是类比当下时局、是着眼于个体角度还是全局观念思考、积极还是消极地表达对时局转变的态度等这些具体的书写上仍存在着明显差异。

二 酬赠书写的文体选用

陆游与陈亮有不少与友人交往交流的酬赠之作，但两人在酬赠书写的文体选择与应用上存在极大差异：对类似的政治思想交流内容的表达，两人在诗与词的书写文体选择上颇为相异；放翁词与龙川词中均有为数不少的酬赠之作，但同为酬赠词作，两人在其中表达的思想内容以及书写目的又不同。

由于政治倾向的相似性，虽陆游与陈亮无缘结识，但两人的交往之人多有重合，如章德茂、辛弃疾、韩元吉等爱国主战人士均在两人的交往之列，故两人与这些友人在爱国政治思想观点上多有交流，但针对这一相类似交流内容的表达，陈亮多选择词这一文体加以书写，而陆游则倾向于写在诗中。陈亮与辛弃疾之间有五首反映两人在"鹅湖之会"中交流的政治思想的酬赠词作，陈亮在其所作的三首词中与辛弃疾就当下时局、观念观点、战斗策略等政治内容进行交流讨论，进而表达对辛弃疾政治才能的肯定与政治追求的勉励；而陆游则选择诗来书写与辛弃疾间的交往，在其《送辛幼安殿撰造朝》①一诗中，

---

① 钱仲联：《剑南诗稿校注》，上海古籍出版社 1985 年版，第 3314—3315 页。

盛赞了辛弃疾在文学、政治、军事方面的才能，并以"大材小用古所叹，管仲萧何实流亚"，"但令小试出绪余，青史英豪可雄跨"等句对其建功立业加以勉励，以"中原麟凤争自奋，残虏犬羊何足吓"句提出组织中原有才能的中意人士，联合群众力量抗击金国的政治军事策略，与陈亮在与和辛弃疾交流的词中提出的战斗策略一致，"残虏犬羊何足吓""深仇积愤在逆胡"等句表达了自己打击金国、收复失地的爱国思想。另外，陈亮有《水调歌头·送章德茂大卿使虏》①一词涉及其与章德茂的交往，言及宋金间的聘使制度这一外交活动，对出使金国的友人章德茂加以鼓励肯定，抒发爱国之情，表达恢复信心；同样是与章德茂的交流，陆游在《简章德茂》②一诗中以"造物无情吾辈老，古人不死此心传"句表达了志向传承、鼓励进取之情。可见当与友人的交往交流涉及爱国政治思想时，陆游与陈亮二人对酬赠文体的选用颇为不同，陆游出于对文体传统的认知，选择在其看来更为典雅正式的诗来书写政治思想，而陈亮则突破传统的文体观念，选用词作为书写载体。

实际上，放翁词中亦有诸多酬赠友人之作，但这些以词为载体的内容书写涉及的均为贺友人生辰、席间应酬的感怀见赠或送别友人亦等较为日常私人化的生活，无一与其时局观点、军事策略等政治内容有涉。例如贺友人生辰的词作今存《定风

---

① 姜书阁：《陈亮龙川词笺注》，人民文学出版社 1980 年版，第 26 页。
② 钱仲联：《剑南诗稿校注》，上海古籍出版社 1985 年版，第 244 页。

波·进贤道上见梅赠王伯寿》① 《感皇恩·伯礼立春日生日》②
两首，前者将梅花与贺寿相联系，表达对人渐渐老去被淡忘，
但他的成绩奉献却福荫后人的感叹；后者则表达了对伯礼的称
赞和祝福之情。再如席间应酬的感怀见赠词作，《浪淘沙·丹阳
浮玉亭席上作》③ 一词有感于长亭把酒而伤离别；《沁园春·三
荣横溪阁小宴》④ 通过描述春景表达对时光流逝的感叹；《夜游
宫·宴席》⑤ 抒发宴席散后的孤寂之情；《玉蝴蝶·王忠州家席
上作》⑥《浣溪沙·南郑席上》⑦ 以及《鹧鸪天·萧公肃家席上
作》分别感叹称赞了宴席整体的美妙热闹、席间美人的外貌以
及音乐演奏。而其送别友人的词作《蓦山溪·送伯礼》《南歌
子·送周机宜之益昌》均抒发别离友人的愁绪，表达与友人的
个人情谊；《鹧鸪天·送叶梦锡》哀叹时光易逝、容颜易老；
《柳梢青·乙巳二月西兴赠别》则将前两种情感结合，表达了对
时光已逝或无缘再见的感叹。除此之外，陆游酬赠友人的词作
还有写与友人共游的《赤壁词·招韩无咎游金山》⑧、与友人书
信来往的《渔家傲·寄仲高》⑨《双头莲·呈范至能待制》⑩ 等，

---

① 夏承焘、吴熊和笺注，陶然订补：《放翁词编年笺注》（增订本），上海
古籍出版社 2012 年版，第 22 页。
② 同上书，第 33 页。
③ 同上书，第 20 页。
④ 同上书，第 67 页。
⑤ 同上书，第 190 页。
⑥ 同上书，第 99 页。
⑦ 同上书，第 43 页。
⑧ 同上书，第 13 页。
⑨ 同上书，第 73 页。
⑩ 同上书，第 76 页。

都与陈亮酬赠友人的《水调歌头·送章德茂大卿使虏》《三部乐·七月送丘宗卿使虏》①《水调歌头·和赵周锡》② 等表达个人政治思想的词作不同。

陈亮与友人间的酬赠，不管是有关政治思想的表达交流，还是与友人个体情感的交流抒发，都选择运用词这一书写载体。而陆游对酬赠友人作品的文体有着严格的区分，绝不把有关政治思想的交流写在词中，而选择交流个人情绪内容这一书写方式，仅把词当作较为私人化的文体进行书写。

三 自我书写的形象塑造

词人在词中表情达意的过程，也是词人在词中自我形象塑造的过程，龙川词中展现出陈亮坚持斗争、积极乐观的形象；而放翁词中则呈现了陆游消极苦闷的个人形象，是乱世中怀才不遇、壮志难酬的失意者。这是因为陆游与陈亮在词中对自我这一创作主体的书写存在着较大的差异。

一方面，陆游和陈亮在有关收复失地，匡复故国的词作书写中塑造自我形象。龙川词中的《水调歌头·送章德茂大卿使虏》一词围绕宋金两国间饱含屈辱与压迫的聘使外交书写，陈亮以"当场只手，毕竟还我万夫雄。自笑堂堂汉使，得似洋洋河水，依旧只流东?"体现出使臣的不卑不亢，保持气节与尊

---

① （宋）陈亮撰，姜书阁笺注：《陈亮龙川词笺注》，人民文学出版社 1980 年版，第 72 页。

② 同上书，第 80 页。

严，以"且复穹庐拜，会向藁街逢""胡运何须问，赫日自当中"等句表明对收复失地的自信，充分挖掘了这一外交活动中振奋人心之处。在《念奴娇·登多景楼》一词中，面对南宋偏安政局，积极讨论凭借京口"做出争雄势"的地形，实现"正好长驱，不须反顾，寻取中流誓"的出击策略，尾句的"小儿破贼，势成宁问疆对"肯定了凭借军事地理优势击败金国的必然性。《贺新郎·酬辛幼安，再用韵见寄》①和《贺新郎·怀辛幼安用前韵》②两词中"斩新换出旗麾别，把当时、一桩大义，拆开收合。据地一呼吾往矣，万里摇肢动骨""况古来、几番际会，风从云合"等句则涉及热切与辛弃疾讨论借鉴历史案例，建立精锐部队，进而振臂一呼引领大潮的国家恢复之策。可见，龙川词为阐明政治主张，以积极向上的态度分析说明观点，以自信高昂的情绪感染说服他人，通过立足于国家政治层面的间接书写方式展现出陈亮坚持斗争、积极乐观的形象。

而陆游在此类词作中更多着墨于对国家局势中个人际遇命运的感叹。其名篇《诉衷情》③将个人的爱国壮志放于破碎动荡的时代背景和易逝的时光中，虽为壮词却不见豪迈之情，先回忆"当年万里觅封侯，匹马戍梁州"这一充满爱国豪情的个人经历，然后陡转直下，"关河梦断"，充满遗憾与失落，下阕

---

① （宋）陈亮撰，姜书阁笺注：《陈亮龙川词笺注》，人民文学出版社1980年版，第51页。

② 同上书，第56页。

③ 夏承焘、吴熊和笺注，陶然订补：《放翁词编年笺注》（增订本），上海古籍出版社2012年版，第124页。

"胡未灭，鬓先秋，泪空流。此生谁料，心在天山，身老沧洲"则全然倾诉时光易逝人易老、壮志难酬的悲惨境遇。另一首《诉衷情》以上阕写"结友尽豪英""蜡封夜半传檄""驰骑谕幽并"等致力于恢复的豪迈之举，与下阕的"时易失，志难成，鬓丝生"。形成鲜明对比，表达了只能发出"平章风月，弹压江山，别是功名！"感叹的无奈与郁闷。再如其《谢池春》① 一词，上阕写"壮岁从戎"这一保家卫国的壮举，以"笑儒冠自来多误"表达了难得的得意之情，至下阕笔锋一转，"功名梦断"，于是寄情山水，吊古感怀，然而陆游"叹流年又成虚度"，认为这仅仅是在荒废人生，表达其因怀才不遇产生的消极情绪，这种由个人视角经历出发，以内心情感的由盛转衰为脉络的书写几乎成为这类放翁词的一个范式。放翁词通过立足于个人自我层面的直接书写方式展现出陆游壮志难酬、怀才不遇的消极苦闷形象，也正是这种立足于个人际遇的直接书写使放翁词中呈现出的自我形象较龙川词更为饱满。

另一方面，意象对词中的自我书写以塑造形象有所作用。放翁词与龙川词中多有咏梅之作，陆游和陈亮在词中常以梅花这一意象自喻，来进行自我形象的书写。陈亮存世的74 首词中有9 首咏梅之作，不管是《点绛唇·咏梅月》② 中"雨偻云偅，格调还依旧"这一历经磨难后的依旧风采，还是《滴滴金·

---

① 夏承焘、吴熊和笺注，陶然订补：《放翁词编年笺注》（增订本），上海古籍出版社 2012 年版，第 157 页。

② 姜书阁：《陈亮龙川词笺注》，人民文学出版社 1980 年版，第 104 页。

梅》① 中"向风前，压春倒"的顽强斗争，抑或是《汉宫春·梅》② 中"做一般孤瘦，无限清幽"的冷傲清逸。陈亮词中着重对梅花积极正面的书写亦展现出其本人高昂不屈、积极进取的形象。陆游也常在词中以梅花自况，但其词中对这一意象的书写与陈亮有着较大差异，在《卜算子·咏梅》③ 中，引"群芳妒"的梅花是在风雨中"寂寞开无主""黄昏独自愁"，最终"零落成泥碾作尘"的形象；在《朝中措·梅》④ 中，梅花是拥有"飘零身世"，"春风不管"，只能"孤恨清香"的凄凉形象。陆游着重于对梅花悲剧形象的书写，正是其面对时光逝去，仍怀才不遇的自我写照。

除了梅花这一意象，较为典型的还有酒这一意象的运用，放翁词中运用了丰富的酒意象，不管是《钗头凤》⑤ 中重逢爱人时喝的"黄滕酒"，《青玉案》⑥ 中自称"老渔樵"泛舟所饮的"小糟红酒"，《鹧鸪天》⑦ 中老来在山野中喝的"玉瀣"残酒，《木兰花·立春日作》⑧ 中感叹时光易逝的"春酒"，《齐天乐·左绵道中》中无法承载愁绪的"薄酒"，《鹧鸪天·送叶梦锡》中借以感叹一事无成的青楼沽酒，《点绛唇》中避世而沽的

---

① 姜书阁：《陈亮龙川词笺注》，人民文学出版社1980年版，第114页。
② 同上书，第147页。
③ 夏承焘、吴熊和笺注，陶然订补：《放翁词编年笺注》（增订本），上海古籍出版社2012年版，第167页。
④ 同上书，第162页。
⑤ 同上书，第1页。
⑥ 同上书，第8页。
⑦ 同上书，第24页。
⑧ 同上书，第36页。

"新酿",《一落索》中追求功名失败后归隐喝的"一壶春酿",《上西楼》中叹心愿未成所饮的"玉壶花露",或是《解连环》中用以解闷的"香醪",这些酒都是苦酒闷酒,词人通过将自己对个人失意际遇的哀叹寄托在酒意象上的书写,塑造出自身苦闷悲切的形象。

四　典故书写的思想渊源

陆游与陈亮在作词中都喜用典,但在具体的典故书写上也存在较大差异,其所运用的典故出处来源不同,故典故的风格特征也不同,进而使词作的风格也产生差异。两人在词中都运用了大量出自史籍的典故,如《史记》《汉书》《晋书》《三国志》《旧唐书》等史书,使词作具有了深厚的历史韵味,体现了两人深厚的史学底蕴。但龙川词中运用的典故更为集中于史籍,而陆游在词中还有另一部分较为集中运用的典故,这些典故出自佛经以及道教经典,这是龙川词在典故的选取运用上所不具备的特征。两者在典故书写的不同,正体现了两人创作思想渊源的差异。

通过对放翁词中运用的出自佛经以及道教经典的典故①作出如下统计:

出自佛经的典故:

---

① 夏承焘、吴熊和笺注,陶然订补:《放翁词编年笺注》(增订本),上海古籍出版社 2012 年版。

放 翁 词	典 故	佛 经
《大圣乐》	苦海	《法华经·寿量品》
	爱河	《楞严经》
	无常	《涅槃经》
《乌夜啼(我校丹台玉字)》	地行仙	《楞严经》
《桃源忆故人(一弹指顷浮生过)》	一弹指	《僧祇》
	世界	《楞严经》
《破阵子(看破空花尘世)》	空花	《圆觉经》
《鹧鸪天(仗屦行春哭未迟)》	三千界	《智度论》《俱舍论》
《秋波媚(曾散天花蕊珠宫)》	曾散天花	《维摩诘经·问疾品》

出自道家经典的典故：

放 翁 词	典 故	道家经典
《鹧鸪天(家住苍烟落照间)》	造物	《庄子·大宗师》
	黄庭：道经名	《黄庭经》
《鹧鸪天·葭萌驿作》	服气：道家修养之法，即所谓吐纳	《云笈七籖》

放　翁　词	典　　故	道家经典
《乌夜啼（我校丹台玉字）》	丹台	《列仙传》
	玉字	《内音玉字经》
	蕊珠：蕊珠殿，上清境宫阙名也	《黄庭内景经·上清章第一》
	云篇	《云笈七籖·云篆》
《汉宫春·张园赏海棠作园故蜀燕王宫也》	虚舟	《庄子·列御寇》
《玉蝴蝶·王忠州家席上作》	解佩潇湘	《列仙传》
《乌夜啼（世事从来惯见）》	鸥鹭共忘机	《列子·黄帝》
《洞庭春色》	轩裳	《庄子·缮性》
《破阵子（看破空花尘世）》	身闲心太平	《黄庭经》
《杏花天》	驹隙	《庄子·知北游》
《好事近（风露九霄寒）》	玉华宫阙	《大有经》
	紫皇香案	《祕要经》
《好事近（混迹寄人间）》	黄芽：道家烧炼术语	《悟真篇》
	紫皇	《祕要经》

续　表

放　翁　词	典　　故	道　家　经　典
《秋波媚（曾散天花蕊珠宫）》	蕊珠：蕊珠殿，上清境宫阙名也	《黄庭内景经·上清章第一》
《一丛花（仙姝天上自无双）》	清都	《列子·周穆王》
	黄庭：道经名	《黄庭经》
《隔浦莲近拍（骑鲸云路倒景）》	浮丘	《列仙传》
	吹箫同过缑岭	

　　可以发现放翁词中选取的出自佛经和道教经典典故的特征。例如"曾散天花""服气""黄芽""丹台"等与个人的修身养性有关，以及"苦海""爱河""蕊珠""清都"等则与飘然出世的愿望有关，这反映了陆游在佛、道思想影响下追求修身、避世的两大内在心愿。

　　而关于这些典故运用的具体特征，例如《大圣乐》①一词以"自叹浮生，四十二年"回首往事，认为"虚无似梦""合散如烟"，然后集中运用"苦海无边""爱河无底"的佛经典故以佛教中超脱于世外的思想开解自己，以"有何须著意，求田问舍，生须宦达，死要名传"反思自己对功名的追求，表达"从今去，任东西南北，作个飞仙"的出世追求。再如《乌夜啼

————————

　　① 夏承焘、吴熊和笺注，陶然订补：《放翁词编年笺注》（增订本），上海古籍出版社2012年版，第28页。

(我校丹台玉字)》① 一词中，综合运用出自佛经和道教经典的典故表达其要修身养性以达到超脱世外的追求，首句运用"校丹台玉字""书蕊殿云篇"一系列行为的书写呈现修养自身心性的方法，以求达成最后"作地行仙"的愿望。可见陆游在词中对这类出自佛经和道教经典典故几乎不加化用而直接运用。

放翁词中史籍典故的书写往往表达出陆游对建功立业的追求感叹，两种不同来源典故的选用表现出其处在矛盾思想中，而在这种矛盾思想中的挣扎是陆游追求建功立业无果后，转向佛、道出世思想寻求安慰的无奈之举，其本身实际上依旧心有不甘，挂念国事，这体现在其临终绝笔《示儿》中。故对出自佛经和道教经典典故的直接运用，是其有意识地加强佛、道思想说服力的书写，这些典故成为具有明显思想象征意味的符号，将其出世的追求呈现得更加强烈。实际上，对出自佛经和道教经典典故的直接运用的过程，也是陆游在思想矛盾中自我说服的过程，体现出其不断进行自我开解式的词作书写特征。

五 结语

综上所述可见，放翁词与龙川词在书写方式上具有诸多差异，这也使同属辛派词的两人词作在特征风格上相差较大，而这种具体书写方式上的差异来自于词作者本身在词体观念、身份经历、思想体系上存在的个体差异性。

---

① 夏承焘、吴熊和笺注，陶然订补：《放翁词编年笺注》（增订本），上海古籍出版社 2012 年版，第 78 页。

　　在词体观念上，陈亮以"经济之怀"① 入词，有意识地以文为词、以论为词，对词体功能有所突破；而陆游对词体功能的认识倾向于传统私人化的表达，其在自题的《长短句序》中自谓"予少时汩于世俗，颇有所为，晚而悔之"②，可见对于词这种文体颇有偏见，这种文体观念的不同也导致了两人各自在词与诗的成就上各有侧重。

　　在身份经历上，陈亮为布衣出身，对功名的看淡由《宋史》中对其两次放弃入仕机会的记载③可见一斑；而陆游为世家望族出身，祖辈的为官经历，本人也较早踏上仕途促使其迫切地想建功立业。且陆游幼年就亲历了金兵侵略下的逃难流离，亲身感受到国家局势对个人命运的影响，故更多从个体的视角关注时局；而陈亮为婺州永康人，未有流离奔走的亲身经历，故对国家局势进行整体分析。另外，陆游政治才能一直未被认可，只被当作文人看待，使其苦于怀才不遇；而陈亮的政治才能颇为孝宗认可，曾予其入仕机会，不存在怀才不遇之说。

　　在思想体系上，陆游的思想受宋代三家思想交融并进的时代风气影响，既有儒家思想影响下对功名封侯的执着，又因追

------

　　① 邓广铭校点：《陈亮集》，河北教育出版社 2003 年版，第 417 页。

　　② 夏承焘、吴熊和笺注，陶然订补：《放翁词编年笺注》（增订本），上海古籍出版社 2012 年版，第 194 页。

　　③ "书奏，孝宗赫然震动，欲榜朝堂以励群臣，用种放故事，召令上殿，将擢用之。左右大臣莫知所为，惟曾觌知之，将见亮，亮耻之，逾垣而逃。"出自（元）脱脱《宋史》，中华书局 1977 年版，第 12938—12939 页。"书既上，帝欲官之，亮笑曰：'吾欲为社稷开数百年之基，宁用以博一官乎！'亟渡江而归。"出自（元）脱脱《宋史》，中华书局 1977 年版，第 12940 页。

求无果，无奈转向佛、道思想的安慰，是宋时文人思想体系的集中体现，具有多样性、矛盾性；而陈亮不仅是文学家，还是思想家，作为"永康学派"代表人物，其强调事功主义，主张"义利双行，王霸并用"①，佛、道思想与其自成体系的儒家思想有悖，故并不被其接受。

辛派词的概念是由后来的文学研究者为便于研究归纳总结出的，基于社会共同影响下产生的相近词人作品风格，放翁词与龙川词也一同被归于其中，然而辛派词的概念发展到现在以至于人们更多着眼于粗略概括出该派词人普适特征，掩盖了个体词人风格的独特性和独立性以及词派内部的差异性和多样性，对南宋词坛的认识不符合词创作在南宋时复杂多样的实际状态。

因此，对放翁词与龙川词书写方式的比较不仅是对同属辛派词的放翁词与龙川词的简单比较，更是通过对一个词体功能的突破推动者和一个词作创作的传统践行者，一个消极不得志的入仕者和一个积极乐观的平民布衣，一个受多方面影响的思想矛盾者和一个自有一套思想系统的儒学思想家词创作的比较，反映出辛派词个体创作的独特性和独立性以及内部存在的差异性和多样性。放翁词独特的书写方式孕育出其自己的个性风格，这种个性风格不是其从属辛派词的共同特征就可以草草概括呈现的，故不能本末倒置草率地从词派

---

① 郭齐、尹波校点：《朱熹集》卷36，四川教育出版社1996年版，第1590页。

的概念入手去认识放翁词，将其置于从属于辛派词的地位，往往会使人忽视放翁词本身的独特性与独立性，低估陆游作为南宋一代文学大家在词方面的成就。文学的复杂性是自然而然的，并非一种风格、一个派别可以简单概括，词派中个体创作的独特性和独立性也反映出词派内部具有的多样性和差异性，并由对一个词派多样性的认识，对南宋词坛词创作复杂多样的真实风貌有所还原。

从词题序解读陆游的创作心态及其词学观

陕西理工学院　苏　婷

陆游，不以词名，常以"六十年间万首诗"著称于世。尽管如此，其所创作的 144 首词也大多情思雅致，别有风味。学界对其人和其词的研究多有深入，成果丰硕。但就其词题序的研究却鲜有涉及。故本文将结合陆游词文本，阐释其词题序的特点，解读其词题序所反映的创作心态，挖掘其词题序映射的词学观。

一　陆游词题序的特点

陆游 144 首词中，有题序者 52 首。这些词题序呈现出鲜明的个人特点，主要表现在写实性、社交性及多集中于早年与宦游时期这三个方面。

（一）写实性

词在产生之初，有调无题，更无序。随着词体确立及词人有意识的创新，词题序渐渐成为词人概括词旨，交代词创作背景、时间、动机等要素的关键。细读陆游词，可发现其词题序大多精悍短小，充满了写实性。笔者以《放翁词编年笺注》为例，任意选择某一篇词为首，不加遗漏的罗列十首词题序①，如：（1）立春日作；（2）离果州作；（3）葭萌驿作；（4）离小益作；（5）南郑席上；（6）七月十六日晚登高兴亭望长安南山；（7）葭萌驿作；（8）左绵道中；（9）初自南郑来成都作；（10）宫词。

不难看出，以上十首词题序中有八首都是简要记述词人行踪的。我们透过这八首词题序，可大致勾勒出词人从果州到成都的路线。《临江仙》（离果州作）一词作于宋乾道八年（1172）初。当时词人受四川宣抚使王炎之邀，赴任宣抚使司干办公事兼检法官。他先从夔州启程，溯游长江，西行至万州，再弃舟至果州（今四川南充），这首词便作于词人途经果州之时，可谓真正开启陆游的"从戎"生涯。《鹧鸪天》（葭萌驿）是词人于乾道八年三月溯江北上，经葭萌驿（今四川广元西南）留宿所作的。《蝶恋花》（离小益作）一词是寒食前，词人过小益（今四川广元西南），即将离开时作的。而《浣溪沙》（南郑席上）一词作于乾道八年夏，清晰地再现了词人已到任所的情况。接下来的《秋波媚》其序为："七月十六日晚登高兴亭望长安南山"。这是八首词题序中时间最为翔实的一首，真实记录了词人游览高兴亭（今南郑子城西北）遥望长安之景。而下一首

---

① 夏承焘、吴熊和：《放翁词编年笺注》，上海古籍出版社2012年版。下文引用的陆词均出于此书。

《清商怨》（葭萌驿作），作于乾道八年十一月。此时因王炎幕府解散，陆游不得不结束军旅生涯，无奈从南郑返回，此词当是词人返回成都经过葭萌驿时所作。在《齐天乐》（左绵道中）这首词里，呈现了词人于乾道八年十一月，由南郑赴成都，改任成都府安抚司参议官的情景。该词作于左绵，今成都以北偏东约一百五十里处，是南郑至成都的必经之途。而《汉宫春》词序为："初自南郑来成都"，是乾道九年（1173）词人从南郑返回到成都所作的。综合以上八首词题序，我们看到词人从夔州出发，历经多地，辗转到南郑，却在任所九个月后，又不得不返回成都的实况。可以说，这八首词题序真实地记录了陆游一生中最为重要的一段经历。它们完整地阐释了词题序写实性的特点。而另两首词题序，无论是"立春日作"，还是"宫词"都是当时词人写作主旨的再现。

（二）社交性

许伯卿先生在《辛词题材构成解读》一文中将宴集、游览、往来、唱和、劝勉等一类题材归为交游词。① 交游词本身具有极强的社交性，这一现象在陆游词题序里也有深刻体现。陆游总数不多的52首词题序中，有将近一半都在交游范围之内。其中宴集之序有：《浪淘沙》"丹阳浮玉亭席上作"，《浪淘沙》"南郑席上"，《鹧鸪天》"薛公肃家席上作"，《玉蝴蝶》"王忠州家席上作"。可以看出，这四首题序都是词人在宴会

---

① 许伯卿：《辛词题材构成解读》，《南京师范大学学报》2005 年第 6 期。

上所作的。结合词文本可知，第一首是乾道元年（1165）词人离开镇江之际，在友人为其设的宴席上有感而发所作的，词序虽然简洁，却和全词相得益彰，将依依惜别之情表达得含蓄深沉，这就为我们再现了词人与其友人之间的交往。而"南郑席上"和"薛公肃家席上"两首词题也是写于词人参加宴集之时，所不同的是，这两首词所描写的都是宴会上的歌姬舞女。细读词文本，词作本身并未注入词人太多的情愫，它们只是词人在社交场合的应酬之作。最后一首序为"王忠州家席上作"也是别有意味。词序所言"王忠州"，可知这是一位中州的州官，但词集里不仅再无其他有关该人的词作，而且词人也不像其他词作里或字或号的称呼该人，词文本也是一反常态地表现了词人狂放的一面，由此可推断，这又是词人的社交之作。这四首词题序都很好地呈现了宴饮酬赠的社交性。往来唱和类题材也是陆游词题序里最为常见的。如他与韩元吉的几首唱和词：词人于隆兴二年（1164）闰十一月作《赤壁赋》，序曰"招韩无咎游金山"，而韩元吉则作《念奴娇》相酬唱，序曰"次陆务观见贻念奴娇韵"，陆游又作和词一首，《浣溪沙》序曰"和无咎韵"。尽管这三首词题序只是陆、韩交往中很少的一部分，但也足以证明二者唱和的过程和密度。陆游词题序里也有以送别为题材的记载，如《蓦山溪》题云"送伯礼"，《鹧鸪天》题云"送叶梦锡"，《南歌子》序云"送周机宜之益昌"。这三首词都是词人在送别友人离开时所作的，它们在表达词人不舍之情的同时，无一不抒发了词人壮志难酬的悲愤。词题序虽简单概括为送别，但透过题序我们看到的是词人与友人交流思想情感的过程。可以说，以上几类题材将陆游词题序的社交性呈现得淋漓尽致。

（三）多集中于早年与宦游时期

陆游创作的 144 首词，按照其人生经历可分为早年、宦游时期和还乡以后时期，但部分词作年不可考，需另分类。陆游在不同时期所创作的词的数量和有题序者的数量呈现出较大差异，列表如下：

表 1 　　　　　　　　　陆游词及词题序的创作情况

时　　期	早年、宦游时期	中年还乡之后	作年不可考
作词总数	61 题 61 首	51 题 59 首	24 题 24 首
有题序者总数	43 首	3 首	6 首

从表 1 中可见，陆游作词有题序者集中在早年、宦游时期，数量是中年还乡之后的十倍有余。就其词题序的内容来看，其早年、宦游时期的 43 首题序中，涉及送别、唱和、赠答、宴集类的有 20 首，如《定风波》序曰"进贤道上见梅，赠王伯寿"，《好事近》序曰"次宇文卷臣韵"等；涉及写实、感怀类的有 23 首，如《桃园忆故人》并序云："三荣郡治之西，因子城作楼观，曰'高斋'。下临山村，萧然如世外。予留七十日，被命参成都戎幕而去。临行徙倚竟日，作《桃园忆故人》一首。"《鹊桥仙》题云"夜闻杜鹃"等。而其中年

还乡之后的三首词题序分别是：《好事近》序曰"登梅仙山绝顶望海"，《柳梢青》序曰"乙巳二月西兴赠别"，《渔夫五首》序曰"灯下读玄真子《渔歌》，因怀山阴故人，追拟"。内容是关于写实、赠别和感怀，较常见。从两个时期对比来看，早年宦游时期的题序相较中年还乡之后，内容更为丰富，涉及的人、事更为复杂，体现的作者心绪更为深刻，映射的社会生活更为广泛。应该说，这43首词题序是陆游早年社会交往、心路历程的一个折射，它反映了词人其时的生活及创作状态。至于作年不可考的6首词题序，因数量比之早年、宦游时期较少，此处不予赘述。

二　陆游词题序所反映的创作心态

陆游词的52首题序或作于社交场合或旨在抒怀解闷。它们从三个方面体现了陆游词的创作心态：其一，词在功能上是娱宾遣兴的工具；其二，在观念上，词是小道；其三，在归乡后，词人无奈远离社交中心。

（一）在功能上词是娱宾遣兴的工具

胡适先生曾将唐宋词的发展分为歌者之词、诗人之词与词匠之词。① 所谓歌者之词，并非是歌姬所作之词，而是文人应歌姬歌唱需要所作的应歌之词。陆游作为南宋时期志在

---

① 胡适：《词选选注》，上海商务印书馆1927年版，第3页。

恢复的铁血斗士，他所作的诗歌大都豪情澎湃，忧国忧民。然而，其所留下的词作却与诗歌迥然不同，可称歌者之词。正如前一节所说，陆游有题序的词不是写宴集、送别、唱和，就是纪实抒怀。前者可谓是社交活动，后者则是词人自己的抒情解闷。如《青玉案》序曰："与朱景参会北岭"该词是陆游第一首有题序的词，上阕写词人与友人在西风挟雨中同游北岭，郁积于心中的不平之气因见惯了显得无所谓了。但紧接着的归隐之意却显露词人实难释怀的心境。下阕在设想有朝一日平戎报国的同时，调笑友人功成名就之际切勿忘怀故人。全词既有深沉的感慨，又有轻松的调笑，将词娱宾遣兴的功能拿捏得恰到好处。又如《鹧鸪天》序曰："薛公肃家席上作"全词浓墨重彩的描述词人在薛府所遇见的两位歌伎，虽以前曾见过，但再次相逢，并未引发词人更多的感慨，抒情也点到为止。可见，这是词人在歌舞宥酒的宴席上娱宾遣兴、聊佐清欢之作。

　　其时，我们知道词最初是与燕乐结合使用的，它既具有音乐属性，又具有文学特性。随着词从燕乐中解放，相对独立了，但仍然需要通过歌舞佐酒来发挥其原有的音乐性质。文人在创作词的过程中，尽管有不少拟代之作，但这并不表示词中没有词人真实情感的存在。事实上，很多词人在创作中都是借他人酒杯浇自己块垒，折射了词人自己的心绪。因此，这就不难理解为何陆游词题序的主旨不是社交就是写实抒怀了。尽管它们大多只有一句话，很少直接表露词人的心绪，但词题序结合词文本，我们看到的是题序交代创作背景的功能，它与词文本交相辉映，实现了词娱宾遣兴这一直接目的。

（二）在观念上词是小道

词为小道，是词自产生以来就存在的词体观。这大抵由于词多描写花前月下、樽前惜别、伤春悲秋等纤薄主题。它是相对诗体观而言的。陆游在诗词的创作上也自觉地践行这一约定成俗的规定。这从他存诗 9300 多首、存词 144 首就可见一斑了。至于在其词具体的创作上，"词为小道"的心态也显而易见。陆游作于乾道八年（1172）的《浣溪沙》，词云：

> 浴罢华清第二汤，红棉扑粉玉肌凉，聘婷初试藕丝裳。
> 凤尺裁成猩红色，蟫查透麝脐香，水亭幽处捧霞觞。

其词题曰："南郑席上。"该词是典型的婉约词风，全词就宴席上一位歌姬的体态、肌肤、着装等进行了大肆描述，其香艳程度不亚于《花间集》的词作。从该词词题来看，这是词人在南郑所作的。其时词人正在王炎幕府，宴席很有可能就设在军营之中。军中皆是戍守边防的男儿，酒酣耳热之际，词人意气风发，面对盈盈而立的歌者，临摹之词便跃然纸上了。以陆游的诗体观不难推断，这类颇为侧艳的笔法是不会出现在其诗中的。也就是说，在词人有创作欲望时，几乎是不自觉的选择词这一载体来赋写，这也就进一步表明在陆游的意识里，词乃小道。这种观念一直持续至陆游中年时期，到其晚年，颇有所变。如在其 65 岁所言："风、雅、颂之后，为骚、为赋、为曲、为引、为行、为谣、为歌，千余年后，乃有倚声制辞起于唐之季世，则其变愈薄，可胜叹哉！予少时汩于世俗，颇有所为，晚而悔之。"① 从"其变愈薄"我们可知陆游晚年所后悔的不是少年作词，而是作"薄词"。又如，陆游在70岁所写的《徐大用乐府》中曰："独于悲欢离合、郊亭水驿、鞍马舟楫间，时出乐府辞，瞻蔚盾挫，识者贵焉，或取其数百篇，将传于世，大用复不可，曰：'必放翁以为可传，则几矣，不然，姑止。'予闻而叹曰：'温飞卿作《南乡》九阕，高胜不减梦得《竹枝》，迄今无深赏音者，予其敢自谓知君哉。'"② 可见，晚年陆游推崇"瞻蔚盾挫"的词风。自然，此时他所认同的入词题材定非轻薄之类了，词也定然可承载气象盛大之材了。结合文章第一节所论，陆游词有题序者集中在其早年及宦游时期，因而在这一阶段的词人观念里，词仍是小道。

（三）在归乡后，词人无奈远离社交中心

根据上文表1可知，陆游词的题序集中分布在早年宦游时期，待其中年还乡之后，题序数量倏尔缩减至3首。这一显著变化是词人归乡后无奈退出社交中心的体现。正如前文所说，陆游早年宦游时期的43首词题序，除过抒怀解闷，就是旨在社交了。这些作于送别、宴集、游玩场合的词，尽管有不少也是词人真情实意的表露，但从性质上而言，它们

---

① 陆游：《陆游集》，中华书局1976年版，第2101页。
② 同上。

是社交词，是词人身处社交中心而作的。至于抒怀解闷的这一部分词，大多是身处宦海沉浮的词人受外界环境的变化有感而发的，外部因素随时影响着内部因素，它们综合作用，推动着词人与外界或隐或显的交际。陆游 54 岁时，自蜀东归，回到了江南。东归前十年，他先后做过几个月的福建、江西"茶盐公事"以及代理严州知事。至其 64 岁时，任满归乡。此后二十年，他更是为官时少，闲居时多。作于归乡后的这 51 题 59 首词，有题序者仅 3 首，分别是：《好事近》序云"登梅仙山绝顶望海"，《柳梢青》序云"乙巳二月西兴赠别"，以及《渔夫五首》序云"灯下读玄真子《渔歌》，因怀山阴故人，追拟"。它们分别交代了词人游览梅仙山、送别友人以及读书怀人的情况。其中"西兴赠别"是词人交际活动的再现，至于词人送别的这位朋友具体是谁，现已无从考证了。作为词人归乡后所作的唯一社交词，它是词人在词坛上交际活动的绝响。①

　　事实上，这唯一的社交词是与陆游的人生经历相吻合的，它印证着词人从意气风发到壮志难酬，从志气高涨到心灰意冷，它是词人干预社会热情减退以及无奈远离社交中心的表现。当然，这既是当时政治环境使然，也与词人年事渐长不无关系。

---

　　①　因作年不可考的 6 首词题序中没有社交主旨的，因此"乙巳二月西兴赠别"是陆游归乡后唯一的社交词。

三 陆游词题序映射的词学观探析

　　表 1 中陆游词题序在不同时期呈现出很大差别。首先，在数量上，其少年、宦游时期所作是中年还乡之后的数倍；其次，在题材上，少年、宦游时期涉及宴集、游览、往来、唱和等多种题材，内容丰富。而中年还乡之后，题材仅送别、登览和抒怀，内容较单一；最后，在情感上，少年、宦游时期所抒发的情感有真诚热烈，也有迎合平淡。而中年归乡之后，情感抒发就简单而质朴了。就这一现象的解释，陆游在其 65 岁时曾表示："倚声制词，起于唐之季世，则其变愈薄，可胜叹哉！予少时汩于世俗，颇有所为，晚而悔之，然菱歌渔唱，犹不能止。今绝笔已数年，念旧作终不可掩，因书其首以识吾过。"① 由此可推断，其题序所呈现的状态是其晚年悔而不为所致。至于其 70 岁所言的 "温飞卿作《南乡》九阕，高胜不减梦得《竹枝》"②、81 岁所叹的 "故历唐季五代，诗愈卑，而倚声者辄简古可爱。"③ 则是词人内心真实想法的流露。陆游前后三次的说辞看似矛盾，实则是词人不同处境、心境下的感发。少年、宦游时期的陆游身处官场，浮浮沉沉，需要面对、结交不少人员，也需要置身不同场合，这是其早期词及词题序产生的客观要素；词人文采斐然，又满怀壮志、身处宦海之中，这是其词及词题

---

① 陆游：《陆游集》，中华书局 1976 年版，第 2101 页。
② 同上。
③ 同上。

序产生的主观要素。结合二者，我们就不难理解词人为何在早年有较多的词作和词题序了。正是如此，中年归乡之后的词人，无奈退出了社交中心，他开始以局外人的目光审视自己早年的词作，以纯文学的审美标准来反观其词作，遂产生了"悔其少作"的想法。其实，这正是陆游传统词学观的体现。

要之，陆游词题序的特点对帮助我们解读其创作心态和词学观有很大帮助，我们不能因为它数量少就对其视而不见。同时，我们只有站在文体的高度，在对词文本进行考察的过程中，单独列出题序，深入剖析它，才能真正把握其价值和内涵。

"绍祚中兴"时的舌尖记忆

——从陆游的饮食诗谈起

绍兴文理学院　周一农

乡有贤达，多是件幸事。地缘上的亲近与自豪之外，还常有些别的惊喜和机遇，比方说，当人家还执着于陆游《示儿》《钗头凤》《夜泊水村》这些日常经典时，此地却暗暗玩起了像"团脐霜蟹四鳃鲈，樽俎芳鲜十载无"① 一样的有滋有味儿的句子。想来，这样的红利该不会有人拒绝。

一

说起来，中国文人好吃是祖传的。据统计，《论语》一书里，"政"字出现了41次，"食"字的频率也是41次，其中30次当"吃"讲。在《乡党》篇，他老人家谈起吃来那真是眉飞色舞，先是"食不厌精，脍不厌细"，之后，又是滔滔13个

---

① 钱仲联：《记梦》，《剑南诗稿校注》，上海古籍出版社1985年版。以下所引陆诗均出与此书。

"不食",足见这吃的魅力。本来吧,人们还执着于他"修身、齐家、治国、平天下"的主流价值,可自科举以来,读书人越来越多,自然也越来越多被挡在衙门之外,如今的大学生甚至连考个公仆都很难了,渐渐地,后世文人的兴趣便从官阶袍色转向了身边的精致。所以,宋以后的饮食生活艺术化,在文人那里完全是件顺理成章的事儿。而美味之余,在写完了战事、党争、母亲、童年以及爱情之后,自然也只能把笔触伸向舌尖。

虽难免零散琐碎,但苏东坡、黄山谷、陆放翁、林洪、陈达叟、倪瓒、高濂、陈继儒、李渔、张英、袁枚等一路下来,似乎少有间断,足能成就一部《美食文学史》。这一点,我觉得可以特别地笑傲西方。记得林语堂说过这么一句话:

> 没有一个英国诗人或作家肯屈尊俯就,去写一本有关烹调的书,他们认为这种书不属于文学之列,只配让苏珊姨妈去尝试一下。(《谈饮食》)

显然,中国的作家们并不以为然。他们有的写了专著,像元倪瓒的《云林堂饮食制度》、明高濂的《遵生八笺》以及清袁枚的《随园食单》等,价值和影响都不小;有的穿插在别的作品里,像施耐庵的《水浒传》,就是一幅元、明社会各阶层饮食文化的《清明上河图》,无论乡间食俗、市井食貌,还是官府菜肴、皇家御宴,都能娓娓道来、栩栩如生;现代的陆文夫还拿美味说事儿写了篇小说《美食家》,把读者的口味都吊得高高的。风味虽四方有别、古今不同,文人们的舌尖情趣却是一样的敏感和浓郁。

二

如果说中国人的吃是一种艺术，那放翁的诗便说得上是一种境界了。80多岁的人生，不论为官为民，在越在川，也不论富足清贫，弱冠耄耋，对于饮食，他始终有一种乐观的精神。美味佳肴，他兴味十足：

> 羔肩柴熟鼋，蓴菜豉初添。（《对酒》）

> 啄黍黄鸡嫩，迎霜紫蟹新。（《秋来益觉顽健时——出游意中甚适杂赋五字》）

粗菜淡饭，照样意趣不减：

> 白盐赤米了朝晡，拗项何妨瓠煮壶。（《对食戏作》）

> 披衣坐起清赢甚，想象云堂盎粥香。（《寺居睡觉》）

而且，茶酒、主食、佳肴、蔬果以至品尝制作，诗歌遍及了饮食的点点滴滴、方方面面。"六十年间诗万首"，其中的饮食诗就有近1500首。谈到陆诗，一般人都会想到用"雄浑豪放"或"踔厉风发"这样的词汇来定位，可如果从舌尖出发去读，或许你便能尾随激昂的烈酒、恬淡的清茶、鲜美的菜蔬以及粗朴的主食，读出它另一路博大或丰富来。不妨先看饮酒的。从16岁时"酒酣耳颊热，意气盖九州"（《送韩梓秀才十八韵》）到临终前的"书中友王绩，堂上祠杜康"（《醉赋》），他的诗一直都伴酒而来，所以，早在南宋，他便有了"小太白"的美誉。据王景元《陆游的诗书酒》一文统计，《剑南诗稿》中，以"醉"起头的诗题有84首，以"对酒"起头的诗题有33首，各卷中散发着酒香或与酒有关的诗多则二三十首，少则也在十来首，涉酒诗的总量有近千首之多。如果单就比例，是不及李白50%的份额，可这样的总量，却超过了历史上任何一位以酒入诗的骚客。不过，我时常琢磨，他俩喝的都是些什么酒？与今天的这些又是什么关系呢？

因为有酒垫底，诗风自然也就坦荡与豪爽起来了：

引杯快似黄河泻，落笔声如白雨来。（《合江夜宴归马上作》）

饮如长鲸渴赴海，诗成放笔千觞空。（《凌云醉归作》）

人生适意即为之，醉死愁生君自择。（《饮酒》）

晚途豪气未低摧，一饮犹能三百杯。（《醉中作》）

中年后，慢慢转向了"桑苎家风君勿笑，他年犹得作茶神。"（《八十三吟》）据介绍，他有300多首涉茶，也说得上是咏茶之最了。其中直写茶事的有几十首，像《兰亭花坞茶》《夜汲井水煎茶》《安国院试茶》等。不光写品茶：

囊中日铸传天下，不是名泉不合尝。（《三游洞前岩下潭水甚奇取以煎茶》）

建溪官茶天下绝，香味欲全须小雪。（《建安雪》）

也写采茶和制茶：

山寺馈茶知谷雨，人家插柳记清明。（《春日》）

小饼龙团供玉食，今年也到浣溪村。（《饭店碾茶戏作》）

只应碧缶苍鹰爪，可压红囊白雪芽。（《安国院试茶》）

这里的"谷雨"和"清明"是采茶季节，"龙团"和"鹰爪"是制茶的形状。还有写茶市以至茶艺和茶道的：

兰亭步口水如天，茶事纷纷趋雨前。

　　　　乌笠游僧云际去，白衣醉叟道旁眠。

　　　　陌上行歌日正长，吴蚕促绩麦登场。

　　　　兰亭美酒逢人醉，花坞新茶满寺香。（《兰亭花坞茶》）

　　　　飕飕松韵生鱼眼，汹汹云涛涌兔毫。

　　　　促膝细论同此味，绝胜痛饮读《离骚》。（《戏作》）

　　显然，前者谈的是茶市，据史书记载，南宋时，绍兴的茶叶和茶市都很有名，像日铸茶、剡溪茶便是当时浙茶的代表，平水和兰亭也是这一带有名的茶市；后者描写的则是茶艺及其感受。虽说读来像禅坐在茶雾的清香和淡逸里，可对这位一生坎坷而矢志不渝的人来说，又何尝不是一味苦涩的安慰与释怀呢？

　　不过，当时这一带只有绿茶，这倒也逼出了个机缘。因为绿才是茶的本色，也只有在绿的清新、散淡、恬静乃至别无选择里，人们才可能在安心"忙里偷闲，苦中作乐"（周作人语）的同时，偶尔溜进那个无我的自然主义境界。

三

　　其实，吊胃口的还是写美食的。毕竟能有钱有闲地饮酒品茶的，当时尚在少数，而普通菜肴艺术化则是谁都可以努力的。这方面，陆诗有百余首，估计还是史上最多的。从内容看，大体分为以下三类。

　　亮食材，自然是第一位的。从他的经历看，浙、闽、赣、川都不失为富庶之地和鱼米之乡，而且，那时候没哪样吃的不是绿色的。像菘、葱、芜菁、芋艿、黄瓜、茄子、巢菜、菰菜、白菜、芥菜、芹菜、荠菜、香蕈、竹笋、豆腐等等，有了它们，才有了那些舌尖和笔下的物趣人情。说到手法，既有一诗一品的像《蔬园杂咏》，也有集中展示的比如《稽山行》；不过，一般诗人也常这么写，对陆游算不得什么。接着，便该晒晒厨艺了。与苏轼一样，陆游这方面也是个全才，不光爱吃、懂吃，下厨亦是把好手。据说他常常亲自掌勺，用竹笋、蕨菜和野鸡等时令鲜蔬来招待客人。曾有位特厨盘点了这些诗词后跟我说，按陆诗的规模，他能很快排出上百道佳肴的菜谱，足可开个"陆诗餐馆"。你看：

蒸我乳小豚，剪我雨中韭。（《小饮》）

马鞍挂孤兔，燔炙百步香。（《鹅湖夜坐书怀》）

前者是蒸乳猪，味道该比烤的清淡；后者是烤野兔。不妨再看：

白鹅炙美加椒后，锦雉羹香下豉初。（《饭罢戏示邻曲》）

鲈肥菰脆调羹美，麦熟油新作饼香。（《初冬绝句》）

这又在教咱们用花椒调白鹅，用豇汁腌野鸡，用新油煎香饼，用鲈鱼、茭白做羹汤。说到羹，还有甜的做法：

以菘菜、山药、芋、菜菔杂为之，不施醯酱，山庖珍烹也。（《山居食每不肉戏作·序言》）

除了家乡菜，别地儿的菜他也不陌生，比如：

东门买彘骨，醯酱点橙薤。（《饭罢戏作》）

这里的"彘"就是猪，"彘骨"就是猪小排。这是教我们用橙薤等香料酱制猪排，是地道的川菜手艺。越菜是浙菜的源头，所以，他的这些做法我想或多或少地也会影响今天的口味，而且，他的这些方法跟他的食材一样，也是绿色的和生态的：

> 霜余蔬甲淡中甜，春近绿苗嫩不蔹。
>
> 采撷归来便堪煮，半铢盐酪不须添。（《对食戏作》）

最后，是饮食观念。不论他的诗告诉我们做什么菜，怎么做好菜，背后都蕴含着一种素朴的精神和养生的理念：

> 吾观日用事，饮食真劲敌。（《书警》）
>
> 我得宛丘平易法，只将食粥致神仙。（《食粥》）
>
> 不为休官须惜费，从来简俭作家风。（《对食戏作》）

通过朴素的饮食践行达到养生与守志的目的。我想，在那个70便古稀的岁月中，他能延年高达85岁，与这样的风尚大有关系。如今研究他的人，不少便是从这里入手的。

四

面对这份早已远去的舌尖辉煌，陆游和咱们都难免尴尬。写了这许多诗，竟没一首能像"东坡肉""东坡鱼"或"东坡豆腐"那样传为品牌的，如此厚重的一份非物遗产在旧书柜里躺了这几百年，衙门里居然也没人察觉，这让外人看来，既可惜，也匪夷所思。

好在市场还有只看不见的手。

起初，是有人整理出版了《陆游饮食诗选注》之类的读物，那是20世纪八九十年代的事儿；也有人从理论上探讨了一些问题，比如：《陆游的饮食诗和饮食观》《陆游与建茶》等等。接着，是一系列"陆"字号品牌粉墨登场，像宜昌的放翁酒楼、绍兴的放翁茶楼、陆公酒及陆公酒店。不过，在市场上，它们大多还只是摆设。记得有一回，我与朋友前去放翁茶楼饮茶，问到店里的招牌茶叶时，听到的回答居然是："龙井、普洱、铁观音、大红袍，什么都有。"偏偏不晓得当年放翁笔下的那两款"日铸"和"北苑"；到了陆公酒店还要雷人，上菜的服务员竟指着盘里的"红烧猪蹄"告诉我们是"红酥手"，惊得我当时差点没喷出饭来！

到了 2006 年底，《绍兴晚报》出了一则消息，以吃"鲁家饭"闻名的咸亨酒店，推出一桌"放翁宴"亮相浙江餐饮博览会。它取意陆诗，由冷菜、热菜、点心和水果等 14 道菜肴组成，冷菜不乏糟鸡、香干等地方特色，热菜中有陆游爱吃的鳜鱼、河蟹和咸齑等，这是该宴的创意人、中国烹饪大师茅天尧告诉我的。因为好奇，我顺手把菜单抄了下来：

> 鉴湖满春色三山老鸭香
>
> 村舍银丝饼学庵霉五味
>
> 田园时鲜羹快阁南乳肉
>
> 渔隐紫鳜鱼日铸煎豆腐
>
> 咸齑渔家乐龟堂养身粥
>
> 陆氏橙鱼圆可斋松花糍
>
> 玉笈蟹酿荟瓜果叠连午

几乎每道菜的背后，都有陆诗的影子和越地文化习俗。为便于我了解，茅大师还随手为我写了其中"渔隐紫鳜鱼"的菜谱。

原料：

1. 主料：鳜鱼一条（1250 克）

2．配料：娃娃菜 350 克，鱼茸 150 克，火蒙 10 克，青椒丝 15 克

3．调料：精盐 4 克，湿生粉 15 克，味精 3 克，葱结 10 克，绍酒 15 克，干生粉 5 克，母子酱油、米醋、姜末调和一碟

制法：

1．鳜鱼剖洗净，在背部剞上浪花刀，放入盘中，加绍酒、姜块、葱结，上笼用旺火速蒸至断生。

2．娃娃菜对剖，焯水，沥干水分，拍上干生粉，酿上鱼茸，用火蒙青椒丝点缀，上笼蒸熟，浇上薄芡，置于鳜鱼两边，即成。

3．食时，鳜鱼可用母子酱油蘸吃。

对照十几年前出版的《绍兴民间传统菜谱》一书中的"清蒸鳜鱼"，我发现"放翁宴"中的这道菜已有了很大的发展。可见，放翁是历史的，也是现代的。因怕涉及商业秘密，我没有刨根问底。不多久，报上便登出了他们获奖的消息。

五

其实，陆游的饮食诗，只是中国文人从政治叙事转向生活雕琢、从外界喧嚣走入内心宁静的一个缩影和标志。虽说治国和平天下气吞山河、魅力无穷，可从家到国这一步，不是谁都能拥有机会和能力跨过去的；修身和齐家小是小了点，如果静下心来，倒也惬意、温馨和安全；尽管老子用了一句"治大国若烹小鲜"，把两端勉强地连接在一起，可其中的关键还在于社

会的空间与人们内心的意愿。

这样想来，儒家的一些玩意儿真是误导！不论有没有机遇，也不管合不合适，一股脑儿地全怂恿去治国平天下，真是既不人道也不现实！所以，历史上的文人除了高傲、自负，便是潦倒和无奈。不过，慢慢地，明智的人还是选择了转向，而且，这种转向后来还成了一种集体无意识。不妨拿李、陆的酒诗来看吧，尽管陆游曾有意追模过李白，但他的意境与定位还是要精致出许多，所谓"小李白"，其实是李白的精致和迷你版。换个角度，这种精致化就是不断地身边化和内心化，也便是品位化。

不过，有龙可雕，为何非雕虫呢？于是，文人的这种转向常伴随两种前提：一因政治失意而无奈；二因生活提升而自觉。政治毕竟是一份高风险的职业，"金阶殿下人头滚，玉砌朝门热血喷"啊！同理，钱包鼓起来之后，许多人也会从经济的快速强劲走向生活的慢条斯理，据说日本的涉谷新人类便是这么一群，许多日本的老一辈因此也很不满。我却觉得，老人不是杞人，犯得着为这事儿担忧吗？其实，不论你曾经或正在拥有怎样的辉煌，我们真正需求的还是那份发自内心的淡定与闲适。从这个意义上说，陆游的饮食诗应该得到更大、更深的关注，而不仅仅陶醉于舌尖上的这点遥远记忆。

论陆游诗中的茶品与茶事

绍兴文理学院　　邢蕊杰

　　两宋文人追求雅致之兴，两宋诗歌世界里，也充溢着各种生活的细节、日常的情趣。北宋苏轼、秦观、黄庭坚等人的咏茶诗词自不必说，论者多有提及。南宋诗坛第一作手陆游，嗜好品茗，精于茶艺，且曾有两度担任茶官的经历，有大量诗篇描绘了饮茶的情景、饮茶的方式等茶事茶俗的各种细枝末节。陆游这些内容从民俗文化的角度而言，展示中国茶文化的丰富内涵，从创作心态而言，则显示了记录者的气度和风神。

一　陆游诗中的茶品

　　陆游从蜀中归来后，曾于淳熙五年、六年间在福建任提举福建路常平茶盐公事，深入福建建安，负责监造贡茶，甚至要亲自为朝廷辨试贡茶，因此留下一些相关诗篇。如《客意》诗云"龙焙一尝端可去，无心更为荔枝留。"用无心留恋荔枝美味来烘托"龙焙"之味的与众不同。宋人将造茶场所称为"茶焙"，专门采制贡茶之处则被称为"龙焙"。两宋朝廷在福建建安设有官营北苑官焙茶园，专门负责中央皇宫的贡茶之事。产于福建建溪的"龙焙"又称为北苑茶，陆游《建安雪》曾言："建溪官茶天下绝，香味欲全须小雪。雪飞一片茶不忧，何况蔽空如舞鸥。银瓶铜碾春风里，不枉年来行万里。从渠荔子腴玉肤，自古难兼熊掌鱼。"① 诗中一个"绝"字，体现了陆游对建溪官茶的高度认可与赞扬，诗人指出茶叶必须经历小雪之后，香味才会释放得更彻底，可见陆游对建溪官茶的制作工艺极其熟悉。诗中将人在仕途与品茗享受喻为鱼与熊掌的关系，也流露出建溪官茶在陆游仕途失意时是能给予他慰藉的重要之物。因此，建溪官茶也是他闲适诗中常常提及之物，如"长桥鲊美桃花嫩，北苑茶新带胯方"② "春残犹看少城花，雪里来尝北苑茶"③。

陆游诗中还提及了建溪官茶中具体的茶叶品种。如《村舍杂书》提到叶家白茶："东山石上茶，鹰爪初脱韝，雪落红丝碨，香动银毫瓯。爽如闻至言，余味终日留，不知叶家白，亦复有此不？"④ 钱注引王十朋注："次公曰：叶家白，建溪茶名。"⑤《谢王彦光提刑见访并送茶》提到壑源春茶，"遥想解酲须底物，隆兴第一壑源春"⑥。钱注："《民国福建通志山经》卷一八建宁府安县：'壑源山，在凤凰山南。'《八闽志》云：'高

---

① 《建安雪》，《剑南诗稿校注》卷 11。
② 《饭后偶题》，《剑南诗稿校注》卷 59。
③ 《适闽》，《剑南诗稿校注》卷 10。
④ 《村舍杂书》其七，《剑南诗稿校注》卷 39。
⑤ 同上。
⑥ 《谢王彦光提刑见访并送茶》，《剑南诗稿校注》卷 1。

峙数百丈。此山之茶，为外焙之冠。'"①《起晚戏作》及《春日小园杂赋》提到了露芽，"云子甑香炊熟后，露芽瓯浅点尝初"②，"闷从邻舍分春瓮，闲就僧窗试露芽"③。建溪官茶中的龙凤团茶，选料精细，茶饼表面光洁润雅，制作上翻新出奇，花样迭出。据欧阳修《归田录》记载："茶之品有贵于龙凤者，小龙团茶，凡二十饼重一斤，值黄金二两，然金可有而茶不易得也。"陆游在孝宗继位后，除枢密院编修官同时获得孝宗赐进士出身的殊荣，并获赐龙凤团茶，后来他在成都作《饭后碾茶戏作》回忆道："江风吹雨暗衡门，手碾新茶破睡昏。小饼戏龙供玉食，今年也到浣花村。"④ 诗人通过今昔不同茶品的对比，表现出对龙凤团茶的追忆，实际上是通过对龙凤团差的赞美，暗指对仕途的渴望，希望能受到朝廷重用，收复祖国大好河山。

陆游诗中还提到了许多越地茶品。如宋代著名的草茶日铸茶，"日铸岭，在会稽县东南五十五里，岭下有僧寺，名资寿。其阳坡名油车，朝暮常有日，产茶绝奇，故谓之日铸。"日铸茶在宋时有"江南第一"的美称，吴处厚在《青箱杂汇》中说："日铸茶芽纤白而长，味甘软而永，多啜宜人，无停滞酸噎之患。"范仲淹也赞誉日铸茶"甘液滋体，悦人襟灵"。陆游直赞"囊中日铸传天下，不是名泉不合尝。"⑤，"日铸焙香怀旧隐，

---

① 《谢王彦光提刑见访并送茶》，《剑南诗稿校注》卷1。
② 《起晚戏作》，《剑南诗稿校注》卷41。
③ 《春日小园杂赋》，《剑南诗稿校注》卷38。
④ 《饭罢碾茶戏作》，《剑南诗稿校注》卷7。
⑤ 《三游洞前岩下小潭水甚奇取以煎茶》，《剑南诗稿校注》卷2。

谷帘试水忆西游"①，"日铸岁几何，苞苴遍权门"②，"日铸珍芽开小缶，银波煮酒湛华觞"③。诗人将日铸茶随身携带，就地取水而煎，"我是江南桑苎家，汲泉闲品故园茶。只应碧缶苍鹰爪，可压红囊白雪芽。"④ 诗后自注"日铸贮以小瓶，蜡纸丹印封之。顾渚贮以红蓝缣囊。皆有岁贡"，可见他对故园茶的钟情。《兰亭花坞茶》诗中则提到了花坞茶，"陌上行歌日正长，吴蚕促绩麦登场。兰亭酒美逢人醉，花坞茶新满市香。"⑤ 陆游自注："花坞，茶名。"《过湖上僧庵》提及了绍兴瑞龙茶，"西庵每过未尝开，邂逅清言始此回。陶令巾车寻壑去，已公茅屋赋诗来。奇香炷罢云生岫，瑞茗分成乳泛杯。便恐从今往还熟，入门猿鸟不惊猜。"⑥《嘉泰会稽志》载："卧龙则芽差短，色微紫黑，类蒙顶紫笋，味颇森严，其涤烦破睡之功，虽日铸有不能及，顾其品终在日铸下，卧龙茶出卧龙山，或谓茶种初亦出日铸，自顷二者皆或充包贡，卧龙则易其名曰瑞龙。"此外，陆游诗提及的越地茶品还包括：丁坑白雪茶，"帘影参差午漏前，盆山绿润雨余天。诗无杰句真衰矣，酒借朱颜却怅然！海燕理巢知再乱，吴蚕放食过三眠。名泉不负吾儿意，一掬丁坑手自煎。"⑦ 金墺茶，"日铸岁几何，苞苴遍权门。野人求其类，金墺

---

① 《试茶》，《剑南诗稿校注》卷 11。

② 《幽居即事》九首之五，《剑南诗稿校注》卷 71。

③ 《春夏之交风日清美欣然有赋》，《剑南诗稿校注》卷 32。

④ 《过武连县北柳池安国院煮泉试日铸、顾渚茶，院有二泉，皆寒。传唐僖宗幸蜀，在道不豫，至此饮泉而愈，赐名报国灵泉云》，《剑南诗稿校注》卷 3。

⑤ 《兰亭道上》之三，《剑南诗稿校注》卷 81。

⑥ 《过湖上僧庵》，《剑南诗稿校注》卷 80。

⑦ 《北窗》，《剑南诗稿校注》卷 57。

实弟晜。超然高世韵，何独驱睡昏。安得如吾宗，坐致顾渚园？"①

　　陆游在蜀中任职近 10 年之久，由于不受重用，便放浪形骸寄情蜀中山水，同时也遍尝蜀中香茗。关于川茶，陆游提及最多的当属蒙顶茶以及其上品紫笋茶，如"饭囊酒瓮纷纷是，谁赏蒙山紫笋香"②。诗人以蒙山紫笋自喻，感叹自己空有一身才华却无人赏识，借用蒙山紫笋与饭囊酒瓮的对比表达自己的不满。此外还有"朱栏碧甃玉色井，自候银瓶试蒙顶"③，"雪山水作中味，蒙顶茶如正焙香"④。蒙山在四川名山县西 70 里，山顶受全阳气，其茶香芳。《茶谱》云："山有五岭，岭有茶园，中顶曰上清峰，所谓蒙顶茶也，为天下所称。"陆游诗中提到了川茶还有：峨眉雪芽，"雪芽近自峨眉得，不减红囊顾渚春。"⑤诗人将雪芽与顾渚茶作比较，得出了"不减红囊顾渚春"的结论，可见峨眉雪芽的品质之高。雾中茶，"今日蜀州生白发，瓦炉独试雾中茶"⑥；当地土茶，"当户夜织声咿哑，地炉豆秸煎土茶"⑦。茱萸茶，陆游《荆州歌》："楚江鳞鳞绿如酿，衔尾江边系朱舫；东征打鼓挂高帆，西上汤猪联百丈。伏波古庙占好风，武昌白帝在眼中。倚楼女儿笑迎客，清歌未尽千觞空。沙

---

① 《幽居即事》，《剑南诗稿校注》卷 71。
② 《效蜀人煎茶戏作长句》，《剑南诗稿校注》卷 31。
③ 《睡起试茶》，《剑南诗稿校注》卷 5。
④ 《卜居》，《剑南诗稿校注》卷 7。
⑤ 《同何元立蔡肩吾至东丁院汲泉煮茶》之二，《剑南诗稿校注》卷 4。
⑥ 《九日试雾中僧所赠茶》，《剑南诗稿校注》卷 5。
⑦ 《浣花女》之六，《剑南诗稿校注》卷 8。

头巷陌三千家，烟雨冥冥开橘花。峡人住多楚人少，土铛争饷
茱萸茶。"① 钱注引孔颖达《诗·唐风·椒聊》："椒树似茱萸…
蜀人作茶，吴人作茗，皆合煮其叶以为香。"古时人们因茱萸具
有浓烈香味从而把茱萸作为辟邪的圣物，于双九重阳之时，佩
戴茱萸祈福。茱萸作为饮品是由于其对于治疗南方湿热气候引
起的疾病有很好的疗效，从而慢慢发展为与茶与酒结合在一起，
出现在人们日常生活中。

陆游于花甲之年回忆川食风味，曾提及当地加入菊花的土
茗。他在《冬夜与溥庵主说川食戏作》诗中云："唐安薏米白如
玉，汉嘉栮脯美胜肉。大巢初生蚕正浴，小巢渐老麦米熟。龙
鹤作羹香出釜，木鱼瀹菹子盈腹。未论索饼与馎饪，拨爱红糟
并炰粥。东来坐阅七寒暑，未尝举箸忘吾蜀。何时一饱与子同，
更煎土茗浮甘菊。"反映了南宋蜀地的饮茶习俗。陆游《入蜀
记》载，"村人来卖茶菜者甚众。……茶则皆如柴枝草叶，苦不
可入口"。因此，将菊花与茶叶一起烹煮，目的是减少苦味。

陆游《西窗》诗中还有关于姜茶的记载，以姜入茶在宋代
是较为普遍的茶饮方式，范成大也有类似记载，"挈瓶檥棹舣清
甘，未暇煮茗和姜盐"（《扇子峡》）。《西窗》是陆游晚年所作
的一首闲适诗："西窗偏受夕阳明，好事能来慰此情。看画客无
寒具手，论书僧有折钗评。姜宜山茗留闲啜，豉下湖蓴喜共烹。
酒炙朱门非我事，诸君小住听松声。"② 诗人于夕阳西下时，坐

---

① 《荆州歌》，《剑南诗稿校注》卷 19。
② 《西窗》，《剑南诗稿校注》卷 29。

在西窗前赏画看书，静品茶饮，所谓"姜宜山茗"，就是茶与姜一起煎制形成的茶汤。

陆游诗中还记述了梅花入茶，《初春书怀》言："甫及初春日已长，偶同邻曲集山房。囊盛古墨靴纹皱，箬护新茶带胯方。老境不嫌来冉冉，流年直死去堂堂。清泉冷浸疏梅蕊，共领人间第一香。"① 诗中将梅花花蕊浸入泉水之中，然后用浸泡过花蕊的泉水煮茶，所得之茶辛香无比，正所谓"人间第一香"。

二　陆游诗中的茶事

宋代流行的煎茶方法是点茶法。点茶法是在煎茶法的基础上发展起来的，有更为详尽的碾茶、候汤、分茶等一系列程序。由于点茶更具有典雅精致的艺术色彩，具有一定的观赏性，且更注重茶香、真味，故深受宋人喜爱。陆游诗中完整地记录了点茶活动中碾茶、选水、候汤、分茶等一系列过程，以及一些主要茶具的描述。

碾茶即将茶饼"以净纸密裹敲碎"，接着将碎块碾磨成粉末，并用细罗筛细。陆游写道："解衣摩腹午窗明，茶碾无声看霏雪。"② 诗人碾茶过程中，茶末像雪花般纷纷飘落，给人视觉上的享受。有诗曰："聊将横浦红丝硙，自作蒙山紫笋茶。"③ 自注云："乡老就谓碾磨茶为作茶。"碾茶之法若是正确，当时

---

① 《初春抒怀》之六，《剑南诗稿校注》卷56。
② 《或以予辞酒为过复作长句》，《剑南诗稿校注》卷18。
③ 《秋晚杂兴》之五，《剑南诗稿校注》卷71。

便可以闻到茶香："玉川七碗何须尔，铜碾声中睡已无。"① 还
没有喝茶，光是碾茶时散发的茶香就已经让诗人睡意全无。

选水，俗语讲"水谓茶之母"，清冽甘甜的水能催生茶性，
充分地反映茶叶的色、香、味。陆游"水品茶经常在手"②，
"老夫桑苎家，颇欲续水品"③。可见陆游对于水品、茶经是手
不释卷，不仅非常熟悉更产生了续写水品的想法，由此可知他
深谙选水之法。陆游认为只有茶与水搭配得当，才能使水达到
它的最佳效果，从而使茶更加香甜。陆游曾在过武连县北安国
院里见到二泉，试煮日铸、顾渚二茶，相比较之下还是感觉日
铸与此水更相合，得出了"只应碧缶苍鹰爪，可压红囊白雪芽"
的结论。陆游对于水质极其重视，直呼"囊中日铸传天下，不
是名泉不合尝"，当他遇到优质的水源自然不会错过试水烹茗的
机会，在三游洞前见这里的泉水甚奇，当即取水与随身携带的
日铸茶一起煎煮。此外陆游还取用过不少名泉之水，如谷帘泉，
《茶经》称其天下第一泉，陆游称"日铸焙香怀旧隐，谷帘泉试
水忆西游"④；又如被誉为天下第二泉的惠山泉，"名泉不负吾
儿意，一掬丁坑手自煎"⑤；以及天然泉，"今年茶比常年早，
笑试西峰一掬泉"⑥。除了泉水之外，陆游还充分利用身边遇到
的各种奇水，雪后涨井水取来煎茶，"雪夜清甘涨井泉，白携茶

---

① 《昼卧闻碾茶》，《剑南诗稿校注》卷11。
② 《戏书燕几》，《剑南诗稿校注》卷71。
③ 《郭氏山林十六咏石井》，《放翁集外诗录》。
④ 《试茶》，《剑南诗稿校注》卷11。
⑤ 《北窗》，《剑南诗稿校注》卷57。
⑥ 《书意》，《剑南诗稿校注》卷82。

灶就烹煎"①；椹水，"雪山水作中椹水，蒙顶茶如正焙香"②；
雪水，"茅屋松明照，茶铛雪水煎"③。

　　候汤——也就是日常生活中的烧水。候汤对火候的要求极
为严格，只有掌握汤水合适的火候，才能点出好的茶汤。陆羽
《茶经·五之煮》称："其沸，如鱼目，微有声，为一沸；缘边，
如涌泉连珠，为二沸；腾波鼓浪，为三沸。已上水不可食也。"④
候汤是一件极其细致微妙的事情，需要极高的技巧。蔡襄《茶
录》提到："候汤最难，未熟则沫浮，过熟则茶沉。"陆游对候
汤火候的把握可谓炉火纯青，"聊呼蟹眼汤，瀹我玉色尘"⑤，
蟹眼是诗人常用来比喻刚烧开的水的一种意象，出现蟹眼为一
沸，"小碾落茶纷雪片，寒泉得火作松声"⑥，松声是水沸腾之
后发出的声音，听到松声，为二沸，可以落茶，"松鸣汤麛茶初
熟，雪积炉灰火渐低"⑦，听到松鸣，为三沸，茶已初熟。

　　候汤的同时应分茶，分茶要求通过茶匙的击拂，根据茶汤
中水与茶的融合状态，使之形成相近的文字或者花草树木、花
虫鸟鱼的图案。陆游《疏山东堂昼眠》注提到："分茶是宋人泡
茶的一种方法，即以开水注入茶碗之技术。"⑧陆游"矮纸斜行

---

① 《雪后煎茶》，《剑南诗稿校注》卷80。
② 《卜居》，《剑南诗稿校注》卷7。
③ 《雨中作》，《剑南诗稿校注》卷35。
④ （唐）陆羽：《五之煮》，《茶经》卷下，中华书局2010年版，第92页。
⑤ 《午睡》，《剑南诗稿校注》卷11。
⑥ 《池亭夏昼》之一，《剑南诗稿校注》卷76。
⑦ 《雨中睡起》，《剑南诗稿校注》卷4。
⑧ 《疏山堂昼眠》，《剑南诗稿校注》卷12。

闲作草，晴窗细乳戏分茶"①，"毫盏雪涛驱滞思，篆盘云缕洗
尘襟"② 都是对分茶景象所做的生动描绘。

　　在宋代的茶诗当中，茶具往往是一个重要的物象，随着点
茶法的流行，茶具变得更加丰富，比较精美的成套茶具开始出
现。陆游诗中提及的茶具主要有：

　　1. 红丝硙。这是江西上饶出产的一种带有红丝脉的石头做
成的茶磨。《效蜀人煎茶戏作长句》中云："午枕初回梦蝶床，
红丝小硙破旗枪。"③ 据钱注解："蒋伯超《通斋诗话》中记载
茶磨以江西上犹县石门山石为佳。《明统治》上记载，这种茶磨
石以磨盘与轮同堞者为佳，脉红如缕极鲜明者最难得。"④

　　2. 兔瓯，指的是茶盏，又作毫瓯。《冬夜读书甚乐偶作短
歌》所谓"兔瓯供茗粥，睡思一洗空"，《村舍杂书》所云"雪
落红丝硙，香动银毫瓯"即是。蔡襄《茶录》曰："茶色白，宜
黑盏，建安所造者绀黑，纹如兔毫，其杯微厚，熁之久热难冷，
最为要用。"⑤ 许然明《茶疏》曰："茶瓯，古取建窑兔毛花
者。"⑥ 由此可知，当时建窑生产的茶盏很受欢迎。

　　3. 煮茶用的汤瓶、风炉等。如"床头兰缸缀玉虫，双瓶汤
熟炉正红"⑦；茶铛，类似今天煎药的土罐，"茶铛飕飕候汤熟，

---

①　《临安春雨初霁》，《剑南诗稿校注》卷 17。
②　《梦游山寺焚香煮茗甚适既觉怅然以诗记之》，《剑南诗稿校注》卷 32。
③　《效蜀人煎茶戏作长句》，《剑南诗稿校注》卷 31。
④　同上。
⑤　蔡襄：《茶录》，上海古籍出版社 1988 年版，第 85 页。
⑥　《试茶》注，《剑南诗稿校注》卷 11。
⑦　《冬夜》，《剑南诗稿校注》卷 25。

灯檠簌簌看烬落"①；茶灶，"荒山斸药须长镵，小灶煎茶便短袂"②。

三　陆游诗中茶俗

陆游的诸多茶诗都表明，宋代以茶待客是一种极为普遍的风俗。如《听雪为客置茶果》言："病齿已两旬，日夜事医药，对食不能举，况复议杯酌。平生外形骸，常恐堕贪著。时时邻曲来，尚不废笑谑。青灯耿窗户，设茗听雪落。不飣栗与梨，犹能烹鸭脚。"③ 客人上门，病中的主人忙着为客人准备香茗、茶果，一同欣赏窗外的雪景。又如《昼寝梦一客相过若有旧者夷粹可爱既觉作绝句记之》："梦中何许得嘉宾，对影胡床岸幅巾。石鼎烹茶火煨栗，主人坦率客情真。"④ 诗人于睡梦中梦到有客来访，还不忘烹茶待客，可见以茶待客已经成为诗人潜意识里的东西。当诗人以客人的身份拜访友人甚至是陌生人，设茶也是必不可少的。如《行饭至新塘夜归》："门前徙倚尚余霞，湖上归来月满沙。云湿一声新到雁，林昏数点后栖鸦。凄迷篱落开寒菊，郑重比邻设夜茶。早议挂冠君会否？暮年心念不容差。"⑤ 诗人外出游玩，乘月晚归。比邻"郑重"准备好茶水接待客人，淡茶一杯无形之中使人和人之间的关系得到净化和升

---

① 《秋夜歌》，《剑南诗稿校注》卷17。

② 《庵中纪事用前辈韵》，《剑南诗稿校注》卷67。

③ 《听雪为客置茶果》，《剑南诗稿校注》卷56。

④ 《昼寝梦一客相过若有旧者夷粹可爱既觉作绝句记之》，《剑南诗稿校注》卷13。

⑤ 《行饭至新塘夜归》，《剑南诗稿校注》卷20。

华。《观梅至花泾高端叔解元见寻》："春晴闲过野僧家，邂逅诗
人共晚茶。归见诸公问老子，为言满帽插梅花。"① 陆游偶遇寺
庙，野僧准备好茶与他共享。

陆游还写了许多答谢友人赠茶的诗歌，如《谢王彦光提刑
见访并送茶》："迩英帷幄旧儒臣，肯顾荒山野水滨。不怕客嘲
轻薄尹，要令我识老成人。飙回鼓转东城暮，酒洌橙香一笑新。
遥想解醒须底物，隆兴第一壑源春。"② 对友人于己遭贬谪之时，
还能亲自拜访并带来了自己渴望已久的壑源春茶感激不已，患
难见真情不外乎如是吧！还有《九日试雾中僧所赠茶》："少逢
重九事豪华，南陌雕鞍拥钿车。今日蜀州生白发，瓦炉独试雾
中茶。"③ 山僧以茶赠陆游，陆游以诗记之，可以看出诗人对于
友人所赠送之茶相当的珍惜。《喜得建茶》："玉食何由到草莱，
重奁初喜坼封开。雪霏庾岭红丝硙，乳泛闽溪绿地材。舌本常
留甘尽日，鼻端无复鼾如雷。故应不负朋游意，手挈风炉竹下
来。"④ 字里行间都可以感受到诗人收到远方友人寄来的茶时的
无比欣喜之感。茶也成为见证双方高尚友谊的一种信物。

陆游茶诗中有不少记录品茶之余伴以书法、琴棋的诗句。
如《到家旬余意味甚适戏书》"石鼎飕飗闲煮茗，玉徽零落自修
琴"，《雨晴》"茶映盏毫新乳上，琴横荐石细泉鸣"，诗人一边
煮茶品茗，一边抚琴助兴，好一派闲适高雅的精神享受。再如

① 《观梅至花泾高端叔解元见寻》，《剑南诗稿校注》卷24。
② 《谢王彦光提刑见访并送茶》，《剑南诗稿校注》卷1。
③ 《九日试雾中僧所赠茶》，《剑南诗稿校注》卷5。
④ 《喜得建茶》，《剑南诗稿校注》卷45。

《临安春雨初霁》"矮纸斜行闲作草，晴窗细乳戏分茶"，《山居戏题》"嫩白半瓯尝日铸，硬黄一卷学兰亭"，《六言》"客至旋开新茗，僧归未拾残棋"，茶的宁静淡泊、朴素清雅的特点对于诗人下棋、书法创作都有极大的促进作用。琴棋书画是中国文人才情才气的象征，是中国文人释放心灵、追求心性修养的重要载体，体现了中国文化的典雅蕴藉，而茶同样有益于人的心灵澄净，精神素洁。陆游将二者相融相谐，在陶冶身心的同时，使生活的追求更具艺术色彩。

　　陆游茶诗中也对宋代斗茶风俗有生动的描写。斗茶亦称为茗战，即在水品、茶品、煮茶技艺上一较高下。述之最早最为详尽者，是范仲淹的《和章岷从事斗茶歌》。斗茶的风习，在北宋盛极一时，南渡以后，作为竞技性质的斗茶活动逐渐衰歇，"斗茶"一词也称为极品茶的代称，表示通过比试决胜而出的精制茶叶。陆游《晨雨》中所谓"青蒻云腴开斗茗，翠罂玉液取寒泉"① 即为此意，茶品极高。那么，如此精品有何特点呢？北宋徽宗所作《大观茶论》曾言"凡芽如雀舌谷粒者为斗品。一枪一旗为拣芽，一枪二旗为次之。余斯为下。"虽然南宋的斗茶活动不再如范仲淹所描述的"北苑将期献天子，林下雄豪先斗美"那么盛大隆重，但陆游所谓"争叶蚕饥闹风雨，趁虚茶懒斗旗枪"②，"矮纸斜行闲作草，晴窗细乳戏分茶"③，"觉来隐几

---

① 《晨雨》，《剑南诗稿校注》卷5。
② 《四月旦作时立夏已十余日》，《剑南诗稿校注》卷32。
③ 《临安春雨初霁》，《剑南诗稿校注》卷17。

日初午，碾就壑源分细乳"① 等，应该都是对斗茶之中分茶技术
的描述。

　　我国饮茶之风气自中唐以后大盛，宋代达到极致。两宋时
期著名文人几乎都有关于茶事方面的专论或茶诗茶文传世。就
《剑南诗稿》中与茶有关的诗歌而言，数量多达 300 余首，不仅
展示了南宋的贡茶、地方风味茶的不同风貌，而且还留存了宋
代茶事民俗文化记载。不过，这 300 多首诗中很少有专门的吟
茶诗，也没有如范仲淹、范成大等人所作的斗茶诗。陆游诗中
的 "茶" 往往与深厚的报国情怀相联系。《北窗》诗中 "名泉
不负吾儿意" 反衬 "朝廷负吾意" 之用意，最为典型。这恰好
反映了宋诗的某种特质——情思是理性而深厚的，表现对象却
是细腻而平淡的——而这也正是宋代文人士大夫气质品格的重
要体现。

---

　　① 《堂中以大盆渍白莲花石菖蒲倏然无复暑意睡起戏书》，《剑南诗稿校注》
卷 12。

陆游的养生理念和诗意体验

绍兴市陆游研究会　那秋生

陆游生前有个目标："从今万事具抛掷，且做人间百岁翁"（《丙寅无日》）。结果，陆游在世八十五年，算是古代最高寿的诗人了，完全称得上是一个理念坚定、体验丰富的养生家。如果从"养生"这个角度去研究诗人，就可以开拓一个新的领域，更能贴近现代生活，从而获得有益的启示——珍惜生命、热爱生活、独创人生是三位一体的。因此，陆游的《剑南诗稿》有着特殊的阅读价值，那就是让它成为我们的"养生指南"。

一　珍惜生命　小炷长明

养生是一门关于自我生命的管理艺术，首先需要正确的思想基础——珍惜生命，具备清晰的养生理念与必要的常识。

陆游养生的主导思想是自爱与独慎。其诗云"灼然由我不由天"（《道室偶书》），此语出自《老子》的"域中有四大，人居其一"，以及《西升经》的"我命在我，不在于天"。人最宝贵的就是生命，养生的精义在于"自爱"。陆游告诫世人要"爱身"，不要"作孽"，其《养生》诗曰："爱身过拱璧，奉以无缺亏。孽不患天作，戚惟忧自诒。"一个人应当独自制约，谨小慎微，让有限的生命如细水长流，似微光久存。所以陆游有《自戒》诗："吾身本无患，卫养在得宜。一毫不加谨，百疾所由滋。"（"一"与"百"相对，即因小失大）还有《可斋》说："少饱则止，不必尽器；休息调节，不必成寐；读书取畅，不必终卷；行步数十，意倦则止。"（"宜"与"可"同义，乃合适、得当）古人常说"好自为之"，无须"怨天尤人"，诗人十分明白：一切成败皆在"我"而已。

谁也无法想象，陆游晚年的生活十分清贫，有时连点灯的油也得发愁，于是巧制"省油灯"。此事记载于《老学庵笔记》中："盖夹（层）灯盏也，一端作小窍，注清冷水于其中，每夕一易之。寻常盏为火所灼而燥，故速干，此独不然，其省油几半。"说到生与死，人们亦以灯为喻，所谓人死灯灭。陆游以诗人之哲思，勘破生命之奥秘，这就是"小炷留灯悟养生"（《闲居》）之警语。每个人的生命历程都有个极限，就像灯盏内的油量有个燃烧时间极限一样。灯光的明亮由自己把握：如用"大炷"，就放纵情欲，挥霍生命；要是"小炷"，便清心寡欲，益寿延年。这就是养牛最基本的原理。诗人平日点灯，只用一根芯，屋内见明而不求显亮，故使一定的油量能燃点更为久长。陆游本人，不就是一盏独慎自重的"省油灯"吗？

陆游养生的重要原则是养和与蕴气。一个"和"字，可以归结为生态环境中的阴阳协调、刚柔并济、动静平衡，是事物生生不已持续发展的内在的生机活力。古人曰："性命和则生，人物和则亲，人天和则灵。"陆游在诗中说明："自笑万事都经遍，莫为悲伤损太和"（太和为人体内阴阳平衡的健康状态）；"莫笑蓬门雀可罗，老农正要养天和"（天和即人与环境相适应的和谐状态）。养和或调和，乃是"抑过补不足，辅相其适平"（《养生》）。

一个"气"字，即人体内的元气或曰正气，医学上视为人体生命力与抗病力的总称。孟子曰"浩然之气"：浩者，天地之广大也；然者，自然而然也。陆游曰"豪荡之气"，有诗为证，"中原北望气如山"，"老夫壮气横九秋"，"养气不动真豪杰"，"气与秋天杳"。蕴气要做到"凛凛春冰履，兢兢拱璧藏"（《养气》）。所谓"一团和气"，就是生命的有力保障。

陆游养生的神奇秘诀是诗疗与心术。诗人有真切的体验，"浩歌惊世俗，狂语任天真"。所谓"诗疗"，其实是一种特殊的心灵疗法，它比药物还管用。陆游70岁时写下《山村经行因施药》一组诗，其三曰："儿扶一老候溪边，来告头风久未痊。不用更求芎芷辈，吾诗读罢自醒然。"这种方法被称为"诗疗"，吟诵诗歌可以治愈头风等某些疾病。

陆游在《剑南诗稿》里开具了不少灵丹妙方，令人豁然开悟。例如，却老方——读书，诗曰"储积山崇崇，探求海茫茫"；治愁方——闲吟，诗曰"闲吟可是治愁药，一展吴笺万事忘"；长寿方——独眠，诗曰"九十老翁缘底健，一生强半是单栖"；避祸丹——廉，诗曰"得福常廉祸自轻，坦然无愧亦无惊"；消暑丹——静，诗曰"身闲诗简淡，心静梦和平"；游仙丹——顽，诗曰"花前自笑童心在，又伴群儿竹马嬉"。诗人告诉大家："活人吾岂能，要有此意存。"他给予人们的是心灵的启示，这种神奇的"心术"是可以立竿见影的。

陆游养生的妙语忠告是调身与补神。晚年的陆游自喻"病鹤"，给后人留下许多忠告。例如，"盛衰当自察，信医固多误"（《访医》）；"贫坚志士节，病长高人情"（《杂兴》）；"扶病寻溪友，忘忧泛钓槎"（《晚归》）。健康者自然可以长寿，但有病的人只要善于自我调理，同样也能延年益寿。陆游能坦然面对自身的疾病，困厄中依然潇洒自如。

俗话说："药补不如食补，食补不如神补。"且看陆游如何来"补神"？一是赏玩自然：风、花、雪、月，可以陶冶情操。"溪涨清风拂面，月落繁星满天"（《夏日》）；"雨余千叠暮山紫，花落一溪春水香"（《暮春》）。二是通习才艺：琴、棋、书、画，可以蕴蓄品格。"古琴百衲弹清散，名帖双钩拓硬黄"（《北窗闲咏》）；"活火常煮茗，残枰静弈棋"（《秋怀》）。三是吟诗交友，"江东好处得新句，风月佳时逢故人"（《故友》）。四是静心养神，"身闲剩觉溪山好，心静犹知日月长"（《寄题朱元晦》）；"俗事不教来眼底，闲愁那许上眉端"（《初寒在告》）。

清代崇尚养生之道，陆游的妙诗尤为人们喜爱。沈复的《浮生六记》中写道："玩索陆诗，以疗余之疾。"可见从中颇为受益。

二　热爱生活　博大情怀

所谓养生的意蕴，本质上就是"热爱生活"，内容可以包罗万象。陆游自称"六十年间万首诗"，以为"一生事业略存诗"。人如其诗，诗如其人，唯有"诗生活"成为陆游最好的养生方式。诗人的胸怀或如旷野，万物生长，欣欣向荣；或如大海，吸纳百川，无所不容；或如长空，阴晴变幻，刚柔相济。正是诗，赋予青春生命，激励信念勇气，铸就儒骨道风，培育天地情怀。

忧。以"爱国诗人"著称的陆游临终的《示儿》："死去元知万事空，但悲不见九州同。"其咏怀之诗常以国难为忧愤，如"五更风雨梦千里，半世江湖身百忧"（《北窗》）；"国仇未报壮士老，匣中宝剑夜有声"（《长歌行》）；"双鬓多年作雪，寸心到死如丹"（《感事》）。他和杜甫一样，赢得"一代诗史"的美名。

喜。陆游故乡在绍兴，他对稽山镜水情有独钟。他喜欢山色，"微丹点破一林绿，淡墨写成千嶂秋"（《闲游》）；他喜欢水境，"万顷烟波鸥境界，九秋风露鹤精神"（《湖中隐者》）；他喜欢田园，"卧读陶诗未终卷，又乘微雨去锄瓜"（《小园》）；他喜欢乡村，"驴肩每带药囊行，村巷欢欣夹道迎"（《山村经行因施药》）。他继诗仙之后，世有"小李白"之美称。

恶。诗人仕途坎坷，既然为官便以民生为重。陆游鄙视那些贪官，"作官觅饱最缪算，羡尔为农过一生"（《夜投山家》）。故而他常常自警："得福常廉祸自轻，坦然无愧亦无惊"（《书斋》）。对于一心钻营名利的小人，诗人不屑一顾，"生来不啜猩猩酒，老去那营燕燕巢"（《心意》）；"利禄驱人万火牛，江湖浪迹一沙鸥"（《感怀》）。真是爱憎分明，言行如一。

爱。陆游与唐琬的爱情可歌可泣，沈园就是最好的见证。

陆游 27 岁写下《钗头凤》词，一直到 84 岁所吟《春游》诗，其中几度重游沈园，念念不忘亲人，一生执着爱恋。且看这些诗句："林亭感旧空回首，泉路凭谁说断肠"；"伤心桥下春波绿，曾是惊鸿照影来"；"此身行作稽山土，犹吊遗踪一泫然"（《沈园》）。读此能不动情，乃至催人泪下吗？

诗人风流倜傥，自在性情之中，他自述："秘传一字神仙诀，说与君知只是顽"（《鹧鸪天》）。这个"顽"，传达了陆游的率真个性。执着——虽因"嘲咏风月"的罪名而遭贬黜，诗人依然风流倜傥。他以梅花自喻，"零落成泥碾作尘，只有香如故"（《卜算子》）。他的风月情怀也不变："入门明月才堪友，满榻清风不用钱"（《感怀》）。痴狂——诗人童心长在，生命力何其顽强："花前自笑童心在，又伴群儿竹马嬉"（《村居》）；"老翁也学痴儿女，扑得流萤露湿衣"（《月下》）。放逸——放翁要做人中之"仙"。且看："从今去，任东西南北，作个飞仙"（《大圣乐》）；"细思上界多官府，且作地行仙"（《乌夜啼》）；"拈棹舞，拥蓑眠，不作天仙作水仙"（《渔父》）。诗人《蝶恋花》词感言："神仙须是闲人做。"所谓"顽"，即人性的返璞归真，他已经进入了精神的最高境界。

论风致，诗人陆游亦豪放亦婉约，二者兼具。豪放——《鹤林玉露》中称放翁："多豪荡之语，言征伐恢复事。"豪放者如："一闻战鼓意气生，犹能为国平燕赵"（《老马行》）；"万里烟波鸥世界，九秋风露鹤精神"（《寄湖中隐者》）；"安得铁衣三万骑，为君王取旧山河"（《纵笔》）；"气与秋天杳，胸吞云梦宽"（《寓言》）。婉约——《瓯北诗话》评论陆游："凡一草一木，一鱼一鸟，无不裁剪入诗。"婉约者若："月明船笛参差起，风定池莲自在香"（《桥南纳凉》）；"只愁去远归来晚，不怕飞低打着人"（《燕子》）；"云闲忘出岫，叶落喜归根"（《寓叹》）。

说情趣，《剑南诗稿》堪称"百科大全"：吟历史，"报国虽思包马革，爱身未忍货羊皮"（《猎罢夜饮》）；咏地理，"三万里河东入海，五千仞岳上摩天"（《秋夜将晓》）；状草木，"天矫竹如意，鳞竣松养和"（《无题》）；摹动物，"残灯无焰穴鼠出，槁叶有声村犬行"（《冬夜不寐》）；写自然，"风生云尽散，天阔月徐行"（《夜坐》）；叙民俗，"小楼一夜听春雨，深巷明朝卖杏花"（《临安春雨初霁》）；论艺术，"浩歌惊世俗，狂语任天真"（《醉书》）；说哲理，"山重水复疑无路，柳暗花明又一村"（《游山西村》）。

放翁体悟生命哲学，既务内观（如其字），又务外游（如其名）。内观为调适自我，诗人爱用一个字"笑"。诗曰"一笑失百忧"，"一笑不妨闲过日"，"忧患如山一笑空"，"且付余生一笑中"。诗人或啸歌，或狂草，或饮酒，或钓鱼，或锄园，快活自在，全然忘却了自身的饥、寒、贫、病。外游即热爱自然，诗人做到了"天人合一"。诗曰："卧时幽鸟语，行处野花香"；"月能从我醉，风欲驾人仙"；"天垂缭白萦青外，人在纷红骇绿中"。喜看"夕阳红"的陆游，越老活得越有精神啊！

三 独创人生 绿色自然

卓有成效的养生经历，就是一种"独创人生"。陆游有两个别号，一是"稽山老农"，二是"鉴湖钓徒"，由此看出他的绿色生态与自然风采。

诗人晚年成为"稽山老农",自称"园中仙",许多诗作是反映热爱劳动、强身健体的。请看其《小园》一组诗中的两首诗,其一:"小园烟草接邻家,桑柘阴阴一径斜。卧读陶诗未终卷,又乘微雨去锄瓜。"其三:"村南村北鹁鸪声,水刺新秧漫漫平。行遍天涯千万里,却从邻父学春耕。"诗中描写了诗人的田园生活,突出其躬耕劳作的情景。

勤俭廉朴是陆游的家风,他常带着孩子们去小园种菜,自食其力。诗曰:"一饱何心慕万钟,小园父子自相从。盘餐莫恨无兼味,自绕荒畦摘芥菘"(《园中晚饭示儿子》)。在《咏菘》一诗里,陆游描述种菜自乐的生活境况:"雨送寒声满背蓬,如今真是荷锄翁。可怜遇事常迟钝,九月区区种晚菘。"

陆游以"稽山老农"为荣。他锄园自足,"菘韭常相续,芎萝亦有余"。他食蔬自得,"红饭青蔬美莫加",淡泊而有滋味;"粥美蔬香疾渐平",食补也是药补。平常的蔬菜,在诗人看来就是人间的"大烹"。蔬植—蔬食—蔬疗—蔬养,就这样以蔬菜为核心,形成了陆游特有的良性生态结构。这让人恍然大悟,原来诗人长寿的奥秘正在其中。

陆游《记老农语》诗云:"霜清枫叶照溪赤,风起寒鸦半天黑。鱼陂车水人竭作,麦垄翻泥牛尽力。碓舂玉粒恰输租,篮挈黄鸡还作贷。归来糠籺常不餍,终岁辛勤亦何得?虽然君恩乌可忘,为农力耕自其职。百钱布被可过冬,但愿时清无盗贼。"农民们终年辛勤劳动,但劳动的果实却被地主阶级以租税的方式榨取了,农民自己却在挨饿,诗人对他们倾注了深切的人文关怀。诗人写农民的勤劳简朴，"老农爱犊行泥缓，幼妇忧蚕采叶忙"（《春晚即事》）；写农家小姑的爱美，"谁言农家不入时？小姑画得城中眉"（《岳池农家》）。对普通劳动者的歌颂，正源于陆游胸怀天地的人文精神。

陆游喜欢坐舟钓鱼，别号"鉴湖钓徒"，其《钓鱼》诗云："船前一壶酒，船尾一卷书。钓得紫鳜鱼，旋洗白莲藕。"一条游动的小舟就是诗人之家，如此以舟钓为养生，妙在天人应和、返璞归真。

放翁诗云："舴艋为家云作友，流年尽付樽中酒"（《醉中作》）。陆游曾将居室名为"烟艇"，并写下《烟艇记》一文："意者使吾胸中浩然廓然，纳烟云日月之伟观，揽雷霆风雨之奇变，虽坐容膝之室，而常若顺流放櫂，瞬息千里者，则安知此室果非烟艇之哉！"。诗人的《泛舟湖山间有感》云："我似人间不系舟，好风好月亦闲游。"

庄子好以"游鱼"来比喻道家之学，提倡"逍遥游"，还讥讽时人"不知鱼之乐也"。陆游心领神会，知道"鱼者余也"，所谓"做事从容则有余味，做人从容则得余年"。钓翁与游鱼是心有灵犀的，一个是水中的隐士，一个是人间的仙客，形影相随，自由自在。陆游稳坐钓鱼台，从容不迫，不躁不急，不卑不亢。其实，舟中的人是在与水里的鱼对话，优哉游哉，何其逍遥。养生之道，贵在养心，舒心开怀，怡情畅志，生命适意即为美。

西方哲人培根留下名言："读史使人明智，读诗使人灵秀，数学使人周密，科学使人深刻，伦理学使人庄重，逻辑修辞之

学使人善辩。"东方诗人陆游加上一句"钓鱼使人长寿",这就
是养生的学问,自有其真切的体验。诗人的精、气、神汇聚在
一身:"仰不愧天,俯不怍地;外观世道,内观吾心。"所谓
"钓翁之意不在鱼",陆放翁称得上是诗人中的高人!

陆游的绿色生态与自然风采,表现在对田园、山水生活的
审美观照中,既体验着人生的平淡与平和,也领悟了生命的诗
意与理趣,努力为自己寻求安适的存在方式。春游山林,夏锄
菜园,秋钓江湖,冬赏风雪,诗人应时适地洋溢着他的人生情
趣,坚守在"诗生活"里构筑长寿的生命体系。

陆游"戏作"诗的独创性

绍兴文理学院　　商宇琦

据《剑南诗稿校注》统计，现存陆游 9300 余首诗作之中，含有大量以"戏作""戏咏""戏题""戏书"等为诗题的作品，总数有 360 余首①。本文将陆游诗歌中此类以"戏"为题的作品统称为"戏作"诗。陆游"戏作"诗中的"戏"字有两层含义：首先，顾名思义，它有游戏、自嘲的内涵；其次，它更夹杂着诗人关怀家国、抒发人生情怀的意蕴。无论从诗作存量、诗歌整体质量，还是从其文化价值而言，这些"戏作"诗均具备很大的研究价值。

总的来说，学界对陆游"戏作"诗的关注较少。纵观目前直接与陆游"戏作"诗相关的研究成果，仅有王德明先生《从陆游的"戏作"看其诗歌创作的幽默调侃风格》②及彭

---

① 此数据是笔者通过《陆放翁全集》电子版检索后，与上海古籍出版社 1985 年版的《剑南诗稿校注》进行手工统计所得数值对照后得出。

② 王德明：《从陆游的"戏作"诗看其诗歌创作的幽默调侃风格》，《中国文学研究》2008 年第 2 期。

敏《困窘中的戏谑——陆游"戏贫"诗探析》^①两篇论文。此外，台湾成功大学林中明先生在《陆游诗文的多样性及其幽默感》^②一文对陆游诗作中的"幽默感"亦有过精彩论述。其中，王德明先生首先发现了《剑南诗稿》中存在大量以"戏作""戏题""戏书""戏咏"为题的作品，并认为这些诗作所体现出的幽默调侃风格是独立于陆诗豪放、闲适两种主要风格之外的"第三种风格"。尽管对陆游"戏作"诗诗歌题材、特点的论述未能尽意，但王文论述严谨、引证丰富，笔者读后还是深受启发。而彭敏先生则以陆游"戏作"诗中的"戏贫诗"为研究对象，对陆游晚年的经济状况进行了考证，从一个侧面独到地反映了陆游"戏作"诗的题材特点。综上所述，陆游"戏作"诗尚有较大的研究余地和开掘空间。

笔者认为，陆游"戏作"诗的风格并非以幽默调侃为主，深沉悲慨是其有别于一般"戏作"诗的主要风格特征。而陆游"戏作"诗的主题广泛、思想深刻、艺术手法多元更是前人"戏作"诗所无法企及的，在文学史上独树一帜。

---

① 彭敏：《困窘中的戏谑——陆游"戏贫"诗探析》，《时代文学》2012年第3期。
② 林中明：《陆游诗文的多样性及其幽默性》，《中国韵文学刊》2008年第4期。

一　陆游"戏作"诗的内容风格：沉郁与幽默共鸣的别样乐章

从题材内容上看，陆游"戏作"诗有诗人对川蜀生活的深情回忆，也有对生活雅趣的细腻描写和晚年乡居生活的生动记录。这些"戏作"诗的风格既有深沉悲慨的一面，也有幽默诙谐的一面，形成了一首沉郁与幽默共鸣的别样乐章。

（一）从戎仕宦川蜀的深情追忆与悲怆的变奏曲

干道五年，陆游以左奉议郎为通判夔州军州事，由此揭开了他长达八年的川蜀仕宦生涯。蜀中的壮美山河引发了陆游的无限情思，更令他产生了"却恐他乡胜故乡"的由衷兴叹。值得一提的是，三年后，陆游赴南郑效命于枢密使王炎帐下，展开了为期八个月的军旅生涯，给陆游的一生留下了难以磨灭的永恒记忆。"可以说，陆游八个月的汉中戎马生涯，为他一生的经历和创作实践都注入了新的更富于爱国主义生命力的内涵，他的爱国诗篇中始终有汉中的影子和情结。"① 汉中的从戎生活和川蜀仕宦经历成了陆游人生中难得的辉煌历练，促使他的诗风由"藻绘"向"宏肆"转变，成为其诗风转折的关键时期。

陆游"戏作"诗中对从戎仕宦川蜀的回忆主要可分为两个部分：一为在蜀中回忆卸任故所；二为东归后怀念川蜀生活。

---

① 姚建国：《陆游汉中抗金生涯对其爱国诗篇创作的影响》，《哲理》2009年第4期。

入蜀途中沿江两岸的崇山峻岭、奔流不息的大江急湍，这新奇的一切让陆游豪情万丈："白盐赤甲天下雄，拔地突兀摩苍穹。凛然猛士抚长剑，空有豪健无雍容。"①（《风雨中望峡口诸山奇甚戏作短歌》）陆游赋闲成都后，日益思念过去的欢乐生活，他回忆去年寒冬游览万州时乘舟寻梅、酣饮西山的愉悦场景，想到知音渐少、韶华易逝，不由心生悲慨："残春犹客蜀江边，陈迹回思一怆然。渐老定知欢渐少，明年还复忆今年。"（《偶忆万州戏作短歌》）诗人还常感叹旧游不在，在孤独凄清之余顿生物是人非之感："闲倚胡床吹玉笛，东风十里断肠声。"（《偶过浣花感旧游戏作》）往岁时日虽如白驹过隙不复存留，可聚散苦乐、知音难觅的怅惘却时常牵动着诗人的情思。在一个秋风大作的夜晚，呼啸而过的狂风扫过陆游的心间，他再次回忆起了波澜壮阔的南郑抗金生涯："三更势稍敛，铁马归入塞。孰能从吾游，洗汝胸次隘。"（《秋夕大风松声甚壮戏作短歌》）陆游寓居山阴的某个寒冬，诗人独坐三山别业前，想起昔年从戎宦游巴蜀之事，黯然地写道："万里当时寄一官，十年客枕不曾安。鬼愁滩下扁舟晚，睚退陂前古驿寒。"（《兀坐颇念游历山水戏作》）诗人愈是到了晚年，川蜀情节愈是浓厚。陆游忆起昔年的豪情万丈，想到壮年携剑万里入蜀，与边关将士们共同风餐露宿、翻山越岭勘察地形的军旅生活，在回忆中进行激情创作，使他诗歌中的每一个字都似乎要从纸面上直跃而起。

---

① 本文所引陆诗皆据钱仲联《剑南诗稿校注》，上海古籍出版社 1985 年版。下文不再出注，以免烦冗。

值得注意的是，陆游"戏作"诗里有不少描写"川食"的诗作，"陆游无论是居蜀期间，还是东归后，都对蜀中饮食深抱好感，印象深刻，而多付诸诗篇"①。陆游回到山阴后还念念不忘蜀地的煎茶法，他在诗中谈到蜀地特有的蒙顶茶："午枕初回梦蝶床，红丝小硙破旗枪。正须山石龙头鼎，一试风炉蟹眼汤。岩电已能开倦眼，春雷不许殷枯肠。饭囊酒瓮纷纷是，谁赏蒙山紫笋香。"（《效蜀人煎茶戏作长句》）陆游宦游蜀地时，蒙顶茶给诗人留下了很深的印象，即使远隔千里、时过境迁，他对这种茶叶的烹调方法仍记忆犹新。诗人曾在与友人的交谈中一口气提到了蜀地特有的十几种美食："唐安薏米白如玉，汉嘉栮脯美胜肉。大巢初生蚕正浴，小巢渐老麦米熟。……东来坐阅七寒暑，未尝举箸忘吾蜀。何时一饱与子同，更煎土茗浮甘菊。"（《冬夜与溥庵主说川食戏作》）东归多年的诗人，仍念念不忘蜀地的美味佳肴，回想起来依旧是那样亲切。在陆游的"戏作"诗中，川食不仅是一种地方性食物，更是维系陆游思蜀情节的纽带。

（二）生活雅趣的灵动记录与深沉的主基调

陆游的生活绝非由单一的金戈铁马生涯所构成，实际上，陆游真正效力南郑前线的时间仅有短短八个月。人生的不得意迫使陆游将其注意力转移到自己所钟爱的闲情雅致上，去寻觅

---

① 杨挺：《川食譬喻与陆游人生体悟的饮食化表达》，《四川烹饪高等专科学校学报》2011 年第 5 期。

另一种达观的境界。陆游在"戏作"诗中所涉及的生活雅趣主要有读书和饮酒两种。

读书是陆游生平最为挚爱的兴趣之一。他在《书巢记》中说:"吾室之内,或栖于椟,或陈于前,或枕藉于床,俯仰四顾,无非书者。吾饮食起居,疾痛呻吟,悲忧愤叹,未尝不与书俱。"陆游常称自己为"书痴""书颠",对书籍总有一种割舍不去的情结,甚至将自己比作书斋中的蠹虫:"吾生如蠹鱼,亦复类熠耀。一生守断简,微火寒自照。"(《灯下读书戏作》)每当夜深人静、万籁俱寂之时,家国之事总是牵动着青灯下的陆游,使他愤懑之余亦无可奈何。夜读时灯油将尽,他用近乎自嘲的口吻说:"灭虏区区计本疏,水边乔木拥茅庐。九原定发韩公笑,至老依然一束书。"(《夜坐油尽戏作二首》)诗人虽壮志未酬,却也不得不休,将自己的滚烫热肠、灭虏豪情消磨于书牍之中,读之令人感慨。陆游在山阴乡居时更是无处不携书、无处不读书:"一编在手君无怪,曾典蓬山四库书。"(《挟书一卷至湖上戏作》)他还诙谐地向人们展现他藏有万卷书却疏于看管的"书巢":"一字不看方睡美,任人搜去帐中书。"(《幽居无一事戏作》)读书雅趣贯穿陆游的一生,从这些以"戏作"命名的读书诗中我们可知书籍确是诗人坎坷一生中为他开导慰藉的良师益友。

饮酒也是陆游"戏作"诗常见的主题。陆游诗酒齐名,且不拘于小酌小饮,多为豪饮、痛饮:"陆游饮酒、写酒的文化行为,远继其家乡古越绍兴之遗风,近承盛唐诗人之豪雄,在宋代独树一帜。"① 酒在给予诗人快感的同时，更将他引入诗文创作的胜地，激发其吟诗作赋的灵感。这种诗情酒兴使陆游的"戏作"诗张扬着英雄失志、悲壮忧愤的情怀。诗人自南郑前线辗转来到成都，看到锦官城繁华太平景象的他内心怀念的却是征战沙场的烽火岁月。深感北伐大业付诸东流的诗人不得不以烈酒浇平胸中块垒，他说："也知世少苏司业，安得官如阮步兵。醉着面颜惊少壮，浇余胸次失峥嵘。"(《独饮醉卧比觉已夜半矣戏作此诗》) 在残酷的现实面前，诗人只能诗酒骋性遣哀，以虚掩内心的惆怅："堪笑书生消几许，有钱十万醉经年。"(《对酒戏咏》) 数年后，归老山阴的陆游每每在饮酒之际仍不忘北伐壮志，并老当益壮跃跃欲试："青海天山战未鏖，即今尘暗旧戎袍。风高乍觉弓声劲，霜冷初增酒兴豪。未办大名垂宇宙，空成恸哭向蓬蒿。灞亭老将归常夜，无奈人间儿女曹。"(《野饮夜归戏作》) 在酒精的作用下，陆游一次次将深埋心底、尘封多年的心事和盘托出，或表现自己的击虏豪情："万骑击胡青海岸，此时意气令君看。"(《衰病不复能剧饮而多不见察戏作此诗》) 或感叹自己"可怜白发生"的无奈："玉关久付清宵梦，笠泽今成白发翁。"(《醉中戏作》) 或赞美山阴老家的淳朴乡情："村豪聚饮自相欢，灯火歌呼闹夜阑。"(《夜行过一大姓家值其乐饮戏作》) 陆游"戏作"诗中的饮酒诗情感丰富、表现手法多元，实为陆游饮酒诗中的瑰丽之作。

----

① 刘扬忠：《平生得酒狂无敌，百幅淋漓风雨疾——陆游饮酒行为及其咏酒诗述论》，《中国韵文学刊》2008 年第 3 期。

由此，我们可知深沉是陆游读书、饮酒诗的共同风格，读书和饮酒在诗人笔下虽作为一种生活雅趣而存在，却时时映射出陆游"位卑未敢忘忧国"的赤子情怀。

（三）乡居生活的多重体验与幽默的协奏曲

陆游一生中大部分的岁月是在家乡山阴度过的。越地山清水秀、人杰地灵，自"永嘉南渡"以来便成为名人雅士们避世归隐的绝佳去处。家乡秀丽的风景和淳朴民风给饱经沧桑的诗人以慰藉，村舍田园和稽山越水共同印证了放翁啸咏湖山、觅古寻踪的每一寸脚步。乡居期间，陆游常携酒外出踏雪寻梅以托风月："小蹇平冈雪陆离，幽人又赋探春诗。典琴沽酒元非俗，着屐观碑又一奇。"（《雪后出游戏作》）或卧看南山的云起云落："曲肱闲卧茅檐下，买断南山不用钱。"（《戏答野人》）或静坐庭前赏万山红遍、层林尽染的水乡秋景："西风沙际矫轻鸥，落日桥边系钓舟。乞与画工团扇本，青林红树一川秋。"（《舍北望水乡风物戏作绝句》）陆游晚年贫病交加，在作诗自嘲取乐的同时，乡邻之间的友睦和互持接济亦是诗人常常歌咏的主题，"赖有邻翁差耐久，雨畦频唤共携锄"（《饭罢忽邻父来过戏作》），"相从觅笑真当勉，又过浮生一岁春"（《过邻家戏作》）。作为一名美食家，一些平凡朴素的野味食材在陆游的烹饪下立刻成了一道道佳肴美馔，为他的生活增添了不少情趣："老住湖边一把茆，时沽村酒具山殽。年来传得甜羹法，更为吴酸作解嘲。"（《甜羹之法以菘菜山药芋莱菔杂为之不施酰酱山庖珍烹也戏作一绝》）陆游还是一个植物培育高手，赋闲期间不忘开垦田园，尝试种植各种花草："芳兰移取遍中林，余地何妨种玉簪。更乞两丛香百合，老翁七十尚童心。"（《窗前作小土山艺兰及玉簪最后得香百合并种之戏作》）当诗人看到喜鹊衔来树枝补筑巢穴，自己却连修盖房顶的茅草都没有，不禁笑说："卧看衔枝鹊补巢，方知此老懒堪嘲。山村四十余年住，未省曾添一把茅。"（《见鹊补巢戏作》）除种养植物外，诗人还豢养宠物陪伴自己，有着民胞物与的情怀："前生旧童子，伴我老山村。"（《得猫于近村以雪儿名之戏为作诗》）诗人并未被晚年生活的困窘所击倒，而是通过提笔自嘲自讽来排忧解闷，"陆游致仕之后，生活贫困，但他却用自己特有的方式去消解生活中因为贫困所带来的痛苦和不幸"①。放翁这些诗作所流露出的诙谐幽默风格确实给他囊匣如洗、掣襟露肘的生活带去了一丝乐趣。

陆游乡居期间所创作的"戏作"诗在整体上凸显平淡真纯、静谧幽雅的风格，这固然和诗人身处故乡的农村生活体验是分不开的："陆游到达山阴以后，欣赏故乡的生活，诗句也在不断地变得更圆熟，更平淡。"②但正如每一位文学大家一样，陆游乡居时所作"戏作"诗的主题及风格并不仅囿于此。除吟咏风月、寄情山水外，诗人更有不少感叹功名未竟、忧虑时艰之作。陆游生性热情单纯，不堪官场的结党营私、尔虞我诈，故唯有退居写诗着书以望不朽："玉关西望气横秋，肯信功名不自由。却是文章差得力，至今知有吕衡州。"（《夜读吕化光文章抛尽爱

---

① 彭敏：《困窘中的戏谑——陆游"戏贫"诗探析》，《时代文学》2012年第3期。

② 朱东润：《陆游传》，人民文学出版社2007年版，第189页。

功名之句戏作》）异族入侵、山河沦丧是他心里难以抹去的沉痛记忆，战事未休，功名未就的诗人在垂暮之际仍对此难以释怀，"惟有天知太平事，乞倾东海洗胡沙"（《感中原旧事戏作》），"聊将袖里平戎事，判断千岩万壑秋"（《连日有雪意戏书》）。陆游还在"戏作"诗中流露出了对自己放浪形骸、不图进取的悔恨与悲叹："建苑夸豪如贵胄，棋岩晦迹类臞仙。倘凭阀阅定人物，耕野钓溪难自贤。"（《戏作三首》其三）诗人虽身处困厄，却始终心系苍生，哀民生之多艰："一种是贫吾尚可，邻家稗饭亦常无。"（《对食戏作》）陆游身处风雨飘摇的动荡时代，闲适的乡居生活虽使他的部分"戏作"诗显得有些洒脱飘逸，却难以让我们看到真正的幽默、豁达。陆游"戏作"诗的成功之处，便在于往"戏作"的幽默之中注入一股股深沉的情感，使之不乏凄楚蕴结的悲歌色调。

综上，陆游的"戏作"诗虽以"戏"为题，且有诸多品题花鸟、归耕田园的淡雅清新之作，字里行间也流露出幽默滑稽的自嘲意味，"然而这些诗或是愤激的反语，或是诗人在无可奈何的情境中的自我安慰，我们千万不能以辞害意"[①]。陆游的"戏作"诗往往会因诗题带有嘲弄的意味而无由地给人以幽默风趣的错觉，以致产生误读和误解，令我们多将其诗歌内容理解成为戏谑之言，或主要关注其诙谐调侃的风格，这就会显得本末倒置、顾此失彼。这些"戏作"诗多是诗人自己在贫困交加、衣食不济情况下的自我麻醉和自我宽慰，在戏讽自嘲的表象下

---

① 莫砺锋：《陆游诗中的生命意识》，《江海学刊》2003 年第 5 期。

涌动着一股难以言说的伤痛暗流。钱锺书先生在《宋诗选注》中评价陆游诗歌的艺术特色为"悲愤激昂"和"闲适细腻"两种①，甚确。陆游"戏作"诗中的幽默戏谑风格并不能独立于以上两种风格而独自成为第三种风格，它们的总体风格仍以深沉悲慨为主，风趣只是陆游"戏作"诗风格中的"协奏曲"而已，幽默诙谐并不是传统意义上所理解的陆游"戏作"诗的主要风格。

二　陆游"戏作"诗的独创价值

关于陆游"戏作"诗有别于前人的鲜明特色，王德明先生在其论文中已做过详细而精彩的论述。他分别从"陆游'戏作'诗的数量居历代诗人之冠""陆游'戏作'诗幽默调侃风格的别具一格"及"陆游'戏作'诗的自嘲特点"三个方面论证了陆游"戏作"诗的独特性。笔者试图在现有研究成果的基础上进一步探究陆游"戏作"诗的独特文学风貌。

（一）陆游开拓了"戏作"诗的表现内容

唐人的"戏作"诗在表现内容上显得较为单调乏味，大多以嘲谑品评人物、馈赠送别、官场赠作、讽刺时事及表现自我情趣为主题，缺乏深度，"唐人戏作诗题材内容十分驳杂，共同

---

① 钱锺书先生在《宋诗选注》中说："他的作品主要有方面：一方面是悲愤激昂，要为国家报仇雪耻，恢复丧失的疆土，解放沦陷的人民；一方面是闲适细腻，咀嚼出日常生活的深永的滋味，熨帖出当前景物的曲折的情状。"（《宋诗选注》，人民文学出版社1989年版，第170页）

特点是很少表现崇高的主题，如忠义、爱情、羁旅、思乡、历史、功名、悲悯等"①，这些诗作大多仅是当时文人的游戏玩味之作。陆游一改前人"戏作"诗的不足，创造性地将生活琐事、天下政事、畅游山水、品题花鸟作为自己"戏作"诗的诗材，融喜怒哀乐、悲欢离合于诗作之中，极大地增强了"戏作"诗的抒情性和感染力。例如诗人对自己所钟情的烂漫秋色和水乡风物的细腻刻画："水落沙痕出，天高野气严。饼香油乍压，蔬美韭新腌。裘褐风霜逼，衡茅醉梦兼。菊花香满把，聊得拟陶潜。"（《秋晚岁登戏作二首》其一）酒酣之时对"遗民沦左衽"的清醒认识和"可怜白发生"的难以释怀："去日奔轮不曾过，凌烟勋业已蹉跎。只言一寸丹心在，无奈千茎白发何。"（《对酒戏作》）晚年贫病交加时的自我嘲讽："得米还忧无束薪，今年真欲甑生尘。"（《贫病戏书》其一）对农家秋收的由衷喜悦："九月野空天欲霜，甑中初喜新粳香。"（《农家秋晚戏咏》）又有诗人面对夜雨淅沥、少年交游俱老的感叹："少年交友尽豪英，妙理时时得细评。老去同参惟夜雨，焚香卧听画檐声。"（《冬夜听雨戏作二首》其一）其他主题的诗作因在上文中已有所提及，故此处不再赘述。陆游"戏作"诗的题材广阔实与其人生阅历有关。陆游身逢乱世，从小就因战乱随家人四处逃亡、历经苦难。成年后，仕途颇为不顺，却也给了诗人宦游天下、开阔眼界的机会。陆游的仕宦生涯可分为九个阶段，"即，初仕瑞安；再仕宁德、福州；召至行在；通判镇江、隆兴；入蜀八

---

① 阮璐：《唐人戏作诗研究》，硕士学位论文，广西师范大学，2005年。

年；提举建安、抚州；起知严州；再召至行在；三召至行在。为时约三十年"①。边关的疾风骤雪、江南的杏花烟雨、各地的人文渊薮乃至旅途的奇闻怪谈无不牵引着诗人的神经，沉淀着诗人的思想，拓宽着诗人的阅历。区别于唐人"戏作"诗的单纯嘲讽和缺乏情感深度，陆游一改前人之弊，在诗中展现强烈的社会责任感和儒家情怀，其题材之广、情感之深是大部分唐代"戏作"诗所无法比拟的。

（二）陆游丰富了"戏作"诗的诗歌创作体式

唐人"戏作"诗主要以律诗为基本范式，律诗中又以五律和七律为主，同时还存在着少量的排律和组诗。例如李商隐《戏题枢言草阁三十二韵》、元稹的《病卧闻幕中请公征乐会饮，因有戏呈三十韵》、权德舆《杂言和常州李员外副使春日戏题十首》等。陆游在继承前人这些诗歌体式的同时，大胆地广泛尝试各种体式创作"戏作"诗，并取得了较好的艺术表达效果。举例如下：

（1）短歌类：《石首县雨中系舟戏作短歌》《风雨中望峡口诸山奇甚戏作短歌》《偶忆万州戏作短歌》《秋夕大风松声甚壮戏作短歌》《山中夜归戏作短歌》《晡后领客仅见烛而罢戏作短歌》《连日大寒夜坐复苦饥戏作短歌》《饭饱昼卧戏作短歌》《夜坐戏作短歌》等。

（2）长句类：《括苍旧游既行舟中雪作戏成长句奉寄》《嘉

---

① 邹志方：《陆游研究》，人民出版社 2008 年版，第 127 页。

州守宅旧无后圃因农事之隙为种花筑亭观甫成而归戏作长句》
《湖上笋盛出戏作长句》《辛丑十月诸公馈酒偶及百榼戏题长
句》《自开岁略无三日晴戏作长句》《比得朋旧书多索近诗戏作
长句》《闲居无客所与度日笔砚纸墨而已戏作长句》等。

（3）组诗类：《冬夜听雨戏作二首》《山居戏题二首》《夜
坐油尽戏作二首》《晚秋出门戏咏二首》《对食戏作二首》《对
酒戏作二首》《村居闲甚戏作二首》《寺楼月夜醉中戏作三首》
《戏题酒家壁三首》《雨中夕食戏作三首》《窗下戏咏三首》《卧
病累日羸甚偶复小健戏作三首》《戏作三首》《官居戏咏三首》
《贫病戏书四首》《看梅归马上戏作五首》《读唐人愁诗戏作五
首》《对食戏作六首》等。

这里尤须指出的是陆游的组诗。由于陆游的"戏作"诗已
突破唐人"戏作"诗的表现内容及戏谑目的的束缚，他的组诗
有利于容纳大的诗歌题材、张扬汪洋恣肆的情感，不必顾虑如
唐人那样为表现戏谑的感情和语气而刻意选择简洁凝练的单首
五七言律诗。这里试以《入秋游山赋诗略无阙日戏作五字七首
识之以野店山桥送马蹄为韵》为例来分析陆游"戏作"诗中组
诗的特点。从诗题上看，读者往往会认为这仅是一首山水诗，
殊不知其中大有乾坤，内容层次丰富，简直就是陆游的自传。
组诗第一首中，陆游对自己每个时期的诗文特点都做了中肯的
概括："束发初学诗，妄意薄风雅。中年困忧患，聊欲希屈
贾。……老来似少进，遇兴颇倾泻。犹能起后生，黄河吞巨
野。"紧接着，诗人在第二首诗中回顾了自己从戎川蜀、游历西
南的经历："我昔西游边，万里持一剑。……回首四十年，远游

每关念。秋风跨蹇驴，尚喜道傍店。"第三首讲述了诗人学道的
过程："周南太史公，道家蓬莱山。……羽衣碧玉简，尚缀仙官
班。黄精扫白发，面有孺子颜。简寂吾家旧，飘然时往还。"第
四首记录了自己流连浙东山水、寄托怀抱的潇洒："我行剡中
路，茆店连溪桥。驴弱我亦饥，解鞍雨萧萧。……沃洲在何许，
秋叶红未凋。游僧不可逢，聊须问归樵。"最后三首是陆游晚年
对自己一生的反省与总结，其中一首曰："吾才如蹇人，何计逐
奔马。吾文如丑女，惟藉粉黛假。向来已归休，毕志向林下。
块然一愚公，初不系用舍。国恩定难报，衰涕时一洒。人本不
胜天，岂复论众寡。"这首组诗虽以"戏作"命名，但通读之下
却丝毫没有传统"戏作"诗"戏"的趣味在里面，我们感受到
的反而是一位沧桑老者对自己潦倒荒唐一生的总结与悲叹，读
来令人心酸不已。陆游"戏作"诗组诗的情节表现力之强、内
容涵盖面之广，在充分彰显陆游"戏作"诗不拘一格独创性的
同时，也显露出了诗人高超的诗歌创作天赋与表达技巧。

（三）陆游强化了"戏作"诗的艺术表现手法

陆游常在"戏作"诗中通过回忆、对比的手法使过去与现
实形成一种鲜明的落差，从而增强了诗歌的审美性质。这种手
法不仅在他的"戏作"诗中得到了充分体现，在陆游的其他诗
作中更是屡见不鲜。这首先体现在陆游宦游在外因思乡而作的
诗歌中。譬如，他常常会想念家乡的风物："乡国鸡头卖早秋，
绿荷红缕最风流。建安城里西风冷，白枣堆盘看却愁。"（《建州
绝无芡意颇思之戏作》）淳熙六年的早秋，陆游面对着福建建安

城内萧瑟的西风和一盘白枣，想起此时的山阴当是"鸡头树""绿荷""红缕"等植物"竞自由"的时节，不由心生惆怅。不仅家乡和客居之地的秋景对比让陆游思乡倍切，"绿荷红缕"与"白枣"的色彩落差亦勾起了他对山阴的无尽思念。长期的公务案牍生活也使诗人身心俱疲，顿有归去之意："忍睡出坐衙，扶病起筋客。本来世味薄，况复酒户迮。……怅望稽山云，飞去无六翮。"（《晡后领客仅见烛而罢戏作短歌》）其次，这种手法还体现在陆游回忆巴蜀生活的作品中，此类诗作往往将思蜀情节表现得淋漓尽致。陆游虽有"功名不信由天"的凌云豪情，但残酷的现实使他不得不有所妥协，这便令他更为思念"匹马戍梁州"的前线生活。他在《野饮夜归戏作》中感慨当年"青海天山战未麾"，如今却"尘暗旧戎袍"；当时"弓声劲，酒兴豪"，而今只能"空成恸哭向蓬蒿"。远游川蜀虽难以实现诗人"万里觅封侯"的夙愿，却改变不了他对这段生涯的深情回味："万里当时寄一官，十年客枕不曾安。鬼愁滩下扁舟晚，暇退陂前古驿寒。昔叹远游生雪鬓，近缘多病学金丹。功名非复衰翁事，独有江山兴未阑。"（《兀坐颇念游历山水戏作》）离蜀东归之时，诗人在疾行的客舟上想起昔日"呼卢喝雉""击兔伐狐"的南郑军中生活，不禁感叹："昔者远戍南山边，军中无事酒如川。……壮士春芜卧白骨，老夫晨镜悲华颠。"（《风顺舟行甚疾戏书》）改任江西抚州后，百无聊赖的诗人又在一次大醉中梦回川蜀："梦作青城去，翠磴扪松萝。又为平羌游，素月沉烟波。觉来抚几叹，奈此桎梏何。"（《临川绝无佳酒时得一醉戏书》）此类诗作不胜枚举。"回忆使诗人从中获得创造的空间，在虚处发挥想象的空间，在情感的实处获得生命力，并使之与丰富的意味相对应，使陆游笔下各类体裁的作品因审美回忆而特别精彩。"① 不论是对家乡风物的难以释怀，抑或是对巴蜀生活的深情追忆，陆游"戏作"诗中所蕴藉的对比回忆手法实与其平生抱负和八年的川蜀经历是分不开的，诗人这种非凡阅历所带来的情感随着流年而不断沉淀发酵，并最终在诗作中得到了升华。

三 陆游"戏作"诗的文学创作渊源

陆游这些以"戏作""戏题""戏书"为题的诗歌，无疑属于中国古代"戏作"诗的范畴。"戏作"诗在魏晋南北朝时期便已有之。例如谢朓的《与江水曹至干滨戏诗》、萧衍的《戏作诗》、萧纲的《戏赠丽人诗》、陈叔宝的《戏赠沈后》、徐陵的《走笔戏书应令诗》等。但这些诗歌正处于中国古代"戏作"诗创作的发轫时期，无论从题材内容还是艺术手法上来讲，都显得较为单调。到了唐宋时期，"戏作"诗真正地进入了发展阶段，作品的数量、质量较前代均有显著的提升。在陆游之前，杜甫、白居易、苏轼、黄庭坚等大诗人都是创作"戏作"诗的能手。陆游的"戏作"诗兼采杜、白、苏、黄，又有所创造变化，显示出自己别样的艺术风貌。

---

① 高利华：《论陆游之"诗人风致"——兼论从戎为原型的审美回忆》，《杭州师范大学学报》2013 年第 1 期。

　　杜甫的"戏作"① 诗在文学史上取得了较高的成就。陆游对杜甫曾再三致意，其《草堂拜少陵遗像》谓："公诗岂纸上，遗句处处满。"《读杜诗》谓："常憎晚辈言诗史，清庙生民伯仲间。"杜甫有 33 首"戏作"② 诗传世，诗歌内容主要为戏友、自嘲、讽刺时事三大类。例如，《阌乡姜七少府设脍戏赠长歌》写姜侯设宴款待自己的无微不至："不恨我衰子贵时，怅望且为今相义。"《数陪李梓州泛江，有女乐在诸舫，戏为艳曲二首赠李》戏讽李梓州沉迷于女乐，而忘却糟糠之妻的行为："使君自有妇，莫学野鸳鸯。"《戏作花卿歌》则讽刺了武将花敬定祸害川蜀的恶劣行径："子章髑髅血模糊，手提掷还崔大夫。"最值得关注的是杜甫"戏作"中的自嘲作品，这些诗歌"凄怆悲凉，完全没有'戏'存在的空间，诗人在思考时流露出的辛酸，与其题目形成强烈反差"③。如《官定后戏赠》诗中对自己官虽已授，壮志仍难酬的感慨："耽酒须微禄，狂歌托圣朝。故山归兴尽，回首向风飙。"《戏赠阌乡秦少公短歌》又道"昨夜邀欢乐更无，多才依旧能潦倒"，将自己落魄而又不得不受人接济的困窘心态刻画出来。杜甫首次在"戏作"诗中注入了一股沉郁之气，抒悲酸之情，使之呈现出迥异于前代"戏作"诗纯粹游戏、戏谑的独特诗歌风貌。但是，杜甫此类诗歌所占其全部"戏作"

---

　　① 阮璐：《杜甫戏作诗论略》，《广西教育学院学报》2006 年第 5 期。他认为，有唐一代，从"戏作"诗的创作数量和成就而言，最杰出的是白居易和杜甫二人。

　　② 本文所引杜诗皆据萧涤非《杜甫全集校注》，人民文学出版社 2013 年版。杜甫"戏作"诗数量亦据此统计。

　　③ 阮璐：《杜甫戏作诗论略》，《广西教育学院学报》2006 年第 5 期。

诗之比重甚小，而陆游承继并发扬了杜甫于"戏作"中写悲情的艺术手法，将其广泛地应用到"戏作"诗的写作上，报国无路、追忆之悲、晚年贫病皆可入诗，形成了其"戏作"诗深沉悲慨的主体诗风，呈现着一种异量之美。陆游"戏作"诗中的这种悲慨风格不仅受到杜诗之影响，而且山河破碎的时代环境及"晚唐体"卷土重来的文坛现状亦使陆游特别强调诗文创作中的悲愤之气："陆游提倡'文以气为主'，尤其是提倡悲愤之气，这既是当时政治形式的需要，也是当时文坛状况的实际需要。"①

白居易一生共作有 89 首"戏作"诗②，数量为唐人众家之首。白居易"戏作"诗相较前人的两个主要特点便在于多自嘲之作和诗歌语言的平易浅近。首先，白居易的自嘲作品与老杜相比，更显豁达和轻松。譬如，《戏答诸少年》中对自己年老体衰的自我宽慰："顺我长年头似雪，饶君壮岁气如云。朱颜今日虽欺我，白发他时不放君。"《闲出觅春，戏赠诸郎官》里对"老夫聊发少年狂"的不服老："迎春日日添诗思，送老时时放酒狂。除却髭须白一色，其余未伏少年郎。"其次，白居易"戏作"诗的另一大特色是诗歌语言的通俗直白。例如，乐天对僧人在美酒前失去矜持的直白戏谑："香火一炉灯一盏，白头夜礼佛名经。何年饮着声闻酒，直到如今醉未醒。"（《礼经老僧》）《春夜宴席上戏赠裴淄州》中对两叟欢饮达旦的幽默记述："九

---

① 邱鸣皋：《陆游评传》，南京大学出版社 2002 年版，第 363 页。
② 本文所引白诗皆据朱金城《白居易集笺校》，上海古籍出版社 2010 年版。白居易"戏作"诗数量亦据此统计。

十不衰真地仙，六旬犹健亦天怜。今年相遇莺花月，此夜同欢歌酒筵。……留君到晓无他意，图向君前作少年。"乐天的这类诗作与前人相比，诗歌语言更为浅显，而趋近白话的意味。陆游的部分"戏作"诗承继了白诗语言浅白的特点。如放翁读唐代愁诗后的感触兴怀："少时唤愁作底物，老境方知世有愁。忘尽世间愁故在，和身忘却殆应休。"（《读唐人愁诗戏作五首》其一）对身患头风之疾的无奈自嘲："出门处处皆桃李，我独呻吟一室中。只道有诗驱疟鬼，谁知无檄愈头风。"（《头风戏作》）对农家耕织生活的实录："柳下人家枳作篱，小姑不画入时眉。纬车声出窗扉里，正是新凉夜永时。"（《戏书》）值得注意的是，在后来的中国白话文运动中，陆游的《读唐人愁诗戏作五首》其一颇为胡适所推崇①，因为"这些诗的特点，都是用语浅近，同时又富于诗的韵味，正好给胡适拿去作'白话可以作诗'的证据"②。然而，就"戏作"诗的格调而言，白诗却远不及陆诗来得高致。白居易"戏作"诗中充斥着不少描写风流韵事的作品，境界有庸俗之嫌。如《戏题新栽蔷薇》用双关的手法刻画年轻人渴望爱情的心态："少府无妻春寂寞，花开将尔当夫人。"诗人又不时在"戏作"诗中嘲戏自己虽爱恋青春少女却力不从心，只能艳羡他人的心态："安石风流无奈何，欲将

---

① 胡适在 1916 年 7 月 26 日答复任叔永的信中说："白话入诗，古人用之者多矣。案头适有放翁诗，略举数诗如下……"信中共举了放翁的七首近体诗，其中一首便为《读唐人愁诗戏作五首（其一）》。[《胡适文集》（第三册），人民文学出版社 1998 年版，第 6—12 页]

② 张毅：《陆游诗歌传播、阅读研究》，复旦大学出版社 2014 年版，第 129 页。

赤骥换青娥。不辞便送东山去，临老何人与唱歌。"（《酬裴令公赠马相戏》）纵观陆游的几百首"戏作"诗，无一涉及声色之娱，上接杜甫"戏作"诗中的忠义之怀，念念恢复、凛凛大义，相比白诗而言，不仅提高了"戏作"诗的品格，更有着积极的社会意义。

苏轼作有 107 首"戏作"诗，并在继承前人创作的同时提升了"戏作"诗的表现功能，完善了"戏作"诗的艺术旨趣①，对古代"戏作"诗的发展做出了卓越贡献。陆游对苏轼的评价甚高，将其奉为"天人"，"苏公本天人，谪堕为世用"，更为自己生于后世得以拜读东坡诗作感到庆幸："我生虽后公，妙句得吟讽。"（《玉局观拜东坡先生海外画像》）苏轼"戏作"诗中多释道主题之作，这一点为陆游所沿袭传承。如东坡的《游诸佛舍，一日饮酽茶七盏，戏书勤师壁》《钱道人有诗云直须认取主人翁作两绝戏之》《戏作种松》等，从诗题即可感受到佛道的意味。陆游"戏作"诗中亦多释道题材，如"致虚守静气常全，家付儿孙命委天"（《戏题僧壁》），"道身隐太华，壮岁客青城。采药何辞还，烧丹久未成"（《道室戏咏》）。陆游还精熟佛教典籍，能在"戏作"诗中炉火纯青地运用佛学典故，信手拈来："开壳得紫栗，带叶摘黄甘。独卧维摩室，谁同弥勒龛。宗文树鸡栅，灵照挈蔬篮。一段无生话，灯笼可与谈。"（《初寒独居戏作》）另外，苏轼"戏作"诗中关心现实、忧心为国的精神亦为陆游"戏作"诗所秉承。苏轼"戏作"诗中有不少关心时政

---

① 参见黄小珠《苏轼戏作诗研究》，《清华大学学报》2010 年第 2 期。

之作，如对王安石变法之弊的抨击："读书万卷不读律，致君尧舜知无术。劝农冠盖闹如云，送老虀盐甘似蜜。"(《戏子由》)表达诗人对朝廷管控舆论、闭塞言路做法的不满："刺舌君今犹未戒，炙眉我亦更何辞。相从痛饮无余事，正是春容最好时。"(《刘贡父见余歌词数首，以诗见戏，聊次其韵》)陆游"戏作"诗中亦不乏对朝廷和戎政策的愤懑和对王师北伐的期许，这些都是苏、陆二人身上儒家积极入世精神的体现。苏轼不仅以"戏作"诗刺世，还在其中寄托着诗人经历"乌台诗案"后沉重、消极的人生感慨。东坡的这类"戏作"诗"典型地反映了作家理想追求遭受沉重的现实打击之后对人生价值困惑、怀疑的心态"①。如希望孩子能低调处世，而不要像其父一样"聪明误身"："人皆养子望聪明，我被聪明误一生。惟愿我儿愚且鲁，无灾无病到公卿。"(《洗儿戏作》)晚年学禅后对一生挫折的释怀与解脱："四十年来同幻事，老去何须别愚智。"(《戏书》)同苏轼相比，陆游虽然也在"戏作"诗中抒发着自己的人生感叹，却不像苏轼这般消沉、抑郁。陆游一生多难，仕宦生涯谤誉纷纷，不仅在朝的小人党对其多加打击，就连君子党也对其颇有微词。但陆游生性率真热情，身处穷厄不过一笑置之，对北伐的信念更是至死不渝，在其"戏作"诗中表现出乐观、旷达的心境。譬如，晚年的陆游对自己老当益壮的自信"岁历还逾半，人世但可悲。此身犹老健，随处且儿嬉"(《戏咏》)，对自己年老而诗兴不减，还能提携后学的豁达自许"老来似少进，

---

① 黄小珠：《苏轼"戏作诗"研究》，《清华大学学报》2010 年第 2 期。

遇兴颇倾泻。犹能起后生，黄河吞巨野"（《入秋游山赋诗略无阙日戏作五字七首》其一），面对家贫如洗的达观淡然"门前三百里湖光，天与先生作醉乡"（《贫甚卖常用酒杯作诗自戏》）。苏、陆二人皆天分超卓，才大力雄，他们通过自己的创作大大提升了"戏作"诗的文化意蕴和艺术品格。两人性格看似都有张扬外向的一面，但东坡却又多了一份沉潜，因此他的"戏作"诗中更显出理智的思考和幽默，而陆游的"戏作"诗则更有率真的情感和感性的议论。

黄庭坚共有 140 首"戏作"诗传世①。相较其他"戏作"诗创作大家而言，黄山谷"戏作"诗中描写日常生活琐事题材的比重极大，占其全部"戏作"诗总量的约 53%②，这多少也体现出了山谷诗关注日常生活和善于使日常生活艺术化的特色。例如，他以戏谑的口吻描写自己冬夜取暖用的暖足瓶"千金买脚婆，夜夜睡天明"（《戏咏暖足瓶二首》）；对友人赠羊的自我调侃"细肋柔毛饱卧沙，烦公遣骑送寒家。忍令无罪充庖宰，留与儿童驾小车"（《戏答张秘监馈羊》）；对江村苇丛落雁的生动刻画"挥毫不作小池塘，芦荻江村落雁行。虽有珠帘藏翡翠，不忘烟雨罩鸳鸯"（《戏题大年防御芦雁》）；表达对友人驯养鹧鸪的浓厚兴趣"山雌之弟竹鸡兄，户入雕笼便不惊。此鸟为公行不得，报晴报雨总同声"（《戏咏零陵李宗古居士家驯鹧鸪二

---

① 本文所引黄诗皆据刘琳、李勇先、王蓉贵编《黄庭坚全集》，四川大学出版社 2001 年版。黄庭坚"戏作"诗数量亦据此统计。

② 笔者据《黄庭坚全集》统计，黄庭坚"戏作"诗中描写日常生活琐事题材的诗有 73 首，占其 140 首"戏作"诗的约 53%。

首》其一）等。由前文可知，陆游"戏作"诗中亦不乏大量描写日常生活之作，或静居养性，或山负涧含，在书卷美酒、湖光水色中展现了诗人别样的情感和生活态度。但是，黄庭坚的"戏作"诗多局限于描绘士大夫的生活情趣，极少有对政局、苍生的殷切关怀与感悟，在内涵上不及陆游深刻。同样是在"戏作"诗里描写生活琐事，我们却能从中读出放翁对宋金对峙时局的关切、对民生多艰的感怀和对自己远离恢复前线而壮志未酬的叹惋，明显迥别于黄山谷沉醉于一己的闲适自娱。朱熹赞誉放翁"能太高"而又心忧其"迹太近"，正是指其不忘却现实而言。

陆游敢于另辟蹊径，突破传统"戏作"诗的创作藩篱，充分发挥自己的能动性，谱就了三百多首带有个性化色彩的"戏作"诗，在文学史上实属少见。陆游"戏作"诗取材广泛，读书饮酒、寄情山水、追怀往事皆可入诗；风格变化多端，幽默诙谐、雄放悲慨、平淡自然兼而有之；创作手法巧妙，多样的诗歌体式、对比回忆的深情，都在陆游的生花妙笔下得以运用自如。陆游"戏作"诗的文学创作成就虽谈不上"绝后"，却无疑是"空前"的。总而言之，陆游"戏作"诗契合着诗人的人生轨迹，寄寓着诗人的文化品格，为我们全方位地展示了诗人的生活图景和内心情感，无论从其文学性或思想性而言，均有着较为重要的研究价值。

夔峡文化与陆游西行

陕西理工学院　梁中效

伟大诗人陆游生命历程中最辉煌、最壮美的八年是在蜀汉大地度过的；陆游作为一位以诗著称的文学家的地位是在宋代的四川奠定的；陆游炽热的爱国情怀和投笔从戎的报国之志是在川陕蜀道上进一步升华的；陆游在中国文学史与中国文化史上的显赫地位是在巴蜀大地上奠定的。从乾道六年到淳熙五年，陆游在蜀汉大地上只生活了八年，但这是他人生历程中最荡气回肠、最难以忘怀的八年，因而他晚年将亲手编订的诗与文分别命名为《剑南诗稿》与《渭南文集》，就是对这段经历的最好怀念与纪念。如果说陆游在蜀汉的仕宦与创作是一首跌宕起伏的生命交响曲，那么序曲就在夔州，高潮在南郑，尾声在成都。因此，夔州的历史与文化、山川与民俗等，是陆游认识川陕的开端、热恋川蜀的初始、文学创作的预热，在中国文学与文化的发展历程上，都有着不可忽视的地位与意义。

一　唐宋时期的夔峡形胜

陆游印象中的夔州虽然险远荒蛮，但却是川蜀名州、人文名邦、诗家奥区、水陆津要，据荆、楚之上游，为巴、蜀之要郡。

唐宋时期的夔州是由长江进出川蜀的门户，以地当水陆要冲而著称。杜佑在《通典》中写道："夔州领县四：奉节、云安、巫山、大昌。""奉节，汉鱼复县地，又有鱼复县故城在北，赤甲城是也，即楚、汉之江关。有白帝城及诸葛亮八阵图。"① 曾在夔州为官三年的大诗人刘禹锡，对夔州的山川形势与历史沿革更加清楚。他在《夔州刺史厅壁记》中说："夔在春秋为子国，楚并为楚九县之一。……七年，增名都督，督黔、巫一十九郡。开元中犹领七州。天宝初罢州置郡，号云安。至德二年，命嗣道王炼为太守，赐之旄节，统峡中五郡军事。乾元初复为州，偃节于有司，第以防御使为称。寻罢以支郡隶江陵。按图版方输不足当通邑，而今秩与上郡齿，特以带蛮夷故也。"② 这段记载说明，夔州虽然不是通都大邑，但山川形势险要，战略地位显赫，因而获得了与上郡名都同样的待遇。这正是唐宋政治家、军事家、文人骚客重视夔州的客观原因。宋代夔州的地位进一步提升，成为川峡四路之一的夔州路。宋人祝穆在《方

---

① 杜佑：《通典》卷一百七十五《州郡五》，岳麓书社1995年版，第2409页。
② 刘禹锡：《刘禹锡文集》卷九《记下·夔州刺史厅壁记》，上海古籍出版社1975年版，第81页。

与胜览》中说："周初为鱼复国。春秋庸国之鱼邑。其后楚人、秦人、巴人灭庸，分其地属于巴。秦置巴郡，鱼复隶焉。二汉因之。公孙述据蜀土，自称白帝，更鱼复曰白帝城。东汉献帝分巴郡为永宁郡，刘璋又改为巴东郡。蜀先主改为永安县，又于此置固陵郡；蜀先主改固陵郡为巴东郡，为蜀重镇。晋仍为鱼复。宋置三巴校尉，治白帝。梁置信州，治白帝城。周移治永安宫南，即瀼西也，总管王述移府于白帝。隋杨素又复修之，炀帝罢为巴东郡。唐为信州，改为夔州，又为云安郡，复为夔州。蜀主以施、夔、忠、万置镇江军，治夔州。后唐改宁江军节度。皇朝平蜀后，徙治瀼西，中兴升为帅，带归、峡州兵甲司公事。今统郡十五，领县二，治奉节。"[1] 刘禹锡与祝穆的记载两相印证，说明宋代夔州的政治军事地位更为重要。也正因为夔州奇险的山川、独特的历史地位，才留下了许多壮美的历史文化遗存。欧阳忞在《与地广记》中记载了夔州的人文名胜："有三峡山、白盐山、赤甲山、大瀼水、滟滪堆。有鱼复县故城，在县北，今名赤甲城。有古扦关，楚肃王所作，以拒巴蜀。有白帝城，公孙述所筑。有故永安宫，刘备所置。备终，诸葛亮受遗诏于此。有诸葛亮八阵图，累石为之。"[2] 这些名胜古迹，成为陆游等唐宋诗人凭吊怀古、抒发情怀的人文胜景。

唐宋时期的夔州是川蜀名城，战略地位格外重要。夔州

---

① 祝穆:《方与胜览》卷五十七《夔州路》，中华书局2003年版，第1007页。

② 欧阳忞:《与地广记》卷三十三《夔州路》，四川大学出版社2003年版，第1012页。

"当水陆津要，乃蜀之东门也"。故宋人丁谓在《夔州移城记》中说："巴中郡多崖居岸泊，登危履险，以扼束要道，盖坚完两川，间隔三楚也。"王应麟也说："夔州者西南四道之咽喉，吴、楚万里之襟带也。"唐宋文人留下了许多吟咏夔州形胜的四六对偶名句："畴庸灵石，改牧夔藩。""窃以夔门，当夫蜀隘。""唯此巴、夔之寄，介乎荆、蜀之间。""自蜀道分八使之权，以夔漕为诸司之冠。""况巴、渝十四州之地，据吴、蜀八千里之冲。""白帝城高，符节久烦于兼领；乌孙国乱，藩维有贵于预防。""一百八盘之天险，率在部封；五十四郡之星分，兹为门户。""卢矢彤弓，新元戎之号令；白盐、赤甲，壮全蜀之藩垣。"① 夔州之雄险，还在于其劲勇豪放的民风。《巴志》："郡与楚接，人多劲勇，少文学，有将帅才。"李贻孙《都督府记》云："其人豪，其俗信鬼，其税易征，其民不偷。"② 这种豪气外露的民风也感染影响了唐宋文人，是所谓"古来夔子，地近乌蛮"。"地荒半杂于猩，俗犷易罹于猰犴。""窃惟夔子之故邦，实杂冉駹之蛮俗。""乌蛮塞近，猩鼯混夷獠之居；白帝城高，象马卜瞿唐之险。""乌蛮塞近，古称冉駹之居；滟滪浪高，人占象马之险。"③ 这一切，使得陆游等唐宋文人在此得江山之助益、感民俗之淳朴、发思古之幽情。

---

① 祝穆：《方与胜览》卷五十七《夔州路》，中华书局2003年版，第1020页。
② 同上书，第1008页。
③ 同上书，第1020页。

二 陆游西行与夔峡文化

首先，唐宋时期夔州的文化厚重，是一座群星闪烁的诗城。历代不少诗人如陈子昂、王维、李白、杜甫、白居易、孟郊、刘禹锡、苏轼、苏辙、黄庭坚、范成大、王十朋等或旅居夔州或在夔州为官，留下名篇佳作，讴歌夔州的山水风物。他们在夔州的宦游生活和诗歌创作，对陆游产生了直接或间接的影响，为他文学生涯和诗歌创作高潮的到来奠定了基础。

唐代的夔州诗坛，几乎是一部唐代诗歌通史的壮丽画卷，其中既有李白、杜甫这样的诗坛巨星，也有陈子昂、杨炯、卢照邻、沈佺期、孟浩然、王维、高适、孟郊、韩愈、刘禹锡、白居易、元稹、李贺等中国文学史上的杰出诗人。李白一生三次过三峡，都留下了动人的诗篇，与夔州结下了不解之缘。青年李白豪情万丈，于开元十四年"仗剑去国，辞亲远游"，写下了《自巴东舟行经瞿塘峡登巫山最高峰晚还题壁》。乾元二年，因入永王李璘幕府而获罪的李白有幸被赦免，他在夔州听宣后欣喜若狂。诗人在云霞满天的清晨由夔州出发，乘舟东下，《早发白帝城》就是在此时吟咏而出，从此传遍天下。"安史之乱"爆发后，杜甫从战火纷飞的长安沿蜀道经陇南、山南等地逃难到成都。唐代宗永泰元年五月，杜甫携家人从成都出发，沿岷江、长江顺流而下，于次年四月到达夔州，寓居此地近两年。杜甫在夔州共写诗462首，占杜诗总数的三分之一。这些诗作构成了一幅长江三峡历史、风俗、景观、民情的巨幅画卷。唐穆宗长庆二年正月，著名诗人刘禹锡到夔州任刺史。作为"诗笔文章时无在其右"的一代"诗豪",他在夔州任上三年创作了不少脍炙人口的优秀诗词。

宋代是夔州诗史上的一个重要时期。苏轼、黄庭坚、王十朋、范成大这些宋代诗坛的翘楚和中国文学史上声名显赫的诗人,也是这一时期夔州诗的代表人物。嘉祐四年苏轼与弟苏辙随其父苏洵,取道岷江、长江,经三峡出蜀赴京,写下了一系列吟咏夔州名胜古迹和峡江风光的诗篇。其中《八阵碛》对诸葛孔明的功业及其人生悲剧做了透辟的分析,痛惜之情,溢于言表。其《入峡》《出峡》诗则描述了峡江沿岸壮美的景观。王十朋是南宋名臣,绍兴二十七年中状元,"立朝刚直",主张抗战,力排和议,并大胆弹劾主和派首领当朝宰相史浩,赢得朝野内外的普遍赞誉。他乾道元年自饶州移知夔州,勤政爱民,兴利除弊,深受夔州民众爱戴。他在夔州有诗作 314 首,是历代夔州诗中除杜甫外数量最多的一位诗人。范成大的夔州诗,多是描绘峡中风物的诗作,如《初入巫峡》:"束江崖欲合,漱石水多漩。卓午三竿日,中间一罅天。"《巫山县》:"门对高唐起,江从滟滪难。"这些诗篇,其状物之细腻,意境之深远,非亲历其境且才情超卓而不可得之。

这些唐宋文学家和大诗人在夔州的非凡事迹及名篇佳作,不仅有助于夔州历史文化的积淀和文脉的传承,还使夔州成为名家荟萃的一座诗城,而且为陆游到夔州后的文学创作奠定了基础,使夔州成为陆游剑南豪放生活和创作高潮的起航之城。

其次,陆游继承前贤的诗歌文化遗产,为夔州诗城留下了浓墨重彩的一笔。夔州是陆游由东部进入西部的第一站,跨入四川大门的第一城。陆游在夔州第一次领略到了西部的雄奇壮美和文化的厚重迷人，从而为陆游人生轨迹的改变和诗歌创作风格的转变奠定了基础。"他四十六岁到了夔州，他接触到广阔的天地，也更认识到国家兴亡的根源，现在他找到自己的道路，诗正在开始转变。"①

陆游在《入蜀记》中说："乾道五年十二月六日，得报，差通判夔州。方久病，未堪远役，谋以夏初离乡里。"② 乾道六年闰五月十八日，陆游从山阴启程，十月二十七日到达夔州，历时近五个半月，一百六十余天，行程五千余里。艰难而又壮美的旅行，预示着一个人生新阶段的开始。陆游自乾道六年十月至乾道八年二月，在夔州经历了三个年头，而实际在夔州只有一年零四个月。这期间有诗 60 首，词 5 首。从钱仲联先生《剑南诗稿校注》第二卷的《瞿唐行》开始，到《十二月十九日晚巫山送客归回望西寺小阁缥缈可爱遂与赵郭二教授同游抵夜乃还楚乡偶得长句呈二君》③ 止，均是陆游在夔州所写的诗歌作品，共 59 首，加上五律《题卧龙山》（《附录·陆游佚著辑存》）一首，所以陆游在夔州共有诗 60 首。后来陆游东归过夔州和晚年怀念夔州，共存诗 13 首。这样陆游夔州诗词共计 78 首。但实际上陆游西游过荆门之后，已进入夔峡文化圈，从《系舟下牢溪游三游洞二十八韵》开始，到《闻猿》止，有诗

---

① 朱东润：《陆游传》，陕西师范大学出版社 2009 年版，第 95 页。
② 陆游：《陆放翁全集》卷四十三《入蜀记》，中国书店 1995 年版，第 264 页。
③ 同上。

18 首，虽然不是夔州任所的作品，但却是陆游认识峡江的夔峡文化的珍品，是陆游认识夔州的开始，在研究陆游与夔州文化时也将纳入。

陆游由长江下游的吴越大地到长江上游的夔峡山地，得江山之助，诗风由文弱渐趋豪放。陆游博学多才，饱读诗书，对长江上游的四川并不陌生，但来夔州，一路西行，历经万里，还是第一次。巨大的地理景观反差，壮美的夔峡山水，使陆游获得了前所未有的体验与感悟，诗风由江南时的文弱向豪放转变。《水亭有怀》："渔村把酒对丹枫，水驿凭轩送去鸿。道路半年行不到，江山万里看无穷，故人草诏九天上，老子题诗三峡中。"此诗作于乾道六年九月，虽然有些抱怨，但"江山万里看无穷"却是事实。进入峡江后，陆游对此行的不快，逐渐被三峡雄险的景色所代替，顿生不幸当中的万幸之念，天高皇帝远的三峡，为他的狂放提供了千载难逢的机遇。《将离江陵》已产生了这一信念："地险多崎岖，峡束少平旷。从来乐山水，临老愈跌宕。皇天怜其狂，择地令自放。山花似白雪，江水绿于酿。竹枝本楚些，妙句寄凄怆。何当出清诗，千古续遗唱。"以上两首诗作于江陵，虽未到夔州，但已领略到了峡江的壮美，心境由江浙求官时的谨小慎微和西行时的苦闷彷徨，逐渐转向无所顾忌和以苦为乐。《松滋小酌》："西游六千里，此地最凄凉。骚客久埋骨，巴歌犹断肠。风声撼云梦，雪意接潇湘。万古茫茫恨，悠悠付一觞。"此诗乾道六年十月作于松滋渡，愤怒出诗人，江山助气情，浮虽短小，可气魄宏大。这里是告别楚水，进入蜀江的开端。《入蜀记》云："（十月三日）泊灌子口，盖松滋、枝江两邑之间。松滋晋县，自此入蜀江。"灌子口，一名松滋渡。峡江的险苦途程，使陆游平生第一次感受到了三峡的雄奇壮美，自恨无法用诗笔来描绘。《系舟下牢溪游三游洞二十八韵》："旧观三峡图，常谓非人情。意疑天壤间，岂有此峥嵘。画师定戏耳，聊欲穷丹青。西游过沔鄂，莽莽千里平。昨日到峡州，所见始可警，乃知画非妄，却恨笔未精。"因此，面对迎面而来的险峻江山，陆游似乎也有江郎才尽之感。《巴东遇小雨》："西游万里亦何为，欲就骚人乞弃遗。到此宛然诗不进，始知才分有穷时。"到了夔州，陆游对峡江的感悟定格为一个字——"雄"。《瞿唐行》："四月欲尽五月来，峡中水涨何雄哉！浪花高飞暑路雪，滩石怒转晴天雷。千艘万舸不敢过，篙工柂师心胆破。"这种雄浑磅礴的气势，陆游并未完全感受到，"君不见陆子岁暮来夔州，瞿唐峡水平如油"，但他诗家的感悟已经想象到，这正是夔峡文化的魅力之所在。

陆游在夔州任职的时间虽然不长，但雄奇壮美的夔州山水和淳朴豪放的民风给陆游留下了深刻的印象。夔州处在长江边上，是三峡的核心区域，夔峡文化是三峡文化的典型形态。陆游的诗也体现了这一特点。《入瞿唐登白帝庙》："晓入大溪口，是为瞿唐门。长江从蜀来，日夜东南奔。两山对崔嵬，势如塞乾坤，峭壁空仰视，欲上不可扪。"这是陆游到夔州后第一首描写夔峡文化的诗，写出了两山夹一川的峡江特点。《风雨中望峡口诸山奇甚戏作短歌》："白盐赤甲天下雄，拔地突兀磨苍穹，凛然猛士抚长剑，空有豪健无雍容，不令气象少渟溜，常恨天地无全功。"白盐山、赤甲山在夔州城东，一白一赤，是夔州最著名的大地景观，二者的雄健让诗人惊叹不已。《书驿壁》："硖中山多甲天下，万嶂千峰通一罅。"《晓晴闻角有感》："暑雨初收白帝城，小荷新竹夕阳明。"《夏夜起坐南亭达晓不复寐》："悠然坐待江城晓，红日将升碧雾浮。"这三首诗的三段佳句，描绘了江城夔州的壮美与优美。在感受夔州自然美的同时，陆游也强烈体验到了夔峡的人文之美。未到夔州前，陆游已对这里的历史人文有所耳闻。乾道六年春作于山阴老家的《将赴官夔府书怀》云："民风杂莫徭，封域近无诏。凄凉黄魔宫，峭绝白帝庙。又尝闻此邦，野陋可嘲诮。通衢舞竹枝，谯门对山烧。"夔州在历史上曾是巴人等少数民族的聚集地，民风粗犷，莫徭女子赤脚行走，信奉黄天魔王等道教神灵，有供奉汉末西南割据者公孙述的白帝庙，在短笛击鼓声中，歌唱有男女情爱故事的竹枝词，过着刀耕火种、乐天知命、无忧无虑的生活。到了夔州后，陆游对此地淳朴的民风感受更为深刻。《蹋碛》："鬼门关外逢人日，蹋碛千家万家出。竹枝惨戚云不动，剑器联翩日将夕。行人十有八九瘿，见惯何曾羞顾影。"由于土地贫瘠，缺盐少碘，患碘缺乏症者甚多，这对于来自经济发达地区的陆游来说，是极具冲击力的，增添了些许悲苦之情。但在艳阳高照、绿肥红瘦的夏日，愉悦的心态再次主导了诗人的情绪。《林亭书事》："吏退林亭夏日长，乌纱白纻自生凉。绕檐密叶帷三面，覆水青萍锦一方。约束蛮僮收药富，催呼稚子晒书忙。平生幽事还拈起，未觉巴山异故乡。"夏日里的夔州与陆游家乡山阴的环境相似，诗人在心灵上消除了异乡的感觉，这也反映了陆游对夔州有着一定的美好记忆。陆游晚年在《江村道中书触目》中云："忽过乱山幽绝处，恍如白帝到东屯。"《感昔》："白帝城边莺乱啼，忆骑瘦马踏春泥。老来感旧多悽怆，孤梦时时到瀼西。"这些感情真挚的诗篇，反映了夔州在陆游心目中的地位。

陆游在夔州充分吸纳了唐宋诗人遗留的诗歌文化遗产，推陈出新，探索形成了自己的诗歌创作风格。首先，陆游充分继承发扬了屈原、杜甫的诗歌文化遗产。杜甫于765年四月，携家离开成都，766年至夔州。在夔州近两年，作诗430多首，《登高》《秋兴八首》《咏怀古迹五首》等名篇即作于此时。最早推崇杜甫夔州诗的是宋代的黄庭坚。《豫章黄先生文集》载："（他）谪居夔州，欲属一奇士而有力者，尽刻杜子美东西川及夔州诗，使大雅之音久湮没而复盈三巴之耳。"曾任夔州知州的王十朋也很推崇夔州诗，他曾在《夔路十贤·少陵先生》中说："夔州三百篇，高配风雅颂。"把杜诗与地位之高无与伦比的风雅颂相比。而出自江西诗派的陆游，继承传统，师法杜甫。杨万里评陆游的诗说："重寻子美行程旧，尽拾灵均怨句新。"①正道出了陆游在继承诗歌传统方面的根源。陆游54岁出蜀东归途中曾有二咏，其一《楚城》："江上荒城猿鸟悲，隔江便是屈原祠。一千五百年间事，只有滩声似旧时！"其二《龙兴寺吊少陵先生寓居》："中原草草失承平，戍火胡尘到两京。扈跸老臣身万里，天寒来此听江声。"在陆游所崇拜的古代诗人中，屈原、杜甫以其爱国忧世之心而成为陆游的异代知音。

---

① 杨万里：《跋陆务观剑南诗稿二首》之一，《诚斋集》卷二。

　　其次，白居易和刘禹锡在陆游心目中也有较高的地位。如《杂题》："年华偃蹇留不住，鬓雪纵横耘更多。乐天不生梦得死，恨无人续竹枝歌。"陆游晚年在《思夔州》中云："老来百念尽消磨，无奈云安入梦何！壮忆公孙剑器舞，秋思宾客竹枝歌。""武侯八阵孙吴法，工部十诗韶濩音。遗碛故祠春草合，略无人解两公心。"在唐宋众多诗人中，杜甫、白居易、刘禹锡是陆游心仪的大家，但他最崇敬的还是杜甫。陆游在《夜登白帝城楼怀少陵先生》中云："拾遗白发有谁怜，零落歌诗遍两川。人立飞楼今已矣，浪翻孤月尚依然。升沉自古无穷事，愚怀智同归有限年。此意凄凉谁共语，夜阑鸥鹭起沙边。"这首诗对杜甫有无限的同情和怀念之情，尤其是夔州时期的杜甫更让陆游感动。他在《渭南文集》卷十七《东屯高斋记》中云："少陵先生晚游夔州，爱其山川，不忍去。三徙居，皆名高斋。""予至夔数月，吊先生之遗迹。"在陆游的诗文中，论及杜甫者，诗约三十首，而进入夔州，寻访杜甫遗迹，并从实地生活中体验了杜甫在夔州生活的艰难，所以陆游从夔州开始真正了解杜甫[①]，杜甫在艰难岁月中的爱国激情让陆游在苦闷中获得了精神动力和力量源泉，诗才和豪情都有了前所未有的大突破。钱锺书先生在《宋诗选注》中指出："在唐代诗人里，白居易对他也有极大的启发，当然还有杜甫，一般宋人尊而不亲的李白常常是他的七言古诗的楷模。"[②] 可谓独具慧眼。

---

　　① 参见邱鸣皋《陆游评传》，南京大学出版社 2011 年版，第 113 页。
　　② 钱锺书：《宋诗选注》，人民文学出版社 1982 年版，第 194 页。

再次，夔峡文化给陆游以助力，他也给夔州文化增添了新的灿烂。夔州是兵家必争的战略要地，也是公孙述、刘备、诸葛亮等人的建功立业之地。在这样的雄险之地和英雄之城，更激发了陆游的报国之情和爱国之志，为夔州文化增添了新的光彩。

夔州虽然远离抗金前线，但与苏杭繁华的温柔之乡相比，毕竟距前线更近了，因而常常能勾起陆游忠愤之情和北顾之忧。作于乾道六年夔州任所的《记梦》："梦里都忘困晚途，纵横草疏论迁都。不知尽挽银河水，洗得平生习气无。"梦里忘却晚年困境，而不忘草疏迁都建康之论述。以尽挽银河水之虚，突出表现难洗平生习气——坚持抗战之实，坚持六年前，即和议将成的隆兴二年甲申时《上二府论都邑札子》之思想：建都临安（今杭州），只不过是权宜之计，只有建都建康（今南京）为上。这种主张，一直未能实现。所以六年后，在夔州，梦中仍念念不忘草疏迁都之论，亦即不忘坚持抗战之论。在《渭南文集·上二府论都邑》中，陆游认为："江左自吴以来，未有舍建康而他都者。驻跸临安出于权宜，当今与之约，建康临安，皆系驻跸之地，出使朝聘，或就建康，或临安。"以便将来迁都建康，凭借有利地势，为收复失地做准备。草疏纵横议论有利于抗战收复失地迁都之论，是和议将要成时，不顾个人利害得失，坚持有利于抗战之论。其识见，其忠勇，丹丹之心，溢于言表。六年后，在夔州，诗人借梦直抒忠愤之情。忘记的，是自己的困窘；不忘的，是抗战。拳拳之心，天地可察，日月可鉴。同年，陆游填了一首词《好事近》，有感己身如同羁雁未归，令人断肠。身在远隔南郑抗战之前线楚山一角的孤城夔州，远望前线，烦问剑南消息"如何"，"怕还成疏索"。内心真怕剑南抗战消息稀疏，这是心意急切，关怀抗战，时时"烦问"之情的写照。乾道七年辛卯初冬的《初冬野兴》："逆胡未灭时多事，却为无才得少安。"面对夔州山川枫红露寒，滚东滚西的溪水纹吹残水，鼋背时时浮出浅水滩的江山胜景，对于自己不能上前线"上马击狂胡"，而只能稍安于夔州愤然不平。在乾道六年十月作于夔州的《入瞿唐登白帝庙》中，通过对公孙述的赞美，抒发了诗人"尚慰雄杰魂""力战死社稷"的情怀。"于时仲冬月，水各归其源，滟滪屹中流，百尺呈孤根。参差层颠屋，邦人祀公孙。力战死社稷，宜享庙貌尊；丈夫贵不挠，成败何足论。我欲伐巨石，作碑累千言，上陈跃马壮，下斥乘骡昏，虽惭豪伟词，尚慰雄杰魂。君王昔玉食，何至歆鸡豚，愿言采芳兰，舞歌荐清尊。"陆游此诗借《蜀都赋》中"公孙跃马而称帝"，《晋诸公赞》中"刘禅乘骡车"降于邓艾的历史典故，赞美公孙述宜死社稷、义不降敌的英雄气概，暗讽宋帝及追随者的投降卖国，可谓胆略过人。

最后，陆游在夔州任内也做了许多工作，为夔州的经济文化建设贡献了智慧，挥洒了汗水。在《将赴官夔府书怀》和《踏碛》诗中两次叙写了诗人忧虑夔人的瘿疾，陆游在夔州是主管学事兼管内劝农事。他在《王侍御生祠记》系衔为"左奉议郎通判军州主管学事兼管内劝农事"。乾道七年夔州试士，陆游为监试官，入院月余乃出。在《定拆号日喜而有作》诗里，诗人写到还有五天出院，预想届时家人和儿辈都会欢天喜地迎接自己的归来，诗人莞尔微笑的神情和满屋皆喜的场景跃然纸上。但是还有五天才出院，而今"满案堆书惟引睡，侵天围棘不遮愁"，满案的书卷积成堆，成堆的书卷引人愁，眼见书卷就引人入睡。监试，批阅书卷，就是陆游的工作。七律《假日书事》："万里西来为一饥，坐曹日日汗沾衣……放怀始得闲中趣，下马何人又叩扉。"这就写出了通判之繁忙劳累。刚刚下马回家放怀闲中趣，可是不知又是谁来叩大门，哪有闲情寻诗趣？七律《林亭书事》其二："期会文书日日忙，偷闲聊得卧方床。"这两联描写陆游批阅处理期会簿书公文案卷，偷闲抽空才得方床休憩的情景。可见陆游工作繁忙到何种程度。这是当年诗人通判工作的一斑。和陆游其他时期的作品数量相比，夔州期间的作品显得很少。他《初夏怀故山》也说过"沉迷簿领吟哦少"，说明陆游尽职尽责，为夔州的发展贡献了力量。

三 陆游在夔峡时期的文化地位

陆游在夔州名义上是三年，实际上只有一年四个月，但他在夔州的生活，拉开了他生命历程中最壮美的蜀汉英雄人生的序幕。他在夔州诗城的创作，揭开了他诗剑人生历程中最豪放的剑南诗旅的画卷。陆游在淳熙十四年初步总结了他在山南、剑南的书剑人生，写成《感兴》："文章天所秘，赋予均功名。吾尝考在昔，颇见造物情。离堆太史公，青莲老先生，悲鸣伏枥骥，蹭蹬失水鲸；饱以五车读，劳以万里行，险艰外备尝，愤郁中不平。山川与风俗，杂错而交并，邦家志忠孝，人鬼参幽明，感慨发奇节，涵养出正声，故其所述作，浩浩河流倾，岂惟配诗书，自足齐韺韺。我衰敢议此，长歌涕纵横。"因此，夔州是陆游书剑人生的转折点。陆游在中国文学史与文化史上的特殊地位是从夔州开始奠基的。陆游与夔州浑然一体，矗立起了中国文化的一座丰碑。

夔州白帝城是陆游书剑人生的起点和标志。"书剑万里行翩翩，度关登陇常慨然。"①（第1096页）"书剑"人生是陆游对自己蜀汉壮美人生的形象概括，而这一大气磅礴的文化之旅是从白帝城开始的。《怀旧用昔人蜀道诗韵》："曩自白帝城，一马独入蜀，昼行多水湄，夜宿必山麓。"（第1946页）"骑驴白帝城边雨，挂席黄陵庙外秋。"（第2695页）"裘马清狂遍两川，十年身是地行仙。"（第1330页）

蜀汉豪放的书剑生活是从夔峡开始的。陆游的蜀汉书剑人生，是在汉唐故地寻求报国救国的力量。"长安卿相多忧畏，老向夔州不用嗟。"（第2070页）"致主初心陋汉唐，暮年身世落农桑。"（第1117页）《蜀汉》："蜀汉崎岖外，江湖莽苍中。冷官家世事，独立古人风。已老学犹力，久穷诗未工。悠悠千载后，此意与谁同？"（第3220页）

《竹枝歌》等夔峡民歌是陆诗创作的源泉。《湖村月夕》："平生不负月明处，神女庙前闻竹枝。"（第1067页）"乱插山花簪子红，蛮歌相和瀼西东。忽然四散不知处，踏月扪萝归峒中。""万州溪西花柳多，四邻相应竹枝歌。问君今昔不痛饮，

---

① 本文所引陆诗均据钱仲联《剑南诗稿校注》，上海古籍出版社2005年版，为避免繁冗，文中仅标注页码。

奈此满川明月何!""我游南宾春暮时,蜀船曾系挂猿枝。云迷江岸屈原塔,花落空山夏禹祠。"(第 2071 页)

夔峡文化增添了陆游诗作的豪放与雄奇。书剑人生豪放志,巴峡忠魂悲秋风,是陆游蜀汉生活的写照。"当年书剑揖三公,谈舌如云气吐虹。十丈战尘孤壮志,一簪华发醉秋风。梦回松漠榆关外,身老桑村麦野中。奇士久埋巴峡骨,灯前慷慨与谁同?"(第 1813 页)"奇峰迎与骇衰翁,蜀岭吴山一洗空。""老夫合是征西将,胸次先收一华山。"(第 843 页)"昔慕骚人赋远游,放怀蜀栈楚山秋。"(第 3869 页)"白帝城边八阵碛,青城山下丈人祠。英雄不生仙又去,零落草间多折碑。"(第 4045 页)

夔州给陆游留下了美好的回忆。陆游夔州诗虽有悲苦的诉说,但也有美好的回忆。"永怀瀼西寺,更忆山南驿。"(第 970 页)"三叠秋屏护琴枕,卧游忽到瀼西山。"(第 972 页)"庚寅岁入巴东峡,卧听清猿月下声。二十九年穷未死,却思当日似前生。"(第 2397 页)"白帝城边莺乱啼,忆骑瘦马踏春泥。老来感旧多悽怆,孤梦时时到瀼西。"(第 3456 页)"武侯八阵孙吴法,工部十诗韶護音。遗碛故祠春草合,略无人解两公心。"(第 4111 页)

总之,夔峡文化长廊的兴奋点在夔州,让陆游感受到了淳朴雄壮的峡江文化之魂。剑南、山南书剑人生的第一站是夔州,将陆游迎进了豪迈奔放的川蜀文化区,为中国文学史留下了一段壮美迷人的画卷。陆游因夔州而转变,夔州借陆游而灿烂!

陆游从戎南郑交友及其影响述论

陕西理工学院　　付兴林　胡金佳

乾道八年三月，陆游自四川调任南郑（今汉中）襄理军务，并于同年十一月随王炎幕府之解散而离去。在从戎留居南郑八个月的时间里，陆游结识了一批志同道合的朋友。钱大昕先生《陆放翁先生年谱》中云："（陆游）三月，抵汉中，同舍十四五人。范西叔、张季长、宇文叔介、刘戒之、周元吉、阎才元、章德茂皆与先生善。"① 陆游与这些友人们诗文往来、赠别酬答，甚至在离开汉中数十年后仍旧彼此牵挂惦念不已，留下了一段又一段佳话。本文拟通过陆游与其在汉中所结识朋友之酬唱及日后回忆之诗文，对他在汉中的交友状貌及其影响做一番梳理述论。

---

① 陈文和：《嘉定钱大昕全集》（第四册），江苏古籍出版社 1997 年版，第 11 页。

一 与高子长交往

陆游和高子长有亲戚关系，高子长娶了陆游表从母的女儿，故高子长与陆游年少时便已相识。《渭南文集》卷二九《跋高大卿家书》中云：

> 子长大卿娶予表从母之女，故自少时相从。后又同入征西幕府，情分至厚。读此数书，如见其长身苍髯，意象轩举也。①

这段记述简略勾勒了高子长的身高、长相、气质等特征，"长身苍髯，意象轩举"。高、陆二人成年后又同来南郑为宦，异乡遇故交亲友，少不得诗文酬赠。《剑南诗稿》中存有陆游与高子长唱和的二题三首诗《和高子长参议道中二绝》《次韵子长题吴太尉云山亭》。从诗作记载来看，二人的关系应相当亲密。其中既有与高子长互相劝勉的诗句"莫作世间儿女态，明年万里驻安西"②，也有向高子长倾诉内心愤懑不满的诗句"丰年食少厌儿啼，觅得微官落五溪。大似无家老禅衲，打包还度栈云西"③。陆游在高子长面前不加隐晦地直陈胸臆，表达自己不能轻易向人吐诉的牢骚不平。从中可看出，陆游对高子长是相当信任的。

---

① 陆游：《陆游集》，中华书局 1976 年版，第 2271 页。
② 钱仲联：《剑南诗稿校注》，上海古籍出版社 2005 年版，第 235 页。
③ 同上。

二 与张季长交往

张季长除与陆游交往外，与当时"中兴四大家"中的范成大、杨万里也都有交往，但《宋史》中无此人记载。杨万里在《答张季长少卿书》中曾这样记述张季长："自乾道之季年，执事初来，落笔中书，一日声名震于京师，一何伟然也！"① 可见，当时张季长很有名望。陆游与张季长关系最为要好，《渭南文集》卷四一有《祭张季长大卿文》，记述了二人的相遇、相识、相知、相念。文曰：

> 呜呼！世之定交有如某与季长者乎？一产岷下，一家山阴。邂逅南郑，异体同心。有善相勉，缺遗相箴。公醉巴歌，我病越吟。大笑剧谈，坐客皆喑。公既造朝，众彦所钦。我南入蜀，九折嶔岑。公以忧归，我亦陆沈。久乃相遇，垂涕沾襟。宿好未远，旧盟复寻。驾言造公，公已来临。我倡公和，如鼓瑟琴。送我东归，握手江浔。欲行复尼，顿足噫喑。是实古道，乃见于今。公还为卿，华路骎骎。我方畏谗，潜恐不深。公去我召，如商与参。渺邈天涯，一书万金。我自史闱，进长书林。迫老急退，突不暇黔。亦尝挽公，力微弗任。比乃闻公，请投华簪。②

陆游与张季长，一家居于浙江山阴，一生长于四川江源，

---

① 曾枣庄、刘琳：《全宋文》（第二三七册），上海辞书出版社 2006 年版，第 371 页。

② 陆游：《陆游集》，中华书局 1976 年版，第 2395 页。

后两人相识于南郑。从此，高山流水，引为知音。

陆、张二人关系甚密，陆游曾多次描述他们之间的这种亲密友谊，如《剑南诗稿》卷九《广都道中呈季长》写道："风霜朝并辔，灯火夜连床。"① 同卷《别后寄季长》中又道："对床得晤语，倾倒夜达晨。亟起忘缚裤，小醉或堕巾。"② 白天并驾齐驱，晚上连床而寐；有时对床夜话通宵达旦，彼此相互欣赏；有时情急之下忘记整衣着裤，醉态朦胧中举止失态，彼此之间的琐事细节铭记在心，收拾入诗，足见两人之坦然、意气之相投、关系之密切。同在南郑时，陆游曾和张季长唱和，写有《次韵张季长题龙洞》一诗。各奔前程后，陆、张二人仍是书信往还，颇多酬唱之作，依为终生至交。自南郑一别后，陆游便开始深切怀念张季长，写下很多诗作抒发怀念之情，如《剑南诗稿》卷九《次韵张季长正字梅花》中云："一味凄凉君勿叹，平生初不愿春知。"③ 卷二八《东村散步有怀张汉州》中又感叹道："忧国丹心折，怀人雪鬓催。"④ 卷三六《岁暮怀张季长》中再次抒发对张季长的怀念："醉眼嫌天近，孤吟觉鬼悲。唐安在何许？无字寄相思。"⑤ 卷四〇《次季长韵回寄》中又再次描写张季长对自己的问候："野人蓬户冷如霜，问讯今唯一季长。"⑥ 卷六二《寄张季长》又一次感慨："旧友岂知常阻

---

① 钱仲联：《剑南诗稿校注》，上海古籍出版社 2005 年版，第 748 页。
② 同上书，第 750 页。
③ 同上书，第 747 页。
④ 同上书，第 1928 页。
⑤ 同上书，第 2349 页。
⑥ 同上书，第 2528 页。

阔，一尊那得叙悲欢?"① 卷六六《五更闻雨思季长》中再次述
说思念:"天涯怀故人，安得插两羽!"② 上引诗句可谓情真意
切，发自肺腑。正是数月南郑共事结下的友情，成为日后彼此
笔耕不辍、互致思念的酵母。据统计，"《诗稿》中有关张季长
的诗歌有二十三首之多，这在朋友交往中属于奇迹"③。

陆游与张季长离开汉中后不但相互怀念，还相互寄书，以
表思念，互相慰藉。陆游曾偶得欧阳修的《集古录》刻本，见
其"刻画精致，如见真笔"，便"以寄季长"④。张季长也曾将
《陶靖节文集》寄予陆游。陆游在《渭南文集》卷三〇《跋陶
靖节文集》中记录此事道:"季长学士自遂宁寄此集来，道中失
调护，前后皆有坏处，遂去之，而存其偶全者。"⑤ 彼此之间，
不远万里相互寄书致意，也可见他们二人关系之要好了。嘉泰
四年，陆游因曝书想起同在汉中时的几位朋友均已物故数年，
便陡生牵挂张季长之念，遂展纸握笔表达忧念之情:"季长在
蜀，累岁不得书，存亡有不可知者。"⑥ 开禧三年春，张季长卒
于江源。陆游听说后，大恸，做《杂咏》一诗。诗道:"一恸寝
门生意尽，从今无复季长书!"⑦ 张季长的离世，对陆游打击很
大。在《祭张季长大卿文》中他写道:"旋又闻讣，天乎难谌。

① 钱仲联:《剑南诗稿校注》，上海古籍出版社2005年版，第3549页。
② 同上书，第3734页。
③ 邹志方:《陆游研究》，人民出版社2008年版，第169页。
④ 陆游:《陆游集》，中华书局1976年版，第2273页。
⑤ 同上书，第2275页。
⑥ 同上书，第2245页。
⑦ 钱仲联:《剑南诗稿校注》，上海古籍出版社2005年版，第3924页。

玉树永闭，垄柏已森。何时复闻，正始遗音。渍酒絮中，不及手斟。英魂如生，岂来忘歆。呜呼哀哉！"① 祭文主要表达了陆游的痛悼之情，于其中亦见他对这位挚友诗风文韵的评价，"正始遗音"。

在陆游离世前两年，他以八十四岁高龄之身登高西望，仍念念不忘张季长，写下《登山西望有怀季长》一诗。诗云："行年垂九十，举世少辈行。敢言贫非病，要是老益壮。平时懒书疏，有答未始倡。张卿独所敬，夙昔推直谅。迹虽隔吴蜀，相忆每惨怆。使者交道中，万里问亡恙。忽焉奉赴告，斯文岂将丧？腰绖不抚棺，执绋不会葬。送子岷山下，想见车百两。我徒哭寝门，泪尽气塞吭。年虽不耄期，仕谁不将相？神明司祸福，于职岂亦旷。霜风九月初，凭高极西望。江原在何许，安得铲叠嶂。"②

平生过往，问询唯多；亲朋益友，唯此推仰。天忽夺寿，老泪盈眶；不能亲往，遥目伤悼。往事历历，昔人已去；凭高望西，酽情弥弥。诗人悲恸之情，感人至深。这世上最相知的那个人离去了，那些愤懑、委屈向谁倾诉啊？陆游从此更加寂寞寡欢！一年多后，陆游也考终离世。或许在另一个世界中他们仍是诗酒风流、彼此牵挂仰慕的挚友吧。

① 陆游：《陆游集》，中华书局 1976 年版，第 2395 页。
② 钱仲联：《剑南诗稿校注》，上海古籍出版社 2005 年版，第 4261 页。

三　与刘戒之交往

《剑南诗稿》卷三中有《送刘戒之东归》一诗，其中有"兰台粉署朝回晚，肯记粗官数寄声"这样情致深邃绵长、感人至深的诗句。《渭南文集》卷三一有《跋刘戒之东归诗》，其文曰："乾道中，予与戒之同在宣抚使幕中，同舍十四五人。宣抚使召还，予辈皆散去。范西叔、宇文叔介最先下世，其余相继凋落。至开禧中，独予与张季长犹存。今春，季长复考终于江原。予年开九秩，独幸未书鬼录，偶得戒之郎君市征君所藏送行诗，观之，恍然如隔世事也，为之流涕。"①

陆游晚年因偶览昔年的送行诗，故触动尘封已久的情怀，遂回忆起当年与刘戒之等同僚在南郑时的生活。那时，南郑幕僚有十四五人，后因王炎调离而皆散去。随着时光的推移，当年的同僚中，范西叔、宇文叔介最先辞世，其他人也陆续凋零。至开禧年间，就只剩下陆游和张季长两人存活于世。到现如今，连张季长也辞世而去了。至交零落殆尽，昔日的好友一一谢世，老诗人感怀前尘旧事，恍然如梦，怎会不独自黯然神伤！此跋文叙及陆游与刘戒之友情之处虽不多，但却颇具史料价值，为我们了解当年陆游从戎南郑时的幕僚姓氏、交友信息提供了依据和佐证。

---

① 陆游：《陆游集》，中华书局1976年版，第2286页。

四 与范西叔交往

范仲芑，字西叔，华阳人。《剑南诗稿》卷三存有《送范西叔赴召》诗二首，叙写重阳节时范西叔上调东归日陆游与诸同僚饯别时的眷恋与感慨。《渭南文集》卷十四存有《送范西叔序》一文，该序与诗参照较比，自相呼应，于中可略见范西叔些许珍贵资料。序云：

> 乾道壬辰二月，予道益昌，始识范东叔。后月余，遂与东叔兄西叔为僚于宣威幕府。又三月，西叔以枢密使荐，趣召诣行在所。二君皆中书侍郎荣公孙也。……其门户为世排诋讳恶者几四十年。又四十年，而西叔兄弟始复奋发，为蜀知名士。……九月丁丑，西叔始东下，同舍相与临漾水，置酒赋诗，而属予为序。夫吾曹之望于西叔所以继荣公者，岂独爵位隆赫，文辞行中朝而已哉。虽然，予与西叔，皆党籍家也。[①]

由上引序文可知，范西叔有一弟，字东叔，陆游先识东叔于蜀川，一月以后才与西叔相识于南郑幕府。东叔、西叔二人是荣国公范百禄的后人。后由于党争，范氏一族备受排挤长达四十年，直到高宗解除党禁，西叔、东叔兄弟才经过奋发拼搏得以步入仕途，并成为蜀中名士。陆游在南郑幕府与范西叔共事约三个月，不久范西叔就因东归要离开南郑，同僚们在漾水置酒赋诗为其送行，并嘱托陆游作序记之。临

---

① 陆游：《陆游集》，中华书局 1976 年版，第 2097 页。

别寄语，陆游与同僚们所期许的不仅仅是其继承祖上显隆的
勋爵，更在于他能以自己的睿智与才学立足朝堂，发挥更大
的影响力。陆游与范西叔虽相处时间不长，但关系应该不
错。陆游的祖父陆佃也曾名列党籍，也许正如序中所言"皆
党籍家也"的相似背景，成为陆游与范西叔关系趋密、惺惺
相惜的原因之一。

　　范西叔应该书法很好，在南郑期间曾经给陆游的卧屏题过
字。陆游三十八年后面对卧屏回想前事唏嘘不已，曾感慨道：
"梁州风月今何在，每忆朋俦泪溅裾。戎幕已如它世事，素屏犹
对故人书。"①由今时犹存的卧屏，神思飞驰，念及故地，念及
友朋，念及昔日的战斗岁月。当年梁州的风月早已成如烟往事，
所余者唯泪洒衣裾，唯浩叹伤感也！

五　与周元吉、章德茂交往

　　陆游《剑南诗稿》中有《周元吉蟠室诗》《简章德茂》诗，
这两首诗作记叙了他与周元吉、章德茂的交往和友谊。前诗云：
"天下有广居，非阿房建章，宾饯日及月，阖辟阴与阳。山川坦
然平，何者为藩墙，孔公暨瞿聃，同坐此道场。哀哉世日隘，
肝胆分界疆，蹙缩战蜗角，崎岖走羊肠。周先早得道，所证非
复常。小室古城隅，宛如野僧房，能容人天众，杂沓来烧香，
三万二千人，各据狮子床。实际正如此，切忌错商量。须弥芥

---

①　钱仲联：《剑南诗稿校注》，上海古籍出版社 2005 年版，第 4154 页。

子话，今夕当举扬。"① 由内容推知，周元吉可能笃信佛教，他有一间小室，坐落在城中一角，装饰得极为简单，犹如僧房。《维摩诘经》卷六载："于是长者维摩诘现神通力，即时彼佛道三万二千师子之座高广严净，来入维摩诘室。"② 陆游当是亲临过此间小室的，留下《周元吉蟠室诗》。诗中盛赞周元吉的小室似维摩诘室，能吸引众菩萨讲经说法，其魅力吸引来儒、道各派人等。在结尾处陆游据此感叹"须弥芥子话，今夕当举扬"，即有了此间小室，佛法的精妙定会举扬四海。后诗写道："殊方邂逅岂无缘，世事多乖复怅然。造物无情吾辈老，古人不死此心传。冷云黯黯朝横栈，红叶萧萧夜满船。个里约君同著句，不应输与灞桥边。"③ 既感叹在汉中的有缘聚首，复感叹世事的多乖难如人愿；既感伤时光的无情飞逝，又感伤秋气的横亘满眼。然而，诗人毕竟有诗友可相约切磋并引为同调，故才情心性志气依然高亢不屈。

无奈世事无常，这两位友人都先于陆游而辞世。《渭南文集》卷二七《跋陕西印章》中记述道："追思在山南时，已二十年。同幕惟周元吉、阎才元、章德茂、张季长及余五人，尚无恙尔。……又十有五年，当嘉泰之四年，岁在甲子，因暴书再观。则元吉、才元、德茂又皆物故数年矣。"④

诗稿墨迹如初，而人事却已经全非，当年豪气纵横的军旅

---

①　钱仲联：《剑南诗稿校注》，上海古籍出版社 2005 年版，第 240 页。
②　僧肇：《注维摩诘所说经》，上海古籍出版社 1990 年版，第 117 页。
③　钱仲联：《剑南诗稿校注》，上海古籍出版社 2005 年版，第 244 页。
④　陆游：《陆游集》，中华书局 1976 年版，第 2245 页。

生活还时时萦绕在心头，而至交故友却离世数载矣！

六　与宇文叔介交往

乾道八年，陆游与宇文叔介同为山南幕僚。乾道九年，陆游四十九岁，供职于四川。一日，宇文叔介忽来拜访，两人像往常一样取架上书共同阅读，尚未读完，叔介却忽然告辞，说想要回去校药方。陆游挽留不住，情急之下惊醒，才知是梦一场！事实是，是年宇文叔介已于临安辞世。陆游感于此梦，醒来后泫然不能自已，写诗曰：“羁魂憔悴远相寻，髭断肩寒带苦吟。归校药方缘底是？知君死报济时心。”① 一缕孤魂风尘仆仆千里相寻，故友相见不顾鞍马劳顿吟诗抒情，然而匆匆一见便告辞而去，为的是兑现自己济时纾困的承诺。于诗中可见陆游对宇文叔介的牵挂和推崇。

综上所述，从戎南郑为陆游结交朋友搭建了便利的平台，协理公务、饮酒赋诗成为他们于南郑建立友谊的纽带，志同道合、恢复中原是他们建立牢固友谊的思想基础，追忆南郑、彼此牵挂是他们友谊持续发酵的活化剂。应该说，陆游从戎南郑虽只八个月，但对其后半生的影响却举足轻重，他的爱国主义思想、军事见解、诗论主张、文心诗风、表现手法，乃至他的理想信念、意志品质、生活品位、情感世界都与汉中有着密不可分的关系。他在汉中结识了一批志同道合的战友、诗友、朋友，并成为他日后念念不忘的重要内容，成为他孤单寂寞生活

---

① 钱仲联：《剑南诗稿校注》，上海古籍出版社 2005 年版，第 360 页。

的佐料，成为他遥思远念汉中生活的触媒。"平生知心者，屈指能有几?"① 短暂的经历和共同的事业酿成难得的机缘，把陆游和他的僚友们联系在了一起，他们用诗文勾勒着彼此生命的轨迹，于墨香中憩息饱经沧桑的灵魂。这样真挚绵久的友情，正是陆游念念不忘汉中的内在动因之一和表征之一。

---

① 谢思炜：《白居易诗集校注》，中华书局 2006 年版，第 773 页。

川陕行之于陆游的影响

绍兴市沈园文保所　冯　婷　朱秀芳

陆游在其八十五年的生涯中，自福建出仕，历经仕途坎坷，足迹遍及江、浙、赣、闽、川、陕等地。他主张抗金救国、体恤民情，为朝廷建言、为百姓谋利，更亲临国防前线，为实现自己的政治理想，不遗余力。而在这二十几年的仕途生涯中，自乾道六年五月赴夔州任，至淳熙五年离蜀东归，在川、陕的近八年岁月，无疑是离他人生目标最近的岁月，也是对他整个人生产生最深远影响的岁月。本文将从三个方面阐述川陕行之于陆游的重要影响。

一　人生抱负的实现

陆游是南宋著名大诗人，但从他的内心而言，一直不希望自己仅仅是个诗人，而是能"上马击狂胡，下马草军书"（《观大散关图有感》）。正因为如此，他的诗作中才会"集中什九从军乐"（梁启超《读陆放翁集》）。

事实上，陆游的抗金志向并不仅仅表现在诗作中。为此，他不仅自小习武，还经常研读兵书。他在绍兴二十五年所作的《夜读兵书》中做过这样的描写："孤灯耿霜夕，穷山读兵书。平生万里愿，执戈王前驱。战死士所有，耻复守妻孥。"也正是因为有了这样的积累，使他在军事上对南宋与金的局势有着自己的认识。正如陆游后来对四川主帅王炎所陈，他"以为经略中原必自长安始，取长安必自陇右始。当积粟练兵，有衅则攻，无则守"（《宋史·陆游传》）。

川陕在当时处于国防前线。尤其是陆游任四川宣抚司干办公事兼检法官时，四川宣抚司所在地南郑"北瞰关中，南蔽巴蜀，东达襄邓，西控秦陇，形势最重"（《读史方舆纪要》），能够亲临国防前线，为战局出谋划策，甚至策马持刀，巡边杀敌，这不正是陆游的生平所愿吗？

乾道五年十二月，陆游四川夔州通判发表，乾道六年闰五月，陆游启程前往夔州，开始了他在川陕的宦游之路。入蜀后，陆游大部分时间都在担任着与军事无关的地方官，他是位称职的地方官。《乐山县志》卷八《官师》称陆游："乾道中尝监郡嘉州，流风善政，至今颂之。"他发动民工修筑吕公堤，在岷江上架设浮桥，在短暂的任期内，做了一些力所能及的有益民生的事。但诗人对自己并不满意，他一直期望自己能做出轰轰烈烈的事业来。

乾道八年二月，陆游夔州任满，时宣抚使王炎宣抚川、陕，驻南郑，任陆游为四川宣抚司干办公事兼检法官。陆游自夔州启程，途经万州、梁山、邻水、广安、岳池、南充、阆中、利州，三月抵南郑。沿途扑入诗人视野的川陕地理风光，最先激发起陆游一腔从军的豪情。到达南郑后，更是开始了一段"朝看十万阅武罢，暮驰三百巡边行"（《秋兴》），"朝陪策划清油里，暮醉笙歌锦幄中"（《忆山南》）的快意人生。

作为四川宣抚司的干办公事，陆游常常往返于国防前线，曾到过汉中抗金的最前线留坝驿、白水江、凤县、黄花驿、金牛驿、大散关等地，还参加了渭水强渡和大散关遭遇战。军旅生活虽然风餐露宿，但陆游的心情是澎湃的，他在《江北庄取米到作饭香甚有感》中这样说道："我昔从戎清渭侧，散关嵯峨下临贼，铁衣上马蹴坚冰，有时三日不火食，山荞畲粟杂沙碛，黑黍黄糜如土色，飞霜掠面寒压指，一寸赤心惟报国。"备军之余，作为作战的一种训练方式，陆游还多次带领士兵外出打猎。陆游关于打猎的诗很多，其中他提及最多的一件事要数打虎："我时在幕府，来往无晨暮。夜宿沔阳驿，朝饭长木铺。雪中痛饮百榼空，蹴踏山林伐狐兔。眈眈北山虎，食人不知数。孤儿寡妇雠不报，日落风生行旅惧。我闻投袂起，大呼闻百步，奋戈直前虎人立，吼裂苍崖血如注。"（《十月二十六日夜梦行南郑道中既觉恍然揽笔作此诗时且五鼓矣》）陆游并非手无缚鸡之力的文弱书生，他不但能射箭而且善骑马，在打猎途中遇见猛虎挺身而出，英雄气概表露无遗。

在南郑的九个月，充实丰富的军旅生活，让年近半百的陆游犹如重生，从这一时期的诗作中我们可以看到他的意气是如何飞扬："草间鼠辈何劳磔，要挽天河洗洛嵩。"（《八月二十二日嘉州大阅》）"腥臊窟穴一洗空，太行北岳元无恙。更呼斗酒

作长歌，要遣天山健儿唱。"（《九月十六日夜梦驻军河外遣使招降诸城觉而有作》）

二　爱国情怀的升华

"我生学步逢丧乱，家在中原厌奔窜。淮边夜闻贼马嘶，跳去不待鸡号旦。"不仅缘于家族、长辈爱国思想的熏陶，幼年时的这段经历也深刻地影响了陆游。所以在他一生中，爱国情怀一直是他作品的主旋律。然而，正如传统文化影响下的大多数古代文人一样，爱国的内容固然包含人民、国土等，但其中最具代表性的始终是朝廷、君主。川陕之行，却使诗人作品中所包含的爱国内容产生了变化。细读这一时期的作品，这种变化不难发现。

"黄金错刀白玉装，夜穿窗扉出光芒。丈夫五十功未立，提刀独立顾八荒。京华结交尽奇士，意气相期共生死。千年史策耻无名，一片丹心报天子。尔来从军天汉滨，南山晓雪玉嶙峋。呜呼，楚虽三户能亡秦，岂有堂堂中国空无人！"《金错刀行》作于乾道九年十月，当时诗人虽然入蜀已经三年多了，但除了眼下正在担任的蜀州通判，以及刚入蜀时在夔州任地方官，在王炎幕下经历了一段意气风发的日子。满怀的爱国激情和亲历前线的经历，使他对收复中原、对朝廷的抗金意志都充满了信心。此时，虽然因王炎的离去而对局势有了些许失意感，但他依然相信收复中原会实现。"楚虽三户能亡秦，岂有堂堂中国空无人！"这样的呐喊燃起了读者的民族自豪感和爱国热情，在千年之后，依然鼓舞着无数热血青年走上抗日的战场。但是从这首诗中我们依然可以发现，他爱国的志向还是表现在"千年史策耻无名，一片丹心报天子"。也许，我们也可以理解成，在此时，诗人的心中，国家、民族最重要的，最需要守护的，便是这个国家的主宰——天子。

王炎离川后，虽然接任四川安抚制置史的范成大与陆游有着密切的关系，不时诗词唱和，但是抗战的氛围却再也找不到了，一年年过去，主和的朝廷一味偏安，前线的将军在一片弦歌声中打发日子，原本应该驰骋于战场的战马竟然在马厩中肥死。但是，北方沦陷区的百姓们呢？还有多少人记得那些日日夜夜垂泪盼望回归的百姓，那些一心希望恢复故国不肯做亡国奴，却被朝廷无视甚至抛弃的遗民们呢？这样的疑虑在陆游的心中日益加重，与此同时，朝廷的不作为、与遗民们的抗争，让诗人心中的天平开始倾斜，遗民在诗人心中的分量越来越重。这样的变化也使他对朝廷的不满日益强烈，终于锻化成诗："和戎诏下十五年，将军不战空临边。朱门沉沉按歌舞，厩马肥死弓断弦。戍楼刁斗催落月，三十从军今白发。笛里谁知壮士心？沙头空照征人骨。中原干戈古亦闻，岂有逆胡传子孙？遗民忍死望恢复，几处今霄垂泪痕！"（《关山月》）

"中原干戈古亦闻，岂有逆胡传子孙？"如此尖锐的质问直指朝廷，表达了诗人心中强烈的不满，同时也标志着他一生执着的爱国情感中，遗民、百姓所占的分量越来越重。由此，他的爱国思想也已开始慢慢超越古代一般知识分子以君为国的境界。

三　创作水平的提高

陆游出仕汉中时，从夔州一路北上考察到南郑，沿途的大好河山激发了诗人的灵感，在 78 天的行程中竟写下 100 首诗，正所谓："七十八日诗百首，江山信为诗境开。"（《北游》）

他任职的南郑，在地理形势上一向处于咽喉地位，宋朝南渡后，更成为西北国防的前沿阵地。此地有平川沃野、如绳大道、雄关飞栈，还有韩信将坛、武侯祠庙。诗人在《山南行》中以极其高亢激越的笔调，抒发了他初到南郑时，对川陕山川形势的赞赏，对有幸投身军幕的兴奋与欣喜："我行山南已三日，如绳大道东西出。平川沃野望不尽，麦陇青青桑郁郁。地近函秦气俗豪，秋千蹴鞠分朋曹。苜蓿连云马蹄健，杨柳夹道车声高，古来历历兴亡处，举目山川尚如故。将军坛上冷云低，丞相祠前春日暮。国家四纪失中原，师出江淮未易吞。会看金鼓从天下，却用关中作本根。"

山南之行，让陆游经历了抗金前线数月短暂的军旅生活，也让他真正领略了蜀道的雄奇与艰险。他以诗歌的形式记述了他北上汉中的行程，有关旅途的路线、所经城镇、村落、云栈路况、驿铺设施、山川关隘、名胜古迹、风土民情等一应依次入诗，在诗人的脑海里留下了不可磨灭的记忆。

川陕多名山大川。峨眉山、青城山、秦岭等，都曾留下陆游的足迹。青城山是川中著名的道教圣地。淳熙元年的冬天，陆游奉命到荣州（荣县）摄理州事。荣州在成都的南面，嘉州的东面。从成都到荣州，本来应该南行，但陆游赴任前特别绕

道著名道教圣地青城山。游了丈人观、上清宫、延庆宫、长生
观等。青城山环境清幽，多的是道观。陆游自南郑南来成都时，
曾经去过青城山，拜访过最有名的道观丈人观，结识了观中老
道上官道人。以后又数次重游青城山，与上官道人交往，与道
教的思想十分亲近，一度产生了出世羡仙的幻想。在陆游的心
灵深处，其实一直潜伏着道教思想，他在失意的时候，总是不
时地冒出学道游仙的念头。青城山，不仅对诗人的精神世界产
生了深刻影响，也必然对他未来的诗风产生影响。

　　川陕也是文化积淀深厚、名人辈出的地方。入蜀后，陆游
遍寻名人遗迹，多次作诗吟咏。他曾任通判的夔州，是杜甫晚
年漂泊留滞的地方。陆游初到夔州时，即写《夜登白帝城怀少
陵先生》一诗，赞美其"歌诗遍两川"的文学成就，还登白帝
城怀少陵事迹，考证少陵故居。后来奉王炎召到南郑前线，路
过阆中，游锦屏山，拜访杜甫祠堂。在离开南郑回成都时，又
有《草堂拜少陵遗像》诗，东归途中路过四川忠州，曾赋《龙
兴寺吊少陵先生寓居》诗。"我思杜陵叟，处处有遗踪"，陆游
对杜甫晚年流落两川、壮志未酬的不幸遭遇有十分真切的体会
和感受。杜甫一生坎坷贫困、壮志未酬，但他对国家执着的爱
和对人民的深挚感情未尝有丝毫的动摇，正是这种博大崇高的
精神，使陆游万分感动，进而对他的精神世界产生影响。

　　蜀地山川险阻奇秀，有助于激发才思。陆游中年入蜀，眼
界开阔，自感"诗家三昧忽见前"，南郑前线的军旅生活，使他
诗风为之一变，渐趋宏肆。陆游诗承江西诗派，少时受曾几指
导，在作诗上颇有造诣，但诗人真正的创作爆发期，是在他四

十六岁入川后开始的。在川陕一共住了近八年，这是他诗歌创作大获丰收的时期。奇险壮丽的山川，淳厚古朴的民风，射虎南山、急雪满裘的惊险经历，酣宴军中、宝钗艳舞的豪奢生活，这一切不但给他的诗歌提供了无比丰富的题材，更使他从生活中悟得了诗歌的真谛。陆游曾做过这样的总结："我昔学诗未有得，残余未免从人乞。力屏气馁心自知，妄取虚名有惭色。四十从戎驻南郑，酣宴军中夜连日。……诗家三昧忽见前，屈贾在眼元历历。天机云锦用在我，剪裁妙处非刀尺。"（《九月一日夜读诗稿有感走笔作歌》）这确实是川陕生活对他创作重要性的真实总结。

　　陆游一生作诗上万首。诗人晚年将他的诗作结集时，入川前的作品大多没有收入集中，因此留存至今约 9300 首。同时，他把自己的诗集题名为《剑南诗稿》，文集题名为《渭南文集》，也正说明了川陕行之于陆游的重要意义。

陆游入蜀诗的情感与画境

陕西理工学院　张翠丽

　　入蜀的文人有很多，大部分是因为官宦仕途而来到蜀地。像很多不了解蜀地的文人一样，陆游起初也是心怀不满，认为蜀地条件艰苦，而夔州通判一职更是无法实现他心中的理想。甚至给梁克家写诗诉苦，寄希望于梁克家改变这次官游的命运。虽然陆游一开始迟迟不肯上任，但是迫于压力，在希望落空之后，不得不开始了新的历程。好在诗人并没有一味沉浸在这种失望哀怨的情绪之中，在诗歌中表达这种悲愤、哀怨的情绪，但是在《入蜀记》中却理性地记载入蜀所见风光以及诗人平和的心态。若要分析诗人入蜀的心路变化，诗歌相对来说是比较好的资料，诗歌更为真实地将诗人的情绪记录下来。而陆游的入蜀诗不仅是情绪的载体，也是大好河山的一个描绘者，所以本文重在分析陆游入蜀诗的画境艺术及其所承载的情感。陆游入蜀的心路历程可以分为两个阶段：前期诗人哀怨悲愤，对入蜀一事不情不愿，所以这一阶段的诗多表达诗人的不满与愤恨，诗中的风景人情也多呈现为失望、郁闷的画面风格；后一阶段，诗人逐渐接受了入蜀的现实，并且在游历的过程中发现所经之地并非想象中的那般艰苦，反而有幸游览祖国大好河山，并在这个过程中对人生有更多的体会，诗人的心境渐趋平和，所写诗歌也多记录了诗人归于祥和的心境，所描绘的多是充满魅力的风土人情、山河之景。

一　前期感情悲怆，画境沉郁

陆游的文学成就不仅体现在数量繁多的诗歌上，还体现在他文诗不混、各表其用的文学思想上。诗言志，歌咏情，陆游的诗歌多为情绪的表达，而文章则是理性的记叙。理性、思路清晰的《入蜀记》和多表达情怀的入蜀诗就是最好的例证。陆游的入蜀之游从浙江绍兴出发，一直到达夔州。整个的游历过程可以分为两个阶段，第一个阶段是从绍兴到达夷陵之前。① 这一阶段的陆游还没有完全接受这次外出游宦的事实，内心充满了无奈和怨恨，是一个十分情绪化的诗人。在这一阶段的诗歌中，我们能够很鲜明地体会到诗人的那种悲怆的情绪看到诗人在诗歌中描述出的沉郁的画面。

在诗歌《将赴官夔府书怀》中，诗人阐述了自己喜爱游历大好山河，在年少时期就有志于抗击侵略者，对于自己的仕宦生涯充满了不满，尤其是这次接受朝廷任命到夔州出任通判，内心更是惶恐不安。陆游对所要赴任的夔州地区充满了"想

---

① 吕肖奂：《陆游双面形象及其诗文形态观念之复杂性——陆游入蜀诗与〈入蜀记〉对比解读》，《绍兴文理学院学报》2011 年第 1 期。

象”，认为该地区远离京畿民风必然剽悍，物产缺乏，而最令诗人感到痛苦与无奈的是遥远的路途、渺茫的前途，这种最能摧毁诗人信心与意志的不确定感。

> 病夫喜山泽，抗志自年少。有时缘龟饥，妄出丐鹤料。亦尝厕朝绅，退懦每自笑。正如怯酒人，虽爱不敢釂。一从南昌免，五岁嗟不调。朝廷每哀矜，幕府误辟召。终然歛孤迹，万里游绝徼。民风杂莫徭，封域近无诏。凄凉黄魔宫，峭绝白帝庙。又尝闻此邦，野陋可嘲诮。通衢舞竹枝，谯门对山烧。浮生一梦耳，何者可庆吊？但愁瘿累累，把镜羞自照。①

首先对这首诗做整体感知，诗人官宦生活坎坷，虽然“抗志自年少”，却是“正如怯酒人，虽爱不敢釂”，内心充满了昂扬斗志，奈何现实没有给予诗人合适的机会，而诗人又不会曲意迎合，就像是喜爱喝酒却懦弱的人一样，对酒是又爱又恨。诗人阐述了自己官宦生活的不顺以及对这次宦游的无奈，“终然歛孤迹，万里游绝徼”是对这种无奈之情的最好例证。“民风杂莫徭”到“把镜羞自照”这几句是作者对夔州地区民风和生活习性的描写。此时，陆游还没有到达夔州，面对距离如此遥远的地区诗人并不了解，但是仕途的不如意，让诗人在感情上对夔州充满了偏见，所以虽未曾到达却早已在心中对夔州地形成了刻板印象。所以在这首诗感情上更多的是无奈和悲愤。② 诗言

---

① 钱仲联：《剑南诗稿校注》，上海古籍出版社 2005 年版，第 127 页。
② 莫砺锋：《读陆游〈入蜀记〉札记》，《文学遗产》2005 年第 3 期。

志，诗人的情感也影响了用字与用词，这首诗描绘的画面十分生动，却是一种沉郁的画面风格。诗中给我们描绘了远在山野乡间生活习俗落后粗鄙的人群，似乎诗人的思维中那些具有历史纪念意义的黄魔宫和白帝庙也因为地处这偏远之地而显得萧索凄凉，山水之美却是险峻无常，常年生活在这里的人物质贫乏，面对大好河山却是"通衢舞竹枝，樵门对山烧"，而此地流传的"瘿"更是让画面多了一丝恐怖和不和谐之感。试想一个终日烟雾缭绕，物质贫乏，经济水平落后的地方怎么会有好的医疗条件来帮助居民。整个画面充满了凄凉哀伤，把诗人这种无奈却又无力反抗的情绪淋漓尽致地表现了出来。

诗人入蜀前期的这段时期感情沉郁悲怆，上述《将赴官夔府书怀》是起身之前。而起身之后未到夷陵之前，诗人在感情上仍然没有摆脱这种不情愿和悲愤哀伤之情，在这个时期的诗歌中也是多有体现，比如《晚泊》：

半世无归似转蓬，今年作梦到巴东。

身游万死一生地，路入千峰百嶂中。

邻舫有时来乞火，丛祠无处不祈风。

晚潮又泊淮南岸，落日啼鸦戍堞空。①

这首诗是作者在六月二十日乘船经过镇江在瓜洲暂时停靠所作。② 这是一首七言律诗，诗的开头阐述自己长期漂泊在外，用飞蓬自比，这种孤独无依的感情赫然外显，陆游刚刚离家，

---

① 钱仲联：《剑南诗稿校注》，上海古籍出版社 2005 年版，第 138 页。
② 吴其付：《陆游宦游生涯的景观变迁》，《四川大学学报》2005 年第 6 期。

想到要去遥远的夔州上任，而自己却对这个地方一无所知，这种不确定感更增添了诗人的离愁别绪。远离家乡对于诗人来说已经是分外悲伤，而赴夔州担任通判这一闲职，无法实现保家卫国、收复失地的理想更平添了几分无奈与忧愁。三峡蜀地险峻无常，"身游万死一生地，路入千峰百嶂中"，表明诗人所到之地充满了危险，而诗人即将进入这种千峰百嶂的障碍之中，内心是何等的惶恐，加之仕途不得志、报效祖国的理想得不到实现，惶恐与无奈的情绪交织在一起汇聚成这种无奈与悲伤的诗歌风格。第三联开始写晚泊，诗人借景抒情，通过对所见之景的描写进一步突出这种悲伤沉沦的情感，所营造的画面风格沉郁萧索。邻舟之人来乞火，旅途在外，每个人的生活都十分不易。而乡间的小庙宇中，船夫们正在祷告希望能够顺风顺水，这些场景对于出门在外的游人来说可能司空见惯，但是对于陆游来讲，夜晚泊船在河边，落日、戍楼以及悲鸣的啼鸦相应和，画面悲凉无感，心中不禁悲哀难当。落日、小船以及夜晚的河水组成了一幅悲凉的画面，画风沉郁。

二 后期感情平和，画境淡雅

入蜀后期阶段，陆游的心绪渐趋平和，不再对此事有过多的抱怨，虽然心中不免悲伤哀叹，但随着对蜀地了解的深入，逐渐折服于此地的美好景色，所写诗歌中蕴含的感情也逐渐平和，诗歌描绘的画境也由之前的沉郁转向淡雅。入蜀后期是从诗人进入夷陵之后，漫漫旅途一方面消磨了诗人的意志，另一方面也给予诗人充分的时间去思考，诗人的忧伤哀愁逐渐减少，之前愤愤不平的情绪逐渐融合在对风景的欣赏之中。情绪稳定之后的诗人所做诗歌也少了之前的那种悲愤和无奈，多了一份稳重和淡雅，诗歌所描绘的景物风格不再沉郁而更倾向于淡雅的风格。比如诗歌《巴东遇小雨》：

> 暂借清溪伴钓翁，沙边微雨湿孤篷。
>
> 从今诗在巴东县，不属灞桥风雪中。①

古代灞桥是关中重要的交通要冲，是进出京畿的重要通道。在这首诗中，诗人用灞桥比喻京畿之地，而此时此刻诗人已经远离家乡，来到了巴东，"从今诗在巴东县，不属灞桥风雪中"点明了诗人的地理位置，同时细读此句我们还能体会到诗人那略带无奈但已坦然接受事实的小情绪。而这个时候的诗人经过长途跋涉，以及自我感情纾解之后情绪平和稳定，不再一味地怨天尤人，对祖国的秀美景色给予更多关注。心绪转变之后所写诗歌的风格也发生了改变，画面淡雅清新。宋代文人写作诗词重在表达情意，常常借景抒情。②"暂借清溪伴钓翁，沙边微雨湿孤篷"，细小的微雨逐渐打湿了溪边孤独的小船，而此刻诗人悠闲地和垂钓的老者一起钓鱼，这种画面给人一种恍若神仙的错觉。

随着旅途的逐渐展开，陆游逐渐从之前的不良情绪走出来，如果说《巴东遇小雨》这首小诗中仍然还有几分无奈，《旅食》则体现出诗人的随遇而安和完全沉静下来的情绪。

---

① 钱仲联：《剑南诗稿校注》，上海古籍出版社 2005 年版，第 171 页。
② 陈才智：《苏轼题画诗述论》，《乐山师范学院学报》2004 年第 6 期。

霜余汉水浅，野迥朔风寒。炊黍香浮甑，烹蔬绿映盘。

心安失粗粝，味美出艰难。唯恨虚捐日，无书得纵观。①

入秋之后霜降，温度降低，而汉水水位也开始下降，清冷的寒风不断袭来，诗人这个时候仍然在旅途奔波之中。舟车劳顿，食物匮乏，不免得不到味觉上的满足。在这种食物贫乏、天气萧索的情况下，诗人没有抱怨，反而用十分平淡的语气将这种情况描述下来，平淡之中不失雅致。清浅的汉水，习习的凉风以及升起的炊烟，颜色诱人的食物交相辉映构成一幅淡雅的江边饮食图。在这种艰难境地仍然体会到食物的美味，粗犷的环境仍然心安不移，只是慨叹没有办法饱读诗书，纵览群观，其中蕴含的感情也是十分平和，那个入蜀初期悲观无望、焦躁不安的陆游已经完成了向心境平和、随遇而安的形象的转变。

三　情感与画面描写相融合

文人的游历往往是一个自我感情升华、形象逐渐转变的过程，陆游也不例外。入蜀为官对于陆游来说是一件非常无奈的事情，诗人有志于投笔从戎收复失地，却要远离京畿远赴夔州，仕宦生活不得志对陆游来说是非常大的打击。陆游是一个理性和感性兼具的文人，所以他的文学作品中既有理性的写照也有感性的宣泄。他时刻谨记文诗不同，文是理想的刻画，诗则是感情的忠实记载。而相比于当时的文人来说，比如当时的范成大等人，陆游情绪激昂，是一个十分情绪化的诗人，他的入蜀

---

① 钱仲联：《剑南诗稿校注》，上海古籍出版社2005年版，第150页。

诗，前期感情悲怆无奈，后期逐渐趋于平和，所以陆游也是同时代少有的情感比较丰富的诗人。

诗言志，诗歌对于文人来讲是情感宣泄的一个载体，而诗人在诗歌创作的过程中也更多地借助景物的描写来突出情感。陆游的入蜀诗无论是前期悲怆沉郁阶段，还是后期平和趋缓阶段都表达了诗人各个时期的情感与意志，而诗中描写的景物更是对诗人情感的一个衬托。品读诗人的诗歌作品，我们会体会到这种感情与画面相融合的艺术。

重新想象：激活沈园景区资源的若干构想

绍兴市沈园景区管理处　来家炯

一　沈园的现状

沈园系宋代名园的遗存和发展，该园因陆游题《钗头凤》词而闻名。20 多年来，绍兴市人民政府和市文物管理处、文旅集团公司（文物局）先后筹措资金进行了一、二、三期修建与扩建工程，占地面积由原来的 4.6 亩扩大到现在的 50 余亩，由古迹区、南苑和东苑三部分组成。初步形成了古迹区的宋代风格的园林格局、南苑陆游纪念馆的青少年爱国主义教育、东苑的爱情情侣园三大主题。

沈园一期工程是以宋代沈氏园中的葫芦池、宋井、土丘等实物及考古发掘遗址为依据，研究设计出的宋代园林。二期工程着重于建设位于巷弄河道之间的沈园与现代化城市街道之间的过渡区域。三期工程的南苑则以"陆游纪念馆"为基本功能，以符合现代游人要求的、完善的展览陈列环境为主，休憩园林为辅，包含放翁一生经历及其诗歌精华，并和沈园一期工程连为一体；东苑则为一组园林化爱情主题建筑，通过建筑命名表达造园造景的立意，主要为当代人表达爱情之用，所以说它是一处情侣园。

综观沈园现状，已基本能满足现代游人的需求，即观光欣赏、文化娱乐、休息消遣、自我启发、文化熏陶等多种活动内容。但我们还是发现，对于大多数游客而言，观景、听讲解、看版面仍是常规活动，沈园仍然保持着一种静态，缺乏的是参与性、体验性、能引起共鸣互动的特别内容。如何让更多的游客停下来、坐下来，参与、体验沈园更深的文化内涵，我们有必要进行新的探索与思考。

奇正沐古国际咨询机构受绍兴市文旅集团公司委托，就《绍兴市文化旅游集团整体规划思路》进行策划说明，文案用了一个很醒目的标题——"重新想象"。随后，绍兴市文物局宣传中局长在月度工作例会上，对所属景区（馆）的下一步工作重点，提出了一句口号——"激活景区"。"重新想象"与"激活景区"虽出于不同的层面，但二者之间存在必然的联系。重新想象，是对景区资源与特点、过去与现在、产品与市场进行理性分析基础上的一种全新构想。而激活景区，则是激发潜能，超越自我，体现以人为本，是以满足旅游市场需求、满足游客需要为前提的一项行动指南。展开重新想象的终极目的是为了激活景区，赋予景区新的生命力。而激活景区需要重新策划、包装，在深层认识景区的基础上，给景区不断注入新的活力，使景区充满魅力，富有新意，绽放亮点。更重要的是，景区的文化旅游需要可持续健康发展。为此，我们提出以下若干构想，以求教于学界。

二　激活沈园构想之一：参与性、
体验性概念的引入

随着旅游的快速发展，文化旅游景区的参与性、体验性越来越重要。我们根据近年来周边地区成功的旅游景点经验，结合沈园属性，通过对沈园历史文化的深度挖掘和再现，挖掘出一条全新的爱情文化之旅，把资源逐渐演变成产品，内容大概归纳如下。

（一）入口处，定位于吸引游客的初始阶段

改进措施：改造"放翁桥"河埠头，增加一组反映水乡风情的水景。《论语》有"知者乐水，仁者乐山"之说，如果说山与绍兴有关，则水就更加密切。古代园林选址、规划布局受风水思想影响很大，讲究"藏风得水"，"依山者甚多，亦须有水可通舟楫"。可见对城市园林选址而言，水比山显得更为重要。城市之水既是自然的，也是人工的；既是物质的，也是精神的。由于人类活动的影响，城市之水已经不是纯自然景观，而演变为城市的文化景观。

沈园在二期工程中已设计了河埠头，但施工未完成。从绍兴城市特色考虑，完成二期河埠头施工，开辟鲁迅故里三味书屋至沈园的乌篷船通道，可以增加有动感。游客喜驻足摄影的水景小品，如水车、水碓、水磨，以及陆游与唐琬的抽象雕塑，

与此相结合，通过循环水泵创造流动的水景。这样的话，一是可以使游客感受绍兴的水文化魅力，能够产生游客与水共生的局面，出现"知水""亲水""敬水""爱水"的良好倾向；二是从产业拓展的角度来看，也可增加鲁迅故里三味书屋至沈园乌篷船的营运收入。

（二）古迹区，定位于游客情绪的唤起阶段

其功能为：解读沈园，领略诗境爱意，观赏园林建筑，感悟爱情之歌。

1. 诗境爱意

游人一进入沈园，就会提及陆游与沈园的关系，一般的讲解回答都是陆游与唐琬相遇题《钗头凤》处。这不错，大家也明白，但不全面。陆游有关唐琬的爱情沈园本事诗作有十多首，其中 68 岁作《禹迹寺南有沈氏小园》："枫叶初丹槲叶黄，河阳愁鬓怯新霜。林亭感旧空回首，泉路凭谁说断肠。坏壁醉题尘漠漠；断云幽梦事茫茫。年来妄念消除尽，回首禅龛一炷香。"75 岁作《沈园》二首："城上斜阳画角哀，沈园非复旧池台。伤心桥下春波绿，曾是惊鸿照影来。""梦断香消四十年，沈园柳老不吹绵。此身行作稽山土，犹吊遗踪一泫然。"81 岁作《十二月二日夜梦游沈氏园亭》二首："路近城南已怕行，沈家园里更伤情。香穿客袖梅花在，绿蘸寺桥春水生。""城南小陌又逢春，只见梅花不见人。玉骨久成泉下土，墨痕犹锁壁间尘。"82 岁作《城南》："城南亭榭锁闲坊，孤鹤归飞只自伤。尘渍苔侵数行墨，尔来谁为拂颓墙？"84 岁作

《春游》："沈家园里花如锦，半是当年识放翁。也信美人终作土，不堪幽梦太匆匆！"以上诗作足以说明，沈园是陆游对唐琬爱深情长的见证地。诗中的"枫叶""槲叶""梅花""柳"和"林亭""池台""亭榭""泉路""寺桥"，以及"坏壁""颓墙""墨痕"，还有"断云""春波""香袖""春水""孤鹤""奁香"，现都已成为沈园景区中一树一花、一亭一台、一池一石、一桥一塔、一景一点的名称。由此可见，沈园是陆游与唐琬爱情的见证地，而并不是传说中的哀情之地、伤感之处。在这里我们要特别强调的是，陆游对爱情的忠贞不悔、痴情不改，突出的是陆游对爱的向往、重温、回味，而忽略悲剧、断缘、悔恨、遗憾、伤心、伤情。我们之所以这样强调，是因为在对婚纱摄影市场调研时了解到，他们不到沈园来拍摄婚纱照是因为他们都认为沈园是一阕爱情悲歌，有悖于婚庆主题。

那么，我们如何让游人直观地感受诗人的爱情心路历程和沈园因爱情而名园的主题？

改进措施：将北门入口处长廊的当代爱情诗词作品改建为陆游与唐琬的爱情展示区。以砖石浮雕或其他艺术表现形式，配以陆游爱情《沈园》本事诗，凸显沈园作为爱情名园的形象，使游客一入园即感受到爱情名园的情感魅力，点明主题，激发游客的游兴，让游客在沈园走一条爱情之路，来一次爱情之旅。其他爱情诗词可移至南苑"务观堂"廊墙，与历代诗人咏陆游碑连贯一体陈列。

2. 踏雪问梅

"诗境"右转，就有一个小小的水榭"问梅槛"，茅草覆盖，很是古雅。面前的池塘坡地，夏日是荷花的天地，冬日自然就是梅花了。"问"通"闻"，闻香识"梅"，"槛"是一种围有纵木栏杆的房子建筑样式。陆游一生爱梅，生平对梅情有独钟，陆游一生近万首诗词中描写梅花的就有上百首。

沈园中最多的植物也是梅。雪压梅花见精神，每到冬天，点点梅影，幽幽暗香，把沈园装点得分外迷人，"何方可化身千亿，一树梅花一放翁"。这傲雪中绽放的梅花，正是诗人的精神写照。

改进措施：园中的主要绿化植物将设立科普知识介绍说明牌、花期预报。如以梅花为例：梅花，属于落叶乔木，深秋后便枝丫嶙峋，瘦影可怜，生性耐寒，天孕花蕾于隆冬寒风之中，率万木之先开花于冬末，所以是春的信使，古有"寄梅送春"的典故。

又如梅花有"花魁"之誉，风姿绰约，尤以横、斜、倚、曲、古、雅、苍、疏为美。梅花品格高尚、冰清玉洁，象征着纯洁；傲骨嶙峋，贞姿劲质，又象征着坚韧和气节。

松、竹、梅被称"岁寒三友"，梅、兰、竹、菊合称"四君子"，是中国人文园林和传统绘画与雕刻中常用的题材。

如此等等，让游人寓教于游，感受园林绿化之内涵。

3. 坐井叹天

转身由北向南便是用绳纹平砖错缝砌成的"六朝井亭"了，

考古发掘从井内出土了六朝（三国的吴、东晋，南朝的宋、齐、梁、陈）的陶瓷残片。井亭亭顶中空，一可"承天露"，二可"承天光"，三还可方便竹竿顺势从空穴中伸出去（古人打水多用竹竿往上提，水打上来时，竹竿顺势向上）。如此接天入地，因而有了美好的解释，切近诗人陆游渴望自由、光明的爱情故事的象征意义了。

改进措施：导游讲解与游客参与互动，想象猜测井亭中空用意。

4. 孤鹤哀鸣

"孤鹤轩"，指爱国诗人由于朝廷昏庸，壮志无法实现而以孤鹤自喻。其隐喻诗人在生活中痛失爱侣、事业上报国无门的坎坷一生。

改进措施：园中的主要建筑设立介绍说明牌。例如：轩，古代车子前高后低叫"轩"，前低后高叫"轾"。引申为高大轩昂。轩在园林中，一般是指地处高地、环境幽静的建筑物，多为文人墨客聚会之处，讲究清幽文雅，造型朴实，并多用匾额对联点缀，能给人以含蓄、典雅之美。

凡此种种，园中亭、台、楼、堂、斋等建筑都可以有这样的说明。

5. 残壁遗恨

诗人园墙题词《钗头凤》成为千古绝唱，一段凄美爱情犹锁壁间。八百多年来，倾倒过无数才子佳人、文人墨客，成为千古名篇，成为爱情绝唱。沈园亦因此而成为爱情名园。

导游讲解与游客互动体验：浅吟低唱一阕《钗头凤》。

6. 葫芦惊鸿

"城上斜阳画角哀，沈园非复旧池台。伤心桥下春波绿，曾是惊鸿照影来。"陆游在唐琬抑郁而亡后，悲悼之情始终郁积于怀，这首是五十年间所写悼亡诗中最脍炙人口之作。诗人竭力寻找可以引起回忆的地方，他看到了"桥下春波绿"一如往日，感到似见故人。只是此景引起的不是喜悦而是"伤心"的回忆，"曾是惊鸿照影来"。四十四年前，唐琬如曹植《洛神赋》中所描写的"翩若惊鸿"的仙子，飘然降临于春波之上。她是那么温婉柔美，又是那么凄楚欲绝，但现在一切都已无法挽回，那照影惊鸿已一去不复返了。然而只要此心不死，此"影"将永远留在心中。

导游讲解与游客互动体验：将陆游诗句中的描述与景色结合，使游人仿佛看到池中唐琬的倩影，感受到爱情的一丝伤痛。

（三）南苑，定位于游客情绪的持续阶段

游览南苑，或在"春水亭"观鱼，或揽碑廊文采之胜，或驻足于放翁事迹浮雕，或瞻"安丰堂"陆游史迹陈列。

其功能为：表现陆游爱国、爱乡、爱情三大主题，让游客切身感受诗人陆游的"大爱"情怀。

（四）东苑，定位于游客情绪的兴奋阶段

东苑将被设计成一个名副其实的爱情情侣园。

改进措施：通过导游讲解、景点说明介绍，让游客、情侣完成一次爱情之旅。同时，在这条爱情之路上镌刻 15 条爱情谜语供情侣们猜想。所有的爱情景点都将成为情侣婚纱摄影的外景地，使东苑成为名副其实的爱情园。

现在，我们一入东苑便可看见石壁上的刻字："问世间，情为何物，直教生死相许?"我们不能不佩服金代诗人元好问这一名句，这一直逼历史、直逼人性的哲学叩问，便点出了东苑的主题——爱情情侣园。此石与"不悔"石相比，虽有异曲同工之妙，但比"不悔"石更胜一筹，遗憾的是，刻字小了一点。

山石之后是一座开敞式的以棕榈作顶的农舍式建筑，叫"广耜斋"，名出自陆游《丁末严州劝农文》："无事末作，无好终讼，深畎广耜，力耕疾耘，安丰年而忧歉岁。"此建筑可以说表达了陆游对时人勤劳耕作、丰不忘歉的希望。回归田园是当代的一种追求，回归田园的诗意则是现代情侣的渴望，故东苑以"广耜斋"为主体，既表达田园诗意，也包含愿情侣们齐心耕耘爱情、共度欢乐与忧愁的意思。

广耜斋往西北走有一高台式建筑，此即为"琴台"，台上可以演奏、观摩或自娱，但琴台还有更深一层的意思。此典出自古代俞伯牙与钟子期的故事。伯牙操琴，琴声如高山流水，能解者唯钟子期，后子期病故，伯牙不复抚琴，这就是"知音"一词的由来。后代文人多有吟咏，如岳飞抒发自己胸怀时亦说："知音少，弦断有谁听。"愿年轻的情侣们都能为找到自己的知音而欢乐。

循琴台东侧小径北去，小池之上有石板桥一座，桥西有"龛香"石塔一座，桥东有龙首三只作昂颈状，每一喷水，呈弧线越过小桥，那是为了给来往的情侣们一个小小的惊喜，这弧形的喷泉形成的月牙和北边的"月窟门"，成了一处演绎西厢记故事的好去处。

沿小径东行，又有一翠玉般的石桥自西向东，由低而高腾越山间，直达山巅，此桥被命名为"鹊桥"。古人盛传银河两岸的牛郎织女在七夕之夜通过喜鹊搭成的桥相会。宋秦观更有《鹊桥仙》词："纤云弄巧，飞星传恨，银汉迢迢暗度。金风玉露一相逢，便胜却人间无数。柔情似水，佳期如梦，忍顾鹊桥归路。两情若是久长时，又岂在朝朝暮暮。"今日东苑的鹊桥是相当结实的，人间的情侣不必有"忍顾"之忧，但两情若要久长，确实不在于朝朝暮暮。

跨过鹊桥，直到山岩之顶，有双圆相套式的草亭一对，此即"相印亭"，喻"心心相印"也，地上有"心心相印起情思"的谜语，供情侣们猜想。

继续东行至水池东岸，又有一廊，直架泉上，逶迤向南。不过泉水上方的廊子，其实是一处摇摇晃晃的秋千，情侣们行至此处，是要面临一点小小的考验。

自廊折转西行，要跨过一排水中汀步，并在水中巨大的山岩中绕行，这两块巨石被命名为"吴山石"与"越山石"。其名源自宋人林逋的《长相思》，其词曰："吴山青，越山青，两岸青山相送迎，谁知离别情。君泪盈，妾泪盈，罗带同心结未成，江头潮已平。"爱情总会有波折，情感自然有悲欢，当代情侣也需要感情的砥砺，爱情才会有生命力，如总是一帆风顺，又岂不太平淡了。

沿吴越石前行，过小桥从"广粕斋"南侧西进，即可看见一心状的水池，此池即"琼瑶池"。池名源于古老的《诗经》里的爱情诗"投我以木桃，报之以琼瑶"，及后来唐代诗人李白描述唐明皇与杨贵妃的诗"若非群玉山头见，会向瑶台月下逢"。

情侣们在游完东苑，经历种种体验之后，如果要对未来做些遐想，则琼瑶池前面的小小"祈愿台"则为情侣们提供了一处净化心灵、焚香祈福的场所。

导游讲解与游客互动体验：祝愿天下有情人终成眷属。

（五）双桂堂，定位于放松心情、休闲娱乐、为爱情加油的情感驿站

"双桂堂"，双桂当庭，堂以桂名。此处可以凭窗眺望沈园，是饮茶之处，也是反映宋代特色的娱乐文化之处，也专卖情侣的爱情信物。

一期工程"八咏楼"、二期工程"放翁茶楼"、三期工程"云山茶楼"，皆有不足。究其原因：一是经营内容仍停留在饮茶而未达到茶道阶段；二是游客多是半日游，不愿在此多用时间；三是二期"放翁茶楼"均在园外，顾客觉得身未入园，意未能尽。

改进措施：一是可以经营"茶道"。二是在此基础上，开辟娱乐活动和小型文艺演出。但根据别处经验，核心问题还是在表演本身的特色问题上，如果能发掘出艺术界承认的宋代音乐、舞蹈、杂耍、木偶，能吸引游客的话，那就不怕游客不停下来、

坐下来。例如，宋皇室宫廷乐曲、宋临安市井音乐，或苏轼、柳永的词曲演唱。三是开辟专卖爱情信物之处，为情侣提供爱情纪念品，这些纪念品都要以成双成对出售。

（六）射圃，定位于游客情绪的满足阶段

这是最后一个游程，一处留下恒久爱情的见证地。

射圃需要重新定位和利用。沈园在二期工程中设计了东北角一隅的投壶活动和射箭活动，由于多种原因，活动未能开展，此地一直闲置，成了景区堆积杂物的场所。如何利用这块空地，成为旅游功能、爱情主题、园林特色等方面富有创意的项目，也是景区一直在思考的问题。

改进措施之一：立一堵当代爱情墙。古迹区《钗头凤》题词壁，再现了当年陆游题词的场景。如何让当代游人在感悟的同时，抒发自己的情感，当代爱情墙符合了这种需求。即建一堵类似的照壁墙，地面铺设以青砖，安放仿古石凳石桌供恋人休息，植以相思树、合欢树、连理松、并蒂莲，笼养相思鸟等来营造氛围。游客可在爱情墙上抒写《钗头凤》，抒发自己的内心感情，书写爱情宣言、誓言。墙上书写，类似兰亭十八缸习字，写后即干。

改进措施之二：立一块"不悔"石。"不悔"石之所以放在射圃，是出于对沈园游线的考虑。上面已经讲到，游客从鲁迅路放翁桥首先看到的是一组能反映水乡风景的水景，即先引起游客的好奇心。北门进后，解读沈园本事，领略陆游的诗境爱意，观赏园林建筑到感悟爱情之歌《钗头凤》碑，这是第一

游程，即游客情绪唤起阶段。其后游览南苑，或揽碑廊文采之胜，或驻足于放翁事迹浮雕，或瞻安丰堂陆游史迹陈列，这些都表现了陆游爱国、爱乡、爱情的情怀，这是第二游程，即游客情绪持续阶段。然后，游东苑情侣园，体验爱情之路，竞猜爱情谜语，祈愿祝福爱情，这是第三游程，即游客情绪的兴奋阶段。那么，游人结束沈园的游览后，会带着不同的心态或思考出去，在即将出去之前进射圃，在"不悔"石前拍照留影，留下爱情恒久的见证，在爱情墙上抒情立志，留下爱情誓言，这是最后一个游程，即游客情绪的满足阶段。当然，我们可以把"不悔"石解释为对爱情的忠贞不悔，同样还可以解释为陆游对爱国、爱乡、爱情的坚定信念。

（七）古典夜游，定位于港澳台地区的客人及外宾

范围控制在古迹区内进行。这是一项破市区无夜游活动的项目。运作方式可以会同文化、旅游、外事等单位合作，风险共担，利益共享。

古典园林夜游，不是沈园独创。早在 1990 年，苏州网师园从 3 月 15 日到 11 月 20 日，晚上网狮园都对外开放，除了能观赏园林夜景，还能欣赏到评弹、古筝、昆曲等极富民族和地方特色的节目，门票为 80 元，接待对象是港澳台地区的客人及外宾。我们将利用沈园特色的园林环境和绍兴丰富的地方传统戏曲，营造沈园夜色，推出古典夜游。

改进措施：演出节目与游览线路结合，以演艺映衬景点，富有浓厚地方色彩的越剧、绍剧、莲花落、民乐等在园内的亭、

台、楼、堂、轩、槛处为游人表演，呈现出一场一戏一景、似幻似真的沈园古典夜游，使游人感受到与日间游园截然不同的夜色风情。

（八）相亲大会，定位于本市单身男女

爱是人类永恒的主题。关于中国式爱情，所有与爱情有关的民间传说经过岁月的淘沙，只剩下了牛郎织女、梁祝、白娘子与许仙、陆游与唐琬。沈园是"爱情名园"，定位是对的，但深化却不够。我们发现，我们基本停留在文化追思的层面上，它静静地保持着一种古老的姿态，显示出静止的过去时，它与当代生活的联系似乎已被时间切断，游客因为曾经发生在这里的陆游与唐琬的爱情故事，而游览它。而现在我们认为，沈园作为陆游与唐琬传奇的爱情地标，它应该以自己特有的方式承载中国传统文化，打造当代爱情基地，为人们营造一个轻松的寻爱之地。因此，我们将借助陆游与唐琬积淀深厚的爱情文化，打造最好、最浪漫的爱情平台，通过举办多种形式的情侣活动，让参加相亲活动的人"用一天时间寻找一生幸福"，让所有需要爱的人在轻松、浪漫、温馨中寻找属于自己的幸福爱情。而沈园作为一个爱情名园，应该做到以文化来当"红娘"，续写中国传统爱情文化的新篇章。

改进措施：与绍兴晚报、绍兴 E 网、小玫说媒合作，注册沈园相亲会服务中心。固定在每月的第一周周六晚上，向本市单身男女开放，打造沈园最好、最浪漫的爱情平台。

（九）古典情侣写真摄影，定位于青年男女的情侣生活照

提供古典、艺术、园林、文化的摄影环境，吸引影楼来开设窗口，拓展爱情名园产品。

前面已经提到固有观念对婚纱摄影的制约，那么，是不是意味着没有可能在沈园有爱情主题的拍摄呢？我们通过对沈园资源的分析，根据爱情主题摄影的多样性原则，认为这种可能性还是有的。

改进措施：提供一组能反映中国古典传统文化的情侣生活照场景。范围在古迹区、南苑、东苑。在沈园古典、艺术、园林、文化的环境中，营造中国古典传统文化的情侣生活写真氛围。情侣们可以身着古装在园内的路边赏花、池岸嬉鱼、山旁追逐、楼中读书、堂内对弈、台上抚琴、亭下耳语、廊中回眸等，尽显才子佳人的情侣生活场景。

三　激活沈园构想之二：整合资源实施旅游一体化管理

绍兴博物馆在2010年绍兴建城2500年之际整体迁入府山越王城新馆，原绍兴博物馆划入沈园景区管理。沈园和原绍兴博物馆的整合利用将是一个更大的挑战。这并不是简单的馆舍移交、简单的陈列布展，必须从挖掘文化、拉动旅游、推进沈园发展的综合性及系统性上来谋划。从解决当前制约沈园发展的主要矛盾中来寻求突破，从项目的策划设计、形式内容、具体实施中来制造亮点，使之精彩纷呈，成为继鲁迅故里免费开放

后，一个效益增长明显、文化旅游融合发展、名人纪念馆合理利用的典范。

（一）整合利用突出优势和特色

沈园和原绍兴博物馆的整合利用要突出优势和特色，真正体现"园中馆、馆中园"的独特格局，成为绍兴城市的文化旅游地标。

沈园位于绍兴城东南，东依绍兴博物馆、绍兴图书馆，西接鲁迅故里、绍兴越国文化博物馆，北临鲁迅中路，南靠延安路，交通方便，可进入性强。

沈园因陆游题《钗头凤》而名扬天下。经三期扩园，恢复园林面积达 50 余亩，现整个园区有十大景观。园内建筑以富有江南地域特色的单体建筑和连廊组合而成，与博物馆形成了"园中馆、馆中园"的独特格局，楼阁亭榭，以长廊逶迤相连，掩映于园林山色间，成为绍兴一处文化地标。根据绍兴古城、名城、水城全城游目标任务的要求，创建沈园核心旅游区，建设成集水域风光古河道、古园林景观遗迹、乡土建筑与纪念性建筑于一体的人文旅游区，目前正在申报国家 5A 级旅游区。

（二）调整功能布局，解决制约沈园发展的问题

思路和设想：把沈园南苑陆游纪念馆的陆游史迹陈列调整至老博物馆，原南苑陆游纪念馆"务观堂"及广场拟作"沈园之夜"演艺场，连理园"梦回沈园"实景舞台恢复园林实景，双桂堂"沈园之夜"演艺场恢复园林厅堂陈设。

（1）把南苑陆游纪念馆陆游史迹陈列调整至老博物馆，取名"放翁诗巢"，即陆游纪念馆。

沈园南苑陆游纪念馆始建于 1999 年，2001 年竣工，同年 4 月 20 日正式对外开放，是文化旅游投资有限公司组建的第一个工程项目，称为沈园三期工程南苑"务观堂"，即陆游纪念馆，参观面积 467 平方米，面积相对狭小，陈列落后，内容不足，设施简陋。10 年来，游客接待量从开馆时的 6 万人次，增加到现在的 30 万人次，现难以满足游客日益增长的需求。陈列版面、形式、内容落后，十年一贯制，没有集中展示陆游爱国诗词的地方，未能充分发挥爱国主义教育基地的作用，无法满足游客日益增长的文化需求和精神需求。冬天冰冷，夏天闷热，未能满足游客日益增长的对旅游品质的需求。

（2）现南苑陆游纪念馆拟作"沈园之夜"演艺场，"梦回沈园"实景舞台恢复园林实景。

"沈园之夜"自 2007 年投放市场以来，从古迹区散点式演出，到南苑连理园"梦回沈园"实景演出，再到双桂堂"沈园之夜"堂会表演，已经整整走过 4 个年头了。演出堂会 1000 多场，夜游游客达到 10 万人次，取得了良好的社会效益和经济效益。无论是娱乐、观赏，还是社会效益、艺术创作等多方面，都充分证明了"沈园之夜"自身的价值。"沈园之夜"是文化和旅游相结合的一种创新，是一台雅俗共赏、深受游客喜爱的旅游精品晚会，是宣传绍兴、介绍沈园的一个新的窗口。它不仅仅只是沈园景区的一台演出，在更大、更远的意义上，它承担着绍兴古城夜游的职责，目的是让更多外地游客游览绍兴，对绍兴旅游经济的牵引和拉动作用不可小觑。

（3）双桂堂恢复园林厅堂陈设。

双桂堂以双桂当庭而名，堂名由沙孟海题额。平朴的室内装修、家具陈设和室外变化的花窗、铺地等，使建筑的功能、结构、艺术达到了完美统一。避免"沈园之夜"堂会表演的灯光、音响、舞台、舞美，以及观众座椅，这些硬件设施影响游人对江南私家园林大户人家丰富多彩的生活场景的感受。

（三）理念创新，老博物馆改造成"放翁诗巢"，即陆游纪念馆

将"放翁诗巢"打造成内外兼容并包、独具魅力的经典之作、传奇之作，打造成文化精品、旅游亮点，打造成全国唯一、国内首创。

从全国看，陆游在中国诗坛上具有一定地位；从绍兴看，陆游无疑是五星级的文化名人，在绍兴以古代名人命名纪念馆的只有陆游一人。

《渭南文集》"书巢"之"巢"引申为家，即诗人集大成之巢，诗人终身成就之巢，诗人一生精神家园之巢。

诗巢的核心定位：诗巢是诗歌的标杆，诗巢是诗人的丰碑。诗巢将成为诗歌之殿堂，文学之宝库，诗人之圣地。文化在这里流淌，精神在这里凝聚，思想在这里升华，人们在这里驻足、寻觅、思索……同时结合中国陆游研究会落户在绍兴的优势，整合力量，在纪念馆设立全国陆游研究之中心、陆游文史资料

库等。建设陆游生活时代的展示中心（场景再现），陆游生平事迹的展示中心（足迹、仕历），陆游研究的中心（文学作品、历史著作、家史资料、影响史、接受史），陆游精神、思想中心（爱国、爱乡）。

建筑物外观：原博物馆建筑外形拟改建。使其名副其实，内外兼具诗巢的概念，且具有南宋建筑符号（原博物馆建筑外形仿绍兴出土春秋文物"伎乐铜屋"建，故与南宋风格不符）。入口朝北，打通三角展厅与沈园东苑相连。诗巢内立一陆游塑像，寓意"北望""王师北定中原日，家祭勿忘告乃翁"，耐人寻味，情深意长。

诗巢的象征意义：将整个馆体外墙用结构组件相互支撑，形成网格状的构架，寓意诗歌的架构、万首诗的组成，看上去就仿若树枝搭建的巢。在这里，集传统文化冰梅纹的镂空手法，越窑陶瓷的纹路，江南水乡黑、白、灰三色组成的巢，完美地与沈园相融在一起，相得益彰。这样的巢是孕育着文化的"巢"，诗史的"巢"，寄托着人们对文化的尊重。

陈列内容：集文学、文艺、文史、文献、文物，爱国、爱民、爱乡、爱情，风光风景、风俗风情、风物风味、风格风流于一身的大文化之巢。以诗为史，以爱为题，凸显大文化、大诗境、大绍兴、大爱无疆，并辅以历代名人咏陆游的诗。

陈列形式：以文字、图片、实物、声像等形式，借书法、绘画、摄影、音乐、雕塑、声光等表现形式，集传统与现代技术，全面而立体地展现陆游之诗史。

（四）打造多功能的"沈园之夜"演艺场

将"沈园之夜"演艺场打造成雅俗共赏、和而不同、传统与现代融合的场所。

务观堂：拟作舞台表演。

务观堂前广场：拟作观众席。

安丰堂：展示陆游与唐琬《钗头凤》爱情主题陈列。

打通务观堂南立面作为演出舞台，配 LED 幕墙。在务观堂前广场建一个约 400 平方米的玻璃厅堂，作为观众席，可容纳观众 500 人，与安丰堂在一轴线上，整体建筑一脉相承，拟似法国卢浮宫前的玻璃金字塔。两廊配以宫灯点缀，流光溢彩，如梦似幻。厅堂内空调、茶水、中式桌椅一应俱全，刮风下雨、严寒酷暑无所不惧。白天可以定时演出，游人可以休息听戏。安丰堂集中展示陆游的诗作。

（五）游线的全新设计规划

可设计两条游线，分别从鲁迅路和延安路出入，使游客分流，缓解鲁迅路交通拥挤易堵的问题。

游线一：鲁迅路主入口—古迹区—南苑—放翁诗巢（陆游纪念馆）—东苑—古迹区—鲁迅路出口。

游线二：延安路入口—放翁诗巢（陆游纪念馆）—东苑—古迹区—连理园—南苑（演艺休憩）—延安路出口。

陆游与樊江

绍兴市陆游研究会　陆纪生

樊江是一个古老的小集镇。早在马太守（马臻）围堤筑镜湖时，作为水利配套工程，建有樊江堰。《嘉泰会稽志》卷四载："樊江堰在会稽县东二十二里，俗作凡江。"樊江紧傍吼山北麓，杭甬运河穿流而过，区域内河道纵横，地理环境优越，自然风光幽雅，乡风淳朴，民众勤劳，物产丰富，是名副其实的鱼米之乡。樊江距县城二十余里，水陆交通十分便捷，在宋代属繁华之地。樊江与吼山隔河相望，吼山北麓魏家山（坝头山）陆游本人及祖上四代在此建有宅第，为当时一个规模不小的住宅群。据《会稽世德堂陆氏家谱》记载，陆游高祖陆轸于仁宗康定元年六月，以吏部郎中集贤院校理的身份，出任越州知州。他闲暇时遍访名胜，看中吼山，认为吼山之状如苍龙盘曲，似狮子蹲伏，像凤凰飞翔，是山水最佳之地，即选中吼山北麓对面的魏家山之阳建造宅第，名曰前宅。建成后经常往返于山阴鲁墟和会稽吼山之间。到仁宗庆历二年，陆游曾祖太尉公陆珪将全家从山阴鲁墟搬迁至会稽吼山。后子孙兴旺发达，多出仕为官。除陆珪第四子陆倚未在吼山建宅外，长子陆仳（陆游的伯祖父）建有东宅，次子陆佃（陆游祖父）建有中宅，三子陆傅（陆游叔祖父）建有西宅，续后陆游亦建一宅，名曰后宅。陆游官封"渭南伯"，后人把陆游所建的后宅称为"渭南宅"。据载，陆游叔祖父陆傅于神宗熙宁六年登进士第，官至国子博士，直集贤院翰林学士，于徽宗宣和五年竭资建祠。建成后报请皇上赐名，徽宗皇帝御笔朱批，亲赐"东山寿宁院"匾额（可惜此匾额连同祠堂内列祖列宗的红木牌位在1958年大办钢铁时烧了小高炉）。关于东山寿宁院，《嘉泰会稽志》亦有载："东山寿宁院，在会稽县东二十五里，宣和五年陆祠部傅所建。"据《家谱》记载，祠内供列唐代宰相陆贽及后裔简礼、宗衍、章、谊、衍、忻、郇、昭、轸、珪，共十一代列祖列宗的牌位。

陆游特别重孝，对祖宗怀有深切敬意，对吼山樊江的乡情自然难以割舍。他说"六十年间万首诗"，留存《剑南诗稿》的就有9229首。他写了《舟过樊江憩民家具食》《樊江晚泊》《樊江观梅》等六首赞美樊江的诗篇。对于樊江这么个小地方，有六首诗传世，在陆游的诗作中应该是一个不小的比例。

陆游五十七岁那年，也就是孝宗淳熙八年八月，从山阴发舟到樊江泊舟，憩民家吃饭，写有《舟过樊江憩民家具食》（《剑南诗稿》卷十三，以下简称诗稿）七言律诗：

旅食何妨美蕨薇，夕阳来叩野人扉。

萧萧短发秋初冷，寂寂空村岁荐饥。

蓼岸刺船惊雁起，烟波吹笛唤牛归。

诗情剩向穷途得，蹭蹬人间未必非。

　　夕阳西下，他来叩农家柴扉，觉得有"蕨薇"（蕨草的嫩芽，是一种野菜）已是美食了。因为当时满眼"空村"，而且给人以"寂寂"之感。岸边蓼草丛中有惊雁飞出，田野上有牧童用笛声唤牛回家。这不由让他想到，自己的诗情是在这样的"穷途"中得来的，与樊江一带的农民相比，自己"蹭蹬人间"并不一定不好。此前，陆游遭赵汝愚论劾，说"游不自检饬，所为多越于规矩"而被罢官。回归山阴后重来樊江，是他对樊江乡情的重温。尾联充分表露了诗人的心迹。时隔两年，陆游于淳熙十年春故地重游，从城西山阴三山别业启舟东行，日暮时分来到樊江，在船上晚餐，享受乡野生活，并用诗歌记述了这次活动。且看诗作：

　　　　碧云吞日天欲暮，城西榜舵城东路。

　　　　莼羹菰饭香满船，正是江头落帆处。

　　　　获州渔火远更明，烟水苍茫闻雁声。

　　　　不是绿尊能破闷，白头客路若为情。

　　　　　　　　　　——《诗稿》卷十四《樊江晚泊》

　　诗意十分明了，陆游亲自驾船从西镜湖赶到东镜湖，已是日落时分。此时船中简朴的莼菜羹、菰米饭（菰米即茭白）却是满舱飘香。落帆时刻，端起绿酒，边小酌慢饮，边欣赏远处渔火，听闻归雁之声。展现在面前的是一幅绝妙的图画，令人陶醉！但朝廷屈辱求和，又使陆游十分郁闷，这种郁闷只能用酒才能破解。

　　淳熙十一年冬，陆游特地从城西三山赶到城东樊江观梅。这次不是划船而至，而是骑马而来。陆游爱梅，视梅花为人格之象征，一生中写下梅花诗一百六十多首，写到梅花的诗句不计其数。他观梅去过许多地方，但却不忘来樊江观梅：

> 莫笑山翁老据鞍，探梅今夕到江干。
>
> 半滩流水浸残月，一夜清霜催晓寒。
>
> 倚醉更教重秉烛，怕寒元自怯凭栏。
>
> 谁知携客芳华日，曾费缠头锦百端。
>
> ——《诗稿》卷十七《樊江观梅》

请看，诗人是在晚上赏梅，是在清霜下赏梅，是在醉中赏梅，可见在赏梅中别有寄意。陆游被劾后投闲置散已五年，怎能没有联想，没有感慨？从诗句看，樊江的梅花奇特壮观，可与他宦游成都合江园芳华楼下所见到的梅花相媲美。"江干"即指吼山，樊江沿岸，说明南宋时这一带以梅花闻名而并不是以桃花闻名。谓予不信，请看同时写的《山亭观梅》诗："与梅岁岁有幽期，忘却如今两鬓丝。乘淡月时和雪看，斫苍苔地带花移。先春瘦损应多恨，静夜香来更一奇。醉倒栏边君勿笑，明朝红萼缀空枝。"

淳熙十三年春，陆游再游樊江，有《春游至樊江戏示坐客》诗：

> 江头萧萧春色暮，柳阴游鱼饱飞絮。
>
> 芼羹箭笋美如玉，点豉丝莼滑紫箸。
>
> 银鞍乌帽寻春客，朱户青旗沽酒处。
>
> 浮生细看才几时，一笑自应忘百虑。
>
> 绿杯到手不肯尽，宝带照地身何与。
>
> 酴醿烂熳我欲狂，茗芋还家君勿遽。

（见《诗稿》卷十七）

从诗中可以看出陆游对樊江的春色、柳絮、游鱼，美如玉的竹笋和茅菜做的羹，加点豆豉的莼菜等农家菜难以忘怀。这次也是骑马来的，且心情较好，在朱漆门面、酒旗招展的店家，开怀畅饮，但陆游的爱国情怀矢志不移，虽说酒醉欲狂，联想自己的报国大志无法实现，为国家只剩下了半壁江山而忧虑，现在只好借酒消愁，倾吐出"浮生细看才几时，一笑自应忘百虑"的真言。他笑饮村酿，忘却了许多烦恼，一时性起，直至烂醉还家。绍熙二年春天，由城西三山出发，一路舟行，出五云门，经东湖，均不提及，唯到了樊江又有诗作，题为《樊江》：

> 手中一卷《养鱼经》，又向樊江上草亭。
>
> 朝雨染成新涨绿，春烟淡尽远山清。
>
> 榜舟不厌频来往，岸帻常须半醉醒。
>
> 赋罢新诗自高咏，满汀鸥鹭欲忘形。

——《诗稿》卷二十二

从"又向樊江上草亭"和"榜舟不厌频来往"这两句来看，陆游多次到过樊江。陆游为什么钟情樊江呢？因为樊江紧傍吼山，吼山连着樊江，这里有祖上和自己的住宅（那时他已常住山阴三山别业和会稽石帆别业），还有家庙（陆家祠堂）。加上樊江风景优雅，山清水秀，农产品、水产品美味可口，又有村酒可醉，酒后还能赋诗高咏，犹如自由翱翔的鸥鹭。他抗金复国的大志得不到实现而长期抑郁的心情倾吐于诗词之中，得以暂时放松，又加上对家乡有割不断的情结，陆游与樊江的关系确实非同一般。这首诗是这次从山阴出发到上虞旅游在樊江做短暂停留的有感而作。几天后原路返回又作《归次樊江》诗：

> 芳草东西路，绿杨长短亭。
>
> 人生岂匏系？吾志本鸿冥。
>
> 征袖朝沾雨，归帆夜戴星。
>
> 长鱼幸能买，且复倒残瓶。

——见《诗稿》卷二十二

诗写夜归、买鱼、饮酒，略抒幽愤。主旨便在"人生岂匏系？吾志本鸿冥"，可知本次出游又为散心。从这六首诗来看，陆游对樊江的深情毋庸赘述。

以上梳理了陆游与樊江的六首诗作，以下三点给笔者以有益的启示。

第一，从时段看，写在孝宗淳熙年间和光宗绍熙年间，具体地说，淳熙八年秋天一首，淳熙十年春天一首，淳熙十一年冬天一首，淳熙十三年春天一首，光宗绍熙二年春天两首。我们知道，孝宗淳熙七年十一月因陆游在江西任上救灾一事，被给事中赵汝愚所劾，遂罢归故里，希望为百姓办实事而反遭弹劾，心情当然不好；淳熙十六年好端端在行在修史，又被何澹论罢，返归故里，心情当然更加不好。这六首诗，在一定意义上说，是在排忧解闷而出游中所作，故表面看来写了樊江一带的景色，而其实是在抒发内心的不平，所谓"诗情剩向穷途得，蹭蹬人间未必非""不是绿尊能破闷，白头客路若为情""倚醉更教重秉烛，怕寒元是怯凭栏""酴醿烂熳我欲狂，茗苄还家君勿遽"

"人生岂匏系？吾志本鸿冥"也。而所写景物亮色不多，亦是明证。

第二，从所捕捉的主要意象看，亦含有深意，如"雁"这一意象表现为"惊雁起""闻雁声"等。为什么？雁是候鸟，雁南飞表明秋天到了，而古代秋天是作战的季节，给予诗人的感受非同一般。如《秋夜将晓出篱门迎凉有感》（《诗稿》卷四），诗人因"秋老虎"而迎凉，却想象"遗民泪尽胡尘里，南望王师又一年"。如"梅"这一意象，诗人布置为"半滩流水浸残月，一夜清霜催晓寒"的境界，由"怕寒元自怯凭栏"而联想携"客芳华日"。其霜之"清"，对"寒"之怕，均寓象征意味，寄寓着诗人的人格，而强调这种人格，正是与上述所指出的"被劾"有关。如"酒"这一意象，陆游被劾还里期间过的是清贫的生活，却将诗酒联系在一起，所谓"百年光阴半归酒，一生事业略存诗"（《诗稿》卷六十四《衰疾》）。上述六首诗中就写到"绿尊能破闷""绿杯到手""半醉醒""倒残瓶"。无故被劾，有志报国而无路请缨，陆游当然只能以酒浇愁了。

第三，从抒情主人公的自我形象看，例一，时值秋天，在"夕阳"下，"短发"的诗中主人公划小船到"荠饥"的"寂寂空村"，叩响农家的柴门，眼看"雁起""牛归"不能没有感慨；例二，时值傍晚，诗人自掌船舵，从城西到城东，落帆泊舟，看远处"荻州渔火"，在"烟水苍茫"中闻雁声，情思起伏；例三，诗中主人公骑马到樊江，"在半滩流水浸残月，一夜清霜催晓寒"的境界中探梅，"倚醉""秉烛""怕寒""凭栏"，不禁回想起成都芳华楼赏梅的情景；例四，春日傍晚，诗中主人公与众多客人坐船到樊江，看鱼吞柳絮，食笋和莼菜，寻酒店，喝美酒，至酩酊大醉；例五，诗中主人公手捧《养鱼经》登上草亭，看近水，观远山，戏鸥鹭，喝酒写诗；例六，诗中主人公早上雨中出发，晚上雨霁戴星，所见一路芳草，一路绿杨，到樊江后买鱼喝酒。请看这样的抒情，主人公内心是什么世界，将会发什么感慨，读者不是一清二楚了吗？

由上述六诗，笔者不禁联想到《剑南诗稿》中的两首诗，一是卷一《送仲高兄宫秩满赴行在》，仲高即陆升之，乃长民子，长民乃陆佖子（陆佖乃陆游伯祖父），均生活于吼山；二是卷十七《饮伯山家，因留宿》，伯山为陆静之子，陆静之乃陆升之兄，亦为陆佖孙，亦当生活在吼山。如果说前一首之"送"难定在吼山，那么，后一首之"留宿"在吼山应该不是臆想。会稽世德堂陆氏《家谱》中载有陆游祖上住宅群和陆游本人的"渭南宅"。陆游后半生住镜湖三山，亦间住会稽石帆别业，同时又频繁往来樊江吼山，对这一现象，笔者臆想到陆游来樊江时节多在冬春两季，因陆家祠堂在吼山，或许与清明前后上坟及冬至前后祭祖的习俗不无关系。但是《剑南诗稿》中一直没有出现过"吼山""魏家山"的诗句，也没有留下一首直接写"吼山""魏家山"的诗作，不知为什么。

陆游与镇江

陆游，字务观，号放翁，山阴（今浙江绍兴）人，出生于北宋，生活在南宋，为南宋大诗人。他的诗作很多，现存九千多首，多为反映民间疾苦，抒发政治抱负，批判屈辱求和之内容。

陆游出生翌年，北宋都城汴京（今河南开封）被北方女真族金国占领。翌年，天子钦宗及其父徽宗又被金兵掳去。陆游一家迫于战乱到处逃难，直到9岁才在故乡山阴定居。由于这种遭遇，陆游一生中一直念念不忘收复北方失地，发出誓死抗金的强烈呼声，被称为忧国诗人。陆游17岁时，南宋与金在绍兴缔结和约。这是一个每年都要缴纳大量贡品、财物的条约。

他的抗金主张，一直受到投降派的压制，并且一生仕途坎坷。

一　陆游在镇江的经历

隆兴元年（1163）五月，陆游在枢密院编修官任上从临安调到镇江担任通判。

这次到镇江任职，因他是主战派，但在朝廷主和派占了上风，他是被排斥到镇江任职的。公元1164年（隆兴二年）的二月，陆游冒着阴雨匆匆来到镇江府任通判。他到镇江后，内心虽然很痛苦，但坚持抗战的决心不减。三月，陆游父辈好友、右丞相张浚因督视江淮兵马，来到镇江。因他们都是主战派，志同道合。陆游请张浚下榻于通判衙内，两人共商抗敌救国的大计，研究抗战的战略战术，建议朝廷迁都建康，以利收复失地。陆游还陪张浚巡视江防，检阅军队，有时随张浚登上金焦二山，商讨向北进军的路线。但这些宏伟的计划，终因朝廷主和派得势而化为泡影，张浚不久被解职还乡，死于归途。陆游闻讯万哀，作诗悼念。他情绪低落，感到十分寂寞。

隆兴二年（1164）闰十一月，江西老友韩元吉来镇江探亲，他乡遇故友，陆游欣喜若狂。在一个雪后初晴的日子里，陆游邀了何德器、张玉仲等诗友，陪韩元吉登上焦山，踏访《瘗鹤铭》，陆游为此游亲笔题字，刻于石上，这篇游记石刻，至今还在焦山西崖，保存完好。后游金山寺，他们在一起谈论抗金事业，喝酒赋诗，重叙旧情，心情舒畅。乾道元年（1165）七月，他的哥哥陆沉来镇江任提举本路市舶，陆游循例回避，调离镇江，任江西隆兴通判。

陆游第二次来镇江，是从家乡山阴，赴任夔州通判途中路过的。启程的时间是乾道六年（1170）闰五月，那一天风和日丽，他从山阴出发后先到临安，再由内河经苏州到达镇江。当陆游到镇江的时候已经是秋天了。他探望朋友，重游故地，逗留了十多天。镇江知府蔡子平特地在北固山多景楼设宴款待。故友兴会，酒酣耳熟之际，他缅怀京口的历史地理形势和当年张浚都督江淮的情景，不胜感慨系之。于是大笔勾勒，抓住北固山的胜景伟观，记一时兴会，写下了《水调歌头·多景楼》。这首词情景交融，百感交集，寓千古兴亡，匠心独运，闪耀着爱国主义思想光芒。临走的一天上午，在金山寺巧遇分别八年的好友范成大。

范成大，字致能，江苏吴县人，比陆游小一岁，也是主张抗金的。陆游随即问范成大来镇江的目的。范成大听了摇摇头，轻声地说："我这次是奉命出使到金国去。"陆游随即说道："四天前偶遇抗击金兵的义士王秀，得知那里的老百姓都在盼望着朝廷出师，可是久不见王师，而义士王秀又不录用，使人百思不解。吾兄负此重任，身临其境，感受一定更深。"范成大紧锁双眉，沉思着没有立即回答。范成大考虑公务在身，不便久留，想到共进午餐畅叙一番，那倒是难逢的机会，于是便邀请陆游在金山寺内有名的玉鉴堂进餐畅谈。两人坐定以后，范成大严肃地说："皇上派我出使，并无用兵之意，只是请求迁祖宗的陵墓（指宋徽宗、宋钦宗的墓地）归河南。我是做了准备的，也已面呈皇上，既不怕被他们扣留，也不怕被他们杀害。"陆游用一种敬佩的目光望着范成大没有一丝笑容的面孔，沉默一阵以后，陆游鼓励他说："我兄此番前去一定不辱使命！"饭后，他们依依不舍地匆匆告别。

淳熙五年（1178），陆游被诏回临安，自蜀东返，路经镇江，这是他第三次来到镇江。当他乘船快到镇江时，正是一个秋日晴和的傍晚，他站立船头，凝望夕阳下的金山宝塔，往事萦绕心头，他写下了《将至京口》七律一首。

陆游第三次来镇江的时间很短，在镇江友人为他饯行的宴席上，他作《浪淘沙·丹阳浮玉亭席上话别》一首小词。他心中所想的还是抗金保国之事。

陆游 62 岁退居山阴，但还时常眷恋着镇江。从他晚年《书愤》诗句中"楼船夜雪瓜州渡，铁马秋风大散关"可见一斑。陆游忧国之心终生不衰："死去元知万事空，但悲不见九州同。王师北定中原日，家祭无忘告乃翁。"85 岁的他，为上万首诗，写完最后一首。

二　陆游在镇江的诗、词、文

《踏雪观瘗鹤铭》：

> 陆务观、何德器、张玉仲、韩无咎，隆兴甲申闰月二十九日，踏雪观《瘗鹤铭》，置酒上方。烽火未息，望墙战舰在烟霭间，慨然尽醉。薄晚泛舟，自甘露寺以归。明年二月壬午，圆禅师刻之石。务观书

此是陆游陪许昌韩元吉及友人冒雪去焦山访"大字之祖"《瘗鹤铭》摩崖，面对奔腾不息、滔滔东去的大江，眼见"风樯战舰"，心潮起伏，想到外患内忧，国事唯艰，难以自持，"慨然尽醉"。此刻写得刚劲豪放、淳朴自然、萧远淡雅、从容宏

逸、凝重深沉、情景交融、意致高远，集众美与一身。真可谓是文妙、笔妙、情妙的"三妙"佳品。现代散文大家刘白羽曾称此文为"自古至今，最短最好的散文"。

《水调歌头·多景楼》：

> 江左占形胜，最数古徐州，连山如画，佳处缥缈着危楼。鼓角临风悲壮，烽火连空明灭，往事忆孙刘。千里曜戈甲，万灶宿貔貅，露沾草，风落木，岁方秋，使君宏方，谈笑洗尽古今愁，不见襄阳登览，磨灭游人无数，遗恨黯难收，叔子独千载，名与汉江流。

上阕指出多景楼的所在之地，道明了镇江历来是军事要地；下阕以张浚比羊祜，认为南宋与金的对峙和西晋与吴的对峙一样。张浚前来镇江与羊祜镇守襄阳一样；最后词中指出襄阳游人，磨灭无数，独有羊祜功业永垂千古。陆游通过以张浚比羊祜，抒发了自己对主张抗金将领涨浚的怀念。

《金山观日出》：

> 系船浮玉山，清晨得奇观。日轮擘水出，始觉江面宽。
> 遥波蹙红鳞，翠霭开金盘。光彩射楼塔，丹碧浮云端。
> 诗人窘笔力，但咏秋月寒。何当罗浮望，涌海夜未阑。

此诗乾道六年（1170）六月作于长江途中，陆游《入蜀记》云："（六月）二十七日，留金山。……二十八日，夙兴观日出，江中天水皆赤，真伟观也。"

《将至京口》七律：

> 卧听金山古寺钟，三巴昨梦已成空。
> 船头坎坎回帆鼓，旗尾舒舒下水风。

城角危楼晴蔼碧，林间双塔夕阳红。

铜瓶愁汲中泠水，不见茶山九十翁。

此诗为陆游淳熙五年（1178）闰六月，东归，将抵镇江时作。陆游《送叶尚书》云："万里归自蜀……六月过浮玉。"

同年作《浪淘沙·丹阳浮玉亭席上话别》：

绿树暗长亭，几把离樽，阳关常恨不堪闻，何况今朝秋色里，身是行人；清泪浥罗巾，各自销魂，一江离恨恰平分，安得千寻横铁锁，截断烟津。

心中所想的还是抗金保国之事。

三 结语

南宋杰出的爱国诗人陆游，同屈原、杜甫等伟大诗人一样，热爱祖国，关心民瘼，赢得后世的景仰和赞颂。陆游诗、词、文、书皆工。其在镇江时间虽短，但却是其人生的一个重要节点。其诗慷慨激昂，雄浑豪放，洋溢着爱国热情，也不乏清新婉丽。其词以沉郁雄放为主，兼有流丽绵密之美。其文体现了其壮怀激烈、忧以当慨的襟怀和强烈的爱国主义思想。其书浑厚古，萧远淡雅，意态无穷，雄强庄重，刚劲浑厚，寄托着饱受精神压抑而欲一吐为快的强烈感情。

附录　中国陆游研究会组织机构

顾　　问　王水照　陆　坚　邱鸣皋　邹志方

　　　　　陈祖美　蒋　凡

理事会成员

会　　长　莫砺锋　　南京大学中文系教授

副 会 长　肖瑞峰　　浙江工业大学教授

　　　　　马立远　　绍兴市委宣传部副部长、社联主席

　　　　　欧明俊　　福建师范大学文学院教授

　　　　　胡传志　　安徽师范大学教授

副 会 长　高利华

秘 书 长　高利华　　绍兴文理学院教授

副秘书长　来家炯　　绍兴旅游集团沈园景区主任

理　　事　钟振振　　南京大学文学院教授

　　　　　张福勋　　包头师范学院文学院教授

　　　　　郑永晓　　中国社会科学院文学所研究员

　　　　　王　昊　　吉林大学文学院教授

陶喻之　　　上海博物馆 研究员

王致涌　　　绍兴市陆游研究会常务副会长

诸葛忆兵　　中国人民大学中文系教授

孙启祥　　　陕西省宁强县人大常委会 主任

付兴林　　　陕西理工大学文学院副院长 教授

文师华　　　南昌大学中文系教授

朱迎平　　　上海财经大学人文学院教授

马亚中　　　苏州大学文学院教授

吕肖奂　　　四川大学文学与新闻院教授

许芳红　　　淮阴师范学院文学院教授

白振奎　　　上海财经大学国际文化交流学院教授

肖　岩　　　四川崇州市政协文史委主任

理事单位　陕西省汉中市、四川省崇州市、福建省宁德市、浙江省杭州市、江苏省镇江市等文博单位和陆游研究组织。

后　记

2015年是伟大的爱国诗人陆游诞辰890周年，中国陆游研究会成立10周年，绍兴市陆游研究会成立30周年。鉴于此，中国陆游研究会于2015年11月在陆游故乡绍兴与相关单位共同主办高规格的学术研讨活动。此次会议，得到了时任绍兴市委钱建民书记的高度重视，2014年11月即予批复。2015年年初，中共绍兴市委宣传部文化发展基金给予专项经费支持。2015年8月25日，浙江省人民政府办公厅正式下达关于同意举办国际会议的批复。2015年11月19—22日由中国陆游研究会、中国社科院文学所《文学遗产》编辑部、绍兴市社科联社科院和绍兴文理学院联合主办，绍兴市陆游研究会、沈园景区及绍兴文理学院人文学院、学报编辑部共同承办的"纪念陆游诞辰890周年国际研讨会"在绍兴隆重举行。来自海内外的百余位学者共聚绍兴，以陆游生活的南宋社会为背景，围绕陆游研究的新知与旧识进行了多维探索与深入研究。

中国陆游研究会自2005年成立以来，在中国宋代文学学会的指导下，在广大会员、会员单位的支持下，积极开展学术研讨活动。《陆游与南宋社会》是中国陆游研究会继《陆游与越中山水》（人民出版社 2006 年版）、《陆游与鉴湖》（人民出版社 2011 年版）、《陆游与汉中》（上海古籍出版社 2013 年版）之后结集出版的又一部国际学术研讨会论文集。中国陆游研究会多年来持续开展的学术研讨活动，推动了陆游研究的纵深发展，使陆游研究在百花竞放的宋代文学研究领域保持了较好的发展态势，并取得了阶段性的进展与突破。

本书的顺利出版，感谢与会代表惠赐大作、积极参与，感谢中国社会科学出版社郭晓鸿主任的支持和关注。还有研究会秘书处工作的同仁在论文集编辑校对中付出的辛勤劳动，在此均表谢忱！

编　者

2017. 5. 16